河南金融年鉴

2024

河南金融年鉴编辑部　编

中州古籍出版社

· 郑州 ·

图书在版编目（CIP）数据

河南金融年鉴 . 2024 / 河南金融年鉴编辑部编 . 郑州 ：中州古籍出版社，2024. 12. -- ISBN 978-7-5738-1775-4

Ⅰ. F832.761-54

中国国家版本馆 CIP 数据核字第 20248FV168 号

HENAN JINRONG NIANJIAN（2024）

河南金融年鉴（2024）

责任编辑　朱　琳
责任校对　梁　郁
美术编辑　王　歌

出 版 社　中州古籍出版社［地址：河南自贸试验区郑州片区（郑东）祥盛街 27 号 6 层　邮编：450016　电话：0371-65788693］
发行单位　河南省新华书店发行集团有限公司
承印单位　河南博之雅印务有限公司
开　　本　889 mm × 1194 mm　1/16
印　　张　37.25
字　　数　1500 千字
印　　数　1—1380 册
版　　次　2024 年 12 月第 1 版
印　　次　2024 年 12 月第 1 次印刷
定　　价　280.00 元

河南金融年鉴编辑部

《河南金融年鉴》组稿人员（按姓氏笔画排列）

序

2023年，面对复杂严峻的国际环境和艰巨繁重的国内改革发展稳定任务，各地区各部门坚决贯彻落实党中央、国务院决策部署，加大宏观调控力度，国民经济回升向好，供给需求稳步改善，转型升级积极推进，就业物价总体稳定，民生保障有力有效，高质量发展扎实推进。全年国内生产总值129.43万亿元，全国居民人均可支配收入39218元，比上年增长6.1%；全年全国固定资产投资（不含农户）503036亿元，同比增长3.0%；货物进出口总额417510亿元；居民消费价格指数（CPI）同比上涨0.2%；全国一般公共预算收入21.7万亿元，全国一般公共预算支出27.5万亿元。

2023年，河南省经济运行企稳回升。一是内需稳定恢复，外需保持韧性。固定资产投资稳定增长，全年亿元及以上项目完成投资同比增长11.2%，拉动全部投资增长6.6个百分点。消费市场稳定恢复，河南省社会消费品零售总额同比增长6.5%，较上年提高6.4个百分点。进出口规模整体较稳，河南省进出口总值超8000亿元，贸易顺差同比增长30.0%。二是生产总体稳定，经济运行整体向好。农业生产总体稳定，全年粮食产量连续七年稳定在1300亿斤以上。工业生产较快恢复，河南省规模以上工业增加值同比增长5.0%。服务业经济恢复向好，河南省规模以上服务业企业利润总额同比增长120.6%。三是物价整体可控，居民可支配收入稳步增长。居民消费价格同比下降0.2%。四是财政收支总体平稳，重点领域支出得到有力保障。一般公共预算收入同比增长6.2%，一般公共预算支出同比增长3.9%。

2023年，河南省金融运行总体稳健。一是货币信贷总量和社会融资规模保持合理增长。截至2023年末，银行业资产和负债总额分别为12.6万亿元、12.1万亿元；本外币各项贷款余额8.4万亿元，同比增长9.5%；社会融资规模增量1.1万亿元。二是货币政策工具引导作用持续发挥，重大战略、重点领域和薄弱环节金融支持不断增强。发放再贷款再贴现1309亿元，同比增加354亿元；年末普惠小微贷款余额、民营企业贷款余额同比分别增长21.6%、10.0%。三是贷款利率稳中有降。2023年12月，河南省一般贷款加权平均利率同比下降0.44个百分点，新发放企业贷款加权平均利率同比下降0.35个百分点。四是证券期货和保险业运行稳健，支持经济社会发展能力增强。截至2023年末，河南省共有境内上市公司110家，2023年新增4家，其中主板公司65家，创业板公司28家，科创板公司5家，北交所公司12家。新三板挂牌公司210家，其中创新层公司67家。证券期货经营机构515家，其中2023年新设分支机构15家。郑州商品交易所期货交易规模大幅提高，累计成交金额和累计成交量同比分别增长32.5%、36.1%。已登记私募基金管理人159家，备案私募基金540只，私募基金管理规模980.93亿元。

2023年末，河南省保险公司资产总额同比增长7.5%。五是金融生态环境建设持续推进，金融服务水平进一步提升。社会信用体系建设深入推进，2023年末，共有197家机构接入征信系统。支付清算系统保持安全稳定运行，涉诈涉赌“资金链”治理向纵深推进；持续推动优化账户服务，支付普惠进程进一步加快。

2024年，河南省金融系统将继续以习近平新时代中国特色社会主义思想为指导，全面贯彻落实党的二十大和二十届三中全会精神、中央经济工作会议和中央金融工作会议精神，认真贯彻落实稳健的货币政策，聚焦做好科技金融、绿色金融、普惠金融、养老金融和数字金融五篇大文章，巩固和增强河南省经济回升向好态势，全面推进中国式现代化建设河南实践，在强国建设、民族复兴新征程上奋勇争先、更加出彩。

河南金融年鉴编辑部

编辑说明

一、本卷《河南金融年鉴》是一部反映2023年河南省金融事业发展情况的大型资料性用书，是社会各界系统了解河南金融较为理想的媒介，在整个组稿、筛选和编纂过程中，力求体现科学性、资料性、全面性和连续性。

二、本年鉴共分为七个部分。第一部分：河南金融概览篇；第二部分：金融管理篇；第三部分：金融机构篇；第四部分：各市金融篇；第五部分：金融社团组织；第六部分：河南金融统计资料；第七部分：河南金融管理部门和金融机构名录。

三、本年鉴采用条目式整体编排。每一条目标题用【 】表示，本卷所反映的内容，一般只限于当年的业务活动。

四、本年鉴中的部分统计数据采用了四舍五入的计数法，一般保留两位小数，总计与分项相加略有误差；各金融机构的业务统计科目的设置有所不同，因此同一类别的资料、表格形式、金额单位不尽一致。请各位读者在阅读和使用时，注意统计口径的差别。

五、各金融机构的归类、排列是按惯例进行的，无名次高低之意。

六、个别新近成立的金融机构，由于业务尚未全面展开，故暂不入编本年鉴。

七、由于本年鉴资料涉及面广，组稿人员多，难免会出现一些错误与不足，恳请各界读者批评指正。

河南金融年鉴编辑部

目 录

其他金融机构

第四部分
各市金融篇

第五部分
金融社团组织

第六部分

河南金融统计资料

一、综合业务统计表

（一）本外币信贷收支表

（二）河南省各市金融统计表

（三）外汇业务统计表

（四）证券、期货情况统计表

二、金融机构业务统计表

（一）资产负债表

（二）损益表

（三）保险业务统计表

三、金融机构人员统计表

第七部分
河南金融管理部门和金融机构名录

第一部分

河南金融概览篇

总体情况

河南经济运行情况

2023 年，河南省坚持稳中求进工作总基调，着力推动高质量发展，全力以赴拼经济，全年实现地区生产总值 5.9 万亿元，同比增长 4.1%（见图 1）。其中，第一产业、第二产业、第三产业增加值分别为 5360 亿元、2.2 万亿元、3.2 万亿元，同比分别增长 1.8%、4.7%、4.0%。

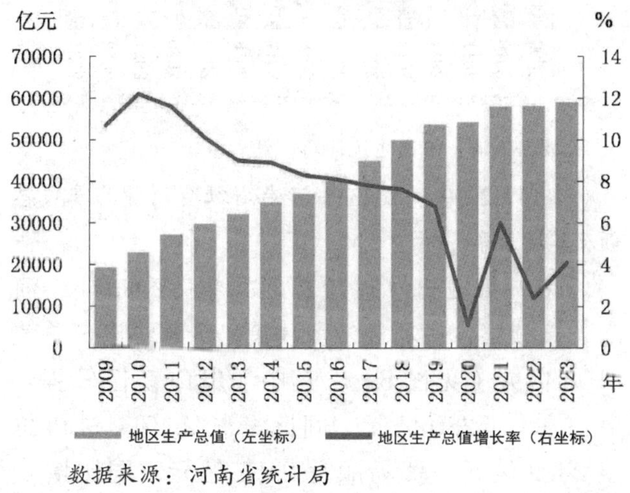

数据来源：河南省统计局

图 1　2009 ~ 2023 年河南省地区生产总值及其增长率

一、生产总体稳定，经济运行整体向好。

（一）农业生产总体稳定。把高标准农田建设作为落实“藏粮于地、藏粮于技”战略的重要举措，2023 年末，累计建成高标准农田 8585 万亩，占河南省耕地总面积的 76.0%。全年粮食产量达到 1325 亿斤，连续七年稳定在 1300 亿斤以上，其中秋粮同比增长 3.3%。油料蔬菜生产平稳增长。油料产量同比增长 2.8%，蔬菜及食用菌产量同比增长 2.6%。畜牧业生产基本稳定。生猪出栏 6102 万头，同比增长 3.1%；牛出栏 246 万头，同比增长 1.0%。

（二）工业生产较快恢复。谋划推进 7 个先进制造业集群和 28 个重点产业链，加快建设制造业强省。河南省规模以上工业增加值同比增长 5.0%（见图 2），其中，规模以上工业 40 个行业大类中有 25 个行业增加值同比实现增长，增长面 62.5%。制造业支撑作用显著发挥。规模以上制造业增加值同比增长 6.1%，拉动河南省规模以上工业增加值增长 4.8 个百分点，对规模以上工业增长的贡献率达 95.8%。汽车、电子等产业表现抢眼。汽车及零部件产业、电子信息产业增加值同比分别增长 45.2%、13.6%，合计拉动河南省规模以上工业增加值增长 2.6 个百分点。

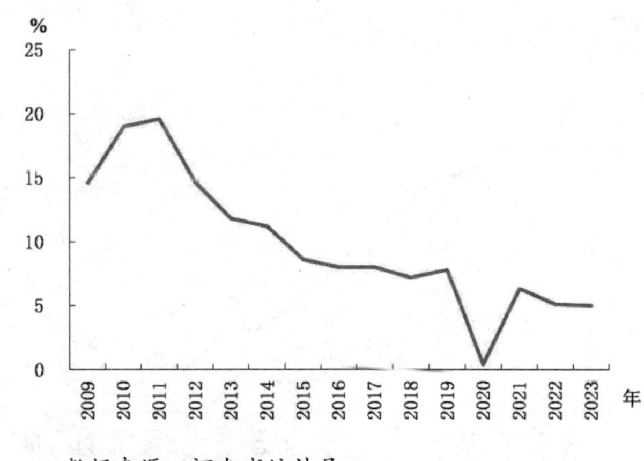

数据来源：河南省统计局

图 2　2009 ~ 2023 年河南省规模以上工业增加值实际增长率

（三）服务业经济恢复向好。全年规模以上服务业企业营业收入同比增长 10.5%；规模以上服务业企业利润总额同比增长 120.6%，较上年提高 154.3 个百分点；10 个行业门类全部实现盈利。接触型聚集型服务业恢复增长较快。其中，规模以上文化、体育和娱乐业营业收入同比增长 30.2%，在 10 个规模以上服务业行业门类中增速第一。服务业新兴领域增势良好。规模以上战略性新兴服务业营业收入同比增长 11.7%，规模以上互联网游戏服务、互联网科技创新平台等服务业营业收入同比分别增长 58.7%、70.7%。

二、内需稳定恢复，外需保持韧性。

（一）固定资产投资稳定增长。2023 年，固定资产投资同比增长 2.1%（见图 3）。全年滚动开展“三个一批”①项目建设活动，累计签约项目 4819 个、开工项目 7525 个、投产项目 3358 个，形成一批新的增长点。重点项目支撑作用凸显。全年亿元及以上项目完成投资同比增长 11.2%，拉动全部投资增长 6.6 个百分点，其中 10 亿元及以上项目完成投资同比增长 24.9%。基础设施投资同比增长 4.6%，其中道路运输业投资同比增长 27.0%。技改投资同比增长 17.4%，占工业投资比重为 24.7%，占比较上年提高 1.8 个百分点。社会领域投资同比增长 8.7%，其中教育、卫生投资同比分别增长 23.1%、16.0%。

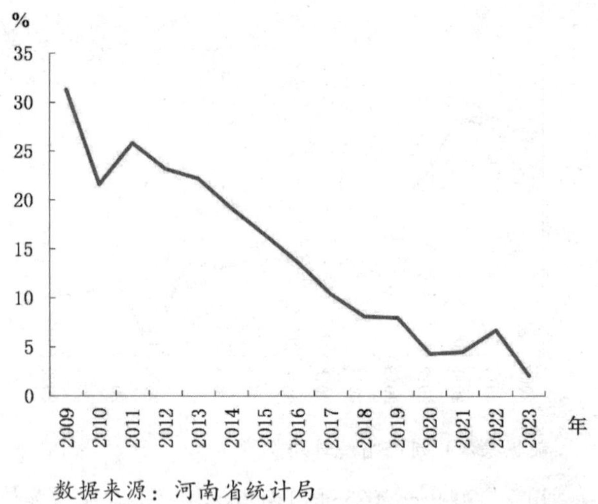

数据来源：河南省统计局

图 3　2009 ~ 2023 年河南省固定资产投资（不含农户）增长率

（二）消费市场稳定恢复。有针对性地出台促消费系列政策，不断释放内需潜力。河南省社会消费品零售总额同比增长 6.5%（见图 4），较上年提高 6.4 个百分点；其中限额以上单位消费品零售额增长 9.2%，较上年提高 5.8 个百分点。餐饮收入和商品零售较快恢复。限额以上单位餐饮收入、商品零售同比分别增长 8.1%、9.2%，较上年分别提高 8.9 个、5.6 个百分点。出行类商品快速增长。限额以上单位汽车类、石油及制品类商品零售额同比分别增长 13.4%、22.2%。网上零售持续活跃。限额以上单位通过公共网络实现的商品零售额同比增长 10.7%。

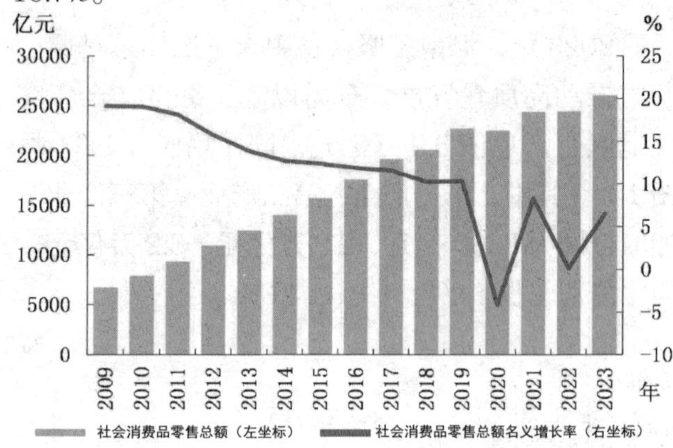

数据来源：河南省统计局

图 4　2009 ~ 2023 年河南省社会消费品零售总额及其增长率

（三）进出口规模整体较稳。2023 年，河南省接续出台多项稳外贸政策，全年进出口总值 8108 亿元（见图 5）。其中，出口韧性较强，出口总值 5280 亿元，同比增长 2.4%。进口总值 2828 亿元，贸易顺差 2452 亿元，同比增长

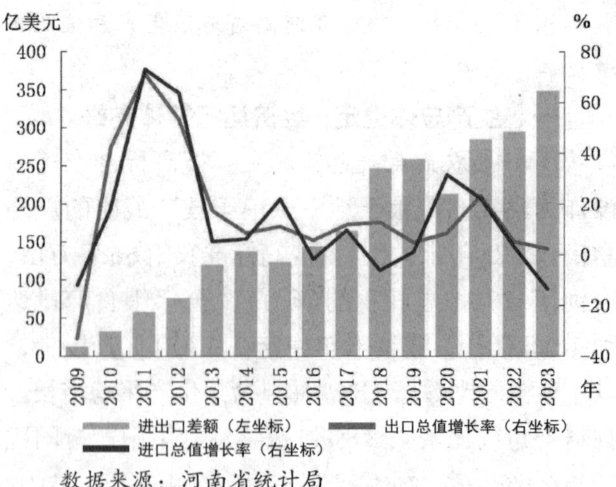

数据来源：河南省统计局

图 5　2009 ~ 2023 年河南省外贸进出口变动情况

①“三个一批”即在河南省范围内集中签约一批、开工一批、投产一批重大项目。

30.0%。重点出口产品快速增长。汽车、人发制品、农产品出口同比分别增长106.5%、16.8%、8.3%。经贸合作空间有效拓展。与“一带一路”共建国家进出口占河南省进出口的44.0%，较上年提高2.8个百分点。对《区域全面经济伙伴关系协定》（RCEP）成员国进出口占河南省进出口的30.3%，较协定生效前的2021年提高3.3个百分点。

三、经济结构优化升级，质量效益不断提升。

（一）新质生产力蓬勃兴起。河南省坚持把创新驱动、科教兴省、人才强省作为首要战略，加快形成新质生产力。规模以上工业战略性新兴产业、高技术制造业增加值同比分别增长10.3%、11.7%，分别拉动河南省规模以上工业增加值增长2.5个、1.6个百分点，其中新一代信息技术产业增加值增长16.5%。液晶显示模组、光学仪器、锂离子电池产量同比分别增长412.2%、104.0%、45.6%。数字经济快速发展。5G基站总数达到18.7万个，计算机通信和其他电子设备制造业增加值同比增长13.6%，计算机工作站、笔记本电脑产量同比分别增长362.7%、192.8%。

（二）创新格局全面起势。以中原科技城、中原医学科学城、中原农谷为支柱的“三足鼎立”科技创新大格局全面起势。2023年末，河南省拥有国家级创新平台172家，建设省实验室16家、产业研究院40家、中试基地36家、创新联合体28家。高新技术企业1.2万家，科技型中小企业2.6万家。技术合同成交额1368亿元，同比增长33.4%。新产业投资快速增长。高技术制造业投资同比增长22.6%，高于工业投资增速13.7个百分点，其中电子及通信设备制造业投资同比增长38.8%。市场活力持续增强。实有经营主体1094万户，同比增长5.8%，其中实有企业300万户，同比增长10.8%。

（三）新旧动能转换步伐全方位加快。产业结构方面，高技术制造业增加值占规模以上工业增加值的比重较上年提高1.8个百分点；电子信息产业增加值占规模以上工业增加值的比重较上年提高2.9个百分点。投资结构方面，高技术制造业投资、工业技改投资占工业投资的比重较上年分别提高1.7个、1.8个百分点。消费结构方面，线上消费活跃度逐步提升，通过公共网络实现的商品零售额占限额以上单位消费品零售额的比重为7.4%，较上年提高1.7个百分点；绿色消费不断提升，限额以上单位新能源汽车零售额占汽车类商品零售额的比重为24.6%，较上年提高12.6个百分点。能源结构方面，新型能源、可再生能源发电量占比不断提高，规模以上工业发电量中，新型能源发电量占比为16.4%，较上年提高1.9个百分点；可再生能源发电量占比为18.0%，较上年提高1.4个百分点。

（四）经济发展质量效益不断提升。更加注重经济发展的质量效益，发展绿色低碳产业，倡导绿色消费，加快发展方式绿色化转型，坚持以保障和改善民生为重点，不断增进民生福祉。绿色低碳扎实推进。规模以上节能环保产业增加值同比增长15.6%，高于规模以上工业增加值增速10.6个百分点。绿色升级类产品产销两旺，充电桩产量同比增长50.2%，限额以上单位新能源汽车零售额同比增长64.2%。千方百计稳住就业。高质量推进“人人持证、技能河南”建设，城镇新增就业119万人、失业人员再就业28万人、就业困难人员再就业10万人。

四、物价整体可控，居民可支配收入稳步增长。

（一）居民消费价格略有下降。居民消费价格同比下降0.2%，其中，城市居民消费价格同比下降0.4%，农村居民消费价格同比上涨0.2%。分类别看，畜肉类同比下降10.1%，其中猪肉拖累较为明显，同比下降16.9%；教育文化娱乐消费价格同比上涨1.4%，其中旅游价格同比上涨9.6%。

（二）工业生产者价格持续回落。2023年，河南省工业生产者出厂价格和工业生产者购进价格同比分别下降2.6%、4.7%。工业生产者出厂价格中，生产资料价格同比下降3.8%，生活资料价格同比上涨0.8%；工业生产者购进价格中，9个门类仅有色金属材料及电线类同比实现正增长。

（三）居民收入稳步增长。河南省居民人均可支配收入近3万元，同比增长6.1%。其中，城镇居民人均可支配收入4万元，同比增长4.5%；农村居民人均可支配收入2万元，同比增长7.3%。城乡居民可支配收入比为2.01（以农村居民人均可支配收入为1），同比缩小0.05。（见图6）

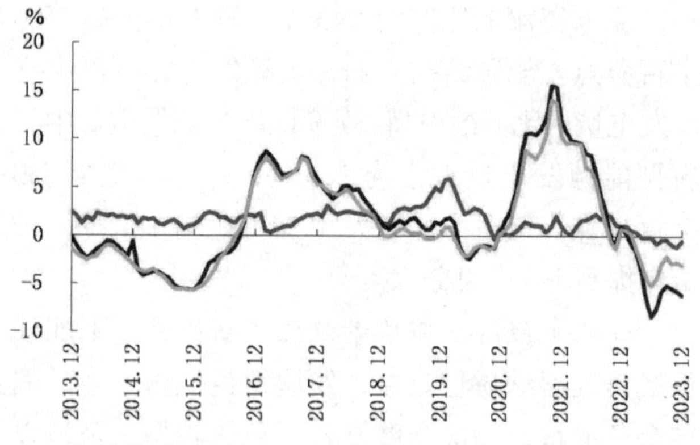

数据来源：河南省统计局

图6　2013～2023年河南省居民消费价格指数和生产者价格指数

五、财政收支总体平稳，重点领域支出得到有力保障。

（一）财政收入质量进一步提高。受经济恢复向好及2022年低基数等因素影响，2023年河南省财政总收入6973亿元，同比增长12.9%，其中，地方一般公共预算收入4512亿元，同比增长6.2%；地方税收收入2855亿元，同比增长10.2%。税收收入占一般公共预算收入比重较上年提高2.4个百分点，财政收入质量进一步提高。

（二）重点领域支出得到有力保障。财政支出规模稳步扩大，河南省一般公共预算支出1.1万亿元，同比增长3.9%，连续5年超过1万亿元。重点领域支出得到有力保障。一般公共预算支出中，农村综合改革、就业补助、住房保障等民生领域支出同比分别增长19.0%、15.0%、14.4%。（见图7）

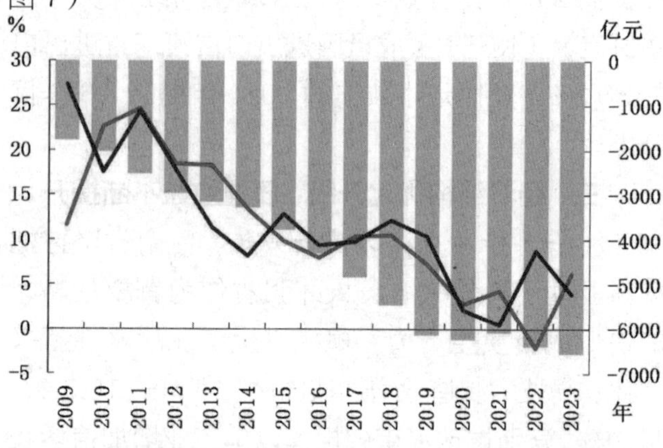

数据来源：河南省统计局

图7　2009～2023年河南省财政收支状况

六、房地产市场平稳运行，住房保障体系不断完善。

（一）商品房销售转型新模式，销售指标降幅收窄。郑州、开封、济源3市开展现房销售试点，促进向房地产新发展模式转型。2023年，河南省商品房销售面积、销售额同比分别下降5.5%、3.1%，降幅较上年末分别收窄10.6个、19.2个百分点。

（二）保障性租赁住房体系不断完善。丰富筹集方式，加大筹集力度，进一步打造多层次租赁住房供应体系。自2021年保障性住房政策实施以来，已筹集和开工19.5万套（间），8.4万名新市民实现安居，为新市民和青年群体提供了良好舒适的居住环境。

河南金融形势

2023年，河南省金融系统认真贯彻落实稳健的货币政策，发挥货币政策工具总量和结构双重功能，保持信贷规模和社会融资规模合理增长，持续加大对重大战略、重点领域和薄弱环节的信贷支持力度，服务实体经济高质量发展能力进一步增强。

一、银行业资产负债规模稳步增长。2023年末，河南省银行业资产总额12.6万亿元，同比增长8.4%；负债总额12.1万亿元，同比增长8.3%。法人银行流动性总体平稳。2023年末，城商行、农信机构、村镇银行的流动性比例分别为51.54%、93.09%、83.22%，均高于25%的监管要求。

表1 2023年河南省银行业金融机构情况

机构类别	营业网点			法人机构（个）
	机构个数（个）	从业人数（个）	资产总额（亿元）	
一、大型商业银行	3154	67920	43395	
二、国家开发银行和政策性银行	153	3244	9633	
三、股份制商业银行	590	13543	12840	
四、城市商业银行	885	24157	18489	2
五、城市信用社				
六、小型农村金融机构	4541	42211	24915	136
七、财务公司	8	185	590	5
八、信托公司	2	562	228	2
九、邮政储蓄	2435	23845	12437	
十、外资银行	3	40	46	
十一、新型农村机构	923	10803	1739	289
十二、其他	4	921	1422	4
合计	12698	187431	125734	438

注：1.银行业金融机构包括存款类金融机构和非存款类金融机构，存款类金融机构包括银行、信用合作社、财务公司；非存款类金融机构包括信托公司、金融租赁公司、汽车金融公司、贷款公司和消费金融公司等。

2.营业网点不包括国家开发银行和政策性银行、大型商业银行、股份制银行等金融机构总部数据；大型商业银行包括中国工商银行、中国农业银行、中国银行、中国建设银行和交通银行；小型农村金融机构包括农村商业银行、农村合作银行和农村信用社；新型农村机构包括村镇银行、贷款公司、农村资金互助社和小额贷款公司；其他包含金融租赁公司、汽车金融公司、货币经纪公司、消费金融公司等。

数据来源：国家金融监督管理总局河南监管局

二、各项存款平稳增长。2023年末，河南省本外币各项存款余额10.06万亿元，同比增长8.0%，较年初增加7412亿元。人民币各项存款余额10.0万亿元，同比增长8.3%，较年初增加7658亿元。其中，住户存款余额6.8万亿元，同比增长13.3%，较年初增加8046亿元；非金融企业存款余额1.7万亿元，同比下降2.0%，较年初减少346亿元。

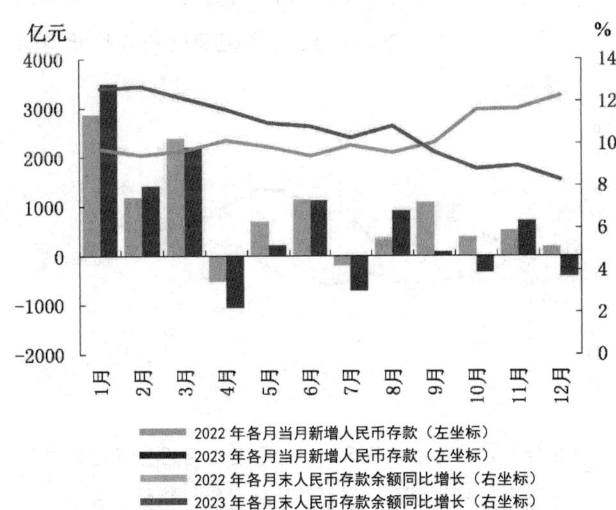

数据来源：中国人民银行河南省分行

图8 2022～2023年河南省金融机构人民币存款增长情况

三、各项贷款增速稳中有升。2023年末，河南省本外币各项贷款余额8.4万亿元，同比增长9.5%，较上年提高1.6个百分点；较年初增加

7236亿元，同比多增1669亿元。人民币各项贷款余额8.3万亿元，同比增长9.7%，较上年提高0.9个百分点；较年初增加7328亿元，同比多增1211亿元。其中，住户贷款增长加快，年末余额3.3万亿元，同比增长8.1%，较上年提高4.4个百分点；较年初增加2470亿元，同比多增1347亿元。企（事）业单位贷款稳定增长，年末余额5.0万亿元，同比增长10.7%；较年初增加4832亿元，同比少增162亿元。

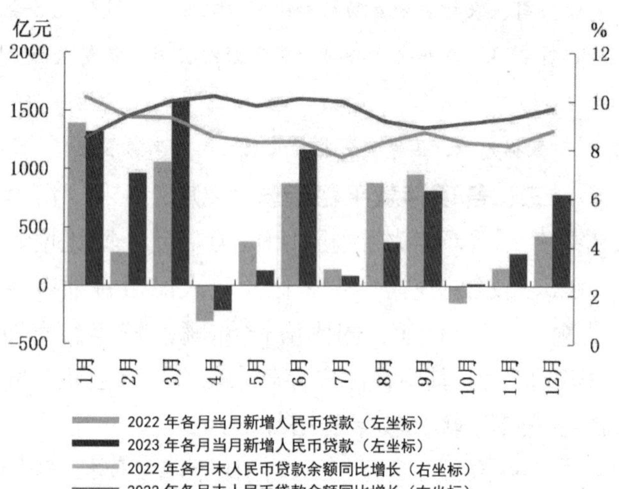

数据来源：中国人民银行河南省分行

图9 2022～2023年河南省金融机构人民币贷款增长情况

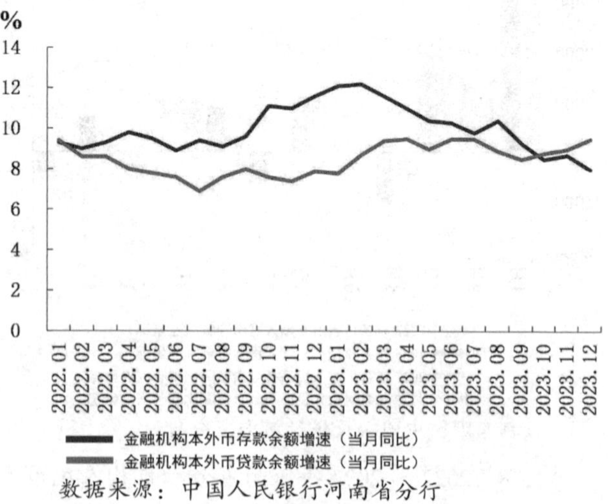

数据来源：中国人民银行河南省分行

图10 2022～2023年河南省金融机构本外币存、贷款增速变化

四、货币政策工具运用和管理增量提质。 2023年，河南省累计发放再贷款再贴现1309亿元，同比增加354亿元。2023年末，河南省支小再贷款、支农再贷款余额分别为460亿元、293亿元，限额使用率较上年分别提高42.5个、9.8个百分点。累计向117家（次）金融机构发放普惠小微贷款支持工具激励资金约3亿元，带动新增普惠小微贷款175亿元。河南省金融机构减免普惠小微贷款利息7亿元、惠及市场主体约30万家（次）。河南省发放符合碳减排支持工具、支持煤炭清洁高效利用专项再贷款、科技创新再贷款、交通物流专项再贷款、普惠养老专项再贷款使用条件的贷款分别为121亿元、76亿元、83亿元、5亿元和2亿元。

五、金融支持重大战略、重点领域和薄弱环节力度持续加大。 金融支持制造业和科技创新力度加大。高新技术企业、科技型中小企业贷款余额同比分别增长17.3%、21.0%，分别高于本外币各项贷款余额增速7.8个、11.5个百分点。绿色贷款规模显著增加。年末河南省绿色贷款余额为7359亿元，近三年规模实现“翻一番”，同比增长32.5%，高于本外币各项贷款余额增速23.0个百分点。薄弱环节贷款增量扩面。2023年末，河南省普惠小微贷款余额、民营企业贷款余额同比分别增长21.6%、10.0%，较上年分别提高7.4个、11.7个百分点。普惠小微、民营企业贷款授信户数分别达219万户、28万户，同比分别增长18.4%、14.9%。涉农贷款余额2.8万亿元，同比增长8.4%；较年初增加2169亿元，同比多增661亿元。

六、存贷款利率稳中有降。 落实存款利率市场化调整机制成效显著。12月，河南省金融机构活期、定期存款加权平均利率分别为0.24%、1.61%，同比分别下降0.04个、0.07个百分点。贷款市场报价利率（LPR）改革效能持续释放。12月，河南省一般贷款加权平均利率为4.53%，同比下降0.44个百分点；新发放企业贷款加权平均利率为4.14%，同比下降0.35个百分点，其中，小微企业、普惠小微贷款利率同比分别下降0.28个、0.86个百分点。

表 2 2023 年河南省金融机构一般贷款各利率区间占比情况表

单位：%

月份		1月	2月	3月	4月	5月	6月
合计		100.0	100.0	100.0	100.0	100.0	100.0
LPR 减点		24.5	30.3	27.8	23.4	26.1	23.5
LPR		8.9	7.9	9.9	10.5	9.0	10.1
LPR 加点	小计	66.7	61.8	62.4	66.1	64.9	66.4
	（LPR，LPR+0.5%）	16.6	17.5	18.8	17.5	18.3	20.7
	（LPR+0.5%，LPR+1.5%）	19.2	16.6	17.7	18.3	17.4	18.1
	（LPR+1.5%，LPR+3%）	13.6	12.0	12.1	13.4	12.7	14.2
	（LPR+3%，LPR+5%）	10.7	9.1	8.6	10.3	10.4	8.3
	LPR+5% 及以上	6.6	6.6	5.2	6.6	6.2	5.3

续表

月份		7月	8月	9月	10月	11月	12月
合计		100.0	100.0	100.0	100.0	100.0	100.0
LPR 减点		27.9	23.9	22.0	23.8	26.8	28.6
LPR		9.8	7.8	9.4	9.8	8.0	8.4
LPR 加点	小计	62.3	68.4	68.5	66.3	65.2	63.1
	（LPR，LPR+0.5%）	18.6	16.8	19.1	16.6	15.6	14.1
	（LPR+0.5%，LPR+1.5%）	16.3	16.8	21.1	19.1	19.7	19.8
	（LPR+1.5%，LPR+3%）	10.6	12.9	13.6	12.9	13.7	15.0
	（LPR+3%，LPR+5%）	10.0	12.9	9.2	11.1	10.4	9.5
	LPR+5% 及以上	6.9	9.0	5.5	6.7	5.8	4.7

数据来源：中国人民银行河南省分行

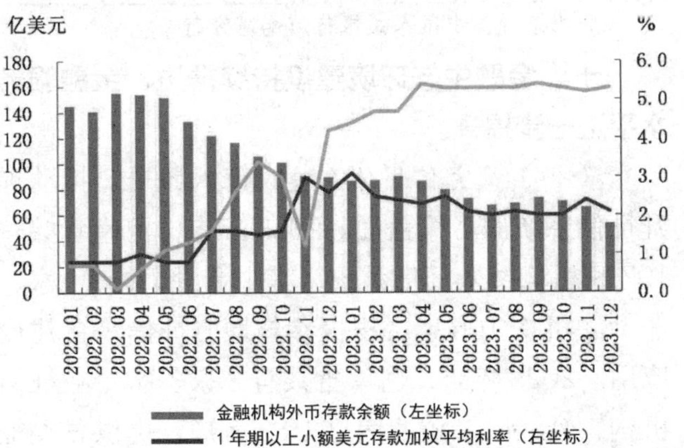

数据来源：中国人民银行河南省分行

图 11 2022 ~ 2023 年河南省金融机构外币存款余额及外币存款利率

七、人民币跨境使用持续增长。结算规模不断扩大。河南省人民币跨境收付合计 2137 亿元，同比增长 1.7%，占跨境收支比重为 14.7%，较上年提高 0.4 个百分点，为 2020 年以来最高水平。重点领域、重点区域跨境人民币结算大幅增长。原油进口人民币结算同比增长近 7 倍，大豆进口人民币结算同比增长近 10 倍，铁矿石进口人民币结算实现零突破。河南省与“一带一路”共建国家跨境人民币结算同比增长 22.3%。

八、保险业运行较为稳健，保险保障作用持续增强。

（一）资产规模稳步增长，风险保障水平不断提高。2023 年末，河南省保险业资产总额达 6817 亿元，同比增长 7.5%；实现原保险保费收入 2400 亿元，同比增长 1.3%，较上年提高 0.9 个百分点，其中，财产险保费收入同比增长 6.6%，人身险保费收入同比下降 0.4%。全年累计赔付支出 1004 亿元，同比增长 25.3%；累计提供有效保险金额 266.9 万亿元，同比增长 6.0%，保险业经济减震器和社会稳定器功能得到较好发挥。

（二）保险业服务经济社会高质量发展。车险综改“降价、增保、提质”成效持续显现，2023 年末，财险市场商业车险单均保费较车险综改前下降 26.3%，消费者获得感显著增强。普惠保险供给层次日益丰富，“惠民保”“医惠保”业务稳健发展，解决群众大额医疗费用、自费医疗负担尤其是“一老一少”投保难等问题。养老保险保障水平不断提高，创新推动“普惠型意健险 + 专属商业养老保险”一揽子保障模式，多家保险集团在河南的养老社区项目开工建设。“险资入豫”为河南发展注入更多动能，2023 年末，河南省累计引入保险资金突破 6000 亿元，实现连续三年增长 1000 亿元以上。

表3　2023年保险业基本情况表

项目	数量
总部设在辖内的保险公司数（家）	1
其中：财产险经营主体（家）	1
寿险经营主体（家）	
保险公司省级分公司（家）	91
其中：财产险公司省级分公司（家）	40
寿险公司省级分公司（家）	51
保费收入（中外资，亿元）	2400
其中：财产险保费收入（中外资，亿元）	618
人身险保费收入（中外资，亿元）	1782
各类赔款给付（中外资，亿元）	1004

数据来源：国家金融监督管理总局河南监管局

九、社会融资规模增量超万亿元，金融市场业务运行平稳。

（一）社会融资规模增量超万亿元。2023年，河南省社会融资规模增量1.1万亿元。其中，本外币贷款增加7276亿元，非金融企业直接融资1889亿元，表外融资减少1654亿元，地方政府债券净融资2478亿元。

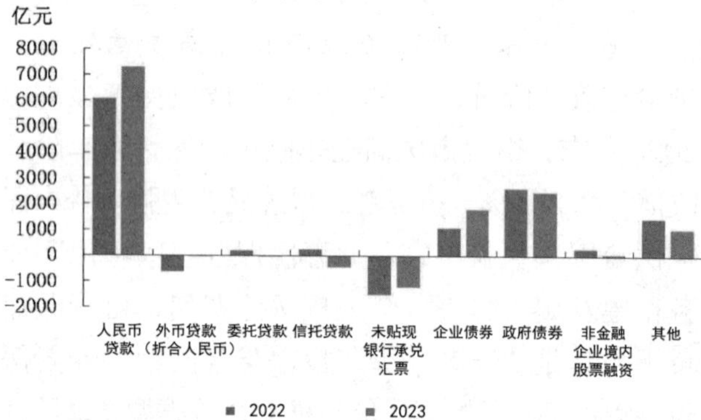

数据来源：中国人民银行河南省分行

图12　2022～2023年河南省社会融资规模分布结构

（二）银行间债券市场发行规模量增质升。2023年，河南省累计发行银行间债券市场非金融企业债务融资工具2303亿元，同比增加728亿元，发行规模稳步回升；地方法人金融机构发行金融债券和信贷资产支持证券199亿元，同比增加44亿元。其中，推动4家企业成功发行绿色碳中和债券、绿色中期票据等绿色债券，合计金额35亿元，3家企业成功发行9只科创票据，合计金额82亿元。

表4　2023年河南省金融机构票据业务量统计表

单位：亿元

季度	银行承兑汇票承兑		贴现			
			银行承兑汇票		商业承兑汇票	
	余额	累计发生额	余额	累计发生额	余额	累计发生额
1	6580.8	2236.2	3968.0	5291.9	297.0	564.0
2	6314.0	4115.3	4051.6	12025.9	330.6	1383.4
3	6052.8	6708.2	4051.1	19841.6	348.2	2223.3
4	6009.9	9825.0	4609.1	28233.3	332.8	2866.7

数据来源：中国人民银行河南省分行

（三）票据融资总量保持增长。2023年，河南省银行承兑汇票累计承兑发生额9825亿元，同比增加1037亿元；贴现累计发生额3.1万亿元，同比增加6995亿元。其中，银行承兑汇票贴现利率、票据买断转贴现利率年内季度间持续回落。

表5　2023年河南省金融机构票据贴现、转贴现利率统计表

单位：%

季度	贴现		转贴现	
	银行承兑汇票	商业承兑汇票	票据买断	票据回购
1	2.40	3.39	2.01	1.80
2	1.90	3.82	2.01	1.57
3	1.46	3.28	1.39	1.69
4	1.30	3.50	1.11	1.91

数据来源：中国人民银行河南省分行

十、金融生态环境建设持续推进，金融服务水平进一步提升。

（一）社会信用体系建设深入推进。推动提升征信系统服务覆盖面。2023年末，河南省共有197家机构接入征信系统，其中金融机构91家，非金融机构106家。积极参与地方征信平台建设应用。2023年末，河南省共有3家备案企业征信机构，合计收录企业信息10.3万户，提供各类征信服务6.6万次。深入推进农村信用体系建设，助力各类农业经营主体融资发展。河南省共为1924.5万户农户、46.4万户新型农业经营主体建立信用档案，基本实现信息主体全覆盖。2023年末，

河南省动产和权利担保登记 8.9 万笔，查询 45.3 万次，同比分别增长 41.9%、44.4%。河南省应用中国人民银行征信中心应收账款融资服务平台促成应收账款融资 1889 笔、762 亿元，同比分别增长 1.2%、11.6%。

（二）支付服务实体经济质效进一步提升。支付业务连续性保障机制持续完善，河南省支付清算系统保持安全稳定运行。涉诈涉赌“资金链”治理向纵深推进，建设上线省级银警共享平台，辖区银行账户风险防控水平显著提升。加强支付受理终端及相关业务管理，收单业务规范性持续提升，辖区支付机构合规展业意识进一步增强。全面排查、清理规范、优化调整农村支付服务站点，银行卡助农取款服务规范性、可持续性得到提升。巩固支付手续费降费政策落实成果，持续释放政策红利，河南省支付服务主体累计降费规模达 12 亿元，市场主体满意率达 99.1%。持续推动优化账户服务，组织、指导河南省银行网点 100% 设置支付适老化绿色通道；提升境外来华人员支付服务水平工作稳步推进，河南省支付普惠进程进一步加快。

（三）金融消费权益保护稳步推进。持续打造“12363”暖心热线，河南省共接收消费者咨询 9.7 万起、受理投诉 1.2 万起。持续做好金融纠纷多元化解工作，充分利用“总对总”在线诉调机制，调解金融纠纷。聚焦人民群众对金融知识的迫切需求和薄弱领域，会同金融监管部门深入开展金融知识集中宣传教育活动，切实提高金融消费者的金融知识水平。

货币政策执行情况

一、中国货币政策回顾。2023 年，中国人民银行坚持以习近平新时代中国特色社会主义思想为指导，全面贯彻党的二十大精神，认真落实党中央、国务院决策部署，稳健的货币政策精准有力，适时强化逆周期调节，统筹把握总量与结构、数量与价格、内部与外部均衡，有效支持了实体经济发展。一是加大货币信贷支持经济力度。全年两次降准释放长期资金超 1 万亿元，中期借贷便利（MLF）超额续作 2.5 万亿元，灵活开展公开市场操作，保持流动性合理充裕。多次召开金融机构座谈会，引导信贷总量适度、节奏平稳，增强贷款增长的稳定性和可持续性。二是降低融资成本激发有效需求。两次下调政策利率，带动贷款市场报价利率（LPR）等市场利率下行。发挥存款利率市场化调整机制作用，稳定银行负债成本。调整优化住房信贷政策，引导商业银行有序降低存量首套房贷利率。三是优化资金供给推动结构转型。出台金融支持民企的指导性文件，落实《加大力度支持科技型企业融资行动方案》；增加支农支小再贷款额度 2500 亿元，延续实施普惠小微贷款支持工具、碳减排支持工具，增加抵押补充贷款（PSL）额度 5000 亿元，引导金融资源更多流向重大战略、重点领域和薄弱环节。四是稳定汇率兼顾内外均衡。深化汇率市场化改革，适时上调跨境融资宏观审慎调节参数、下调外汇存款准备金率，发挥外汇自律机制作用，强化预期引导，调节外汇市场供求，保持人民币汇率在合理均衡水平上的基本稳定。

总体看，2023 年货币政策坚持稳字当头、稳中求进，为经济回升向好营造了良好的货币金融环境。货币信贷保持合理增长，年末人民币贷款余额达 237.6 万亿元，广义货币（M2）、社会融资规模存量同比分别增长 9.7% 和 9.5%；全年新增贷款 22.7 万亿元，同比多增 1.3 万亿元。信贷结构持续优化，年末普惠小微贷款和制造业中长期贷款余额同比分别增长 23.5% 和 31.9%；民营企业贷款同比增长 12.6%，较上年末高 1.6 个百分点。社会融资成本稳中有降，12 月新发放企业贷款加权平均利率为 3.75%，较上年同期低 0.22 个百分点，持续创有统计以来新低；新发放个人住房贷款加权平均利率为 3.97%，较上年同期低 0.29 个百分点，超过 23 万亿元存量首套房贷款利率平均下调 0.73 个百分点，每年减少借款人利息支出约 1700 亿元。人民币汇率双向浮动、预期收敛，保持基本稳定，年末人民币对美元汇率收盘价为 7.0920，较本轮低点升值逾 3%。

二、河南省货币政策执行情况。2023 年，人民银行河南省分行以习近平新时代中国特色社会主义思想为指导，认真贯彻党的二十大和中央经济工作会议、中央金融工作会议精神，紧紧围绕总行工作部署，落实稳健的货币政策，强化调查研究，努力发挥货币政策工具总量和结构双重功能，保持信贷增长的稳定性，推动贷款利率持续下行，引导金融机构加大对重大战略、重点领域和薄弱环节信贷支持。

贯彻落实稳健的货币政策，引导货币信贷平稳增长。加强政策传导调度，形成工作合力。先后召开货币信贷工作会议、座谈会，研究部署河南省货币信贷年度工作安排。通过形势分析会、金融要情专报等多种渠道，向省委、省政府及有关部门、金融机构，传导人民银行货币政策，不断增强政策共识。做好形势分析研判，为科学落实稳健货币政策提供支撑。2023 年末，河南省本外币各项贷款余额 8.4 万亿元，同比增长 9.5%，较上年提高 1.6 个百分点；较年初增加 7236 亿元，同比多增 1669 亿元。

用足用好再贷款再贴现等货币政策工具，引导金融机构加大对绿色、普惠领域信贷支持。着力提高再贷款使用规模。组织召开河南省结构性货币政策工具推进会、座谈会，统筹安排加大再贷款再贴现等工具使用。推动地方政府出台配套支持政策。联合省交通运输厅印发《关于发挥再贷款与“运通贷”合力加大对交通运输领域金融支持力度的通知》，对地方法人银行运用支农支小再贷款发放的交通运输贷款给予 1.5% 的保费补贴。2023 年，河南省累计发放再贷款再贴现 1309.2 亿元，同比增加 353.6 亿元。

落实普惠小微贷款支持工具和阶段性减息政策，助力市场主体纾困解难。加大普惠小微贷款支持工具投放。引导更多地方法人金融机构获得普惠小微贷款支持工具激励。2023 年累计向 117 家（次）金融机构发放普惠小微贷款支持工具激励资金约 3 亿元，带动新增普惠小微贷款 175 亿元。实施好普惠小微贷款阶段性减息政策。推动地方法人金融机构明确账务处理原则，完善系统设置，按照“应减尽减”要求降低市场主体利息负担。河南省金融机构减免普惠小微贷款利息 7 亿元、惠及市场主体约 30 万家（次）。

推动总行管理的货币政策工具快速落地见效，支持实体经济高质量发展。加强政策宣传。会同地方政府、行业主管部门、金融机构等举办政策宣讲会、座谈会，提高政策覆盖面、知晓度和直达性。举办科创企业银企对接会、金企对接会，完善结构性货币政策工具工作专班，向金融机构推送重点绿色项目近千个。会同省交通运输厅研究将“运通贷”交通运输专项贷款的合作银行、支持领域、政策时间进行扩展，继续对符合交通物流专项再贷款使用条件的贷款给予资金支持。2023 年，河南省发放符合碳减排支持工具、支持煤炭清洁高效利用专项再贷款、科技创新再贷款、交通物流专项再贷款、普惠养老专项再贷款使用条件的贷款分别为 121 亿元、76 亿元、83 亿元、5 亿元和 2 亿元。

加强监测管理，有效落实利率调控和利率市场化改革措施，引导存贷款利率下行。落实存款利率市场化调整机制要求，加强对省级利率自律机制指导，强化利率自律管理，及时纠正不规范利率定价行为，有效维护辖内利率定价秩序。河南省金融机构负债端成本稳中有降，2023年12月份，河南省金融机构活期、定期存款加权平均利率同比分别下降0.04个、0.07个百分点。推动落实好新发放首套住房个人住房贷款利率动态调整机制和存量首套房贷利率调整政策。推动法人金融机构建立运用内部资金转移定价（FTP）系统，并将贷款市场报价利率（LPR）嵌入FTP，持续释放LPR改革效能。河南省实际贷款利率继续下降，2023年12月份，河南省新发放一般贷款加权平均利率为4.53%，同比下降0.44个百分点；新发放企业贷款加权平均利率为4.14%，同比下降0.35个百分点，其中，小微企业、普惠小微贷款利率同比分别下降0.28个、0.86个百分点。

信贷政策执行情况

2023年，面对复杂严峻的内外部形势和多种超预期因素带来的不利冲击，人民银行河南省分行深刻把握金融工作的政治性、人民性、专业性，坚持稳中求进工作总基调，担当作为、积极进取，引导河南省金融机构持续加强对乡村振兴、科技创新、制造业、保交楼、民营小微、绿色发展、文化旅游等重点领域和薄弱环节的金融支持，为河南省经济回升向好提供坚实的金融支撑。

【乡村振兴金融服务】

围绕河南省建设农业强省目标，出台《关于金融服务乡村振兴工作的意见》，明确金融系统目标任务，提出26条务实可行举措，引导金融机构加大乡村振兴领域贷款投放力度。扛牢金融支持粮食安全政治责任，在新乡举办种业企业专项政银企对接活动，在三门峡开展金融支持新型农业经营主体“百日大走访”活动，推动河南省金融机构精准对接种业研发、粮食生产、农机装备和高标准农田建设等领域，支持提升粮食生产和重要农产品供给能力。聚焦重点地区，在77个乡村振兴巩固提升县、整体推进县和34个大别山、太行山革命老区县，引导金融机构结合当地种养殖业、文化旅游等资源禀赋，探索制定特色化金融支持方案，加大涉农贷款投放力度。严格落实“四个不摘”，对存量扶贫再贷款按规定展期，继续发挥脱贫人口小额信贷政策作用，确保对重点对象信贷支持力度不减。对河南省21家省级金融机构服务乡村振兴情况开展考核评估，强化对金融机构的激励约束。截至2023年末，河南省涉农贷款增速8.4%，同比提高2.8个百分点。相关经验做法被《金融时报》头版刊发。

【大力支持科技型企业和制造业发展】

成立省分行工作专班，开展科创金融服务能力提升活动，指导中行河南省分行、郑州银行等10家金融机构通过制定专项行动方案、建立专营机构等方式探索发展科创金融业务，开展货币政策工具精准直达行动、“首贷破冰行动”，不断提高服务能力。引导金融机构推出“积分贷”“科技人才贷”“认股权贷”等金融产品，发展“银行直贷、银担合作、投贷联动”等融资模式，推动“科技贷”“专精特新贷”扩面增量，满足不同成长阶段的科技型企业融资需求。先后会同郑州市政府、洛阳市政府和省科技厅等部门举办多场次政银企对接活动。加强与发改、工信等部门沟通，引导金融机构围绕河南省28条重点产业链，通过单列信贷计划、开通绿色授信通道等措施倾斜资源，推动制造业中长期贷款较快增长。2023年末，河南省高新技术企业、科技型中小企业、制造业中长期贷款余额同比分别增长17.25%、21.03%、19.42%，同比各提高7.77个、11.55个、9.94个百分点。

【持续提升民营小微企业金融服务水平】

深入推进敢贷愿贷能贷会贷长效机制建设，转发总行《关于印发小微企业信贷政策导向效果评估方案的通知》，制定《河南省法人金融机构小微企业信贷政策导向效果评估工作方案》，按季开展评估，促进小微企业融资增量、扩面、降价、提质。发挥普惠小微贷款支持工具作用，引导金融机构通过无还本续贷、还旧借新等方式强化助企纾困。联合国家金融监督管理总局河南监管局等八部门及时转发总行等部委《关于强化金融支持举措 助力民营经济发展壮大的通知》，联合省地方金融监管局等五部门制定《关于印发金融支持民营企业高质量发展十六条措施的通知》，指导金融机构通过制定年度服务目标、开展首贷客户培育拓展行动、开展产业链供应链金融服务、扩大民营企业债券融资规模等方式加大民营企业支持。截至2023年末，河南省普惠小微贷款余额同比增长21.57%，较全部贷款增速高12.09个百分点。

【推动扩大文旅与绿色信贷投放】

成立省分行绿色金融工作专班，制定《2023年河南省人民银行绿色金融重点任务攻坚行动工作方案》，定期召开会议研究部署推动。印发《关于加大绿色信贷投放 支持绿色产业发展的意见》，提出十条具体支持措施。择优筛选3家地方法人银行，纳入碳减排支持工具使用对象范围，激励加大绿色信贷投放。联合省水利厅印发《关于在河南省开展“节水贷”融资服务工作的通知》，大力推广“环保贷”“节水贷”等特色绿色信贷产品，积极探索将碳排放权、排污权等环境权益纳入融资抵质押担保范围。推动省政府印发《关于印发进一步促进文化和旅游消费若干措施的通知》，对河南省AAAA级及以上旅游景区在2022年6月至2023年6月期间新增、展期、延期贷款产生的利息按照年化利率2%给予贴息，累计为240余笔符合条件的贷款贴息1.2亿元。2023年末，河南省绿色贷款余额7358.9亿元，较年初增加2020.5亿元。

涉外收支形势

2023年，在全球经济增长乏力、外需收缩、大国博弈的国际环境下，国家外汇管理局河南省分局认真贯彻落实国家和省里一系列稳外贸、稳外资工作部署，扎实履行外汇管理与服务职能，助力河南省高质量发展与高水平开放大局。河南省一般贸易韧性较强，对外投资增长快，但进料加工进出口超预期下跌，河南省涉外收支双双下滑，企业结售汇需求同步回落。涉外收支及结售汇顺差进一步扩大。

【总体情况】

一、涉外收支总额小幅下降。2023年，河南省密集出台稳外贸政策，助力外贸主体不断发展壮大，外贸“新三样”及跨境电商对外贸支撑作用增强。2023年河南省涉外收支总额1971.1亿美元，同比下降8.1%，进料技工涉外收支下降

12.1%，是影响河南省涉外收支下降的决定因素。其中，涉外收入 1065.6 亿美元，同比下降 5.8%；涉外支出 905.5 亿美元，同比下降 10.7%。收支顺差 160 亿美元，同比增长 37%。

二、结售汇随涉外经济走势同步回落。2023 年，受涉外经济基本面放缓影响，河南省涉外收入及支出均呈放缓态势，企业汇兑需求相应减少。2023 年，河南省银行代客结汇 285.8 亿美元，同比下降 18%；售汇 199.2 亿美元，同比下降 12.1%。在美联储高强度加息预期下，人民币兑美元持续走弱，市场主体逢高结汇及持汇待结行为均较为普遍，衡量结汇意愿的结汇率略有提升，2023 年结汇率为 77%，较去年同期提升 2 个百分点；企业购汇率反弹至 75%。

【涉外收支主要特点】

一、一般贸易进出口韧性较强。2023 年，河南省有涉外收支业务的企业共 12468 家，同比增长 12.6%；一般贸易收付汇达 451 亿美元，在河南省涉外收支中占比 22.9%，较上年提升 1.1 个百分点。外贸主体活力增强、市场潜力增大、产品结构优化的特点突出。全年民营企业收付汇同比增长 12.9%；河南省对“一带一路”沿线国家（地区）贸易收付汇增长 5.2%；高新技术产品贸易增长较快，电动汽车、锂电池、太阳能电池“新三样”收汇增长 22.9%，芯片等信息技术产品付汇增长 12.9%。

二、加工贸易进出口下滑。2023 年以来受全球智能手机市场需求持续下行、富士康推动生产线向海外转移等因素影响，河南省一般贸易与进料加工“四六分成”的外贸结构逐步转化为“五五分成”。2023 年，河南省进料加工涉外收支总额合计 1269 亿美元，同比下降 12.1%，是河南省涉外收支下降的主要影响因素。

三、对外投资增长较快。2023 年，河南省对外投资企业 78 家，较上年增加 21 家；对外投资 15.3 亿美元。从投资规模看，超 1000 万美元的大型企业有 16 家，数量同比增长 45.5%。从投资周期看，境外投资正逐步从播种期走向收获期，境外投资利润汇回 7200 万美元。从投资方式看，在境外投资设立销售平台、海外仓库的企业增多，全年达 43 家。

四、外商投资预期总体平稳。2023 年，河南省外资企业利润汇出、减撤资分别为 10.5 亿美元、1.4 亿美元，较近三年均值分别下降 35.2%、12.9%。

五、跨境人民币使用接受度提高。2023 年，河南省使用跨境人民币结算的企业有 5004 家，同比增长 37.6%。原油、大豆、铁矿石等大宗商品进口企业使用跨境人民币结算大幅增长，有效规避了汇率风险。重点区域推广使用进展明显，对“一带一路”国家（地区）跨境人民币结算增长 22.3%。

六、自贸区创新引领成果丰硕。2023 年，河南省自贸区涉外收支 122 亿美元，同比增长 0.6%；外商投资资本金汇入 2.1 亿美元，增长 1.1 倍。自贸区金融创新成效显著，河南省首支合格境外有限合伙人（QFLP）基金试点落地；郑商所 4 类商品期货实现国际化；知识产权质押融资贷款余额超 5 亿元，增长 19.1%；跨国公司获得集中外债额度 99.4 亿美元，50 家境内外成员企业享受了跨境资金运作便利。

行业改革与发展

银行业改革与发展

2023年，河南省银行业金融机构改革发展稳中有序，重点领域风险化解加快推进，金融供给持续增强，主要业务稳步增长，行业经营态势总体保持稳健。一是资产规模稳步增加。截至2023年末，银行业总资产12.57万亿元，同比增长8.36%，资产规模和增速分别居全国第10位，中部六省第一位。各项贷款余额8.36万亿元，各项存款余额10.06万亿元，分别均居全国第九位，中部六省第一位，余额分别同比增长9.48%、7.95%。二是金融服务不断强化。持续加大重点领域金融支持，积极推进科技金融、绿色金融、普惠金融、养老金融和数字金融，助力经济高质量发展。用足用好房地产金融政策，加快保交楼项目配套资金投放，降低个人住房贷款首付比例及利率，推进房地产市场平稳健康发展，2023年河南省新增房地产领域贷款414.94亿元，新老划断后至2023年末，银行机构对专项借款支持保交楼项目直接配套融资165.9亿元，间接配套融资373.8亿元，规模居全国首位。持续让利实体经济，推动新发放企业类贷款利率同比下降0.4个百分点，通过发放信用贷款、减免费用等方式，为小微企业减轻负担约93亿元。三是机构改革成效显著。坚持“以改革建机制、以改革化风险、以改革促发展”，推动河南农商联合银行筹建开业，两家资金互助社实现无风险退出，城商行改革有序推进。2023年末，河南省共有地方银行法人机构225家，省级银行业分支机构31家，各级机构约1.25万个，从业人员18.60万人。

证券业改革与发展

一、证券期货机构运行总体平稳。2023年末，河南省共有法人证券公司1家、非法人证券分支机构398家，法人期货公司2家、非法人期货分支机构113家。其中，河南省3家法人证券期货公司资产总额563亿元，同比增长5.5%；负债总额401亿元，同比下降2.5%；主要风险监管指标均符合监管要求。

表6　2023年证券业基本情况表

项目	数量
总部设在辖内的证券公司数（家）	1
总部设在辖内的基金公司数（家）	
总部设在辖内的期货公司数（家）	2
年末国内上市公司数（家）	110
当年国内股票（A股）筹资（亿元）	75
当年发行H股筹资（亿元）	3
当年国内债券筹资（亿元）	4070
其中：短期融资券筹资额（亿元）	228
中期票据筹资额（亿元）	1150

数据来源：河南省证监局

二、上市公司发展稳健。2023年末，河南省共有A股上市公司110家，其中深交所公司64家，上交所公司34家，北交所公司12家。110家上市公司总市值1.3万亿元，平均市值121亿元，其中，千亿级市值公司2家，百亿级市值公司25家。2023年，企业通过国内股票（A股）筹资75亿元，债券筹资4070亿元。

三、期货交易规模加快增长。2023年，郑州商品交易所期货交易累计成交金额128.2万亿元，同比增长32.5%，累计成交量30.4亿手，同比增长36.1%。其中，尿素UR、红枣CJ、白糖SR、菜油OI、纯碱SA累计成交量增长较快，同比分别增长408.5%、174.1%、106.5%、6.2%、68.2%。上市期货及期权产品增多。2023年，烧碱、对二甲苯期货及期权在郑州商品交易所上市；短纤、纯碱、锰硅、硅铁、尿素、苹果期权在郑州商品交易所上市。

表7 2023年郑州商品交易所交易统计表

交易品种	累计成交金额（亿元）	同比增长（%）	累计成交量（万手）	同比增长（%）
苹果AP	26780.7	-35.6	3079.2	-35.2
棉花CF	131223.5	29.2	16541.1	28.9
红枣CJ	7863.3	188.0	1255.6	174.1
棉纱CY	1067.8	9.3	96.4	14.7
玻璃FG	120465.5	59.4	36203.1	61.3
粳稻JR	0.0	-100.0	0.0	-100.0
晚籼LR	0.0	-100.0	0.0	-100.0
甲醇MA	95743.0	-9.4	39930.9	1.0
甲醇ME	163760.7	48.7	18566.3	96.6
菜油OI	25810.1	4.0	7062.5	6.2
短纤PF	17925.2	16.3	3610.0	14.2
花生PK	0.0	-100.0	0.0	-100.0
普麦PM	2350.8	-	544.1	-
早籼RI	0.0	-100.0	0.0	-100.0
菜粕RM	72356.4	56.6	23059.3	59.2
菜籽RS	4.3	-4.1	0.7	1.7
纯碱SA	225629.4	29.7	55620.6	68.2
硅铁SF	25280.8	-15.9	6868.6	-0.3
烧碱SH	11245.5	-	1363.3	-
锰硅SM	20471.0	19.1	5923.3	34.2
白糖SR	125494.9	138.8	18862.5	106.5
PTATA	150103.6	-3.4	52081.2	-2.8
尿素UR	58713.7	331.5	13787.7	408.5
强麦WH	0.2	-99.4	0.0	-99.4
煤ZC	0.0	-100.0	0.0	-100.0
合计	1282290.3	32.5	304456.6	36.1

数据来源：郑州商品交易所

保险业改革与发展

保险业运行整体平稳，保险保障功能持续增强。一是保险业经营发展总体平稳。2023年，河南省保险业原保险保费收入2399.87亿元，同比增长1.28%，增速低于全国7.85个百分点，高于上年同期0.88个百分点，保费规模及增速分别居全国第八位、第三十六位。河南省保险业赔付支出1055.2亿元，居全国第五位，同比增长25.59%。二是纵深推进车险综合改革。深入推进车险综合治理体系建设，平稳扩大商业车险自主定价权。商业车险单均保费较综改前下降26.31%，投保率较综改前提升2.66个百分点，“降价、增保、提质”成效明显。三是全面落实银保渠道“报行合一”。构建行业共治、协会自律、监管规治三道防线，重塑银保市场发展生态，人身险5年期缴手续费率较“报行合一”前下降20个百分点以上，降本增效成果初显。四是持续增强风险保障水平。农险三大主粮作物参保面积1.5亿亩、保障金额1344.5亿元，同比分别提升15.8%、15.4%，为“烂场雨”受灾小麦、受灾秋粮支付赔款38.7亿元。行业开办特色农险15大类150余种，县级覆盖率达98%。助推新质生产力发展的科技保险、服务绿色低碳转型战略的绿色保险累计提供风险保额15.2万亿元。普惠型家财险“河南惠家保”，城市定制型商业健康保险“郑州医惠保”破题试点，在保障人民群众家庭财产安全、解决“看病难”问题方面发挥了积极作用。

金融资产管理公司发展概况

辖内四家金融资产管理公司持续提升不良资产收购管理和处置的核心竞争能力，积极参与金融机构不良资产化解，促进问题企业纾困解困，致力于发挥特色功能优势助力实体经济发展。规模保持相对稳定，主要经营指标稳中向好。一是支持实体力度持续增强。新增项目投放实现同比大幅增长，其中累计收购金融机构不良资产本息原值超过80亿元，在助力金融机构化险和问题企业纾困等重点领域持续发力。二是资产处置效率持续提升。深耕不良市场，深挖资产价值，多措并举打通处置“堵点”，千方百计加快资产去化进度，全年资产处置回现量和净收入双双实现正增长，资产处置质效有所增强。三是信用风险管控取得积极成效。四家公司综合运用现金清收、以物抵债等方式加大风险化解力度，全年风险处置金额实现同比大幅增加。

信托行业发展概况

省内中原、百瑞两家信托公司全年经营状况基本稳定。一是综合运用诉讼清收、非诉清收、资产重组、专业机构合作等方式加快风险资产处置。二是围绕信托三分类和自身资源禀赋加大产品业务创新，2023年末资产证券化业务规模、证券投资业务规模和绿色信托规模分别为723.82亿元、1200.18亿元、607.67亿元，预付类资金服务信托实现零突破。三是强化房地产业务合规管理，在做好风险管控的同时，支持合理融资需求。四是优化独立董事专业结构，持续提升公司治理水平，内控合规建设取得新成效。

其他非银机构发展概况

河南辖内共有3类9家非银法人机构，企业集团财务公司5家，分别为河南能源集团财务公司、平煤集团财务公司、双汇集团财务公司、天瑞集团财务公司、宇通集团财务公司；金融租赁公司3家，分别为邦银金融租赁公司、九鼎金融租赁公司、洛银金融租赁公司；消费金融公司1家，为河南中原消费金融股份有限公司。法人非银机构数量居中部六省首位。9家非银法人机构年末资产总额1864.63亿元，负债总额1569.97亿元，实现净利润19.45亿元。一是服务实体经济质效不断提高。金租公司积极服务制造业设备采购更新，支持小微涉农企业盘活存量设备资产。财务公司围绕集团主业做好金融服务，累计向集团及成员单位新投放资金386.8亿元，节约成本3.69亿元。消金公司服务新市民质效不断提升。累计向新市民发放贷款14.32亿元。二是防范化解风险成效显著。加大不良资产真实反映及处置力度，信用风险大幅收敛。综合施策，陆续推动股东股权问题解决。三是改革转型加快推进。金租公司加快布局直租和设备类租赁转型。财务公司服务集团内部定位更加充分。消金公司加快自主风控体系建设。国机财务公司河南分公司顺利开业。

地方金融组织发展概况

一、地方金融组织资产与资本情况。截至2023年末，河南省七类地方金融组织675家，总资产2620.41亿元。其中，小额贷款公司203家，资产总额222.51亿元，实收资本230.87亿元，同比分别减少13.9%、21.7%、10.5%；融资担保公司213家，同比减少20.8%，资产总额863.30亿元，同比增长2.8%，实收资本601.29亿元，同比降低6.1%；典当行215家，资产总额53.68亿元，实收资本50.82亿元，同比分别减少4.9%、3.88%、3.83%；融资租赁26家，资产总额354.01亿元，实收资本140.39亿元，同比分别减少10.34%、11.96%、2.21%；商业保理公司15家，资产总额27.82亿元，同比增加28.38%，实收资本17.1亿元；地方资产管理公司2家，资产总额1095.12亿元，实收资本160亿元，同比分别增加2.7%、6.7%。区域性股权市场（中原股权交易中心）资产总额3.97亿元。

二、服务实体经济情况。2023年，河南省七类地方金融组织发挥各自功能优势，在服务实体经济，做好稳经济、稳就业、保市场主体方面发挥了积极作用，服务市场主体81.70万户，支持市场主体融资余额3703.76亿元。融资担保行业聚焦支农支小，通过批量担保、直接担保等业务模式支持客户76.14万户，在保余额2007.08亿元，开发“运通贷”“专精特新贷”等专项产品，参与重点行业支持。典当行坚守“拾遗补缺”功能定位，累计为 8.63 万户企业或居民个人提供典当融资服务 130.81 亿元，同比分别增加 16.46%、3.08%，资金周转率 4.35%，单笔业务 15.16 万元和平均当期 34.65 天等两项指标均优于全国平均水平；小额贷款行业地方金融普惠产品不断创新，对住宿、餐饮、零售、文化、旅游、交通运输等困难行业提供便利支持，“应急贷”等创新产品入围全国普惠金融典型案例，全年累计发放贷款 17858 户、289.70 亿元，同比分别减少 6.45%、1.56%。商业保理行业业务快速增长，累计发放保理融资款本金 34.22 亿元，应收保理融资款余额 20.21 亿元，同比分别增加 232.23%、40%，资金周转率 4.19%，在支持小微企业提高应收账款融资效率方面发挥了积极作用。融资租赁行业聚焦装备、设备等，直接租赁、经营性租赁业务占比按照国家监管导向要求实现逐步提升，累计为 2.3 万户企业提供融资服务 164.02 亿元，融资金额同比减少 9.78%。地方资产管理公司通过开展金融不良资产收购处置，参与中小金融机构风险化解，累计为 20 家客户提供融资余额 1093.49 亿元。帮助中原银行剥离 25 笔不良资产，为省农商联合银行不良资产剥离、漯河农信社、开封农信社改制等设计方案，落地濮阳村镇银行 24 笔不良资产，在防范和化解区域性金融风险、地方金融机构改革重组中发挥了重要作用。河南省区域性股权市场（中原股权交易中心）挂牌企业 10272 家，挂牌企业全年实现各类融资 28.91 亿元。

三、行业风险总体可控。面对近年来疫情冲击和经济下行等不利因素影响，地方金融组织逾期不良指标较往年略有上升，但与其他省份相比总体上位于合理区间。总体上看，各行业风险总体可防可控。

第二部分

金融管理篇

中共河南省委金融委员会办公室

【概述】

2023年，河南省七类地方金融组织总体运行平稳。截至2023年末，河南省七类地方金融组织法人单位675家，总资产2620.41亿元，服务市场主体81.7万户，支持市场主体融资余额3703.76亿元。融资担保公司213家，资产总额863.30亿元，融资担保业务在保市场主体76.14万户，在保余额2007.08亿元。小额贷款公司203家，资产总额222.51亿元，贷款余额206.06亿元，全年为17858家市场主体发放贷款289.70亿元。地方资产管理公司2家，资产总额1095.12亿元，存量不良资产投资余额461.03亿元，全年收购不良资产账面值258.77亿元。融资租赁公司26家，资产总额354.01亿元，融资租赁资产总额164.02亿元。商业保理公司15家，资产总额27.82亿元，应收保理融资款本金20.21亿元。典当行215家，资产总额53.68亿元，典当余额45.06亿元，全年典当总额103.81亿元。区域性股权市场（中原股权交易中心）资产总额3.97亿元，挂牌企业10272家，挂牌企业全年实现各类融资28.91亿元。

【融资担保监管】

一、行业发展情况。截至2023年末，河南省共有融资担保机构224家，其中，法人机构213家，占比95%；国有控股机构181家，占比80.8%，较年初减少56家。总注册资本601.29亿元，其中，国有控股公司注册资本541.13亿元，占比90%。河南省融资担保机构担保余额2007.08亿元，较年初减少99.34亿元，同比降低4.7%。融资担保直保余额放大倍数2.97倍。2023年，河南省融资担保行业实现营业收入47.11亿元，同比增长3.9%。行业全年净利润-0.86亿元，同比下降125.7%，其中，国有控股机构净利润2.38亿元；民营及外资机构净利润-3.24亿元。

二、监管工作开展情况。一是健全监管制度。制定《河南省融资担保公司业务经营负面清单》《河南省融资担保公司监督管理实施细则（试行）》《河南省融资担保公司监管评级工作指引》，做到明确红线、细化监管、分类施策。二是实施分类监管。印发《关于开展地方金融组织风险隐患专项排查建立分类监管台账的通知》，梳理出河南省融资担保行业重点监管企业73家、重点关注企业39家，“一企一策”拟定监管方案。三是明确处罚标准。出台《河南省地方金融监督管理局融资担保公司行政处罚裁量标准》，将违法行为区分轻微、一般、严重、特别严重情形，细化、量化处罚标准。制定《河南省地方金融监督管理局吊销融资担保业务经营许可证内部工作流程》，明确流程环节及审核要求，做到程序合规、证据确凿、充分告知。四是加大行业监管力度。实施现场检查与非现场监管相结合，2023年共清退融资担保公司56家，其中，行政处罚吊销45家，推动自愿退出11家；对融资担保公司罚没收入共计80万元；向3家违规融资担保公司下达责令限期改正通知书。

【区域性股权市场监管】

一、行业发展情况。中原股权交易中心是河南唯一的区域性股权市场。截至2023年末，股交中心新增挂牌企业416家，累计挂牌展示企业10272家（上市后备板565家、交易板300家、展示板9407家）；新增融资28.91亿元，累计融资 260.98 亿元（含金融服务共享平台为中心挂牌企业授信 93 亿元）；新增托管企业 21 家，累计托管企业 492 家、托管股份 842.26 亿股；全年组织线上线下路演活动 10 场、培训 52 场；新增 7 家企业转板至新三板、1 家企业转板至创业板，累计 11 家企业转板至沪深北交易所、24 家企业转板至新三板。

二、监管工作开展情况。一是推动股交中心持续完善服务体系，推出了政策申报、股权激励、法务咨询、财税咨询、线上培训等综合基础服务。开展优质企业调研走访，精准对接服务。通过电话调研、现场走访等方式对接企业 500 余家。二是推动股交中心与郑州银行签订战略合作协议，发布专属科创金融新产品——“中原股交—郑银股贷通”系列产品。利用“育智汇”企业在线平台开展线上培训加强企业培育。已推动挂牌展示企业获得郑州银行贷款 314 笔，金额 6.4 亿元。举办各类路演活动 10 场。三是推动“专精特新”专板建设，建设方案已报证监会办公厅申请备案，“专精特新”专板相关制度流程与业务规则已起草完毕。股交中心挂牌展示的国家级专精特新“小巨人”企业 109 家、河南省级“专精特新”企业 692 家。四是积极推动三四板制度型对接机制在我省落地实施。股交中心与全国股转公司签署绿色通道监管合作备忘录，成为首批签约单位。

【典当行监管】

一、行业发展情况。持续深入推动注册资本金小于 1000 万元的小规模机构、年审未通过的非正常经营机构减量工作，典当行业继续呈减量发展、逐步收缩态势。截至 2023 年 12 月末，河南省典当行法人机构 215 家，全国排名第十四位，中部排名第三位。机构数量比 2022 年末减少 11 家。实收资本 50.82 亿元，同比减少 3.88%。资产总额 53.68 亿元，同比减少 3.83%。典当余额 45.06 亿元，同比减少 0.55%。净资产总额 52.65 亿元，同比减少 3.93%。河南省典当行累计提供典当服务总额 130.81 亿元，较 2022 年增加 3.91 亿元、同比增加 3.08%，较 2021 年增加 11.89 亿元、同比增加 9.99%。全年累计办理典当业务 8.63 万笔，其中居民个人业务 8.41 万笔、占 97.45%。

二、监管工作开展情况。一是加强日常监管。2023 年，开展年审、评级和执法检查等工作，围绕公司治理、资金来源和数据质量等关键环节，将 27 家典当行纳入重点关注，对 12 家典当行实施重点监管；22 家典当行监管评价为Ⅳ级，25 家典当行监管评价Ⅴ级。二是强化行为监管。出台《河南省典当行业务经营负面清单》《河南省地方金融组织现场检查和非现场监管指引》，提升监管质量。下发《关于警惕典当行违法违规开展业务的监管提示函》，防范打击典当行非法金融活动。三是持续清理整顿。把存在重大风险隐患、严重违规、整改不力、丧失持续经营能力的典当行作为清退重点，印发《关于排查疑似“失联”或“空壳”典当行的通知》《关于做好无证典当行等地方金融组织有关处置工作的通知》《关于做好名称或经营范围中含有典当等涉金字样市场主体出清工作的通知》《关于加快辖内无证典当行市场出清工作的通知》等指导性文件，清理整顿未持牌典当行。

【融资租赁公司监管】

一、行业发展情况。截至 2023 年末，河南省纳入监管名录的融资租赁法人机构共有 26 家，分支机构 2 家，从业人员 440 人，注册资本总计 154.47 亿元，实收资本 140.39 亿元。从资本构成上看，内资试点融资租赁公司 16 家，外商投资融资租赁公司 10 家；从实收资本上看，10 亿元（含）至 50 亿元的 6 家，1.7 亿元（含）至 10 亿元的 16 家，1.7 亿元以下的 4 家。从地域分布上看，郑州市有 19 家，开封、新乡两市各有 2 家，洛阳、安阳、商丘三市各有 1 家。河南省 26 家融资租赁公司总资产 354.01 亿元，较去年同期减少 48.07 亿元，下降幅度 11.95%；总负债 191.16 亿元，较去年同期减少 68.87 亿元，下降幅度 26.49%。河南省融资租赁公司租赁资产总额 237.67 亿元，较去年同期减少 29.72 亿元。

二、监管工作开展情况。一是加大行业监管力度。组织实施融资租赁行业审计、现场检查等工作，审计核查投资管理、资产处置、股权退出、对外借款等重点领域，查找发现问题，督促指导整改，融资租赁企业内控管理、风险合规等制度得到进一步完善。二是有序开展规范处置工作。按照“把好入口、控制增量、畅通出口、清理存量”要求，持续将“减量提质”作为实现行业规范健康发展的有力抓手，稳妥有序开展清理排查和名单制管理，行业管理逐步规范。2023 年河南省融资租赁行业清退企业 3 家，较好地实现了“减量提质”。三是提升服务实体经济质量。按照“专业化、特色化、差异化”发展方向，推动融资租赁行业找准定位、回归本源、深耕主业，结合实体经济多样化的金融需求，发挥独特功能优势，做深做细金融对接服务，打通服务实体经济“最后一公里”，持续优化行业营商环境。

【商业保理公司监管】

一、行业发展情况。截至 2023 年末，河南省共有商业保理法人机构 15 家，注册资本金 17.1 亿元。户数全国排名第二十位，中部六省排名第四位。分布情况：郑州 8 家、洛阳 1 家、开封 2 家、新乡 2 家、周口 1 家、南阳 1 家。其中国有控股商业保理公司 12 家、民营控股商业保理公司 3 家。总资产 27.82 亿元，较年初增加 6.16 亿元，增幅 28.38%。总负债 10.18 亿元，较年初增加 2.7 亿元，增幅 36.10%。净资产 17.64 亿元，较年初增加 3.45 亿元，增幅 24.31%。累计发放保理融资款本金 34.22 亿元，应收保理融资款余额 20.21 亿元，分别较上年同期增加 23.92 亿元、5.67 亿元，增幅 232.23%、40%。2023 年实现利息和服务费收入 1.16 亿元、净利润 6833.58 万元。

二、监管工作开展情况。一是强化行为监管。制定商业保理行业《业务经营负面清单》，明确经营底线。印发《关于切实做好化解拖欠中小企业账款工作的通知》，组织签订关于支持中小企业发展积极清理拖欠账款的承诺书，保障中小企业合法权益。二是开展执法检查。下发《关于开展新设地方金融组织专项检查的通知》和《关于做好 2023 年现场检查和年审有关工作的通知》，围绕公司治理、资金来源和数据质量等关键环节实施检查，对发现的问题当场通报，对有违规苗头的业务及时制止。2023 年对 13 家商业保理公司开展了检查指导，对行业机构守正方向、规范创新起到了良好监督管理作用。三是实施分类监管。围绕股东资质与公司治理、政策导向与消费者权益保护、资金流动性、参与非法金融活动等重点方面排查风险隐患，建立了日常监管台账、新设机构台账、重点关注企业台账和重点监管企业台账，采取差异化监管，对纳入重点关注和重点监管的企业实施监管约谈、风险提示、提高检查频次等监管措施，防范化解各种风险隐患。

【地方资产管理公司监管】

一、行业发展情况。河南省具有金融不良资产批量收购业务资质的地方资产管理公司共计 2 家，分别是中原资产管理有限公司和河南资产管理有限公司。2023 年，两家地方资产管理公司坚持聚焦主业，防范化解地方金融风险。截至 2023 年末，河南省地方资产管理公司注册资本合计 160 亿元，资产总额 1095.65 亿元，2023 年收入总额 72.08 亿元，净利润 13.12 亿元，新增不良资产投资额 129.18 亿元，其中金融不良资产投资额 53.87 亿元。

二、监管工作开展情况。一是制定地方资产管理公司业务经营负面清单。为引导地方资产管理公司坚守主责主业，依法合规经营，切实防范金融风险，制定并公布《河南省地方资产管理公司业务经营负面清单》，提出“十不得”。二是做好非现场监管工作。根据国家金融监督管理总局要求，每季度统计上报河南省两家地方资产管理公司监管信息季度报表，针对异常数据及时向公司了解情况，并要求公司及时上报重大事项。2023 年 12 月，印发《河南省地方金融监督管理局关于河南资产管理有限公司增加注册资本的意见》，同意河南资产注册资本由50亿元增至60亿元。三是做好现场检查工作。2023年3月，下发《河南省地方金融监督管理局关于对地方资产管理公司进行现场检查的通知》，在两家地方资产管理公司自查基础上，开展年度现场检查工作，重点关注公司制度建设、业务开展和财务合规方面的情况，检查中共发现涉及检查整改落实、公司内部治理、业务合规等三方面共计12个问题，并分别向两家公司出具现场检查报告，督促公司落实整改责任、细化整改措施，两家公司积极落实整改事项并上报关于整改情况的报告。

【小额贷款公司监管】

一、行业发展情况。截至2023年12月末，河南省小额贷款公司共计203家、实收注册资本230.87亿元，数量比年初减少33家（新设0家、退出33家）、注册资本比年初减少27.05亿元。其中，注册资本5000万元以下的8家，5000万元至1亿元的83家，1亿元至2亿元的96家，2亿元至5亿元的13家，5亿元以上的3家；国有控股的14家；从业人员1616人。全年累计发放贷款17858户、20384笔、289.70亿元，余额16091户、18430笔、206.06亿元；其中，小微企业贷款2817户、79.37亿元，涉农贷款1815户、18.90亿元，个人贷款13759户、137.39亿元。

二、监管工作开展情况。2023年，认真落实党中央、国务院关于“完善金融服务、防范和化解金融风险、深化金融供给侧结构性改革”的决策部署，围绕“聚焦主业、减量提质、从严监管、守住底线”监管原则，加强机构监督管理，探索创新监管机制和手段，积极推动行业健康发展。一是加强全流程全链条监管的力度。依法依规对33家“失联”“空壳”及丧失持续经营能力公司进行清理整顿，取消其试点资格。制定下发《关于做好已取消试点资格但未办理名称经营范围变更或注销登记小额贷款公司后续监管的通知》，对不在监管名录内但仍使用小额贷款名称及经营范围字样的公司进行全面规范清退。二是拓宽风险隐患排查防范的广度。下发《关于开展转贷公司专项排查工作的通知》，排查名称含有“转贷”字样或经营范围包含“为小微企业提供转贷资金服务”字样的公司，及时发现苗头性风险隐患，要求其限期按照小额贷款公司设立程序提交申请资料或进行企业名称和经营范围变更登记。公布《河南省小额贷款公司业务经营负面清单》，明确小额贷款公司底线性经营规则，强化风险监管。三是加大监管评级结果运用的深度。组织实施2022年度小贷行业监管评级并将评级结果通报各省辖市地方金融工作部门。印发《河南省地方金融监督管理局关于加强小额贷款公司监管评级结果运用的通知》，针对评级较好的公司将加大政策扶持力度、支持拓展多元化融资渠道、适度扩大经营区域、鼓励开展业务创新等。明确监管导向，发挥监管政策引领带动作用，引导河南省小额贷款公司合规经营。

中国人民银行河南省分行

【综述】

一、坚持党建统领，筑牢思想根基，提升履职质效。扎实开展学习贯彻习近平新时代中国特色社会主义思想主题教育，坚持问题导向和真抓实干，依托省内丰富的红色文化资源，加强革命传统和先进典型教育，大兴调查研究，引导党员干部强化使命担当，提升干事创业精气神。巩固深化党支部建设“强基固本”工程成效，着力增强政治功能和组织功能，引导基层党组织在推动政策落实、破解发展难题、落实机构改革等重大任务中的战斗堡垒作用得到充分发挥。加强从严管党治行，认真履行党风廉政建设责任制，推动警示教育常态化，严格落实中央“八项规定”精神，全面加强对各级“一把手”和领导班子的监督，层层传导全面从严治党责任压力。开展制度建设与执行规范提升活动，坚持对标对表，全面梳理评估现行内部管理制度，扎实开展制度“废”“改”“立”，推动制度短板有效补齐，制度执行力进一步提升。认真学习贯彻中央金融工作会议精神，在辖区形成浓厚氛围。根据总行机构改革工作统一安排，完成省市分行挂牌工作。

二、认真贯彻执行稳健货币政策，为经济持续恢复和高质量发展营造良好的货币金融环境。一是全力推动货币信贷和社会融资规模平稳增长。多次召开形势分析会、工作推进会，加强窗口指导和监测调度，引导金融机构保持信贷增长稳定性和可持续性。管好用好货币政策工具，持续做好政策宣传解读和工作对接协调，努力疏通货币信贷政策传导机制。2023 年末河南省本外币各项贷款余额为 8.36 万亿元，较年初增加 7236.4 亿元，同比多增 1668.7 亿元。全年社会融资规模增量 11040.8 亿元，同比多增 1147 亿元。二是持续强化重大战略、重点领域和薄弱环节金融支持。强化专班协作，凝聚跨部门工作合力，制定金融服务乡村振兴、绿色发展、民营经济等指导意见，出台相关实施细则，在多地组织开展政银企对接签约活动，推动金融运行稳中提质、发展活力进一步增强。三是全面落实房地产信贷调控政策。积极满足居民刚性和改善性住房需求，因城施策用好政策工具箱，落实差别化住房信贷政策优化调整，降低存量首套住房贷款利率。加强政策解读，加大房地产企业合理融资金融支持，推动房地产企业融资形势好转。四是积极稳妥推动重点领域金融风险防范化解。树立底线思维，增强忧患意识，稳妥推动中小银行风险、房地产风险等风险防范化解工作，有效维护河南省金融大局稳定。

三、践行金融为民宗旨，持续提升金融管理与服务质效。进一步巩固支付手续费降费政策落实效果。不断优化国库便民业务流程。加强征信体系建设，推进涉企信用信息归集共享。组织开展金融科技赋能乡村振兴示范工程建设。认真落实自贸试验区金融服务体系 2.0 版建设专项方案，推动优质企业贸易收支便利化试点扩容提质，促进跨境投融资便利化政策落实落细，拓宽跨境金融区块链服务平台试点应用场景。推出河南省跨境人民币结算优质企业名单，推动跨境人民币业务收支总额实现较快增长。规范开展行政执法。认真落实省政府重点地区反假货币工作专题会议部署，会同公安机关深入推进假币犯罪打击整治。联合有关部门严厉打击洗钱、涉诈涉赌“资金链”、地下钱庄等非法金融活动，促进金融秩序环境不断改善。

【货币信贷】

一、贯彻落实稳健货币政策，充分发挥货币政策工具总量和结构双重功能，努力保持信贷增长的稳定性，促进综合融资成本稳中有降，加大对实体经济的支持力度。一是强化窗口指导，通过召开金融形势分析暨窗口指导会、货币信贷政策执行情况座谈会等形式，传达稳健货币政策精神，引导金融机构合理安排贷款总量、结构和节奏，加大对小微企业、科技创新、绿色发展等重点领域和薄弱环节的信贷支持。二是加强利率监测和自律管理，督促辖内金融机构贯彻落实利率政策，巩固实际贷款利率下降成果，促进企业综合融资和个人消费信贷成本稳中有降。三是加强政策宣传，推动用足用好货币政策工具。会同行业主管部门、金融机构等举办政策宣讲会、座谈会，提高政策覆盖面、知晓度和直达性。

二、实施好信贷政策，引导金融资源持续投向乡村振兴、科技创新、制造业、民营小微等实体经济重点领域和薄弱环节。一是加大对农业强省建设支持。围绕河南省建设农业强省目标，印发《关于金融服务乡村振兴工作的意见》，提出26条具体支持举措，并对金融机构定期开展服务乡村振兴效果评估，引导金融机构通过科技赋能、信贷创新、服务升级等措施，进一步加大对农业农村发展的资源投入，持续提升金融服务质效。截至2023年末，河南省涉农贷款增速8.4%，同比提高2.8个百分点；较年初新增2169.3亿元，同比多增625.1亿元。二是扛牢金融支持粮食安全政治责任。在新乡举办种业企业专项政银企对接活动，在三门峡开展金融支持新型农业经营主体“百日大走访”活动，推动河南省金融机构精准对接种业研发、粮食生产、农机装备和高标准农田建设等领域融资需求，提升粮食生产和重要农产品供给能力。三是大力支持科技型企业和制造业发展。在河南省开展科创金融服务能力提升活动，指导金融机构制定专项行动方案、建立专营机构等，积极探索发展科创金融业务。先后在郑州、洛阳举办多场次政银企对接活动，推动科技型企业贷款和制造业中长期贷款较快增长。截至2023年末，河南省高新技术企业、科技型中小企业、制造业中长期贷款余额同比分别增长17.25%、21.03%、19.42%，同比各提高7.77个、11.55个、9.94个百分点。四是深入推进中小微企业金融服务能力提升工程。深入推进敢贷愿贷能贷会贷机制建设，牵头制定《关于印发金融支持民营企业高质量发展十六条措施的通知》，指导金融机构为民营企业制定年度服务目标、开展首贷客户培育拓展行动、开展产业链供应链金融服务等，促进小微企业融资增量、扩面、降价、提质。截至2023年末，河南省普惠小微贷款余额同比增长21.57%，较全部贷款增速高12.09个百分点。

【金融稳定】

一、持续强化金融风险监测预警体系建设，着力提升金融风险监测预警水平。一是完善基于央行金融机构评级的分级分段管理框架。调整评级频次，持续完善评级指标系统。二是优化压力测试框架。持续优化偿付能力、流动性压力测试框架，完成河南省223家地方法人银行压力测试以及新一轮气候风险压力测试工作，加强对测试结果的多维度分析，为辖区金融机构有效防范风险提供前瞻性参考。三是进一步完善金融市场和非银行金融机构风险监测体系。持续做好河南省大型有问题企业的风险监测，建立健全保险、信托、财务公司等非银行金融机构统一监测数据库。进一步加强交叉性金融业务风险监测，强化资管业务转型监测分析，探索开展信托公司资管业务专项评估。四是持续落实好金融风险监测定期报告制度。加强对河南省金融业运行和风险状况的分析研判，继续做好银证保领域月度、季度、半年度、年度序时监测，深入分析机构经营及风险变动情况。五是以高质量调查研究提升风险预判的能力和水平。持续跟踪国内外金融稳定领域热点问题，上下联动开展课题研究。

二、有效防范化解金融风险，推动存量风险化解取得积极进展。一是配合推动重点领域、重点机构风险化解。聚焦河南省中小银行风险状况，突出改革化险，对标对表中央金融工作会议精神和总行明确的高风险机构分类处置要求，深入研究河南省中小银行特别是高风险机构风险状况及化险面临的问题和困难，多次研提意见建议。二是强化风险提示预警。先后多次向省政府及18个地市政府通报评级结果及高风险机构情况，按评级频率向监管部门共享央行评级结果。三是配合推动中小银行改革取得新成效。配合做好支持中原银行高质量发展指导意见的落地实施工作，助力改革“后半篇文章”。四是不断提升早期纠正约束力。进一步梳理和完善早期纠正工作机制，从严把握早期纠正启动标准，扩大早期纠正覆盖范围，“一行一策”针对性提出整改要求。

三、高度敏感，守牢挤兑风险防控底线。一是进一步强化中小银行流动性风险监测评估和防控。严格落实中小银行流动性日监测周报告机制，加大对重点机构、敏感或重要时点的流动性监测力度和频次，定期向有关部门做好风险提示预警，为风险早识别、早预警、早暴露、早处置提供决策参考。二是常态化开展存款保险宣传。督促投保机构实现宣传主体培训100%覆盖，组织好5月、9月集中宣传月活动，通过“七位一体”立体式宣传、“网点到社区到村”分层级宣传，不断扩大宣传阵地辐射范围，增强宣传效果。三是周密组织开展应急演练。组织指导开展金融突发事件应急演练，进一步提升对苗头性风险突发事件的快速应对和处置能力。

【会计财务】

一、深入推进全过程预算绩效管理，增强资金使用效益。一是按照“保刚性、保运转、保重点、保安全”的原则，完成2023年预算分配工作、2023年度预算调整，以及2024～2026年支出规划和2024年部门预算编制。二是开展绩效目标实现程度和执行进度“双监控”。三是加强绩效结果运用。及时将绩效监控、评价结果反馈给各部门，分析形成原因，围绕补齐管理短板和规范长效管理提出合理建议，推动资金使用部门强化资金使用约束，达到“以评促管”的目标。四是做好预决算公开工作。

二、加强统筹谋划，持续推进资产盘活工作增力见效。一是推进河南省资产盘活工作一盘棋。二是完善闲置资产信息报送和盘活利用动态管理机制。三是全面规范资产全流程管理。

三、加强项目规范化管理，扎实推进基建项目有序进行。一是强化大型维修改造项目全过程管理。二是优化基建项目检查辅导机制。三是增强项目决策科学性、透明度。

四、规范采购管理，持续防范各类风险。一是健全制度机制。二是加强采购两头管理。三是规范实施集中采购、大额零星采购和涉密采购，把资金用在急难险重和业务运转的必要项目上，切实保障履职需求。

五、坚持严的主基调，全面从严管理向纵深推进。一是强化制度建设。二是加强财会监督工作。三是扎实开展问题整改工作。

六、加强内部管理，持续夯实会计财务基础工作。一是统筹安排全年重点工作。二是进一步提升报表编报质量。三是有序开展年度调研工作。下发《河南省人民银行系统2023年会计财务调研指引》，明确选题方向、时间节点、人员组成等，河南省申报调研课题25项，涵盖理论研究、科学管理、改革创新等内容，河南省调研工作有序开展。四是积极开展会计专业文章编译。建立河南省金融会计研究小组，跟踪主要经济体央行等官方网站关于国内外会计准则制定修订、金融业与准则有关的重大事件等内容，同时配合总行做好国外央行会计专业文章监测翻译工作，为总行提供理论支持。2023年共上报总行33个选题，其中5个选题被采用开展编译工作并均已完成。五是强化信息报送反映。围绕各项工作部署、业务开展和基层实际编制《会计财务工作简报》，编发优秀信息、调研、编译文章，分享交流好做法、好成效、好经验，全年全辖共报送信息200余篇，采用信息64篇；向总行报送信息36篇，其中7

篇被总行采用。

【支付结算】

一、支付服务实体经济和民生需求质效持续提升。一是发布《人民币银行结算账户开户许可证核发审批事项服务指南》，实施非企业单位银行账户行政许可6.9万户，指导河南省银行网点公开三级咨询投诉电话、公开联网核查社会公众投诉处理流程，银行账户服务进一步优化。二是持续巩固支付手续费降费政策落实成果，河南省支付服务主体累计降费规模达12.03亿元，政策红利持续释放。三是组织开展河南省普惠金融服务站和银行卡助农取款服务点优化调整和清理规范，银行卡助农取款服务规范性、可持续性得到提升，农村金融机构大小额支付系统覆盖率保持100%。四是聚焦解决境外来华人员支付不便利问题，协调省文旅、商务等行业主管部门共同确定重点商户清单，有效推进境外来华人员支付服务便利化工作。五是持续推动移动支付在公共服务、便民场景、县域农村地区的应用，河南省“云闪付”APP累计绑卡用户数、年内新增绑卡用户数均居全国第二位。六是持续提升支付服务适老化水平，河南省银行机构老年人“绿色通道”设置率达100%，银行自助设备完成适老化改造3.15万台，配备上门服务移动设备1.73万台。七是持续完善支付清算系统业务连续性保障机制，河南省支付清算系统保持安全稳定运行。

二、涉赌涉诈“资金链”治理纵深推进。一是综合运用调研督导、工作简报、风险提示、约谈提醒、跟踪督办等措施，推动压实金融行业反诈主体责任。二是组织开展存量银行账户全覆盖拉网式排查，倒查涉案账户，上线运用风控模型，开展潜在受害人保护性止付，有效保护人民群众“钱袋子”。三是深化银警联防联控，会同河南省反诈总队建成上线省级银警共享平台，提升银警数据交换和信息传递效率，推动12个地市上线“警银通”小程序，协助公安机关持续开展异常开卡拦截、管控涉诈资金、侦破案件等工作。四是持续开展反诈知识“进机关 进乡村 进社区 进学校 进企业 进单位”活动和集中宣传月活动，河南省举办宣传活动6.78万次、覆盖2059万人。

三、支付市场监管进一步提质增效。一是加强支付受理终端及相关业务管理，建立“数据监测—问题反馈—整改督导”工作机制，指导、督促收单机构严格落实收单业务管理政策要求，辖区收单业务规范性持续提升。二是以客户备付金管理为重点，持续加强法人支付机构日常监管力度，确保辖区2家法人支付机构备付金管理安全、合规。三是持续加强支付机构分公司日常监管，定期监测支付机构分公司业务数据及运营发展情况，开展年度监管报告非现场核查，指导、督促辖区支付机构分公司依法合规经营。四是依法依规对辖区27家支付服务主体开展执法检查，规范办结支付领域举报事项31件，有效维护辖区支付市场秩序。

【反洗钱】

一、风险为本，持续增强反洗钱监管有效性。依法履职，持续强化执法检查规范性和查处力度。一是加强河南省执法检查工作统筹，并对8个地市交叉检查项目进行书面审核指导，督促客观公正开展执法检查。二是总结梳理出6类22项典型问题，印发《关于2022年河南省反洗钱执法检查情况的通报》，并组织召开河南省通报交流会。

多种措施，分类实施有风险梯度的差异化监管。一是夯实洗钱风险评估基础。对18家法人银行自评估结果运用情况开展非现场审查，选择9家法人机构开展非现场试评估工作，为后续针对性实施分类监管奠定基础。二是综合运用多种措施实施监管。河南省对235家机构开展监管走访，对17家机构高管约见谈话，向15家机构发出监管提示函。三是优化县支行业务移交后监管工作流程。将县域法人机构和无市级管理机构的非法人机构全部纳入省市分行直接监管范围，并开展强化监管，确保工作不缺位、标准不降低。四是持续推进特定非金融机构监管工作。推动2家房地产企业建立并上传可疑交易监测标准。

不断探索，加大反洗钱监管创新力度。一是自主开发网络版监管统计报表应用程序，推广河南省使用，进一步提高了监管信息采集和使用效率。二是开展反洗钱非现场监管数据分析系统建设研究工作，形成研究报告上报总行。

二、攻坚克难，打击洗钱犯罪再获重大突破。主动沟通，细化完善案件推动合作机制。一是与省公安厅禁毒总队签署《预防和打击毒品及下游洗钱犯罪合作备忘录》，与郑州海关签订《防范打击走私及下游洗钱犯罪情报共享联合研判协作机制》，与郑州市公安局经侦支队签署《预防和打击洗钱及相关经济犯罪合作备忘录》。二是推动河南省府院联动联席会议办公室将打击治理洗钱违法犯罪工作纳入"府院联动"和"府检联动"机制。三是编写《洗钱罪法律法规及案例汇编》，与反洗钱联席会议成员单位共享交流。四是推动省市分行全部实现与省市县3级公检法等部门的直接对接，为持续强化合作打好基础。

凝聚合力，深化打击治理洗钱违法犯罪三年行动。组织指导河南省人民银行反洗钱条线强化横向对比，凝聚工作合力。

防范风险，加强风险提示和监测分析。一是强化风险提示。二是提升监测分析工作质效。

三、创新方法，统筹夯实反洗钱工作基础。持续发力，大兴调查研究成果突出。2篇调研信息被《中国反洗钱实务》刊登；1篇案例分析被反洗钱中心月度通报刊登；4篇研究课题分别被评为河南省人民银行系统重点研究课题二等奖、河南省金融学会青年课题三等奖、河南省人民银行系统青年课题一等奖和三等奖；组织开展河南省反洗钱征文比赛活动，评选出获奖征文80篇，择优上报总行。

多措并举，创新形式扩大反洗钱宣传辐射面。一是创新建立4个"河南省反洗钱宣传教育基地"、组建4个"河南省反洗钱宣传教育志愿服务队"，推动反洗钱宣教工作常态化、长效化。河南省联合86家金融机构，开展"反洗钱知识进课堂"等大学宣教活动11次，覆盖大学生约8.8万人。二是联合相关单位编演禁毒反洗钱宣传抖音短视频，获河南省禁毒宣传三等奖。三是统筹建立河南省"一重点、两兼顾、三结合"的反洗钱宣传模式，加强重点人群宣传力度，兼顾农村和城市，结合重要节点、结合当地特色、结合多方单位，通过多种创新形式开展宣传活动。河南省开展现场宣传活动153次、媒体宣传41次。

突出重点，多层次扎实做好反洗钱培训工作。一是举办河南省反洗钱新形势新政策培训班、反洗钱业务培训交流会、调查电子化平台推广应用专题培训会、打击"套代购"走私和电信诈骗洗钱犯罪业务培训会、监测分析和文献编译专题培训会等7次河南省业务培训，提升河南省反洗钱人员履职能力。二是选派业务骨干对辖区部分法人、省级、市级机构开展反洗钱知识培训。三是在原有河南省翻译、监管人才库基础上，挑选河南省人民银行及金融机构业务骨干组建河南省监测调查人才库。河南省开展系统内培训48次，参训693人次；对金融机构开展培训38次，参训8583人次。

【金融科技】

一、网络安全保障能力持续提升。组织做好金融网络安全保障工作，重要时期加强网络安全防护、监测预警和应急处置，开展重点岗位、重点设施、重要系统安全隐患排查，坚持7×24小时值班制度，全面保障重要时期金融网络安全。组织开展国家网络安全宣传周活动，宣传活动直接受众90多万人次。深化金融网络安全态势感知应用，开展风险排查73次，全面提升金融机构安全监测能力，及时向银行业金融机构发送预警和通报信息。

二、加快推进金融数字化转型步伐。持续推进《金融科技发展规划（2022—2025年）》落地实施，大力实施金融数字化转型提升工程，"多措并举推动河南省金融数字化转型行稳致远"项目获评第十四届推动金融数字化转型创新奖。顺利完成金融科技赋能乡村振兴示范工程试点28项任务，试点三年来，通过科技赋能促进为722万农户提供676亿元的风险保障，发放农村承包土地经营权抵押贷款8634笔，授信农业生态圈企业用户18.89亿元。推动完成金融数据综合应用15项试点任务，优秀案例在成方金融科技论坛成果展上进行成果展示。联合辖区3家金融机构开展隐私计算联合建模反欺诈，挖掘可疑风险账户2万余个，有效风险拦截率提升15%。推动金融科技创新发展，推荐并公示3个创新应用纳入金融科技创新监管工具，2个创新应用结束测试并投入试运行。组织河南省"2023年全国科技活动周"，线上线下宣传活动累计受众80余万人次。

三、金融标准供给与实施成果丰硕。起草研究制定《商业银行绿色项目贷款的环境与社会风险管理指南》绿色金融行业标准，完成全国金融标准化技术委员会的立项和全国评审。起草并公开发布河南省第2项金融团体标准《商业银行外部数据价值评估指南》。参与互联网金融协会《金融数据资产管理指南》团体标准编制并公开发布。组织河南省开展企业标准"领跑者""金融标准为民利企"、世界标准日等系列宣传活动，全年举办宣传活动7000余场。组织开展金融标准实施情况调研评估，确保重点金融标准在河南省落地见效。

【货币金银】

一、强化现金供应保障，确保普通纪念币顺利发行。统筹做好河南省货币发行工作的组织实施，有效满足群众使用现金需求。2023年，河南省发行基金投放量较2022年同比下降8.65%，发行基金回笼量较2022年同比增长20.31%。采取机构轮值等方式组织银行业金融机构深入基层开展残损人民币回收专项活动2500余场，打通残损币回笼渠道。强化普通纪念币发行管理，确保2023年贺岁、世界文化和自然遗产—黄山、峨眉山—乐山大佛、中国京剧艺术等普通纪念币顺利发行。

二、持续抓好现金管理，切实提升现金服务水平。对河南省银行业金融机构办理人民币现金存取业务情况进行全面摸底排查，指导银行机构营业网点不得随意停办现金业务。细化现金服务网格化机制建设措施，切实增强银行机构现金服务能力，更好地满足群众现金服务需求，河南省现金流通环境和服务水平持续优化提升。通过开展小面额人民币服务暗访和服务评价、人民币收付业务执法检查等方式，对违反人民币现金收付制度的银行业金融机构进行处罚。积极推动《不易流通人民币 纸币新标准》全面落实，按季开展银行业金融机构回笼人民币清分质量抽查，对存在问题的银行业金融机构实施约谈和专项辅导。2023年，河南省流通整洁度提升至80.78%。在河南省范围内集中开展拒收现金专项整治，向14个省级行业主管部门发函，联合开展重点场景拒收现金排查、拒收现金知识宣传及拒收线索核查等工作，提升协同整治工作效果。加强人民币图样使用管理，依法受理许可1笔人民币图样使用申请，推动相关部门对19起销售非法使用人民币图样的印刷品（冥币）当事人进行处理。

三、加大货币防伪反假力度，扎实推进假币犯罪打击整治。把反假货币工作作为学习贯彻习近平新时代中国特色社会主义思想主题教育整治整改重要内容，多措并举推动河南省反假货币工作在短期内取得突破性进展。多次进行专题汇报，提请省政府召开重点地区反假货币专题会议，组织召开反假货币工作联席会议联络员会议，推动河南省反假工作开展。进一步健全警银信息交流机制，定期向公安机关共享假币收缴信息与分析数据，深化警银会商与分析研判，全力支持公安机关案件侦破。开展银行货币防伪反假执法检查、制度落实情况调研和现金从业人员培训质量抽查，加强现金机具管理，进一步提升银行业金融机构假币监测和防范堵截能力。坚持集中宣传与日常宣传相结合，制作反假货币警示宣传片、公益宣传片，在河南省上下积极营造群防群治工作氛围。

四、狠抓发行库制度执行，进一步提升规范化管理水平。采取现场检查与视频监控非现场检查相结合的方式，严格发行库管理制度贯彻落实，持续规范河南省发行库业务管理，防范业务操作风险。扎实开展自建发行库物流系统调研评估，为二代货发系统物流模块在河南推广应用奠定基础。

五、持续做好黄金进出口管理和非标准金银研究。积极开展黄金制品进出口审批行政许可专项调查研究，动态掌握辖内相关经营主体对黄金及其制品进出口需求，着力优化提升出口审批服务水平。稳步推进非标准金银清查工作成果研究，修订库存国内国外银元词条 50 余条、4.3 万字，编撰库存非标准金银实物金银锭词条 20 余条、2 万字，促进人民银行系统现有历史文物的保护和利用。积极组织河南省开展 2024—2026 年贵金属纪念币项目题材征集，向总行报送《红旗渠精神金银纪念币》等 3 个项目题材建议。

【国库】

一、国库会计核算质效有效提升。一是持续加强国库会计核算管理，及时安全高效办理国库收支业务。2023 年，河南省各级国库办理国库收入 1.64 万亿元，同比增长 1.6%；办理国库支出 2.11 万亿元，同比增长 2.4%。其中，办理个人所得税综合所得汇算清缴退税 24.8 亿元、同比增长 22.8%；办理河南省地方政府债券入库 4079 亿元，同比增长 2%。二是加强与税务、海关等部门的沟通合作，持续推进跨省异地电子缴税和行邮税电子缴库工作，基本实现河南省跨省异地电子缴税全覆盖，全年办理跨省异地电子缴税 5.99 亿元，行邮税电子缴库 1366.74 万元。三是推进退库审批小程序测试应用工作，增设可疑重复退税、超时退税预警等功能，降低业务差错，提高电子退库效率。四是加强国库会计分析工作，提高基础数据分析质量，促进国库会计核算工作质量有效提升。

二、国库制度建设持续深化。一是积极推进国库制度建设与规范提升活动。制定《河南省人民银行国库制度建设与执行规范提升活动实施细则》，扎实开展国库制度梳理评估工作，废止文件 6 个，新制定文件 1 个，扎紧织密国库制度笼子。二是开展《商业银行、信用社代理支库业务审批工作规程》《国库集中收付代理银行资格认定管理办法》等制度的研讨修订工作。三是支持河南地方财税体制改革。会同河南省财政厅、河南省税务局印发《省内跨市县总分机构企业所得税分配及预算管理办法》，妥善处理地区间利益分配关系，激发各层级经济发展活力动能，促进地方经济发展。配合做好河南省社会保险费申报缴纳流程优化改革，稳步推进改革进程。四是加强国库机构设置管理。坚持严格规范原则，对设库申请进行审核批复，同步做好印章刻制、系统参数运维和账务建立等工作。

三、国库信息化建设不断推进。一是完成 2023 年度 TCBS、TIPS、TMIS、TSIS 参数运维工作，先后 4 次完成 TCBS、2 次完成 TMIS 升级验证工作，配合科技部门开展 CA 证书版本更新、业务网骨干网迁移和国库业务验证工作，确保国库信息系统安全运行。二是有力支持地方财政体制改革，配合财政部门开展预算管理一体化系统测试和财政体制调整工作，加强业务系统日常运维，确保改革顺利完成。三是参加国家金库工程建设中国库信息处理子系统、业务监控子系统的开发测试工作，向总行成方金科项目组移交河南省自主开发的无记名国债兑付系统生产数据，为国家金库工程建设贡献河南力量。四是参加全国 2023 年国库会计数据集中系统年终决算演练并顺利完成演练任务，强化应急模式下的会计核算保障机制，提高突发事件的应急处置能力。

四、储蓄国债管理水平不断优化。一是开展多种形式的国债宣传和服务工作。统筹做好 2023 年储蓄国债发行和巡查工作，探索利用线上线下巡查相结合、扩充现场巡查队伍、提高巡查精准度等方式开展首日巡查，督促承销机构规范有序做好储蓄国债发行管理工作。2023 年，河南省发行储蓄国债 63.45 亿元，同比增长 17.5%。二是深入推进国债下乡和到期提醒兑付工作。2023 年，乡镇地区销售储蓄国债 5.77 亿元，同比增长

107.6%。办理储蓄国债到期提醒兑付业务6103笔，金额3.9亿元。三是做好无记名国债和国债收款单的兑付管理，探索解决国有企业债权人灭失的收款单催兑难题。2023年，河南省兑付无记名国债和国债收款单8.45万元。

五、国库监督管理质效持续提升。一是做好代理国库业务执法检查工作。根据河南省执法检查计划，对银行业金融机构的代理国库业务开展执法检查，针对发现的问题，提出罚款、限期整改等处罚措施。二是加强国库综合业务检查和整改落实工作。参加国库局组织的全国国库会计管理现场检查，组织开展对地市分行的国库综合业务检查，就发现的问题提出整改意见，并及时督促整改到位。三是依法依规开展国库柜面监督和事后监督，汇总柜面监督台账数据，完成每日事后监督任务，及时向总行报送典型监督案例和报告。四是强化国库集中支付业务管理。组织各市分行接收管理县域集中支付代理银行，重新签订《国库集中支付清算协议书》，建立日常沟通联络机制，规范县域国库集中支付业务。

六、国库分析研究价值逐步显现。一是做好国库库存监测分析。加强对河南省经济运行困难县（区）的国库库存和收支状况的监测分析，定期收集典型案例，对国库库存持续偏低的地区进行预警，在国库资金运行分析中重点反映并及时反馈当地政府，为保基层运转提供有效的国库数据信息服务。二是深化国库分析研究和专题调研。及时高效完成国库资金运行、国库会计分析、国库现金流预测等常规报告30余篇，聚焦县域财政平衡压力等方面完成专题调研报告20余篇，充分发挥国库分析研究的参谋助手作用。三是组织河南省国库开展"实干担当勇争先 国库为民续新篇"国库宣传活动。将国库宣传与主题教育紧密结合，创新宣传方式和宣传途径，多渠道全方位开展国库知识宣传，推动河南省国库工作高质量发展。

【金融研究】

一、不断健全研究工作机制，围绕经济金融重点难点问题，深入开展前瞻性、政策性研究

（一）不断健全研究工作联动机制。一是明确绿色金融、转型金融、普惠金融、农村金融作为河南省分行特色研究领域。二是定期更新河南省人民银行金融研究人才库和成果库，鼓励辖区各市分行因地制宜，聚焦金融服务绿色低碳发展、粮食安全、乡村振兴和农业强省战略实施以及金融支持黄河流域生态保护和高质量发展战略、革命老区建设、生物多样性保护等领域开展特色研究，形成调研报告33篇。三是指导各市分行修改完善调查研究和特色研究成果，择优编发《河南金融研究报告》28期，促进优秀研究成果交流和转化。

（二）积极开展绿色金融研究。一是成立省内绿色金融编译工作小组，跟踪编译国际货币基金组织（IMF）、气候债券倡议（CBI）、可持续金融国际平台（IPSF）及其他国际组织的绿色金融前沿动态和研究报告，向研究局报送编译报告9篇，其中6篇被《研究局专报》采用。二是跟踪研究可持续金融、能源转型等相关问题国际前沿研究成果，研究报告《新兴市场可持续金融的发展、挑战与政策选择》《欧洲支持能源低碳技术发展的做法及启示》分别被《研究局专报》2023年第11期、第62期采用。三是围绕绿色金融、转型金融、气候投融资、碳减排支持工具、碳账户与绿色金融数据平台建设等重点领域开展调研，调研报告《金融支持高碳企业低碳转型现状、困境及建议——基于河南省的调查》被《研究局专报特刊》2023年第4期采用。四是围绕黄河流域生态保护和高质量发展国家重大战略，梳理总结金融支持典型案例、生态治理和生物多样性保护有关政策和数据，完成3篇调研报告，其中《金融服务河南沿黄流域生态保护和绿色发展的实践探索》被《研究局专报特刊》2023年第39期采用。五是围绕绿色金融与普惠金融融合发展、金融支持生物多样性保护、区域金融生态环境，梳理国外先进经验，撰写研究报告，研提政策建议。

（三）深入开展普惠金融研究。一是开展普

惠金融与农户信贷约束、共同富裕学术研究，研究报告《普惠金融能否促进共同富裕》《普惠金融发展缓解了农户信贷约束吗》分别被《金融发展研究》《金融发展评论》刊发。二是完成中国金融学会课题申研工作，围绕粮食安全战略下金融服务农业强国问题研究、推进绿色金融与普惠金融融合发展研究、高标准农田建设融资模式比较及优化路径开展课题研究。三是围绕粮食安全问题组织开展专题调研。针对金融服务小麦救灾减损、种业发展、高标准农田建设，农业经营主体融资需求，农机装备存在的问题等开展专题调研，形成多篇调研报告，其中金融服务小麦救灾减损调研报告被《金融研究报告》采用。四是开展兰考试验区存贷比、国营农场、普惠养老等专项调研，形成多篇报告报送总行。

（四）认真做好红色金融、自贸金融和文旅金融研究。一是初步制定中州农民银行史研究整体框架，现场调研中州农民银行旧址（总行确定的全国首批6个红色金融旧址之一）保护情况，完成2篇研究报告，其中《革命时期农村合作社研究》被《红色金融史研究工作简报》（第7期）采用；组织撰写的《中州农民银行鲁山县支行创建始末》等3篇红色金融口述史被《红色金融口述史料汇编（1921—1949）》采用。二是围绕新金融服务、跨境购买境外金融服务等自贸试验区（港）试点对接国际高标准相关问题开展研究，并按研究局要求更新2022年金融支持中国（河南）自贸试验区建设情况和河南自贸区总体方案工作台账。三是围绕河南省文旅文创融合战略，开展金融服务文旅产业专题调研，对河南省424家文旅企业进行问卷调查，完成调研报告《金融服务河南省文旅产业情况调查》；联合省文旅厅拟定《河南省文化与金融合作发展“九个一”工程方案》，推动文化金融资源有效整合。

（五）积极做好重点课题研究工作。一是完成总行重点课题《绿色低碳转型、碳定价与货币政策选择》并顺利结项，探讨绿色低碳发展背景下货币政策优化选择以及与碳排放管理政策的协调配合问题，为构建完善绿色低碳转型政策体系提供参考。二是组织开展2023年度河南省人民银行重点课题研究，制定选题指南，协调指导课题申报，立项重点课题33项，组织召开中期报告会，交流研究进展及阶段性成果，为提高研究成果质量奠定基础。

（六）认真做好经济金融中长期趋势分析等相关工作。一是完成《关于完善郑州都市圈科技金融体系推动科技型企业高质量发展的提案》等4件省政协提案的答复工作。二是围绕“推动金融机构扩规模优结构降成本”，完成报告《关于推动金融扩规模优结构降成本的专题研究》报送省政府研究室。围绕金融支持科技创新情况完成《金融服务河南省科技创新现状、问题及政策建议》调研报告。三是按季参加省分行经济金融形势分析例会，交流汇报当前河南省经济中长期发展趋势，并提出相关政策建议。四是研究分析郑州市金融运行情况，并根据郑州市建设区域性现代金融中心的定位，为支持郑州金融业创新发展、建设区域性现代金融中心建言献策。

二、着力推进区域金融改革创新，绿色金融、普惠金融、科技金融等重点工作取得新进展

（一）推动绿色金融创新发展取得新成效。一是加强统筹谋划与协调联动，推动绿色金融工作提质增效。组织召开绿色金融工作专班会议，明确14项重点创新任务，协同推进绿色金融政策体系完善、绿色金融行业标准研制、绿色金融综合评价、金融产品与服务创新、环境信息披露等重点工作任务，不断提高绿色金融工作质效。二是按照研究局部署，选取18家省级银行业金融机构和南阳市、信阳市级金融机构开展首次绿色金融综合评价试点工作。按季度开展银行业法人金融机构绿色金融评价，评价结果报送研究局，并纳入央行金融机构评级的评价指标。三是在研究局的指导下开展绿色金融行业标准申研工作，绿色金融行业标准《商业银行绿色项目贷款的环境与社会风险管理指南》于2023年8月在全国金融标准化技术委员会正式立项。四是加强向研究局

的沟通汇报，支持、配合辖区南阳市、信阳市申建绿色金融改革创新试验区。推动南阳市、信阳市将绿色金融相关指标纳入对金融机构的考核评价体系，指导开展绿色金融综合评价试点，引导金融机构健全完善绿色金融工作机制，加大对绿色低碳领域的金融支持力度；会同省地方金融监管局等部门印发《关于发展绿色金融支持南阳市高效生态经济发展的实施意见》，支持南阳市高效生态经济引领区建设。五是邀请专家对地市分行和地方法人机构开展环境信息披露培训，引导地方法人机构积极、规范做好环境信息披露工作。

（二）推动普惠金融改革取得新进展。一是梳理、总结兰考县普惠金融服务乡村振兴的主要做法和经验启示，向研究局推荐的“夯实基础金融服务能力 践行‘金融为民’——以普惠金融服务乡村振兴的兰考实践”入选中央组织部组织编写的《贯彻落实习近平新时代中国特色社会主义思想在改革发展稳定中攻坚克难案例》。二是配合做好兰考县普惠金融改革创新示范区申建工作，支持、配合兰考县申建普惠金融改革创新示范区，指导修改完善申建方案。三是结合河南省实际情况，起草普惠金融高质量发展实施方案初稿。

（三）推动完善金融支持科技创新政策体系。牵头制定河南省分行贯彻落实国务院办公厅加大力度支持科技型企业融资工作方案，明确行内部门分工，细化具体落实措施。加强工作协调联动，会同省科技厅等联合印发贯彻落实人民银行总行等四部委工作要点的省级实施细则，明确10项重点措施，引导金融机构加大对科技型企业的金融支持力度。

【征信管理】

一、从严监管，征信合规与信息安全管理水平有效提升。一是织密扎牢征信合规安全防护网。组织开展征信合规检查，采取“四不两直”方式随机抽取市分行开展检查。通过专题培训、座谈交流、监管走访、业务指导等方式，持续加强对地方法人金融机构过渡期合规督导，稳步有序推进47家金融机构完成“断直连”整改。二是扎实有序开展现场检查。对河南省22家接入机构开展检查。组织河南省通过“听”整改汇报、“查”整改落实、“讲”政策要求“三步走”开展2022年度执法检查“回头看”，实现38家机构7大类157项问题跟踪全覆盖。三是有效推动接入机构分类监管。创新征信合规例会内容，总结梳理年度考评及日常监管发现的问题和风险点，分类分层召开大型银行（含城商行）、县域机构征信合规例会，通报问题、明确要求，压实大型银行市级行管理责任和县域机构主体责任。强化考评结果运用，全面完成2022年度接入机构考核评级，组织21家考评A级机构、专项工作突出机构进行分享交流，对B级、C级机构开展针对性业务辅导；对考评位次靠后但未纳入执法检查的52家机构实施监管走访、约见谈话。

二、积极探索，征信服务实体经济能力持续提高。一是农村信用体系建设成效明显。2023年，河南省构建完成新型农业经营主体信息体系，共为45.90万户新农主体建立信用档案，基本实现全覆盖，支持融资10.56万笔、189.70亿元；共为1924.46万户农户建立信用档案，基本实现全覆盖，服务乡村振兴取得实效。二是动产融资服务扩面增量。2023年河南省动产融资统一登记公示系统登记8.88万笔、查询45.26万次，同比分别增长41.90%、44.37%；通过应收账款融资服务平台促成融资1899笔、762.23亿元，同比分别增长1.23%、11.59%。三是央行内部（企业）评级扎实开展。2023年河南省新增录入企业1630家，退回率7.42%，同比下降12.57个百分点，评级通过率达85.37%，与2022年基本持平，参评企业数据质量和质地明显提升；累计服务发放信贷资产质押再贷款128笔、61.03亿元。四是配合推进社会信用体系建设。支持安阳、鹤壁等5市被评为第四批全国社会信用体系建设示范区，数量居全国前列。配合省发改委推进信用信息归集共享，实现省信用信息共享平台归集税务、社保、司法判决等50多个领域、70家单位、21.54亿条数据。

三、严格监管监测，征信与评级市场规范有序发展。一是主动开展征信市场乱象治理。印发

《河南省征信市场乱象专项治理工作方案》，组织河南省人民银行、金融机构开展征信市场乱象治理。2023年河南省共清理虚假征信广告1个，督导名称或经营范围中带有“征信”字样的机构变更注册107家、注销登记86家，向市场监管部门移交75家、纳入异常经营名录26家。二是加强征信机构、信用评级机构监管。完成对备案企业征信机构的专项执法检查，对部分机构开展备案情况真实性专项核查，针对业务不规范问题督促机构整改。加强监测分析，省市双重审核《企业征信业务监测指标》并及时录入征信管理监测系统。围绕征信及评级业务月报、监测指标、季度自查自纠报告、风险排查报告、执法检查整改报告等建立河南省备案企业征信机构、信用评级风险监管台账，有效服务非现场监管。

四、践行征信为民，征信服务水平不断提升。一是征信服务更优化。印发《关于进一步优化征信服务环境 提升征信服务质效的通知》《关于开展郑州市区征信系统接入机构“亮信息 广宣传 优服务 比实效”工作的通知》，推动提升征信查询服务质效。制作河南省《县域征信业务办事指南》，并通过省分行官微宣传推送，方便县域社会公众、企业等及时了解征信业务最新办理方式。提升技防水平，保障征信服务质量。升级改造人工柜台查询前置系统，通过上线高拍仪实现电子档案齐备性控制；组织对布放在人民银行的自助查询设备开展安全检测，并督促自助查询机厂商及时整改发现的问题。二是征信查询更便捷。截至2023年末，河南省共布放497台自助查询机，较2022年末增加31台，实现省市县全覆盖、金融机构广覆盖，并向有较大实际需求的乡镇延伸。将145台自助查询机升级为个企一体机，覆盖河南省65个县和17个市区，宣传推广665台建行和543台邮储银行智慧柜员机查询渠道。截至2023年11月末，河南省个人、企业信用报告查询量分别为597万笔、15万笔，其中，自助查询及线上查询合计占比分别为99%、45%。三是依法合规做好征信维权工作。统一维权答复口径，合理引导通过司法途径、线下调解、征信异议等途径解决矛盾纠纷。优化征信维权办理流程，按照“程序合规、事实清楚、证据完备、答复全面”的原则依法依规办理维权事项。

五、创新形式，征信宣传工作成效良好。一是制作高质量宣传材料。以“十年征信路 奋进新征程”为主题，承担总行宣传长图制作任务，并通过总行官微发布，半日阅读量超10万人次；印制征信服务明白卡、制作《我的征信报告有逾期怎么办？》等3条短视频，引导社会公众依法理性维权，发放“明白卡”近5万份，短视频及电子版“明白卡”浏览量达5.3万人次。二是借力媒体扩大宣传影响力。依托大河财立方开展“警惕征信骗局 保护个人权益”专题直播访谈，当日总观看量超27万人次。三是实现征信教育常态化、长效化，在8所省属高校、17所中小学开展征信知识讲座。四是创新开展“一行一品牌 一地一特色”征信宣传品牌创建工作。创建了“诚信沙澧行”“河洛春雨”等17个各具特色的宣传品牌。

【钞票处理】

一、强化生产管理，圆满完成全年生产任务。一是认真组织生产，确保各项业务平稳有序运行。积极落实总行货币金银局和河南省分行工作会议精神及下达的工作任务，强化生产管理、安全管理和外包管理，2024年清分、复点、销毁各项工作安全有序开展，并按照有关规定安全处置残损人民币废料。二是统筹规划，加强柔性工作机制建设。根据总行有关工作要求，结合实际制定《钞票处理中心柔性工作机制实施方案》，根据库存量、业务量变化情况，通过灵活调整清分和销毁设备、外包人员配备以及工作模式等方式，不断健全柔性生产机制。加强调研思考，对柔性生产机制进行理论分析，撰写了《基于企业柔性生产视角下的钞票处理业务柔性机制建设思考》并上报总行。

二、强化风险防控，不断提升安全生产管理水平。一是抓好制度建设与执行，筑牢安全生产的制度基础。进一步完善内部管理制度。根据河南省分行党委有关工作部署及要求，以制度建设与执行规范活动为契机，不断加强制度建设，制定《回笼人民币处理业务操作规程（试行）》《清分、复点、销毁业务风险点及防范措施（试行）》等5项内部管理制度，进一步明确岗位职责，细化操作流程，规范内部管理，从根本上防范风险隐患。全面梳理总行相关管理制度。分类梳理60余项总行相关制度规定，编印了《钞票处理中心文件汇编》（上下册），组织全处进行系统学习；深入学习总行新印发的回笼人民币管理办法，会同货币金银处制定《中国人民银行河南省分行回笼人民币处理管理实施细则》。健全制度长效化保障机制。开展制度落实执行情况检查，并及时根据工作和检查中遇到的新情况、新问题，不断优化完善相关内控制度，保证制度的时效性和可操作性，确保各项制度落到实处，提高工作效率和安全性。二是抓好业务操作规范，筑牢安全生产的业务基础。提升业务操作质量。根据制定的《回笼人民币处理业务操作规程（试行）》，从出库、点验、分配、装包、入库等各个环节入手，对每个操作标准、操作流程进行细化，确保业务操作质量，提升人员业务操作水平。强化业务安全检查。增加安全检查的力度、频度、维度，在回笼人民币管理办法规定的检查要求的基础上，每月中心负责人至少开展一次业务安全检查；各科室负责人将业务安全检查贯穿日常工作，综合科不定期进行安全检查；在特定时期如汛期、夏季用电高峰期，针对防汛、电路隐患排查、消防、应急处置等开展专项安全检查。在检查工作安排上，将业务安全检查与重点部位检查相结合，日常检查与特定时期检查相结合，安全检查和整改提升相结合，不断提升安全检查质量和水平。组织开展消防安全演练。在经济开发区消防大队的现场指导下，就火灾中的人员疏散撤离、消防器材使用等开展模拟演练，并由消防队员现场开展消防安全知识讲解，提升应急处置能力。三是抓好机具操作安全，筑牢安全生产的物质基础。强化机具设备操作安全培训。组织驻场工程师开展“清分设备安全操作及维护”专题培训，对操作过程中注意事项和问题处置等进行讲解，提高操作人员设备应急处置能力。做好设备日常维护与保养。加强与设备维保公司的沟通，做好清分与销毁设备的维修保养工作；在雨季等特定时期，密切关注车间和设备情况，防止设备风险。健全机具安全应急管理机制。加强钞票处理中心、驻场工程师、外包人员三方协作机制建设，定期沟通设备使用的问题并及时处置，防止“小隐”变成“大患”。

【资金清算】

一、高度重视系统运维，确保支付清算业务连续性。一是时刻压实压紧安全生产职责，守牢支付系统安全稳定运行的第一道关卡。坚持“三级”值班（守）制度，坚持负责人带班、技术和业务主管领班、操作员7×24小时值守，确保及时发现风险事件并快速处置。严格认真执行规章制度，坚持一人操作一人复核，确保系统操作规范正确。编制完成《支付清算系统操作手册汇编》，对系统操作员日常工作进行了标准化梳理，为确保生产系统安全稳定运行提供了丰富的资料支撑。二是加强巡查力度，维护系统安全。做好常规的系统维护和巡检工作，全年对郑州CCPC机房现场巡检3000余次，到LDAS现场巡检10次、远程电话巡检37次。严格按照“一人操作、一人复核”执行系统变更操作，全年共完成超融合设备加入运维审计系统、季度网络设备密码更换等系统变更23次。组织总中心签约厂商例行巡检51次，组织并配合辖内参与者进行切换演练、系统升级等50次。2023年，郑州CCPC和LDAS安全稳定运行率将继续保持100%。

二、创新推广工作方法，履行支付系统宣传工作职责。一是多方统筹部署工作，积极开展现场宣传。在郑州市域内开展“央行支付宣传月”主题活动，紧扣手机号码支付宣传重点，全面覆盖“线上”“线下”各种业务宣传推广渠道，活动期间河南省新增手机号码支付业务注册量25703户。利用普惠或志愿服务活动等契机，实地开展2023年国家网络安全宣传周河南省金融日活动，指导南阳、商丘等多家市分行开展“支付知识进万家”“支付知识进校园”等系列宣传活动。二是发挥线上宣传优势，逐步强化网络推广。指导辖内直参通过微信群、朋友圈等渠道推送多篇业务推文，全年共推送支付系统相关业务推文40余篇；通过微信公众号、官方微博等渠道发表手机号码支付业务指南和使用流程，先后发布《手机号码一键支付，省事省力又省心》《转账用手机号码，安全、方便更高效》等文章，系统地展现了手机号码支付业务知识，宣传成效显著。

三、管理服务并举，持续提升自发系统参与者管理服务水平。一是做好多平台接入推广，提升辖内直参支持力度。大力推进金融信息传输服务平台（简称GFIX）、数字供应链金融服务平台等新业务推广，深入金融机构开展调研宣贯，持续为参与者提供指导服务。目前，河南省辖内已有10家参与机构加入通用金融信息传输平台，辖内4家直参机构全部上线数字供应链金融服务平台。二是主动作为提前谋划，助力河南省农信社顺利改制。筹建期间，由清算中心、支付结算处负责人带队到河南农信开展支付清算系统运维保障调研，并根据沟通调研结果制定《关于河南农商联合银行更名过渡期支付系统及配套系统保障方案》，及时沟通处理筹建过程中的问题难题。在河南农商联合银行挂牌后，联系业务人员按时完成DEMP加签证书更新换发工作，配合完成上线数字供应链金融服务平台（电证、福费廷和保理系统）工作。

【事后监督】

一、坚守风险意识和质量意识，扎实履行事后监督职责。一是非现场监督向深向细全面展开。全面监督和重点监督相结合，在监督无死角的基础上，对重点科目进行重点监督，确保核算资金安全。坚持完善的三级监督法，监督层层递进，层层把关，监督质量有保证。注重前台后台互动交流监督，存在问题及时沟通整改，提高了监督效率，提升了监督质效。非现场监督工作中重点监督资金出口和重要科目，对现金类科目、再贷款（贴现）、财政支出、预算收入退库及更正、发行基金出入库等进行重点监督，累计审核会计资料53.67万笔，发出会计核算监督通知书1份，未发生核算资金风险。二是现场监督重点明确。结合非现场监督情况，对营业部ACS业务进行现场监督。重点查看各类登记簿的建立使用、重要空白凭证保管领用、再贷款及再贴现账卡是否相符、操作员UK及口令保管使用等业务，针对存在不足提出改进及完善建议。三是扎实做好专项监督。按照工作安排，对采购开评标进行专项监督，针对采购开评标的特点开展专项监督，没有发现违规情况。四是做好档案管理及服务工作。严格执行保密规定，执行档案查调阅专人陪同，调阅档案当面复检等制度，协助营业部、国库处和金融稳定处等相关部门完成政府专项借款利息专项调查和支付清算往来科目专项调查等查调阅工作，无泄密事件发生。五是注重业务系统安全性。做好监督系统密码及工作人员操作密码的及时更换工作，确保监督系统管理运行安全。六是推动调研工作向前进。根据工作性质，完成了《新时代事后监督的定位与反思》调研，就事后监督工作的定位与推动事后监督工作的开展进行了探讨，发表在行内学习贯彻习近平新时代中国特色社会主义思想主题教育专刊第三期。

二、做好制度建设与执行规范工作。全员参与，制定计划，有目标、有针对性地对现行内部管理制度进行地毯式、全覆盖、无遗漏的梳理评估。在此基础上，与相关业务部门做好协调沟通相关制度废、改、立工作，以达到补齐制度短板，弥补管理漏洞，提升制度规则科学性、规范性、完整性、适用性和权责一致性的目的。狠抓制度执行规范，强化制度执行硬约束，加大各项制度的学习宣传培训力度，深入推动学制度、懂制度、用制度，事后监督中心形成了有规必循、照章办事、履职尽责的思想自觉和行动自觉。

三、稳中求进，制度探索创新工作方法。一是利用掌握多条线会计业务数据的优势，探索事后监督工作由条线监督向整体监督跨越。采取点线面相结合及重点科目横向比对监督的整体监督模式，加强不同系统之间账务数据核对，达到防范风险的目的。二是做好与被监督部门日常沟通与协调，并将监督中发现的问题分类整理，集中反馈被监督部门，防止同类问题反复出现，监督质效持续提升。

【内审】

一、紧紧围绕中心工作，扎实履行审计监督职责。聚焦风险领域，组织对河南省分行机关、17 家市分行和 27 家县支行开展审计项目共计 145 个，发现问题 952 个。其中，河南省分行内审处直接开展审计项目 18 个，发现问题 224 个。一是聚焦央行核心职能和重大改革，以政策审计促进贯彻落实。根据总行和省分行党委安排，组织开展了金融风险防控审计调查、培训疗养机构专项审计和货币信贷重点工作落实情况审计调查。二是围绕权力运行，通过全面深化经济责任审计促进规范履职。三是紧盯财务、科技等重要业务领域，以专项审计促进提质增效。四是坚持风险导向，针对辖内薄弱环节加大自选审计力度。五是创新开展巡审结合，有效推进巡审监督贯通协同。

二、持续聚焦内部治理，不断健全风险防范长效机制。坚持监督与服务并举，主动靠前，以提前预防、超前预警为重点，前移监督关口，以有效的审计服务推动基层央行内部治理效能的逐步提升。一是强化内部控制，筑牢风险防范基础。二是开展风险提示与评估，实现全方位风险预警。三是认真开展采购过程监督，前移风险防范关口。

三、牢牢抓住关键环节，切实深化审计整改质效。2023 年，继续将审计发现问题与推动解决问题结合起来，组织河南省人民银行内审条线通过严格整改标准认定、定期汇报通报、做实整改评估 3 个关键环节，着力做好审计监督的“后半篇文章”。一是严格整改标准，推动科学评价和有效整改。二是定期汇报通报，贯通整改责任链条。三是加强整改评估，压实整改责任。

【金融消费权益保护】

一、加强统筹规划，多部门联合开展金融知识普及教育活动。印发《关于下发 2023 年金融知识宣传普及计划的通知》，统筹规划全年金融知识普及教育工作。强化和其他金融监管部门的沟通联动，形成工作合力，共同深入开展“3·15 金融消费者权益日”活动、6 月“普及金融知识 守住‘钱袋子’”活动及 9 月“金融消费者权益保护教育宣传月”活动。积极参加公安部门、地方政府相关部门组织开展的防范电信诈骗、防范非法集资宣传教育活动。支持配合中国金融教育基金会开展“星海计划——金融宣教进百县”活动。

二、站稳群众立场，以高度政治责任感做好消费者投诉管理。定期开展 12363 咨询投诉电话话务员培训，确保 12363 电话应答话术准确、规范。压实金融机构投诉管理主体责任，指导属地金融机构依法妥善处理各类投诉，对投诉处理不及时、不规范的金融机构进行约谈提醒。督促各法人银行业金融机构真实、完整、准确、及时向投诉监测分析系统报送投诉数据。组织开展 12363 电话应急演练，提高 12363 呼叫中心的快速反应和应急处置能力，确保突发事件下接听工作不间断、服务质量不降低。

三、助力解纷止争，积极推进金融纠纷多元化解机制建设。组织辖内人民银行指导下的金融纠纷调解组织入驻最高人民法院调解平台，充分利用“总对总”在线诉调机制开展金融纠纷调解。及时对调解工作成效进行总结，通过《金融时报》《河南法制》等媒体进行宣传报道，提升社会公众对调解工作的认知度，引导金融消费者利用非诉金融纠纷解决机制化解矛盾。

国家外汇管理局河南省分局

【综述】

2023年，国家外汇管理局河南省分局以习近平新时代中国特色社会主义思想为指导，认真贯彻落实党的二十大精神和中央金融工作会议精神，坚持党建业务融合发展理念，扎实开展主题教育，深化贸易投资便利化改革，强化事中事后监管，稳步推进县支局业务移交，持续规范内部管理，严防跨境资金流动风险，全力服务涉外经济高质量发展。

一、稳中求进，深化外汇管理改革，服务涉外经济高质量发展。一是提升政策传导落地效率。组织河南省开展“四走访”（走访政府部门、走访银行、走访企业、走访个人）活动和“五送”（送政策、送产品、送培训、送分析、送便利）活动。印发《国家外汇管理局河南省分局关于做好2023年外汇支持乡村振兴的通知》，组织汇政银企对接会45次。二是提升跨境贸易便利化水平。组织8次政策宣讲和内部推进会，动态更新企业后备库，优化备案流程，推动试点工作扩面增效。联合商务、财政、海关等部门对47家省级外贸综合服务企业开展资质认定。三是提升跨境资金使用效率。对银企适时开展“一对一”辅导，成功办结26笔线上外债登记业务和38笔非金融企业多笔外债共用一个外债专户业务，推动4家银行加入资本项目数字化服务试点，4家企业完成跨境资金集中运营业务新增备案。开展河南省两项创新业务，成功办理河南首笔境外上市公司境内股东持股变更登记业务，推动设立河南省首支QFLP基金——河南郑卢空铁双枢纽私募股权投资基金。四是提升企业汇率风险管理水平。开展宣讲成效提升行动和惠企服务专项行动，2023年河南省签约口径套保率14.08%，首办户拓展1225家，较2022年增加740家。

二、守土尽责，精准事中事后监管，严防跨境资金流动风险。一是突出重点有效开展跨境资金流动监测分析预警。坚持问题导向、服务决策，完成专题分析报告23篇。二是分类施策提升经常项目监管质效。重点关注大额预付延收、离岸转手买卖、海关特殊监管区内净流出企业，提升货物贸易监测核查有效性。调整服务贸易22个指标和28个阈值，提升服务贸易监测核查精准性。督促核查发现银行个人外汇业务问题整改，提升个人外汇业务风险防范能力。三是细致规范严控重点主体债务风险。完善事中事后全流程监管，做实做细中资房企、城投企业境外债务风险防范建立内保外贷履约防控机制，强化内保外贷业务微观主体监管。四是严厉打击外汇领域违法违规行为。积极主动对接人民银行、公安、税务、市场监管和海关等监管部门，形成打击地下钱庄、跨境赌博、虚开骗税等有效合力，推动打击非法跨境金融活动实现新突破。2023年，河南省共查处涉地下钱庄、跨境赌博案件10起，罚没款金额3985.82万元。五是有力有序强化外汇市场监管。稳妥推进银行外汇展业试点，优化真实性审核内涵。坚持引导与管理并重原则，助力本外币兑换特许业务有序恢复。强化银行卡境外交易规范管理，做到早监测、早预警、早排查、早报告。

【国际收支统计】

2023年，河南省分局多措并举推动企业汇率风险管理，稳扎稳打开展国际收支统计，持续优化外汇形势监测分析预警机制，有力有序加强外汇市场监管；河南省企业汇率避险财政奖补政策落地见效，“清单管理”模式不断优化，首办户拓展家数达 1282 家；参与全国统计核查工作能力明显提升，成为直接申报异地承接分局之一；助力辖区兑换特许业务有序恢复，充分满足个人出入境兑换需求。

一、强化国际收支统计数据基础。将“基础工作不出错”作为统计工作的根本遵循和工作底线，通过“建机制、勤核查、重指导、善比对”等方式确保河南省国际收支数据质量。一是加强非现场核查资源统筹。构建河南省直接申报核查异地承接工作制度，采用“属地分局初审 + 承接分局复审 + 省分局统筹审核”的三级审核模式全方位把关申报数据质量。2023 年，非现场核查间接申报数据 97.8 万笔，折合金额 1971.1 亿美元；按月核查贸易信贷调查企业 123 家、直接申报主体 83 个、结售汇报送银行 29 家，较好地保证了河南省国际收支数据质量。二是发挥现场核查有益补充作用。2023 年，河南省国际收支两条线共开展现场核查项目 71 个，其中河南省分局本级共对 6 家机构开展现场核查 10 次，针对现场及非现场核查发现的问题，除限期整改外，对 3 家机构进行约见谈话，进一步夯实了国际收支数据质量。

二、推动汇率避险服务走实走深。2023 年，河南省分局持续向市场主体灌输汇率风险中性理念，指导自律机制在河南省巡回举办以“融汇豫企 避险守益”为主题的汇率风险中性宣讲；探索推广“清单式”汇率避险模式，按月向银行下发“首办户清单”“未办户清单”“汇率风险敞口较大企业清单”三张清单；坚持破解小微企业避险难题，引导辖内银行向总行争取汇率避险优惠政策试点，积极运用财政资金支持中小微企业汇率避险，帮扶中小微企业汇率避险成效显著，辖区企业汇率避险手段更加多元。2023 年河南省外汇套保金额为 73.9 亿美元，签约口径套保率为 14.46%，首办户拓展家数达 1282 家，较 2022 年增加 700 余家，共向总局及政府媒体等报送 10 篇汇率避险宣传材料，其中，《坚持金融为民理念帮扶薄弱群体避险成效显著》《围绕重点及早谋划推动企业汇率避险工作再拓面再提升》等 6 篇信息被总局《我为群众办实事》工作简报、《金融时报》、省委《工作交流》等信息刊物采用。

三、坚持依法办理行政许可业务。设置行政许可业务专职受理员，规范受理线上、线下行政许可业务申请，行政许可业务办理通过“政务服务网上办理系统”实现全流程网上可追踪，提升政务服务办理规范度、透明度、群众满意度。2023 年，河南省分局国际收支条线共办理行政许可业务 110 笔，实现了“零超期”“零差评”“零复议”“零诉讼”的目标，维护了外汇局的良好履职形象，2023 年共收到申请主体行政许可评价 47 条，均为非常满意。

四、持续提升外汇形势监测分析能力。河南省分局不断优化外汇形势监测分析机制，深化外汇局与银行企业联动机制，按季召开河南省外汇形势分析座谈会、跨境资金流动监测会商会议，宏微观结合了解外贸、直接投资、外债、人民币汇率波动等重要跨境资金流动变化情况，深入分析辖区外汇形势变化趋势及深层次原因，撰写月度形势分析报告被省委、省政府采用 4 篇，围绕外需变化、人民币汇率贬值、中美贸易摩擦及其演化、汽车出口行业机遇与挑战等多个外汇形势热点、苗头性问题开展专题调研、向总局及省委、省政府报送专题分析 23 篇，其中，《河南省纺织服装企业面临诸多挑战市场信心不足》《近期人民币汇率持续贬值对出口企业提振有限，进口企业略受影响》等 13 篇信息被《国际收支动态》及河南省委、省政府刊物采用。

【外汇检查】

2023 年以来，河南省分局紧紧围绕“防止发生系统性金融风险”的主题，严格执法、强化金融机构监管，严厉打击非法跨境金融活动，有力维护了辖内外汇市场健康良性秩序和经济金融安全。

一是全年辖内共查处涉地下钱庄、跨境赌博案件 11 起。二是坚持以银行为切入点，组织开展银行外汇业务专项检查，共立案处罚 4 起。三是持续推进查审分离试点，全年查审分离办理案件共 6 起。四是积极参加外汇展业试点工作，防范跨境资金流动风险。

【经常项目外汇管理】

一、完善制度建设，持续夯实管理基础。一是以优化管理为目标，组织开展制度建设与执行规范提升活动。以规范业务办理、加强风险管理、提升服务质量为目标，建立制度梳理台账，全面梳理对照，修订完善 2 项涉及规范外汇服务和内控管理的制度文件。以压实主体责任为导向，强化业务督导，建立河南省经常项目常态化抽查工作机制、工作提醒制度，制定 11 项重点风险业务和主体抽查方案，全年开展业务条线抽查 4 次、发送工作提醒单 4 次，有效推进河南省条线内部管理制度化规范化，实现基础工作“三零”（零差错、零问题、零舆情）目标。二是以审计整改为契机，持续提升依法行政工作水平。全面梳理总局年初下发的内外部审计问题清单，指导河南省业务条线在全面落实整改、查漏补缺的基础上，及时修订完善内控制度，提升内控管理水平。以总局依法行政审计为契机，举一反三，全面规范整改，强化审计整改成果转化，进一步提升制度执行力、穿透力。严格依法办理行政许可业务，指定专人常态化监测河南省行政许可业务办理情况。2023 年，河南省办理一般经常项目企业收支登记 4714 笔、经常项目特定收支业务核准 103 笔。

二、深化创新便利，服务国家开放大局。一是坚持提质扩容，纵深推动贸易便利化改革。加强组织推动和宣传培训，开展政策宣讲和内部推进会 8 次，动态更新企业后备库，优化事前、事后备案流程，提高备案效率，重点推荐专精特新、绿色低碳、乡村振兴等优质企业参加试点。修订印发《国家外汇管理局河南省分局关于开展优质企业贸易外汇收支便利化试点的指导意见》，进一步扩大业务范围，优化银行准入条件，放宽银企合作年限，取消银行固定频率抽查，为试点业务扩面提质增效提供制度支撑。设立优质企业贸易外汇收支便利化业务专岗，确保业务合规有序开展，以月度重点企业监测及季度满意度调查为抓手，对 23 家试点企业跟进调查，及时掌握政策实施效果及诉求。2023 年，河南省共有试点银行 10 家、试点企业 215 家，累计办理试点业务 1044 亿美元，其中，专精特新企业 82 家、中小微企业 163 家，分别占参与试点企业的 38% 和 76%。二是坚持规范创新，促进贸易新业态健康发展。积极开展“四走访”（走访政府部门、走访银行、走访企业、走访个人）活动，对跨境电商、市场采购、外贸综合服务等企业进行重点调研，开展银企座谈，了解辖区贸易新业态发展情况、存在问题及诉求建议。参加河南自贸试验区新型离岸贸易发展等座谈会，向河南省 100 家重点企业宣传新型离岸贸易相关政策。联合商务、财政、海关等部门对 47 家省级外贸综合服务企业开展资质认定工作。用好“5+2+N”（商务、市场监管、税务、海关、外汇局五个部门，保税物流中心和市场采购贸易两个平台，N 个进出口企业）会商协调机制，有效推动解决市场采购贸易平台功能不完善、出口收汇率低等问题，提升小微市场主体便利度。2023 年市场采购贸易累计出口 2.7 亿美元。

三、强化风险监测，增强综合治理能力。一是坚持结果导向，提升货物贸易监测核查有效性。聚焦大宗商品、大额预付货款、大额延期收汇、离岸转手买卖、关联交易等风险业务，采取“台账 + 系统”分类核查监测模式，精准打击虚假跨境贸易企业。二是坚持问题导向，提升服务贸易监测核查精准性。三是坚持目标导向，提升个人外汇业务风险防范能力。四是坚持协同合作，提升跨部门协同监管合力。加强与海关、税务等部门的异常数据交换、对违规企业的联合惩戒和跟踪反馈，提升联合监管质效。

四、聚焦宣贯督导，营造政策传导“优良生态”。一是强化精准发力，畅通政策传导。充分运用媒体宣传、经验交流等形式深入开展“经常宣”系列活动，联合税务、海关等常态化开展“五送服务”，扩大便利化政策辐射面。2023 年发表宣传文章 52 篇，召开政策宣讲会 184 次，覆盖企业 5214 家次。以“四走访”活动为载体，现场走访市场主体 482 次，召开座谈会 86 场，协调解决实际问题 294 个，精准有效把“问题清单”变“成果清单”。二是强化优化服务，凝聚惠民利企“向心力”。为更好服务个人多样化外汇业务需求，围绕“三提升、三提高”（提升工作站位、提高为民意识；提升工作质效、提高人民群众获得感幸福感；提升能力作风、提高便利化、合规性水平）工作目标，联合省自律机制开展“个人外汇业务服务质量提升月”活动，河南省 22 家银行 3781 家网点参加，通过集中学习、培训练兵，覆盖 2.4 万余人次，更新组建专家团队 209 人，面对面了解 2900 余用汇主体诉求，切实提升辖区银行便利化服务水平，活动成效被总局刊发。深入县域开展汇政银企对接会 45 次，促进当地外贸特色产业集聚发展。

【资本项目外汇管理】

一、持续深化改革，用心服务实体经济高质量发展。一是强化外汇政策宣传和业务操作指引，促进跨境投融资便利化政策落实落细。实地走访重点企业，邀请交通银行上海总部业务专家现场授课，组织银行、企业开展外汇业务交流座谈会，传导最新政策文件精神；为辖内企业减费降本、提升资金运作成效提供了实实在在的帮助。二是创新拓展服务内涵和外延，推动两项资本外汇新业务顺利落地。成功办理河南首笔境外上市公司境内股东持股变更登记业务。为确保新业务快捷办理，河南省分局通过线上线下渠道主动联系企业，指定专人多次进行沟通，详细讲解业务法规，深入了解企业业务背景及实际诉求，提供有针对性的指导意见，确保业务合规办理。河南省分局会同发改委、商务厅等部门联合下发《河南省合格境外有限合伙人试点暂行办法》，与发改委、商务厅、市场监管局等部门密切沟通、深度配合，建立联合会商工作机制，积极向国家外汇管理总局汇报争取政策支持。在河南省分局积极推动、精心指导下，9 月 22 日，河南省首支 QFLP 基金——河南郑卢空铁双枢纽私募股权投资基金合伙企业（有限合伙）完成直接投资登记后，首笔资本金 783.84 万元成功汇入。此笔 QFLP 业务首次落地，标志着河南省“引资入豫”战略迈出了新步伐，开辟了“空中丝路”金融合作的新路径。三是持续拓展外汇银行加入资本项目数字化服务试点。为加快推动数字化转型升级，持续提升辖区资本项目便利化水平，河南省分局强化金融科技赋能，通过现场调研、举办银企交流会和推介会、制作资本项目外汇管理政策服务明白卡等多渠道、多维度开展宣传活动，指导辖区部分银行开展资本项目数字化服务试点，对银行传统柜台业务办理流程进行数字化改造，实现“线上化”“无纸化”，为辖区企业办理资本项目数字化业务合计 1387 笔，金额合计 6.43 亿美元。四是扎实推进跨国公司跨境资金集中运营业务增量提质。河南省分局深化跨境资金集中运营业务试点工作，实现了从“政策宣传员”向“政策辅导员”的转变，促成了我省跨境资金集中运营业务的增量提质。通过不断优化政策传导效率，运用内部系统筛选潜在企业，实现政策精准定向传导，持续释放政策改革红利。同时，统筹做好外债、境外放款集中额度一次性登记服务，为跨国公司跨境资金融通搭建高速通道，使跨国公司直接通过合作银行统一调配资金，优化了企业资金管理、节约了财务费用。2023 年成功推动 4 家跨国公司完成跨境资金集中运营业务新增备案。目前，河南省共有 16 家跨国公司备案开展跨境资金集中运营业务，集中外债额度 418 亿美元，集中境外放款额度 62 亿美元，共有 124 家境内外成员企业享受跨境资金运作便利。五是非金融企业多笔外债共用一个外债账户、线上申请外债登记政策效果明显。河南省分局探索形成“横向联合、纵向联动、群策群力”宣传推广机制，充分利用线上线下联动方式打造立体式覆盖、多维度宣传新格局，有效推动了便利化政策落细落地。2023年，河南省成功办结26笔线上外债登记业务，累计金额约4.73亿美元，节省往返交通时间逾千小时，有效提升外汇服务的品质与能效；支持非金融企业的多笔外债共用一个外债专户，共为涉汇企业办理41笔外债业务，累计金额约11.98亿美元，实现外债便利化红利靶向惠及市场主体。

二、持续简政放权，扩大释放资本项目管理服务效能。一是严格依法行政，促进政务服务水平持续优化。结合工作实际，严格执行行政许可服务规范，更新行政许可事项服务指南，对外公布行政许可事项清单、投诉咨询电话等，定期查看全辖政务服务网业务办理情况及进度，严格业务审批权限，及时做好“好差评”评价，确保政务服务水平持续优化。2023年河南省办理的224笔行政许可业务无一例超期，且从未出现投诉，市场主体满意度100%。二是深化“放管服”改革，促进资本项目收入支付快捷便利。通过加大政策动员宣传力度、全面排查需求企业、加强业务指导等方面入手，指导辖内银行外汇业务自律机制进一步发挥作用，依托银行自律机制平台，微信群和银行视频会议，对市场主体的问题咨询进行线上答疑或微信指导，以优质服务赢得高度评价，推进资本项目外汇收入支付便利化改革新政惠及辖内更多企业，提升跨境贸易投资便利化水平。2023年，河南省办理便利化业务近832笔，涉及金额3.41亿美元，占全部资本项目外汇收入境内支付金额的15.3%。三是开办“每局一讲”微课堂，推动辖区资本项目条线创先争优。坚持政治建设统领、业务能力提升支撑，精心谋划业务学习新矩阵，在河南省范围创新开展“每局一讲”微课堂活动，组织“微课堂”展示、外汇业务宣讲20余次，围绕资本项目管理外汇政策、业务技能、监管质效等方面精心选题交流切磋，遴选政策审核重点、操作流程指引、为企业办实事等典型案例，匠心制作17个业务讲学课堂视频集中亮相展评。10余件优秀“微课堂”视频在河南省推广学习，促进河南省资本条线业务学习、本领提高、履职能力建设常态化推进，切实以理论学习推动业务提质增效。四是扎实开展“一线查访”，跟踪督促便利化政策落实落细。根据总局工作要求，制定“一线查访”工作方案，结合“我为群众办实事”“万人助万企”等活动，通过现场查访、电话暗访、调研座谈和问卷调查等多种形式，共对河南省银行分支机构开展一线查访281家次，指导地市分局开展一线查访496家次，对160余家外汇指定银行和市场主体开展问卷调查，深入百余家企业走访，了解便利化政策的知晓度，对外汇业务服务的满意度和对政策红利的感受度，针对7家银行和12家企业涉及便利化政策、业务操作和事后监管中的困难和问题，认真解释、耐心答复，收到较好的社会反映，有力支持涉外经济发展。五是认真完成直接投资存量权益登记工作。深入贯彻落实外商投资法，不断优化营商环境。2023年，稳妥组织辖区开展外商直接投资和境外投资企业存量权益登记，多渠道就存量权益登记工作的政策调整、报送流程、报送时限、权利义务等进行了详细宣传说明；组织河南省外汇业务人员开展外方存量权益数据抽查，确保入库数据质量，通过分局门户网站、日常电话接听累计答复业务咨询百余笔，政务服务水平持续提升；同时，要求辖内各市分局加强对参报企业的宣传指导工作，确保河南省存量权益登记工作顺利开展。2023年，河南省已顺利完成境内直接投资存量权益申报1472家、境外直接投资申报534家，提前完成工作任务。

三、持续强化监管，严密防范跨境资金流动风险。一是创新监管方式方法，强化事中事后全流程监管。河南省资本条线对照总局制度要求，反复研讨，细化落实事中事后全流程监管工作制度，覆盖各环节各层级以及各类风险点，创新监管方式方法，强化跨部门联动监管，实现现场、非现场工作制度化、规范化和流程化。制订2023

年资本项目外汇业务现场核查方案，组织部分涉汇主体累计开展38家次业务核查，约谈银行企业4家次、下发监管提醒17次、下发风险提示函3家次、移交检查1家次，定期通报考核，资本项目事中事后监管工作成效显著提升；2023年，河南省资本项目数据处理329笔，处理数据保持零差错，数据处理时效性和精准度得到进一步提升，多次得到总局肯定。二是加强内保外贷业务微观主体监管，防范内保外贷履约风险。建立内保外贷履约防控机制，一方面，实施动态监测，实时掌握境外企业经营状态、财务等情况，防控企业因出现过度融资、盲目扩张等情况引发跨境融资风险；另一方面，压实银行责任，及时向银行发送重点企业名单，适时开展业务核查，强化事中、事后跟踪，防范重点企业内保外贷业务风险；2023年，郑州辖内未出现一例内保外贷违约，河南省银行内保外贷存续业务252笔，担保余额为49.25亿美元。三是密切关注国内外形势变化，夯实资本项目监测分析。河南省资本条线密切跟踪国际国内金融形势对我国可能产生的影响，严格执行总局政策规定，不断提升统计监测分析和业务研究能力，高频动态监测外汇形势变化。每月分析辖内资本项目收支与结售汇整体运行情况及重点企业跨境资金流动情况，每季度分析辖内跨境资本流动形势、资本和金融项下外汇收支的变化和特点，及时评估风险、做好前期预警，2023年累计向总局报送24篇形势分析报告、4篇事中事后监管工作报告。四是精准把握调研信息时效，为总局和地方政府提供参考。创新调研方式，充分发挥系统合力，围绕领导关注、市场主体关心的新进展、新动向开展调查研究和决策服务，最大限度地使提出的研究分析成果符合实际、符合改革要求、切实解决问题。2023年，河南省开展重点调研课题12项，组织开展外商直接投资和国内产业向外转移情况、资本项目收入支付便利化政策落实情况、吸引和利用外资情况、河南省企业在“一带一路”沿线境外投资情况等多项专题调研，报送各类调研报告、编译信息、形势分析、工作动态百余篇，其中40余篇获各级采用编发，1篇获省长批示，3篇被《金融时报》刊发，12篇被省委、省政府采用，10篇优秀调研报告和编译信息分别被总局《资本项目信息编译》《资本项目信息摘编》录用，采编率较去年同期显著提升；重点调研课题组承担的两项研究成果分别获得河南省金融学会2022年度青年课题二等奖、河南省人民银行系统2022年度重点研究课题三等奖。

国家金融监督管理总局河南监管局

【综述】

2023年，国家金融监督管理总局河南监管局坚决贯彻落实金融监管总局党委和省委、省政府各项决策部署，认真学习贯彻中央经济工作会议精神，全面加强金融监管，取得扎实成效。一是服务实体经济提质增效。深化开展“行长进万企”“险资入豫”“减费让利”三大专项行动，成功举办首届“保险资管河南行”活动，推动金融供给总量持续增长、供给结构不断优化。发挥“一楼一策一专班一银行”机制作用，河南省保交楼项目配套融资授信和投放规模居全国首位。河南省保险业累计提供风险保障270.1万亿元，赔付支出1055.2亿元，经济“减震器”和社会“稳定器”功能充分发挥。二是金融改革化险稳妥有序。指导河南农商联合银行筹建并顺利开业，河南农信社系统重塑性改革迈出关键一步。推动省政府发行第二批282亿元专项债补充农合机构资本，向中原信托增资14.84亿元，夯实发展根基。促请省委、省政府印发支持中原银行打造一流城市商业银行指导意见，指导中原银行扎实做好改革“后半篇文章”。制定《河南省村镇银行改革重组方案》，分类推进村镇银行改革。推动省委、省政府启动新一轮不良资产集中清收行动，指导河南省银行业加大不良贷款处置力度，核销规模居历史同期第2位。三是监管能力建设不断加强。按照国家金融监督管理总局统一部署，顺利完成河南监管局和16家分局挂牌，稳步推进县域机构改革工作。进一步完善消保机制，印发《关于加强消费者权益保护综合治理消费投诉的指导意见》及配套制度，形成“1+4”消保制度体系。畅通民声渠道，扩容12378话务热线，群众来电满意度达99.6%。深入开展金融消保教育宣传活动，综合整治群众反映强烈问题，化解消费纠纷1.6万件，投诉数量同比下降21%。加强央地协同、部门联动，与10余家省直单位签订协同监管备忘录或建立联动工作机制，逐步建立多主体参与、多领域协作、多层次贯通的监管体系。

【政策性银行保险机构监管】

一是整体经营态势稳中向好。推动辖内3家政策性银行信贷规模持续增长，2023年末各项贷款余额9773.62亿元，较上年末增长7.41%，政策性（开发性）业务占比83.9%，上升0.65个百分点。出口信保公司2023年短期险累计实现保险金额87.6亿美元，同比增长5.3%，累计为3293家企业提供风险保障，同比增长26.60%。二是重点领域金融服务不断加强。开发银行发放基础设施贷款同比增加11.71%，助学贷款发放额、惠及面创新高，稳居系统内首位；农发行全年累放粮棉油贷款274亿元，全年支持粮食收购市场份额达54%；进出口银行外贸产业贷款增速21.93%，高于各项贷款平均增速7.41个百分点；出口信保公司支持企业对“一带一路”沿线国家出口27.8亿美元，同比增长14.9%，支持企业对RCEP国家出口11.4亿美元，同比增长13.8%。三是逆周期调节作用持续发挥。推动政策性开发性金融工具支付率较年初大幅提升。推动开发银行第二批253亿元“保交楼”专项借款全额支付，助力河南省逾20万套住房施工交付。指导开发银行、农发行积极对接“三大工程”金融需求，做好先期准备工作，带头实现个别项目贷款发放。

【大型银行监管】

截至 2023 年末，河南省大型银行资产总额、负债总额分别为 5.58 万亿元、5.52 万亿元，较年初分别增长 13.49%、13.49%。各项贷款、各项存款余额分别为 3.66 万亿元、5.15 万亿元，较年初分别增长 15.77%、13.63%。全年实现净利润 572.99 亿元，同比增盈 75.95 亿元，总体保持稳健发展态势。督促河南省大型银行在支持重大项目建设、房地产市场平稳发展、科技创新、小微企业和乡村振兴、绿色转型升级等领域持续发力，"两新一重"建设贷款、"三个一批"重大项目贷款、战略性新兴产业贷款较年初分别增长 12.08%、143.9%、173.85%；保交楼专项借款配套融资累计发放金额 345.72 亿元，占河南省银行业机构的 64.05%；制造业贷款、高新技术企业贷款、绿色信贷较年初分别增长 30.37%、53.87%、37.53%。普惠型小微企业贷款较年初增加 1430.72 亿元，信贷计划完成率 212.75%；涉农贷款较年初增长 28.26%。组织开展重大事故隐患排查和非法中介、经营贷和消费贷批量还房贷专项排查，深入自查自纠，堵塞风险漏洞，内控合规管理基础不断夯实。

【股份制商业银行监管】

指导各股份制银行围绕高质量监管评价指标抓好年度经营，截至 2023 年末，辖内 12 家股份制银行资产负债余额较上年基本持平，中长期贷款余额占比稳步提升，票贷比持续压降，核心存款大幅增长，业务结构进一步优化，账面不良贷款整体"双降"，多项关注指标改善明显。指导各股份制银行紧盯重点战略，不断增强向黄河流域生态保护和高质量发展等重大战略实施的信贷支持；紧盯重点领域，实现普惠型小微企业信贷投放"两增"；紧盯重点行业，制造业贷款、高新技术企业贷款、"专精特新"企业贷款、绿色信贷保持较高增速；紧盯重点群体，深入推进"行长进万企"活动，大力优化"新市民"群体金融服务。同时，抓牢重点领域风险防范化解，常态化开展全资产、全口径、全科目风险排查，大力提高资产分类准确性，紧盯内控合规风险管理，进一步增强"严"的合规风险文化氛围。

【城市法人银行机构监管】

坚持以"六大治理"为主线，助推中原、郑州 2 家城商行服务实体经济、防控金融风险、深化金融改革三大任务取得积极成效。一是高质量发展积蓄新动能。高标准推进信贷管理和案件防控整治、问题整改评估、公司治理评估"三大行动"，资产负债规模（1.71 万亿元）稳居中部六省第一，占河南省银行业比重近 1/6，规模增速趋于合理；资产负债结构显著优化，连续 8 年存贷款占比不断攀升，同业负债依存度稳步下降，影子银行业务较峰值压降 7 成，经营管理更加审慎。二是改革化险持续深化。推动省市政府启动河南省城商行集中清收专项行动，不良资产处置额连续多年保持高位。中原银行改革化险"后半篇文章"持续深化，郑州银行改革化险方案稳步推进，完成河南省首单城商行专项债注入 80 亿元、永续债发行 100 亿元，发展方向、资本实力、治理能力持续优化。三是服务实体经济彰显新担当。投放"行长进万企""保交楼"资金 2178 亿元，实施延期还本付息、减费让利等纾困政策 275 亿元。向重大战略领域投放资金 6393 亿元，向制造业、绿色金融、新市民等领域投放资金超 1400 亿元。普惠型小微贷款超额实现"两增"目标，涉农贷款、扶贫贷款稳步增长，城乡居民金融服务的可得性大为提升。

【农村金融机构监管】

农合机构监管方面，坚定不移推进农信社改革，推动省农商联合银行于 2023 年 11 月 7 日挂牌开业，农信社改革迈上新台阶。制定完善地市统一法人方案，推动城区机构整合和联社改制履行法律程序。282 亿元专项债资金顺利注资部分农合机构，大大提升了抗风险的能力。紧盯重点地区、重点风险机构，对河南省高风险机构全面精准画像，累计对 40 家机构开展现场检查，对河南省农合机构开展股东股权专项排查，纵深推进不良资产清收，持之以恒防范化解风险隐患。坚守支农支小定位，推动机构开发新市民特色金融产品164个，普惠型小微企业贷款年化利率较年初下降0.60个百分点。新型农村金融机构监管方面，稳慎有序推进改革化险，河南省村镇银行风险底数基本夯实，改革重组方案和规划正在稳步实施。主发起行持股比例提高至53%，主发起行主导的简洁、实用、高效的公司治理机制基本构建。加强重点领域重点业务监管，对重点机构资金头寸进行“日监测、周报告”。严格落实监管“长牙带刺”要求，现场检查覆盖面和处罚问责力度均为历年最大，首次对该类机构采取监管强制措施，推动违法违规股东向社会公开。支农支小质效持续提升，农户和小微企业贷款占比持续保持在90%以上，户均贷款17.79万元，各项贷款利率、小微企业贷款利率分别较年初下降0.48个和0.44个百分点，累计承担或减免信贷相关费用0.55亿元。

【金融资产管理公司监管】

一是聚焦重点领域，严防信用风险。通过开展专项检查、加大通报提示、强化监审联动等方式，督促四家公司严格落实风险分类要求，夯实风险底数。推动各公司加快风险处置进度，全年四家公司风险处置金额实现同比大幅增加。二是突出守正创新，促进转型发展。指导四家公司持续加大金融不良收购、管理和处置力度，积极参与房地产纾困和问题企业帮扶等重点工作，紧密围绕主责主业锤炼核心竞争能力。全年四家公司持续加大金融机构不良资产收购力度，助企纾困业务取得新进展。三是夯实内控基石，提升管理水平。按季下发监管通报，组织四家公司开展内部管理典型问题和监管发现问题整改问责“回头看”，压实各公司风险防控主体责任，打造整改问责工作闭环。四是坚持多措并举，提升监管效能。扎实开展现场检查，对重大违规问题从严处罚。密切关注各公司指标数据异动，及时提示风险。加强行业发展问题研究，助力行业规范化发展。

【信托公司监管】

坚持以服务总需求、服务高质量、练好基本功、全力促转型为目标，推动辖内2家信托公司夯实风险底数，增强资本实力，加大风险处置，加快转型发展。引导信托公司围绕信托三分类加快创新发展，证券投资信托较年初增加624亿元、增幅108.33%，预付类资金服务信托实现零的突破。

【非银机构监管】

财务公司方面，密切跟踪并及时提示机构经营变化情况和突出风险状况，以法人机构为重点，扎实做好监管评级、季度风险分级和公司治理评估，充分收集内外部各类信息，有效实施分类监管。向国有财务公司上级政府部门报告监管工作，提请履行属地维稳和风险化解责任。重塑财务公司功能定位，严格落实新规要求，全面完成业务清理转型并持续压降对外负债敞口。河南省财务公司累计向集团及成员单位新投放资金386.8亿元，节约成本3.69亿元。顺利推动国机财务公司河南分公司开业。金租公司方面，加强股东股权监管，压实机构和股东责任。全面摸清风险底数，“一司一策”推动隐性不良由暗翻明。充分发挥租赁特色优势，加大对绿色经济、先进制造业和战略新兴产业的支持力度，大力发展直租业务。邦银、九鼎、洛银三家公司直租业务较年初分别增长97.34%、30.65%、38.92%，省内业务余额分别增长38.87%、8.65%、16.51%，租赁业务转型成效显著，为河南省经济发展提供积极支持。消金公司方面，推动消费金融公司开展优惠活动、消费帮扶活动支持和扩大居民消费，助力消费复苏。持续加强消金公司消费者权益保护，强化内外部合规管理，持续提升自主风控能力。

【外资银行监管】

指导辖内外资银行坚持业务发展与防范风险并重，2023年末三家外资银行资产总额45.62亿元，较年初增加16.22亿元，不良率继续保持较低水平，全年未发生重大负面舆情，持续保持零发案。

指导辖内外资银行结合我省企业融资需求，注重发挥国内国际“两个市场”优势，加大差异化产品服务对接力度。如指导汇丰银行郑州分行依托汇丰集团全球网络等优势，为河南百川畅银环保公司实现第一笔碳减排跨境交易收款；联动境外分行为河南心连心化学工业集团公司扩展东南亚市场办理当地银行账户开立、资本金落地等业务。渣打银行郑州分行利用总行全球网点优势，为省内重点境外工程承包企业在“一带一路”沿线国家（地区）办理投标、预付款、履约及付款保函，有效降低企业与海外银行和业主方的沟通成本。

【科技风险监管】

扎实做好信创工程建设和科技运维服务，加快实现数字化手段在数据治理、现场检查、风险预警等工作中的应用，提升监管智能化水平，保障监管日常工作安全高效运行。开展数字化转型情况摸底评估，首次将数字化转型纳入科技监管评级，对217家机构2022年度数字化转型工作进行评价，推动银行保险机构加强数据能力和科技能力建设、加快推进业务数字化转型。搭建平台促进行业交流及经验共享，组织召开河南首届银行保险法人机构数字化转型交流会，通报辖内主要法人机构数字化转型工作进展情况，指导中原银行、郑州银行加快数字化转型步伐。加大检查排查力度，有效防范信息科技风险。

【保险中介市场监管】

严密防范市场风险，积极构建全流程、全链条审慎监管机制，及时发现和处置风险隐患。持续规范市场秩序，加大现场检查和行政处罚力度，打击保险中介违法违规行为，营造有序市场环境。立足于管住管好后端，强化事中事后监管，推动中介机构增强合规经营意识，提升内控管理水平。积极探索建立完善一系列实用、管用、好用的监管制度机制，进一步丰富监管工具，补足监管短板，提升监管质效。2023年，河南省保险中介市场主体数量持续下降，保险专业中介法人机构92家，机构数量位列全国第九位，在豫保险专业中介省分公司151家，省级以下分支机构825家。2023年，我省保险中介渠道保费规模2209.91亿元，同比下降6.20%。保险中介渠道实现保费占河南省保费收入的91.62%，较去年提升0.56个百分点。

【财产保险市场监管】

有力地激发行业动能，全年实现保费收入702.61亿元，同比增长6.51%，规模稳居全国第八位；农险保费98.67亿元，规模位居全国第二位，主粮作物承保面积、保费收入、保险金额位居全国第一位。全部公司保费站上亿元平台。业务结构进一步优化，非车险业务占比较去年提升1.17个百分点。行业在极端天气频发的情况下，仍实现承保盈利12.86亿元。立足回归保障本源，累计提供风险保障198.7万亿元，同比增长6.32%；赔付支出512.3亿元，同比增长15.85%。积极开展风险减量服务，出台车险领域风险减量“二十条”“保险＋气象”为农服务政策。巨灾保险试点扩展至7地市，在台风“杜苏芮”中为郑州、濮阳合计支付赔款1707万元。坚决做到“长牙带刺”。源头治理车险恶性竞争、高风险车投保难问题，车险综合费用率同比下降0.42个百分点，低于全国平均1.48个百分点。严把机构高管准入、农险经营资格、产品备案审核关口，做实做细分类监管评价、农险综合考评、机构业务合规性风险排查，对部分机构作出行政处罚，对个别公司依法予以停止使用河南省车险产品的监管强制措施。

【人身保险市场监管】

推动河南省人身险市场整体回升向好，主要指标总体改善，养老金融、报行合一、改革化险、预定利率调整等一系列大事难事稳步推进。郑州、安阳、鹤壁、焦作4市启动“惠民保”业务并扎实开展，郑州医惠保被《人民日报》评为“2023年多层次医疗保障优秀案例”。积极参与多层次医保体系建设，大病保险全年累计赔付50.66亿元，开封长护险经办被评为河南改革典型案例。个人养老金、商业养老金等创新试点破题起步，专属商业养老保险在河南省全面铺开，河南省首家“保险＋养老”社区正式开业，多家保险集团在河南的养老社区项目开工建设。积极推进“险资入豫”，举办首届“保险资管河南行”活动，河南省累计引入保险资金突破6000亿元，引入保险资金连续三年增长1000亿元以上。2023年，河南省人身险原保险保费收入1920.17亿元，规模保费收入2234.62亿元，均居全国第六，累计为社会提供风险保障71.4万亿元，赔付支出613.82亿元。

【保险业服务地方经济社会情况】

一是坚决扛稳重大灾害事故理赔责任。扎实做好连阴雨天气小麦保险理赔、秋粮作物保险理赔工作，累计支付赔款25.28亿元、13.4亿元，助力种粮农户减产不减收、受灾不受损。二是有效助力乡村振兴。在开封、安阳、漯河等地市开展高标准农田综合保险试点，为高标准农田设施提供17.6亿元管护和维修保障。积极推动地方特色险种落地，目前河南省特色农险涉及十五大类150余种，基本涵盖主要特色优势农产品和畜禽品种，县级覆盖率达到98%。三是持续推进巨灾保险提额扩面。试点范围扩大至郑州、安阳、新乡、鹤壁、周口、信阳、濮阳等7个地市，为1287.86万户、4469.79万人提供风险保障共计14.3亿元，在台风“杜苏芮”保险理赔中，分别为郑州、濮阳2个地市支付赔款857万元、850万元。四是有效助力社会治理现代化。各类科技保险累计提供风险保障104.1亿元，同比增长347.5%。安责险为10.28万家次企业提供安全生产保障9168.68亿元。五是大力开展“风险减量”专项行动。出台车险领域风险减量“二十条”“保险＋气象”为农服务政策，市场主体制定完善各类风险减量制度82项，组建风险减量服务团队98项，开发风险减量信息系统42个，服务范围覆盖4077家次企业、225.7万亩农作物、47.31万台重载货车。

中国证券监督管理委员会河南监管局

【综述】

2023年，中国证券监督管理委员会河南监管局坚持以习近平新时代中国特色社会主义思想为指导，紧紧围绕省委、省政府决策部署，锚定“两个确保”、聚焦“十大战略”，深入落实股票发行注册制改革和“活跃资本市场、提振投资者信心”一揽子政策，加大对实体经济服务支持力度，着力防范化解重点领域风险，激发市场活力，优化投融资生态，推动辖区资本市场高质量发展取得新成效。

截至2023年末，河南省共有境内上市公司110家，2023年新增4家，其中主板公司65家，创业板公司28家，科创板公司5家，北交所公司12家。另有IPO在审企业12家，在辅导企业47家，过会待发行企业2家，已验收待申报企业2家。“新三板”挂牌公司210家，其中创新层公司67家。中原股权交易中心挂牌展示企业10272家，2023年净增127家。证券期货经营机构515家，其中2023年新设分支机构15家。已登记私募基金管理人159家，备案私募基金540只，私募基金管理规模980.93亿元。2023年省内各类企业通过境内资本市场实现融资2022.52亿元，其中上市公司首发融资15.53亿元，上市公司股权再融资63.07亿元，“新三板”挂牌公司定向增发股票融资6.17亿元，省内企业通过交易所债券市场发行公司债券和资产证券化融资1886.75亿元，发行企业债券实现融资 51 亿元。

【上市公司监管】

一是推动上市公司异常经营监测预警机制稳健运行。加强成员单位日常沟通，组织召开季度协调会，通报机制运行情况，建立科技化展示平台，增强监测准确性、及时性。二是推动提高上市公司质量。扎实落实新一轮提高上市公司质量三年行动方案，严格落实股份减持新规，引导公司积极回购股份、大股东和董监高增持股份，加大现金分红力度，活跃资本市场、提振投资者信心。三是监管执法“长牙带刺”，坚决查处违法违规行为。严厉打击财务造假、违规减持，结合日常监管、现场检查发现问题下发行政监管措施 21 份，对 1 家公司财务造假立案调查，对 1 家公司高管短线交易作出行政处罚。四是推进上市公司风险持续缓释。落实退市制度改革，推动辅仁药业平稳退市、出清风险。推动 3 家企业通过规范整改、重组等方式成功化解风险。

【“新三板”挂牌公司监管】

一是持续做好分层分类监管。紧盯关键少数、重大事项、重要环节，分类施策、精准发力，确定重点公司 41 家，开展风险提示、约谈督导、年报审阅等全流程监管，完成重点公司年报检查 12 家。二是着力提高“新三板”挂牌公司质量。以信息披露为核心、公司治理为重点，持续开展“强基行动”，完成检查核查 14 家，下发行政监管措施 30 份。三是切实防控摘牌等重大风险。发挥监测预警机制作用，下发风险提示函 4 份、关注函 11 份。向地方政府通报 12 家公司摘牌风险，快速稳妥处理 7 件投诉举报。

【公司债券监管】

一是积极支持公司（企业）债券和资产证券化发行。2023 年，河南省各类企业累计发行公司债券和资产证券化产品融资 1886.75 亿元，同比增长 42.27%。二是完善风险监测预警处置体系。坚持推动落实“631”偿债资金安排，强化监管协调联动，依托大体量、弱资质发行人负面舆情监测机制、省国企债券风险监测预警机制、省金融领域涉稳形势分析研判会机制、省房地产市场平稳健康发展调控监管机制和省金融支持融资平台债务化解工作机制，持续完善债券风险监测预警处置监管体系。三是有效化解债券兑付风险。制定年度债券兑付工作台账、月度偿还监测台账，跟进 83 家发行人债券偿付资金安排，督促有效化解债券兑付风险。

【证券期货基金经营机构监管】

一是推动合规发展。推动证券期货基金经营机构党建和公司治理有机融合，通过“关键少数”季度沟通会等方式及时向辖区机构传达监管精神和工作要求，引导机构深刻理解监管导向。二是强化日常监管。开展全面风险管理、投行内控、居间人管理、廉洁从业情况等专项检查。2023 年开展现场检查 42 家次，下发行政监管措施 24 份。三是强化服务实体，推动证券期货基金功能发挥。督导证券法人机构立足中小券商发展定位，优化战略规划，调整各类子公司发展定位，提升专业能力和竞争实力。推动“保险 + 期货”扩面增效，召开“保险 + 期货”业务座谈会 3 场，开展“保险 + 期货”项目 13 个，实现赔付 416.45 万元，惠及农户 2.97 万户。推动辖区期货公司为 500 余家产业企业提供基差贸易、仓单服务、场外衍生品、交割库、产业基地、辅导培育等风险管理服务。

【证券期货投资者教育与保护】

一是着力完善大投保机制建设。将投资者保护工作纳入辖区重点工作谋划和落实，凝聚各业务条线合力。强化与司法机关协作，建立“总对总”纠纷诉调对接机制，压实市场主体矛盾纠纷处理的首要责任。二是构建立体化投教宣传体系。加大对优秀投教产品评选推荐力度，组织开展全面注册制、“3・15”“5・15”、全国投资者保护宣传日、金融消费者权益保护教育宣传月、世界投资者周等专项投教活动，覆盖数千万人次。联合举办的“全面注册制 投教豫见你”大型广场投教活动，吸引超1000名市民驻足体验，15万名投资者线上了解活动。三是推动投教基地建设工作取得新进展。推动4家投教基地建成，引导现有基地持续加大投入升级产品服务。辖区1家国家级投教基地年度考核结果为良好，3家省级投教基地年度考核结果为优秀。

【稽查办案】

一是坚持“长牙带刺”，提升稽查执法震慑力。依法从严打击财务造假、内幕交易等重大违法行为，紧盯“关键少数”，依法追究大股东、实际控制人及董监高违法责任。坚持一案双查，严惩中介机构未勤勉尽责行为。2023年办结案件6起，作出行政处罚3起。二是聚焦执法转型，提升案件查办执行力。坚持全局执法“一盘棋”，调配全局骨干力量参与重大案件办理。加强案件质效管理，统一类案取证标准、认定逻辑、量罚建议，提升执法一致性。三是强化执法协作，提升内外执法联动力。统筹全局执法资源，大力推行双向介入，实现日常监管、稽查执法、审理处罚无缝衔接、协作联动。强化与人民银行监管协作，构建反洗钱监管链条，同步深化行政执法和刑事司法在协助调查、信息共享、执法保障等方面的协作配合。四是坚持服务大局，夯实高质量发展基础。统筹案件快查快办与稳妥化解风险，推动辖区某上市公司通过重整化解退市风险。组织召开上市公司警示教育培训会，督促以案为鉴、诚信经营，提升规范发展内生动力。

第三部分

金融机构篇

银行业金融机构

国家开发银行河南省分行

【综述】

截至2023年末，国家开发银行河南省分行聚焦基础设施、先进制造、民生普惠等重点领域向河南投放资金1250亿元，其中表内人民币贷款发放1062亿元，创历史新高。管理资产6965亿元，表内贷款余额6068亿元，非个人中长期贷款余额、基础设施贷款余额、助学贷款余额、外汇贷款余额等均居省内同业首位，有力服务国家战略和现代化河南建设。

【信贷资金管理】

严把信贷发放支付关口。强化放款中心审核职能，完善“一套制度、两个载体、三个平台、四项举措、五级台账”的审核体系，强化审核把关。全面落实多岗联审、风险事项现场核查、问题清单整改联动、信贷自查等重点环节，不断提升信贷管理专业化、规范化、精细化水平。2023年完成合同审查、贷款发放、资金支付等业务超1.5万笔，各项业务数量稳居系统前列，高质量保障业务平稳运行。加强风险隐患排查管控。坚决遏制潜在风险，建立落实“五率一名单”综合风险评价机制，组织开展信贷资产全面体检，聚焦还款资金来源、客户还款能力、信用结构开展排查，推动债务风险化解。聚焦薄弱环节提升管理水平。持续开展“巡回服务进一线”，结合违规问责、信贷管理、授信审查、风险防控等开展培训，梳理操作要点，编发工作提示。通过本金到期台账、短信等方式发布本息到期提示，每日监测回收情况，确保“颗粒归仓”。

【项目开发与评审】

优化评审调度机制。成立黄河流域生态保护和高质量发展、制造业等5个专项任务推动小组和“三大工程”工作专班，建立领导挂帅、牵头推动、动态调度的运行保障机制。牢固树立“全行一盘棋”理念，强化规划引领、评审前移、发放调度等环节联动配合。建立重点项目跟踪开发机制，优化评审调度、重难点项目授信会商和绿色审批机制，持续优化统筹调度体系。全面加强基础设施建设。向“13445”工程高速公路、平漯周高铁、郑州地铁6号线、鲁山抽水蓄能等项目发放各类基础设施贷款449亿元。服务黄河流域生态保护和高质量发展。向河南省城乡供水一体化、小浪底北岸灌区等项目发放贷款202亿元，其中生态环保类发放贷款33亿元。联合国家开发银行总行与水利部黄河水利委员会开展定期会商，协同加快推进古贤水利枢纽工程等重大项目。大力推动制造强省建设。发放制造业中长期贷款61亿元、战略性新兴产业贷款54亿元、科创贷款17亿元、军工贷款21亿元，多措并举为河南省推进新型工业化增势赋能。在分管省领导的亲自推动下，与河南省重点制造业企业召开专题推动会，会后实现评审转化33亿元、发放转化9亿元。

【民生领域贷款】

全力推进“三大工程”。协助郑州、洛阳等地市谋划城中改造项目1392亿元。实现河南省首批“平急两用”建设项目落地，向郑州国际陆港等项目授信24亿元、发放贷款5亿元。温情服务“住有所居”。向棚户区改造、青年人才公寓、保租房等项目发放80亿元，实现人行租赁住房贷款支持计划试点城市中首个收购存量住房保租房项目落地。深入推进乡村振兴，向濮阳县农村饮水安全等项目发放涉农贷款236亿元，落地分行首个高标准农田项目。积极贯彻普惠理念。发放转贷款101亿元，支持6945户小微企业经营周转，向90.43万学生发放助学贷款99.42亿元，转贷款、助学贷款发放额、惠及户数（人数）均创历史新高。向焦作、济源等地养老项目发放贷款2亿元。

【金融创新】

提出“1+3+4+8”发展路径。聚焦河南省情和分行发展短板，创新提出“1+3+4+8”（即1个目标：“做优做强”的发展目标；三大战略：黄河流域生态保护和高质量发展、中部地区高质量发展、乡村振兴重大战略；四大工程：网络提升工程、城市焕新工程、产业发展工程、县域提质工程；八大领域：五大基础设施领域、研发制造领域、民生普惠领域、政策专项领域）发展路径，更好统筹稳增长、调结构、防风险和提质效，以自身高质量发展助力金融强国建设，为中国式现代化河南实践作出更大贡献。坚持创新驱动理念。牵头组建省内规模最大、期限最长的平漯周高铁银团项目，实现系统内首批公路大中修项目、系统内首个城市级智慧停车项目、系统内首个“102项重大工程”文化遗产保护传承项目落地，进一步激活发展新动能。提升融智能力水平。坚持大兴调查研究，准确把握政策导向和工作重点，借鉴系统内外先进经验，创新业务模式。成立郑州、洛阳“三大工程”、新质生产力青年突击队，统筹推进智库研究，建强专业化创新型干部队伍，聚焦重点领域开展理论研究和实践探索。

【国际合作业务贷款】

服务“一带一路”高质量发展。完善与河南省商务厅等长效沟通机制，共同培育省内优质外汇客户群体。推动国家开发银行总行在2023年8月金砖国家领导人南非峰会期间，与南非国有企业部签署《合作框架协议》。助力开放强省建设。发放“一带一路”专项贷款2.5亿美元。积极挖掘重点客户融资需求，实现郑煤机制造业专项贷款发放10亿元。落实郑州—卢森堡“空中丝绸之路”国际合作论坛签约成果，实现全球首架中国商飞ARJ21客改货飞机项目评审承诺1.28亿元。

【经营管理】

支持重点领域“促发展”。认真落实河南省委、省政府关于拼经济、抓项目、促发展决策部署，积极对接省重点建设项目、“三个一批”和“双百工程”等重点项目清单，累计授信849亿元，助力河南省经济行稳向好。坚守基础设施银行职能定位，紧抓黄河流域生态保护和高质量发展、中部地区高质量发展、乡村振兴“三大战略”，发力基础设施重点领域，全力服务河南省构建现代化基础设施体系。落实宏观政策“保增长”。坚持靠前发力、充足发力，全年发放本外币贷款1087亿元，其中发放人民币贷款1062亿元。人民币贷款余额新增412亿元。截至2023年末，分行表内贷款余额6068亿元，其中人民币贷款余额5722亿元。实现人民币中长期评审承诺1314亿元，人民币中长期新评新放364亿元。承销企业债47亿元，承销地方债74亿元。深化精细管理“强支撑”。强化问题导向，持续提升办公、后勤、财务等内部管理精细化、规范化水平。坚持“工匠精神”，强化运行保障，扎实做好安全生产、科技、营运等基础工作。加强数据质量管控，统计工作全年“零差错”获总行通报表扬。

【风险控制】

提升化险挽损质效。全年化解表内不良贷款16.25亿元、核后回收4.51亿元、压减观察名单6.76亿元。不良率降至0.12%，为近十年最低，“核后零回收”项目个数压减64%。大力推动以诉促收，全年实现表内不良及核后项目现金回收20.61

亿元。筑牢全面风险防线。巩固内控合规管理长效机制。按照风险合规垂直管理有关要求，扎实做好各项优化措施落地实施。扎实开展“内控合规文化建设年”活动，严守合规经营底线。聚焦内外部检查审计整改，持续巩固“检查—整改—评估—提升”良性循环机制。抓实制度“立改废释”，规范非信贷业务交接管理，筑牢联防联控“防火墙”。加强合规文化建设，开展“讲学赛评”系列活动。

中国农业发展银行河南省分行

【综述】

2023年，中国农业发展银行河南省分行坚守服务“三农”职责，聚焦“服务国家粮食安全、巩固拓展脱贫攻坚成果同乡村振兴有效衔接、农业现代化、农业农村建设、区域协调发展和生态文明建设”农业农村重点领域和薄弱环节的“六大领域”，创新服务举措，提升支农质效，持续擦亮“粮食银行”“水利银行”“农地银行”“绿色银行”品牌，倾力支持河南“三农”经济发展。累放各项贷款674亿元，贷款余额2948亿元，较年初净增180亿元，增幅7%。中长期贷款余额达到1804亿元，较年初净增253亿元，增速16.3%。

截至2023年末，河南省农发行共有151个机构（1个省分行机关，18个二级分行，132个县级支行），2925名员工。

【服务粮食安全】

坚持以服务国家粮食安全为目标导向，按照“全粮、全链、全行、全力”发展新思路，扎实做好粮食收购信贷资金供应和管理工作，擦亮“粮食银行”品牌形象。全年累计投放粮棉油贷款274亿元，年末贷款余额达1142亿元。统筹做好夏粮收购和秋粮收购。先后组织召开夏粮和秋粮收购信贷工作会议、银企座谈会议，制定印发《2023年夏粮收购信贷工作意见》，积极走访省粮食和物资储备局、中储粮河南分公司等有关部门和企业，建立办贷“绿色通道”，切实发挥收购资金供应主渠道作用。2023年，累计向192家中央、地方储备调控企业投放贷款195.47亿元，向68家市场化收购企业投放贷款58.15亿元，支持粮食收购市场份额站稳50%台阶，达到54.8%。全力支持受损小麦收储。夏收期间，面对“烂场雨”天气造成的复杂形势，迅速出台《关于支持地方政府定点收储阴雨天气受损小麦的通知》，省市县三级行加班加点、高效联合办贷，先后向地方政府指定的110家收储企业投放贷款77亿元，有效发挥政策性资金托底作用。投放高标准农田建设贷款32亿元，支持建设高标准农田272万亩。

【服务黄河流域生态保护和高质量发展】

认真贯彻落实中央金融工作会议精神，聚焦主责主业，全力服务乡村振兴和农业强国建设，学习运用“千万工程”经验，开展了“行长进万企”“双过半”“中长期项目秋季集中推进”等活动，省分行领导分片挂包，带头分赴河南省重点县区，开展项目对接营销。全年累计投放该类贷款项目67个、金额252.4亿元，其中：投放农村人居环境整治贷款52亿元、城乡一体化贷款168亿元、黄河流域生态保护和高质量发展贷款162亿元、水利建设贷款41亿元，支持濮阳城乡供水一体化项目被水利部通报表扬。投放绿色贷款143亿元，有力支持了全域示范村、黄河廊道生态保护和国家储备林基地建设。全力服务超大特大城市城中村改造专项借款工作。成立工作专班，积极获取住建、发改、财政等最新政策，提前介入郑州、洛阳城中村改造项目筛选工作，明确办贷流程、制定调审模板，通过预准入、预调预审，抢前抓早预期实现清单下发即投放工作目标。全年预评主城区城中村改造项目 75 个，金额 997 亿元。

【服务巩固拓展脱贫攻坚成果】

聚焦 38 个脱贫县、4 个省级乡村振兴重点帮扶县等“四大区域”，抓好“万企兴万村”等重点任务，投放有效衔接贷款 375 亿元。其中，投放精准帮扶贷款 307 亿元，实现 38 个脱贫县全覆盖；投放易地扶贫搬迁后续扶持贷款 25 亿元，覆盖河南省大中型安置点 49 个。

【服务农业现代化】

牢固树立“大食物观”“大安全观”，以“粮头食尾、农头工尾”为抓手，大力支持省属大型企业和上市公司，择优支持地方骨干粮食企业与加工企业，协同推动粮食流通、生产、消费等领域信贷业务融合发展，共同构建“粮食金融生态圈”，全方位服务国家粮食安全。推动创新金融模式落实落地。紧盯省内大型农业产业化龙头企业，积极营销“定购贷”“订单贷”“竞拍贷”等产品，着力延伸粮食产业链、提升价值链、打造供应链。2023 年，累计向近 20 家企业投放供应链金融模式贷款 8.5 亿元，有效地助力了粮食产业质量效益和竞争力的提升。全力推广粮食信用保证基金，探索市场化条件下支持粮食收购新途径。主动搭建粮食产销对接平台。积极组织、参加各类粮食企业产销、交易大会，发布粮食企业供需信息，牵线企业意向交易。2023 年，累计促成产销交易数量 14 亿斤，交易金额 20.4 亿元。

【助企纾困】

建立银企诚信合作机制，树牢“以客户为中心”理念，主动靠前服务，重塑互信互惠银企关系。培育优质客户。对符合国家产业扶持政策、生产经营正常、产品有市场、经营有利润的客户综合使用融资品种，合理增加授信额度，全力支持企业做强做优。壮大一般客户。坚持融资、融智、融商、融情“四融一体”，扎实推进“行长进万企”“行长到一线”活动，将“上门服务”“两问四送”落到实处，带动企业提质增效。帮扶困难客户。认真践行金融服务实体经济的使命担当，对暂时经营困难客户一企一策制定帮扶方案，与企业共渡难关，推动企业实现良性循环，保障农业经济持续稳定发展。

【资金计划管理】

坚守政策性银行职能定位，精准把握全行战略导向，切实提升服务国家战略履职能力。认真执行信贷资金计划。制定年度业务经营计划，将宝贵信贷资源优先配置到战略区域、重点领域和重大项目，有效保障区域重大战略信贷规模。全力做好支农资金筹集工作。狠抓“管理稳存、项目增存、创新拓存、服务促存”四大主渠道，积极筹措各类支农资金，有效引导更多社会资本回流农村。全面保障资金有效供应。推动“三大工程”PSL 资金、碳减排支持工具、科技创新和技术改造再贷款、总行绿债资金等申领领用 33.71 亿元。严格资金管理制度，有序开展资金头寸、资金调拨、日间流动性管理，强化重要时点资金供应和大额资金清算授权，做好资金预报、监测和分析，确保流动性集约充裕。坚持让利实体经济。加大对重点领域、重点项目和重点客户的定价优惠力度。

【国际业务】

坚定不移地将支持重要农产品进口作为国际业务高质量发展方向，围绕主责主业“做深做细做出特色”，着力提升服务质量和水平。2023 年实现国际结算量 8811.75 万美元，较 2022 年增加 389.33 万美元。办理跨境人民币业务 13721.57 万元，较 2022 年增加 7586.9 万元。持续加大营销力度，全力服务农产品和特色产品进出口企业。累计新营销国际业务客户 20 户，利用国际结算服务农产品和特色产品进出口企业 29 家。

【维护金融安全】

加强各类风险综合管控，深入推进全面风险管理体系建设。扎实有力推进不良清收处置。制定方案，明确目标，“一企一策”细化处置方案，多措并举推动信贷资产质量持续向好。加强风险前瞻性管理，成立风险化解处置专班，明确各业务部门职责，实行行领导分片挂包。加强关注类贷款管理。建立关注类贷款台账，加强风险监测，分析成因、掌握实况。强化前台业务部门风险“第一道防线”职能，加强前中后台沟通和协作及跟踪监测，提前制定风险防控预案，有效应对到期贷款和收息资金筹措工作。深入推进全面风险管理。优化全面风险管理体系，明确各类风险归口管理部门主责，压实一、二道防线主体责任。严格落实风险报告制度，定期听取、分析、研判各类风险归口部门和各业务条线的风险管理工作情况报告。不断推进风险管控能力提升。严格落实评级制度，规范落实各项评级管理制度和操作规程，切实把好客户信用评级第一道风险关口。扎实开展押品专项治理，全面规范押品各环节管理。规范风险抵补管理，强化经营核算管理与风险防控的衔接。

【财务管理】

以服务全行高质量发展为根本宗旨，不断增强价值、科学、规范、服务四种理念，着力提高价值创造能力和科学治理效能，筑牢财会合规管理根基。牢固树立“过紧日子”思想，持续优化财务资源配置，把有限的财务资源向业务发展好、资产质量高、经营绩效好的行倾斜，平衡推进“量、质、效”三个维度协同发展。强化“无预算不开支，有预算不超支”理念，严格预算调整审批程序。认真落实“按需审批，集体审议”要求，进一步强化财务事项的严肃性。规范财务收支过程管理，推动全年财务费用均衡列支。配置公益救济性捐赠 50 万元，助力地方巩固脱贫攻坚成果和乡村振兴有效衔接。有效完善财务集中核算手段。完成实物资产管理系统上线工作，将预算管理理念培植向业务前端延伸，实现从预算、申请、执行到核算报销的流程贯通、作业协同、数据共享。深入推进财会条线垂直管理。

【结算服务】

持续加强支付结算管理，推动支付结算业务平稳运行。提升服务质效，优化账户管理。积极推进全国运营大集中业务管理，进一步提质增效。加强存量结算账户风险排查、久悬账户清理和账户清理排查“回头看”工作。认真做好支付系统管理，确保业务及时、准确办理。扎实开展防范电信网络诈骗工作。成立“资金链”治理专班，对河南省 21827 个存量结算账户进行全覆盖式电信网络诈骗风险排查。积极开展“全民反诈在行动”集中宣传月活动，有效增强群众的支付风险应对能力。强化渠道业务管理，积极推广网银、手机银行、农民工工资专户、企业客户个人收款、土地保证金等业务，增强客户体验，拓宽业务渠道。

【金融科技】

紧盯安全运维和风险防控，持续开展数据治理，提升统计报送质效，强化科技支撑，为全行中心工作开展提供保障。不断加强网络安全维护。完成态势感知平台、保密检查工具、堡垒机、漏洞扫描、终端安全统一管控等重要系统安装部署。对二级分行核心网络设备进行更换，全面提升网络安全基础管理水平和防护能力。强力推动科技赋能。积极与省财政厅沟通协商，高质量完成财政预算一体化平台上线；配合总行完成期货保证金存管业务上线，持续做好农民工工资专户管理系统运维保障。加强信息基础运用，进一步加大为基层减负力度。通过实施 RPA 技术、加强数据共享、摸排存量底数等方式，大幅缩减手工报表，提高报表编制工作效率。同时，严格新增报表审核管理，在农发行系统第一批实现手工报表清零目标。

中国进出口银行河南省分行

【综述】

2023年，中国进出口银行河南省分行坚持稳中求进工作总基调，牢固树立新发展理念，围绕支持外贸优化升级、促进高水平对外开放、服务现代产业体系建设、支持普惠金融发展等重点领域和薄弱环节，积极发挥政策性金融逆周期、补短板、调结构作用，紧跟黄河流域生态保护和高质量发展、河南“十大战略”实施等重大发展战略，全力服务实体经济发展，为推动河南省经济社会健康可持续发展贡献了政策性金融力量。截至2023年末，累计投放本外币贷款2552.33亿元，本外币贷款余额874.18亿元，较成立之初增加691.22亿元，增长377.80%，年均增速25.50%；政策性贷款余额386.03亿元，较成立之初增加327.39亿元，增长558.30%。

【贷款业务】

坚持服务国家战略和地方开放型经济发展战略，立足新发展阶段，贯彻新发展理念，构建新发展格局，以高质量党建推动高质量发展，着力发挥政策性金融作用，为地方经济社会稳定发展贡献了积极作用。截至2023年末，本外币贷款余额874.18亿元，较年初增加110.27亿元，增长14.43%。其中，人民币贷款余额867.59亿元，较年初增加120亿元，增长16.05%。

【存款业务】

2023年末，本外币存款余额43.17亿元，较年初增加10.89亿元。分币种看，存款以人民币存款为主，人民币存款余额43.15亿元，较年初增加11.74亿元，占比99.97%；外币存款余额0.002亿美元，较年初减少0.12亿美元，占比0.03%。分期限看，本外币活期存款8.80亿元，占比20.38%；定期存款34.37亿元，占比79.62%。

【支持对外贸易】

紧扣支持外贸主责主业，立足省内外贸产业结构特点，推动与洛阳市政府签署战略合作协议，深化与省内航空港区、自贸区各片区、综合保税区等外贸产业集聚区的合作，积极参加“行长进万企”“万人助万企”相关活动，深入对接大型骨干外贸企业及核心配套企业融资需求，走访对接企业300余户，将信贷资源优先向外贸企业倾斜，切实发挥支持外贸主力行作用。全年累计投放外贸产业贷款527.98亿元，带动河南省进出口总额增加约1800亿元。截至2023年末，外贸产业贷款余额644.78亿元，较年初增加115.96亿元，增长21.93%；对外贸易贷款余额642.16亿元，较年初增加116.25亿元，增长22.11%；RCEP专项额度投放106.90亿元，完成总行下达计划指标48亿元的222.71%。

【支持现代产业】

紧跟先进制造业强省政策导向，深入落实《河南省推动制造业高质量发展实施方案》，不断加大对省内制造业“头雁”企业、战略性新兴产业、“专精特新”等企业支持力度，重点支持装备制造、绿色食品、电子制造、金属材料等传统制造业设备更新、技术改造、转型升级，培育扶持节能环保、新能源、新材料等新兴产业强链壮链、蓬勃发展，实现从研发到产业化全链条支持。截至2023年末，累计投放制造业贷款285.74亿元，较2022年同期多投放31.08亿元，其中投放制造业中长期贷款189.94亿元，占制造业贷款投放总量的66.47%；累计投放战略性新兴产业贷款117.95亿元，战略性新兴产业贷款余额219.79亿元，较年初增加13.23亿元，增长6.40%。

【支持“一带一路”】

以支持郑州航空港经济综合实验区、跨境电子商务综合试验区、自贸试验区等区域建设为载体，以出口卖方信贷、进口信贷等政策性贷款专属产品为抓手，以促进重点进出口企业开拓国际合作为突破，帮助企业在“一带一路”领域拓展进出口业务，持续提高河南在融入共建“一带一路”中的参与度、链接度和影响力，进一步发展壮大开放型经济。截至2023年末，进出口领域新客户增加25个，累计投放“一带一路”贷款201.76亿元，较2022年同期多投放66.07亿元，支持“一带一路”建设项目62个，“一带一路”领域贷款余额230.34亿元，较年初增加50.04亿元，增长27.75%。

【贸易金融】

在持续发展传统信贷业务的基础上，积极拓展贸易金融业务，大力推动金融创新。2023年实现贸易金融业务量274.22亿元，较2022年增加31.42亿元，增长12.94%；全年实现贸易金融业务收益7158.22万元，较2022年增加1322.31万元，增长22.66%；支持非洲出口业务量3589.1万美元，计划完成率143.56%；跨境人民币结算量46.78亿元，较2022年增加36.01亿元，增长334.40%。在进口信用证、工商企业代付、进口押汇等传统产品基础上，拓展了供应链再保理、一级福费廷、出口信用证、跨境保函等新产品，进一步丰富和优化了产品结构。2023年共批复贸金债项138.1亿元，较2022年增加23.6亿元，进一步坚实了贸金业务发展根基，维护了银企良好的合作关系，为未来业务发展蓄势赋能。

【内控管理】

开展“合规文化提升年”活动，印发分行《2023年内控合规管理规划》，定期更新“合规文化宣传园地”，建立健全反洗钱自查自纠长效机制，印发《河南省分行反洗钱月度检查工作方案》，组织“一把手”讲合规、合规征文、违规案例剖析、警示教育、反洗钱业务培训、“双周”制度测试等主题活动，厚植合规文化理念。开展分行年度内部控制自评价工作，及时查摆日常工作中存在的短板漏洞，推动问题整改以点带面、由表及里，带动解决分行经营管理中的深层次问题。

中国工商银行股份有限公司河南省分行

【综述】

2023年，中国工商银行股份有限公司河南省分行人民币全部存款余额9292.68亿元，较年初增加744.13亿元。各项贷款余额8246.02亿元，较年初增加1054.07亿元。实现营业收入247.86亿元、拨备前利润174.26亿元、中间业务收入37.47亿元。不良贷款保持“双降”，内控案防整体平稳。

【公司金融】

加大信贷投放，全力服务实体经济。支持“三个一批”项目建设，公司贷款净增612亿元、同比多增73亿元，其中项目贷款净增213亿元。支持构建现代化产业体系，制造业贷款净增313亿元、同比多增190亿元，其中中长期贷款净增116亿元、同比多增58亿元。助力科技创新和绿色转型，战略性新兴产业贷款净增294亿元、同比多增133亿元，绿色贷款净增335亿元、同比多增117亿元。实施民营企业合作伙伴服务提升工程，民营企业贷款净增180亿元。人民币公司存款余额1215.5亿元、较年初增加111.4亿元，为服务实体经济提供了稳定资金来源。

【个人金融】

深化第一个人金融银行战略，服务社会大众，支持扩大内需。因城施策落实好差别化住房信贷政策，积极发展一手房和二手房贷款，支持居民刚性和改善性住房需求；用好装修贷、车位贷、信用贷等业务，满足新市民、中小微企业和个体工商户等个人经营性贷款需求。个人贷款余额3617.06亿元，较年初增加340.06亿元。调整存量首套房利率，为70万按揭客户年减少利息支出25亿元。优化各类产品组合，全力服务个人客户，全量个人客户较年初增加183万户，个人养老金账户开户及缴存、社保卡新增发卡、退役优待证发卡均同业领先。推进储蓄存款和个人金融资产协同增长，储蓄存款日均较年初增加1049.32亿元，同比多增435.87亿元，时点增加951.84亿元；个人金融资产较年初增加1017.75亿元，同比多增188.06亿元。

【机构金融】

服务重点领域改革，落实乡村振兴战略，联合工银科技搭建“数字供销”平台，实现市级供销系统合作全覆盖，服务社属合作社、企业客群超400余家。服务实体经济，承销地方债券581.7亿元。高标准做好为军金融服务，为军服务E缴费平台系统上线率达100%。扎实做好医疗、教育、财政、社保、工会、“三农”、政法、科研等领域金融服务，机构客户增加2950户，医保、住房维修基金及农民工工资等专户开立实现大幅增长。社保存款增加20亿元，住建存款增加30亿元，公安案款资金增加6.7亿元，特种存款市场占比超70%。推动GBC+基础性工程走深走实，GBC重点场景合计实现G端拓户1185户，B端拓户25880户，C端获客活客374万人。

【国际业务】

深化外汇业务首选银行战略，组织开展“春融行动”“春煦行动”，助力共建“一带一路”、河南自贸区2.0版、招商引资等，办理跨境人民币355亿元，累计发放国际贸易融资8.3亿美元、同比增加3000万美元，办理福费廷171.7亿元、同比翻番，支持稳外贸稳外资。开展高质量客户服务活动，对公外汇账户增加5860户；外汇存款时点余额5.38亿美元、同比增长84.63%、日均余额7.97亿美元，同比增长85.74%。强化外汇合规管理，KYC数据治理和外管数据间接申报准确性、及时性和完整性报送排系统第一，外管考核连续14年获A级评价。

【普惠金融】

开展“普百业、惠万千”等活动，用好经营快贷、e企快贷、e抵快贷等融资产品，全力支持中小微企业发展壮大，普惠贷款投放超千亿、达到1011亿元、同比多投放371亿元，普惠贷款净增277亿元、同比多增143亿元。助力保障粮食安全，加大高标准农田建设、种业振兴、农业产业化等领域投放，涉农贷款净增454亿元、同比多增143亿元。开展“乡村振兴金融服务深耕年”活动，创新运用“商户贷”“种植e贷”“粮食收购贷”等特色产品，为个体工商户、农户提供信用贷款，特色创新产品贷款净增84亿元。加大消费帮扶力度，采购脱贫地区农产品1619万元。落实助企纾困政策，为近万户小微企业和个体工商户办理无还本续贷、延期代扣，金额89亿元。

【银行卡业务】

支持扩内需促消费，积极推进“汽车直客分

期+E分期+综合消费分期+家装分期+账单分期”等分期业务发展，银行卡透支净增35亿元，分期交易额202.6亿元。持续开展“商友惠”等活动，新增商户32万户，服务信用卡客户31万户、消费额1319亿元。聚焦“高频低额+低频高额”刚需消费场景，投入4900万元费用开展“爱购河南”消费促销活动，独家承揽7场政府消费券发放工作，领券人数8.6万人、金额425万元，助力传统消费；开展“商友惠”“惠商同行”商户促销，为超31.6万商户减免手续费3.6亿元，助力新兴消费；投入300万元费用开展“畅游河南”等活动，助力文旅消费。

【养老金融】

成立中国工商银行河南省分行资产托管与养老金融委员会，积极搭建养老平台生态圈，支持养老服务体系建设。做好社保金融服务，建成255个社银一体化网点，发放社保卡805万张，拨付基本养老金353亿元。提高年金覆盖面，服务73家企业建立企业年金，为2.4万员工建立年金个人账户，全部年金受托规模达101亿元。推动第三支柱个人养老金试点，开立个人养老金账户25万户、累计缴存1.7亿元。支持养老产业发展，贷款净增800万元，余额1.1亿元。辖内信阳分行积极推进“养老金融”场景建设，协同市属国企落地“智慧食堂”，为社区老年人用餐提供便利。

【数字金融】

制定《河南分行深化数字化转型实施方案（2023年）》，修订《河南省分行金融科技与数字化发展委员会章程》，组织“数字金融与数字经济”高级研修班、“基层服务与用户体验数字化能力提升培训”、数字化转型优秀案例评选等工作，提升全行数字化转型能力。创新研发项目159个，积极开展项目交流。全面推广RPA数字员工，开展“科技赋能”RPA创新应用场景大赛，推进科技与业务“煲汤式”融合，全年完成产品推广138个、基层数字化创新对接会106次，有效赋能全行业务发展。受理委托发明专利，49项专利荣获国家实用新型专利证书。搭建数字化营销平台，创新云e图、云e商等产品，创建e键普惠、e键个金等应用中台，有效发挥“服务客户、赋能员工”的作用。

【风险管控】

统筹打好资产质量决胜战，坚持“三道口、七彩池”智能化风险管控，实施法人问题资产扫尾、风险资产经营、个人类风险资产攻坚、新的资产质量攻坚等“四大工程”，不良贷款连续五年“双降”。制定风险分类新规实施方案，合理安排存量客户合同要素调整，实现平稳过渡。开展房地产存量业务专项检查，整治贷款资金流向异常、担保管理不到位、新融资客户准入质量差等问题，持续夯实信贷基础管理。持续强化内控案防管控，开展内控合规“价值服务年”活动、“治屡犯 强履职”专项行动等，建立健全重点领域风险联防联控、反洗钱模拟监管检查处罚、合规正向激励等机制，加强合规风险非现场检查和KYC治理，消除一批风险隐患。

中国农业银行股份有限公司河南省分行

【综述】

2023年，中国农业银行股份有限公司河南省分行深入贯彻中央金融工作会议、中央经济工作会议精神，全面落实总行党委各项工作要求，坚持“干在实处、走在前列、行稳致远”，以党建引领带动全局，抓实主题教育凝心铸魂，加大服务地方经济金融供给，实施区域协调发展战略，深化重点领域改革，统筹发展与安全，开创了河南农行高质量发展新局面。

【存款业务】

2023年，省农行坚守金融为民初心，加快服务方式、管理模式转型和产品创新，持续完善客户服务体系，提升服务水平，构建客群生态经营模式，以坚实的客户基础，推动全行存款稳健增长。全行存款总量突破万亿，各项存款时点、日均年增量分别为1756亿元、1866亿元，同比分别多增418亿元、915亿元，增速分别为20.95%、24.46%。

【贷款业务】

2023年，省农行主动融入河南经济发展的重点领域、重点产业行业、重大项目和重要客群，快速扩大高质高效金融供给，充分发挥了国有大行服务实体经济主力军和维护金融稳定压舱石作用。一是实体贷款增量创历史新高。2023年末，本外币各项贷款余额6374亿元，比年初增加1031亿元，增速19.31%，其中实体贷款6015亿元，比年初增加947亿元，增速18.70%。二是绿色信贷等国家重点领域贷款投放力度持续加大。绿色信贷、制造业贷款、战略性新兴产业贷款、县域贷款、涉农贷款等增速均高于贷款平均增速。三是信贷资产质量稳健可控。贷款不良率低于四大行平均不良率，保持最优。

【中间业务】

2023年，省农行认真贯彻落实党中央、国务院减费让利、惠企利民各项决策部署，不断创新金融服务供给，切实满足客户优化报表、降低成本、提高流动性、财富管理、资产增值等综合需求，不断提升金融服务的获得感、幸福感、安全感。一是持续加大减费让利力度。积极响应中国银行业协会《关于调整银行部分服务价格提升服务质效的倡议书》，加强降费政策宣传，做好价格调整公示，扎实推动降费措施落到实处。二是持续规范服务收费行为。聚焦服务收费的重点领域和关键环节，组织开展多轮次自查自纠和专项治理，完善常态化治理机制，推动惠企利民降费政策落实落细，助力市场主体纾困减负。三是持续提升优质金融服务供给能力。围绕客户多样化个性化金融服务需求，强化线上线下融合，加快推进产品服务创新，不断提升综合金融服务水平。四是强化合作风险管控。持续规范服务合作机构管理，严格合作机构准入，从严控制合作成本，有效保护消费者合法权益。

【公司业务】

2023年，省农行坚守服务实体经济主责主业，围绕构建新发展格局、促进中部地区崛起、推动黄河流域生态保护和高质量发展等国家战略，以更大力度和更实举措抓好信贷投放等金融服务工作。2023年法人实体贷款净增501亿元，为

2022年2.9倍。一是强化重点领域贷款投放。开展重点领域专项提升活动，制造业、战略新兴产业、绿色信贷、民营企业贷款分别较年初净增141亿元、200亿元、296亿元、161亿元。二是加大重点客户支持力度。聚焦省市重点国企，强化高层对接，省市支三级行联动，为多家省属国企新增授信超700亿元。三是积极服务重大项目建设。围绕河南省《实施扩大内需战略三年行动方案》确定的投资领域，积极支持交通、能源、水利、物流、生态保护等基础设施建设，累计投放基础设施贷款超400亿元，贷款余额较年初净增260亿元；高效服务兰考沿黄疏浚搬迁安置工程，快速审批发放5亿元贷款。

【机构业务】

2023年，省农行全面落实农总行与河南省政府战略合作协议，聚焦民生福祉，强化数字赋能，为河南经济发展提供高质量金融服务。一是主动融入地方经济发展。农总行与河南省人民政府签署战略合作协议，省分行累计与15个地市政府签署战略合作协议；2023年承销河南省政府债581亿元，累计承销3700亿元，稳居80家承销商首位。二是持续提供高质量养老金融服务。全年提供代发社保基金服务总金额273亿元；累计规划建设并成功验收社保便民服务网点190家，与社保部门联合共建红旗渠精神社保便民服务合作示范网点；助力267个客户建立健全养老保障第二支柱制度。三是深入挖掘客户托管业务需求。系统内率先提供预付款资金服务信托计划保管服务，协助地市政府初步解决“预付款管理难，投诉多”问题。四是积极服务数字政府建设。依托“智县”推广打造服务县域治理的鲜明品牌，上线“智县”平台12个；研发公安非税、“信用就医”等特色场景项目，积极推广法院破产清算系统，新增法院“一案一账号”执行款专户16个。

【普惠金融业务】

深耕普惠金融，持续扩大服务覆盖面，惠及更多市场主体，全力谱写中原地区普惠金融特色文章。一是普惠金融供给增量扩面。坚持“三农”普惠战略，不断提升对小微企业、个体工商户、农户等普惠金融对象的信贷投放，全行监管口径普惠金融贷款较年初增加308亿元，增幅73%；普惠金融领域有贷户数较年初增加7.25万户，增幅43%。二是支小助微成效显著。将更多金融资源配置到科技型小微企业、绿色金融、首贷客户等重点领域，获得省政府“科技贷优秀合作银行”称号，首贷户较上年同比多增，普惠金融贷款加权利率持续下降。

【投资银行业务】

2023年，省农行主动响应跨周期和逆周期调节要求，以满足客户多元化融资需求为导向，构造“贷投债租股”五位一体的投融资体系，为在豫企业提供全要素、全周期、全场景的综合金融服务。全年实现投行收入2.46亿元。一是投资规模同比翻番。联动农银系子公司积极开展股权直投、境外债、全球存托凭证等金融服务，累计引进市场化债转股、债券投资等“股+债”资金36亿元，增幅89.50%。二是践行社会责任取得实效。立足“服务实体经济的主力银行”定位，强化重点客户服务，全年承销发债额度24亿元，实现省农行首笔科创票据发行，助力豫企持续做大直接融资规模；立足“服务乡村振兴的领军银行”定位，着力做好县域重点领域银团融资服务，全年筹组县域银团11个、总金额465亿元，有力支持县域城市更新、农村供水、生态环境建设。三是科技创新赋能效果彰显。全面推广“投行智能顾问服务系统”，为企业提供一站式资源支撑与智力支持，线上客群快速扩容。

【国际业务】

积极落实外汇管理便利化政策，持续提升跨境金融服务能力。一是主动对接省发改委、商务厅、外汇局及重点园区管委会，联合为省内涉外经济主体提供跨境金融综合服务，全年办理国际结算400亿美元、跨境人民币结算308亿元。二是发挥农业银行集团合成优势，全年为各类市场主体提供国际业务融资融信支持213亿元，其中直接贸易融资超过93亿元。三是成功获批省外汇局贸易外汇收支便利化、省金融监管局铁路运输单证服务试点银行资格。四是加强汇率风险中性理念宣导，开展11场风险中性理念推广活动，指导涉外企业构建汇率风险中性管理机制，有效应对汇率波动风险。五是加快推进线上经营转型，提高涉外客户外汇业务服务体验，全行跨境汇款、结售汇业务线上渠道转化率分别达79.80%、38.90%，较2022年提升均超过9个百分点。

【个人金融业务】

2023年，省农行积极做好养老、财富管理等民生金融服务，持续提升客户获得感和满意度。一是客户服务有温度。加强金融知识普及，持续打造“线上+线下”“集中性+阵地化+常态化”的金融知识宣传网格，积极开展“千网千沙”消保知识微沙龙、“我为村民送台戏”“我帮村民销特产”等特色集中宣教活动；聚焦客户品质养老、税务规划、财富管理需求，举办走进养老社区、走进外滩26号、“十里茶香·财富同行”等100余场客户活动，个人贵宾客户净增35.6万，私人银行客户净增780户。二是减费让利有力度。开展金穗借记卡焕新行动，推出“只此青绿”标准系列借记卡，减免工本费113万元；全年发行乡村振兴主题借记卡43万张，减免工本费216万元；自2023年10月31日起，暂免收取打印对账单服务费。三是精准拓客有深度。自研粮食客群标签，积极开展“三夏”金融服务；持续开展“走市场”活动，全力做好市场客群服务；利用“走进企业”平台，对合作客户提供上门服务。全年个人存款增长1227亿元，实现个金中收14亿元。

【个人贷款】

2023年，省农行围绕教育就业、住房旅游、卫生医疗等民生领域，加大支持力度，积极满足人民群众日益增长的优质金融服务需求。一是个人信贷金融服务提质扩面。个人贷款增量446亿元，同比多增61亿元。二是助力房地产市场平稳健康发展。累计投放个人住房贷款409亿元，助力7.76万户群众安居置业，满足广大客户的刚性和改善性住房需求；顺应存量房发展趋势，支持居民二手房购房需求。三是助力居民消费扩容提质。全年个人消费贷款增量64亿元，同比多增53亿元。四是加大对个体私营者金融支持力度。全年个人经营贷款增量71亿元，同比多增43亿元；开展对市场、商圈、临街商户精准服务，累计投放“商户e贷”81亿元。

【网络金融业务】

2023年，省农行深入实施创新驱动发展战略，深化线上渠道主阵地，持续推动数字化转型，以用户体验为导向，不断提升线上金融服务质效，为客户打造更便捷、更智能、有温度的线上金融服务平台。一是掌银平台搭建数字金融服务生态。2023年末，掌银MAU总量同业领先优势进一步扩大，创新上线“惠农补贴”专区，城市专区本土化特色更加鲜明，依托掌银搭建的数字金融服务生态加速形成。二是场景建设深度融入经济社会数字化。互联网场景覆盖政务、校园、医疗、出行等领域，深度融入全社会数字化建设，数字金融服务场景不断拓展。三是线上线下一体化经营提升客户体验。组建一体化经营团队，围绕重点客群开展精准服务，用数能力不断提升，系统内首创多个客群标签，分群分类经营，客户体验持续改善。

【信用卡业务】

2023年，省农行以“扩内需、促消费”为主线，不断优化客群服务，强化资源整合协同，以精准供给满足客户多层次金融服务需求。持续加大对汽车、家装等消费市场贷款投放力度，满足消费金融需求，助力经济企稳向好。截至2023年末，信用卡贷款余额增量46亿元，同比多增35亿元；

全口径分期交易额实现190亿元，同比多增40亿元。始终坚持“以客户为中心”，关注客户全生命周期管理，广泛开展各类权益活动，当年新增有效客户32万户。围绕客户日常消费领域，搭建文旅、购物、餐饮、出行等特惠商圈场景，开展洗车、美发、加油等品牌活动，当年累计实现信用卡消费额1478亿元。

【县域金融业务】

2023年，省农行始终坚守服务“三农”初心，聚焦推进乡村全面振兴，深化数字金融服务，持续增强县域农村金融供给。与政府、担保、企业等合作，创新推广高标准农田“五位一体”、龙头企业贷等金融服务“十大产品”“十大模式”，县域贷款、涉农贷款较2022年分别增加753亿元、478亿元。坚持信贷和非信贷帮扶“双轮驱动”，加大脱贫地区信贷投放，38家脱贫县贷款总量首次破千亿，帮助销售脱贫地区农产品1.22亿元。创新推广农银惠农云平台，助力乡镇政府和企业数字化经营，在131个县（区）上线三资平台，为万余个村集体提供数字金融服务；创新农村产权交易场景，在多地区成功落地。

【农户金融业务】

2023年，省农行聚焦农民增收和共同富裕，积极顺应特色产业融合发展，完善粮食产业、县域涉农产业等领域服务方案，延伸金融服务触角，做强农户金融服务品牌。累计准入涉及粮食、农资、茶叶、菌菇、种植养殖等地方特色产业“一县N品”服务方案672个，较年初新增352个，实现了“两个覆盖”，即：县域支行全覆盖、河南省70余个支柱产业及地方优势产业基本覆盖。累计服务涉农客户68万户，农户贷款余额达478亿元，较年初净增203亿元，同比多增91亿元，增速73.60%。在“双承接、双发放”数据处理基础上，首次打通财政代理业务“超级网银”应用，发挥服务点和数字化驱动优势，通过开展“千网联建”活动，推广“县域网点+服务点”联动服务模式，强化服务点“建”“管”统筹，2023年代发各类补贴101亿元、2520万人次。

【风险管理】

2023年，省农行坚持把防范化解金融风险作为金融工作的永恒主题，扎实做好重点领域风险管控，持续筑牢风险防线，全面提升风险管理有效性，坚决守住不发生系统性风险底线。一是资产质量管控有力。分类施策，精准化解重点领域风险，持续加大不良资产处置工作力度，确保年末不良贷款率、逾期贷款率均保持稳定。二是筑牢案件防控底线。深化案件风险治理，加强合规教育，强化监管合规、员工行为等领域风险管理，全行无重大涉刑案件、重大责任事故和重大风险事件发生。三是重点领域风险管控扎实有效。法律风险治理成效持续推进，全行新发被诉案件数量、标的同比下降，存量诉讼案件整体风险可控，诉讼案件管理成效明显；坚持大额资金预测预报和库存现金规模管理机制，全行资金面平稳，流动性风险可控；强化业务连续性管理，全行信息系统运行平稳，未发生影响业务的IT风险事件，实现业务安全高效运行。

【内控案防】

2023年，省农行坚持稳健审慎、依法合规的金融文化理念，以平安文明和谐银行创建为主线，逐步夯实内控合规管理基础，助力河南农行以高水平安全保障高质量发展。持续开展内控能力提升工程，内控评价连续四年保持A级行，检查和审计问题整改率实现历史最高水平。持续提升反洗钱管理有效性，全行堵截柜面电诈、涉非风险事件195起，挽回客户损失1.24亿元。强化合规文化教育，以执行合规、行为合规为主题开展“合规标杆建设年”活动，全年共有42家机构被总行评为合规标杆单位。

【信息技术】

2023年，省农行坚持以维护金融安全为己任，立足系统观念，夯实基础架构，深化数据应用，为广大客户提供安全稳定的金融服务。一是全链路全天候业务运行更加稳固。在交易量和变更数量高速增长等多重压力下，核心生产系统可用率达到100%，省中心机房连续十四年实现安全运行目标。二是研发创新能力取得新突破。2023年完成各类研发项目26个，同比增长117%。三是数据服务、基层减负效果显著。先行先试圆满完成总行数据上云工程；全年共受理数据分析服务282次，交付数据共453批次，建立47个数据分析模型，实现成果应用103批次；全年投产上线RPA应用场景84个，累计节省工时超三万小时。四是风险防控能力大幅提升。完成网络架构改造；开展相关应用系统以及机房环境、防疫、自然灾害等全场景应急演练；完成特色业务灾备中心建设工程，实现日常系统性故障和极端灾难场景特色业务全链路双活。

中国银行股份有限公司河南省分行

【综述】

2023年，中国银行股份有限公司河南省分行统筹推进各项工作，经营管理和改革发展取得积极成效。截至2023年末，中国银行河南省分行下辖25家二级分支行，共有营业网点500家，员工数量1.2万余人。2023年，人民币日均存款新增1152亿元，增长19%；本外币贷款新增1017亿元，增长19%；营业收入、拨备前利润、净利润均实现同比正增长；资产质量保持稳定。

【经营管理】

服务实体经济作出新贡献。促成中国银行总行与省政府签署战略合作协议，中国银行河南省分行与6个厅局、16个地市、42个区县政府签署务实合作协议。科技金融、民营企业、制造业、绿色金融、普惠金融贷款分别新增111亿元、346.4亿元、242.6亿元、327.8亿元、250亿元。票据新增65.3亿元，贴现量同比增长119亿元。个人消费类贷款新增127亿元，市场份额提升0.17个百分点。主要业务市场竞争力大幅提升。强化市场对标，配套出台市场竞争力考核评价机制，对部分重点短板指标配置专项费用，人民币日均存款、贷款新增均首次超千亿，市场份额分别提升0.08个、0.46个百分点。服务高水平对外开放保持领先。积极参与省政府赴港招商活动，主动组织企业参加进博会、消博会、豫商大会、跨境电商大会、豫港合作、跨境公司合作交流会。服务进出口客户近7000户，河南省进出口企业覆盖率超70%，助力河南省企业“走出去”“引进来”。国际贸易结算、跨境人民币结算量分别增长17%、73%，市场份额领先同业。客户基础持续巩固。对公折效客户同比新增1万户，增长3.9%；对公全量客户同比新增4.4万户，增长13.1%。个人基础客户新增187.7万户，增长8.8%。个人中高端客户新增10.9万户，增长20.6%。风险内控合规案防基础持续夯实。加大重点领域风险排查，不良余额93.77亿元，增加21.86亿元；不良率1.49%，上升0.13个百分点。拨贷比高于近三年平均水平，风险抵补能力不断增强。健全消费者权益投诉处理机制，监管转办投诉呈明显下降态势。做好安全生产、反电诈、值班值守等工作，全年未发生重大安全责任事故及风险事件。全面从严治党持续加强。强化党的创新理论武装，扎实开展中央巡视整改，统筹推进两批主题教育，提升基层党建质量。开展铲除腐败滋生土壤专项行动，持续净化政治生态。

【存款业务】

截至2023年末，人民币存款日均余额7209亿元，新增1152亿元，增长19%。其中，公司存款新增312亿元，增长13.20%；个人存款新增840亿元，增长22.75%。人民币存款时点余额7653亿元，新增1202亿元，增长18.64%。其中，公司存款新增371亿元，增长15.27%；个人存款新增831亿元，增长20.68%。

【贷款业务】

公司贷款方面。严格落实各项重大决策部署，紧紧围绕“两个确保”“十大战略”，充分发挥中银集团全球化、综合化优势，根植中原、服务河南，不断加大实体经济支持力度。截至2023年末，人民币公司贷款新增757.57亿元，增长28.42%，增量和增速均居国有大行第一位，其中：纯公司贷款新增559.68亿元，增长26.36%。

普惠金融贷款方面。截至2023年末，普惠型小微企业贷款余额654.77亿元，较上年新增250.03亿元，增长61.78%，高于全行贷款平均增速42.68个百分点。有贷款余额普惠户数6.16万户，较上年新增2.23万户。“科技贷”余额22亿元，市场份额47%。小微企业综合融资成本较上年下降72.4BP；人行MPA口径、降准口径普惠金融贷款分别新增237.53亿元、245.46亿元；持续加强普惠金融领域惠企纾困，通过接力通宝、延长还款期限等手段支持小微企业203户、金额12.22亿元。

乡村振兴方面。聚焦全国重要粮食生产核心区定位，探索创新融资模式，支持主粮种植、粮食收储、畜牧养殖、经济作物种植、农副产品加工等项目。与省农担合作，打造“农担”服务模式，创新“稳粮担”服务产品。截至2023年末，涉农贷款余额1217.78亿元，新增266.99亿元，增长28.08%。

零售贷款方面。持续加大住房贷款的投放，满足刚性和改善性购房需求。服务扩大内需战略，全力服务居民消费，推动非房消费贷款扩面增量。截至2023年末，个人贷款（不含个人经营贷款）较上年新增163亿元，其中个人住房贷款较上年增长63亿元，市场份额提升0.06个百分点。非房消费贷款较上年增长64.52亿元，市场份额提升0.29个百分点。

表外融资方面。全力支持河南省重点企业生产经营和项目建设，全年投放非标资金9.98亿元，发行境内债券134.3亿元，实现科创票据、绿色债券等创新产品发行。充分发挥资本市场枢纽功能，引导培育属地客群债券配置意愿，全年累计分销债券71亿元，分销河南省地方债9.4亿元。

票据融资方面。持续加大对民营、制造业、科技创新等国家政策支持类企业客户的贴现业务拓展力度，截至2023年末，票据融资余额380亿元，增长21%；票据贴现量616亿元，增长24%，两项指标均创历史新高。

【理财业务】

对公理财方面。2023年，对公表外理财日均余额84.55亿元、时点余额78.75亿元，新拓客户数、存量客户数位列系统内“双第一”。对私理财方面。理财产品净值化转型提速，代销产品体系进一步丰富，2023年末，表外理财日均余额630.40亿元、时点余额666.73亿元。

【资金业务】

结售汇市场份额33.46%，较2022年末提升2.38个百分点；非息收入四大行市场份额59.86%，提升32个百分点。风险内控平稳运行，全年无重大案事件发生，无信用风险、声誉风险等事件发生。开展中小微企业汇率风险中性理念宣讲，全年服务中小微企业汇率保值客户316户，增幅50%，累计为企业减费让利超过100万元。贯彻落实促进外贸保稳提质工作要求，联合外管局、商务局和工商联等单位，通过“心连心、手牵手”银企座谈会等方式，现场服务客户400余家。

【外汇业务】

对公外汇方面。截至2023年，国际结算量、跨境人民币业务结算量分别达401.71亿美元、564.03亿元，办理保函业务154.91亿元，有力支持河南省能源、交通、建筑、工程等行业发展。加大贸易便利化推广力度，实现103家优质客户独家签约。联动河南省商务厅开展招商专班合作，参与豫港经贸合作交流会、河南与跨国公司合作交流会、第十四届中国河南国际投资贸易洽谈会，向300余家河南参展企业和海外客商提供全方位会展服务，达成合作意向200多个。

对私外汇方面。开展“中银跨境GO换汇有礼·邀友返利”“跨境汇款·中行有礼”“呼朋唤友送好礼”“手机换外币 中行送惊喜”等活动，举办“2023‘让世界就在眼前’中国银行河南国际旅游节”活动，组织20多场出国留学教育展主题讲座。配合国家外汇管理局河南省分局，组织开展“个人外汇业务服务质量提升月”活动。全年累计办理个人结售汇业务26.17亿美元，同比增长26.87%，对私结售汇市场份额74.98%，较年初提升0.54个百分点。

【贸易融资业务】

以客户需求为出发点，积极开展产品创新，不断优化业务流程，人民币贸易融资余额增长58.15%。实现在线保函业务新突破，全年在线保函业务发生额6.84亿元。供应链金融余额95.57亿元，增长8.69%。

【银行卡业务】

持续拓展消费金融场景，扩大特色业务优势，推进数字化转型，强化多场景融合，推进信用卡业务高质量发展。汽车分期业务优势不断巩固，当年实现交易额100.4亿元，同比增长95.5%，其中新能源品牌汽车分期交易额15.2亿元。家装分期发展提速换挡，当年实现交易额7亿元，同比增长29.5%。中银E分期对消费拉动促进作用持续强化。全年共实现专项分期交易额114.6亿元，同比增长64.8%。围绕线上线下消费场景，开展餐饮、加油、出行、商超、电商等消费满减营销活动，提升居民消费体验，全年新增信用卡活跃客户10.9万户。

【手机银行与渠道业务】

截至2023年末，营业网点总量500家，其中县域网点总量171家，县域覆盖率达到93.14%。手机银行当年新增签约客户170万户，月均活跃客户523万户；存量ATM机1474台，厅堂版智能柜台1532台，移动版智能柜台343台，现金版智能柜台252台，便携式智能柜台722台。

【资产风险管理】

加强全面风险管理体系建设，优化风险内控委员会运行机制，压实一、二道防线主体责任。强化合作机构、外包风险等薄弱领域管理。持续重检完善规章制度，提高政策适用性。加强分类新规等政策传导，推动政策规范有效落地。完善常态化风险分类真实性自查机制，加强风险分类日常管理。强化行业研究与业务引领，授信结构持续优化，增长类行业占比69.62%，较年初提升0.85个百分点。加大不良化解力度，增强资源配置，丰富化解手段，2023年累计化解表内不良45.79亿元，同比增长89.41%。

【金融改革创新】

优化完善考核评价和激励约束机制，推广员工买单积分系统。实施郑州地区、县域高质量发展措施，提升重点地区市场竞争力。建立齐抓共管、协同联动机制，深化责任共担、业绩共享。成立敏捷小组、PO小组，打造一批“速赢”数字化转型项目。实施项目研发206项，同比增长26%。加快场景生态建设，做好成熟场景推广和新领域场景创新。完成50项业务流程优化，为基层减负、赋能、提效。持续推进授信、网点、场景“三大审批”

改革。

【信息技术】

信息系统安全平稳运行，信息科技关键风险指标（KPI）管控情况良好，信息系统可用率达100%。按时完成总行及外部监管项目投产工作，为业务创新、市场开拓、拓客活客、场景建设、内控建设、管理决策、绩效考核、产品研发、系统搭建、行业研究、协同统筹等提供强有力科技支撑。

中国建设银行股份有限公司河南省分行

【综述】

2023年，中国建设银行股份有限公司河南省分行深入落实金融“三项任务”，积极践行金融工作的政治性、人民性，以高质量发展为主题主线，全力服务“两个确保”“十大战略”，积极做好“五篇大文章”“三大工程”，自觉当好服务实体经济的主力军和维护金融稳定的压舱石，以实际行动助力河南经济社会高质量发展。

【资产业务】

本外币各项贷款余额8280.90亿元，新增1022.23亿元；累计办理综合融资751.94亿元，协调建总行认购地方债463.15亿元。

【负债业务】

本外币一般性存款时点余额10127.98亿元，时点新增1073.44亿元；一般性存款日均余额9761.43亿元，日均新增1346.3亿元。

【公司业务】

本外币对公存款日均余额3161.17亿元，日均新增156.99亿元；本外币对公贷款余额4105.32亿元，新增611.29亿元。

【零售业务】

本外币个人存款日均余额6600.26亿元，日均新增1189.31亿元；本外币个人类贷款余额4175.59亿元，新增410.94亿元。

【房金业务】

住房资金存款日均余额540.72亿元，日均新增76.41亿元；个人住房贷款余额2962.89亿元，新增59.83亿元。

【国际业务】

办理国际结算量380.4亿美元，跨境人民币业务量343.6亿元，结售汇量56.9亿美元；积极推动贸易外汇收支便利化政策落地，首家获批开办贸易外汇收支便利化业务试点，累计试点业务1.37万笔，金额435.9亿美元。

【经营管理】

一、主动融入大局，为实体经济加油给力。充分发挥综合性银行集团优势，围绕黄河流域生态保护和高质量发展、中部地区崛起、郑州国家中心城市建设等重大国家战略实施，在先进制造业、产业集群、开发区建设、基础设施、乡村振兴等重点领域开展全面金融服务，把金融源头活水引流到实体经济。加大重点领域金融支持力度，基础设施贷款新增259.67亿元，制造业贷款新增97.77亿元，战略新兴产业贷款新增167.02亿元，高新技术企业贷款新增105亿元，民营企业贷款新增474.76亿元。加大乡村振兴服务力度，主动下沉重心，融入“三农”发展新格局，涉农贷款新增448.59亿元，创新富农产业贷，开发55种产业服务场景，累计支持7625户产业农户，贷款余额17.7亿元。持续优化“裕农通”乡村振兴平台建设，上线18类民生场景，全年累计实现民生交易676.42万笔，通过线上渠道帮销特色农产品255万元。加大政策性金融支持工具运用，围绕基础设施基金投资项目，组建银团加快重大项目落地，2022年以来累计投放贷款23.6亿元，2023年当年投放贷款17.16亿元。

二、注重稳进并举，为重大工程聚力增效。充分发挥建行在基建领域优势，通过组建专班、清单化管理、量身打造特色模式等，不断加大对重大项目、重大工程的金融支持力度。践行“项目为王”，深入开展“万人助万企”“行长进万企”活动，全年累计走访调研企业1.2万户，支持重大项目446个，投放贷款251亿元。加大“三大工程”金融支持力度，保障性住房、城中村改造项目投放贷款19.68亿元；平急两用公共基础设施建设项目投放贷款1亿元。助力住房租赁市场培育，累计投放住房租赁贷款94亿元，2023年新增投放42亿元。

三、持续优化服务，提高账户服务质效。把优化企业账户服务工作作为履行大行责任、服务实体经济的根本要求，主动提高账户服务质量和效率。全面实施对公账户开户优化工程，拓展官方微信小程序、“惠懂你”APP等10个线上预约渠道，接入河南“一网通办”及分行特色渠道；借助ICR、工商数据等提升数据采集效率，实现预约环节70%录入栏位自动赋值，开户环节50余项信息复用，无须客户重复填写；整合法人授权及责任承诺等8张凭证为1张“对公客户授权及承诺书”，实现开户免填单和无纸化。

四、坚守压舱石定位，为实体经济减压提速。充分发挥国有大行的“稳定器”和“减压阀”作用，不抽贷、不压贷、不断贷，坚决维护经济金融安全。累计为大中型及小微客户办理续贷、再融资、收回再贷等业务474.31亿元。通过短期延后还款、调整账单计划等方式，帮助个贷客户缓解压力，金额92.71亿元。把服务实体经济和减费让利政策融会贯通、有机统一，主动让利于企、让利于民，累计减费让利18.9亿元。按时足额缴纳各项税款，全年缴纳增值税14.06亿元。

【金融改革创新】

一、做好“五篇大文章”，为经济转型升级蓄能提质。主动创新金融供给，强化数字赋能，积极做好“五篇大文章”，助力经济转型升级和动能转换。创新推进科技金融，“不看砖头看专利”，创新推出科创能力评价系统，以及科技支持贷、科技易贷等专属信贷产品，持续向科技创新领域倾斜信贷资源。全年累计为3477户科技型企业投放贷款661亿元，科技贷款余额434亿元，新增130亿元。打造科创服务港湾，在郑州市高新区设立科创企业主题银行，打通银政服务科创企业“最后一公里”。加快推进绿色金融，聚焦城市轨道交通、清洁能源、绿色制造业等领域，对重点项目实施“名单制”管理，专班推进，加速项目落地投放。绿色贷款余额788.14亿元，新增267.72亿元。积极用好碳减排支持工具，助力经济向绿色低碳转型，碳减排支持工具贷款较年初新增4.41亿元。全面推进普惠金融，全年累计投放普惠金融贷款2159亿元，普惠贷款余额1323.4亿元，新增374.8亿元。在万邦物流园支行挂牌“普惠金融服务港湾”。协同推进养老金融，积极支持和丰富养老产业新业态新模式，全年累计投放普惠养老再贷款0.52亿元，个人养老金账户数24.76万户，养老金托管规模351.49亿元。立体推进数字金融，积极参与“互联网+政务服务”平台建设，开放690多个网点、2500台智慧柜员机办理政务服务，上线政务事项190余项；在省级平台“豫事办”便民服务板块独家上线828项政融支付便民事项，广泛融入住房、交通、教育、医疗、养老等生活场景，为大众提供温情服务。以手机银行、建行生活搭建“生活 + 金融”双子星 APP 模式，为河南省超千万客户提供线上服务。

二、坚持开放共享，助力人民美好生活建设。主动响应社会大众急难愁盼和重要关切，以金融之水便民惠民利民。积极助力民生消费，借助建行生活平台汇集建行众多权益资源，相继开展“717美好生活节”“夏日消费季”“夏日啤酒节”等多项专题活动，全年累计承接政府消费券项目 57 个，总金额 1.7 亿元，投入消费资金 1434 万元，带动社会消费超过 4.9 亿元，助力民生消费和内需释放。广泛开展公益活动，实施“成长计划”奖学金公益项目，全年累计资助 11 所学校 130 名学生，发放奖学金 39 万元；实施“善建家园”太阳能路灯点亮乡村项目，为 3 个村捐赠安装 180 盏路灯；实施“希望工程 · 建行五室”公益项目，资助 2 所村小学建设科学教室、音乐教室等 10 间。开门办好建行研修中心（河南），全新打造“金智惠民”工程，组织“万名学子下乡”实践活动，组成下乡实践队伍 53 支，将金融知识引流到定点扶贫村民、乡村振兴带头人、金融副镇长、科创企业负责人。在全部网点开辟“劳动者港湾”专门区域，丰富扩展服务功能，累计为交警、环卫工人等户外劳动者服务 880 万人次，开展公益活动 2660 次，公众参与量 19.5 万人次。巩固脱贫攻坚成果，向驻马店平舆县陈集村等定点帮扶村实施 14 个巩固脱贫暨乡村振兴捐赠项目，共计 221 万元。

【风险内控】

一、坚持质量立行，全力以赴做好风险化解处置。认真落实监管要求，深入推进风险管理职责进党委，压实各层级风险管理职责；重检修订风控委议事规则，进一步夯实风险管理“三道防线”职责，持续完善全面、主动、智能的现代化风险管理体系；滚动实施信贷结构三年调整方案，加快构建与新格局相适应的信贷结构；开展“信贷管理职责落实暨信贷业务真实性管理年”落实巩固活动，培育“稳健、审慎、全面、主动”的风险文化，夯实信贷管理基础，确保资产质量基本稳定。

二、坚持合规兴行，不断筑牢内控合规管理根基。开展“双基管理”整治年活动，持续推进内控合规管理长效机制建设；强化监管事项全流程管理，有序推进监管检查和审计发现问题整改。接续开展“消保及服务品牌铸造年”活动，提升客户服务水平，做实消费者权益保护。进一步完善反洗钱工作机制，积极防控重点领域洗钱风险。落实落细反赌反诈工作要求，有效打击治理电信网络诈骗活动。坚决扛稳安全生产责任，深入开展安全生产大排查大整治，加大“四不两直”检查力度，消除安全隐患，保障安全运营。

【信息技术】

打造本地中心机房和建行云自用区两套基础环境，确保信息系统稳定运行。深化数据分析与应用，发挥数据生产要素价值，推动数据与业务深度融合，全年累计完成 300 余批次的监管统计报送工作。摸清数据资产底数，提升数据资产质量，强化外部数据引入规范执行，严格生产数据提取、数据推送复核、数据导出审批等相关操作规程，确保取数有痕、用数有期，防止信息泄露风险。上线信用报告自助查询功能，全辖所有网点共 2460 台智慧柜员机实现查询企业和个人信用报告征信服务。

交通银行股份有限公司河南省分行

【综述】

2023年，交通银行股份有限公司河南省分行加大信贷投放支持，助力实体经济全面加快恢复，当好服务实体经济的主力军和维护金融稳定的压舱石。2023年，省交行累计发放各类贷款1180亿元，各项贷款增量创近年新高，同比多增125亿元。在稳投放的基础上，进一步加大惠民惠企力度，全年新发放贷款利率较年初下降24BP，支付手续费减费让利3800多万元，通过减免敞口费等方式让利3.4亿元。

【公司业务】

围绕重大项目和基础设施建设、制造业、普惠小微、民营企业、绿色金融等实体经济重点领域，加大项目储备，引导优化信贷结构，增强服务实体经济能力。同时，完善重点项目协调推进机制，在进展调度、问题协调等方面靠前发力、持续用力，保障重点项目顺利推进。2023年，省交行投放公司类企业贷款800.84亿元，各项贷款较年初净增196亿元。其中，普惠、涉农、制造业、战略新兴、绿色信贷、民营企业等贷款增速均高于各项贷款平均水平；保交楼贷款累计投放8.09亿元。负债规模稳步增长，对公存款时点余额、日均余额分别较年初净增125亿元、136亿元。客户基础不断夯实，对公有效客户达标34059户，较年初净增5069户；新开对公客户11819户，同比多增1350户；进出口客户530户，较年初净增72户。

【国际业务】

发挥全牌照优势，全力提升“境内外、本外币、离在岸”一体化综合服务能力。积极拓展线上产品及平台建设，延伸服务触角。2023年，省交行实现国际收支量170亿美元，市场占比8.59%。结售汇量33.21亿美元，增幅8.03%，高于市场平均增幅23.68个百分点；市场占比6.99%，较2022年末提升1.71个百分点。离在岸外币贷款规模2.32亿美元，较2022年末增长1.61亿美元，增幅223%。国内证贸融投放量68亿元，较2022年增加15亿元，增幅29%。CIPS客户交易量214亿元。跨境人民币交易量139亿元，市场占比6.51%，较2022年末提升0.25个百分点。

【营运管理】

组织开展营运业务应急预案演练，全年生产系统运行安全平稳。积极推进网点综合化转型，坚持“条线管事、网点管人”“条线主建、网点主战”两项原则，通过跨条线公私联动，抓牢场景建设，配强网点班子，配齐业务权限等措施，推动网点实现“经营综合化”“服务综合化”“能力综合化”“功能综合化”。优化全辖网点布局，将低效冗余、布局过密网点向具备发展潜力的新城区迁移。注重科技赋能，加快推进数字化转型，新上线南阳烟草、济源烟草跨行代收业务，实现银行卡资金清算对账、重点账户监控全流程自动化。筑牢合规防线，加强营运风险管理，分层分类搭建分行特色风险监测模型，梳理编发典型风险案例，持续强化营运风险文化建设。分层分类开展营运人员能力提升培训，建立支付结算人才库，锻造营运关键人才专业能力。

【信贷业务】

细化信贷投向领域，保增长、优结构，坚持同业对标和价值创造，提升服务国家战略、服务实体经济的能力，推进信贷资产业务高质量发展。2023年末，省交行公司贷款前五大行业分别为交通运输仓储和邮政业、水利环境和公共设施管理业、采矿业、服务业和电力，贷款余额分别为396.67亿元、208.25亿元、112.17亿元、107.04亿元和66.95亿元，合计891.08亿元，占公司贷款总额的69.12%。新增贷款主要投向交通运输、建筑业、房地产、农林牧渔和水利、环境和公共设施管理五个行业，分别较年初新增26.74亿元、23.37亿元、18.92亿元、17.56亿元和16.87亿元，合计新增103.47亿元。

【银行卡业务】

加大实体社保卡和电子社保卡发卡的联动推广，并借助科技赋能进一步提升办卡的便捷性，实现社保业务就近办。积极助力人社部打造15分钟社保便民服务圈，深化与河南省人社厅、郑州市及其他地市社保局和社保中心合作，河南省110家网点可现场办理社保卡业务。自主研发社银一体机，实现社保卡即时制卡等功能，进一步提高服务质效。

【理财业务】

在销理财产品具有期限灵活、种类丰富、安全稳健等特点，在同业市场中口碑良好，竞争力强。产品系列包含现金管理类、最低持有期类、定开类、封闭式等多种类型。交通银行代销子公司的“灵动慧利”“固收精选”系列固定收益类和“博享”系列混合类等净值型理财产品满足客户多元化理财需求，市场认可度较高，同时坚持优选产品、丰富体系，择优代销他行理财产品，通过产品遴选为客户创造价值，提升客户体验。在理财产品销售中，严格遵循“在适合的场合将适合的产品销售给适合的客户”原则，切实做好产品信息披露，加强投资者教育，不断推动理财业务健康持续发展。

【个人住房贷款业务】

紧跟国家房地产调控方向，严格落实国家关于住房贷款的各项政策，积极支持居民合理自住购房消费需求，深入发掘城市更新旧区改造、存量房扩建、优质保障房项目，大力拓宽住房贷款渠道。履行责任展现担当，坚持以“以人民为中心”的价值取向，稳妥降低存量首套房贷利率。积极做好带押过户业务的落地推广，增强存量住房贷款的市场竞争力，为存量房市场注入新活力。2023年，省交行房贷累计投放量达157亿元。

【电子银行业务】

发布新一代手机银行8.0版，更加重视用户的体验，围绕“懂财富、享生活”，从客户视角出发，借助金融科技手段实现财富管理、生活服务、操作体验三方面全新升级。一是依托金融科技，打造财富管理好帮手。依托AI算法，大数据遴选，推出维度丰富的基金大数据榜单，提供好用的投钱选品工具，助力客户投资决策。打造业内领先的基金持仓透视功能，通过多维度数据透视和诊断透视，提供配置优化建议，帮助客户实现科学持仓。二是丰富生态场景，助力悠享美好生活。聚焦车、房、消费、政务服务等特色场景，构建了一站式的生活服务专区，为用户提供全方位的消费新生态，让客户更省心、更省力、更省钱。三是关注用户体验，为服务提供温度与个性。丰富服务场景，构建客户经理、客户服务经理、远程视频坐席、数字人“四位一体”的服务模式，更好满足客户全场景、线上化、一站式金融服务诉求。全新推出的主题中心，随心换肤，满足客户个性化装扮界面的诉求，带来新颖的视觉体验。

【资产风险管理】

加强全面风险管理，强化贷（投）后管理，不良贷款实现“量率双降”。一是明方向，强化政策研究。制定授信与风险政策纲要实施细则和全辖经营机构“一行一策”。二是控风险，聚焦重点领域。三是强化贷后管理，提升风险预警能力。强化风险监测，落实“四早”要求；对重点风险客户实施双线实地调查。四是加强风险分类管理。研读监管、总行风险分类新规，注重政策解读宣讲和运用；对存量贷款持续开展重组情况排查，及时调整风险分类。2023 年末，省交行不良贷款较年初减少 2.4 亿元；不良率较年初下降 0.22 个百分点，不良率创 2016 年以来新低。

【内控管理】

认真贯彻监管要求，在全行宣导“内控优先、合规为本”理念，狠抓制度、运行、监督、评价、考核等基础建设，不断提升内控合规管理能力，系统筑牢风险底线。一是建立健全内控管理长效机制。遵循“强化齐抓共管、突出问题整改、区分处理问题、注重结果运用”四个导向，优化运用重要内控事项办理函、“13+7 内控指引”管理评估、重点业务评估等工具，形成三道防线齐抓共管的工作格局。二是坚持考核导向，推动主体责任落实到位。进一步健全内控评价模式，丰富内控评价维度，完善内控评价标准，提高内控评价精准度和有效性。强化评价结果的应用，将内控考核应用于经营单位经营绩效考核、省行部门绩效考核、风险板块考核、各单位党建考核体系，通过切实管用的激励约束，保障内部控制各项措施的有效实施。三是强化监管问题整改，促进内控管理提升。统筹全辖监管问题分级分类管理，建立双线管理工作机制，通过抓实每个问题的整改提升，日积月累促进内控管理工作质效。四是高度重视数字化内控系统推送的预警核查任务，严格按照核查时限和规范要求做好核查工作。结合数字化内控规则核查指引，总结核查经验、掌握核查技巧、完善核查方法、提高核查质效。五是完善操作风险分类清单和矩阵评估，加强评估前瞻性研判，有效识别并跟踪落实操作风险管控重点。六是充分运用智慧案防系统，监测员工异常行为，发挥系统工具“早识别、早预警、早处置”的作用，消除风险隐患，提升案防管理的精准度。

【金融改革创新】

一是加强组织，持续营造浓厚创新氛围。举办首届“豫丰杯”创新大会，开展“交通银行河南省分行 2023 年创新活跃赛”，收集创新提案 317 项，并评选出“医保综合服务终端创新应用”“风险管理责任清单预警系统”等优秀创新提案 12 项；举办首届数据赋能大赛，评选出“网点综合化转型分析系统”等优秀数据项目。通过系列活动传导“创新是引领发展的第一动力”的理念，把创新思想、创新举措贯穿于业务发展过程中。二是紧贴市场，积极探索省行业务创新。在住建领域创新“系统＋产品”服务模式，实现商品房从建到住全场景覆盖，对接河南省 10 家地市房管局上线资金监管系统，对住建生态交易实施网络化、智能化管理，保障住建资金安全，维护人民群众合法权益；在支付领域创新 e 动收费模式，贯彻科技赋能、科技为民思想，满足财政非税收入、资金监管、企业管理缴费等众多场景的缴费需求。

【信息技术】

一是坚持系统观念，提升一体化运营能力。夯实日常基础运维，完成 1710 项次生产变更，处理 676 项生产运维工单，圆满完成各重要时期生产保障，重要信息系统全年保持安全稳定运行，核心系统运行率、骨干网络可用率均为 100%，全年无重大生产事件发生；加强连续性管理，修订完善应急预案 59 项次，完成 93 项次分行应急演练，提升应急处置能力；完善基础设施，完成全辖中心机房一体化监控改造、全辖网络双活改造、两家试点辖行网络扁平化改造。二是坚持守正创新，推进数字化转型。立项开发需求 201 项，项目投产 172 项。聚焦“财政＋住建＋政务＋医疗”，加强场景建设，打造“住建管家”“e 动收费”“财政一体化外币支付”“财政自助柜面预约转账”等具有地域特色的拳头产品；聚焦数据赋能，解决基层手工报表和数据问题 119 项，重点建设 58 项数据应用产品，提升数据价值助力高质量发展。三是坚持责任担当，完成信创改造阶段任务。承担总行零售业务核心下移试点工作，建设信创基础架构技术栈，部署 smartX 集群、分布式数据库 OB 集群，上线 10 套信息系统。

中国邮政储蓄银行股份有限公司河南省分行

【综述】

2023年，中国邮政储蓄银行股份有限公司河南省分行贷款不良率0.61%，低于监管限额0.15个百分点。涉农贷款、普惠型涉农贷款、普惠型小微企业贷款和制造业贷款净增均完成监管考核计划；完成绿色金融“两个不低于”指导目标。

【存款业务】

截至2023年末，邮储银行河南省分行各项存款余额11320.96亿元，年净增1048.04亿元。

【贷款业务】

截至2023年末，各项贷款余额4954.43亿元，年净增613.29亿元。

【票据业务】

截至2023年末，票据业务余额203.48亿元。

【信用卡业务】

信用卡聚焦有效获客，依托“场景+产品”双驱动，实现首刷新客48.59万户，消费金额1617亿元，全口径分期规模达到93亿元，其中场景分期实现39.02亿元，同比增幅75%。

【银行卡业务】

截至2023年末，邮储银行河南省分行结存绿卡借记卡1.02亿张，卡户存款余额5107.35亿元，绿卡借记卡年交易量1.16亿笔。

【电子银行】

全年新增手机银行激活客户57.02万户、结存859.81万户、净增有效客户38.89万户、新增睡眠促活客户273.02万户、月活客户峰值195.78万户；新增直销银行客户10.79万户；新增手机银行激活客户同比增幅22.92%，超全国平均水平15.76个百分点，全国占比8.12%，同比提升1.04个百分点。

【服务“三农”】

全年向夏粮收购行业投放小额贷款102.89亿元，同比增加23.20亿元，增幅29.11%。以产业贷、流水贷为抓手，扎实推进“一县一业”工程，形成“特色行业开发版图”，累计准入60多个行业和60多个专业批发市场。扛稳金融支持“乡村振兴”大旗，大力推进“大众创业惠民工程”。

【创新服务】

“业务模式”变革。一是信贷业务集约化进程稳步推进，完成了所有二分小额贷款贷后管理集中运营，开展了小企业授信业务集中审批的前期准备工作，建立了信贷工厂“双层考核”机制，消费信贷集中运营评价得分和排名稳步提升。二是创新开展信审赋能“城市产业画像”工作，帮助基层梳理意向客户107个、项目147个，已批复授信19.7亿元。三是政银合作深耕“三农”金融。在河南省开展“百县千镇万村”深度开发专项行动，广泛搭建政银合作平台，畅通信贷服务入村通道，活动覆盖河南省88.7%的县域和51%的乡镇，带动县域地区小额贷款额度生效笔数新增4.6万笔，授信金额新增138.56亿元。

“服务方式”变革。一是持续深化综合营销。负债端，批零联动提供便利化支付结算服务。全年新增重点代发项目281个；聚焦政务类、民生类项目开展GBC联动服务，其中社保项目年累计提供代发服务超600亿元。资产端，加快落实“1+N”经营与服务新体系建设，全年累计新增公司综合授信客户72户；新增小企业主办行客户2453户。二是提升网点服务效能。建成省分行云柜员中心，并在80%的自营网点推行双岗融合工作，持续提升服务效率。

【零售信贷】

消费贷款坚持抓牢房贷市场基本盘，加快培育非房新增长点，年净增167.58亿元。小企业贷款理顺组织运营模式，发力线上产品，全面激发发展潜力，净增突破百亿，达到109亿元，居系统内第三位，结余324.3亿元，较2021年末增长117%；其中小微易贷净增94.52亿元，结余186.46亿元。

【信息技术】

信息系统运行质量继续保持全国领先，圆满完成网络安全攻防演练、亚运会等重要时期运行维护保障。完成总行个人存款业务系统2022年新增功能等362项工程推广，进一步提升银行化数字化能力；完成河南省634个机构新办公互联网建设，全面构建河南省互联网络安全架构及防御体系；实现104个网点智能化改造，业务服务效率提升30%。建立“业技融合”等三大工作机制，推进业技融合工作常态化，项目全周期可视化闭环管理，共完成项目上线130项。全年完成分析课题6项，累计开发上线数据产品59项，运营数据报表553项。

中信银行股份有限公司郑州分行

【综述】

截至2023年末，中信银行股份有限公司郑州分行下辖8家二级分行、82家支行，员工2425人，其中40岁以下员工占比83%，本科及以上学历人员占比98%；党员1316人，占比54%。2023年，中信银行郑州分行服务实体经济展现新作为，重点领域贷款超额完成任务；特色业务激发新动能，规模、效益、质量等多项指标走在区域股份制同业前列。深度参与河南能源“违约—困难—回暖—重组—还债—重生—启航”7个发展周期，由中信银行郑州分行主承销的10亿元债券发行成功，助力诚信河南建设。

【存贷款业务】

截至2023年末，中信银行郑州分行资产余额2385.78亿元，较2022年新增80.08亿元。自营存款余额2191.13亿元，较2022年新增139.27亿元。其中，公司存款余额1510.64亿元，较2022年新增33.02亿元；个人存款余额680.50亿元，较2022年新增106.26亿元。贷款余额2251.59亿元，较2022年新增99.59亿元。其中，公司贷款余额1376.15亿元，较2022年新增41.51亿元；个人贷款余额875.45亿元，较2022年新增58.08亿元。

【理财业务】

对公财富业务方面。一是持续深化对公财富客户经营，筛选高价值重点客户进行名单制管理，针对名单客户组建专属服务团队，强化高价值客户的专业化个性化服务，同时聚焦中小客群对公财富产品覆盖度，充分利用对公财富产品获客黏客。二是强化对公财富队伍建设，通过“财富训练营”“清零行动”“金融小课堂”“人人讲财富短视频大赛”等创新的活动形式，提升人员专业素质。三是不断扩大对公财富品牌区域影响力，通过举办“走进理财子”“财富之路 与您共筑”等客户活动，持续提升中信银行郑州分行对公财富品牌在河南区域的影响力。截至2023年末，中信银行郑州分行对公财富日均规模31.43亿元。

个人理财规模稳步增长。截至2023年末，中信银行郑州分行个人银行理财余额659.92亿元，较2022年增31.91亿元，个人银行理财余额占个人客户管理资产比例达到39.70%。产品结构方面，根据资管新规要求，中信银行郑州分行推动个人理财产品向净值化转型，截至2023年末，预期收益型理财保有量19.41亿元，占整体理财保有量的2.94%；净值型理财保有量640.51亿元，占整体理财保有量的97.06%，个人理财业务有序转型。

【银行卡业务】

2023年，中信银行郑州分行持续丰富银行卡产品，在理财宝普卡、中老年客户专属幸福年华卡、女性客户专属香卡、青年客户专属菁英卡、党费通专属卡“不忘初心卡”、贷款客户专属借记卡“中信安家卡”、麦当劳联名卡、出国金融专属护航计划白金卡、中信银行晒卡、中信银行薪享卡、乡村振兴卡、低碳财富卡的基础上，持续深入“三全五主”服务理念，完善中信幸福财富服务体系建设，推出贵宾客户专属“幸福财富借记卡”，是一款集存取款、转账、消费、投资理财于一体的多功能借记卡，目前以上卡种均具备无年费、无小额账户管理费等优惠。

【出国金融业务】

2023年，中信银行郑州分行出国金融业务深耕签证、留学、境外消费三大服务场景，依托中信银行总行全新打造的“出国金融 EasyGo”会员体系，为出国客群提供跨境汇款、结售汇等金融权益和境外保险、购物等衣食住行生活服务权益。中信银行郑州分行联合河南省17家出国留学头部机构，成立河南出国留学联盟，打造包含留学资讯洞察、留学备考、留学背景提升、全球签服务、跨境服务、海外生活服务、英才实习营的出国全场景服务体系，一站式解决客户出国需求，持续推动“要出国，找中信”品牌建设。持续开展英国如意签活动，邀请英国签证中心在郑州为客户办理签证，2023年，中信银行郑州分行共举办9场英国如意签活动，办理客户877人，节省了客户往返签证中心城市的时间和费用，为客户提供了极大的便利，得到客户的一致好评。

【个人信贷业务】

2023年，中信银行郑州分行个人信贷业务围绕服务实体经济和促进居民消费，聚焦住房按揭、普惠个人贷款和信用消费贷三大领域，实现个贷业务稳健发展。一是积极落实因城施策差别化住房信贷政策，加大住房按揭贷款投放，更好满足居民刚性和改善性住房需求，支持房地产市场平稳健康发展；积极推动存量房带押过户业务落地，有效减轻客户转贷资金成本，提升客户服务体验；积极落实党中央、国务院决策部署，积极有序推进存量首套住房利率调整工作。二是持续加大对普惠小微信贷支持力度，推动融资成本逐步降低，提升信用贷投放占比，不断提升小微金融服务的普惠性和可得性。三是推进多元化消费场景搭建，丰富信贷产品供给，满足居民购车、教育、医疗、文旅等多样化的消费需求。截至2023年末，中信银行郑州分行个人信贷余额875.45亿元，较2022年新增58.08亿元，贷款客户数22.55万户，较2022年新增4.48万户。其中普惠个人贷款余额145.15亿元，较2022年新增17.13亿元；信用消费贷款余额144.48亿元，较2022年新增46.98亿元。

【票据业务】

2023年，中信银行郑州分行运用票据产品深入服务实体经济提供金融服务。一是利用票据贴现方便快捷的优势支持实体企业融资，加大对国家重点领域企业的支持，全年为各类企业办理票据直贴业务634亿元。二是践行国家政策导向，利用好再贴现价格优势，充分运用再贴现政策支持“三农”、中小微企业发展，深化再贴现业务综合化经营，全年办理再贴现108亿元。

【国际业务】

2023年，中信银行郑州分行秉承“专业、快捷、灵活”的服务理念，为河南省700多家跨境企业提供了包括国际结算、贸易融资、外汇资金交易、跨境投融资等在内的一揽子综合服务。全年累计办理收付汇业务79.96亿美元、结售汇业务45.60亿美元，表内外融资发生额达到375.45亿元，有力促进了“一带一路”建设及河南省外向型经济发展，对河南省跨境制造业企业及中小外贸企业等实体经济形成有效支持。

注重创新应用。2023年共实现11种线上化、信用类创新产品首笔业务落地，并持续推广使用，实现跨境领域金融服务的提质增效。通过组织多场客户活动，大力宣导外汇业务汇率“风险中性”理念，助力外贸企业防范汇率风险。积极扩大经常项目和资本项目便利化试点企业范围，服务质效进一步得到提升。

【电子银行业务】

2023年，中信银行郑州分行线上线下收单业务持续发展，同时加大专业化市场、连锁饭店商超、教育等重点行业的服务拓展。2023年全付通交易笔数2亿笔，交易额达240.22亿元，在用自营收单商户1.4万户。

2023年，电子渠道业务持续发展。手机银行客户累计438.27万户，较2022年新增56.36万户；快捷支付绑卡客户累计302.46万户，较2022年新增31.1万户。交易规模方面，手机银行交易笔数2378.8万笔，交易金额6501亿元；快捷支付交易笔数17598.35万笔，交易金额724.92亿元。电子渠道销售方面，手机银行理财产品销售金额862.95亿元，占比88.2%；手机银行基金产品销售金额28.41亿元，占比92.86%；手机银行保险产品销售金额14.08亿元，占比99.96%。

2023年，中信银行郑州分行“党费通”业务覆盖265个党（团）委，7120个党（团）支部，服务28.18万名党（团）员。

【中小企业授信业务】

2023年，中信银行郑州分行推动普惠金融、小微、帮扶贷款业务取得积极发展成效。同时持续加大对小微企业信用贷款、中长期贷款投放力度，降低融资成本，增强服务能力。截至2023年末，普惠法人贷款（不含贴现）余额77.35亿元，较2022年增加12.94亿元，普惠法人信用贷款余额及占比均较2022年增加。

【交易银行业务】

“链生态”以资产池为核心，联通信e链、信e销、信商票、集群池等产品，助力省内7群28链等企业的产业链发展，全年为1528家企业累计提供446.17亿元融资，支持普惠金融、制造业、绿色金融、战略新兴等重点领域融资。“财生态”以司库建设为依托，协助企业对账户、资金、结算、融资、境内外和供应链等金融资源全面统筹管理，助力区域省市属国企、优质民营企业财务管理的数字化转型。区域内银行首家召开司库服务体系发布会，全年共为75家优质企业上线天元司库系统，“建司库、找中信”品牌影响力持续深化。

【内控管理】

一是突出明责履责，着力构建职责清晰的内控责任体系。制定“五张责任清单”（分行行长、协管合规行领导、分管其他业务行领导、合规部、其他职能部门履职责任清单）+“五级责任考核”（分行条线部门、合规部、同城及县域支行、二级分行、全行内控合规干部），解决合规工作如何实现明责、履责、评责的问题。二是突出风险防范，着力完善前置的风险防控体系。采取“四轮驱动合规文化”（常态化警示教育、“讲学考会”专项活动、基层合规面对面、常态化开展主题活动）+“三类可疑监测模型”（审计共享模型、总行疑点数据、分行监测模型）+“两项业务检查重点”（针对“三重、三新”业务，建立经营机构自查、条线部门排查、合规部门抽查的闭环管理机制；针对二级分行重点机构，建立“四个一”查辅机制）+“一个制度生命周期”系列措施，使风险能够提前识别、锁定、防控，被省银协邀请在全辖金融机构座谈会上进行经验交流。三是突出整治质效，着力强化一体化的整改纠偏体系。高度重视内外部检查整改工作，每次重要检查均有整改方案、每个整改方案均汇报党委会审议，将检查问题分层分类，综合治理，打出整改“组合拳”。针对一般问题，在短期内能解决的，要求一个月为集中整改期，必须见底清零；需要长期整改的，建立整改台账，明确整改措施、责任人和完成时限，持续跟踪，对问题逐一销号。针对多发问题，重检内控缺陷，强化修复整治。如针对个贷资金流向不合规问题，开展了专项评估，助力个贷管理有效性提升。针对难点问题，成立整改专班，提出解决办法，强化问题系统性治理。如开展公司授信贷后专项治理，建立问题治理台账，形成贷后管理业务流程，制定了8份贷后定检模板，取得了一定的风险防范效果。四是突出重点管控，着力建设联防联控的协同监督体系。坚持深化网格化管理，三道防线协同联控做好员工行为管理监督，把好员工行为“五个关口”（入口关、教育关、风险关、监督关、出口关），形成员工行为“闭环管理”机制，针对异常行为关注人员，制定《异常行为关注人员管理工作方案》，针对员工问题多发机构，由纪委书记对单位负责人进行约谈，合规部定期督导整改，针对员工违规关键岗位，对公司、零售、个贷客户经理重点风险进行提示。五是突出提质增效，着力打造科学精准的洗钱风控体系。围绕“1233+N”反洗钱工作机制，对内，将“向风险为本转型”作为一个管理目标，以科技赋能、专业团队作为两个赋能重点，强化对客户、产品和业务三大维度的全生命周期管理，运用“触发评估”“非现场后督”“定制课堂”三个工作方法，主动参与国际编译、监管调研、线索研判、社会宣传、同业交流等活动。

【风险管理】

2023年，中信银行郑州分行以服务实体经济为已任，重点领域信贷投放持续发力，战略新兴、“专精特新”企业、绿色信贷、制造业中长期、民营贷款较去年分别增加55.84亿元、28.01亿元、51.9亿元、28.4亿元、30.3亿元，增速分别为38.9%、67.3%、21.7%、39%、9.6%，其中普惠型小微企业贷款余额222.50亿元，成为省内首家普惠贷款余额突破200亿元的股份行，较去年增加30.07亿元，增速15.63%，支持河南地区经济高质量发展。

持续健全风控机制，提升全面风险防控能力。加强跨周期管控，坚持“控新降旧”两手抓，推动控风险与促发展并驾齐驱。面对复杂多变的经济形势，严格贯彻落实监管工作要求，准确把握对公大户和零售新发生不良两大重点，提前规划，分类施策，加速出清存量不良，“降存控新”两端发力，着力降低信用风险整体水平。

【信息技术】

一是科技增效显著。充分发挥科技经营服务优势，重点服务财政、法院、公安、社保、医保等本地机构客户以及新商业模式的全国连锁客户，落地特色业务需求209个，业技融合开展一线现场营销70余次、业务跟岗调研23次，通过主动与客户建立联系挖掘客户需求，全面提升一线作战效率，拉动一线产能释放和升级。二是数据价值倍增。积极寻求数字化转型、深化数据与业务、技术与数据的融合创新，通过开发提效工具、推广中信银行总行平台、完成数据治理与字典编制、入湖搭建、优化取数用数服务等方式，助力数字化价值在业务场景中的释放与应用。三是防护水平升级。严抓安全生产保障，强化信息系统、网络、机房基础运维工作，完成全辖老旧机房改造、网络及终端安全加固、新乡分行机房托管、个人客户信息保护排查、机房季度巡检巡查等，提升风险防控能力，打造坚强有力的科技基座。2023年未发生相关风险事件，有力保障了信息系统的稳定运行。

广发银行股份有限公司郑州分行

【综述】

广发银行股份有限公司郑州分行目前下设35家二级分支行，45家营业网点，分布在郑州、安阳、新乡、平顶山、焦作、三门峡、南阳、洛阳、商丘等9个地区。2023年，广发银行郑州分行持续加大重点领域信贷投放力度，推进普惠小微信贷投放，稳步推进乡村振兴，积极有为促进消费回暖，各项业务发展稳健，市场竞争力和品牌影响力得到进一步提升。截至2023年末，表内外资产总额1476.6亿元，人民币存款余额641.5亿元，人民币贷款余额655.8亿元。全年实现全口径营业收入34.68亿元，净利润8.78亿元。

【经营管理】

持续聚焦全面提质增效一个核心，稳增长、降不良、提动能、促规范、抓队伍、优考核、筑同心，实现了各项业务稳健发展。一是聚焦主责主业，服务实体经济质效进一步提升。围绕服务国家战略关键领域，加大信贷投放力度。积极开展金融帮扶工作，稳步推进乡村振兴。深耕城市核心商圈，通过APP线上服务高频消费场景，积极促进消费回暖。二是围绕高质量发展，业务基础进一步夯实。积极发挥保银协同业务优势，协同国寿驻豫成员单位落地“投融资+”重点业务。不断强化科技赋能，深入推进零售业务转型发展。制定数字化转型三年行动方案，提升数字金融服务能力。三是坚持“风控为本”，风险底线进一步筑牢。强化客户准入管理，不断优化客户结构，有效缓解资产质量压力。严格信贷从业人员的准入、退出和评价机制。强化资产质量管控高压态势。四是优化激励约束机制，干部队伍建设进一步完善。年轻干部培养使用加快推进，完善多层次、差异化培训课程体系，持续提高队伍协作力、凝聚力。五是聚焦筑牢底线，合规案防管理进一步强化。严格落实分行合规履职清单工作要求，修订内控合规考核指标，压实各单位内控合规主体责任。举办“学制度”微视频暨“合规履职案例”大赛，召开案件防控工作暨警示教育大会，定期开展各类专项检查，营造合规履职氛围。

【公司业务】

围绕做好科技金融、绿色金融、普惠金融、养老金融、数字金融“五篇大文章”，加大对重大战略、重点领域和薄弱环节的金融支持力度。科技金融围绕信息技术、高端装备等战略新兴领域，加大对高新技术企业、专精特新企业的信贷投放。绿色金融突出产品服务创新，保持绿色信贷较快增长。普惠金融突出增量扩面，围绕乡村金融、商圈金融、供应链金融三大业务场景，提升线上化服务水平，确保普惠型小微企业贷款实现“两增”。养老金融立足广发银行成为“国内一流养老金融账户管理人”的职能定位，积极与中国人寿养老险河南省公司对接，用好养老金融产品，加强公私联动；数字金融突出打造生态文化，提升个性化场景化的服务送达功能。

大力支持实体经济发展。把握市场机遇增配优质资产，实现规模、效益、风险的有机平衡。围绕“以贷增收，以量补价”，制定“三增三提升”信贷方案，即增“服务国家战略、重大项目、重要客户”投放，提升“中长期贷款占比、双轻业务占比、供应链业务占比”。积极推广宣传税银通、银电通、抵押E贷、科技E贷、专精特新E贷等线上产品，为普惠小微企业、民营企业、专精特新企业提供有力金融支持。

扎实推进“双轻”业务。持续做大投行业务，拓展合作思路。深化交易银行产品运用，通过信用证、福费廷、保函等轻资本产品进一步提升EVA和RAROC，实现客户综合经营效益提升，满足不同客群的经营周期和资金需求。

【个金业务】

积极推进改革转型与业务发展，努力构建大零售格局，全方位推进渠道建设、专业化团队管理、产品推广等工作举措，推动零售业务高质量发展。

发挥综合金融优势。以客户需求为核心，通过整合内部资源，强化与国寿驻豫成员单位的紧密合作，打破信息壁垒，实现资源共享，为客户量身定制全方位综合金融服务方案，满足客户在不同场景下的多元化金融需求。优化部门联动机制，提升服务效率，擦亮综合金融品牌名片。

持续发力普惠金融。稳健发展按揭业务，大力发展消费类金融，积极推动线上营销。抓好普惠金融服务，加大抵押易、小微E秒贷业务投放力度，持续促进小微企业主、个体工商户融资量增、面扩、价降、结构优化。持续发力新市民金融业务。

夯实客群发展基础。以零售基础客户为基础，以财富私行客户为重点持续推进。构建全方位服务理念，强化开放银行项目的营销，加大线上渠道获客能力，积极推进养老金融业务的发展，全面提升业务服务效能。通过不断优化服务体系，提升客户体验，积极拓展高价值财富私行客群，提升批量获客能力。

推动财富管理转型。持续推动财富管理业务转型创新，进一步丰富产品体系，依托专业客户经理团队，为客户提供个性化资产配置服务，满足客户基础类、收益类、保障类等不同产品需求，不断提升客户满意度和广发品牌美誉度。

【信用卡业务】

截至2023年末，河南地区广发信用卡累计有效卡量达410.5万张。2023年主要以场景、重点项目及线上引流三大渠道获客，形成以文旅场景为主，商超、社区场景为辅的特色场景获客模式，新郑国际机场驻点服务的重点项目运营模式以及总分联动业务合作的线上引流模式，实现线上、线下多点开花；B端新金融业务聚焦零售、批发、餐饮等行业营收及高价值商户，以持续扩大金融资产规模、调优行业及资产结构为核心目标，为小微商户提供“支付结算+综合金融”服务，提升盈利能力；强化合规风险内控管理，促进信用卡业务可持续健康发展。

【风险管控】

持续深化全面风险管理工作。建立健全激励约束机制，完善内控制度，重点规范一线业务岗位的工作流程和操作标准，确保各岗位责任落实，相互制衡，切实防范操作风险。

控制源头风险，提升审查审批质量。重大项目提前介入，把贷前调查、授信审查、贷后管理有机结合，保障业务高质量发展。将业务发展、风险防控和结构调整有机结合，围绕服务国家战略与实体经济要求，加大绿色信贷、科技金融、普惠小微、战略新兴产业、高技术制造业等信贷业务投放量，提高风控能力。

持续加强贷后管理，推行实地贷后。实现风险经理平行作业全覆盖，推动贷后管理完成质量持续提升。通过预警、风险监测、回收预控和化解追踪管理，建立风险预控机制，及时关注客户风险点，调整授信策略，优化信贷结构。

【合规运营】

聚焦筑牢底线，强化合规案防。严格落实分行合规履职清单工作要求，修订内控合规考核指标，压实各单位内控合规主体责任。举办“学制度”微视频暨“合规履职案例”大赛，进一步营造合规履职氛围。召开案件防控工作暨警示教育大会；

定期召开案防形势分析会；开展经商办企业自查、员工征信排查、员工行为管理自我评估问卷调查；对全辖45家基层网点按季度开展对口监督现场检查；分行家访、谈心谈话完成率100%。

聚焦提升效能、服务客户，提升合规运营水平。推进运营集约化，为客户提供自动化、远程化服务，快速响应客户跨区域、定制化金融服务需求；聚焦“拒赌反诈”，通过账户分级分类提供差异化支付结算服务，提升精细化管理水平。

以客户为中心，树牢“相知相伴 全心为您”的服务理念。持续优化消保服务考核指标体系，强化考核结果运用。压实客户投诉综合治理主体责任，深入整治侵害消费者权益乱象，妥善应对客户投诉。建立“业务精、服务优、风控强”的运营基层队伍，通过树立先进典型，强化正向激励，打造专业团队。

【数字化转型】

开展丰富多样的手机银行、电子银行产品推介活动，通过支付宝、拼多多、云闪付、抖音等平台，从场景触动、活动拉动、产品推动等方面，加大日常生活高频消费场景拓展，全方位加大电子银行产品的市场宣传与推广力度。坚持把服务实体经济、服务人民群众作为数字化转型的出发点和落脚点，把服务全行业务战略作为数字化转型的目标。以新发展理念为指导，以科技创新驱动和引领发展，以开放共赢、合作共享的态度积极与外部合作，打造平台生态，推动高质量可持续发展。

截至2023年末，手机银行客户规模达到563万户，较年初净增43万户，手机银行渠道全年交易笔数为505万笔。新增零售客户手机银行转化率81%，交易替代率进一步提高。

中国光大银行股份有限公司郑州分行

【综述】

中国光大银行股份有限公司郑州分行1999年成立，是光大银行在河南设立的省级分行，有46家营业网点，员工1300多人。

2023年，光大银行郑州分行全力推进巡视整改和审计整改，积极落实稳经济大盘、支持实体经济发展的决策部署，深入推进“行长进万企”活动，持续强化风险防范化解，高质量发展取得新成效。

截至2023年12月末，一般存款余额984亿元，各项贷款余额1127亿元。目前，光大银行郑州分行作为首家银行机构已搬迁至郑州北龙湖金融岛。

【综合金融】

截至2023年12月末，光大集团驻豫机构数达到104家，在豫投融资总规模突破4000亿元，光大银行郑州分行表内外全口径资产总额2961.6亿元，光大信用卡拉动河南地区消费1987亿元。光大银行郑州分行已携手光大证券、光大永明保险、光大信托等光大集团驻豫企业入驻郑州光大中心。郑州光大中心位于北龙湖金融岛中环路22号，作为光大集团在中原的区域总部，是光大集团驻豫企业的新家园，是光大发挥一站式综合金融服务优势的新载体，也是光大在豫迈向高质量发展征程的新起点。郑州光大中心具有一站式综合金融服务、高端私行中心、前沿科技赋能银行、金融超市旗舰店、24小时美好生活服务区、独具特色的建筑功能、国内一流的服务团队等特色。

【财富管理】

2023年，面对区域风险、任务推进、风险管控、转型发展四重压力交织并行的特殊形势背景，光大银行郑州分行始终紧跟总行战略部署导向，零售效益稳步增长，零售规模快速突破，客群建设不断夯实，网点效能持续向好。2023年实现零售营收占比58.73%；零售中收全行占比78.62%。财富管理能力持续攀升，管理资产规模超712亿元。打造财私一体化建设，围绕企业家客群“人家企社”综合需求，协同银、证、保、信等集团子公司为3.5万高净值客户提供综合服务，全年围绕女性、养老、企业家等核心客群，组织金融及非金融如财经、文化、亲子、医养、出行等类型活动合计122场。践行“金融为民”理念，发力养老金融，多部门协同下，服务养老客群突破9.6万户。财私客户方面，坚持“以客户为核心”，围绕市场特点，强化客户陪伴，并制定有效配置策略，增强客户黏性，做大资产规模；全面启动家族信托/保险金信托项目营销，截至2023年末，规模已达2.3亿元，有效满足了高净值客户风险隔离、财富传承等需求。并依托私行中心线下场景平台，重点围绕高收入女性、老年客群及其子女、商投私企业家三大核心客群需求，开展金融、文化、医养、教育、亲子等场景主题活动，全方位满足客户的服务需求。聚焦“场景批量拓客”经营思路，全年累计开展客户活动120余场，参与客户6000余人次。

【对公业务】

2023年，光大银行郑州分行积极落实业务转型发展，努力实现质的有效提升和量的合理增长。截至2023年末，对公活期存款日均较年初增加11.48亿元，占比增加9.45%。机构存款在优化结构、降低成本的基础上保持整体规模稳定。职业年金托管规模连续三年提升，年末托管规模近百亿。落地郑州分行首笔阳光紫募资的理财非标投资业务，完成募、投、托、管的全流程联动，“商投私一体化”实现新突破。落地光大银行首笔国际再保理业务，开辟了光大银行支持先进民营制造业集团跨境供应链金融的新渠道。同业债券投资45笔共26.1亿元，投资笔数和金额均创历史新高。

为进一步支持科创企业发展，2023年6月，光大银行推出“专精特新”企业贷线上产品，打破以往传统的授信方式，实现企业在线测额、在线审批、线上提款，具备全信用、智能化、便捷性、综合性等特征，进一步加大了对科技创新小微企业支持力度。截至2023年12月末，光大银行郑州分行普惠线上“专精特新”企业贷已累计投放2.77亿元，服务企业客户37家，测试额度近5.1亿元。

【对私业务】

2023年，光大银行郑州分行各项业务不断突破并再创新高，业务规模保持快速增长。持续保持存款、AUM双增领先优势，从“站上”到“站稳”，零售存款站稳399亿元，同业市场份额持续提升；零售AUM突破712亿元。零售信贷突破436.26亿元，零售普惠新增18.05亿元，达成“两增两控”目标；信用卡多项主指标持续保持领先。

客群建设进一步夯实。私行客户1539户，完成率143%；财富客户3.4万户，完成率117%；零售基础客户新增3471户，完成率129%。同时，持续发力批量获客，优待证累计激活在系统内排名全国新增第一；个人养老金超额达成全年目标。场景孵化能力进一步增强。数云上线达标场景金融项目24个，任务完成率300%。云缴费继续高速增长，“物流通、安居通、灵工通”场景取得重要进展，实现对公零售客户不断引入。

【风险管理】

2023年，光大银行郑州分行适时调整审批策略，聚焦基础性信贷产品，加大服务实体经济、服务制造业、小微企业、绿色金融、乡村振兴等方面的信贷支持；通过积极改善客户和产品结构，加大对实体经济支持力度。积极贯彻落实生态文明战略，加大绿色金融支持力度，助力完成碳达峰和碳中和的既定目标。围绕资产质量，抓好风险监测及授信后管理，开展集中清收专项行动，按计划逐步出清风险，推进不良资产减退加固，进一步夯实了资产质量基础。光大银行郑州分行坚决贯彻落实关于防范化解融资平台、房地产等重点领域风险的决策部署，摸排存量业务底数，分类施策、加固减退，不断加大政府债务、房地产行业的风险管控和化解力度，切实做好化解和应对工作。

【行长进万企】

2023年，光大银行郑州分行不断践行国有银行责任担当，始终坚持党对金融工作的集中统一领导，坚守金融服务实体经济、“金融为民”初心，推动各项金融政策和工作部署不折不扣落实落地，积极落实监管局“行长进万企”活动深化推进会议内容，持续扎实推进“行长进万企”活动，在活动中躬身入企，组织深入实地走访助企纾困，积极支持河南省经济发展，实现走访企业数量、新增授信金额和问题解决率均高于去年水平的“三个高于”目标。截至2023年12月末，累计对企业进行拜访调研5686次，覆盖2798家企业，收集汇总企业问题个数1520条，累计为企业解决问题数量1390个，问题解决率为91.45%，圆满完成年初制定的“三个高于”目标。

【电子银行业务】

光大银行紧密围绕“打造一流财富管理银行”的战略愿景，以客户价值为战略基础，坚持客户“分层分级分群”的客户经营理念，通过数字技术赋能，推动全行客户差异化、精细化、数字化经营。线上数字化运营方面，截至2023年末，光大银行郑州分行手机银行年月均活跃客户规模68.06万，快捷支付年月均活跃客户规模31.11万。

全国云缴费便民服务活跃用户达5.65亿户，缴费金额突破5500亿元。目前河南地区共有缴费项目500余个，基本覆盖河南省水电燃暖、通信、非税及社保等场景，服务河南省近千万用户。其中非税场景已覆盖交管12123、河南政务服务网非税缴费、河南省非税电子缴款书微信扫码、公立中小幼学校教育缴费云平台、非税扫码缴费等平台。执收单位覆盖城管、法院、考务中心、体育馆、动植物园、K12及大中专高校等。2023年河南地区缴费交易笔数达1.41亿笔，交易金额251亿元。

场景金融方面，光大银行深耕物流行业，以客户为中心，不断优化产品服务体系。通过“物流通”产品创新融合多类银行账户体系，服务网络货运平台、无船承运平台等物流新业态企业，以“金融+科技”赋能实体经济可持续发展，助力物流行业数字化转型和降本增效。2023年，光大银行郑州分行“物流通”服务货主及货车司机超过50万户，累计交易金额突破220亿元，交易笔数达165万笔。2023年4月，光大银行郑州分行参加了河南省网络货运协会2023年度会议，并作为唯一一家银行对物流通产品进行宣讲。

【服务实体经济】

2023年，光大银行郑州分行按照“增量、降本、便利”要求，采取包括配置专项信贷额度、优化信贷审批流程、给予资金成本优惠、完善考核激励机制等措施，全方位加大对实体经济重点领域的信贷支持政策和贷款投放力度，努力提升服务实体经济质效。截至2023年12月末，制造业贷款余额195.21亿元，较年初增加8.94亿元，增速4.80%；制造业中长期贷款余额80.70亿元，较年初增加15.75亿元，增速24.25%。绿色贷款余额126.37亿元，较年初增加21.90亿元，增速20.96%。清洁能源产业贷款余额31.31亿元，较年初增加13.78亿元，增速78.58%。战略新兴产业贷款余额69.69亿元，较年初增加4.2亿元，增速6.41%。

上海浦东发展银行股份有限公司郑州分行

【综述】

2023 年，上海浦东发展银行股份有限公司郑州分行坚持服务实体经济、推进转型创新，紧紧围绕中部地区崛起、黄河流域生态保护和高质量发展、河南“十大战略”等重要部署和重大项目建设，充分利用自身在融资领域的专业性及在金融市场的影响力，积极向河南省辖内各类企业在建设、经营周转等方面提供信贷支持。秉承“坚守长期、聚焦效益、深化转型、夯实基础”的经营主线不动摇，守牢初心、锐意改革，扎实推进经营发展，坚持以党建引领把方向、以战略落实促发展、以制度建设夯基础、以打响品牌提服务、以总结提升谋长远，不断塑造浦发银行郑州分行良好形象，夯实高质量可持续发展根基。2023年末，资产总额 2173.41 亿元，各项存款余额 2043.64 亿元，各项贷款余额 2113.43 亿元，存贷款余额均排名省内股份制同业第二。经过 23 年的探索与发展，逐步构建起了由 27 家同城支行、28 家异地分支行、43 家小微社区支行多位一体、布局合理的服务网络。

【公司业务】

浦发银行郑州分行公司业务始终坚持清晰正确的价值导向和业务导向，着力践行“数智化”战略，坚持客户视图引领，牢牢把握战略机遇，抢占普惠金融、科技金融、供应链金融、跨境金融优质赛道，着力推进公金品牌建设及队伍建设，持续推动资产、负债、客户的全面优化和提升。2023 年净增民营企业贷款客户数 130 户，绿色信贷余额净增 40 亿元，对公普惠贷款净增 5.35 亿元，制造业中长期贷款新增 14 亿元，为支持实体经济作出突出贡献。

【零售业务】

浦发银行郑州分行零售业务始终秉承“高质量发展”理念，紧扣战略重点突破，聚焦普惠金融，立足优质中小微企业，坚持线上线下均衡发力不偏科；抢抓“浦闪贷”等优势产品快速上量；聚焦财资金融，强化资产管理和财富管理双轮驱动；增强理财队伍资产配置专业能力，提升客户体验和财富收入贡献，进一步发挥零售业务“压舱石”的作用。同时积极面对区域性房地产市场风险持续暴露、财富产品收益波动等诸多挑战，攻坚克难，迎难而上，聚焦年度奋斗目标，深化客户经营，强化风险化解，整体经营成果基本达成预期。2023 年末，个人金融资产日均 1084.65 亿元，较 2022 年增加 34.35 亿元；人民币一般性储蓄日均 623.17 亿元，较 2022 年增加 81.19 亿元；零售营收 28.6 亿元，零售中间业务净收入 8.34 亿元。

【科创金融业务】

浦发银行郑州分行积极响应国家科技创新战略，布局科技金融大文章，将创新链、产业链、资金链、人才链融为一体，建立了“批量拓客、投贷联动、以大带小”的生态圈模式，通过浦科“5+7+X”创新产品体系，形成了“商行 + 投行 + 生态”的综合金融方案，为科技型企业构筑了全生命周期的产品体系。截至 2023 年末，服务科技型企业近 3000 户，较 2022 年增加 22%；贷款余额 137 亿元，较 2022 年增加 37%。2023 年科创企业新开户 428 户，其中专精特新企业增加 236 户，贷款余额 46.38 亿元，较 2022 年增加 18.75 亿元，增幅 68%。

【普惠金融业务】

浦发银行郑州分行认真落实国家推进普惠金融高质量发展的总体要求，推出“普惠 +”30 条举措，强化小微客户伙伴银行服务，积极丰富普惠金融工具箱，打造在线融资体系，推出系列标准化线上融资产品，健全敢贷、愿贷、能贷、会贷的长效机制，进一步提升了普惠金融服务覆盖率、可得性和满意度。2023 年末，普惠两增口径贷款余额 196.13 亿元，较 2022 年增加 31.98 亿元，增幅 19.48%；两增口径小微贷款户数 15672 户，较 2022 年增加 6983 户。

【跨境和自贸金融业务】

浦发银行郑州分行紧跟河南省制度型开放战略，结合浦发银行全牌照优势和海内外布局，基于“中资企业走出去”“一带一路”、RCEP、外贸新业态等相关领域外贸企业跨境业务需求，为跨境企业提供“离在岸、境内外、本外币”账户服务、跨境结算、跨境投融资、跨境交易等全球化金融服务。2023 年，克服美元利率高企导致大客户业务下降等不利影响，分行跨境业务实现了平稳运行，全年实现跨境活跃客户数 526 户，国际结算量 210 亿元人民币，全年跨境授信投放量 62 亿元，实现国际业务净营收 9061 万元。

【投行业务】

浦发银行郑州分行投行业务紧跟国家和河南省战略规划，融入大局、服务实体、做强品牌，提高投行综合金融服务能力。2023 年中长期贷款立项、报授信、获批、投放均保持同比增长，同时立项、余额、净增均创近四年来新高，投放 144.27 亿元，同比增幅 60%；绿色信贷余额 245.49 亿元，较年初净增 37.14 亿元；“制造业中长期贷款”余额 56.41 亿元，较年初净增 13.49 亿元，全年投放 28.36 亿元。2023 年实现了“飞机融资、国企改革并购、地热供暖、新能源综合能源站、智能电网、余热余压利用”等分行首单业务的落地；债券承销落地 2023 年河南首单 ABCP 业务，组合融资保险业务资管业务助力省内单一客户融资落地 35.7 亿元。

【机构业务】

浦发银行郑州分行机构业务以“提供优质金融服务”为价值导向，坚持党建引领、科技赋能，坚持业务发展和客户成长同频共进，积极投身地方经济建设，全力支持政府重点工作。2023 年，浦发银行郑州分行全程参与河南省地方政府债发行工作，承销河南省地方债 11 期，累计承销金额 58.10 亿元，为支持河南省地方经济发展作出了突出贡献；同时积极参与省、市、区各单位电子化系统建设和升级工作，先后配合升级上线河南省财政预算管理一体化系统、省级预算单位银行账户及财政专户动态监管信息系统、河南省财政厅非税收入收缴电子化系统，助力省级财政数字化管理提升；积极对接省内教育、医疗客户，结合自身优势，协助搭建智慧平台，提升机构客户信息化水平，提升民众体验。

【运营科技】

浦发银行郑州分行运营科技工作紧密围绕高质量发展主线，深耕“强化基础、提升服务、优化流程、支撑发展”四个重点领域。通过发布《厅堂客户服务协同管理方案》，打造柜面限时服务机制，开展常态化服务监测，有效提升柜面服务质效。通过广泛深入调研，了解一线经营单位业务需求与工作痛点，优化业务办理与柜面服务流程，着力解决经营单位难题，提升服务支撑质效。通过聚焦场景化获客，以“赛道 + 生态”为方向，开发运用多场景获客系统，支持业务拓展。对接多地公积金中心，实现点贷放款 72 亿元；研发“结算明”平台，引入 8 家医药销售及市政企业个性化结算需求，服务用户 4200 人，平台交易 6.8 万笔，提升结算存款 2.36 亿元。此外，信息科技部自主研发了“郑浦财报”、数据报送工具等创新项目，有效提升了全行管理工作效能，切实做好全行系统运营维护和数据治理工作。

【风险管理】

2023年，浦发银行郑州分行全面贯彻落实中央金融工作会议精神，紧紧围绕高质量发展“一条主线”，抓严抓实做好风险管理工作，持续加大清收处置力度，不断强化预警管理，重拳整治新增逾欠，严控新增授信风险，稳步有序压降风险，整体风险防控工作呈现积极变化。截至2023年末，不良贷款、关注类贷款和逾欠贷款余额均较年初实现下降，风险压降工作取得良好成效。同时，坚持授信端口前移，按照“行业+授信+产品+客户”的思路，理清赛道，梳理明确视图项下的“八大重点”资产投放领域，优化授信项目受理和审查流程，强化审查队伍建设，建立预审会制度，严格筛选真客户、好客户、好项目，新增资产的投放质量不断提升。

【合规经营】

浦发银行郑州分行始终将“严合规”作为工作总基调，高效完成内外部审计和检查工作，聚焦员工行为排查和案防管控，扎实做好合规案防考核、制度、问责和反洗钱管理，进一步夯实合规管理基石。配合河南省银行业协会开展2023年“自律合规促进年”检查，做好综合执法检查和审计工作，扎实完成问题整改；深入推进五项合规排查，开展内部合规督导检查，强化不法贷款中介专项治理行动，全面梳理合规风险隐患；加大违规问责力度，持续打造明规矩、守纪律的工作氛围；提升反洗钱工作质量，2023年共处理各类预警可疑案例26384份，上报可疑报告8561份，同时认真做好涉案账户管理，积极配合开展打击治理电信网络诈骗犯罪活动，优化调整相关账户清理管控和非柜面渠道限额调整流程；持续开展合规基础管理和法律咨询服务，2023年共完成法律审查1200件，出具法律审查意见2000余条，开展《中华人民共和国个人信息保护法》等法制宣传，组织风险合规反思活动，凝聚合规共识，营造主动合规氛围。

招商银行股份有限公司郑州分行

【综述】

招商银行股份有限公司郑州分行积极贯彻落实打造价值银行的战略目标，坚持以管理和创新为双轮，做深做细零售金融，以优质服务持续巩固扩大客户基础；做精做强公司金融，以特色化差异化竞争优势实现均衡发展；不断强化投商行一体化服务，积极践行“以客户为中心，为客户创造价值”的价值观；全面强化风险合规管理，为高质量发展保驾护航。截至2023年末，招商银行郑州分行下辖1个营业部、37家同城支行和4家二级分行（洛阳分行、安阳分行、许昌分行、南阳分行）；总人数1378人，其中郑州分行同城1090人，洛阳分行87人，安阳分行76人，许昌分行62人，南阳分行63人。

【存、贷款业务】

2023年，招商银行郑州分行始终围绕“增量—增收—增效—增值”的“四增”价值创造链，找准定位，紧抓重点，克服各种不利因素，扎实开展各项工作。截至2023年末，全折人民币各项存款1077.56亿元，比2023年初增加17.76亿元，增幅1.68%。其中对公存款余额588.87亿元，储蓄存款余额449.50亿元，非存款类金融机构存款39.20亿元。全折人民币各项贷款1030.37亿元，比 2023 年初增加 19.11 亿元，增幅 1.89%；全折人民币一般性贷款 940.85 亿元，比 2023 年初增加 64.92 亿元，增幅 7.41%。其中对公贷款余额 491.89 亿元，个人贷款余额 448.96 亿元，票据融资 89.51 亿元。

【零售业务】

招商银行郑州分行零售业务充分发挥“人 + 数字化”的竞争优势，致力于服务零售客户多层次、多样化的金融需求，零售金融作为业务底盘和战略主体的地位得到持续巩固。招商银行郑州分行坚持以 AUM（管理客户总资产）为纲，通过强化高质量获客的渠道建设和方式方法，不断扩大零售客群规模，筑牢高质量发展根基；并在“以客户为中心，为客户创造价值”的价值观引领下，以稳健的产品策略为主线，持续提高资产配置和财富管理能力，实现了 AUM 较快增长。截至 2023 年末，零售 AUM 月日均余额 1276.64 亿元，较年初增加 177.83 亿元；零售客户数达 457.38 万户，较年初增加 41.96 万户。

【财富管理】

招商银行郑州分行持续发挥财富管理核心优势，打造全方位的资产配置服务体系。在私人银行业务发展中，始终践行“助您家业常青，是我们分内事”的经营理念，以全球化视野和本土化洞察，为客户个人、家族和企业量身定制财富管理方案，并整合行业内外资源，为客户提供家业传承、企业投融资、慈善公益等全方位的“人—家—企—社”综合服务。招商银行郑州分行不断深化“人 + 数字化”探索，广泛将 AI、数字人等工具应用于业务推广和服务升级，2023 年实现服务覆盖客户数 132 万人，为广大客户提供了更优质、更全面、更丰富的金融服务。

【银行卡业务】

招商银行郑州分行不断优化客户办卡体验，2023 年共发行储蓄卡 47.56 万张。为了满足各类人群不同偏好，持续推广“招财卡”“萌气卡”等多种主题卡，并与河南省内多家知名高校、企业合作发行联名银行卡，深受客户喜爱。积极保障客户办卡权益，在减免新开卡工本费、账户管理费的同时，配置多种新户权益活动吸引新用户体验产品和服务。在优化开卡流程方面，不断迭代升级 VTM 可视柜台系统，加强办卡客户账户使用安全教育，建设多元化的客户服务渠道，提高业务办理效率，持续优化用卡环境，进一步提升客户满意度，推动零售客群持续健康发展。

【电子银行业务】

招商银行郑州分行在提升数字化和专业化能力的同时，不断优化适老金融服务。网上银行和手机银行定位为客户身边的金融服务管家，让客户 24 小时享受便捷的金融服务。2023 年 11 月，招商银行 APP12.0 版上线，重点打造养老金融一站式服务，在客户同屏服务、长辈客服一键连线、大字阅读等适老功能方面，走在行业前列；同时创新推出 TREE 资产配置体系，全面协助客户做好财富检视，进一步升级了线上化服务。在社区内容、智能支付、便捷贷款等方面，也均有新突破，为客户打造“存、贷、汇”全面智能的一站式金融服务体验。截至 2023 年末，“招商银行”APP 的河南用户数达 457.48 万，月活跃用户数达 170.32 万。

【公司业务】

招商银行郑州分行全力打造特色化、差异化公司金融服务体系。围绕“五篇大文章”，聚焦科技、绿色、普惠、养老、数智、跨境、智造和汽车八大特色金融，升级获客与经营模式。搭建平台渠道，强化政银、政企、同业合作，联合举行金融服务沙龙活动，共同服务实体经济。秉承一个招行理念，发挥“全行服务一家”和“投商行一体化优势”，为公司客户提供综合化、全球化、一体化服务，助力产业发展，持续提升服务实体经济质效。截至 2023 年末，招商银行郑州分行公司金融客户 5.1 万户，较上年提升 18%；人民币一般性对公贷款余额491.8亿元，较年初增加42.70亿元，其中绿色贷款余额111亿元，较上年增加34亿元，中长期制造业贷款较年初增加14亿元。

【小微业务】

招商银行郑州分行围绕“拓面、增量”两个重点目标，运用数字化、集约化批量获客模式，不断完善普惠金融产品服务体系。建立服务小微企业长效机制，持续落实延期还本付息政策；健全普惠金融差异化风险管理机制，推出符合普惠金融特点的信用评级模型；丰富普惠金融产品体系，围绕小微企业经营管理场景，提供“生意贷”“招企贷”“招捷贷”“招担贷”等一揽子产品支持。截至2023年末，招商银行郑州分行普惠贷款监管口径1000万元以下（剔除票据）小微企业贷款余额151.21亿元，较年初净增14.94亿元；贷款户数18541户，较年初增加2261户；普惠贷款平均融资利率4.07%，较年初下降65BP；普惠小微企业信用贷款余额18.99亿元，较年初增加11.93亿元；普惠小微企业有贷客户数7888户，较年初增加1866户。

【票据业务】

招商银行郑州分行贯彻落实票据业务相关指引，积极配合监管机构开展各项工作，持续推广新一代电票系统可拆分电票，提高企业用票灵活度和便捷度，进一步降低企业经营成本；重点落实好企业客户的票据融资与结算政策，票据业务量及客户数均同比实现大幅提升。2023年直贴业务量612.60亿元，同比增加229.86亿元，增幅60.06%；转贴业务量1192.45亿元，承兑业务量242亿元；直贴客户数960户，同比增加116户，增幅13.74%；转贴现客户数381户，同比增加69户，增幅22.12%；承兑业务客户数457户，同比增加43户，增幅10.39%。

【国际业务】

招商银行郑州分行高度重视国际业务客群建设，2023年跨境收支客户总数突破601户，同比增加145户，增幅32%；结售汇金额11.2亿美元，跨境收支业务量19.43亿美元，为26户涉外企业提供了4.38亿美元贸易融资。招商银行郑州分行践行“汇率风险中性”理念，大力推广“招银避险”业务品牌，全年共举办专场“招银避险”客户活动7场；注重外汇政策过程管理，坚持外汇业务合规经营、高效处理，外汇业务合规与审慎经营评级连续三年保持A级。

【投行业务】

投行业务涵盖资本市场、债券、市场交易、企业财富管理四大板块，招商银行郑州分行以专业化、综合化、差异化的经营优势，为省内众多优质央企、国企、上市和拟上市公司提供了全方位的金融服务。2023年河南资本市场再融资业务（定增、可转债）共发生11笔，其中招商银行郑州分行落地4笔，市场占有率超过35%。2023年河南区域银行承销债券规模2307亿元，其中招商银行承销规模132亿元，永续中票承销规模排名河南区域市场第一。招商银行为省内各类重点孵化项目提供多渠道顾问、撮合服务，融资撮合余额达103亿元。

【风险管理】

招商银行郑州分行积极打造“堡垒式”风险合规管理体系，多措并举健全风险防范方式，推进资产结构调整，实现风险资产规模大幅下降，确保资产质量稳定。2023年，招商银行郑州分行扎实推进“一行一策”名单制经营，深度经营区域内优势行业；持续开展“豫研有招”行业研究活动，形成52篇行业研究报告，不断强化行业动态认知和客户识别能力。全年围绕信贷纪律专项整治及常态化检查监督两项主题，实现辖内经营单位和重点业务领域专项检查全覆盖；同时加强风险文化宣导，扎实开展“风险文化学习节”系列活动，进一步提升全行干部员工风险管理意识，引导全行干部员工牢固树立“稳健、理性、主动、全员”的风险理念。

【合规经营】

招商银行郑州分行加快提升内控合规管理的数字化、精细化水平。对经营单位进行合规画像，全面展示合规管理情况；定期开展内控合规履职辅导检查，及时防范化解风险隐患；加大对各类检查发现问题的根源性整改力度，压降问题数量，避免屡查屡犯；持续强化员工行为管理，组织开展专项排查，对违规违纪行为进行严肃处理；开展新法新规培训宣导，提升员工法律意识和合规理念；进一步加强反洗钱管理，抓好制裁合规风险防范及涉赌涉诈账户防控等各项工作；坚持高管讲合规，定期整理发布合规风险案例和内外部检查负面清单，组织开展“合规2023”系列文化宣传活动，夯实合规经营理念。

【金融科技】

招商银行郑州分行成立数字化转型委员会，制定数字化转型三年规划，坚持以科技敏捷带动业务敏捷，借科技之力推动高质量发展。2023年完成项目302个，其中市场条线项目203个，占比67%，研发资源持续向一线倾斜；零售高管拓客经营系统、批发重点分类客群经营系统、运营无纸化平台、法律合规管理平台等切实解决日常经营管理痛点，为高质量发展注入强劲科技动能。在数字化产品推广方面，积极借助薪福通、E餐通等产品，在为客户带来优惠和便利的同时，助力一线营销拓客。

兴业银行股份有限公司郑州分行

【综述】

截至2023年末，兴业银行股份有限公司郑州分行共有44家营业网点，并在洛阳、平顶山、新乡、驻马店、许昌、信阳设有二级分行。郑州分行持续加大对实体经济、重大项目建设和国企深化改革等重点领域的金融支持力度，坚持以客户为中心，积极探索市场化、差异化经营之路，依托总行现代综合金融服务体系，努力为广大客户持续创造价值，赢得客户的信任和托付。

【经营管理】

2023年，郑州分行主动融入河南发展大局，积极践行主流金融企业的格局担当，充分发挥“商行+投行”战略优势，全力服务河南经济建设，全年为河南提供综合融资支持超2000亿元，以实际行动为中国式现代化建设河南实践提供有力金融支撑。一是“商行+投行”助力产业转型加速跑。围绕制造业转型升级、房地产健康发展等持续加大信贷支持力度，单位贷款余额较年初增加70亿元，同时通过债券、银团、并购等投行业务为省内企业提供融资超450亿元，其中，落地全国首单银行间公租房类REITs，也是河南省首单类REITs7.56亿元。二是“普惠+科创”携手中小企业共成长。持续加大小微企业信贷投放力度，加快推动普惠金融线上化，切实提升小微企业金融服务的可得性，截至2023年末，郑州分行普惠小微贷款余额较年初新增31亿元。积极为河南省科创企业精准“画像”，创新完善授信评价体系，持续加大科技创新型企业信贷投放力度，提供差异化金融服务，加快推进“技术流”向“资金流”的转化，培育支持更多科创企业成长壮大，2023年通过“技术流”评价体系共为科创企业提供信贷支持95亿元。三是“扩绿+降碳”添彩美丽河南新画卷。在绿色低碳转型战略的引领下，郑州分行加快绿色金融产品创新步伐，探索绿色金融新产品、新模式、新场景，引导更多金融资源配置到低碳转型、绿色发展领域。截至2023年末，郑州分行绿色金融融资余额466亿元，较年初新增超100亿元。

【存款业务】

郑州分行坚持投行创新引领，并与商行紧密联动，利用发债、托管等特色业务，积极满足客户融资需求，同时推动结算资金回款、各级财政存款竞标落地，实现单位存款较年初增加93亿元。聚焦场景建设、活动推广、客户经营，提升个人存款业务规模，实现个人存款较年初新增82亿元。依托郑州商品交易所，大力拓展期货保证金存款，提升非存款类金融机构存款规模，年末达到557亿元。

【贷款业务】

郑州分行始终与河南经济同频共振，着力将更多金融资源服务于促进科技创新、绿色发展和中小微企业等，为实体经济发展持续注入源头活水。一是提升科创金融服务质效，加大对科创重点客群的授信支持力度，科创金融客户较年初增长384户，其中国家级“专精特新”客群授信覆盖率达35%，中小科创企业贷款较年初增长21.21亿元。二是积极开展信用贷款产品创设和推广，充分优化风险评估机制，支持更多小微企业获得免抵押担保的纯信用贷款；充分运用大数据、云计算等技术手段，不断丰富各种场景类线上产品，推出小微企业线上融资“兴速贷”系列产品；深入“供应链平台”应用场景，批量支持供应链条上的小微客群，提升小微企业融资效率，实现小微企业贷款较年初新增62.61亿元。三是围绕“双碳”目标，积极服务传统产业绿色改造升级和绿色新兴产业发展壮大。一方面，把握新能源市场机遇，推动绿色金融业务创新，助力重点风光储项目的建设和运营；创新引入碳排放权质押融资、碳减排挂钩模式、碳足迹挂钩模式，在为企业提供融资的同时，引导企业通过绿色发展降低融资成本。另一方面，深度服务细分领域绿色发展，加大在绿色建筑领域、固废治理领域等重点民生项目的金融支持力度，2023年共为各类企业提供绿色信贷支持163亿元。

【零售信贷】

郑州分行认真落实国家政策导向，积极服务房地产健康发展，大力支持民生消费需求和实体经济发展。一是全力促投放。积极与当地头部房产中介加强合作，深入挖潜二手房市场，持续加大住房按揭贷款投放力度，稳住按揭基本盘。二是加快调结构。加快挺进个人消费贷款新赛道，做好分行存量自动化邀约客群线上消费贷款的落地工作，进一步打通政务数据的渠道对接，实现批量获客。同时抓住重点客群和消费场景，扩充线下消费贷款产品池，积极开展线下信用类消费贷业务。三是推动线上化。在稳步推进线下抵押类业务的基础上，公私联动积极推广“供应链”营销模式，搭建高质量个经贷获客平台，提高线上化业务占比。2023年实现零售信贷投放130亿元。

【中间业务】

郑州分行依托总行综合金融服务平台，持续强化科技赋能提升供应链金融服务质效，锚定服务区域经济建设和人民美好生活主航道，擦亮“财富银行”“投资银行”名片。一是加快兴享供应链在线融资产品的应用推广，切实提升各类融资业务线上化率，其中国内证福费廷、反向保理业务全部实现线上化，带动业务规模稳步提升，国内信用证较年初新增32.04亿元，反向保理业务较上年增长62.24%。二是聚焦财富AUM精选重点产品，积极开展投资者教育和队伍产能提升培训，强化资产配置理念，优化客户产品配置结构，促进财富规模稳步提升。三是坚守债券银行基本盘，积极探索创新业务，深度服务省内基础设施建设、交通运输、科技创新等领域企业，帮助企业降低融资成本，同时通过代理推介业务撮合保险、租赁等合作机构为省内优质企业引资入豫63亿元，进一步拓宽省内企业融资渠道。

【票据业务】

郑州分行紧紧围绕服务实体经济，重点推动“兴E贴”7×24小时在线服务，优化在线贴现、转贴现快捷交易流程，综合运用票据业务加大民营企业、制造业信贷投放。2023年累计办理企业票据贴现360亿元，较上年增长70亿元。

【国际业务】

郑州分行积极开展点心债、对外直接投资等资本项目业务，主动参与资本项目数字化试点工作，支持企业线上办理资本项目业务，成为河南区域四家试点银行之一。大胆探索企业境外融资方式，先后落地海外代付、香港分行牵头银团、内保直贷等业务，帮助企业降低融资成本；上线小微企业跨境贷、跨境电商平台等系统，升级兴业单证通系统，全力支持企业线上融资及结算，2023年本外币结算量突破55亿美元，国际业务活跃客户突破200户。

【电子银行业务】

郑州分行深入贯彻落实总行数字化转型战略，突出“智慧管家、全能管家、贴心管家和无界管家”的特色，积极推进业务从线下到线上的迁移和运维，助力打造多渠道协同服务的企业电子银行品牌“兴业管家”。2023年，“兴业管家”加快服务创新和线上化进程，陆续上线薪资代发、关税保函、资信证明等业务，提供集团结算中心、银企直联、供应链融资等线上化签约和审批服务，并推出“同屏客服”“上门签约”“SaaS直联”“分行专区”等创新服务。截至2023年末，郑州分行累计开立“兴业管家”账户近3.8万户。

【私人银行业务】

郑州分行认真落实总行“X+1+N”私行客户服务要求，私行客户经理和投资顾问团队深入一线，持续开展客户面访和KYC，推进产品配置，私行客户保险渗透率提升明显。完善私行客户增值服务体系，全年举办多场高净值客户专场活动，以健康医疗和子女教育为特色的分行增值服务体系打造初见成效。加强公私联动，落地系统内首单双渠道销售“聚信”理财产品，带动公司、零售多项业务落地；加强与兴业信托、华福证券等联动，全年顺利募集多期分行定制款券商集合产品，成功落地分行首单家庭服务信托。

【资产风险管理】

郑州分行坚持将“防控风险”作为永恒主题，持续聚焦金融领域重大风险，着力推进风险防范化解工作，坚决守住不发生系统性金融风险的底线。一是全力以赴控新降旧。严把业务准入关口，积极复盘不良风险成因，不断总结风险特征，针对高风险业务实施差异管控、从严把关。二是创新不良处置方式。积极转变资产质量管控理念，将司法处置放在首位，通过应诉尽诉、应执尽执抢占处置先机，提升现金回款率；综合运用重组、资产证券化等方式，多措并举推进实质不良处置化解。三是加快数字化转型步伐。积极探索卫星遥感技术在授信调查、审查审批、贷后管理等多场景应用，自主研发“卫星遥感应用场景风险管理系统”，并应用于粮储贷、光伏贷、楼盘建设、园区运营等领域，实现风险防控、数据资产的可视化、模块化、标准化管理。截至2023年末，郑州分行实现贷款不良余额、不良率双降。

【内控案防】

郑州分行坚持以兴航程“法治能力提升年”活动为引领，加快推进合规内控数字化转型，强化重点领域合规管理，赋能业务高质量发展。一是突出合规教育，深化法治文化理念。开展“以案明责、以案促改、以案促治”警示教育、“我为合规代言”、法律大讲堂等合规主题活动，营造“一把手”抓合规、全员讲合规的良好风气。二是加强基层履职，严防案件风险。持续开展基层合规考核帮扶，重点推动“啄木鸟”突击检查，以“现场检查＋禁令辅导”的形式，深入开展“合规下基层”专项活动，通过强化“重点人员、重点机构、重点环节”合规管理，带动全行员工知红线、守底线。三是精准靶向治理，强化警示惩戒作用。开展监管检查和审计发现问题整改“回头看”，排查重点业务风险，防范问题屡查屡犯；开展合规监测存量模型“回头看”、创新监测模型，推动合规监测数字化转型，提升检查发现问题“精准度”；分层分级开展问责宣贯会，压实问责主体责任，加大问责力度，强化问责结果执行应用。

【金融改革创新】

一是“区域＋行业”构筑特色发展“护城河”。充分利用河南农业、交通、人口的资源优势，通过信贷投放挖掘业务机会，形成特色模式，构筑分行发展的长期支撑。在乡村金融方面，身处全国重要的粮食生产核心区，郑州分行持续聚焦粮食产业，依托“粮储贷”为守护大国粮仓、服务乡村振兴注入源源不断的金融活水，从 2017 年首笔“粮储贷”业务落地至今，共为省内粮食收储企业提供资金支持 29 亿元。在物流金融方面，郑州分行近年来持续深耕医疗流通行业，运用供应链金融、现金管理等优势产品，着力做好上下游客户的延伸服务，2023 年共为各类医药流通类企业提供融资支持 128 亿元。二是“园区＋生态”打造转型发展新赛道。围绕信息技术、装备制造、生物医药、新材料等省内新兴产业加强走访摸排，全面掌握辖内园区产业结构、金融服务诉求。借助总行园区生态服务平台丰富的场景覆盖、开放的系统互联、个性化需求定制、专业的开发运维等优势，通过金融科技创新赋能园区生产运营的移动化、数字化和智能化，不断完善园区生态建设，助力新兴产业培育壮大和未来产业布局。加强协同联动，积极为产业园开发运营企业、园内企业提供融资、融智服务，支持区域行业转型。2023 年，郑州分行共为各类园区及园区内企业提供融资 161 亿元。三是“数字＋金融”打造高质量发展新引擎。数字经济背景下，数字金融蓬勃发展。近年来，郑州分行认真落实总行数字化转型战略，持续加大科技资源投入，加快科技人才队伍培养壮大，推动科技与业务、金融与非金融场景的深度融合，主动适应并积极服务数字经济发展。一方面推动科技与业务融合，围绕客户痛点开展业务需求分析、加强系统研发复用、迭代优化，合力探索数字化转型发展，切实推动数字金融在经营管理上落地见效，逐步发挥科技赋能的规模效应，如，围绕核心企业、科创企业、公私联动等重点客群和重要场景，积极布局各类线上融资产品，加快提升小微企业线上融资占比，普惠贷款线上化水平持续提升。另一方面，通过搭场景、建生态将金融服务与非金融服务深度融合，致力为各类用户提供全生命周期服务，改善客户服务体验，提升服务触达效率，如依托总行“兴 E 家”等行业生态平台，通过解决社区物业等生态方生产经营诉求，提升场景中的金融服务水平。

【信息科技】

郑州分行认真落实总行“企业级、标准化”架构要求，着力从企架工程建设、科技创新应用、一线数据赋能、数字化人才培养、安全与风险管理等方面入手，加快推动分行数字化转型工作落地。一是积极响应总行“企业级”建设，以数据治理为抓手贯彻落实“标准化”要求，持续探索共享组件研发，加快推进分行系统全面上云。二是依托总行企业级架构推进基础数据赋能，构造分行指标中心，打破数据孤岛现状，实现数据获取更加全面、及时；打通总行数易宝平台，集成工商、税务、司法、电力等外部数据，建设企业级风险管控系统。三是加强科技风险管理，加强分行网络与信息安全制度体系和信息安全隐患排查长效机制建设，持续开展信息系统分级分类、楼宇风险隐患排查、信息安全专题培训等，提升分行员工信息安全意识和科技风险防范能力。四是强化信息系统运行保障，人防与技防相结合，建立健全信息系统日常运行监控及应急处置体系，提前识别信息系统运行异常，快速响应、高效处置，实现全年信息系统安全运行。

中国民生银行股份有限公司郑州分行

【综述】

2023年，中国民生银行股份有限公司郑州分行牢记“服务大众 情系民生”初心使命，紧紧围绕锚定“两个确保”、实施“十大战略”，充分发挥自身体制和机制优势，深入贯彻落实总行各项改革举措，以自身高质量发展助力现代化河南建设，整体经营稳中有进，发展态势良好。截至2023年末，民生银行郑州分行已在洛阳、南阳、许昌、信阳、新乡、漯河六地市设立二级分行，全辖对外综合性营业网点45家、社区支行57家、小微支行4家，共有员工1592人。

【经营管理】

2023年，民生银行郑州分行以“跃新2023”暨“管理建设增效年”活动为抓手，坚守服务地方实体经济发展这一主要目标，紧抓贯彻落实总行改革转型战略、打造差异化服务竞争力两条工作主线，重点突出服务提升、规模提升、资产质量提升三大方向，有效采取合规经营、文化引领、队伍建设、风险理念四项管理举措，积极做好科技金融、绿色金融、普惠金融、养老金融、数字金融“五篇大文章”，在规模增长、客群夯实、服务实体经济、资产质量管控、消费者权益保护等方面取得了一定成效。

【存款业务】

2023年，民生银行郑州分行坚持“优负立行”经营理念，始终将推动存款规模增长作为重中之重，积极通过精准实施资源倾斜等举措助力存款规模增长，在强化存款业务推动的同时，积极拓宽低成本、结算类负债来源，不断加大平台投入，积极推动机构类存款、现金结算类存款等稳定、低成本存款规模增长。截至2023年末，民生银行郑州分行各项存款余额1286.04亿元，较年初增加29.23亿元。

【贷款业务】

民生银行郑州分行强化金融对实体经济的支持力度，推动区域经济高质量发展。一是聚焦社会责任。围绕乡村振兴、绿色发展和制造业高质量发展等重点领域，加大行业信贷结构调整力度，顺应制造业改革升级趋势，优化信贷业务行业结构，全年制造业贷款增幅14%以上。二是聚焦基础设施项目建设，深挖“三个一批”项目、省内重点项目建设业务机会，加大对公路和铁路建设、电力及水利设施建设的信贷投放力度，通过审批绿色通道及重大项目委员会机制提高信贷投放效率。三是落实减费让利，在保证服务及产品质量的基础上，多次减免或下调小微客户各类产品服务费用，通过“小微红包”权益活动进一步降低金融服务成本，全面让利实体经济。截至2023年末，民生银行郑州分行各项贷款1142.79亿元，较年初增加62.36亿元，增幅5.77%。

【小微金融】

民生银行郑州分行进一步扩大新增投放规模，2023年共向6705户普惠型小微企业累计投放贷款98.47亿元，较上年增加13.40亿元，增速较上年上升15.93%。截至2023年末，普惠型小微企业贷款余额113.98亿元，较年初新增13.67亿元，增速为13.63%，高于一般性贷款增速14.68个百分点，完成监管口径全年信贷新增计划427.3%；

普惠型小微企业有余额户数8010户，较年初新增1293户。

持续丰富小微产品体系，加大信用贷款投放力度，运用民生惠、信融E、振兴贷等创新型贷款产品，建立健全“以传统小微筑基础、法人授信提规模、线上业务强获客”三位一体的综合化小微金融服务模式。持续优化小微信贷业务结构，制定多种还款方式，重点推荐中长期贷款不定期还款方式，对优质续贷客户以免还本续贷方式节省其还款成本。积极响应国家乡村振兴战略，依托“数字滑州”平台，总分联动“振兴贷”在滑县落地，有效地解决了农户和农业的融资难题，为农村经济发展注入了新的活力。

【中间业务】

2023年，面对存贷款利差收窄、客户金融需求多元化的市场形势，民生银行郑州分行立足区域主流标杆银行定位，聚焦收入增长和产品赋能，打造差异化生态金融竞争力，以交易银行、投资银行等中间业务产品为抓手，推动公司客户中间业务收入不断增长；以个人结算业务、资产管理类、理财管理业务等为抓手，努力拓展个人中间业务收入空间。

【票据业务】

民生银行郑州分行坚持票据业务回归本源，践行票据业务服务实体经济责任，优先支持生产制造、“三农”服务、医疗科技等产业，有效降低企业融资成本，持续提升票据业务服务实体经济能力。借助人民银行再贴现业务精准滴灌实体经济独特优势，大力发展再贴现业务，积极为中小企业纾难解困，降低链条中中小企业融资成本，积极引导金融资源定向传导实体经济。积极推介“自助贴现”“承贴直通车”“票融e”等线上产品，引导符合要求的传统线下业务向线上迁移，彰显安全、高效、便捷的金融服务理念，实现线上线下全方位票据产品综合服务。通过一揽子票据产品满足公司客户支付结算、信用融资需求，2023年累计办理票据直贴业务297.33亿元，再贴现业务94.45亿元，累计服务实体客户近600户。

【国际业务】

2023年，民生银行郑州分行在国际结算、贸易融资、结售汇及外币存贷款等方面继续保持良好发展态势，开展了进口开证、汇出汇款、出口托收、汇入汇款、跨境人民币结算等业务，开办了进口押汇、出口发票融资等贸易融资产品。在经常项目领域，积极落实国际结算与贸易融资便利化政策，推进网银、“单一窗口”、企业手机银行等线上化金融服务，推广“自动解付”“智能汇款”等智能化产品。在资本项目领域，提供接收境内再投资、跨境分红、对外非融资性担保和外汇贷款等多项业务服务，并为资本项目外汇收入提供支付便利化支持。2023年，民生银行郑州分行累计办理国际结算业务60亿美元。

【银行卡业务】

2023年，民生银行郑州分行持续深耕银联生态圈模式，将金融科技与生活场景相融合，携手中国银联河南分公司及本地优质合作商户，依托本地区域特色借记卡——豫通卡、洛享卡、乐享卡、西亚和美联名卡等，初步搭建“金融＋消费＋场景”生态。一是协同中国银联河南分公司持续开展银联生态圈建设及优化，加强区域化银联生态工作联动，根据权益整合、业务协同、发展模式等进行充分论证，围绕客户“花钱、赚钱、借钱、管钱”等需求打造“消费—场景—生态圈”业务体系，实现批量化获客、精准化画像、综合化服务的客户经营目的。二是精选银联公司现有资源和产品，根据分行业务发展和客群实际需求，在构建主力商户体系、营销阵地布局到渠道、用民生卡支付享优惠等方面，制定银联生态圈营销活动升级方案，打造“支付＋场景”的消费生态，并通过整合银联活动上线至手机银行，将生态场景嵌入手机银行内，实现手机银行APP与场景的联动。2023年成功落地豫见好券、快享券、天天随机减等银联生态营销活动，为本地客户打造丰富、便利、普惠的高频消费服务平台。

【电子银行业务】

2023 年，民生银行郑州分行从拓展开放银行生态场景拓展、推进支付一体化建设及风险管理、开展数字化经营、提升平台客户体验等多方面开展电子银行业务，稳步推进线上平台业务发展。一是在零售线上平台用户量及活跃度方面，手机银行上线乘车码功能，并优化分行专区功能，为本地用户提供便捷的非金服务，月均拉动活跃客户超万户。二是在对公电子银行业务发展方面，积极推动企业网银限额调整的线上化，提高服务便捷度。同时深耕优质企业服务方案，上线银企直联 42 户、生态场景项目 4 个。三是在支付业务方面，零售与对公支付业务双驱并行发展，开展“1 折乘地铁”、微信支付提现手续费减免活动，持续提升支付优惠便民服务；全年新增网络支付商户数 159 户，为更多的企业提供支付服务。

【资产风险管理】

2023 年，民生银行郑州分行开展“信任 2023”风险管控年活动，通过完善风险管控体系，强化风控机制体制建设，推进风险精细化管理进程，夯实二道防线基础工作，提升分行风险管理水平，提高资产质量管控成效。一是贯穿四梁，稳固八柱，持续优化完善风险内控管理体系。2023 年，民生银行郑州分行按照“检查—评估—整改—提升”长效提升机制要求，通过总、分行的各项检查和自查等方式，发现、梳理风险管理各项流程中存在的问题，通过问题整改，提升流程中薄弱环节，形成高质量、高效率的良性循环，不断健全“架构、制度、流程、系统、团队、执行、监督、文化”八柱建设，夯实风险内控管理基础。二是全力围绕资产质量达标要求，管控成效为近三年来最好。2023 年，民生银行郑州分行通过严格控制新增风险资产，加速化解存量风险资产，实现资产质量保持“四降”态势，年末不良额、不良率均为 2020 年以来最好成绩。三是持续优化资产质量管控机制，加大管控力度。通过建立问题资产责任人岗位管理约束机制、优化资产质量管控约束考核机制等手段，形成全覆盖的资产质量考核体系，充分发挥考核指挥棒作用，有效提升问题资产重整效率与不良资产处置力度。四是周密安排，逐户拟定管控方案。为切实做好公司业务风险管控、加快问题资产处置化解进度，根据年初目标，民生银行郑州分行多次召开资产质量管控督导会议。对于存量问题资产，逐户、逐笔定制化解安排，倒排工期，逐个环节分解推进任务；对于潜在风险资产，制定管控措施及应急预案，扎紧管控篱笆，严防新增业务风险。五是主动履职，持续提升资产质量管控督导力度。对于资产质量影响较大的重点客户，安排专门风险人员持续对接，定期督导并组织研究、调度、约谈，持续强化监督力度。六是扎实做好小微业务过程化管理，全面提升小微资产质量管控成效。持续加固小微监测预警、贷后管理等重点环节，提高工作效率，着力解决人少事多，效果不佳的矛盾。通过预警管理的优化，更为精准识别高风险潜在客户，逐户排查，重点督察，年末小微逾期、不良贷款额，逾期、不良贷款率较年初实现四降，顺利完成总行年度管控任务，为近三年最好管控成绩。

【内控案防】

2023 年，民生银行郑州分行致力于构建“五位一体”合规管理体系，严格风险管控，锻造合规经营核心竞争力。一是完善制度管理体系。实施“立项—审查—印发—反馈—评估—优化”的制度全生命周期管理，秉承“无制度不业务”原则，对全行存量制度开展梳理工作。二是持续夯实检查体系建设。2023 年全行持续开展重点项目检查工作，涵盖总行战略执行、贷款三查、从业人员行为管理等突出领域。三是强化整改问责考核体系运行。建成“行领导督导、法律合规部组织、条线管理部门牵头、责任机构落实”的问题整改督导机制，在考核中设置检查发现问题、问题整改指标，充分发挥考核指挥棒的作用。四是做实做细案件案防管理体系建设。制定《郑州分行存量涉刑案件处置专项治理工作方案》，加快推进存量案件处置；建成纵向到底、横向到边的从业人员网格化管理体系；建成党群工团四方融合、三道防线贯通、内外双重屏障、事前事中事后全覆盖的立体式案防体系，形成群防群控、齐抓共管的良好局面。五是重塑合规文化价值体系，进一步厚植稳健审慎经营合规文化，2023 年分行组织开展覆盖全员的专项知识竞赛活动、员工行为管理专题巡讲、专题培训、风险提示等，合规文化价值体系逐步完善。

【信息技术】

2023 年，民生银行郑州分行持续推进信息科技稳步发展，赋能业务经营所需，为数字化转型提供驱动力。一是夯实基础确保分行安全生产。推动开展 2023 年度信息科技风险自查及后续问题整改工作，基于总行机房基础环境集中管理系统推进机房基础环境标准化建设，持续提升分行核心机房健康度指标，并结合分行机房及网络应急演练、分行钓鱼邮件演练、网络安全等级保护测评、网络安全责任制落实、分行信息系统的国产化改造、系统自动化运维覆盖率提升等工作，不断提高分行安全生产保障工作规范化、数字化水平。二是优化机制助力科技与业务融合。充分发挥分行科信委对于科技事项的议事和决策职能，进一步提升分行科技资源配置合理性。组建分行数字化转型委员会，为分行数字化转型落地夯实体制机制基础，编制并向全行发布《2023 年度郑州分行数字化转型重点任务》。三是产品研发赋能分行业务发展。2023 年累计完成郑州市农民工工资监管二期项目、洛阳市预售房资金监管项目、“数字滑州”振兴贷项目等 13 个分行特色业务系统上线投产，进一步丰富分行特色产品及服务，有效赋能分行业务发展，同时有序推进在途分行特色业务实施，分行特色业务系统立项数量和上线数量都超过去年同期，重点研发项目助推业务发展成效明显。四是数据驱动推动分行数字化转型。组织开展 2023 年分行“阿拉丁数据应用创意竞赛”，有效激发全行员工使用数据的创意热情，并从共性、迫切性、可实施性、价值等方面评估总分行“阿拉丁数据应用创意大赛”创意作品，启动“基于考核阿拉丁平台的数据分发和回收工具”等创意案例孵化。先后完成员工“绩效随心看”、企查宝、BI 平台等重点数据产品的开发及推广工作，2023 年，累计开发和上线报表应用 123 个，有力支撑了业务及管理部门数据需求。

华夏银行股份有限公司郑州分行

【综述】

2023年，华夏银行股份有限公司郑州分行坚持以服务实体经济为本源，以支持地方经济发展为己任，全力践行金融国企使命担当，坚决当好服务实体经济的主力军和维护金融稳定的压舱石。截至2023年末，华夏银行郑州分行资产总额589.03亿元，较年初增加15.59亿元。全辖同城综合型营业网点14家（含分行营业部），异地二级分行1家（洛阳分行），正式员工544人。

【存款业务】

截至2023年末，华夏银行郑州分行各项存款余额578.90亿元，较年初增加19.98亿元。其中，对公存款余额439.70亿元，较年初增加0.06亿元；个人存款余额139.20亿元，较年初增加19.92亿元。

【贷款业务】

截至2023年末，华夏银行郑州分行各项贷款余额497.61亿元，较年初增加16.48亿元，增幅3.43%。在资产质量方面，截至2023年末，逾欠贷款余额9.4亿元，逾欠贷款率1.89%。

【公司业务】

坚持以客户为中心，以“客户增加”为导向，全面开启客户生态化转型，运用“商行＋投行＋撮合”的综合服务模式，有效落实重点战略，持续保持结构优势，推进公司业务高质量发展。截至2023年末，华夏银行郑州分行对公存款余额439.70亿元，对公存款日均416.34亿元，对公存款付息率1.13%；对公客户总数10135户，较年初增加915户，新增对公生态客户695户；新增产数生态客户27户，新增产数3.0项目3个，上线平台通宝项目2个，产数业务赋能获客取得积极成效。

围绕转型发展要求，加大实体经济服务力度，重点领域贷款实现增长，增速高于对公纯贷款增速。截至2023年末，华夏银行郑州分行对公纯贷款余额246.08亿元，增长3.37亿元；制造业贷款余额42.97亿元，增长2.15亿元；绿色贷款余额69.62亿元，增长18.59亿元；涉农贷款余额74.14亿元，增长8.76亿元；战略性新兴产业贷款余额24.64亿元，增长7.24亿元。

【金融市场业务】

2023年，华夏银行郑州分行金融市场业务根据国家宏观经济政策调控，顺应市场调结构，在服务地方实体经济、转型发展化风险等方面取得积极进展。紧抓货币市场机遇，主动作为，通过金融市场产品服务区域内各类客户，全年累计为客户提供融资224亿元，其中向中小企业客户融资3.62亿元。年末金融市场部资产规模达156亿元，项目安排服务业务65亿元，资产托管规模566亿元，主动融入地方经济建设。通过项目安排、商票自助贴、资产托管等重点产品运用，实现生态获客，丰富服务客户的手段，逐步实现轻资本转型。

【投资银行业务】

2023年，华夏银行郑州分行深入推进“商行＋投行”战略，全年落地各类投行业务68笔，为省内企业提供各类融资344.5亿元，其中：银行间债务融资工具承销规模创新高，服务客户18户，发行规模 234 亿元；并购贷款业务实现突破，并投放系统内首单“绿色”并购贷款；顾问撮合业务实现对郑州地铁等主流产业类客户的服务落地。

【贸易金融业务】

2023 年，华夏银行郑州分行贸易金融业务紧跟总行战略导向和分行经营发展规划，围绕转型升级，紧扣高质量发展主线，通过多元化贸金产品全面服务实体经济，实现了重点业务稳步前进，经营效能持续增长。截至 2023 年末，实现贸易金融业务非息收入 1.77 亿元，国内信用证开证量 63.77 亿元，数字产品池业务规模 79.2 亿元。创新服务战略客户，落地系统内首笔国内贸易信用险项下无追保理业务。

【个人业务】

2023 年，华夏银行郑州分行大力推进批量获客模式破局；强化科技赋能，高效推动速赢项目落地，不断提升业务发展质效；组织开展各类营销竞赛及客户答谢活动，充分用好总行积分权益资源，业务实现质效协同发展。截至 2023 年末，个人金融总资产余额 280.86 亿元，较年初新增 27.07 亿元；个人存款日均余额 147.4 亿元，较年初新增 26.67 亿元；个人基础存款日均 96.26 亿元，较年初新增 13.34 亿元；个人贷款余额 194.34 亿元，余额较年初净增 4.17 亿元，当年累计投放 53.43 亿元，同比新增 17.42 亿元；个人客户累计 97.19 万户，当年净增 8.92 万户；个人理财产品当年销售 100.67 亿元，基金销售 6.99 亿元，代理保险销售 6.92 亿元，信托固收类产品销售 56.32 亿元。

信用卡业务保持健康快速发展态势，已成为华夏银行郑州分行第一增收来源。探索出了一条适合当地市场，规模、质量、效益、效率相对平衡的作业模式，对内坚持做大规模、提升效益，注重多层次人才培养，多管齐下打造核心竞争力，为全年创收和支持分行利润增长发挥了稳定支撑作用。截至 2023 年末，信用卡存量有效卡 146.59 万户，标卡活跃户数 68.44 万户，全年累计交易额达 925.58 亿元，年末透支本金余额 133.13 亿元；2023 年二动有效户 26.85 万户，易达金放款 11.06 亿元，不良率 1.42%。

【普惠金融业务】

小微企业信贷投放稳定增长，融资成本稳中有降。截至 2023 年末，华夏银行郑州分行普惠型小微企业贷款余额 40.3 亿元，较年初增加 6.27 亿元，较年初增幅 18.42%，完成年度计划的 139%；有贷款余额户数 1131 户，较年初增加 187 户，完成年度计划的 125%；普惠金融条线小微企业加权平均贷款利率 4.39%，比上年的 4.67% 下降 28 个 BP，小微企业贷款利率总体呈现平稳下降态势。

小微企业服务质效不断提升，监管指标全面落实。截至 2023 年末，制造业小微企业贷款余额 17.96 亿元，较年初增加 3.11 亿元；普惠型小微企业信用贷款余额 1.9 亿元，较年初增加 1.14 亿元；小微企业首贷户 80 户；单户授信 3000 万元及以下小微贷款 49.85 亿元，较年初增加 6.07 亿元；普惠型涉农贷款 10.84 亿元，较年初增加 2.55 亿元。

做好普惠金融“大文章”，推动金融高质量发展。一是在制度建设上，对照小微监管评价和“敢贷愿贷”要求，健全完善各经营单位、各层级营销人员小微考核体系，坚持小微企业业务尽职免责认定标准、免责情形，发挥分行小微业务尽职免责工作评议小组作用，充分体现“尽职即免责”。二是在业务定位上，分行按照小额分散、回归本原、强化抵押担保原则，持续服务真小微，在做大、做强抵押贷款的同时，加快业务模式和服务手段创新，加大专精特新制造业、高成长科创小微和弱周期民生服务等优质小微企业支持力度。三是在产品创新上，持续丰富产品体系，推动分行“科技贷”“烟商贷”“知识产权质押贷款”等一系列特色产品落地。特别是与郑州市不动产登记中心深度合作，上线了系统内首款全流程线上化房产抵押类产品——“房抵贷6.0”，进一步提升普惠业务办理效率和客户体验。

【运营管理】

2023年，华夏银行郑州分行运营专业坚持以“智能化、集约化”运营建设为引领，加速运营人员转型，加快运营数字人才培养和效能外溢，年内上线21个RPA应用场景，切实提升业务处理质效；深化集约运营体系建设，实现线上监察机关查询、电票业务集中上收，持续提升集中作业运行效率；依托运营检查主查人机制，累计开展检查16次，下发检查问题434笔，整改率达100%，确保全年运营工作安全平稳运行，运营风险防控工作获得总行“风险管理金盾奖”称号；狠抓涉案账户管控，全年堵截涉案账户900余户，堵截涉案资金1000余万元。

【合规管理】

2023年，华夏银行郑州分行紧扣监管及总行合规工作部署，以监管高质量发展任务为纲领，多措并举推动合规层级跃升。大力推进监管高质量发展指标落实，开拓发展新动能；开展“合规护航——再出发”暨员工异常行为专项排查、“一把手”讲合规及案例宣讲下基层等活动，筑牢案件风险防控底线；提升案防监测、反洗钱交易流水分析等智能化程度，以科技赋能合规管理数字化水平；深化专业检查、尽职调查、整改问责及日常法律风险防控，加强合规过程性监督。通过上述措施，在提升全行合规风险管控能力的同时，分行合规管理工作获得监管及总行高度评价，为业务发展营造了良好合规氛围。

【消保服务】

2023年，华夏银行郑州分行不断强化“大消保”“大服务”工作格局，坚持“全员、全业务、全流程”工作原则，抓牢“体制建设”、巩固“深化整改”、聚焦“评级提升”、创新“工作亮点”。持续打造“支行行长说消保”特色宣教活动品牌，建立《以案说险》线上专栏；帮助视力障碍青少年学习金融知识，助其建立正确消费观念。年内金融知识教育宣传活动覆盖累计100余万人次，协助广大金融消费者筑牢风险底线。

【信息技术】

2023年，华夏银行郑州分行深入贯彻总行年度科技工作会议精神，按照“安全运行，运维提升，局部突破，创造价值”的工作思路，努力发挥科技引领和数据驱动作用，确保全年生产活动稳定运行。实现重要信息系统整体可用率达100%。年内完成科技开发项目10余个，主要包括电子押品在线登记系统、房抵贷6.0、账户风险反诈管控、社保待遇资金拨付等。加强网络安全管理及数据安全管理的宣导，提升全行风险意识，加强终端安全、通讯间安全管理，筑牢安全运营风险防线。梳理信息资产、白名单，升级EOS系统、修复高危漏洞，部署APT威胁感知系统，提升安全保障能力。完成灾备系统向运营商机房迁移。完成45台应用主机向总行私有云迁移。

平安银行股份有限公司郑州分行

【综述】

平安银行股份有限公司郑州分行持续发挥平安集团“综合金融”“科技赋能”优势，践行总行“零售做强、对公做精、同业做专”战略方针，服务支持实体经济，各项业务快速稳健发展。2023年，分行全面贯彻总行战略，深入践行平安集团新价值文化，持续加强对重大战略、重点领域和薄弱环节的支持力度，持续强化全面风险管理，将金融工作政治性、人民性的要求落实到科技、专业、开放等每一项具体工作中，用科技能力颠覆发展模式，助力“普惠金融”“乡村振兴”；用专业能力深入行业发展，助力“产业升级”；用开放能力促进模式升级，践行“可持续发展”，以金融的高质量发展，助力经济的高质量发展，最终推动全社会的高质量发展，让全体人民群众共享高品质生活。截至2023年末，分行所辖网点32家（包括1家一级分行营业部、4家二级分行营业部、24家同城支行、3家社区支行）；全行人数815人；各项存款余额581.49亿元，各项贷款余额651.16亿元，实现账面利润2.51亿元。

【贷款业务】

截至2023年末，各项贷款651.16亿元，较2022年末增加40.22亿元，增幅6.58%。短期贷款余额68.20亿元，较2022年末减少14.91亿元，增幅-17.94%；中长期贷款余额349.86亿元，较2022年末减少2.37亿元，增幅-0.67%；贴现及买断式转贴现余额39.57亿元，较2022年末减少10.18亿元，减幅20.47%；贸易融资余额193.53亿元，较2022年末增加67.68亿元，增幅53.77%。

对公贷款余额335.34亿元，较2022年末增加53.07亿元，增幅18.80%，其中，固定资产贷款余额26.41亿元，较2022年末减少9.41亿元，增幅-26.28%，流动性资金贷款余额308.93亿元，较2022年末增加62.48亿元，增幅25.35%。个人贷款余额315.83亿元，较2022年末减少12.84亿元，增幅-3.91%；其中，个人消费贷款余额169.07亿元，较2022年末减少31.15亿元，增幅-15.56%；个人经营性贷款余额146.76亿元，较2022年末增加18.31亿元，增幅14.25%。

最大十家客户贷款余额66.68亿元，较2022年末减少1.30亿元，增幅-1.92%，占各项贷款比重10.24%。贷款5000万元以上客户贷款余额134.57亿元，较2022年末减少9.30亿元，增幅-6.46%，占各项贷款比重20.67%。前三大行业贷款余额182.01亿元，较2022年末增加5.77亿元，增幅3.27%，占各项贷款比重27.95%。

2023年末，小微企业贷款余额193.75亿元，较2022年末增加16.16亿元，增幅9.10%。其中小微企业信用贷款余额41.12亿元，小微企业信用贷款占全部小微企业贷款比重21.22%，较2022年末下降12.09个百分点；小微企业中长期贷款余额144.00亿元，小微企业中长期贷款占全部小微企业贷款比重74.32%，较2022年末上升2.84个百分点。

截至2023年末，银行普惠单户授信1000万元以下（含）小微企业贷款余额149.02亿元，较2022年末增加19.44亿元，增幅15.00%，完成全年小微信贷计划任务的108.52%。平均利率成本5.95%，较2022年末平均利率下降2.01个百分点。客户数达到28934户，较2022年末减少3398户；当年累放贷款金额99.94亿元，户数15074户；普惠型涉农贷款4.60亿元，较2022

年末增加 1.10 亿元，增速 31.46%，高于各项贷款增速。

【存款业务】

截至 2023 年末，各项存款余额 581.50 亿元，比 2022 年末增加 104.33 亿元，增幅 21.86%，单位、个人存款余额较 2022 年末均有所增加。单位存款 350.99 亿元，比 2022 年末增加 36.32 亿元，增幅 11.54%；个人存款 230.11 亿元，比 2022 年末增加 67.94 亿元，增幅 41.90%；国库定期存款 0 亿元，较 2022 年末无变动；临时性存款 0.38 亿元，较 2022 年末增加 0.08 亿元；非存款类金融机构存放 0 亿元，较 2022 年末无变动；其他存款 0.02 亿元，较 2022 年末减少 0.01 亿元，增幅 −41.76%。

按产品类型划分，定期存款 207.52 亿元，较 2022 年末增加 81.90 亿元，增幅 65.20%；活期存款 118.31 亿元，较 2022 年末减少 13.60 亿元，增幅 −10.31%；通知存款 11.95 亿元，较 2022 年末减少 6.79 亿元，增幅 −36.25%；协定存款 16.57 亿元，较 2022 年末增加 7.16 亿元，增幅 76.16%；临时性存款余额 0.38 亿元；其他存款余额 0.02 亿元；结构性存款 55.94 亿元，较 2022 年末增加 7.02 亿元，占各项存款的 9.62%。保证金存款 170.81 亿元，较 2022 年末增加 28.57 亿元，增幅 20.09%，占各项存款的 29.38%。其中，银行承兑汇票保证金 60.02 亿元，信用证保证金 21.50 亿元，其他保证金 89.29 亿元。

【资产质量】

截至 2023 年末，平安银行郑州分行不良贷款余额 2.40 亿元，较 2022 年末增加 0.63 亿元；不良贷款率 0.37%，较 2022 年末增加 0.08 个百分点。逾期贷款余额 3.05 亿元，较 2022 年末增加 0.29 亿元；其中，逾期 90 天以上贷款余额 0.96 亿元，较 2022 年末减少 0.17 亿元，逾期 90 天以上贷款与不良贷款比例 39.82%；逾期 60 天以上贷款余额 1.43 亿元，较 2022 年末增加 0.03 亿元，逾期 60 天以上贷款与不良贷款比例 59.65%。

2023 年末，平安银行郑州分行拨备覆盖率 844.70%，贷款拨备率 3.11%。2023 年全年不良贷款累计处置 16.63 亿元，较 2022 年增加 11.75 亿元；其中现金清收 2.44 亿元、核销 14.19 亿元。

【表外业务】

截至 2023 年末，表外业务（不含代理代销和金融衍生品）余额合计 236.75 亿元，比 2022 年末增加 7.33 亿元，增幅 3.19%。担保类表外业务余额 213.96 亿元，比 2022 年末减少 2.44 亿元，增幅 −1.13%。其中，承兑汇票 170.71 亿元，比 2022 年末增加 8.09 亿元，增幅 4.97%；跟单信用证 34.87 亿元，较 2022 年末增加 2.67 亿元，增幅 8.27%；保函 8.37 亿元，比 2022 年末减少 13.19 亿元，增幅 −61.17%。金融资产服务类业务余额 2.40 亿元，均为委托贷款，较 2022 年末减少 10.63 亿元，增幅 −81.59%。截至 2023 年 12 月末，代理代销业务累计发生额 480.24 亿元，较 2022 年全年减少 393.06 亿元，增幅 −45.01%。

【理财业务】

截至 2023 年末，在存续期的理财产品 545 只，余额 54.28 亿元，比 2022 年末减少 8.01 亿元，增幅 −12.86%。其中按销售渠道划分，个人理财产品总额 53.14 亿元，比 2022 年末减少 1.86 亿元，增幅 −3.38%；对公理财产品总额 1.14 亿元，比 2022 年末减少 6.15 亿元，增幅 −84.36%。

按收益特征划分，保证收益类产品 0 亿元，较 2022 年末无变动；保本浮动收益类 52.44 亿元，比 2022 年末减少 1.00 亿元，增幅 −1.86%；非保本浮动收益类 1.84 亿元，比 2022 年末减少 7.01 亿元，增幅 −79.25%。

按产品运作模式划分，封闭式净值型产品余额 0 亿元，较 2022 年末减少 0.53 亿元；封闭式非净值型余额 0 亿元，较 2022 年末无变动；开放式净值型余额 1.78 亿元，较 2022 年末减少 6.26 亿元；开放式非净值型余额 52.50 亿元，较 2022 年末减少 1.22 亿元。

【基础管理】

积极落实监管机构各项要求，不断提升金融服务实体经济的能力，强化河南省“三个一批”等重大项目和领域资金支持，力保产业链供应链稳定，深化困难行业企业纾困，全力支持保交楼工作、落实房地产协调机制工作，大力支持制造业和科技金融发展，助力乡村振兴，推动“真普惠、真小微、真让利”落地，中小微企业信贷投放大幅增长，打出“减降延简补贴”减费让利组合拳，优化新市民金融服务水平。

持续实施网点轻型化、智能化建设，合理配置网点布局。2023 年，推进机构设立工作，完成巩义嵩山路支行、洛阳古城路支行、中牟商都大道支行 3 家支行设立工作。

持续优化组织架构，加强人才队伍建设，用全面数字化、线上化的理念，持续升级组织架构及运作模式，保持组织的敏捷性、先进性，前瞻性做好人力资源规划，建立富有竞争力的薪酬体系和激励机制，保持优胜劣汰、能上能下的管理机制，打造竞争能力强、综合素质高的队伍，为分行持续健康发展夯实组织及人才基础。

持续加强消费者权益保护工作，建立健全独立的消保工作制度体系，打造消保全流程智能化管控系统，从“做实场景、做实工具、做实抓手、做实落地”4 个方面入手，战略提升消保层次，科技赋能消保实效，持续完善消保制度体系化建设，通过事前协调、事中管控、事后监督等措施强化各项消保工作渗透式管理工作，并持续打造特色消保宣教活动，切实保护消费者权益。

【合规管理】

秉持合规经营理念，通过推进合规转型新策略落地实施，持续提升全行合规风险管理水平，持续构建“不敢违、不能违、不想违”的员工违规行为防控体系，全行合规风险意识明显提升，全年未发生重大案件、重大操作风险事件和重大法律风险。一是探索构建“全行成网、网中有格、人员到格、责任到人、履职到位”的全覆盖、全过程、全方位的合规治理网络体系，形成体系共建、合规共治、责任共担的“合规命运共同体”，提升合规治理能力，为合规经营保驾护航。二是加强制度生命周期管理，健全制度管理流程体系，扎实提升制度质量，巩固业务发展及内部管控的管理基础。三是强化法律合规评审管理专业性，提升对业务发展支持的质效，及时传导监管政策，推动经营机构提升合规风险防御能力，助推业务健康发展。四是高度重视关联交易管理，提升关联交易管理能力，不断优化关联方和关联交易管理流程和规则，促进关联交易业务健康、有序进行。五是强化反洗钱管理，全面提升反洗钱工作有效性，着力探索科技赋能反洗钱，优化反洗钱模型监测体系，持续提高反洗钱监测水平。六是完善案防长效机制建设，持续开展案件风险防控行动。七是深耕厚植合规文化，升级合规文化体系，依托合规文化移动端宣教平台“平安合规 e 站”，切实引导员工提升合规意识及履职能力，营造良好合规文化氛围，并将合规文化建设成效纳入机构合规内控考核，扎实推动全行上下把合规文化渗透到实处。

【风险管理】

面对当前复杂的国内外形势带来的不确定因素，持续强化风险管控措施，动态研判风险形势，积极采取各种措施提升风险防控能力，加大不良资产清收处置力度并保持较好的风险抵补能力，守住资产质量生命线。一是把好增量，实时跟踪研判行业、客户、区域风险变化，做好政策及制度检视，动态调整客户准入及行业预警标准，优化制度风险管理要求，从源头上控制资产质量。二是管好存量，落实贷后管理规定动作，加强早期预警管理，对风险资产提前采取管控措施；加大风险排查力度，开展清潜专项行动，定期检视风险状况，提升风险化解成效。三是加大问题资产清收处置力度，发挥特殊资产管理专业化优势，提升清收处置效果。四是提升智慧风控水平，通过打造专项评级模型，持续迭代升级智慧风控平台，不断提升风险管理效率与效果。

恒丰银行股份有限公司郑州分行

【综述】

2023年，恒丰银行股份有限公司郑州分行秉持“稳字当头、稳中求进”的工作总基调，以“推动高质量发展”为主题，坚持将“五篇大文章”融入分行发展的主旋律，自觉与地方经济发展“合拍共舞”，主动担当作为，紧紧围绕省委、省政府“两个确保”和“十大战略”，坚持“与时俱进、与市俱进、与省俱进”的经营思路，围绕“7+28+N”产业链群，扎实开展“行长进万企”活动，持续提升金融服务实体经济水平，认真践行金融的政治性和人民性，以满足客户日益增长的美好生活金融需求为目的，不断增强服务企业发展的能力和精准度。以数字驱动和敏捷转型激发创新动力，坚定走稳走好“差异化发展的特色经营之路”和“管理精细化的集约型发展之路”。发力金融支持稳住经济大盘，持续提升服务质效，着力防范化解金融风险，整体实现安全稳健运营。2023年末，恒丰银行郑州分行本外币口径资产总额为305.05亿元人民币，本外币各项存款余额290.23亿元，各项贷款余额295.6亿元。2023年末，恒丰银行郑州分行员工294人，营业机构共5家，含1家省行营业部，1家二级分行，3家同城支行。

【存款业务】

2023年末，恒丰银行郑州分行本外币存款余额290.23亿元，较2022年减少26.99亿元，其中，本外币单位存款余额273.67亿元，占各项存款的94.29%，较2022年减少15.48亿元；本外币储蓄存款余额10.57亿元，占各项存款的3.64%，较2022年减少9.7亿元；非存款类金融机构存款余额6亿元，占各项存款的2.07%，较2022年减少1.81亿元。

【贷款业务】

2023年末，恒丰银行郑州分行各项贷款总额为295.6亿元，较2022年增加30.62亿元，其中：单位贷款余额260.92亿元，占各项贷款的88.27%，较2022年增加28.63亿元；个人贷款余额34.68亿元，占各项贷款的11.73%，较2022年增加3.41亿元；贴现及转贴现余额0亿元，较2022年下降0.6亿元；垫款余额0亿元，较2022年减少0.82亿元。短期贷款余额113.77亿元，占各项贷款的38.49%，较2022年减少3.53亿元；中长期贷款181.83亿元，占各项贷款的61.51%，较2022年增加35.57亿元。

【公司金融业务】

一是强基固本，坚持做大做强基础客群。围绕“抓源头、建生态”思路，从政府源头、行业源头、集团源头、项目源头、数据源头等五大源头以及商会协会、产业园区、核心企业、产业集群、连锁企业等五大场景开展拓客。二是重点布局绿色金融、制造业、乡村振兴、城市更新、基础设施建设等多个领域，资产投放稳步增长，资产结构持续优化。2023年末，恒丰银行郑州分行对公贷款余额为261亿元，较年初增长27.8亿元，增幅11.92%。制造业贷款投放方面，年末，恒丰银行郑州分行制造业贷款余额38.10亿元，比年初增加14.03亿元，增幅达58.29%；其中制造业中长期贷款余额15.98亿元，比年初增加8.15亿元，增幅达104.09%，远高于全行贷款平均增速。绿色低碳转型发展方面，恒丰银行郑州分行认真贯彻落实国家绿色低碳转型战略和总行绿色金融发展战略，持续引导各经营机构加大对绿色金融领域的信贷营销与投放力度。截至2023年12月末，恒丰银行郑州分行绿色金融贷款余额22.09亿元，比年初增加7.35亿元，增幅达49.86%，远高于全行贷款平均增速。乡村振兴战略方面，重点围绕“三农”产业、基础设施、县域经济等领域，梳理细分市场客户名单，引导经营机构加大涉农贷款营销与投放力度。截至2023年12月末，恒丰银行郑州分行对公客户涉农贷款余额46.97亿元，比年初增加17.6亿元，增幅达59.95%。城市更新方面，2023年积极与郑州市城市更新工作领导小组、省内经济排位靠前的地市政府、郑州各区级政府对接，获取了一批优质的城市更新项目。截至2023年12月末，恒丰银行郑州分行城市更新贷款余额31.5亿元，较年初增长24.4亿元。三是成立存款立行专班，持续推动存款稳定增长。2023年恒丰银行郑州分行确立“结算稳行”为稳存增存的重要抓手，强化全行大抓结算存款的意识，通过营销基本户开立、外汇资本金账户方面从抓源头存款，通过授信客户付款全流程管理、结算客户资金归集、争做客户主办行方面做好流程管理抓存款，通过解决重点客户个性化需求、对核心客户开展高层营销抓支柱型客户存款提升。2023年恒丰银行郑州分行在结算存款、无贷户存款营销方面初见成效，机构金融方面率先取得突破，中标省级财政社保定期存款3亿元，中标郑州市财政社保定期存款3.8亿元，财政学费专户累计入账2.79亿元。截至2023年末，公司存款余额274亿元，全年日均存款283亿元。

【交易银行业务】

截至2023年末，恒丰银行郑州分行贸易融资表内余额18.96亿元，信用证业务余额53.95亿元，银行承兑汇票余额58.55亿元，保函余额5.11亿元，国际结算量折合人民币33亿元。一是根据分行“与时俱进、与市俱进、与省俱进”的战略要求，以及河南省“做强优势产业、做大新兴产业、做优传统产业”的总体要求，打造交易银行产品综合服务方案，通过聚焦重点行业领域目标客群，主动嵌入客户生态场景，从贸易融资、供应链金融、现金管理和电子银行等多方面紧密结合客户需求，提供结算和融资服务。二是深挖供应链上下游企业需求，依托大型核心企业，持续深耕大住建场景，拓展新基建、新能源等新型场景全生命周期的客群需求，围绕供应链金融1+1、1+N、N+N场景持续发力场景金融，形成多个差异化综合金融服务方案，批量服务于链属中小微长尾客群。三是推进交易银行产品线上化服务能力，推动产品线上化，加速业务系统迭代，围绕“以客户为中心，为客户创造价值”的服务价值观，强化金融专业服务，提升客户使用体验，提高业务办理效率。

【同业业务】

2023年，恒丰银行郑州分行同业存款日均规模33.2亿元，累计投放各类资产52.71亿元。其中，同业借款13亿元，河南地方债投资10.9亿元，本外币信用债券投资28.81亿元。累计获批同业授信229亿元。

【个人业务】

恒丰银行郑州分行紧紧围绕总行的发展战略，一直以来坚持以客户为中心，深入践行以人民为中心的价值取向。积极发展高质量负债端业务，通过客群建设打基础，以重点产品为抓手，强化投资者理性投资理念，提示投资者通过正规的金融机构进行投资活动，守好自己的钱袋子。2023年末，恒丰银行郑州分行全口径AUM年日均22.82亿元，较2022年末减少2亿元。

做好电子银行推广工作，持续提升零售客户电子银行开通率。2023年，恒丰银行郑州分行将线上渠道作为客户营销的主阵地，积极引导客户开办电子银行业务，持续为客户提供优质的电子银行服务，降低客户外出办理金融业务的暴露风险。恒丰银行郑州分行将持续强化电子银行服务保障力度，确保线上金融服务“不缺失、不断档、不打烊”。截至2023年末，恒丰银行郑州分行个人电子银行客户65372户，较2022年新增12264户，增幅23.1%。

【小微企业业务】

恒丰银行郑州分行认真贯彻落实中央金融工作会议提出做好金融“五篇大文章”的要求，将发展普惠金融业务作为服务实体经济、服务人民生活的落脚点。恒丰银行郑州分行根据不同普惠客群融资特点，改造升级普惠业务现有产品体系，通过提供“好房快贷”“好商快贷”“好保快贷”“好园快贷”和供应链系列产品服务，努力夯实普惠金融业务客户基础。2023年末，分行普惠型小微贷款余额20.10亿元，较年初净增4.89亿元，贷款增幅32.15%；小微企业申贷获得率达98%。

【内控案防】

完善制度管理体系，加强制度精细化管理。恒丰银行郑州分行落实“外规内化”管理要求，从完备性、合规性、体系性三个维度，结合风险管理与内控有效性自查工作，全面梳理现行制度的有效性，持续推进制度的“立改废”工作，优化合规审查，评估完善规章制度，补齐制度短板，夯实内控合规管理基础，提升制度规范化建设水平。

开展警示教育活动，提高全员合规经营意识。通过召开2023年案件防控警示教育工作大会，组织签订案防承诺书、观看警示教育片等，不断深化全体干部员工职业道德教育、思想政治教育、纪法教育，培养员工自尊、自爱和责任。在周末大讲堂进行警示教育典型案例分享，组织员工观看警示教育片，通过讲述身边事，警示身边人，进一步提升员工合规经营意识，打造主动合规、以人为本、诚实守信的合规文化氛围，防范业务风险。

强化员工行为管理，落实网格化管理要求。紧盯关键人员、重点岗位，坚持问题导向，开展网格化员工行为管理工作，通过日常排查、专项排查、全面排查等不同方式，及时发现和有效处置业务操作合规性、员工异常行为，前移案防关口，防范案件和风险事件发生。加强员工“八小时”以外监督管理，组织开展员工谈心谈话、家访活动等，引导员工规范从业行为。推行四位一体问责体系，强化问责火炉效应，促进分行整体安全、稳健运行，有效消除各类风险隐患。

加强合规文化建设，营造合规展业良好氛围。结合“合规文化增强年”主题，紧扣“牢守内控合规底线”目标。开展“一把手”讲合规，带头倡导合规文化，认真践行合规职责，以上率下带动全体员工将合规要求转变为行动自觉，推动形成管控合力；下发法律合规工作月刊，定期对监管重点、处罚要点、最新制度进行解析，搜集贴合日常工作实际的案例，进行制度及法律的分析，进一步增强员工防范风险的能力；组织开展合规送一线活动，对反洗钱、员工行为、问责管理等进行培训，提高各级员工，尤其是一线工作人员的合规能力；建设合规文化基地，充分利用现有空间，设置了员工风采展示、合规语录、警示教育、员工行为禁令、以案说险等五个板块，从不同角度展示合规文化，积极宣扬分行合规文化亮点。

【信息技术】

2023年，恒丰银行郑州分行秉承总行“构建一流数字化敏捷银行”的宏伟蓝图，紧贴金融监管导向，深化以客户为中心、业务为引领、创新为引擎、效率与质量并重的发展理念，全面提升分行科技工作的综合实力与服务效能。

技术驱动创新，成果丰硕。年内成功上线“郑州存量房交易资金监管系统”等五个关键系统，精准对接市场与客户需求，通过16次系统迭代升级和18次投产变更，实现了63项功能优化，显著提升了业务处理效率与客户体验，充分展现了科技敏捷性与业务高质量发展的深度融合。

应急管理体系日臻完善。成功实施包括机房应急消防、信息安全攻防在内的25次应急演练，有效锤炼了分行应对突发状况的能力，构筑起坚固的安全防线。基础设施方面，完成了大规模的网络线路改造工程，涉及数十台交换机、数千条线缆的更新与优化，显著提升了网络的稳定性和安全性，为业务系统的不间断运行提供了强有力的物理支撑。

强化保密及安全管理，分行严格实施办公终端管理，包括敏感数据清理、软件正版化排查处置等，通过系列培训与信息安全宣导活动，显著增强了全员的信息安全意识和应急处理能力，为分行在重要时期的平稳运营提供了可靠保障。

渤海银行股份有限公司郑州分行

【综述】

2023年，渤海银行股份有限公司郑州分行持续抓好经营管理各项工作，认真落实“树正气、严考核、调结构、提质量、强基础”的总体工作思路，努力做到“四个坚持”：坚持正确的业务导向，坚持正确的业务逻辑，坚持正确的用人导向，坚持正确的工作作风，推动业务结构得到有效调整，不良债务化解处置初见成效，降本增效工作成效明显。

【存款业务】

渤海银行郑州分行按照核心存款、合意存款、合规存款工作要求，充分利用河南地区客户资源丰富、资金体量大的优势，通过负债类产品、供应链类产品、现金池等，抓好源头营销、链式营销、价值营销、场景营销，推动产品增存、循环增存、联动增存。2023年末，渤海银行郑州分行各项存款余额166.28亿元，较上年增长0.50亿元，增幅0.30%，其中单位存款余额145.23亿元，较上年增长5.24亿元，增幅3.74%，储蓄存款21.04亿元，较上年增长7.03亿元，增幅50.22%。

【贷款业务】

渤海银行郑州分行把为服务实体经济作为全行工作的出发点和落脚点，围绕省内重点项目、先进制造业、科技企业、民营和小微企业、乡村振兴、绿色金融等重点领域和薄弱环节，加大信贷支持，积极支持实体经济融资需求。截至2023年末，渤海银行郑州分行考核口径各项贷款余额270.79亿元，其中对公贷款余额122.89亿元，零售贷款余额120.64亿元，贴现余额27.26亿元。一是积极支持重点项目和客户的融资需求。认真落实“三个一批”重大项目建设要求，积极对接项目融资需求，截至2023年末，“三个一批”项目贷款余额8.25亿元。积极加强高速公路等基础设施建设，截至2023年末，基础设施贷款余额4.98亿元。二是积极支持民营企业和普惠企业的融资需求。认真落实国家支持民营企业政策要求，截至2023年末，民营贷款余额75.53亿元，较年初新增11.18亿元。突出“圈、链、平台”批量化营销策略，积极支持普惠企业融资需求。围绕郑州地区专业市场，积极拓展商户贷业务，已为商户放款1720万元。获得省科技厅“科技贷”及市科技局“郑科贷”办理资格，2023年以来共投放“郑科贷”2228万元。2023年累计发放保理融资贷款1.62亿元。三是积极支持科技企业的融资需求。认真落实监管部门加大对科技型、专精特新企业政策要求，加大科技创新企业支持。截至2023年末，科技型企业贷款余额6.48亿元，较年初增加0.86亿元，其中高新技术企业贷款余额 5.65 亿元，科技型中小企业贷款余额 0.54 亿元，专精特新中小企业贷款余额 2.7 亿元。四是积极支持社会责任领域企业的融资需求。加大项目对接、营销，并强化考核，积极支持社会责任类融资需求，截至 2023 年末，涉农贷款余额 27.90 亿元，较年初增加 5.27 亿元；绿色信贷余额 2.96 亿元，较年初增加 0.46 亿元；民营贷款余额 75.53 亿元，较年初新增 11.18 亿元；制造业贷款余额 12.7 亿元。

【个人业务】

2023 年，渤海银行郑州分行积极贯彻落实零售转型战略部署，通过强化考核管理，培育零售队伍等措施，积极推进零售转型，提升业务产能，零售转型初见成效，良性增长效果显著。一是上规模，要效益。截至 2023 年末，储蓄存款余额 21.03 亿元，较年初增长 7.04 亿元，增幅为 50.32%；财富资产日均 32.41 亿元，较年初增长 6.27 亿元，增幅为 23.99%。二是建渠道，育客户。通过线上微信平台、线下丰富多彩的主题活动增进客户感情，提供金融服务，“厅堂整合，联动营销”整合各网点厅堂资源互动销售，实现内外合、厅堂合、板块合“三合一体”的联动营销模式；“盘活存量，提升增量”以现有客户资源为基础，通过客户关系管理系统梳理分析个人客户的存款结构、资产状况、客户层配比等信息，提升全量客户的同时拓展中高端客户数。2023 年末，零售客户 12.51 万户，较年初增长 2.26 万户，增幅 18.08%；中高端客户数 4392 户，较上年新增 1194 户，增幅 37.33%；私行数 89 户，较上年新增 5 户，增幅 5.9%。三是用好产品优势，进一步贯彻资产配置理念，提高中高端客户投资类产品持有数，做大基金保险、净值型理财、信托等资产配置类业务。对内，分享利用资产配置争揽和留存资金的案例，让资产配置理念在营销队伍中内化于心、外化于行。对外，通过各种形式对客户开展投资者教育，逐步让客户理解、接受、践行资产配置理念。通过资产配置，真正为客户创造收益，以产品的增值，带动客户财富资产规模的增加，撬动客户行外资金流入。

【小微企业业务】

渤海银行郑州分行积极推动普惠业务全面转型，进一步提升小微企业服务质效，加大自营普惠贷款投放力度。2023 年累计投放自营普惠贷款 6.65 亿元，其中新增客户投放 3.77 亿元；依托“圈、链、平台”批量化方案发展模式，结合河南经济特色，定制普惠业务方案，拓展自营普惠贷款，助力小微企业良性发展。

【电子银行】

2023 年，渤海银行郑州分行网络金融业务以“盘活存量、培育增量、提升质量”为方针，围绕全行“十大攻坚战”，聚焦线上用户运营和门户渠道建设两大主责，推动线上渠道数字化转型落地见效。线上用户运营方面。发挥移动端客户服务和产品销售主渠道推动作用，截至 2023 年末，移动端客户 9.56 万户，移动端激活客户 3.58 万户，移动端月活客户 2.4 万户；手机银行和个人网银理财销售额共计 6.32 亿元，占比全渠道销售额超过 97%，手机银行在财富、贷款、信用卡、支付结算等零售产品谱系中覆盖率超过 90%。门户渠道建设方面。持续优化手机银行功能服务，提升客户体验，手机银行 APP 共完成 18 次投产和版本迭代，重点包括个人养老金、实物贵金属产品、光大云缴费、基金专户产品、私人银行、全球速汇（白名单运行）、信用卡分期、新通知存款、手机银行站内外功能产品跳转能力、服务号推送等。

【内控案防】

2023 年，渤海银行郑州分行认真落实监管部门高质量发展工作要求，结合渤海银行总行内控合规总体工作部署，紧扣重点工作要求，持续完善、创新内控管理措施，加强内控合规文化建设，积极支撑业务发展，扎实做好内控合规各项工作。一是持续加强合规机制建设。为持续巩固“内控合规管理建设年”活动成果，开展“自律合规促进年”活动，通过制定年度检查计划、开展自查检查、培训交流和宣传教育等活动，引导各分支机构提高内控合规意识，增强风险内控能力，打造“人人主动讲合规，合规创造价值”的理念和文化，形成各层级合规管理的业务规范，全面塑造分行守法合规、诚实守信的良好形象，不断提升自律合规管理整体水平。二是提升业务连续性管理工作能力。2023年，共完成74次应急演练，涉及营运、科技和安全保卫等领域；开展并完成了2023年业务连续性评估工作，根据实际情况及新的政策要求，修订总体应急预案1项、专项应急预案4项，其他预案14项；顺利通过总行开展的业务连续性达标试点分行评审工作，从组织及制度建设、业务影响分析和风险评估、应急预案编制、业务连续性应急预案演练、业务连续性资源建设、突发事件应急处置等六个方面对照总行评审标准进行业务连续性达标体系建设。持续做好业务连续性工作，确保分行业务运营正常开展。三是有效防控案件风险隐患。制定全年案防工作计划，压实案件防控工作主体责任，牢固树立“风险所有者”身份，增加警示教育、交流培训频次，丰富案例学习内容，组织开展各项案件高发领域及高风险环节案防排查，规范业务操作、加强风险管控、提升合规意识，筑牢分行案件防控底线，同时采取网格化管理模式，对员工进行全周期管理，持续提升员工行为管理水平。

【信息技术】

2023年，根据总行信息科技各项系统管理平台建设目标，为“掌上渤海”的建设提供技术支撑，全力推动各类业务部门的每一个数据项、技术需求。根据总行关于战略转型的工作部署，全面推进信息化和网络安全建设。科技赋能是总行战略转型的主要方针，使用科技技术及系统的优势为分行的业务经营和管理提供思路、手段、系统及数据方面的支撑。分行数据平台经过五年多的建设，已经在绩效分析、风险排查、业绩统计、费用管理等业务工作中发挥了重要作用；持续完善业务统计及管理的分析能力，为日常工作提供指导；积极参与多个意向项目的沟通和讨论，渤税经营贷、不动产登记系统优化等开发、优化项目已经测试并投产；租赁房资金监管等系统已进入投产测试阶段；在制度、流程、组织、技术等方面，整合各类资源，规范运维行为，确保服务质效，形成集约高效的运维体系，保障网络和应用系统安全、稳定、高效、持续运行。

浙商银行股份有限公司郑州分行

【综述】

浙商银行股份有限公司郑州分行坚持服务实体经济导向，发挥特色优势，全力支持河南经济社会发展。7年来累计投放各类资产6382亿元。其中向实体企业累计投放资产5619亿元，占比88.04%；向民营企业累计投放资产2283亿元，占比35.77%。

2023年，浙商银行郑州分行坚持“夯基础、调结构、控风险、创效益”经营方针，践行善本金融，打造普惠、科创、供应链等特色优势，落实服务实体经济根本宗旨，助推河南省经济社会高质量发展。

截至2023年末，浙商银行郑州分行共有员工375人，开设8家营业网点。各类资产余额379.90亿元。经营效益稳中有进。全力推进“五大”业务板块协同发展，着力提升经营质效，千方百计扩大增收，全年实现营业收入10.15亿元，实现净利润7.07亿元。客户拓展成效显著。2023年分行个人优质客户净增3585户。公司敞口授信客户净增121户，同比多增117户。公司用信客户净增80户，同比多增93户。公司科创客户数新增116户，同比多增84户。供应链融资客户1543户，新增1110户。普惠小贷客户新增1050户，同比多增669户。行标小贷新拓客户452户，同比多增64户。国业基础客户242户、国业有效授信客户余额203户，分别较上年新增28户、61户。不良资产化解取得实质性进展。分行不良贷款余额3.09亿元，不良贷款率1.01%，较年初下降1.81个百分点。全年安全经营无事故、无重大风险隐患。

【存款业务】

截至2023年末，浙商银行郑州分行各项存款余额364.37亿元、日均存款余额331.17亿元，分别较年初新增33.75亿元、13.62亿元。其中，零售存款日均增量占比79%，日均余额占比10%，同比提升4.1%。行政事业机构存款日均余额35.5亿元，增幅31.8%，日均占比11.86%，较年初增加2.25个百分点。人民币对公存款付息率1.81%，较年初下降16BP，维持在较低水平。

【贷款业务】

截至2023年末，浙商银行郑州分行各项贷款余额305.93亿元，较年初新增49.75亿元。业务结构调“优”，转型发展进一步升级，投放的各项贷款中，实体企业贷款余额153.16亿元，占各项贷款的50.06%。制造业贷款余额82.4亿元，较年初增长10.9亿元，增幅15.2%。民企贷款余额128.2亿元，较年初新增25.9亿元，增幅25.3%。绿色贷款余额34.56亿元，较年初增加15.79亿元，增幅84.12%，高于分行贷款增速64.7个百分点。小企业普惠小微贷款余额27.7亿元，较年初新增14.2亿元，增幅104.9%，超额完成“两增两控”监管要求。个人住房按揭贷款余额47.8亿元，较年初增加5亿元。

【五大业务板块】

大公司特色引领。2023年大公司营收8亿元，同比增长8.3%，占比76%。年末公司本外币存款余额328.1亿元，同比增加22亿元；公司存款年日均余额303.4亿元，同比增加4亿元；公司本外币贷款余额215亿元，同比增加38.1亿元。供应链金融业务落地核心企业重点项目64个，供应链金融业务余额54.32亿元，累计拓展上下游客户1543户。

大零售贡献提升。2023年分行零售财富营收5653万元，同比增幅30%，占比5%。零售信贷营收8639万元，占比8%；小企业营收5063万元，同比增长44%，占比4.8%；大零售营收合计占比18%，同比增加5个百分点。2023年零售存款余额42.2亿元、AUM82.1亿元，分别较年初增加17.86亿元、17.8亿元。普惠小微贷款余额27.69亿元，较年初增加14.18亿元。

大投行及大资管板块。2023年分行投行营收4452万元，占比4.8%，其中投行中收2057万元。投行FPA规模137.6亿元，同比增加64亿元，增幅87%，其中债券承销54.8亿元，CRMW规模2.8亿元，项目融资业务4.15亿元，撮合业务规模78.52亿元。完成首单可转债大股东配售融资业务，实现项目融资业务多场景创新。票据营收6800万元，累计办理票据直贴109.92亿元、再贴现7.89亿元、转贴现159.72亿元。

大跨境融资服务不断丰富。2023年为省内五家企业提供境外发债、“内保直贷”等跨境融资金融服务，实现跨境资产规模15.9亿元，其中通过“内保直贷”帮助四家企业借用外债折7.3亿元。“外贸贷”投放量居合作银行首位，外汇交易套保率在同业中居首位，外汇套保首办户交易金额在股份制银行中位居首位。累计办理国际结算量34.3亿美元，同比增长23%，对客外汇交易23.9亿美元。

【内控案防】

一是夯实内控合规管理基础。全年累计组织

开展内控合规、反洗钱、消保、合规谈话、警示教育等培训和考试活动26次，研究内控合规议题28个，开展“合规大宣讲”活动21次，发布“合规每周一问”17期，签署内控合规与案防承诺书72份，督促各部门年末走访监管部门33次，各项监管评级保持B级及以上。二是提升反洗钱工作质效。对各营业机构反洗钱工作履职开展专项检查17次、专项培训48次，覆盖反洗钱条线及各个重要反洗钱管理部门，发现重新识别认识不到位、尽职调查结论分析不到位等突出问题共计153笔。三是扎实推进消费者权益保护工作。优化产品与服务管理机制，完善信息披露、金融信息保护、营销宣传等工作流程，消保工作评价连续三年获得二级A。聚焦重点群体开展金融知识教育宣传活动，走进河南农业大学、郑州轻工业大学等讲授“金融知识公益课”，赴荥阳市楚堂村、伊川县温寨村等宣传适老金融服务，着力提升消费者金融素养。

【风险管理】

加强全面风险管理，统一风险偏好，重点防控信用风险、集中度风险、流动性风险和声誉风险。全面分析河南区域社会经济现状，深耕“稳、准、特、快、实”信贷文化，持续强化风险评审管理，防控新增业务风险。实施差异化投后分类管理，建立潜在风险客户名单，加大重点领域风险防控力度。深化风险排查，开展隐性债务、房地产贷款等领域专项排查30余项，发布风险提示523期，逐笔排查风险隐患，动态评估风险等级，全方位掌握客户情况。

【信息技术】

一是做好科技项目开发。开发投产上线了隆华科技、同舟棉业、郑州速达、郑州新区建设投资等公司银企直连项目，先后开发上线代发农民工工资系统、洛阳分行存量房交易结算资金监管系统、内控合规画像系统、储备项目登记系统等系统。二是加强数据治理管理。主动协调业务主管部门，严格按照处理时效要求及时分析确认问题原因并主动反馈。完成各项数据索取工作150次，实现了99%的数据索取工作为分行自己独立完成。三是开展业务连续性演练。完成分行本级发电机应急演练、核心网络及设备、4G网络灾备应急演练工作、核心网及4G网络灾备应急演练等23项演练工作。

汇丰银行（中国）有限公司郑州分行

【综述】

作为河南省首家外资银行，汇丰银行（中国）有限公司郑州分行于2008年10月8日正式开业，位于郑州市郑东新区金融岛中环路5号东龙创鑫大厦1层102B号房间和12层1209、1210号房间，下辖一个营业网点，员工18人。自2008年开业至今，汇丰银行郑州分行侧重为本地中外资企业提供包括账户管理、企业融资、贸易服务、资金管理、财资服务等全面银行服务。同时，也向包括本地居民和外籍人士在内的个人客户提供人民币和外币存款及基本的账户服务。

【经营管理】

2023年，汇丰银行郑州分行坚持稳中求进的工作总基调，发挥自身优势，提升金融风险防控的主动性，提升服务实体经济的针对性，提升内部管理的有效性，继续保持高质量发展。依托“全球客户经理”工作机制，汇丰银行郑州分行是汇丰集团服务河南省企业的主办行，依托汇丰集团强大的国际网络、丰富的产品等优势，联动、调动汇丰全球资源为河南省企业“走出去”和“引进来”提供一站式、综合性的金融服务。同时，汇丰银行郑州分行为本土企业扩展海外销售，以及“走出去”海外投资等，提供贸易融资、国际结算、全球资金管理、信贷、发债、银团和外汇风险管理等综合性的金融服务。

【存、贷款业务】

汇丰银行郑州分行连续15年保持不良贷款为零。截至2023年末，汇丰银行郑州分行总资产134.18亿元，贷款余额33.03亿元，存款余额6.89亿元。

【国际业务】

2023年，汇丰银行郑州分行累计办理国际结算业务7.7亿美元，跨境人民币结算业务4.61亿元，累计结售汇量1.29亿美元。

【内控案防】

积极开展行为风险管理专题培训，通过月度的合规双语简报等方式，不断加强员工意识，倡导诚信文化价值观，并不断以事实案例警醒员工，向员工明确行为风险管理应该贯穿于员工工作的各个维度。2023年10月，举办“风险合规文化月”，以“行稳致远”为主题，覆盖“监管合规”“风险管理”“防范金融犯罪”等三大主题，形式多样地推广风险合规文化，活动内容包括：“管理层寄语”向每位员工传达了风险与合规文化精神；汇丰中国合规部和风险部共举办了11场知识分享会，覆盖风险、合规领域的各个方面等。合规部定期及不定期向业务条线及职能部门提供专业的政策解读、合规咨询和建议以及专题培训，为管理层、各业务条线和职能部门提供专业的合规意见，确保业务发展的决策制定秉承合法合规的宗旨，各项监管政策及法规要求在全行范围内落实到位，以更全面、有效地监控并防范各类合规风险，并且提高全体员工的合规意识。

重视案件防控工作，始终严格落实案件防控要求，认真开展案件风险排查与风险检查，不断强调并落实制度以督促员工深入开展业务知识学习，强化责任意识。2023年，汇丰银行郑州分行根据总行层面的制度更新，进一步完善了分行层面案防工作机制及配套台账，案件防控工作总体情况良好，未发生重大案件风险或事件，无重大安全事故、无案件（风险），继续保持开业以来零发案的良好记录。

【信息技术】

积极参与数字人民币推展工作，成为首批推出数字人民币业务的外资银行。2023年10月顺利通过城银清算接入数字人民币互联互通平台，向财富管理及个人银行客户提供数字人民币业务。

实现一系列跨境支付场景的升级改造，完成了数字化升级与报文标准的国际化，提高了人民币跨境支付系统的国际化与竞争力。通过行内的数字化平台，完成了跨境人民币支付系统与跨境交易报送系统之间的直联与数据抓取自动化，实现了数据集成和共享，提高了相关交易报送的效率与准确性。

通过推进国际清算银行支付与市场基础设施委员会发布的跨境支付ISO20022统一报文标准，实现人民币跨境支付系统的标准数字化转型，有助于跨境支付直通式处理，提高信息传递效率，实现在跨境支付中降低成本、提升速度和透明度的目标。同时通过数字化技术的应用，实现业务技术一体化，业务建模和报文模型的高度一致性和关联性。

2023年完成了TIPS国库信息处理系统升级，实现了海关业务中的保函业务、滞报金和保证金缴纳业务、银行端缴款业务的全流程数字化和自动化。解决了原有业务流程中因人为失误导致的信息录入错误、烦琐的流程和冗长的处理时间等问题，同时也简化了银行内部流程管理，显著提高了企业的运营效率。

东亚银行（中国）有限公司郑州分行

【综述】

东亚银行（中国）有限公司郑州分行于2010年11月29日成立，是河南省第二家外资银行，位于郑州市金水路226号楷林国际大厦1层及2层，下辖一个营业部、一间在行式自助银行。自开业以来，一直奉行“来自香港、服务中原”的宗旨，致力于为广大客户提供多元化的金融产品及服务，业务品种涵盖个人银行业务、企业银行业务、其他银行服务。目前共拥有员工19人，包括本地员工17人，总行派驻员工2人，本地员工中有1人为外籍员工。

【经营管理】

东亚银行郑州分行自2010年开业以来，一直秉承着成为中国“最佳本土化的外资银行”的市场定位，着重发挥郑州作为中原城市群核心力量，坚持“与本地经济和谐发展、共同进步”的经营理念，注重培育并发展中、高端客户，积极扶持中小企业的发展，努力扩大基础客户群。目前，为客户提供的产品和服务范围涵盖账户及存款服务、贷款、票据承兑与贴现、信用证和担保、汇款及国内外结算、外汇买卖、挂钩投资产品、代客境外理财业务等。同时，东亚银行郑州分行借助于母行东亚银行全球化经营网络和境内外金融市场联动的优势，扮演好“桥梁”角色，积极推广“中港联动”“跨境人民币结算”等业务，为郑州及河南省内企业“走出去”提供配套的金融服务，并借助香港这一国际金融中心，将国际资本“引进来”，不断推动内地与香港之间的经济往来。

开业至今，东亚银行郑州分行在批准的业务范围内，严格按照监管机构的相关规定办理业务，稳步经营，各项业务稳健增长。截至2023年末，资产规模本外币合计折人民币达到8.07亿元，各项贷款余额7.54亿元，各项存款折人民币5.18亿元，开业至今累计缴纳各项税金达8992.27万元。东亚银行郑州分行已与多家本地银行建立了良好的合作关系，建立了系统、完善的内部管理程序，无重大违法违规行为，无重大案件发生。

【存、贷款业务】

2023年末，东亚银行郑州分行各项存款余额5.18亿元人民币，其中单位存款3.95亿元，个人存款1.23亿元；各项贷款余额7.54亿元人民币，信贷投放主要集中在农业和金融业，占比分别达到73%和24%。

【国际业务】

截至2023年末，东亚银行郑州分行外汇存款折合人民币共计3793.63万元，较2022年上升218.77%，尚无外汇贷款。全年共办理结售汇业务302笔，较2022年增加41.78%，折合人民币5631.87万元，较2022年持平。

【电子银行业务】

为配合业务拓展，东亚银行郑州分行利用电子银行渠道为客户提供增值服务，以提高电子银行渠道对分行的业务贡献度。2023年，东亚银行郑州分行新增个人网银客户276户。2023年，东亚银行郑州分行共实现个人手机银行交易量83644笔，共计23.24亿元。全年共新增企业网银12户，实现企业网银交易额102.24亿元。

【内控案防】

东亚银行郑州分行始终秉持“风险为本、重在预防”的理念，着力提升内控案防工作的针对性和有效性，加强员工行为管理，时刻关注员工异常行为，提高内控执行力，严格落实责任追究，全面提升内控案件防控工作的质量和效果，确保银行整体安全稳健运营。东亚银行郑州分行领导层对内控案防工作高度重视，案件防控领导小组由行长作为小组组长，全面负责案防工作的整体开展并予以督促改进。东亚银行郑州分行定期开展案件防控合规教育培训，并通过晨会、微信群、邮件等多个渠道细化和深化案防教育，对操作中的薄弱环节开展自查自纠工作，及时发现风险隐患。此外，通过在全行范围内开展合规检查、内部审计、风险自查排查等活动，加强对重点业务、重要岗位员工的监督管理，切实有效地防范各类案件（风险）的发生。截至2023年末，东亚银行郑州分行未发生任何案件（风险），始终保持零发案率的良好记录。

【信息技术】

2023年，在设备采购、固定资产盘点流程上加强管理，严格财务预算支出；加强线路巡检和网络运行维护，确保全年无网络事件发生；加强机房设备巡检和维护，确保无重大生产事件发生；遵照总行的统一安排进行信息系统升级，强化对业务发展的技术支撑；遵照总行的统一安排进行安全补丁和防病毒定义的更新，增强办公终端的安全性。

完成机房重要各类信息系统的巡检工作，包括机房AVAYA语音设备巡检、机房UPS设备巡检、机房环境监控系统巡检、机房网络设备巡检等。完成IT自查工作、BCP场地灾备转移演习工作。对机房机柜中的线路进行了重新整理，线路标签进行重新核对，以便出现故障时能快速定位。在办公区域部署了行内办公Wi-Fi，给用户提供了移动办公的便利。对机房电力部分进行改造，增加了柴发接驳接口，增强了机房电力的业务连续性。对固定资产进行了年度盘点工作，盘点完成后针对不需要使用且达到报废年限的固定资产进行了报废申请，进一步减少资产折旧，降低运营成本。

渣打银行（中国）有限公司郑州分行

【综述】

渣打银行（中国）有限公司郑州分行2013年11月11日成立，是河南省第三家外资银行，位于郑州市郑东新区商务外环路8号世博大厦2403单元。目前渣打郑州分行提供对公人民币及外币银行服务，侧重与渣打国内外机构协同，为省内上市公司、行业龙头骨干企业和跨国企业、大型央企本地分支机构提供全面和专业的本外币金融产品和境内外一揽子解决方案。

【经营管理】

2023年，渣打郑州分行保持经营的连续性、稳定性，有效运用外资银行境外渠道和具备比较优势的产品和服务，助力企业通过境外银团贷款和发债利用国际市场资金，全年信贷资金投放相对充足，盈利能力保持稳定。渣打郑州分行继续保持客户投诉、案件的零记录，各项主要经营指标均远超同期开业分行，境外端业务收益列全国第十一位，超过多家大中型分行，渣打银行独特的网络和产品优势得到了充分发挥。

【银团贷款业务】

渣打银行是国际资本市场上重要的参与者，在境外银团贷款牵头发起等方面有着丰富的经验，持续帮助优质的河南企业在境外市场融得较低成本的外汇资金。2020 年起，积极参与河南企业境外银团贷款项目。2023 年，渣打郑州分行成功协同渣打等境外机构参与完成了某河南知名企业 7.66 亿美元境外银团贷款。

【外债和财务顾问业务】

渣打银行在香港债券和同业市场上优势明显。分行据此积极、持续推介和服务河南平台企业境外发债，2020 年起，积极参与河南企业香港市场发债业务。2023 年，渣打郑州分行积极协同渣打境外专家团队，为某河南知名企业在境外收购 8.31 亿美元资源类权益担任财务顾问。

【绿色和可持续金融业务】

渣打银行始终在经营活动中关注企业的社会责任，特别是关注业务中可能涉及的环境、社会和公司治理风险。渣打郑州分行配合总行主导和参与了河南省评级最高的海外绿色债券、可持续挂钩银团贷款等业务。2023 年 2 月，渣打银行向河南省某知名企业提供了河南首单可持续挂钩的贸易融资，解决了借款人在管理复杂、分散和不透明的供应链融资流程方面的痛点，并帮助企业简化工作流程，通过提高运营效率和减少融资周转时间来释放更多的营运资金。2023 年 10 月，渣打银行还协助另一家河南知名企业完成了首单向境外买家出售温室气体排放信用额的业务。渣打银行直接与该客户进行自愿碳信用交易，交易标的由国际公认的自愿碳信用认证机构之一黄金标准进行验证。渣打银行是首家帮助客户实现碳资产货币化的银行。该交易也是渣打银行首次与中国在岸企业客户进行碳信用交易。

【国际结算业务】

2023 年，在常规结算业务之余，渣打郑州分行充分发挥渣打网络优势，为多家银行及其客户提供“一站式保函”服务，向中资银行无法覆盖的国家和地区转开投标、履约保函，有效降低了建设企业与海外银行和发包方的沟通成本，提高了效率。此外还持续帮助各种类型的外贸企业从一些信用记录存疑的银行以信用证、托收等方式回收货款。

【内控案防】

在以条线为主推动业务发展的架构下，渣打郑州分行管理层以内控、合规和分行治理为首要工作目标。2023 年，分行有效传导监管政策，在内控案防的本地化、精细化、严格化上下功夫，坚持合规前置，嵌入业务全流程，不折不扣地完成内外各种规定和自选动作，推进全面、深入、全覆盖的培训，在外资共识文化的基础上，探索本地化风险管理的有效方法。全行未发生任何案件（风险），始终保持零发案率的良好记录。

河南农商联合银行

【综述】

2023年11月7日，经国家金融监督管理总局批复，河南农商联合银行正式挂牌。河南农商联合银行是在省联社的基础上，由省属国有企业出资发起设立，是具有独立法人资格的省级地方性银行业金融机构，为金融类省管重要骨干企业，是省政府对河南省农商银行系统的行业管理机构，全面履行对河南省农商银行系统“加强党的领导、规范股权管理、提供行业服务、强化风险管控”职能。

截至2023年末，河南省农商银行系统共有135家市县法人机构（其中农商银行105家、农信联社30家），网点4398个，在岗员工46051人，是河南省资产规模最大、网点数量最多、服务范围最广的地方性金融机构；资产总额2.4万亿元，存款余额2.04万亿元，较年初新增1086亿元；贷款余额1.23万亿元，较年初新增773亿元；缴纳各项税费51.58亿元。长期以来，农商银行系统以河南省银行业金融机构20%的存款，发放了河南省34%的涉农贷款、36%的小微企业贷款、57%的农户贷款和79%的扶贫小额贷款。

【金融改革】

河南农信坚持以“两个一以贯之”为统领，以“打造一流农商银行”为目标，从“本质安全、健康发展、利于长远”的战略高度，坚持改革与化险一体推进、“控新”与“治旧”同向发力，以组建河南农商联合银行为牵引，推进河南省农商银行系统进行重塑性、彻底性的改革，聚焦风险高发多发易发复发问题，全面加强对信贷、财务、高管、系统等集中统一管理，充分发挥农商联合银行改革化险的“母体”和“压舱石”作用，坚决破除长期困扰稳健发展的顽瘴痼疾，探索走出了一条独具河南特色、符合自身实际的以化险守底线、以改革固根本的新路子，为新一轮农村信用社改革贡献了“河南智慧”、提供了“河南方案”。2023年11月7日，河南农商联合银行揭牌成立，这是河南深化农信社系统重塑性改革、推动地方金融改革发展取得的又一重要阶段性成果。

【资金管理】

优化管理架构，夯实制度基础，强化风险管控，提升业务收益，牢牢守住资金安全运营底线，持续推动金融市场业务稳健可持续发展。一是构建省行与联合作业中心两级管理模式。推进13个省辖市实行金融市场业务集中联合作业，压实市行属地管理责任，上移管理重心，缩短管理半径，充分发挥规模优势和资源集聚效应，着力实现信息共享、风险共识、形势共判、策略共商。二是系统梳理修订制度体系。印发《河南农村商业银行系统金融市场业务管理办法》等8项规章制度，夯实条线管理制度基础，完善内控运行机制，确保各项业务有规可依、有章可循。三是筑牢风险防控“三道关口”。建立条线合规题库，加强合规教育，筑牢“意识关”；完善业务和交易对手准入“白名单”机制，加强合规管理，守好“准入关”；按日跟踪到期收回情况、按周监测不良处置进展，按季下发业务运行通报，做实“监督关”。2023年末新增逾期欠息金融市场业务，存量不良清收处置取得进展。四是持续优化投资结构。提高利率债投资占比，推动资金使用效率和收益水平稳步提升。截至2023年末，河南省农商银行系统利率债投资占比达 97% 以上，其中投资河南省政府债达 208 亿元，2023 年金融市场业务收益率较上年提升了 9 个 BP。

【风险资产管理】

始终坚持稳中求进的工作总基调，牢牢把握稳健发展的方向不偏移，以防范化解金融风险和加强体制机制建设为路径，控新治旧，强基固本，圆满完成清收目标，金融风险有效缓释，合规理念深入人心。一是全力推进不良资产集中清收盘活。坚决扛稳清收主体责任，把防风险与建机制、促改革、谋发展结合起来，按照“去存量、防变量、优增量”的整体思路稳妥有序化解金融风险，推动不良资产集中清收盘活工作取得阶段性成效。2023 年，河南省农商银行系统累计清收盘活不良资产 728.87 亿元，其中现金清收 216.29 亿元。二是持续推进全面风险管理建设。省农商联合银行成立后，进一步修订完善风控制度，明确了省市县三级风险管理架构、风险管理“三道防线”运行机制，着力建立垂直、独立、有效的风险防控体系。三是强化风险应急管控。紧盯流动性风险管控，每周监测报告流动性指标，按月更新关注机构名单，按季开展压力测试，组织市县行社修订完善应急预案，适时开展应急演练。

【存款业务】

坚持突出总量与结构并重、降本与增效并举，积极开展组织资金工作，存款余额突破 2 万亿元，各项存款余额、市场份额稳居河南省银行业金融机构首位。一是完善定价管理。建立健全存款利率定价管理机制，研发上线存款利率差异化定价系统，对标市场及时跟进调整，确保利率定价科学有效。二是调优存款结构。优化存款指标考核体系，严格营销费用管理，围绕场景生态建设、支付结算服务、中间业务代理等，持续带动低成本存款增长，存款付息成本较年初下降 20 个 BP。三是加强对外合作。在全面加强合作的基础上，快速响应财政部门需求，扎实推进惠民惠农财政补贴资金“一卡通”代发和政府非税收入代收业务，持续拓宽低成本存款资金来源。

【贷款业务】

坚守支农支小市场定位，持续夯实信贷管理基础，全面提升信贷资产质量和服务实体经济质效。一是全力服务乡村振兴。出台金融服务乡村振兴指导意见，逐村逐户推进整村授信，持续开展新型农业经营主体建档评级，2023 年累计投放乡村振兴贷款 1398.62 亿元。二是继续扛稳金融扶贫重任。严格落实“四个不摘”要求，持续推动巩固拓展脱贫攻坚成果同乡村振兴有效衔接。三是支持重大项目建设。紧盯河南省“三个一批”重点项目，实行清单化管理、跟踪式服务，切实满足重点企业、重要领域、重大项目融资需求。截至 2023 年末，已向省市县重点企业投放贷款 648 亿元。四是提升小微企业金融服务质效。深入开展“金燕入万企”活动，通过主办银行制度、企业包联机制、专项对接走访，加大信贷投放。截至 2023 年末，河南省农商银行系统民营和小微企业贷款余额达 7558 亿元。五是优化信贷结构。坚持“小额先行、对公客户白名单管理”，小额贷款、大额贷款抵质押担保占比分别较年初上升 2.05 个、1.78 个百分点。六是实施减费让利。积极传导政策红利，降低市场主体融资成本，2023 年贷款利率下降 0.39 个百分点，向实体经济让利 16 亿元。

【中间业务】

2023 年河南省农商银行系统中间业务收入 6.14 亿元，较 2022 年增加 1.4 亿元，同比增幅 29.45%。主要收入来源包括银行卡业务、结算业务、代理类业务、理财业务以及担保类业务。一是加大考核力度。首次将中间业务收入目标纳入全年业务经营考核，发挥考核的导向和约束作用，进一步激发全系统中间业务发展潜力。二是丰富业务种类。与中国人寿、新华人寿、太平洋人寿、人民人寿等开展业务合作，持续丰富中间业务种类。代销保险与贵金属业务规模均达到历年来最高水平。截至2023年末，全系统代销类中间业务收入8167万元，同比增幅281.1%。三是拓宽业务渠道。推动电子社保卡签发，做好社保待遇发放，实现第三方主流渠道全面接入，全系统金燕社保卡存量3838万张，建成“一站式”社保卡服务窗口2717个，社保卡发卡量和激活率稳居河南省“双第一”。

【金融创新】

着力丰富线上金融产品与营销服务体系，上线便民缴费管理平台，新增信用卡动账推送功能，升级改造电子汇票2.0系统，推进智能客户服务建设，提升线上服务广度与深度。深入推进场景金融生态圈建设，综合运用手机银行、“金燕e付”等产品，加大政务、教育、医疗、交通、零售、民生缴费等行业场景拓展力度，提升价值创造，拓宽服务边界。截至2023年末，河南省农商银行系统电子银行客户数3202.5万户，个人电子银行覆盖率89.72%，建成各类线上线下场景14954个。

【资金清算】

着力搭建安全、高效、快捷的支付清算平台，打造现代化支付清算服务体系，河南省农商银行系统支付清算水平得到显著提升。一是稳步开展支付结算业务。2023年，河南省农商银行系统支付清算系统处理支付业务48.58亿笔，同比增长14.69%，清算资金58.31万亿元，同比减少27.28%；严格遵守支付清算业务规定，查询查复率达100%，确保支付结算准确及时。二是持续优化清算系统功能，提高清算效率。新上线净借记限额低于预警值、清算排队、轧差排队的短信提醒功能；新增核心系统清算备付金监测控制功能，严格落实监管机构支付清算账户“不发生隔夜透支”要求，确保支付清算资金充足，防范支付风险。三是持续贯彻落实支付手续费降费让利工作。2023年河南省农商银行系统支付清算业务累计让利243.91万元，其中柜面渠道业务让利69.97万元，刷卡手续费让利173.94万元。

中原银行股份有限公司

【综述】

中原银行股份有限公司成立于2014年12月23日，是分支机构网点覆盖河南省的省级法人银行。2017年7月19日，在香港联交所主板挂牌上市。2022年5月25日，经中国银保监会批准，正式吸收合并洛阳银行、平顶山银行及焦作中旅银行。截至2023年末，全行资产总额13464.46亿元，在国内城市商业银行中排名第8位，下辖18家分行、1家直属支行，684家营业网点，1家消费金融公司，2家金融租赁公司和14家村镇银行。

【存款业务】

截至2023年末，中原银行一般存款余额（不含应计利息）8375.22亿元，较2023年初增加102.02亿元，增幅1.23%。其中，对公存款余额3177.66亿元；个人存款余额5197.56亿元，较2023年初增加557.03亿元，增幅12.00%。公司存款方面，中原银行通过抓基础客群建设、对公结算存款提升、县域对公存款提升、授信客户经营提升、机构重点板块资金等，持续实现稳存增存。零售存款方面，持续围绕代发、老年、财私等重点客群加大金融服务力度，加强长尾客群直营，不断丰富产品货架，迭代升级线上线下渠道系统功能，优化业务流程，全面满足零售客户金融需求、提升服务体验。

【贷款业务】

截至2023年末，中原银行各项贷款总额（不含应计利息）7074.62亿元，较2023年初增加233.87亿元，增幅3.42%。其中一般对公贷款3974.58亿元，较2023年初增加248.81亿元，增幅6.68%；个人贷款2595.01亿元，较2023年初增加220.15亿元，增幅9.27%；票据贴现505.03亿元，较2023年初减少235.09亿元，降幅31.76%。公司贷款方面，中原银行依托“三个一批、982省重点、双百工程”等项目清单，做实做细项目储备，持续深化制造业客群分层经营，打造供应链金融“中原e链通”产品体系，有力服务企业发展。零售贷款方面，中原银行持续优化完善个贷产品体系，提升购房、购车、装修、日常消费等场景专业服务能力，促进零贷业务发展。

【服务实体】

中原银行牢记省属法人银行职责使命，紧紧围绕服务河南经济社会发展大局，扩大融资规模，优化融资结构，将资金投放向“十大战略”、现代产业体系建设等重点领域和金融服务薄弱环节倾斜，整体服务能力和服务水平不断提升。截至2023年末，围绕“十大战略”累计投放2265亿元，其中2023年新增信贷支持1572亿元；支持重点项目建设321个，投放贷款517.39亿元，2023年新增329.46亿元。聚焦七大产业集群、28条产业链，抢抓优质项目和重点客群，产业链重点企业投放金额较2023年初新增172.48亿元。深入推进保交楼专项行动，累计融资金额64.01亿元。投行综合服务提质增效，累计为客户融资335.23亿元，较2022年增长115%。落地河南省首单可持续发展挂钩贷款4.5亿元，绿色信贷累计新增投放174.2亿元。

【科技金融】

中原银行聚焦科技型企业金融需求，提供全生命周期、全链条、全生态服务，打响科技金融服务品牌。完善组织架构，在总行成立一级部科创金融中心，统筹科技金融政策研究制定、产品创设、业务推动、渠道搭建、服务支撑等工作。制定科技金融三年发展行动方案，明确3年内支持科技企业不低于3000亿元。推动设立了6家科技支行和1个专营团队，拓宽科技主体服务覆盖面。突出服务重点，大力支持中原科技城、中原医学科学城、中原农谷三大科技创新支柱平台建设，共计授信47.43亿元，投放超过28亿元。构建专属产品体系，围绕科技企业全生命周期建立了4大类产品谱系。聚焦孵化期，创设“园区建设经营贷”等产品，有力支持科技企业孵化。聚焦初创期，定制“商易贷”等产品，满足引进人才、购置厂房等资金需求。聚焦成长期，量身定制“专精特新贷”等产品。聚焦成熟期，定制“技改贷”等产品，助力企业做大做强。创新服务模式，提高科技金融服务适配性。利用数字化工具，优化服务流程，为科技企业提供高质高效金融服务。截至2023年末，服务科技型企业户数达1.14万户，有贷户数2206户。专精特新贷累计投放33.87亿元，科技贷累计投放29.22亿元，知识产权质押融资全年累计投放9.32亿元。

【普惠业务】

中原银行持续深耕普惠金融，强化对重点领域小微企业金融支持，围绕产业做小微，扶持地方特色产业、行业发展，创设“特色客群”“优质市场”融资模式，批量准入118个优质市场、264个品牌经销商、236个特色客群方案，制定清晰授信策略，提升重点客群差异化服务能力。截至2023年末，普惠小微贷款余额837.77亿元，较2023年初增长75.80亿元。普惠小微有贷户15.82万户，较2023年初增长2.94万户。持续完善乡村振兴综合服务体系，打造乡村振兴综合服务平台，创设“豫农贷”“产业贷”系列产品包，打造特色农业产业链生态场景、乡村政务场景、便民服务生态场景三大涉农生态场景，整村授信和智能仓管两大特色服务模式，建设涉农风控体系，有力推进惠农业务发展。截至2023年末，准入信用村1.67万家；全口径涉农贷款余额1607.71亿元，较2023年初新增128.24亿元；普惠型涉农贷款余额170.16亿元，较2023年初新增36.36亿元。

【风险管理】

中原银行持续践行稳健的风险偏好和风控策略，完善全面风险管理体系，加快推进全面风险管理系统建设。坚持将控新治旧作为各项工作的重中之重。控新方面，加强不良贷款复盘分析，深刻剖析大中型信贷客户不良成因，全面梳理风险现状及问题症结，制定授信指引、集中度管理等风险管理制度，完善风险防控机制，建立独立审批人机制，强化信贷全流程管控，筑牢风险防控“三道防线”。强化政策制度、管理标准、系统管控等刚性约束，有效遏制不良新增，2023年末不良率为2.04%。治旧方面，认真落实河南省政府不良资产清收盘活工作要求，成立不良资产清收盘活领导小组和工作专班，制定配套方案、工作机制和保障措施，实行日通报、周调度、月总结、季考核机制。建立健全督导帮扶、担责免责、资源激励、协同共管等机制，强化目标考核和过程控制。积极对接省工作专班，加强外部沟通汇报，争取资源支持，综合施策推动不良资产清收化解，圆满完成不良资产集中清收盘活任务。

【科技建设】

中原银行坚持科技兴行，夯实科技基础，提升研发能力，深化数智应用，强化科技赋能，助力全行高质量发展。科技基础建设方面，实现分布式缓存平台全面云原生化，完善云服务管理平台，全行应用系统云化率达94%,有力支撑业务敏捷创新。强化数据基础方面，不断完善公积金、不动产等数据引入；构建全行实时数仓，支撑实时大屏、实时营销等业务应用场景。加强安全防护方面，上线移动终端安全检测平台，成功阻断17起黑产电信诈骗事件。科技创新实践方面，积极探索大模型技术应用建设，完成知识问答助手MVP版本上线，初步打通大模型场景应用落地路径。

【数智转型】

深化数智转型,按照“1234+N”数智转型蓝图，2023年识别转型项目33个，完成率98%。围绕开拓市场，开发小微优质市场模型批量准入118个优质市场，上线公金e掌通，新开户达14179个。围绕服务客户，中原银行APP启动时长从2.8秒降至1.4秒，人脸识别通过率提升至96%。围绕防范风险，通过征信特征衍生平台缩短模型开发时间，开发对公智能贷后模型，预警准确率达70%。围绕创造利润，供应链平台延链入驻企业1419家放款103.87亿元；优化豫农E贷2.0，上线产业普惠贷，实现放款24亿元。积极开展“数智1+1赋能总分支”“数智训练营”“中原好点子”“中原燃六点”等活动，提升全行数智能力。中原银行数字化转型实践案例入选中国银协《数字化转型之路：中国银行业优秀实践案例集》，有效提升数智转型品牌业界影响力。

郑州银行股份有限公司

【综述】

郑州银行股份有限公司是一家区域性股份制商业银行，1996年11月成立，2015年12月在香港联交所上市，2018年9月在深交易所上市，是全国首家“A+H”股上市城商行。截至2023年末，郑州银行（集团）资产总额人民币6307.09亿元，员工人数5329人，网点总数182家，发起成立并控股河南九鼎金融租赁有限公司，管理中牟、新密、鄢陵、扶沟、新郑、浚县、确山7家郑银村镇银行。

【金融改革】

2023年，郑州银行全面深化改革，推进业务转型，增强内生动力，将党的领导融入公司治理，完善组织架构，健全干部管理机制，强化绩效考核刚性约束，将资源向业绩、一线倾斜，稳步推进业务转型。建立对公、零售条线长制度，条线长统筹管理、牵头推进条线管理工作；将科创金融事业部纳入对公条线管理，将渠道管理部、运营管理部、资产管理部纳入零售条线管理，撤销对公、零售、风险三个条线独立二级部，理顺对公、零售组织架构；制定《二级支行零售专营定位指导意见》，将全行182家二级行中88家定位为零售专营支行，其余94家保留为综合经营支行。零售转型率先启动，全面铺开。推动“进线上＋进乡村＋进社区”，统筹“厅堂＋店周＋联动”，重构和升级产品体系、服务体系、人才体系、科技体系。对公转型明确定位，重点突破。围绕政务金融、产业金融重点发力，培育新的增长极。风险内控转型溯源归因，谋定后动，重在建设有效的内控合规体系，推进风险队伍垂直管理，持续健全风险系统建设，提升数字化风控能力。数字化转型搭建基石，快速切入。启动数据中台建设，打造科技赋能、数据驱动、业务联动的数据服务能力中枢，强化科技与业务融合。

【信贷资金管理】

2023年，郑州银行大力支持基础设施、城市更新等项目建设，强化对科创企业、普惠小微等重点领域支持力度。持续践行绿色金融发展理念，以可持续发展为核心价值观，致力于区域经济与资源环境和谐共进，深化绿色金融领域资产布局。截至2023年末，绿色信贷余额40.88亿元，较2023年初增加12.34亿元，增幅43.24%；政策性科创金融贷款余额334亿元；支持省市七大产业集群和“28+20”产业链63亿元；支持河南省“三个一批”、重大项目82亿元。

【资产风险管理】

2023年，郑州银行强化风险管理效能，严格落实“早识别、早预警、早暴露、早处置”要求，优化调整预警规则，做实收息管理，不断强化贷后管理，定期开展贷后管理例会，持续加强风险监测，严控增量风险，严防资产质量劣变；针对风险资产，深入剖析风险成因，一户一策制定化解方案；攻坚不良资产清收，设立工作专班，建立督导台账，拓宽处置渠道，完善激励方案，编写资产处置法律问答，加速推进不良资产处置。截至2023年末，郑州银行不良贷款率1.87%。

【存款业务】

截至2023年末，郑州银行存款余额4029.85亿元，较2023年初增长164.15亿元，增幅4.25%。

一般性存款3553.46亿元，较2023年初增加230.98亿元，增幅6.95%。其中，对公存款余额1906.96亿元，较2023年初下降37.68亿元，降幅1.94%；储蓄存款余额1646.50亿元，较2023年初增加268.65亿元，增幅19.5%。

【贷款业务】

截至2023年末，郑州银行各项贷款余额3558.96亿元，较2023年初增长302.55亿元，增幅9.29%。批发和零售业734.62亿元，占各项贷款20.64%；租赁和商务服务业668.71亿元，占各项贷款18.79%；水利、环境和公共设施管理业446.54亿元，占各项贷款12.55%；房地产业307.93亿元，占各项贷款8.65%；建筑业259.48亿元，占各项贷款7.29%。

【中小企业贷款】

2023年，郑州银行持续迭代优化小微重点产品"房e融""助业贷""E采贷""E税融"等业务，为客户提供更便捷的融资服务；持续加大对省内特色小微客群的支持，梳理客群33个，投放金额1.02亿元；推进"郑州银行普惠金融服务港湾"建设，建成普惠金融服务港湾21个；扎实开展市场调研，持续推进"走万企、提信心、优服务"工作，解决小微企业融资难题。截至2023年末，郑州银行单户授信总额人民币1000万元（含本数）以下小微企业贷款余额（不含贴现）人民币499.6亿元，较2022年末增长12.8%，高于一般贷款较年初增速4.97个百分点；普惠小微企业客户数68144户，较2023年初增加1388户，完成"两增"监管指标。

【私人业务】

2023年，郑州银行"金梧桐"理财产品已涵盖零钱管理、稳健投资及投资增益等多类产品，针对代发客户、新客户、新市民等客群发行专属理财产品。截至2023年末，郑州银行个人存款总额1686.43亿元，较2022年末增加19.55%；理财存续规模443.88亿元，代销合作机构34家，各类代销产品总存续规模51.03亿元；个人消费贷款123.36亿元，占个人贷款总额14.66%；累计发行信用卡72.47万张，较2022年末增加9.34万张。

【中间业务】

2023年，郑州银行中间业务主要包括银行卡及结算业务、代理及托管业务、理财业务、证券承销业务、担保与承诺业务等，着力规范涉企收费，稳步推进中间业务发展。响应中国银行业协会关于调整银行部分服务价格提升服务质效的倡议书，积极主动承担抵押登记、评估等费用，落实支付服务降费政策；免收手机银行年费和电子汇划费、网银电子汇划费、令牌工本费等手续费，持续推进减费让利工作，有力提升金融服务质效。截至2023年末，郑州银行实现中间业务收入7.34亿元。

【理财业务】

2023年，郑州银行金梧桐理财品牌下共发行7个系列产品，全部为净值型产品，包括：金梧桐鼎信、金梧桐鼎利、金梧桐致远、金梧桐行稳、金梧桐鼎益、金梧桐行远、金梧桐郑银宝。其中，金梧桐郑银宝为现金管理类产品。截至2023年末，存续非保本理财产品99支，均为净值型产品，期末理财资金余额443.88亿元，较2023年初下降13.43亿元，下降2.94%。封闭式净值型产品存续68支，期末余额61.29亿元；开放式净值型产品存续31支，期末余额382.59亿元，其中现金管理类产品1支，期末余额74.24亿元。代销理财产品余额3.12亿元，规模平稳增长。

【银行卡业务】

2023年，郑州银行以商鼎卡为基础卡种，不断丰富品种、完善功能，发行新就业形态工会会员卡、兔年生肖卡等。截至2023年末，郑州银行累计发行借记卡782.76万张，较2022年末增加41.57万张。围绕客群建设、数字化转型、金融普惠等方面持续发力。以"数字卡＋实体卡”获客模式，加速数字化转型；围绕客户需求，深度布局消费场景，新发行省内城市主题卡、地铁卡等产品；2023年信用卡新增发卡9.34万张，累计发卡72.47万张；工会会员卡累计发卡194.52万张，较2022年末增加5.38万张。

【资金清算】

2023年，郑州银行全年办理跨行资金清算业务4804.73万笔，金额188328.49亿元。其中：大额支付系统79.31万笔，金额178368.57亿元；小额支付系统1743.95万笔，金额2927.09亿元；城商行支付清算系统50.47万笔，金额286.83亿元；网上支付跨行清算系统2931万笔，金额6746亿元。

【金融创新】

2023年，郑州银行立足金融职能、借力金融科技，开展金融创新、持续提升金融服务。结合郑州银行“四个转型”工作，产品创新管理委员会持续优化体制机制，全年完成创新类项目立项评审12项。创新实验室协调推动各类创新项目的研发落地，完成市民金融宣传站项目、OCR识别银行流水、财资管理云等5个创新项目的落地应用。开展产品创新和优化，面向科技型企业、小微企业和市民等客群推出科技人才贷、认股权贷、知识产权质押贷、专精特新贷、订货贷、企采贷、郑乐分、郑享金等专属产品。

【经营管理】

一是坚持经营定位，提升服务质效。坚持服务地方经济、中小企业和城乡居民的市场定位，支持省市七大产业集群、“28+20”个重点产业链、“三个一批”等145亿元；累计支持各类科创企业3803家，余额334亿元；建成普惠金融服务港湾21家；全力打造“市民管家”“融资管家”“财富管家”“乡村管家”四大管家服务。二是实施改革重塑，激发动力活力。推进体制机制改革，建强干部人才队伍，强化激励约束，资源向一线倾斜，推进零售业务、对公业务、风险内控、数字化“四个转型”，构建起高质量发展的基本框架。

【资产保全】

2023年，郑州银行持续加强风险资产管理，坚持依法合规，以资产为抓手，统筹采取现金清收、重组盘活、拨备核销、以物抵债等方式，确保不良资产清收处置快速高效。制定《郑州银行不良资产处置定价管理办法》《郑州银行对公不良资产批量转让管理办法》，修订《郑州银行呆账核销管理办法》《郑州银行抵债资产管理办法》《郑州银行抵债资产管理操作规程》，在批转核销的基础上，加大以物抵债工作力度。

【信息科技】

近年来，郑州银行上线云交易2.0，实现对公网银多版本、多方式登录，全新UI界面，简化操作，提升对公电子渠道客户体验；上线国产化办公系统，集成流程、公文、新闻、合同及制度管理等核心模块；优化移动办公平台，实现移动审批，提升运营效率；上线金融资产减值系统，达成预期信用损失模型的高效部署，实现减值批量测算与预测，助力经营决策；上线综合财富管理平台，优化客户风险承受能力测评，实现代理理财、基金、信托及资管计划等产品的综合管理；上线新一代票据系统，支持票据拆分流转，新老票据同页面交易，提升客户电子票据业务的操作体验。

证券、期货机构

中原证券股份有限公司

【综述】

2023年，中原证券股份有限公司明确了公司高质量发展的方向、策略和六大举措，聚焦主责主业、整合业务资源、深化业务转型、补齐功能短板、推进管理提升和做好组织保障，资金优化配置等十项高质量发展工作方案付诸实施，实现经营业绩稳步增长。

主体业务稳健发展。财富管理转型纵深推进，投顾业务开局良好，财升宝月活突破百万；债券自营发挥人才、专业和管理优势稳健运作，投资收益率继续保持较高水平；投行团队深耕项目储备，抓好项目承做，股债融资超过180亿元；资管业务产品体系逐步完善，规模显著提升。

经营统筹有序开展。实现自有资金投资业务统筹管理，中鼎开源与河南开元一体化运营，资管和公募基金筹备组统筹运作，构建了涵盖研究、投行、投资等业务的“N位一体”服务体系。两个投资类子公司减资7亿元，增加了公司净资本、降低了杠杆率、提高了业务收入。

业务结构优化调整。推动子公司板块全面聚焦主责主业，中州蓝海定位于科创板跟投，中原股交聚焦服务挂牌企业投融资，中鼎开源专注于河南省内优质项目投资、做大管理基金规模，中原期货大力发展经纪业务、稳健发展风险管理业务、退出资管业务，退出自有资金投资业务，中州国际明确大力发展轻资本业务、有序退出重资本业务。

降本增效深入开展。坚持刀刃向内，制定降本增效三年行动方案，重点推动结构性降本增效，全面推行全成本核算，积极盘活发挥低效资源作用，开展低成本融资，取得初步成效。同时加大风险项目清收，取得明显成效。

组织保障全面强化。完善公司法人治理机制，加强干部队伍建设，完善全员绩效考核机制，大量基础但影响长远的组织保障工作得到加强，激发了公司内生动力。同时推动包括合规、风控、内控、人事、财务、技术等职能归并集中及服务下沉，提升了管理集约化水平。

【经营业绩】

2023年公司实现合并营业收入19.68亿元，同比增加4.62%；利润总额2.12亿元，同比增长98.54%；净利润1.96亿元，同比增长117.07%。

一、经纪业务。2023年，公司证券经纪业务聚焦主责主业，着力固根基扬优势、调结构促转型、补短板稳份额，积极推进数字化转型赋能，加快投顾服务体系建设，推进管理能力升级、运营模式转型、服务赋能提升，提升服务效能，助力公司高质量发展。在零售客户服务方面，以线上线下一体化财富管理体系建设为抓手，精心策划组织“开门红”“稳存促增提质增效”等多项主题营销活动，推动客户数量及客户资产平稳增长，夯实客户基础。截至2023年末证券经纪业务客户总数298.91万户，较上年增长13.63%，同时公司积极布局打造买方投顾业务，初步完成投顾产品体系建设、投顾队伍建设、投顾平台建设、投顾产品上架等业务，投顾服务取得实质性突破；在高净值客户服务方面，公司以举办第一届“逐鹿中原杯”私募大赛为契机，不断提升公司的私募机构服务能力，助推一线引入私募机构开户，持续完善私募代销生态链；此外，面对整体市场行情不佳的情况，公司加大了ETF基金的销售力度，全年实现首发销售1.8亿元，保有规模由20.71亿元提高到31.47亿元，增幅达52%，全年公募基金销售额达33.42亿元，同比增长3.76%。公司财富管理业务的数字化运营能力持续增强，财升宝APP的月均活跃用户数稳定在百万级别以上。

二、投资银行业务。2023年，公司投资银行业务紧抓注册制全面实施、河南省五年上市倍增行动等机遇，持续贯彻“N位一体”金融服务模式，加快向满足客户全生命周期的综合服务需求转型，提升一体化综合金融服务水平。准确把握监管要求和动态，不断完善投行制度体系，履行资本市场“看门人”的职责，夯实“三道防线”职责，对外部检查发现和提出的问题，通过建章立制、完善机制等方式，积极研究有效整改措施，切实提升执业质量。报告期内，公司完成IPO联席主承销项目1单，上市公司再融资主承销项目3单，沪深两市股权主承销金额全年累计人民币16.56亿元；完成公司债主承销项目12单（含联席主承销），完成企业债主承销项目1单，完成资产证券化主承销项目1单，债券类主承销金额全年累计人民币70.75亿元，同比增长41.27%；完成债券分销类项目172期，分销金额全年累计人民币91.89亿元，同比增长83.49%。此外，完成新三板定向发行4单，累计融资人民币0.56亿元。

三、资产管理业务。2023年，资产管理业务认真落实公司差异化、特色化发展的战略，积极适应行业发展和居民财富配置需求，新发并成立了固收型产品和混合型FOF产品，构建起涵盖货币、固收、指数和FOF等类型的基础产品体系，在产品投资范围、期限和收益特征方面，满足客户多样化需求。公募基金管理公司筹备工作有序推进，已于2023年10月向中国证监会上报正式申报文件。公司资产管理总规模36.63亿元，包括大集合货币型集合资产管理计划1只，管理规模20.90亿元；集合资产管理计划6只，管理规模15.37亿元；单一资产管理计划1只，管理规模0.36亿元。

四、自营投资业务。2023年，公司自营业务发挥人才、专业和管理优势，科学调整投资策略，不断优化资金布局，抢抓地方债增量供给机会，顺利完成场外业务上线，推动盈利模式积极转型。固定收益投资方面，深入研究和把握利率市场行情，为债券收益投资打下了坚实的基础；不断挖掘信用债市场的潜力，主动抓住市场机会，扩大了固定收益投资规模；在市场波动的情况下，通过灵活调整持仓结构，有效避免收益的大幅回撤，确保了固收投资回报的稳定性。权益投资方面，始终秉持着“中性”的策略原则，通过采取有效的措施，成功地防范了权益市场的下行风险；积极拓展场外衍生产品业务，持续推动投资方式的转型升级，进一步扩大了投资回报。

五、信用业务。2023年，公司融资融券业务，风险管控方面，上线可充抵保证金分组集中度，根据证券流动性、证券市值等因素，动态调整可充抵保证金证券分组，建立对大额融资融券客户动态管理机制，优化预警及风险处置机制，推进风险管控不断向精细化管理方向发展。客户服务方面，积极探索创新服务模式，丰富服务内容，深入分支机构开展培训服务，帮助客户了解融资融券基础知识和交易策略，稳步推进融资融券客群基数提升。股票质押式回购业务坚持“服务协同”定位，深化与公司财富管理、投行及其他业务条线合作，利用公司综合资源、信息优势，挖掘优质客户；主动压降大额合约，降低业务集中度；积极化解风险项目，违约项目余额大幅度下降，专业能力和资产质量稳步提升。

六、区域性股权市场业务。公司通过子公司股权中心开展区域性股权市场业务。2023年，股权中心围绕公司高质量发展长期目标，发挥区域性股权市场各项服务功能，服务河南省实体经济发展。落实证监会要求，与新三板签署“绿色通道”监管合作备忘录，成为首批签约单位，贯通河南省区域性股权市场创新型企业进入公开市场的“快车道”，全年新增7家企业转板至新三板、1家企业转板至创业板。顺利完成中国证监会及河南省区块链创新应用试点建设，为企业及其股权服务建立数字可信底座，赋能企业发展，实现“T + 0”时效报送业务数据，股权登记托管、挂牌、交易、投融资对接、政策对接等业务过程和结果全部上链。持续提升市场融资功能，探索打造专属科创金融产品，多样化开展投融资对接活动，汇聚地方金融资源优化市场融资服务，扩大企业各类融资规模。做精做深股权登记托管，持续发挥“第三方监督”和“专业服务”优势，强化登记托管公信力，探索托管业务新业态。持续推动企业服务重心下沉，与洛阳市合作开展河南省地市综合金融服务试点，切实做好企业孵化、融资融智和挂牌辅导，全面提高服务效率和水平。截至年末，累计挂牌企业数量10272家，与上年末基本持平；累计融资人民币260.98亿元，较上年末增长12.46%；托管企业492家，托管股份842.26亿股，分别较上年末增长3.36%和0.88%。

七、境外业务。公司通过子公司中州国际及其子公司开展境外业务。2023年，中州国际践行“窗口”和“中介”平台的战略定位，持续推进业务转型，联合港交所在郑举办豫港资本市场交流会，全年参与完成了4单IPO上市承销，3单财务顾问，1单咨询顾问，2单债券发行；累计回收存量项目2.59亿港元，有效缓释潜在风险。截至2023年末，中州国际证券业务客户数量8675户，托管资产总量值42.96亿港元，同比增长2.41%；累计代理股票债券交易量21.08亿港元；公募基金代销业务累计认购金额约8.82亿港元，同比提升约2.72倍；证券开展融资业务余额约1.40亿港元。

八、另类投资业务。公司通过子公司中州蓝海开展另类投资业务。2023年，中州蓝海结合行业发展规律及自身情况，制定了聚焦主责主业方案，明确了业务发展方向及重点工作。做好存量项目的投后管理和低效资产的清收，优化资产结构，提升资产质量；加强与公司研究所、投资银行的协同，发挥“N位一体”服务体系深耕河南，挖掘具有高成长属性的硬科技公司审慎开展投资。全年共完成两家高新技术企业的投资，实现各类退出投资项目19个，资产结构进一步优化。

九、私募基金管理业务。公司通过子公司中鼎开源及其子公司开展私募基金管理业务。2023年，中鼎开源广泛对接意向合作伙伴，设立全国首家北交所专项基金“鼎豫向北基金”和卫辉产业基金，全年新增认缴管理规模人民币8亿元。投资河南省内外优质企业3单，规模合计人民币4303.20万元。持续落实公司“N位一体”战略，重点项目投后管理赋能取得阶段性成果，所投项目利盈环保提交北交所申报材料，有望成为孵化的首家北交所企业。截至2023年末，中鼎开源及其子公司共管理私募基金16只，管理基金规模人民币62.995亿元。

【组织与机构管理】

目前，中原证券直接拥有4家境内子公司和1家境外子公司，拥有分公司31家，营业部76家。证券营业部分布在全国9个省、自治区、直辖市，其中，河南省66家、上海市2家、天津市1家、浙江省1家、湖南省1家、江苏省2家、山东省1家、河北省1家、山西省1家。中原证券依据《中华人民共和国公司法》《中华人民共和国证券法》《证券公司内部控制指引》等有关法律法规及公司章程的规定，规范运作，构建了科学规范的法人治理体系，建立了包括股东大会、董事会、监事会在内的三权制衡的法人治理结构，股东大会为公司权力机构，董事会为决策机构，监事会为监督机构。股东大会是公司的权力机构，依法行使决定公司经营方针和投资计划、审议批准董监事会报告、公司增加或者减少注册资本、修改公司章程等职责。公司董事会对股东大会负责并报告工作，执行股东大会决议，行使决定公司经营计划和投资方案，制定公司预决算和利润分配方案、决定公司内部管理机构的设置等职责。公司董事会下设发展战略委员会、薪酬与提名委员会、审计委员会、风险控制委员会等。公司总经理主持公司经营管理工作，组织实施董事会决议。公司经营管理部门及分支机构对经营班子负责并报告工作。公司监事会检查公司财务，对公司董事、总经理和其他高级管理人员履行职责的合法合规性进行监督，维护公司及股东的合法权益。公司成立以来，已经建立了分工合理、职责明确、报告关系清晰的组织结构，该组织结构对公司的各级部门和各项业务都实施了有效的管理控制。

郑州商品交易所

【综述】

2023年，郑州商品交易所紧紧围绕建设中国特色现代期货市场，坚持和加强党对期货市场的全面领导，多措并举维护市场平稳运行，持续深化功能作用发挥，品种上市数量实现新的突破，期货期权品种体系更加健全，对外开放取得重要进展，安全发展基础巩固夯实，建设安全、规范、透明、开放、有活力、有韧性的期货市场迈出坚实步伐。

【市场发展】

一、强功能，有力服务稳增长大局。郑商所始终站位“两个大局”，完整、准确、全面贯彻新发展理念，推动期货市场助力保供稳价、服务国家战略取得积极成效。一是促平稳，积极服务保供稳价。密切关注市场变化，持续加强预研预判，及时掌握热点品种期现货市场动态，坚持分类监管、因品施策，针对尿素、棉花等关系国计民生的敏感性品种，积极配合现货管理部门开展联动监管，严控市场规模。针对纯碱、白糖、红枣等出现阶段性风险隐患的品种，分步有序、积极稳妥采取提高交易保证金、手续费、调整最小开仓下单量等措施，维护市场平稳运行。二是扬优势，助力农业强国建设。“保险+期货”有效助力乡村振兴。新年度项目突出省域广泛合作、县域全覆盖、助力新型农业经营主体，2023年共支持36个试点项目，为17.31万农户、118.63万吨现货提供93.44亿元风险保障。积极推动甘肃省静宁县申报全国农村改革试验区，首次将“保险+期货”纳入试验改革范畴。陕西黄陵县苹果收入险项目荣获第四届全球减贫最佳案例。尿素“商储无忧”有效助力粮食安全。新年度试点以“增量、扩面、延期、便利参与”为原则，创新实施备案制，试点区域由6省扩展至21省（区），26家企业承担国储尿素储备总量的50%，服务周期延长至8个月。三是显特色，积极服务制造强国建设。依托我国完整的工业体系，积极发掘国民经济重要产业链中间产品，目前已上市PTA、甲醇、纯碱等中间产品期货11个，在帮助制造企业管理风险、提升竞争力，促进中间产品行业实现规模化发展，畅通产业链供应链循环等方面取得积极效果。同时，积极与发展改革委合作开展中间产品期货研究，推动PTA、玻璃等中间产品期货纳入国家宏观价格监测体系，拓宽了期货服务国家宏观调控与决策的应用场景。四是促开放，提高重要大宗商品价格影响力。菜籽油、菜籽粕、花生期货和期权以特定品种方式引入境外交易者参与，截至目前，共有7个品种实现对外开放，9个商品期货、期权引入QFII/RQFII。联合郑州市人民政府、芝商所集团成功举办“2023中国（郑州）国际期货论坛”。五是扛责任，服务县域经济发展取得新成效。打造期货服务县域经济的“麦盖提样本”，新疆麦盖提县为全国红枣种植的第一大县，郑商所依托红枣期货，连续5年在当地开展“保险+

期货”项目，为2.1万户枣农提供价格风险保障。在当地设立交割仓库，吸引7家龙头企业入驻，本地90%以上的红枣实现就地加工，推动麦盖提县成为南疆地区红枣贸易流通集散地。扎实做好定点帮扶工作，十年来通过投入帮扶资金、引进资金、培训产业发展带头人等，助力定点帮扶县桐柏县乡村振兴取得新成效。

二、促发展，市场运行质量持续提升。郑商所坚持“实字为本”，把工作的着力点始终放在实体经济上，上市更多产品工具，优化合约规则制度，吸引更多产业客户参与，促进市场功能更好发挥，服务实体经济取得显著成效。一是抓机遇，丰富健全品种体系。抓住注册制改革契机，上市对二甲苯、烧碱2个期货产品以及短纤等8个期权品种，年度新上市品种数量创历史新高，活跃品种期权覆盖度近90%。冷链物流指数扩容增量，新增郑州至上海、广州、成都、西安4个单线指数，完成河南省综合运价指数编制。鸡肉解冻方法获龙头企业全面应用。二是优运行，激发市场内生活力。将组合保证金业务拓展至全体做市商，适用品种扩大至做市全部品种。在全部品种上开展银行承兑汇票作为厂库仓单担保品业务。扩大按品种方式申请套保额度适用范围至11个品种。优化苹果、纯碱、玻璃业务规则，扩大玻璃、铁合金、花生期货交割区域，降低纯碱质检费用，持续完善品种合约规则。推出意向交割配对及客户移仓业务，着力提升交割便利度。推动发布实施铁合金绿色产品认证标准，修订菜油期货交割标准，引导减少菜油交割品能耗，更好服务行业绿色发展。优化做市业务，短纤、硅铁、锰硅等5个品种稳定实现连续活跃。三是重培育，吸引更多产业客户参与。制定《促进高质量发展综合整改行动计划》，通过建立长效机制，确保提升产业客户参与工作取得长效实效。优化2023年产业专项计划，在白糖、甲醇等15个品种上继续开展“产业专项”，推动28家龙头企业首次参与期货市场。持续丰富“稳企安农、护航实体”品牌内涵，建设“产业基地”46家。推动2023全国石油和化工行业经济形势分析会首次在郑州举办以工信部、财政部等6部委为指导单位。

【强化监管】

一、强监管，持续净化市场生态。郑商所坚持“稳字当头”，强化风险防控与一线监管，坚决打击违法违规行为，持续提升科技监管效能，坚决打好舆情主动仗，扎实做好投保投教工作，促进市场平稳运行，为郑商所创新发展营造良好市场生态。一是守主业，强化市场一线监管。2023年，依规处理异常交易行为378起，纪律处分12起，认定实控组2194组，涉及5682名客户，向稽查局移送涉嫌违法案件线索1起。持续强化高频交易监管，优化特定程序化交易报备工作，在纯碱、菜粕等8个品种上实施放宽交易限额，坚决抑制过度投机。启用日盘集合竞价夜盘品种撤单功能，有效应对“撞门抢单交易”。二是提质效，强化监管能力建设。强化科技监管，在新一代监查系统上线客户实时持仓预算、申报费预警等功能，构建品种现货基本面分析模块，提升监管效率与精准度。三是建机制，扎实做好投保投教工作。全面贯彻落实“大投保”理念，构建教育宣导、诉求处理、监管服务相衔接的投保工作机制，提升投保投教质效。成功举办第六届“郑商所杯”比赛。基本建成实体投教基地，填补期货行业大型投教设施空白。优化互联网投教基地“衍生品学苑”，在2022—2023年全国证券期货投资者教育基地考核中获得优秀等级。

二、防风险，坚决守牢安全生产底线。郑商所坚持底线思维，以大概率理念应对小概率事件，持续深化全面风险管理，多措并举维护交易结算连续，不断提升技术保障能力，高质量发展安全防线更加牢固。一是全面风险管理持续深化。制定《加强风险管理 守牢安全底线综合整改行动计划》，高质量落实风险预防预警处置问责工作方案。持续推进全面风险管理，目前已经实现品种研发维护、交易结算、IT运维、系统开发等14个部门、条线风险全面识别、全面覆盖。强化应急演练，建设突发事件直报、速报信息平台，嵌入21项突发事件场景，全面畅通应急报告渠道。创新开展“查找身边风险隐患、讲好一线风控故事”主题活动，开展所内应急工作专题轮训，营造全面风险管理文化氛围。二是交易结算连续、交割平稳有序。开展安全生产大检查，高质量抓好问题排查和整改。拓展参数大运维至结算领域，打破传统交易、结算等业务条线参数管理模式，通过科技赋能对业务参数实施集中、统一运维，提升参数运维质效。为保障仓单、货物安全，持续丰富查库手段，不断推广交割仓库智慧监管平台，实时掌握仓单状态，目前已覆盖10个品种86家交割库。有力应对交割峰值压力，连续四年实现交割商品零风险。三是技术保障能力不断提升。持续优化现有交易结算系统，交易系统容量从0.6亿笔扩容至1亿笔，结算用时减半。做好六期交易系统上线准备，处理速度达到50万笔/秒，系统可靠性、容量、性能达到行业领先水平，目前信创版本已在上海异地灾备中心生产环境上线。2023年，郑商所订单、成交、持仓等各项交易运行指标均突破历史峰值，面对严峻的行情考验，郑商所技术系统始终保持安全平稳运行，没有发生重大风险事件。

【科技与研究】

郑商所着眼于长远发展需要，紧紧围绕落实郑商所五年发展战略规划，坚持数字化转型、研究型驱动赋能业务发展，行稳致远发展根基更加牢固。一是数字化转型持续推进。持续拓展金融科技应用，建设数据治理平台，优化大数据信息平台，初步建成统计分析、全景分析及交易智能分析协同的技术平台。搭建新品种智能工作平台，实现品种研发信息标准化、数字化管理。郑商所以参数大运维、交易智能分析为主体的运营分析一体化数字平台项目，获人民银行“金融科技发展”二等奖。二是研究型驱动不断深化。建立郑商所发展战略规划闭环机制，启动中期评估工作。优化研究工作机制，推进跨部门、跨界研究和融合创新，注重成果价值转化，研究赋能发展效果不断提升。聚焦期货市场服务保供稳价、农业强国建设等党中央、会党委重大关切、期现货市场热点以及实体经济痛点，扎实开展调研，做深做细研究，主动破解发展难题，2023年，郑商所7项研究成果获国家发改委、农业农村部等部委领导批示肯定。

保险机构

中国出口信用保险公司河南分公司

【综述】

2023年，中国出口信用保险公司河南分公司锚定“两个确保”奋斗目标，聚力服务“十大战略”实施，积极助力共建“一带一路”走深走实，服务高水平对外开放。2023年，中国信保河南分公司累计服务企业3315家，同比增长26.5%，承保金额迈过百亿美元大关，达114.3亿美元。

围绕稳外贸优结构，全年短期出口信用保险下累计支持3293家外贸企业出口87.6亿美元，服务企业数量增长26.6%，承保金额增长5.3%，提前15天完成国家稳外贸专项挑战任务。其中，围绕省内“7+28”链群建设，加大对重点产业链内外贸一体化支持，重点产业链承保规模 26.4 亿美元。搭建省中小微“豫贸贷”综合服务平台，“单一窗口”线上服务全覆盖，扩大政府统保平台政策覆盖面，全年新增中小微客户首次突破 1000 家，服务小微企业达 2981 家，同比增长 26.5%，承保金额 17.7 亿美元，同比增长 18.5%。支持对“一带一路”沿线国家出口 27.8 亿美元，同比增长 8.5%，引导企业化危为机，抢抓俄罗斯等新兴市场战略开发机遇，稳定对俄出口。创新“特色产业带 + 跨境电商”服务，全国率先搭建省级跨境电商政治风险统保平台，落地首单跨境电商第三方支付风险保单，引入银行、物流、第三方支付等，“假发特色产业集群 + 跨境电商”生态服务平台建设合作银行拓展至 9 家，融资增信 15.1 亿元，同比增长 26.5%。

服务共建“一带一路”走实走深。项目险业务承保金额 29.5 亿美元，其中，支持成套设备出口“小而美”项目 11 个，金额 3.3 亿美元，同比增长 194%。推动引导河南省一批成套设备龙头企业转变原有保守交易方式，赢得国际竞争和抢抓订单成效明显，运用信保独有的项目类金融资源助力一批先进、绿色“河南造”交出了“出海”新答卷：中铁装备盾构机出口意大利 Webuild 项目 2.65 亿欧元；平高集团出口金砖国家南非首个中资、最大单体绿色储能设备项目，项目金额 1.6 亿美元；800 台宇通新能源客车沿“丝绸之路经济带”出口乌兹别克斯坦，刷新客车行业单批出口纪录。积极参与组建河南省“一带一路”海外矿业联盟，承保支持郑煤机等首批 3 个俄罗斯、刚果金设备出口卖贷项目，储备 6 个重点项目；围绕刚果金铜钴矿、俄罗斯煤矿等重点海外市场的重点能源资源全产业链联动开发取得实质突破，打造新的开发模式。

搭建海外风险全方位全流程服务体系。全年提前介入协助追偿减损 3942.3 万美元，支出赔款 5874.6 万美元，理赔效率进一步提升，牢牢守住不发生系统性风险的底线。

【保险承保】

一、服务国家战略，护航河南外贸保稳提质。中国信保河南分公司研究制定《关于推动河南省外贸稳规模优结构的工作措施》，助力企业稳订单、拓市场、保份额、增信心。全年在短期险下累计支持 3293 家企业出口 87.6 亿美元，企业数量增长 26.6%，承保金额增长 5.3%。一是加大限额资源投放抢抓订单。累计批复海外买方信用限额 40.5 亿美元，增长 32%，整体限额满足率达到 89.9%，较同期提升 2 个百分点，有力缓解企业“缺订单、有单不敢接和有单无力接”难题。提供出口前风险保障 10.2 亿美元，帮助企业应对因国际市场震荡、地缘政治等因素导致的订单取消风险。二是保障产业链、供应链安全稳定。积极推荐省内电子信息、先进装备、新能源汽车等重点产业链企业纳入中国信保产业链支持企业名单。强化链上企业服务的精准滴灌，支持超聚变、平煤神马、隆丰皮草等企业抢抓“双循环”发展机遇，支持重点产业链出口 25.7 亿美元，国内贸易 6.1 亿元。三是助力市场多元化战略。围绕助力企业培育新市场，挖掘新的增长点，积极支持企业扩大对“一带一路”沿线、RCEP 和新兴市场国家出口。累计支持对“一带一路”沿线国家（地区）出口 27.8 亿美元，增长 8.5%；支持对 RCEP 国家出口 11.4 亿美元，增长 13.8%；支持对新兴市场国家出口 23.2 亿美元，增长 8.4%。四是推动外贸转型创新发展。推出跨境电商三款新产品，搭建省级跨境电商政治风险统保平台。在省商务厅指导下举办第二届“河南省外贸新业态新模式企业沙龙”。深入探索“跨境电商 + 产业带”支持路径，在许昌举办“聚力服务电商产业发展专项活动”，推动电商生态建设。落地河南首张跨境电商出口平台支付风险保单，为电商企业安全“出海”提供精准保障。

二、勇挑使命担当，推进“一带一路”合作建设。加大对我省优势产能“走出去”“小而美”项目支持力度，推进“两高一重”项目安排，全年累计承保向“一带一路”沿线国家（地区）出口和投资52.9亿美元，其中出口27.8亿美元，投资25.1亿美元。一是完善支持企业“走出去”协作机制。认真落实省委、省政府关于境外矿业资源安全的批示精神，积极参与河南省海外矿产资源开发协作机制，推动组建河南“一带一路”矿业产业联盟，搭建行业“海外项目信息、风险评估、安全保障、中长融资”等全方位服务平台，为海外矿产资源开发提供全产业链金融服务解决方案。深度参与河南省企业国际合作协会并积极推动项目撮合，支持企业建设境外生产和营销网络，设立销售中心、海外仓和生产线等，推动企业抱团出海，实现资源共享。二是攻坚重大战略和“小而美”中长期项目。强化服务前移，搭建“重点客户库、海外项目库、海外买家库”，建立巩固与南非电力公司、意大利最大工程承包商Webuild、乌兹别克斯坦Eriell集团等优质客户合作，帮助其用好政策性中长期融资资源积极支持国内企业“小而美”。发挥绿色引领，全年承保平高出口南非电力的首个中资、最大单体绿色储能设备项目，中光学尼加拉瓜视频监控项目金额1.47亿美元。助力成套设备、整车“走出去”，推进郑煤机俄罗斯、宇通希腊公交车、中铁装备出口意大利盾构机等涉及项目金额近5亿美元。三是强化海外项目风险防控。开展河南省重点走出去企业“一带一路”企业海外安全防范培训，积极参与“一带一路”信用风险防控工作和省级境外安全保障协调机制。加强风险监测预警，帮助企业搭建项目风险防控机制，总分联动推进赞比亚、老挝重点项目下债务重组谈判进程。发挥风险保障作用，完成省内首例海外投资保险赔付，累计给付项目类业务项下赔款4905.6万美元，稳定企业海外项目经营。

三、注入金融“活水”，支持中小企业茁壮成长。2023年，中国信保河南分公司积极扩大中小微企业统保平台覆盖面，累计服务支持小微企业2981家、同比增长26.5%，承保金额17.7亿美元、同比增长18.5%。一是加大中小微政府统保平台政策宣介力度。联合省税务局在河南省范围内开展8场政策宣讲覆盖客群近3000家；在郑州、洛阳等地开展“中小企业普惠行”系列活动，通过“驻点办公+单一窗口”为小微企业现场办理投保及政策咨询，新增服务企业突破1000家。二是完善专精特新政策支持。开展“专精特新普惠行”及“出海有保障、政策送到门”专项活动，联合工信、商务和银行走访调研，现场向企业赠送出口信用保险保障，对专精特新企业实施优惠便捷的承保理赔专项支持政策。目前已有93家国家级专精特新“小巨人”外贸企业获得政策性风险保障，覆盖率超过46%。三是提升数字化、集约化服务水平。举办“首届数字金融服务节暨第四届小微客户服务节”，推出数字化服务工具。成立小微服务团队，制定标准话术及操作流程，开展直播宣讲，录制业务短视频，提升服务质效。通过“单一窗口”线上化操作，便利小微企业进行政府统保平台政策申领，线上化率达100%。四是强化融资和风险支持。在拓渠道、低成本、提效率等支持措施上与银行形成合力。全年累计为小微企业提供融资增信支持1.9亿元。简化索赔流程，及时支付小微企业赔款86.6万美元。

【保险理赔】

2023年，中国信保河南分公司更好发挥跨周期逆周期调节作用，更大力度推动外贸稳规模、优结构，为外经贸企业提供便捷、快速、精准、优质的理赔追偿服务，积极履行好政策性金融机构的职责使命，服务河南高水平对外开放。彰显了中国信保的政治性、人民性金融本色。

一、坚持“应赔尽赔”。2023年，中国信保河南分公司累计向49家企业和银行支付赔款5875万美元。其中：普惠业务项下累计向中小微企业支付赔款426万美元，同比增长41.2%；向专精特新企业赔付70万美元，同比增长12873.3%。分公司不断加大核赔规范化标准化建设，一批重点疑难案件保险责任快速认定和实现赔付。

二、坚持“能赔快赔”。2023年，中国信保河南分公司理赔全流程时效68.1天，较同期缩短5.2%，平均结案时间7.3天，同比缩短25.7%。其中：中小微企业平均结案时间仅7.0天。分公司不断强化案件分类管理机制，持续提升理赔服务质效，出口企业理赔获得感普遍增强。

三、坚持“应追尽追”。2023年，中国信保河南分公司坚持早介入、早处置、分类施策，赔前减损和赔后追偿协同发力。累计实现赔前减损3942万美元，赔后追偿收入359万美元，同比增长155.6%，有效缓解了出口企业经营资金压力，有力维护了国家权益。

【风险管控】

一、开展内控合规巩固行动。2023年，开展内控合规巩固行动，制定合规管理计划和反洗钱工作计划，统筹各类内控合规事项，细化责任分工。加大风控合规考核力度，修订印发《中国出口信用保险公司河南分公司合规考核办法》，细化和压实各处室风控合规第一责任，增强传导效果。按照监管要求开展防范非法集资、扫黑除恶、反洗钱宣传月等专题活动，常态化开展合规宣传和培训，持续营造“内控合规人人有责、人人都是第一道防线、人人都是最后一道防线”的氛围。

二、高效运用公司风控合规数字化建设成果。构筑数字服务生态，加大“信步天下”APP、“资信导航”等线上风险预警和市场开拓服务推广力度，通过资信“导航仪”、资信“红绿灯”、资信“报警器”向客户提供风险信息。数字化服务精准投放，开通95387服务热线便捷线上询保投保，不断提升客户服务和风险预警水平，在省级贸易摩擦预警点年度评价中再获“优秀”等次，帮助企业“防风险”“拓市场”。利用公司动态风险监测平台全覆盖有效限额主体监测资信数据的优势，关注预警信息，提高风险处置能力。利用公司反洗钱反欺诈系统，一体推进制裁风险、欺诈风险防范，加大员工行为监测，及时核查提示的欺诈风险并采取调降限额等风控手段。

三、坚持各类风险一体防控。扎实开展主题教育，开展“落实反洗钱客户身份识别要求，防范监管处罚风险”反面典型案例调研。推进风控合规、业务管理、财务、审计、纪检等各类监督贯通协调，坚持一体防范和整治，加强日常监督提醒。试行岗位廉洁风险分级管理及防控机制，采取集体决策、案件透明化等新方式消除理赔环节廉洁隐患，合理减少贸易险承保人自由裁量权。为全体员工作预防职务犯罪专题培训，以公司系统内违规违纪违法典型案例为重点，加强警示教育，以案促改、以案促治。

中国人民财产保险股份有限公司河南省分公司

【综述】

2023年，中国人民财产保险股份有限公司河南省分公司市场份额24.31%，长期位居行业第一。全年服务个人客户543.9万人次，服务法人客户14.8万户次，承担风险责任金额33.24万亿元，支付赔款111.56亿元，缴纳税费20.14亿元，为河南经济社会发展作出了积极贡献。快速赔付小麦“烂场雨”灾害5.47亿元。

【业务发展】

强化经营政治导向，持续推动集团“八项战略服务”与河南省委“十大战略”相融合，聚焦主责主业和回归本源，全力服务中国式现代化建设河南实践。服务现代化产业体系建设，率先提交服务河南现代化产业体系人保方案，为河南能源等大型企业和重点项目提供保障4781亿元。服务乡村振兴，为河南省318.19万户次农户提供风险保障584.11亿元，三大主粮作物完全成本保险承保覆盖率提升至90%以上。蔬菜制种保险、高标准农田项目在多地实现突破。服务科技自立自强，为宇通客车等河南省44家重点科技企业提供专利保险保障4000万元。在郑州等7地知识产权海外侵权责任保险实现零的突破。服务增进民生福祉，承办社保项目54个，为3089万人次提供11.37万亿元风险保障。“惠民保”在郑州等4地上线，服务77万人次。郑州医惠保党建引领模式得到中央组织部和国家医保局的认可。服务绿色发展，新能源车增速73.66%，承保份额34%。为15家高危企业提供5340万元环境污染责任风险保障。服务安全发展，巨灾保险覆盖7个地市，为4470万人提供14.3亿元风险保障；综治保险覆盖河南省18市、141县（区），为河南省1414万户居民提供2.65万亿元风险保障。普惠金融服务方面，为8834个中小微个体、13.51亿元贷款提供增信支持，服务实体数量同比增加2826个。率先形成“农险保单+保证险增信+银行信贷”的“助农贷”新模式。

【客户服务】

一、理赔情况。2023年受理理赔件数144.5万件，理赔金额105亿元（剔除社保赔款）。其中，车险理赔件数83.25万件，理赔金额70.9亿元；财产险理赔件数14.18万件，理赔金额5.25亿元；责意险理赔件数24.86万件，理赔金额7.69亿元；农险理赔件数8.2万件，理赔金额18.4亿元。

二、全面提速服务时效，持续优化客户体验。强化科技赋能，全面提速服务时效，理赔服务质量和效率大幅提升。全面推广使用线上理赔工具，加快全流程处理进度，最大限度减少客户等待时间。建立水淹物联监控系统，在河南省150个低洼路段、80家企业安装水浸物联报警器，全年触发报警预警1500条，成功拦截机动车1000余台次，帮助60多家企业及时开展施救，实现防灾减损约1500万元。

三、大力优化运营模式，客户体验有效提升。稳步推进客户线上化，不断提升客户服务均等度和便利度。优化服务生态圈建设。围绕“出行生活、健康管理、家居生活”等场景，整合优化服务资源，加速“保险+服务”运营模式升级，2023年“河南人保财险”微信公众号关注量620.31万人。深化“AI+95518”服务体系建设，全面推广智能语音应用。强化消费者权益保护。完善消保机制建设，强化溯源管理，持续推进客户投诉综合治理，确保消费者权益保护工作水平持续提升。

四、开展常态化宣传教育，增强风险防范意识。坚持多位一体、上下联动，推动金融知识宣传教育“精准触达”老年人、青少年、新市民群体等重点人群。深入开展“3·15”消费者权益保护、“普惠金融推进月”等系列活动，助力营造和谐健康的金融环境。组织线上线下教育宣传活动数348次，触及消费者约60万人次。

五、多举措提升便民惠民服务水平。2023年“五一”“十一”假期期间，在河南省主要高速路口、车流量较大区域，搭建“温暖驿站”。面向广大出行群众提供便民物资、车辆安全监测、事故快处快赔等护航服务，面向营业货车司机提供“保通保畅”服务，面向医护工作者、公安干警等提供“四暖”服务。累计服务客户群众5400余人次，处理理赔案件总量7020件，提供小额事故快修服务711人次，提供线下一站式理赔服务1541人次。

【合规建设】

坚持问题导向，聚焦重点领域，全面防范化解风险。坚决推进车险合规经营。严格执行450号文件和监管各项要求，坚决执行报行合一，带头推动行业自律，推动车险市场秩序、竞争生态持续好转。健全全面风险管理体系。积极发挥风险合规委员会职能，上线智慧风控模块，对财务、授权、理赔、承保、印章管理、反洗钱等7大领域20个重点风险点开展监测排查与防控处置。建立省、市、县三级风险观测员机制。进一步推动“五虚”问题整治。坚决扛起整治“五虚”问题政治责任，成立专项治理小组，定期召开工作会议，统筹推动整治工作。开展“抓合规·促清廉”系列活动。对系统内行政处罚典型案例、监管新规进行解读阐释和专题辅导。在企业微信平台上线“小课堂·大合规”微课堂，开展线上培训12期，组织全员合规知识测试3次，参与人数1.7万人次。

中国平安财产保险股份有限公司河南分公司

【综述】

中国平安财产保险股份有限公司河南分公司成立于2002年，经营范围覆盖车险、企财险、工程险、责任险、货运险、农业保险等多个领域。下辖18家市级机构、121家四级机构及2家五级机构。员工总人数2555人，其中本科及以上学历员工1839人，占比71.98%，40岁以下员工2247人，占比87.95%，男性员工1526人，占比59.73%。为公司良性可持续发展，更好地践行公司治理机制奠定了坚实的基础。

【经营管理】

2023年，平安产险河南分公司在乡村振兴、服务实体、保障民生、绿色转型、风险减量等方面，发挥平安综合金融优势，以实际行动践行责任和担当，为中国式现代化建设河南实践贡献平安力量。

【车险业务】

2023年，平安产险河南分公司实现车险保费收入835518万元，车险客户数354万、增幅10.9%，其中个人车险客户数324万、增幅7.6%。平安产险河南分公司坚持保险为民的发展理念，坚持以人民为中心的价值取向，牢固树立服务实体经济的根本目标，始终坚持金融为民、惠民、利民。“财产险业务数字化转型工程”项目深度赋能于平安的服务场景、业务流程和运营管理。通过实现“数字化运营”“数字化经营”“数字化管理”，打造差异化竞争优势，助力金融业务提质增效。

【团体业务】

2023年，平安产险河南分公司持续坚定不移深化转型，坚持“客户导向、服务一线”，布局生态，推进科技创新，走智能化、数据化经营之路；助推业务升级，推动创新思维落地，打造科技产险、数据产险、生态产险。积极发挥自身优势，服务实体经济，坚守企业社会责任。

2023年承保团体客户60万，保费收入26.2亿元。承保郑州地铁、洛阳地铁、南阳鸭河口发电有限责任公司、鹤壁鹤淇发电有限责任公司、郑州丹尼斯百货有限公司、郑州日产、焦作科瑞森重装股份、周口市中心医院等重大项目，为团体客户提供风险保障达4.2万亿元。

强化责任担当，服务实体经济。平安产险河南分公司推出“社会治安保险”“民生救助保险”“首台套”“新材料”“疫苗保险”“电梯责任险”“食品安全责任险”等多种保险产品，发挥保险服务大局的保障作用。同时积极推动“安全生产责任保险”行业覆盖面的提升，为企业安全生产和经济建设保驾护航。坚守金融主业，护航“一带一路”。

为更好地支持河南省企业“走出去”，创造更大的经济价值，平安产险河南分公司推出境外绑架及勒索保险、企业并购保险、境外务工保险、境外商旅保险等产品化解企业“走出去”的境外风险。

秉承服务国家民生战略，平安产险河南分公司持续推进对公安民警、入伍军人、消防员、乡村第一书记及环卫人员等特定人群的保险服务，坚持“以人民为中心”的发展理念，积极发挥保险保障功能，主动融入国家发展大局，持续探索服务国计民生的新途径、新手段，服务中国式现代化的质效不断提升，实现高质量发展。

2023 年，利用鹰眼 3.0 平台、企业保平台，以短信、微信等方式，向超 2000 家客户发送防灾预警提示及防灾信息超过 3428545 条，企业宝上线风控服务专区，主要功能有灾害预警、隐患排查、安全培训，搭建了线上安全生产宣传培训课程体系，覆盖交通、消防、化工、生产、公共、煤矿等六大领域，现已上线 60 余门课程，开展线上活动 24 场，客户参与次数 1.1 万 / 次，其中防灾专项活动持续开展 3 个月，参与客户数 5000 余人。针对承保企财、工程险客户开展一年两次风险隐患排查服务并提供防灾防损物资。2023 年共开展 401 次保后隐患排查服务，包含春夏防汛排查 242 次，秋冬防火排查 159 次。合计排查风险点 182 处，通过下发整改通知书进行隐患整改，有效为客户降低损失。

【农险业务】

2023 年，平安产险河南分公司农业保险保费规模 5.24 亿元，共计为 102 万余户次提供超 127 亿元风险保障，全年理赔金额 3.4 亿元，惠及农户 31.6 万户次。同时，在传统农产品保险方面持续提质增效，在特色农业保险方面全面创新发展。一是扩大保障区域。2023 年累计承保主粮作物 797 万亩，为超 99 万户次种植户提供风险保障 72 亿元；累计承保生猪 121 万头，为 278 户次养殖户提供风险保障 13 亿元。二是提高保障水平。积极推进完全成本保险，实现承保县域覆盖率 100%，累计为 89 万户次种植户的 749 万亩农作物提供风险保障 70 亿元。三是丰富产品供给。累计开发涵盖主粮作物、育肥猪、能繁母猪、奶牛、食用菌、花卉苗木、西瓜、中草药、核桃等品种在内的农险产品 160 个，构建以“中央政策性险种为主导，地方政策性险种、商业型险种和创新型险种为补充”的立体式农险产品体系。

【保险理赔】

2023 年，平安产险河南分公司打造安心修车服务项目，通过为客户提供上门取送车、限时快修、透明维修及维修质保等尖刀服务，打通客户理赔中修车服务需求的“最后一公里”，为客户提供超预期服务，提升客户服务体验，促进公司车险服务品牌提升。

1. 取送车：客户通过“好车主”APP 在线下单，合作网点提供接送车服务，为客户提供方便、省心的修车体验。

2. 限时快修：简易案件给予客户维修时效承诺，维修超时为客户补偿卡券。

3. 透明维修：车辆维修环节全透明，客户可通过好车主，与网点交互获取车辆维修动态，让客户实时了解维修进度。

4. 维修质保：车辆维修完毕后，给予客户维修质保卡，后期维修问题可质保维修。

应用 AI 定损技术提升简易案件的自动化处理效率。通过 AI 图片识别技术，系统自动识别车辆信息，判别换修标准，即拍即录，自动输出定损结果，缩短作业时效。

搭建大灾应急服务平台，大灾前置预警、过程跟踪、灾后复盘，实现科学智能应对。“灾前”设置预警，提前做好风险减量工作。“灾中”一体化作业远程支持，统筹调度第三方资源开通“先赔付，后追偿”绿色通道。企业客户受灾，采用 APP 视频查勘、远程定损、无人机勘测等方式，快速完成损失勘验。“灾后”科技手段线上赋能，农险利用无人机、卫星遥感科技迅速查勘；借助历史数据进行灾前回溯，叠加对比。此外，平安产险河南分公司还搭建了一体化作业远程支持模式，大灾期间本地理赔员集中处理受灾案件，保障灾区客户车辆救援和优先处理，远程集中作业队伍定向支持大灾地区处理新发案件。针对企业客户，全量响应团体客户预赔需求，帮助企业复工复产。

2023 年，平安产险河南分公司车险业务共接到报案数量 670658 件，已结案 627573 件，结案率 93.58%，结案金额共计 518747 万元。非车报案 222735 笔，已结案 216381 件，结案率 97.1%，结案金额共计 71552.5 万元。农险共接到报案数量 16493 件，已结案 16493 件，结案率 100%，结案金额共计 34381 万元。

【客户服务】

一、"好车主"。截至 2023 年末，"好车主"平台注册用户达 1300 万人。平安产险河南分公司持续依托"平安好车主"APP，基于平安数据、科技能力，线上高效解决客户和行业痛点，围绕"车服务、车保险、车生活"，为客户带来省心、省时、省钱的金融服务体验。一是新能源汽车服务。2023 年，"平安好车主"服务能力稳中有进，新能源汽车服务能力得到极大发展。充电：新能源充电桩数量迅速提升至 1.7 万个，完成河南省 18 家地市全覆盖，全年服务订单量超 25 万。电池检测："好车主"推出电池安全检测功能，利用大数据对电池性能进行综合评估，上线仅三个月，服务体验单量超过 1.5 万。其他新能源服务：同时推出车衣贴膜、空调滤芯更换等服务，满足新能源客户的个性化需求。二是传统油车服务。洗美：河南省车服务网点覆盖率稳步提升，全年增加 300 家网点，网点数量增长率 15%，18 家地市主城区洗车网点 1.5 公里全覆盖。保养：保养服务模式全新升级，机油由厂家直供，机油品质更有保障；支持在线自选机油，下单后预约保养时间，通过京东物流发货，实时把握进度，避免了传统保养模式到店后机油品牌不适配的尴尬。代驾：代驾服务体验持续优化，创新推出 9.9 元跑 7 公里套餐，一口价更优惠，全年客户好评率超 98%。加油：加油服务使用率攀升，全年在好车主平台通过中石化、中石油以及"团油""滴滴"等民营加油站加油人次超 220 万，好车主加油服务从省会至地级市乃至县域形成一定品牌影响力。年检代办：针对 6 年以内车主客户，推广六年不脱检年检代办服务，只需一次申请，6 年内年检由系统自动办理。"想车主所想，急车主所急"，用温暖、简单、安心的服务使车主避免车辆脱审的尴尬。针对 6 年以上车主客户，主推代排队、免费取送车服务，专业人士代办车辆年检，免除车主排队辛苦，服务进度随时随地可查。道路救援：河南河南省的道路救援服务网络覆盖 100% 县域，提供接电、送水、送油、换胎、拖车、困境救援等救援项目，平均到勘时效为 40 分钟，深受广大客户的认可和好评。

二、"好生活"。"好生活"APP 以客户生活为载体，为用户及家庭提供"保险保障 + 生活服务"的一站式服务，致力于打造"个人 + 家庭"保险服务平台，截至 2023 年末，平台注册用户达 300 万，月活用户数超 25 万。"好生活"APP 从客户痛点出发，做用户的健康管家，同时为用户提供生活服务、居家养宠等一系列质优价廉的服务。一是健康服务。健康诊疗—免费线上问诊，优惠购药，快速送达。免费线上问诊服务，为客户提供医疗咨询服务，坐诊医生为专业医生团队，7 × 24 小时问诊服务，助力医疗资源扩大化。客户可按照疾病、科室分类进行线上问诊，并实现开具处方，此服务使用率达 25%；优惠购药服务，问诊后可直接跳转购买处方、非处方药品，日常生活中，也可根据需要购买常备药品，定位附近药店，查看药品价格。购药后也可选择邮寄或者跑腿专送，邮寄时效为 3 ~ 5 天，跑腿专送时效平均为 30 分钟送达，打造省时、省心、省钱的购药服务。健康管理—健康体检，重疾防治，健康快乐生活。健康体检服务，针对 18 岁以上客户通用，不同客群提供套餐，可针对男性女性、入职体检、肿瘤筛查、癌症筛查等多项体检服务，支持线上预约、到点体检、结果报告查询、专业医生解读的一站式服务，5 ~ 7 天生成体检报告，并实现家庭及个人报告管理，随时查看家庭成员健康情况。另配套健康课堂，运动教程和健康减脂服务，帮助客户构建健康、快乐的生活。健康工具—喝水提醒，戒烟计划，助力培养健康习惯。喝水提醒，戒烟计划，走路免费领取健康金，用药提醒等一系列健康助手服务帮助用户培养健康生活习惯，共建低碳和谐社会。二是生活服务。"好生活"平台提供开锁换锁、水电维修、话费充值等服务，做用户的线上好管家，服务随时在线。开锁换锁：通过聚合派工模式整合业内开锁师傅资源，一键预约上门服务时间，完成服务后进行评价，持续优化服务质量。水电维修：收费标准明码标价，专业师傅上门服务。话费充值："好生活"平台支持三网话费直充。三是宠物服务。宠物常见疾病自查，专业宠物医生在线问诊，守护萌宠健康。一键预约附近宠物医院，在线下单宠物服务，360 度呵护萌宠。四是就医协助—预约挂号，住院绿通。平台提供预约挂号、安心陪诊和住院绿通服务，为忙着生活打拼的用户提供一站式高效快捷的辅助就医服务。

【代理业务】

2023 年，平安产险河南分公司代理业务保费收入 567797 万元，增幅 16.0%；其中车险保费收入 501113 万元，增幅 13.9%；非车险保费收入 66684 万元，增幅 35.6%。

【回馈社会】

深化国家乡村振兴战略服务，2023 年，平安产险河南分公司与省乡村振兴局签署省级战略框架协议，通过构建以防返贫、特殊人群救助、综合治安等产品为主的立体化保险保障体系，为 13 个地市、近 200 个村镇提供超 25 亿元风险保障，进一步完善政府、保司、人民群众共同参与的保险保障体系。

以服务国家战略为己任，助力乡村特色产业发展，持续拓宽农民增收致富渠道，积极谱写支持乡村发展新篇章。2023 年，平安产险河南分公司累计为 103 个县域、330 个乡镇，约 102 万农户提供约 127 亿元的风险保障，涉及三大主粮作物以及生猪等 24 个品种；持续升级"振兴保"模式，在商丘、南阳落地"振兴保"项目，撬动产业发展基金约 1180 万元，带动约 9.8 万户农户增收，户年均增收 1000 元；设立乡村振兴产业培训基地，惠及农户 5.9 万户；发挥平台优势，助力农产品协销，帮助农户增收，累计带动农产品销售额超 1100 万元。持续丰富农险科技应用及风险减量服务，为促进乡村振兴、农业高质量发展的全面实现作出应有贡献。

将消费者权益保护纳入平安产险河南分公司经营发展战略的长期目标，致力于为客户提供更优质、更丰富的服务体验。一方面，成立消保工作事务委员会，下设消费者权益保护部，推动落实各项工作。另一方面，积极落实适老化服务改善、打击整治养老诈骗宣传等工作。对内加强全体人员宣教培训，对外积极开展线上线下公益性金融知识教育宣传活动，通过知识竞赛、视频、漫画等丰富宣教形式，积极开展"五进入"活动，进农村、进社区、进校园、进企业、进商圈，提升消费者权益保护意识与金融风险防范能力。

以科技平台为基，风险预警预防为主，平安产险河南分公司通过"线上 / 线下"两种方式，积极参与社会风险减量管理工作。线上，借助风险预警平台，向超 2000 名客户发送防灾预警提示及防灾信息超过 300 万条；"企业宝"APP 上线风控服务专区，提供风险线上自助评测服务，搭建安全生产宣传培训课程体系，覆盖交通、消防、化工、生产、公共、煤矿等六大领域。线下，为企财、工程险客户提供超 400 次风险隐患排查服务，合计排查风险点 182 处，并捐赠防灾减损物资；借助红外热像扫描服务，有效帮助在保企业发现火灾隐患点42处，减少直接损失上千万元。农险方面，从客户需求出发，打造风险减量终端优势，通过"AI 农保"APP 实现"保、赔"的全线上化操作，精准推送养殖技巧及防疫技术等实用讯息，切实提升养殖业的综合“防、救”管理能力。种植险上，大力推进“三库一机”，打造地空风险管理模式。截至2023年12月末，平安产险河南分公司累计捐赠2668.73万元，纳税超14.35亿元。

【风险管控】

平安产险河南分公司全面贯彻“做深做实合规管理委员会”要求，通过搭建合规管理委员会网格化体系，强化各单位风险治理主体责任。进一步完善合规管理体系，增设数据合规组，提升公司线上化风控能力；为促进分支公司以及各级支公司之间的交流与融合，确保公司整体合规工作有效推进，升级机构合规组，切实推动合规各项工作在机构层面的落实、执行。

通过开展自查自纠及各类专项风险检视工作，实现内外部重点风险有效防控。同时，强化内控机制建设，持续推动制度管理，发挥三道防线协同共治作用，完善内部管理流程；强化通报，提高问责威慑，通过警示案例、专项培训、合规文化宣导等文化建设工作，营造公司良好氛围，促进公司业务合规稳健发展。

通过开展“合规提升年，风控我当先”专题活动，丰富合规文化建设形式，高管层面进行合规面谈、专题授课、干部专项合规能力测试；员工层面制作合规手册、微视频等，促进合规内化于心、外化于行，增强员工合规及风险意识。

永安财产保险股份有限公司河南分公司

【综述】

永安财产保险股份有限公司河南分公司成立于2003年5月，目前已在河南省18个地市设立了91个经营机构，其中：省级分公司1个，中心支公司15个，支公司17个，营销服务部59个，河南省系统现有正式员工近600人，基本实现了河南省区域经营及服务网络全覆盖。

【业务经营】

2023年，永安保险河南分公司紧紧围绕“二十字”方针（方向正确、速度合适、结构合理、效益优先、风险可控）的指导思想，坚守“保险姓保”“回归本源”的政治要求，深刻践行保险工作的政治性和人民性，以推动公司高质量发展为目标，以持续调整转型为重点，以党建与经营深度融合为抓手，以防范和化解金融风险为保障，突出效益优先和服务质效，不断发挥保险的经济“减震器”和社会“稳定器”功效。

重点发挥好车险“压舱石”作用，持续深化低价低费策略，调整车险内部结构，不断提升精细化管理水平。聚焦国家战略、实体经济需求，加大非车险开拓和支持力度，积极开展地方特色保险，加强绿色保险发展。全力打造消保工作提质增效，不断提升服务温度。逐步推进风险减量，服务客户安全发展。将服务从“事后补偿”向“事前预防”和“事中响应”延伸。根据公司年度发展规划及公司实际，永安保险河南分公司依托当地经济发展特点和自身资源禀赋，以市场为导向，不断探索细分领域市场，走专业化路线，避免同质化竞争，在转型发展的道路上稳步坚定前行，不断打造公司市场核心竞争优势。

2023年，永安保险河南分公司实现保费收入58667.12万元，同比增长3.38%，其中，车险保费收入42454.95万元，同比增长0.4%；非农财产险保费收入5268.77万元，同比增长11.85%；人身险保费收入5119.27万元，同比增长25.13%。

【车险业务】

以效益为中心，改革经营考核机制，加大利润考核权重，通过适度放权、自主经营的方式实施差异化管理；转换经营模式，做好“续保”稳住存量、推进“渠道建设”拓展增量、加强“送返修”管理反哺优化业务结构、强化“三降一增一减”确保经营成本可控。

2023 年，永安保险河南分公司整体业务续保率 30.47%，相较于 2022 年降低 2.94%。2023 年综合渠道占比 19.63%，车商渠道占比 30.99%，个代渠道占比 0.82%，专代渠道占比 47.64%，家用车保费占比 58.87%，货车类保费占比 22.55%，其他业务占比 18.58%。业务结构日趋合理，车险业务走上健康可持续发展道路。

【非车险业务】

在合规和效益的发展原则上，以“守存量、寻新增、强基础、提效率”的发展思路，聚焦大项目业务，大力对接同业公司、经纪公司，在共保和投标业务中拓展新的增长点和突破点。加大效益险种政策、服务支持力度，开拓做大诉责险、安责险等险种。全面扩大经纪渠道业务合作，稳定渠道产能，积极开拓新渠道，持续提升自有渠道销售能力。加强产品细分，探索开展一揽子保险服务，在提升服务的同时，不断促进非车险业务健康发展。

【风险管控】

围绕“预防为主、长效常治”目标，强化风险防控，树牢不发生重大风险底线。强化内控合规建设，特别是将制度中的刚性要求嵌入经营管理中，促进管理制度化、制度流程化，避免因人为操作原因引发合规风险。紧盯销售、承保、理赔等重点领域风险点，建立台账管理制度，对监管检查、内部审计等发现的共性问题、屡查屡犯问题进行销号处理。通过组织开展分类监管内控评价、扫黑除恶、治乱象促合规建设、排查“三假一乱”、防范和处置非法集资、反洗钱培训与宣传等多项风险管理工作，梳理发现公司经营发展中存在的风险点，不断地完善规范化操作流程，强化各级执行力，消除各类风险隐患，营造风清气正的发展环境。

【保险理赔】

落实公司“永安——永远为客户着想”的服务理念，重点落实“提升结案率”“缩短结案周期”等工作，建立总经理室挂牌督办机制，开展“温情 365”理赔服务，做到案件陪同处理，切实做好提供医疗专家和法律援助的温馨服务，打造一流亲情化理赔服务水平。

2023 年，永安保险河南分公司累计报案 72748 件，同比增加 16722 件，其中车险报案 54651 件、财产险报案 9267 件、人身险报案 8830 件。累计结案 62992 件，其中车险 44903 件、财产险 9422 件、人身险 8667 件；2023 年全险种结案金额 38747.9 万元，其中车险 28890.27 万元，同比增长 16.77%；财产险 7897.6 万元，同比增长 -13.59%；人身险 1960.04 万元，同比增长 43.76%。2023 年涉诉案件 635 件，涉及金额 2451.48 万元，诉讼案件调解率 52.87%，同比上升 13.47%。

中华联合财产保险股份有限公司河南分公司

【综述】

2023年，中华联合财产保险股份有限公司平稳推进"以客户为中心"组织架构改革，率先通过高级别媒体发布风险减量实践经验，大力推动创新工作，努力提升管理、服务水平，内外部评价结果跻身系统、行业先进行列，在分公司开疆拓土、转型升级的征程上迈出了坚实的一步。

【业务发展】

2023年，中华财险河南分公司全险种保费收入37.2亿元,其中车险15.36亿元、农险11.37亿元、非车财险1.43亿元、责任险1.96亿元、意外险1.81亿元、健康险5.3亿元，全险种保费收入同比增速1.9%，保持着稳健增长的发展势头。

【机构建设】

2023年，中华财险河南分公司设有各级机构165家，其中省分公司1家、中心支公司17家，支公司73家，营销服务部74家，拥有各类签约员工2259人。

【基础管理】

2023年，深化数字化改革，推动"以客户为中心"的组织架构变革，上线并运行新一代核心系统。有效运用考核指挥棒，全面搭建绩效考核体系。常态化开展线上线下培训，持续推进学习型组织建设。加强规章制度管理，梳理现行有效的143条规章制度，印发《河南分公司规章制度管理实施细则》，确保工作科学化。深入推进合规专项工作，推动嵌入式管控扩面增效，对111项关键环节风险控制点嵌入了140项管控措施。全面落实审计整改，建立整改长效机制，精细化管理成效显著。分类监管评价结果保持在B类机构的较好水平。合规、反洗钱总公司考评结果均为A类优秀机构。

【保险承保】

细化承保管理，促进业务品质改善。一是加强承保方面建章立制，不断完善风控体系；二是强化外部风险数据应用，包括车慧达、中华新能源评分以及中交兴路等，不断更新外部风险评分；三是应用纯保费模型核保，丰富管理方式和工具，不断提升业务承保质量。

【保险理赔】

2023年，中华财险河南分公司理赔工作以强化理赔风险管控为导向，以创新理赔服务举措为手段，搭建培训体系，落实绩效考核，组建CFR质检团队，着力打造标准化、规范化、精细化理赔团队，开展"亮剑行动""猎狐行动"，完善河南省理赔服务网络，不断夯实理赔基础管理水平，提升理赔服务质量，理赔效率持续提升，结案周期同比优化，投诉总量同比大幅下降，客户体验管理成效凸显。分公司建工一切险理赔案例入选2023年度河南保险业"典型赔案"，展现了保险在防灾减灾、服务民生等方面发挥的积极作用。

【客户服务】

持续围绕"以客户为中心"的经营理念，以服务品质高、客户体验好、品牌影响力强为重要量化考核指标，整合服务资源，持续强化网络信息安全保障，优化各项运营支持指标。开展“送消保知识到基层暨消保运营现场检查”活动，检查了机构运营、单证、中介等方面管理落实情况，优化客户服务管理，提升客户服务能力。数字赋能，运营管理提质增效，2023 年，销售人员执业登记一致性 100%，增值服务专票获取率 100%，车险电子保单使用率 99.96%，电子投保使用率 99.57%，电子批单使用率 99.65%，电子化率稳定提升。先后开展了“3・15”消费者权益保护日、“7・8”保险公众宣传日、金融普及月、客户服务节暨大手牵小手社会公益等活动，社会正面影响力凸显。

中国大地财产保险股份有限公司河南分公司

【综述】

2023 年，中国大地财产保险股份有限公司河南分公司不断强化高质量党建引领高质量发展导向，围绕承保盈利、增速超市场任务目标，全面深化基层党建、落实服务国家战略、持续提升经营质效、夯实干部队伍建设、营造干事创业工作氛围，各项重点工作全面推进，公司发展态势稳步提升。

【经营管理】

强化牵引，持续提升风险管控能力。健全风险管理组织机制，制定合规风险地图和廉洁风险地图，建立负面清单管理机制，强化风险监控。积极培育风险管理文化，风险管理逢会必讲，不断提升干部员工的风控意识。高压治理“五虚”问题，制定综合治理工作方案，建立“五虚”负面清单，持之以恒推动落实。对重大理赔案件进行专项跟踪管理，做好业务经营风险防控和化解。

优化机制，倡导简单文化。明确中国大地保险河南分公司向下召开会议审批流程，严控会议数量、参会范围、会议时长等，切实为基层减负。持续开展勤俭节约、绿色办公活动，在公司内部形成崇尚节俭的职场风潮。

创新举措，持续赋能业务发展。聚焦“2023 年收官目标，2024 年公司发展，做好两年工作贯通”的总体要求，围绕效益发展、成本优化、合规经营，组织开展“做好两年工作贯通、走好河南大地高质量发展之路”头脑风暴大讨论活动，为中国大地保险河南分公司走稳高质量发展之路奠定了坚实基础。

【落实服务国家战略】

高站位严标准，谋篇布局，细化考核指标。把中国大地保险河南分公司经营融入保险服务国家战略，服务实体经济，服务人民美好生活质效中来，聚焦服务国家战略考核方案，制定服务国家战略年度任务清单和项目清单，坚持项目落地成果率为跟踪考核导向，每个任务项目指定专人负责，定期跟踪督导，强化过程评估和项目落地评估，提升整合资源能力和有效利用能力，确保工作落地有效。

定计划列清单，结果导向，层层压实责任。从完善组织保障、强化闭环管理、加强内外宣传、提升社会效应各方面明确工作要求，进一步压实服务国家战略工作责任，明确了服务国家战略领导小组、专项办公室及专项工作组责任，任务要求具体到人，确保任务目标贯彻落实到位。

华安财产保险股份有限公司河南分公司

【综述】

华安财产保险股份有限公司河南分公司成立于 2005 年 5 月，总部位于深圳，目前已在河南 18 个地市设立了 58 个经营机构，河南省系统内员工 540 人，基本实现河南省营销及服务网络全覆盖。自成立以来，华安保险河南分公司秉承“责任、专业、奋进”的经营理念，落实“比出险客户的亲人早到三分钟”的服务标准，以高质量客户服务水平践行保险的人民性要求，履行保险企业社会责任，保障河南人民财产和人身安全。

【经营管理】

2023 年，华安保险河南分公司根植河南市场，深耕保险主业，护航社会民生，坚持精细化发展策略，持续完善金融消费者权益保护工作机制，积极履行社会责任；坚持用心服务，彰显时代担当，加大普惠金融知识宣传力度，开展纾困行动，优化理赔服务和人伤管家服务水平；注重合规管理，坚守规范经营，防范重点领域合规风险，以提升保险产品开发和管理质效为目标，以强化内控合规管理建设，巩固拓展公司整治成果为要求，构建合规管理长效机制，持续提升依法合规经营和风险管理水平。

【业务发展】

2023 年，华安保险河南分公司以坚实的文化力量助推保险业高质量发展，承担应有的社会责任；以科技赋能为牵引，推动科技创新与业务管理融合，优化场景式服务，为客户提供了良好的风险保障及优质的保险服务体验；在坚守依法合规经营的同时不断巩固和深耕营业货车车险市场。车险保费收入 11.3 亿元，保障金额 3378.8 亿元，排名车险市场第 8 位，其中营业货车保费收入 8.8 亿元，保障金额 911.3 亿元。

2023 年，公司非车险保费收入 9571.9 万元，承保道路客运承运人责任保险、道路危险货物承运人责任保险等货运车辆保险，服务于交通运输行业的正常运行；通过开展学生幼儿平安人身意外伤害保险业务为在校学生提供安全保障服务。2023 年公司积极参与沁阳至伊川高速公路项目、焦作至平顶山高速公路新密至襄城段项目、信阳至随州（豫鄂界）高速公路项目工程、焦作至平顶山高速公路荥阳至新密段新建工程等高速公路建设项目，为高速公路的快速发展提供风险保障；2023 年承保诉责险 9374 件，为客户提供风险保障 177.78 亿元，助力解决执行难。

【客户服务】

2023 年，华安保险河南分公司秉承“比出险客户的亲人早到三分钟”的服务理念，加强党建引领，进一步强化客户服务管理。为提升客户服务体验，借助科技赋能统筹建立线上小额事故视频处理平台，优化客服资源配置，缩短小额事故处理时效，实现案均出险支付周期同比下降 14 天；充分发掘保险作为“经济减震器”和“社会稳定器功能”潜力，继续集中优势资源打造车险人伤理赔“管家式服务”，通过“交强险医疗费垫付、商业险医疗费预付，重大人伤案件院内慰问、院外一对一跟踪调解”等，拓宽重大人伤案件服务路径，急广大保险客户以及交通事故受害人之所急，以实际行动践行“保险姓保”初心，不遗余力跟进消费者权益保护工作：全年支付涉人伤死亡伤残赔款同比提升超亿元，消保监管评价年度考核得分行业排名进入前五名，同比提升四个名次；积极跟进“风险减量”工作前置化，公司集中专业力量以及优质资源，聚焦保前、保中服务宣导、雨雪季风勘、非事故救援等，为客户少出险或不出险、提升安全出行遵章守纪意识发挥保险引导价值。

【内控建设】

华安保险河南分公司为强化公司内控管理，完善制度线上化管理机制，规范制度自发布至废止全工作流程的规范性，在内控制度方面重点推进了公司线上制度库建设。针对公司的内控制度进行归类整理，统一将制度相关文件上传至OA系统分公司制度模块，正式建成分公司制度库，使制度管理模式规范化。线上制度库的建立，标志着华安保险河南分公司内控制度正式进入线上化管理时代。

【风险控制】

华安保险河南分公司持续严格按照公司合规政策开展各项工作。一是持续做好风险识别与监测，组织风险管理相关培训，完善分公司风险管理机制，按时报送风险损失事件，完成年度操作风险损失事件管理报告。二是制定年度合规检查项目，加大合规检查力度。明确需定期开展的各类合规排查工作，严堵各关键环节风险漏洞，提升公司经营规范性水平。

都邦财产保险股份有限公司河南分公司

【综述】

都邦财产保险股份有限公司河南分公司成立于2006年12月11日，截至2023年12月，在河南省设立中心支公司10家、支公司2家，营销服务部4家。

【经营管理】

2023年，都邦保险河南分公司整体保费收入共计22218.50万元，同比增长9.2%。2023年，都邦保险河南分公司围绕总公司经营管理和战略思路，坚持“一个核心、三个价值、合规经营、可持续发展”的发展理念，努力完成各项经营目标。在公司党委和总经理室的领导下，全体干部员工共同努力，取得了一定成绩。一是深化车险结构调整成效显著，业务品质提升助力发展。二是非车持续增速，渠道搭建创新发展。三是提升理赔技能和服务意识，达成指标成效显著。四是营销方案促发展，减员增效提产能。五是加强考核维度，实行分类管理。六是强化预算成本管控，部门联动实施追踪。

【车险业务】

2023年，都邦保险河南分公司车险保费16125万元，同比增长7.5%，其中，交强险保费13296万元，占比为82.%，商业险保费2829万元，占比为18%。2023年随着“商车费改”的持续推进，都邦保险河南分公司以加快实施车险经营方式转型为中心，注重经营成本管理，通过严格落实费用预算管理，加强过程管控等措施，以细化成本核算管理为核心，通过实行机构差异化管控做好车险各项关键指标的跟踪预警工作，促使各项指标在预算范围内的合理推进。在内控管理中，公司不断加强对三级机构、业务团队以及车险合作渠道的风险管控力度，严格按照国家金融监督管理总局、行业协会的各项要求，严格执行车险“报行合一”与行业自律公约，建立健全车险合规管控制度，通过内控自查、数据核查等方式每月进行数据自查自纠工作，从而加大车险基础管理工作力度，控制重点环节的风险，全面保障业务的稳定运行；在风险管控中，进一步完善超权限业务和重大承保事件上报制度，对高风险业务类型进行跟踪和管控，并建立健全预警机制，有效提升了车险风控水平，从而保证河南省车险的稳健经营。

【财产险业务】

2023年，都邦保险河南分公司财产险保费收入4419.97万元，保费收入同比正增长30.91%。主要推动产品为诉讼财产保全责任保险、道路客运承运人责任保险、道路危险货物运输承运人责任保险、雇主责任保险、公众责任保险、非机动车责任险、旅行社责任险、食品安全责任保险、安全生产责任险业务等。2023年逐步尝试探索发展医疗责任险、诊所医疗责任险、建筑施工安全生产责任险，进一步拓宽产品销售范围，积极跟进市场发展，满足不同消费者的保障需求。

【意外险业务】

2023年，都邦保险河南分公司意外险保费收入1673.51万元，保费收入同比下降19.77%。主要以传统业务为主，如团体意外伤害保险、建筑工程团体意外保险、学平意外伤害保险和驾乘意外伤害保险；健康险产品为都健康百万医疗保险、都安心全民防癌医疗保险。2023年，利用“车+非车”统筹发展的政策优势，深挖车险资源，扩大驾乘险承保车型范围，整合和升级人车联动驾乘险方案，与车险互相补充和配合，实现共同价值发展。

【销售管理】

都邦保险河南分公司业务发展部是销售管理和销售推动的职能部门，主要工作职责内容包括：市场调研和分析；日常销售活动的组织规划和推动；销售团队及销售人员管理、销售费用管理、销售培训、应收管控及中介管理等。在基础工作管理方面，加强制度建设，严格按章办事；在销售活动和业务推动方面，加强团队建设，积极推动业务过程指标发展，努力打造特色都邦、特色经营的战略目标的实现；在中介业务管理方面，积极学习中介监管政策，不断提高中介风险管控能力，加强中介机构管理的合法性，严防中介违规操作，降低企业经营风险。

【保险理赔】

2023年，都邦保险河南分公司赔款9957.62万元，同比下降12.96%。其中车险赔款8781.79万元，同比下降17.06%，非车险赔款1175.83万元，同比增长37.96%。

【客户服务】

2023年，都邦财产保险股份有限公司修订了《互联网保险销售行为可回溯管理暂行办法》，都邦保险河南分公司严格按照文件要求，对销售页面进行管理，建立版本管理机制，在产品首页对投保须知进行了相关说明和详细披露，付款前展示了条款链接、免责、投保须知、偿付能力说明等，并要求投保人阅读条款、免责条款、投保须知、偿付能力说明等，由投保人自主确认已阅读后方可付款。

都邦保险河南分公司十分重视对老年人的服务工作。为充分照顾老年人的消费及生活习惯，95586客服热线100%为人工服务，未启用自动化应答或人工智能等功能。包括老年人在内的任何消费者，都可以直接接通人工服务。所以不需要先自动识别老年人后，再转至人工服务。在分公司12个营业网点中，全部设置了“爱心窗口”，并准备了轮椅、放大镜、老花镜、急救箱等设施，充分体现对老年消费者的尊重和照顾。

都邦保险河南分公司理赔工作始终秉持“主动、迅速、准确、合理”的理赔原则，通过优化架构流程，深化大理赔整合，完善大理赔管理模式下综合评价体系；优化考核标准与流程，形成完备、稳定和强有力的考核激励机制。在新形势下，不断加强理赔队伍技能提升，提高客户服务水平。推行车险理赔单证电子化管理的实施方案，以“数据跑”代替“客户跑”，为客户提供便利优质服务。

【风险管控】

2023 年，都邦保险河南分公司不断深化全面依法合规经营的内涵，作为分支机构 KPI 核心考核指标，把合规经营夯实到各个业务、各个层面、各个岗位，通过持续完善内控管理制度，用制度管人、管业务，有效开展内部审计、条线检查等措施，确保问题整改措施落实到位。上下联动加强合规培训与宣传，正向激励，反面警示，提升全体干部职工的合规意识，同时，积极配合监管管理，全面落实各项监管措施，配合做好反洗钱、消保及诚信服务工作，重视投诉和舆情信息处理。不断提升风险预警预防能力，坚决打击违法违规，不断提高企业核心竞争力，满足客户期待，实现规范有序发展。

渤海财产保险股份有限公司河南分公司

【综述】

渤海财产保险股份有限公司河南分公司成立于 2007 年 7 月 9 日，是渤海财产保险股份有限公司下属的一家省级分公司。现有员工 260 人，65% 以上在 40 岁以下，33% 以上为本科学历。下设三级机构 15 家，四级机构 13 家。

【经营管理】

2023 年，渤海财险河南分公司持续推进“车险转型、非车发展和降低非销售成本”三大攻坚战。坚持客户至上的服务理念，努力实现高质量发展，进一步加强内控管理，倡导合规文化，加强承保政策管控，严格按照监管政策执行，同时及时关注相关监管动向及监管政策，充分解读并坚决贯彻执行，坚持合规经营底线不动摇。2023 年，保费收入 35549.36 万元，当地市场份额为 0.52%。

【车险业务】

坚持合规经营，积极参与车险行业自律工作，勇于承担社会责任，为车险行业健康有序发展贡献自己的力量。围绕“守正创新”经营管理总基调，持续优化车型结构，保障业务品质；算账经营，提升精细化管理水平；管理提级，抓好专业化、集约化建设；技术赋能，提升风险管控水平。实现质量、效益、速度协同发展，推进结构优化、管理提升。2023 年，车险保费收入 31349.48 万元，车险业务市场份额为 0.72%。

【非车险业务】

秉持“效益为先、规范经营、创新发展、管理优化、防范风险”的精神，凝聚共识，明确责任，深耕实干，切实将公司的经营要点转化为实际成果，推动非车险各项指标的优化、达成。2023 年，非车财产险保费 2640.37 万元，市场份额为 0.14%。意外险保费 1559.52 万元，市场份额为 0.52%。

【保险理赔】

全面提升客服队伍服务能力，实行理赔精细

化管理，关键指标全过程监管，加强理赔综合管理能力。坚持抓好队伍建设，开展“清风”稽查行动，案件稽查内外并行，持续常态化开展。

【客户服务】

严格遵守保险法律法规、行业规则规范，销售经银保监会报备、报批通过的条款、费率、单证样式符合监管要求，确保合法合规经营；崇尚诚信，以诚为本、以信立业。在产品销售过程中切实履行明确告知说明义务，耐心细致讲解条款内容，强调保险责任、责任免除及免除保险人责任的内容。做到对客户负责、对行业负责、对社会负责；充分尊重客户本意，按照客户实际需求推荐产品方案，不强行推销、搭售违背客户主观意愿的产品；推行客户信息保密制度，严守客户信息，未经客户允许，不将客户信息公开泄露或透露给第三方。渤海财险河南分公司始终坚持“以客户为中心”的服务宗旨，不断加强服务能力建设，提升服务水平。积极推进客户服务标准化建设，实现全国通赔，开展移动查勘，微信理赔，让赔付更加便捷，致力于打造享有一流品牌声誉的卓越财险公司。

【风险管控】

结合实际建立的内部控制制度，各职能部门岗位权责明确，职责清晰。紧密地围绕监管规则、公司的战略规划、经营目标开展风险管理工作。认真做好高管人员任中、离职审计工作。2023年共对13位高管人员进行了审计，未发现重大问题。积极开展防范非法集资、反洗钱等专项宣传月活动，加强内外部宣传教育，遏制案件风险隐患，提升风险防控整体效能。在日常工作中，加大合规培训力度，强化全员风险底线意识，防范和化解经营风险及操作风险。

中国人寿财产保险股份有限公司河南省分公司

【综述】

2023年，中国人寿财产保险股份有限公司河南省分公司保费收入69.49亿元，市场份额10.01%，位居河南财险市场第三位。截至2023年末，河南省共有18家地市中心支公司、149家县（区）级四级机构，四级机构覆盖率为94.3%；共有员工2802人，其中本科及以上学历占比78.76%。

【经营管理】

2023年，中国人寿财险河南省分公司聚焦保险保障主责主业，坚持服务“国之大者”，深入贯彻落实党中央重大决策部署，在助力社会经济发展中践行责任担当，积极服务实体经济，全年累计为经济社会发展提供风险保障11.29万亿元，同比增长2.67%。全方位支持共同富裕，完善多层次社会保障体系建设，全力做好巩固拓展脱贫攻坚成果同乡村振兴有效衔接工作，全年社会保障类保险保费收入10.61亿元，同比增长27.33%；农险保费收入8.03亿元，同比增长38.18%。服务经济绿色发展，绿色保险保费规模同比增长46.1%，中国人寿财险河南省分公司充分发挥保险企业在河南区域防灾减损和经济损失补偿方面的积极作用，坚定践行央企责任担当。

【车险业务】

2023年，中国人寿财险河南省分公司着力强化在车险市场的责任意识、大局意识，自觉承担维护车险市场秩序的主体责任。着力提升服务保障，扩大高风险业务承保覆盖面，带头做到应保尽保，切实履行央企担当。强化成本管控、夯实续保能力、聚焦车险高质量指标，引导机构围绕车险高质量指标形成车险新保扩增量、续保守存量、转保择优的发展思路、强化过程管理改善车险业务品质的管理理念，守牢车险发展基本盘，全力推进公司车险发展稳中向好、进中提质。2023 年，全年车险保费收入 47.8 亿元，市场份额 10.99%。

【财产险业务】

2023 年，中国人寿财险河南省分公司聚焦财产保险公司核心职能，在巨灾保险、服务新市民保险、重点工程险项目、绿色保险等方面释放发展潜能。2023 年财产险累计实现保费收入 2.97 亿元，同比增长 61.73%。其中，企财险保费收入 8464.56 万元，同比增长 33.12%；家财险保费收入 6612.96 万元，同比增长 19.01%；工程险保费收入 5142.30 万元，同比增长 8.28%；货运险保费收入 9126.15 万元，同比增长 716.94%；船舶险保费收入 316.20 万元，同比负增 43.38%。

【代理业务】

2023 年，中国人寿财险河南省分公司认真贯彻落实《保险代理人监管规定》及保险监督管理机构有关保险代理人管理要求，加强中介渠道业务管理，完善中介机构及中介业务管理制度，开展保险中介业务专项排查，加强个人代理人合同及档案管理，完善销售人员行为管理，积极推广河南保险行业协会“河南省保险销售从业人员管理系统”应用，推进销售人员电子执业，完成河南省 1 万余名销售人员数据信息迁移工作等，大力维护保险中介市场秩序，防范金融风险，促进保险行业高质量发展。

【互动业务】

2023 年，中国人寿财险河南省分公司按照中国人寿集团综合化经营战略布局要求，充分发挥中国人寿集团驻豫成员单位资源优势，在品牌资源、客户资源、渠道资源和网络平台等方面发挥协同效应，协同力度不断深入，积极探索客户联拓、荣誉共建等新举措，为综合金融工作顺利开展提供良好的机制保障。协同发展方面，2023 年实现寿代产保费收入 13.34 亿元，同比正增 0.23%；协同广发银行拓展对公客户 346 户，个人客户 5787 户；协同养老险达成保费 7089.78 万元。

【保险理赔】

2023 年，中国人寿财险河南省分公司河南省共收到报案数共计 803019 件，同比增长 18.9 个百分点。其中，车险案件 512835 件，已支付赔款总额 35.1 亿元，交强险赔款 11.46 亿元，商业险赔款 23.64 亿元。非车险业务报案 273160 件，已支付赔款总额 7.68 亿元，其中，企财险赔款 1.66 亿元，责任险赔款 2.5 亿元，意外险赔款 1.05 亿元，其他险种共 0.43 亿元。

【客户服务】

中国人寿财险河南省分公司秉承“专业、快捷、便利、贴心”的服务理念，为客户提供暖心服务体验。设置 95519 热线电话和 4008695519 贵宾专线，双通道受理客户报案、咨询、查询、预约、投诉等，同时提供视频服务和线上文本服务，满足客户多样化需求。2023 年受理客户电话 114 万通，接通率 99.19%，客户满意度 99.9%。为客户提供一站式出单、批改、退保、查勘定损、理赔单证收集、消费者权益保护和金融知识教育宣传等综合线下网点服务，网点多措并举优化特殊客群服务体验，开设老年人优先绿色服务窗口，提供特殊人群优先服务、专人一对一引导、便民轮椅等服务设施、设立“现金收付”柜面立牌引导、对人伤伤者或出行不便的老年客户主动提供上门暖心服务。为客户提供涵盖人、车、财产的全方位、一站式综合线上服务，让客户随时随地一键完成投保、一键轻松理赔、一键畅享全面周到的生活出行权益。持续完善消费者权益保护管理体系，畅通投诉渠道，健全制度机制，严格过程管理，强化溯源治理，全方位保护消费者合法权益。2023年开展消保教育宣传活动250场，触及消费者587万人次。警保联动合作持续深化，2023年开展警保联动高速护航、“一盔一带”、“星光守护”等系列交通安全公益活动108场。

【风险管控】

2023年，中国人寿财险河南省分公司围绕“强党建、促发展、抓改革、推创新、防风险”工作总方针，将法律合规、风险管理工作放在突出位置，强化重点领域和关键环节风险防控。全面摸排行业典型问题与重点风险底数；优化操作风险管理三大工具，加强“1+7+N”偿付能力风险管理制度体系；健全“三道防线”合规管理体系，建立“1+3”合规风险科技管理架构，以智能化手段助力合规风险防控关口前移，坚决守住不发生系统性风险的底线。

永诚财产保险股份有限公司河南分公司

【综述】

永诚财产保险股份有限公司成立于2004年，总部设在上海，是由中国华能等实力雄厚的大型电力企业集团和产业投资集团共同发起组建的全国性股份制财产保险公司。成立以来，永诚保险的保费规模飞速增长，市场份额稳步提升，机构网络辐射全国，战略布局逐步实现。经过19年成长发展，永诚保险资本实力雄厚、偿付能力充足、资产状况良好，拥有34家省级分公司、270余家中心支公司及营销服务部；作为保险企业在资本市场先行先试的“排头兵”，是国内首家登陆“新三板”的保险公司；已形成由永诚保险、永鑫保险销售服务有限公司、永诚保险资产管理公司组成的综合性金融平台，为客户提供全方位的风险保障解决方案和金融服务。永诚财产保险股份有限公司河南分公司于2008年成立，目前已设有9家三级机构。

【经营管理】

永诚保险肩负“为产业护航 让生活无忧”的使命，积极服务实体经济和社会民生，坚持以高质量发展为主线，聚焦重点领域和关键环节，坚定推进改革转型，开创了经营发展新局面。新战略实施以来，永诚保险提早布局，抓住非车险业务发展机遇，坚持承保盈利能力建设，主动应对车险综改，着力开展机构治理和人才队伍建设，打造“垂直化”营销体系，培育新的业务增长点，强化风险品质管控。

永诚保险坚守“成为电力能源领域风险管理领先者”的事业定位，在电力领域发电侧保险市场，永诚保险长期保持份额领先、承保装机容量领先。永诚保险为超过6000家发电企业提供风险管理服务，覆盖燃煤发电、燃机发电、水电、风电、太阳能、核电等所有发电类型，具备保险行业领先的承保技术及承保能力。永诚保险对大型商业风险出色的管理能力延伸至社会生活的方方面面，为石油、煤炭、基础设施建设、船舶航运、卫星发射、普惠金融等领域的广大企业提供专业的风险解决方案，为企业发展保驾护航。

永诚保险紧密贴合广大客户的风险管理需求，持续构建“产品＋服务”体系，推出一系列车险、意健险、互联网保险等产品，市场竞争力强、富于创新优势，获得了广大客户的欢迎和肯定；打造“以客户为中心”的经营模式，依据客户的多维属性提供个性化服务。为满足广大客户日益丰富的健康管理需求，永诚保险“大健康”布局日趋成熟，在高端医疗、职工补充医疗等领域迈出实质性步伐。

永诚保险积极服务国家战略，培育高质量发展新动能。响应“一带一路”倡议，永诚保险护航中国企业海外投资建设步伐，国际保险业务居行业前五强，承保海外项目 50 余个，业务版图遍布六大洲的 19 个国家和地区。全面对接国家能源战略，在“双碳”目标指引下，永诚保险加快提高清洁能源项目风险管理能力，配套相关保险产品和服务，促进低碳技术研发运用，降低全社会低碳转型成本，为“双碳”目标达成贡献保险力量。

【车险业务】

2023 年，永诚保险河南分公司深化“事业部”改革，推动“高质量”发展，完善组织功能、开展专业营销、制定营销规划方案，以核心渠道建设为依托、聚焦股东闭环，打造保险闭环服务，形成保险护城河。规划目标市场、开展箍桶行动，利用定价模型不断优化业务结构，引入反欺诈、防渗漏系统，不断提升理赔打假降赔能力，建立“巨亏防控”机制，严防巨亏机构。承保端围绕“科技赋能”，助力车险新发展，“车 e 保”线上化出单整体提升；电子保单下载功能优化，提升客户使用体验；“车 e 保”活动量管理，助力车险销售、渠道拓展业务活动。理赔端防渗漏：增加人伤查定风控 & 车物定核风控系统，提升减损能力；多维运用银保信大数据及科技公司图片 & 网络技术，提升反诈能力；数据运营：线上会商、超时警示、数据看板等可视化、自动化功能，提升管理能力。

【财产险业务】

2023 年，永诚保险河南分公司在守好风险的前提下，充分发挥了两核“引、疏、堵”的关键作用，重点在“业务指引、赛道赋能、运营体系建设”等方面全面助力业务发展，确保了分公司电、财、责赛道利润目标的全面达成。集中理赔管理，提高理赔时效，压降理赔成本，逐案挤压水分。以客户为中心，提升客户体验度和满意度。

【保险理赔】

2023 年，永诚保险河南分公司努力提升客户服务能力，“围绕五项核心工作、聚焦四大攻坚、力求三项突破”严控各项赔付成本，从反欺诈、车物、人伤、抵扣和科技 5 个方面全面发力推进，充分运用新科技引领理赔运营体系升级，打造系统风控能力强、运营效率高、队伍素质高的理赔运营体系。增加人伤查定风控 & 车物定核风控系统，提升减损能力；多维运用银保信大数据及科技公司图片 & 网络技术，提升反诈能力；线上会商、超时警示、数据看板等可视化、自动化功能，提升管理能力。通过移动理赔 APP、人伤线上化、防渗漏系统、反欺诈平台对接等新技术的使用，车险理赔查勘新模式全面推广、应用，加快件处理时效，其中 63.80% 案件通过查勘新模式线上化理赔快速处理；人伤线上化、简易化处理，小额案件免除相应索赔资料，真正达到以客户为中心，提升客户体验度和满意度。

【风险管控】

永诚保险能够把握好稳增长与控风险之间的平衡，对威胁公司稳定的重点领域风险，精准拆弹，绝不让风险传染蔓延；对于暴露明显、短期化解会有阵痛但不会对全局伤筋动骨的，果断出手；对可能持续存在的潜在风险，主动化解，实现“软着陆”；对于体制机制方面存在的问题，坚持以改革弥补管理短板。

中银保险有限公司河南分公司

【综述】

2023年，中银保险有限公司河南分公司聚焦发展质量和经营效益，持续抓党建、找差距、促发展，全力推进全年党建和经营管理目标达成。截至2023年末，实现保费收入20358.94万元，同比增长7.5%。中银保险河南分公司辖内设有各级机构7家，其中省分公司1家，中心支公司6家，现有员工113人，40岁以下人员占比66.4%，本科以上学历人员占比93.8%。

【经营管理】

2023年，中银保险河南分公司围绕全年任务目标，坚持主题教育和经营管理"两手抓、两促进"，统筹推进党建引领、巡视整改、经营管理、作风改进及风险管理等各项工作。在公司上下的共同努力下，行司联动持续深化，重点项目实现突破，业务发展稳中有进，经营管理有序推进。

【车险业务】

2023年，中银保险河南分公司坚持"控成本、保结构、稳增长"工作思路，在车险发展过程中持续强化合规管理，不断优化客户服务，业务规模稳步提升，全年车险签单件数6.5万件，实现保费收入7780万元，同比增长2.12%。

【非车险业务】

2023年，中银保险河南分公司发挥保险保障功能，服务区域经济建设和普惠金融发展，为周平高速、许昌绕城高速、鸭河口水库清淤、双汇等重点项目提供风险保障约117亿元，为2945个普惠客户提供风险保障约231.74亿元。为服务民生经济，满足河南省居民对家庭财产风险保障的需求，公司积极参与河南专属普惠型家庭综合保险"河南惠家保"项目销售推广工作，截至2023年12月末，累计销售"惠家保"1959单，为近2000户家庭带来全方位的家庭财产风险保障。

【保险理赔】

2023年，中银保险河南分公司积极服务实体经济，累计为3.3万户个人客户、769户企业客户提供3.38万余次理赔服务。全年收到理赔报案共计39756件，较2022年增加6760件，赔款金额共计1.52亿元。其中非车险案件28961件，结案率99.18%，已支付赔款总额8859.14万元；车险案件10795件，结案率90.75%，已支付赔款总额6349.88万元。同时积极推进重大理赔工作，充分发挥保险保障功能。

【客户服务】

2023年，中银保险河南分公司坚持"以客户为中心"的服务宗旨，通过修订完善消保制度、加强消保评价考核、做好投诉纠纷化解、落实风险预警等方式，进一步优化消费者权益保护机制运行，持续提升客户服务水平。积极开展风险减量工作，制定非车险防灾防损工作管理办法，明确公司各层级工作职责；持续优化防灾防损服务，以开展现场防灾防损检查、安全技能培训、防灾防损物资或技术支持等方式，协助企业客户做好风险事前预防工作，帮助客户防范经营风险，共建保企联防联控机制，有效提升服务效率与服务质量。同时常态化开展消保宣教活动，持续提升金融消费者风险防范意识和能力，通过线上线下等多种方式组织开展“3·15消费者权益保护教育宣传周”“防范非法集资宣传月”“7·8全国保险公众宣传日”“交强险保险服务宣传季”“金融知识宣传月”“反洗钱集中宣传”等活动，搭建沟通平台，公开服务承诺，教育引导社会公众树立科学、正确的金融保险理念，积极落实行业金融知识宣教责任。

【风险管控】

2023年，中银保险河南分公司将依法合规经营贯穿于工作的始终，持续强化风险合规建设，逐步夯实合规管理基础。通过对标监管和总公司要求，不断完善制度建设，全年组织制定或修订中介、消保、反洗钱等方面制度21项。制定印发《全面风险管理工作履职清单》和《全面风险管理监控指标清单》，定期开展风险监测与预警，进一步推动全面风险管理各项工作落地实施，不断提升风险防控整体效能。注重理赔追偿和反欺诈管理，2023年查处欺诈赔案18笔，累计减损75.58万元，追偿回款198.71万元，有效降低理赔成本。全年相继组织开展中介渠道专项审计、消费者权益保护监管评价、诚信服务考评、重大风险排查、非法集资风险专项整治、员工异常行为排查等各项专项自评自查工作，持续强化重点领域、重点环节的风险防控。通过组织签订合规承诺书、开展各类培训和警示教育等方式，持续提升员工业务技能和合规意识，切实落实合规经营和风险防控主体责任。

安诚财产保险股份有限公司河南分公司

【综述】

安诚财产保险股份有限公司河南分公司经原中国保监会批准于2008年2月18日正式开业，河南分公司地址位于郑州市黄河路与东三街交叉口绿城黄河锦园1栋7层、8层，内设人事行政部、计划财务部、车险管理部、非车险管理部、个人渠道部等职能部门和若干业务部门，现有郑州、洛阳、南阳、许昌、鹤壁等5家中心支公司及永城支公司、长葛营销服务部。

河南分公司以强团结、抓改革、建机制、谋发展为重点，坚决实施“123”工作思路，致力于为河南河南省人民提供更适合的保险产品和更优质的服务，全力搭建安全、稳固的中原“防火墙”。

【经营管理】

2023年，河南分公司以深入贯彻习近平新时代中国特色社会主义思想为引领，积极贯彻总公司“123”发展思路，围绕高质量发展工作目标，积极应对复杂多变的市场环境，有序推进车险综合改革各项工作。通过精细化承保管理，践行差异化发展战略，强化数据分析，监控车险业务承保质量和风险特点，跟踪业务品质数据，加大优质业务续保力度，注重提升客户承保服务体验。严抓理赔管理，不断提升理赔专业化、精细化、集约化管理水平，科学考核，提升客户服务满意度。多措并举，不断提升经营管理及服务水平。

【车险业务】

为有效推动业务发展，于年初制定并下发了《河南分公司2023年机动车险承保实施细则》《2023年机动车辆保险承保指引》，重新修订了《机动车保险承保档案管理办法（2023版）》等，严格落实车险日常质检管理工作、管控车辆品质，提升合规经营意识，打好内控管理基础。不定时开展对各机构承保质量的现场检查，不断加强车险承保专业化管理，2023年，河南分公司累计车险保费收入11747.49万元，综合成本率95.38%。

【非车险业务】

2023年拓展了鹤壁东区市政设施综合建设及提升PPP项目团体建筑施工人员意外伤害保险、郑州至洛阳高速公路主体工程施工ZLGSTJ-1标段项目建工一切险、河南交通投资集团有限公司公众责任险、新乡新亚纸业集团股份有限公司企财险、宇通客车股份有限公司企财险等业务，并建立了与人保、太保、平安、阳光等公司共保业务渠道，河南分公司2023年累计非车险保费收入1219.6万元，综合成本率81.19%。

【保险理赔】

2023年，车险案件总赔款7911.14万元，非车险案件累计总赔款342.30万元，实行“365天×24小时”接报案、查勘定损服务。严格执行限时查勘定损服务，快速受理客户报案，完善理赔制度，持续加强未决案件跟踪清理、诉讼案件管理（完善会商等）、理赔案件追偿工作，开展协查工作检查、分支机构理赔情况检查，持续做好疑难案件和特殊案件调查，有序加大理赔案件调解力度，提升理赔服务水平。

【客户服务】

安诚财产保险股份有限公司设立95544全国统一客服热线，实行“365天×24小时”咨询、投诉受理服务，提供出险提醒、上门收取资料等贴心便民服务。建立完备的承保理赔信息客户自主查询制度，受理客户通过电话（拨打全国统一客服热线95544）、网络（官网www.e-acic.com、微信公众号：ACIC4000500000）、柜台（公司对外服务窗口）三种途径进行查询服务，方便客户了解承保理赔相关信息。建立总经理接待日制度，遵循“有访必接、有接必果”“事事有着落、件件有回音”的原则，每月固定安排2个工作日接待来访人员，听取意见和建议，解答咨询、受理举报投诉等。

【风险管控】

结合实际建立了完善的内部控制制度，各职能部门岗位权责明确，职责清晰。建立了完善的财务管理制度，各项开支均采取双签制。在考核管理上，河南分公司各职能部门对各自条线均建立了考核办法、管理制度及实务操作流程。在财务管理上，实行集中统一管理，三级机构财务负责人实行委派制，分支机构的各项支出均由分公司统一支付。费用控制上，按照总公司下达的费用指标统筹规划全年的费用支出。在信息技术控制上，由总公司统一开发及维护核心业务系统及财务系统，核心业务系统与财务系统实现数据的无缝对接，业务数据与财务数据保持一致。实现全险种、全流程的电脑系统控制与管理。积极构建经营文化体系，引领员工勇于担当社会责任，自觉坚持合规经营，切实维护客户权益，严格规范从业行为。从风险梳理结果来看，公司的承保、理赔工作从制度建设、流程管理、单证管理、实务操作、档案管理及系统管控等方面均制定了相应的规章制度及实务操作流程，对可能存在的风险点前期都逐一排查予以消除，从内部管控上尽量杜绝了风险因素的存在。

亚太财产保险有限公司河南分公司

【综述】

亚太财产保险有限公司河南分公司2016年由“民安财产保险有限公司河南分公司”更名而来。公司总部位于深圳。

截至2023年12月31日，亚太财险河南分公司目前共有下辖分支机构10个，分支机构覆盖郑州、洛阳、安阳、许昌、焦作、南阳、新乡、漯河8个地市。

2023年，亚太财产保险有限公司秉持“效益为先、风控为本、锻造能力、追求价值”的战略方针，亚太财险河南分公司以此为导向，以“聚焦效益、提升能力、加速转型、提速发展”为指引，妥善应对市场及监管环境的变化，各项核心指标在本地行业中位居前列。公司的可持续经营能力稳步提升，高质量发展之路愈发扎实。

【业务发展】

2023年，亚太财险河南分公司实现保费收入4.4亿元，同比增长27.8%。其中车险3.2亿元，同比正增18.9%；非车险1.2亿元，同比增长60%，整体边际贡献率14.8%，综合赔付率57.5%，综合成本率88.9%，利润总额4595.6万元。

【保险理赔】

亚太财险河南分公司大力推进AI技术在保险理赔工作中的运用，积极优化升级理赔系统，简化理赔流程，推出小额案件客户300秒微信自助理赔、视频查勘、现场资料收集及调解、理赔资料电子化、系统流程自动化、理赔直通车等方式，以提高理赔便捷性、提升理赔效率，同时通过大数据应用建立风险识别系统，强化理赔风险管控。完善理赔工作制度、加强队伍建设，提升从业人员操作的规范性、专业性、准确性，强化考核，全面提升理赔服务质量。

【客户服务】

亚太财险河南分公司以客户为中心构建公司客户服务体系，通过微信公众号搭建包含“自助投保”“自助理赔”“增值服务”“客户关怀”等一体化的全方位服务平台，满足多元化的客户需求，增加客户黏度，提升客户体验度，做到有温度的服务。

强化投诉管理，完善投诉受理、分析处理、监督考核、重大事件应急等机制，重点加强响应时效、处理实效、改进措施等过程管控，遏制投诉产生，积极化解矛盾，提升客户满意度。

亚太财险华北区域客户服务中心，实行依出险地配置理赔资源，各类案件责任到人，特别是疑难重大案件实现自有人员全覆盖，全面提升理赔质量。VIP客户享受“四免一管家”特别服务，即免资料、免上门、免等待、免垫付，并派专人做“一对一”理赔服务。中心在郑州设立了“微理赔”分中心，只需关注公众号在线视频即可轻松完成全流程服务，省时、省心，最快300秒赔款到账。

【风险管控】

亚太财产河南分公司紧密围绕监管规则、公司的战略规划、经营目标开展风险管理工作。在强化基础管理的同时，坚持制度、机制、流程的优化创新，深入推进风险管理工作的变革创新与运营优化，在落实与完善风险管理制度、管理流程、管理工具、基础建设、重点工作机制等方面取得一定成效，公司整体风险水平较低。

中国人寿保险股份有限公司河南省分公司

【综述】

2023年，中国人寿保险股份有限公司河南省分公司河南省系统总保费收入304.80亿元，市场份额占比15.74%。全年分别为12.03万个计生家庭、13.06万名残障人员、6.61万名老年人、627.64万名学生等弱势群体提供风险保额33.09亿元、242.69亿元、53.21亿元、1.46万亿元。实现绿色保险保费285.79万元，为河南省近500家绿色产业提供风险保额60亿元，同比增长54%，战略性新兴产业保险保费451.12万元，同比增长62%。向河南省67个帮扶村派驻帮扶干部114人。开展乡村振兴业务的县区公司88家，覆盖率64.70%，实现保费4339.34万元，支出赔款2274.05万元。

【政策性业务】

2023年，中国人寿河南省分公司积极参与多层次社会保障体系建设，助推健康中国战略落地。业务涵盖城乡居民大病保险、长期护理保险、城市定制型商业医疗保险、健康保障委托管理业务、社保补充医疗保险等业务。承办郑州等8个省辖市，滑县等4个省直管县大病保险业务，大病保险承保4185万人，市场份额稳居首位，为199.09万人次群众支付赔款28.12亿元。围绕党中央决策部署，主动加快普惠金融发展，2023年惠民保项目在郑州、安阳、鹤壁、焦作4个地市落地实施，比上年新增3个地市，其中焦作项目为首席主承，其他地市为主承。惠民保河南省总参保人数209.71万人，占基本医疗参保人数的10.84%，国寿承保39.16万人，保费3757万元，占比20.79%。河南省补充医疗业务覆盖14个地市85个县（区），覆盖人数574.77万人，资金规模9.88亿元，其中风险型保费5.57亿元，同比增长11.20%。争取同业市场3个，分别为南阳社旗、信阳平桥和淮滨，保费合计达到3248.40万元。深化长护险业务探索，健全管理制度，规范服务流程，提高评估质效，积极推进长护险管理服务升级。目前开展业务2项，覆盖开封市本级职工、通许县城乡居民68.18万人，筹资规模3700万元，享受待遇1581人，同比增长112.79%，累计支付照护费1010.34万元，同比增加4.75%。累计在12个地市86个县区开展了基本医疗、医疗救助等179个健康保障委托管理项目，服务人数2560.68万人，累计为2144.38万人次群众提供理算支付服务，金额124.87亿元。其中在洛阳、漯河、驻马店开展医疗救助、防贫医疗救助等3项防贫经办业务，累计为21.57万人提供防返贫风险保障超84.29亿元。

【经营管理】

2023年，中国人寿河南省分公司有效实现了经营发展的持续回稳向好。坚持突破发展，巩固发展向好态势，业务规模稳中有升，发展质量明显改善，公司高质量发展考核获总公司A级评价；坚持深化改革，发展动能不断集聚，着力提升综合经营成效，综合金融为销售队伍增收8180万元，寿代产保费收入13.34亿元；着力加大人才梯队建设和培养力度，人才梯队建设成效进一步彰显。

【个险业务】

2023年，中国人寿河南省分公司实现个险渠道首年标保13.10亿元、首年期交41.40亿元、十年期保费22.70亿元，三项指标均实现较大幅度正增长。月均举绩人力、月均星级人力、季均有效人力规模总数位居全国系统前列。

【团险业务】

2023年，中国人寿河南省分公司实现短期险保费17.70亿元，企业年金净增管理资产规模达到61.06亿元，代理商业养老金产品规模1.34亿元。团险渠道意外险市场份额48.12%，居市场份额首位。2023年团险渠道达成实动人力1680人。

【中介业务】

2023年，银保渠道坚持规模和价值并重的渠道定位，坚持扎实落实短期有效、长期有利的工作要求，紧盯预算目标，强化市场拓展，提升队伍素质，年度银保渠道累计实现首年期交6.58亿元，首年标保8197万元，五年期及以上期交3.15亿元，均实现较大幅度的正增长。

【风险管控】

2023年，风险管理工作认真落实集团公司"两稳、两控、五提高"总体要求和总公司"三抓、三强、三稳"工作思路，一是完善常态化风控机制，积极推进基层纪检风控专员试点工作，建立"基层纪检风控专员、重点风险人员排查、防非工作移位互查督导、风险线索举报奖励、案件查处"等五大机制，持续推进条线风险清单管理、岗位常态排查。二是加大重点风险治理，持续加强"五虚"问题综合治理，脱虚向实的合规理念不断夯实，扎实推进案件风险专项排查和涉非法集资风险专项整治"回头看"工作。三是守牢安全发展底线，认真开展安全生产大排查大整治大提升专项行动，积极探索践行新时代"枫桥经验"，畅通和规范群众、客户诉求表达、利益协调、权益保障通道，坚持合规发展，进一步筑牢风险防控底线。

【客户服务】

一是持续加大投诉治理，坚持协同共治，积极推进"一诉五清"（指首次投诉要做到查清事实、分清责任、履清义务、告清结果、说清理由），受理监管转办投诉、万张保单投诉量分别同比下降7.4%、2.94%，客户投诉总量同比下降3.99%。二是持续优化客户体验，通知服务电子化率、客户满意度持续提升；空中客服视频服务数量同比增加1.52倍，空中客服接通率99.14%；VIP客户增值活动累计服务18.6万人次，同比增长68%。三是持续提升运营效率。制定《2023年理赔服务提升推动方案》，开展理赔服务专项治理，医疗险直付服务人次、视频调查应用率同比大幅提升，契约智能审核率、调查处理时效显著改善，死亡重疾指数和重疾指数均同比下降。四是持续强化科技赋能。研发基于黄金宝典的客户清分、拜访质检、客户预约、星级认证等一系列的科技产品，拓宽客户触达能力；对孤单数据进行多维度清分，加强孤单客户拜访服务和二次开发经营。

中国平安人寿保险股份有限公司河南分公司

【综述】

2023年，中国平安人寿保险股份有限公司河南分公司坚持推动高质量发展，始终以客户需求为导向，大力发展符合客户需求、契合保险业功能特点和经营规律的保险产品和服务。以满足客户多层次保险需求，为客户提供有速度、有温度的服务体验，为人民的美好生活保驾护航。

平安人寿依托于强大的科技及智慧客服提供简单、安全、高效的服务支持，为客户送去了“足不出户”的便捷服务体验，维护了客户的保单权益。分公司持续深耕“保险＋健康”领域，希望将健康、医疗等各类增值服务权益惠及广大客户。持续从客户需求出发，全面推动科技赋能保险服务，继续秉承以人为本理念，通过“产品＋服务”的健康服务方式，向客户提供与产品结合的服务内容，推进保险行业服务创新。

平安人寿河南分公司持续建立健全合规保障体系，完善合规文化推广、风险监测、监督检查、问责处理和整改评价五项运作机制，持续落实《保险公司合规管理办法》，健全三、四级机构合规管理架构，落实合规考核问责机制。不断提升合规专、兼岗人员的业务素养和专业技能，加强内部控制，守住合规底线，确保经营活动的合法合规性。

根据中华人民共和国财政部《企业会计准则解释第2号》以及《保险合同相关会计处理规定》，平安人寿河南分公司于2023年1月1日至12月31日期间的原保险合同保费收入为207.80亿元（如无特殊说明，下文所有数据均为此口径），其中：个人代理渠道保费收入192.34亿元，公司直销渠道保费收入9.01亿元，银邮代理渠道保费收入6.45亿元。

【经营管理】

平安人寿河南分公司始终将“保险姓保”理念注入业务发展和经营管理之中，以推动高质量发展为主题，落实当前国家加快推进人身保险扩面提质工作部署，以客户需求为导向，大力发展符合客户需求、契合保险业功能特点和经营规律的保险产品和服务；以国家稳就业为号召，坚定扩新增、保规模，尽可能把现有人员培养成绩优，助力留存；强内功，不断提升代理人销售技能，以满足客户多层次保险需求，为客户提供有速度、有温度的服务体验，为人民的美好生活保驾护航。

截至2023年末，平安人寿河南分公司河南省保费收入207.80亿元，其中：个人代理渠道保费收入192.34亿元，公司直销渠道保费收入9.01亿元，银邮代理渠道保费收入6.45亿元。累计新单保费收入53.06亿元，其中：个人代理渠道新单保费收入48.67亿元，直销渠道新单保费收入1.68亿元，银邮代理渠道新单保费收入2.71亿元。

【个险业务】

截至2023年12月末，平安人寿河南分公司总保费收入207.80亿元，其中个人代理渠道保费收入192.34亿元，新单保费收入53.06亿元，续期保费收入154.74亿元。

【客户服务】

平安人寿依托于强大的科技及智慧客服提供简单、安全、高效的服务支持，为客户送去了“足不出户”的便捷服务体验，维护了客户的保单权益。

“平安金管家”APP借助生物认证、OCR识别等高科技技术，实现保全业务自助办理。2023年，平安人寿进一步扩充金管家自助办理业务的保全项目，新增退保、犹豫期退保、减保、减额交清项目的自助业务办理流程。2023年已有94%的保全业务线上自助处理完成；复杂业务通过视频连接线上柜员进行人工受理，线上柜员接待客户超11.9万人次，为客户提供了简单、快捷、安全、贴心的保单服务。

增值服务方面，平安人寿河南分公司持续深耕“保险+健康”领域，希望将健康、医疗等各类增值服务权益惠及广大客户。全年共有近77万位客户使用增值服务权益，包括慢病管理、在线问诊、臻享RUN等，为客户提供服务超过180万次，广受客户好评。此外，2023年第28届客服节将持续从线上、线下两个渠道为客户带来更欢乐、更有意义的活动，如“平安守护者行动”“河南博物院考古体验营”等，其中客服节线下活动举办300余场，邀请1.2万余位客户参与其中。线上活动以金管家为载体，共引流7.3万人次参与互动、了解权益，为客户带来多渠道、多元化、多主题的互动体验。

【保险承保】

2023年，平安人寿河南分公司河南省保费收入207.80亿元。2023年，持续推动线上智能工具、智能核保、智能追踪三大项目；通过线上投保、采用空中签名、智能核保、函件E化、电子保单及回执签收等推动投保全流程线上化。

智能核保系统持续优化，借助大数据、人工智能、机器学习等前沿技术，以投保即承保为目标，简化投保流程、提升核保效率，86%的保单可完全通过线上流程顺利承保，避免客户奔波，为客户带来快速便捷的承保体验。

持续规范保险销售行为，在投保环节执行重要单证展示，重要事项强制阅读10秒及签字确认，落实销售行为可回溯管理；持续在各机构开展对销售一年期以上人身险产品进行录音录像，有效保证保险销售过程的可回溯，切实保护消费者合法权益。同时，分公司2023年推动纸质保单按需申领的绿色低碳模式，保护消费者保单服务选择权、实现纸质保单递送闭环、保护客户信息、使客户查看保单更便捷。

【保险理赔】

2023年，平安人寿坚持以人民为中心，以客户需求为导向，依托数字化赋能，为客户提供更简单、更高效、更温暖的理赔服务体验。针对理赔服务痛点，持续推广“安e赔”E化理赔服务，通过口袋E、“金管家”APP、快易达、微信小程序“安e赔”自助理赔通道，不断简化理赔手续，缩短理赔时效。平安人寿河南分公司作为E化理赔占比达到98.40%以上的平台，全年共完成E化理赔案件50.90万件。依托“安e赔”E化理赔基础，2023年平安人寿持续提升“闪赔”服务，案件材料齐全，且符合快速处理的标准，从理赔资料上传到理赔款到账只需30分钟，全年完成“闪赔”23.76万件。同时通过与医院联网开通医院直赔业务，全年为3810位客户在郑州市中心医院实现出院窗口直接结算，为客户提供更快捷、更简单、更专业的极致服务。依托科技平台和大数据模型，持续推进“智能预赔”服务，共有475位客户体验到了85.94万元智能预赔服务。该服务打破了传统理赔申请赔付的模式，将理赔环节前置到住院治疗中，缓解客户资金压力，让客户更加安心、踏实地治疗。对于不幸罹患重大疾病或者轻症疾病客户，平安人寿河南分公司主动提供“重疾先赔”服务，由专人协助理赔，全程开通理赔绿色通道，共为2252位客户送去2.22亿元理赔款。

2023年，平安人寿河南分公司全年赔付支出48.28亿元，为广大客户提供全面的保险保障。践行“标准案件材料齐全2日赔付”的服务承诺，2日结案率达到92.62%以上，1日结案率达86.60%以上。为广大客户提供更加快速的理赔服务。

【风险管控】

2023年，平安人寿河南分公司持续建立健全合规保障体系，完善合规文化推广、风险监测、监督检查、问责处理和整改评价五项运作机制，确保合规经营。同时，持续落实《保险公司合规管理办法》，健全三、四级机构合规管理架构，落实合规考核问责机制。不断提升合规专、兼岗人员的业务素养和专业技能，加强内部控制，守住合规底线，确保经营活动的合法合规性。

一、合规文化推广机制。平安人寿河南分公司开展全员合规文化建设，利用公司晨会“合规之声”、邮件“防范非法集资专刊”“清廉金融专刊”“合规专刊”，定期发布监管动态、警示案例、风险提示等内容，落实全员日常宣导；定期开展“防范非法集资”“反保险欺诈”“反洗钱”“清廉金融”“反电信网络诈骗”等主题宣传月活动，通过高管讲合规、合规课程部门巡讲、知鸟线上课程、知识竞赛、户外宣传活动等多种形式，持续根植合规展业理念，注重教育引导，激发合规自觉；对于代理人群体，分公司借助营业单位合规功能组，开展合规专题早会宣导培训，内容包括不限于禁止违规代销、防范非法集资、远离保险欺诈等，结合典型案例，明确处罚标准，强化以案示警，提升内外勤守法合规意识，营造健康发展的经营氛围。

二、风险监测机制。平安人寿河南分公司积极落实监管各类专项排查工作，内容涵盖人身险公司内控评价、销售人员互联网营销宣传合规性排查、非法集资风险排查等专项工作；推动落实常规年度风险排查，重点关注非法集资、传销、保险欺诈等涉众高风险事件、涉黑涉恶线索的日常监测预警和风险排查，将日常监控与专项检查相结合，并明确组织领导、责任落实、监测预警、风险处置等关键环节的责任归属，加强日常人员及职场管理，建立非法集资等涉众事件举报奖励制度，防控高风险事件发生。同时，分公司不断完善案件风险防控体系，建立健全案防组织架构，明确案防工作职责和目标，构建起覆盖案件风险排查与处置、从业人员管理、领导干部监督、内部监督检查、追责问责、问题整改、举报处理、考核奖励、培训教育等环节的全链条防控体系，开展案件风险防控自评估，进一步推动涉刑案件风险防控关口前移，遏制涉刑案件高发态势，提升涉刑案件风险防控控制的规范性、科学性和有效性。

三、监督检查、问责处理及整改评价机制。通过自查自纠管理，分公司严格落实《自查自纠管理办法》《自查自纠问责及申诉管理办法》，针对关键业务流程及常见风险，将风险防控制度化、日常化、系统化，明确各级单位负责人为本单位自查自纠工作第一责任人，组织落实本单位自查自纠工作，形成计划制定、过程管控、问责落实、整改追踪的闭环管理。自查自纠工作的开展，有效检视和分析了当下分公司面临的风险现状，重点聚焦高风险领域及常见违规行为；同时，搭建部门及单位负责人合规考核制度，针对日常各单位合规落实工作予以监督、并对各单位合规红线事件予以监测，建立健全长效机制，强化合规经营理念，畅通高风险事件的发现、控制、处置渠道。

泰康人寿保险有限责任公司河南分公司

【综述】

2023年，泰康人寿保险有限责任公司河南分公司紧跟集团战略，坚定落实超体统领一切，最大绩优高客，聚焦价值目标。2023年保费收入107.28亿元。幸福有约保险计划件数达成1287件，同比增长27%。

2023年11月18日，泰康在河南打造的首个大规模、全功能、国际标准的高品质医养融合社区泰康之家・豫园开业。泰康超级体验式营销成效初显，超体协同全面绽放，泰康之家・豫园、河南省各地健康财富体验中心、郑州和洛阳三博脑科、省外核心超体场景累计参观35.2万人次，让更多客户现场体验泰康特色服务，为持续、健康、稳定业务增长打下坚实基础。

针对寿险市场生育率降低、死亡率降低和人均寿命延长，医疗养老需求旺盛的现实，泰康突破了传统寿险加投资的闭环，借助医养康宁服务，实现“保险＋投资＋服务”的三端协同。为充分发挥三端协同效能，泰康推出三项行业创新的措施。一个是全国连锁的养老社区（已布局35座城市，开业运行20家）。一个是通过入住确认函形式，衔接人寿保险和养老社区的产品——幸福有约。一个是涵盖保险顾问、医养顾问和理财顾问服务职能的崭新职业——健康财富规划师（HWP）。这三个创新也被称作泰康的“三张名片”。

【经营管理】

2023年，泰康人寿河南分公司坚定践行公司战略，积极落实总公司高质量转型要求。公司产品结构适应市场和客户需求，优化队伍结构，提升服务水平。注重合规经营，业务品质持续提升。公司提出“人人超体、人人有约、人人优增”的口号，日常经营管理坚定落实“队伍为王、超体颠覆、优增决胜、两大极致（极致的泰星人力和极致的英优放量）”十六字方针不动摇，业务和队伍建设取得新成绩。

【个险业务】

2023年，泰康人寿河南分公司个险依托泰康大健康生态体系，积极拥抱新寿险，全年业务突飞猛进，标准保费超6.6亿元，实现109%高增长，13月继续率94%。年度幸福有约保单837件，河南省个险在职人力25596人，组织发展持续夯实架构。2022年8月试点的健康财富规划师（HWP）项目，提供全新职业解决方案，队伍结构进一步优化，项目人力超120人。

【银保业务】

2023年，泰康人寿河南分公司银保聚焦私行，深入银行合作，标准保费2.8亿元，同比增长超33%，借超体活动、幸福有约、保险金信托助力大单实现翻番增长，幸福有约666件，百万大单翻番突破，13月继续率96%。年度主要合作股份行是中信银行、招商银行和浦发银行，重点合作国有行是建设银行和交通银行。河南泰康银保在职人力611人，首期以储备泰康健康财富规划师（HWP）为核心，续期以英才为核心，大力发展银保队伍建设。

【新业务和中介业务】

2023年，泰康人寿河南分公司新业务渠道紧跟战略，顺应市场，实现高增长。全年标准保费1.6

亿元，同比增长 43.5%，13 月继续率 70.2%。自建队伍 209 人，“幸福有约”件数达成 69 件。

2023 年，泰康人寿河南分公司经代业务以体验式营销为抓手，聚焦渠道和绩优团队，锁定中高端客群，推动“幸福有约”及年金险的销售。全年实现标准保费 365 万元，经代业务 13 月继续率达 86.6%。在渠道经营上筛选 11 家优质合作公司，在品质管理上，加强继续率管理，未达标合作机构将进入负面清单，影响合作续签。同时加强投诉管理，提高投诉响应时效，提高客户服务体验，避免投诉升级。

【理赔业务】

2023 年，泰康人寿河南分公司理赔案件 16 万余件，同比增长 23%，累计理赔金约 8 亿元。一是持续推动“健保通”直付理赔服务，进一步提升客户体验。2023 年“健保通”合作医院共 188 家，遍布河南省 17 个地市，累计服务超 4 万人次，累计理赔金 6706 万元。二是深入推广特色理赔服务项目，解客户燃眉之急，为客户送去温暖。“重疾先赔”服务客户 2018 人，赔付金额 1.2 亿元。“康乃馨探视”服务客户超 4 万人。三是创新理赔渠道，提升理赔时效，津贴险智能审核体系秒级到账推出。2023 年“信用赔”服务累计超 500 人次。

【客户服务】

泰康人寿河南分公司注重客户体验，健康财富体验中心在河南省布局 16 家。体验中心集泰印象、泰长寿、泰健康、泰富足、泰风采于一体，是客户聆听泰康故事、了解泰康布局、感受泰康文化、体验泰康服务的首选之地。此外，各类客户回馈活动精彩纷呈，爱家季期间家庭会员、年度账单、如花绽放等活动触达客户 19.5 万人次。客服节期间“小手拉小手”、理赔服务回访、“小勇士挑战赛”等活动触达客户 7.5 万人次。

【内控建设】

2023 年，泰康人寿河南分公司认真实施内控基本规范，全面梳理和完善内部控制制度和业务流程，建立健全内控合规和风险管理基础。根据实际工作需要，一是在原有制度和流程的基础上，共制定了 23 项规章制度，修改完善了 19 项规章制度。二是共新增 4 个内控合规系统，完善了 9 项系统功能。保证内控体系更加健全，内控效能持续提升，各类风险问题显著减少。

太平人寿保险有限公司河南分公司

【综述】

2023 年，太平人寿保险有限公司河南分公司加强金融风险防控，严守风险底线的指示精神，坚持稳中求进工作总基调，切实围绕抓好服务实体经济、防控风险、深化改革三项任务进行工作部署，把防控风险放在更加重要的位置。聚焦高质量发展主题，处理好恢复经济和防范风险关系，牢牢守住不发生区域性金融风险的底线。截至 2023 年 12 月 31 日，太平人寿河南分公司下辖中心支公司 16 家，支公司 43 家，营销服务部 44 家，覆盖了河南省 18 家地市，69 个县域，形成以郑州为中心，覆盖河南省、服务河南省的机构布局。截至 2023 年 12 月 31 日，太平人寿河南分公司共有内勤员工 1001 人，外勤销售人员 16465 人，其中个险营销员 9173 人，银保客户经理 377 人，渠道经理 95 人，服务拓展首期 150 人，续期专员

121人，电商坐席人力86人。

根据行协财务新口径，截至2023年12月末，太平人寿河南分公司总保费53.80亿元，市场份额2.80%。个险新单期交保费4.30亿元，市场份额2.70%；银保新单期交保费1.17亿元，市场份额0.70%。保费结构持续优化，整体发展平稳有序。

【经营管理】

2023年，太平人寿河南分公司践行“围绕市场、围绕客户、围绕队伍”三个围绕经营方针，发扬多理解、多提醒、多包容、多支持、多补台的“五多”精神，各项管理稳步推进，各职能部门管理效能不断改善，后援服务支持能力持续提升。在业务发展上，以达成文化、排名文化、制度文化、执行文化的“四大文化”为引领，通过在做大做强、争先进位、人才培养、技能提升、合规经营等“五个方面下功夫”经营思想的落地，持续加强队伍能力建设。在机构发展方面，持续对标系统内优秀机构，坚持做强做大本部这个重心，强化四级机构发展标准，推进弱体机构的改造，机构发展能力进一步增强。在员工队伍管理方面，在集团及总公司选用干部标准和方法的引领下，明确干部任职标准，建立选人用人机制，发扬“请进来，走出去”，坚持在人才培养上下功夫。在保险服务方面，进一步开展形式多样的客服活动，提升保险服务水平；完善多层次保险服务组织体系。在内控管理方面，合规工作更加深入，体系建设精耕细作，针对新的监管形势，进一步完善合规体系，持续提升各层级内控管理水平。

【个险业务】

2023年，太平人寿河南分公司个险以增员晋升发展为年度主线，持续推动中高端突破。

2023年，太平人寿河南分公司个险期交保费达成67976万元（包含产销寿渠道），承保达成率91.8%；价值保费达成13851万元，承保达成率85.8%；期交保费千万人力1人，百万人力71人，百万人力较2022年提升18%；2023年养老社区资格人力191人，养老社区资格数380个。

【银保业务】

2023年，太平人寿河南分公司银保业务持续深化项目运作，拉升业务平台，强化高客开发，提升价值贡献，截至2023年9月17日，太平人寿河南分公司银保年度价值、期交保费提前105天双达成，成为全系统第11家双达成的分公司，年度实现期交保费12363万元，较2022年增长54.4%。

机构发展方面，强抓基础经营管理，重点打造标杆机构，2023年，3家机构站上千万保费平台，10家机构保费实现年度正增长，其中4家机构增量超过500万元。

渠道经营方面，夯实国有行合作基础，巩固农行主力渠道地位，业务占比70.3%，工、建、中合作持续加深，业务占比25.9%。

人员培养方面，以考核晋升和满薪推动为抓手，打造绩优标杆，2023年百万精英34人，较2022年增加25人，同比增长278%。

【综合开拓业务】

2023年，太平人寿河南分公司综合开拓部秉承太平集团“一个客户一个太平”的战略思想，积极发挥综合金融优势，与财险分公司、养老分公司协同合作，共建共赢。个销产在多轮调控的市场环境中，保持健康有序的发展，全年达成3亿元，年度达成率100.3%；个销养在高质量发展的总体指导思想下，达成9093万元，达成率101%，双条线完美收官。

在日常经营管理中，以建立健全专业化推动体系为抓手，深化团单和非车转型，以“综金领航”项目为引领，推进“一体化经营”。稳定活动率、续保率、人均产能等核心关键指标；团单、非车转型取得正增长，业务品质不断优化，为代理人蓄客、获客提供正向的帮助，为队伍的稳定、人员晋升发展、长期寿险经营发挥了积极的作用。

【电商销售业务】

2023 年达成规保 1923 万元，年度规保达成率 101.2%，系统排名第五。年度价值达成 301 万元，达成率 100.3%。绩优人力增长显著，其中年度百万精英人力 4 人，80 万～100 万人力 1 人，50 万～80 万人力 7 人。全年持续关注新人成长，坚持新人新单策略，人员留存率较上年度明显提升。继续率指标保持良好，4M 年累计继续率 93.3%，13M 年累计继续率 71.2%。

【保险承保、保险理赔】

2023 年，客户可以足不出户即可通过“中国太平 95589”官方微信及“E 掌柜”办理保全业务，保单贷款业务可实现即时到账，每日最高限额可达 200 万元。另外针对如客户身份证有效期到期等问题，公司发送短信时在短信链接中可以操作自助更改。

2023 年，太平人寿河南分公司双录质检通过率 97.42%。在全系统全面双录全面质检机构排名第一，同时双录实现了单证展示客户自己滑屏，维护了客户权益；证件投屏（代理人证件投屏展示）、签名轨迹即远程双录时一部手机即可完成双录，大大提高了客户及代理人体验感。

理赔方面，服务客户 51013 人次，共计赔付 6.88 亿元，理赔申请支付时效 0.54 天，通过“秒赔”系统理赔 43741 件。年度最高意外赔付 357 万元，重疾最高赔付 356 万元，理赔次数最多客户为尿毒症血液透析，一年理赔 37 次。各类理赔赔付金额中，医疗占比 39.53%，重疾占比 42.7%，身故占比 17.15%，伤残占比 0.62%；件数占比方面，医疗险占比 91.1%，重疾占比 6.26%；身故占比 2.4%；伤残占比 0.01%。重疾件数占比少，赔付金额占比高。

【客户服务】

2023 年，太平人寿河南分公司有效践行“以客户为中心”的服务理念，始终坚持金融为民的初心和“客户至上”的服务理念，围绕客户美好生活需要，构建保险综合服务生态圈；聚焦多元化客户需求，组织丰富多样的活动。以专业、负责和热情的服务，认真履行对每一位客户的保障职责，真心实意维护广大客户的切身利益，为千家万户带去太平吉祥。

一是贴近一线，用服务创造发展活力。集团客户节开幕式，服务客户 2406 人，服务客户数位居全系统第 15 名。同时，河南分公司客户节开幕式以“小天使金像奖大赛”为主题，郑州主会场 110 组客户现场参与，线上 16 家机构共同参与、同频共振；总经理室领导与客户欢聚一堂，弘扬太平文化。二是专业赋能，用服务为队伍插上“翅膀”。客户节期间，相继成功举办了巴萨足球训练营、太平好少年足球嘉年华、太平小太医以及太平小小体验官等客户活动，共计服务 397 组家庭。同时，组织太平好少年之太平小记者走进大国重器——中铁装备，累计服务客户家庭 30 组。三是体系运作，让服务成为队伍的竞争利器。借助总公司万家欢享季活动资源，落地推动“幸福漫时光”“二十四节气系列”等线上活动，共计参与人数 9725 人；线下举办活动 748 场次，线下参与人数 8846 人。四是价值协同，用服务营造良好氛围。制作 4 期《美好有约》专刊，让客户第一时间了解服务最新资讯。打造“服务宣传日”，每周一讲。宣传太平服务品牌，全年共发布稿件 50 余篇，外部媒体宣传稿件 12 篇，微信公众平台稿件 40 余篇。

【风险管控】

太平人寿河南分公司以“三道防线”“九大合规机制”开展风险的识别防控，旨在主动识别合规风险，有效降低违规事件发生，不断完善合规体系建设，坚持推进合规工作基层化、日常化，具体体现在“三、四、五”管理举措：“三轮驱动”精耕细作夯实基础。以制作风险自查手册，开展月度风控自查自纠及月度风控专题培训“三部曲”，严抓风控过程。河南省内控合规风险审计评级稳中求进，由 2022 年 B 级提升至 2023 年

B+级；2023年行协诚信考评90.9分A级。“四位一体”全方位提升队伍素养。以“专题培训”“合规五分钟”“专项练兵”“绩效考核”为载体，每日开展合规宣传，每月组织专题培训，定期开展专项练兵夯实作战基础，年度实施绩效考核评估管理成效，充分发挥各层级合规二道防线作用。2023年累计制作《合规五分钟》249期，举办“专题培训”140次，以“合规经营指标和管理指标”为抓手实施绩效考核，多方位有效提升了全体内外勤的合规意识，强化了底线思维，做到了合规教育警钟长鸣。《合规五分钟》筑牢底线思维。太平人寿河南分公司紧盯监管形势，结合监管警示案例，强化各层级日常合规教育，每日制作《合规五分钟》。2023年河南省累计制作《合规五分钟》249期，通过微信群、晨夕会对内外勤队伍进行警示教育，强化底线思维，推进公司风险管控长效机制建设。

合众人寿保险股份有限公司河南分公司

【综述】

2023年，合众人寿保险股份有限公司河南分公司下辖中心支公司15家，营销服务部26家，经营网点覆盖17个地市和省辖县级市，共有内外勤员工3078人，实现原保费收入10.15亿元。其中，个人代理业务保费收入8.44亿元，银邮代理业务保费收入1.46亿元，公司直销业务保费收入2416.21万元。

【经营管理】

2023年，合众人寿河南分公司遵循务实笃行、提质增效的工作原则，以“重视规范、了解规范、掌握规范、落实规范”为工作要求，着力夯实防范风险、合规经营的底层工作逻辑，积极落实各项监管工作，开展多项自查整改和风险排查，进一步强化自主风险合规管理。在人力资源相对从紧的大背景下，深入落实价值选择、实践成长、专业训练“三位一体”的人力资源管理体系，通过持续优化人员结构、推动人才发展和领导力模型建设、强化关键核心岗位潜质青年干部培养等方式，实现分公司人力资本周转率提升，助力公司全面高质量发展。继续围绕“主动思考、主动服务、主动推动”的理念，不断优化新契约、保全及理赔服务流程及风险管控，开展“V管家”百日训练营，深耕VIP客户附加值服务的经营，加强各营业网点金融知识宣传专区建设，将消费者权益保护宣传工作常态化。

【个险业务】

2023年，合众人寿河南分公司个险渠道坚定落实以队伍为核心的教育培训思路，以养老规划师课程体系为基石，以新人的高质量留存为目标，持续推动队伍技能提升。通过建立新人培育全流程管理体系，实现优增、优育、优辅，为新人提供全方位的成长支持，通过设立“四活七活”评价指标，对新人成长进行全程把控，确保新人在各个阶段的成长都能得到有效的评估和指导，通过CPP通道，锁定“合众保险＋养老”的战略，为绩优人员打造专属的成长之路。坚持以推动绩优人群增长为核心，以提升新人品质为基础，以推动标准组织发展为目标的经营思路，进行“月计划、周经营”的工作安排，保证了各项措施的落地执行和结果反馈。同时，公司坚持以基本法为核心的制度经营，通过标杆引导、荣誉激励等措施，调动各级主管自主管理、自主经营的积极性，整体实现了经营能力持续提升、业务稳健发展的良好局面。全年 NBEV 达成 3748.32 万元，13 月继续率 90.31%，25 月继续率 93.68%。

【银保业务】

2023 年，合众人寿河南分公司银保渠道面对市场新变化和发展新要求，秉持“敢于挑战、坚韧不拔”的创业精神，于危机中蓄力、在逆势中成长。面对一、二季度的重重困难，积极应对、狠抓落实、勇于担当，最终实现渠道期交放量，顺利达成年度各项计划目标。在业务发展过程中，谨记公司高质量发展、高价值成长的要求，坚守品质底线，取得了年度完美收官。全年 NBEV 达成 411.91 万元，13 月继续率 92.14%，25 月继续率 96.66%。

【保险承保】

2023 年，合众人寿河南分公司共新增承保保单 15.68 万件，新增承保人次 19.32 万人次，新增保险金额 470.41 亿元。

【保险理赔】

2023 年，合众人寿河南分公司发生各类赔付支出合计 2.04 亿元。其中满期给付 2913.17 万元，年金给付 9017.95 万元，赔款支出 1507.58 万元，死伤医疗给付 6933.46 万元。

【客户服务】

为切实保护保险消费者权益，公司对双录系统持续进行优化，增加了系统控制，要求签字动作须在双录的签字环节进行，争取一次性完成新契约双录流程。

个性化保单定制增加视频上传功能，达到个性化视频上传条件的保单，客户可在保单有效期内上传一次个性化视频，之后客户从公司官方微信保单列表中进入个性化保单进行查看，让保单传递爱的回忆更加鲜活。

上线新契约回访问题件 E 化处理，较传统纸质处理方式，E 化处理利用系统控制风险，加强回访问题件工单处理过程管控。同时，代理人、客户通过线上签名和回复，提升了问题件处理效率。

【风险管控】

强化风险监测、识别、评估和风险预警全流程管理。2023 年，进一步加强风险管理体系建设，规范风险管理流程，优化风险管理方法，按照季度持续监测风险事件，按照年度盘点风险管控措施，实时分析识别风险点，下发风险提示函，追踪风险处置结果，确保风险管理从源头到处置具有明晰的职责分工，各项风险化解及处置工作落实到位。

强化重点领域风险管理。结合公司业务特点，以防范和处置非法集资、案件风险防控等为重点风险管控领域，通过加强宣传培训、加大排查频次、扩大排查范围、丰富排查手段等措施，确保重点领域风险苗头及时化解，防范风险扩散升级。

持续开展警示教育活动。将警示教育活动作为日常风险合规管理需求的重要手段，扩大警示教育知识范围和覆盖人群，针对案件风险管控、销售合规管理、反洗钱、反欺诈等各类工作，面向高管、内勤员工、外勤队伍等群体高频开展警示教育活动，通过反面典型案例教育提高公司人员的合规经营意识和能力，提高自觉接受监督的意识和抵御风险的能力。

富德生命人寿保险股份有限公司河南分公司

【综述】

2023年，富德生命人寿保险股份有限公司河南分公司按照新会计准则统计，累计实现总规模保费60.2亿元，市场份额3.1%；新单规模保费达成22.5亿元，市场份额3.2%；续期实收保费达成37.7亿元。理赔赔付年累计件数11.6万件，赔付金额7.4亿元，赔付金额逐年上升，服务中原经济社会发展的能力进一步增强。

目前，富德生命人寿河南分公司在河南省设立了17家中心支公司、45家支公司、23家营销服务部，在已开设机构的地区运作日趋成熟，管理进一步完善。

【经营管理】

2023年，在全面推动公司业务发展的同时，富德生命人寿河南分公司精细化管理水平和质效持续提升。合规管理方面，严格落实监管要求，强化合规经营理念，完善内部机制，以“稳”为先，推动公司高质量发展。人事管理方面，强化学习力，提升内外勤员工综合素质，持续推动“精兵简政、提质增效”工作，优化内外勤人力配比，激发组织活力。财务管理方面，优化费用支出结构，深化预算管理和成本控制，提升资源配置效率。营运管理方面，提升服务专业度，增强客户黏性，培育忠实客户，加强科技赋能，实现“以客户为中心”的线上化、体系化经营，提升客户满意度。企划支持方面，进一步优化考核机制，突出KPI考核牵引作用，加大重点工作项目的督办力度，责任到人。行政管理方面，继续推动“小海豚计划”长期公益工程，服务地方建设，塑造品牌价值；同时，严格落实总公司“降本增效”工作要求，持续优化资产配置，全面推进职场标准化建设。党政建设方面，通过多种形式深化党员学习教育，并与郑州如意湖党工委共同设立“情满富德 如意社区”公益慈善基金项目，累计捐赠50余万元，深入践行企业社会责任。

【个险业务】

2023年，富德生命人寿河南分公司个险渠道坚定落实“两个不变、两个转变”的营销发展总方针，坚持“结构优化、价值提升、效率提高”的深化转型阶段目标，围绕个险“1236”的发展主基调，以全心全意提升全体人员收入为发展目标，坚持以绩优培养推动产能持续提升，以新人养成推动人力健康增长，搭建“绩优培养体系、新人养成体系、架构优化体系”三个体系，落地“机构建设、绩优成长、活动经营、优增突破、产品推动、集中学习”六个核心，稳步推进个险各项工作。

2023年，个险渠道承保新单综合标保达成30370万元，总量排名第一。凤凰人力967人，其中金钻凤人力115人，占比12%；头部绩优IDA人力38人，占比1.8%；人均产能全年月均14751元。人力结构优化，人均产能提升，规模保费实现正增长，转型曙光已现。

【银保业务】

2023年，富德生命人寿河南分公司银保渠道围绕“深耕网点提产能，实战锤炼铸能力，渠道多元防风险，资源聚焦创价值”的工作主题，以转型为核心，聚焦队伍强化、结构调整、价值提升，坚持渠道多元均衡发展，不断优化结构、调整布局，以队伍建设和核网建设为抓手，提高人均产能和网均产能，实现量价齐升。

2023 年，银保渠道承保新单规模保费 18.64 亿元，新单总量系统排名第六；承保趸交规模保费 11.67 亿元，承保价值期缴规模保费 7.02 亿元，综标 2.68 亿元，年度达成率 132%。河南省月均 4 万综标基础人力提升至 131 人，月均 8 万综标绩优人力提升至 70 人。

【团险业务】

2023 年，富德生命人寿河南分公司团险渠道围绕总公司提出的"乘势启航、聚力发展、专业驱动、使命必达"工作主题，以分公司提出的"稳平台、夯基础、保盈利"为发展路线，坚持"稳交叉、强直销、拓渠道"的业务模式，不断强化自主经营，推动渠道健康发展。

2023 年，团险渠道累计承保短险规保及价值长险综合标保 3397 万元。其中，交叉渠道达成 1671 万元，占比 49.2%；直销渠道达成 1327 万元，占比 39.1%；银行中介达成 378 万元，占比 11.1%；专业中介达成 21 万元，占比 0.6%。

【客户服务】

一、丰富增值服务内涵。在科技赋能、服务赋能战略引领下，富德生命人寿上线了集高价值服务、健康服务、客户服务活动等各项增值服务于一体的"富德心服务"平台，为客户打造心级服务、一站互联的便捷高效增值服务体验。

2023 年度"家·恋"四季客户服务活动依托"富德心服务"平台，围绕"福起·闻笙籁"VIP 艺术季、"乘风·著未来"夏季客户服务活动、"同心·向欣荣"秋季客户服务活动、"相守·常安康"冬季客户服务活动四大主题，为客户带去全年无休的多元化服务。

在 VIP 服务体系下，富德生命人寿河南分公司持续为 VIP 客户提供"安心随行""贴心随行""礼遇随行""安康随行"四大系列客户服务，并贴合客户需求与行业趋势，对生日礼遇、尊享体检、健康照护等服务项目进行升级，并新增出院交通、出行礼遇、保单信封等服务项目；搭配"F+"客户服务体系，精选八大服务项目，将服务对象大幅拓展。同时，还为 VIP、"F+"客户、特定健康险客户提供"线上 + 线下"健康增值服务。

二、推动消保宣教体系建设。富德生命人寿河南分公司深入践行"以消费者为中心"的服务理念，持续推进金融知识教育宣传常态化建设，多层次、多渠道开展消费者日常教育与集中教育活动。公司打造线下消保教育宣传专区，进行常态化教育宣传，同时利用公司官方微信公众号开展公益性金融知识日常教育宣传，引导消费者树立正确保险理念。此外，全年分阶段、有节奏地开展"3·15 教育宣传周""向光而立，与美同行——最美客户·最美消保人评选""金融消费者权益保护教育宣传月"等集中性教育宣传主题活动，进一步提高消费者金融素养，提升员工消费者权益保护意识，依法保护消费者合法权益。

三、提升电话服务体验。电话呼叫中心提供在线智能机器人及人工咨询服务，提供 7×24 小时热线接听服务，其中日间时段（8：00—22：00）人工专线为客户提供保单查询、电话保全、投诉、报案等服务，夜间时段（22：00—8：00）为 VIP 客户及重要业务（报案、保单挂失、保单还款、续期实时收费、重复号码停用）来电提供人工服务；推广电子化回访应用，满足客户多样化回访需求，给客户带来更加优质、便捷的回访体验；提供重点客户专属回访服务，做到访前沟通、专人回访，全面提升重点客户服务水平。

【理赔业务】

2023 年，富德生命人寿河南分公司共支付理赔金额 74463 万元，较 2022 年增长 13.38%，累计为 116161 位客户提供理赔服务，理赔服务时效平均为 1.31 个自然日，出险支付时效为 47.32 个自然日，理赔时效持续优化。

富德生命人寿河南分公司持续加快推进理赔新技术应用，不断提升理赔时效及服务体验。公司先后上线了客户微信自助受理、云赔（即代理人远程自助受理）、快赔及小额案件免收纸质资料等理赔新技术应用，进一步简化了理赔案件申请流程。2021年6月，公司与郑州市中心医院合作推出“直赔”服务，在客户出院时即可直接赔付，实现“零距离”现场理赔，极大提升了理赔客户服务体验。

中荷人寿保险有限公司河南省分公司

【综述】

中荷人寿保险有限公司河南省分公司秉承“价值成长，稳健有为”的发展理念，为河南消费者提供具有国际竞争力的专业保险产品与服务。截至2023年12月31日，中荷人寿河南省分公司下辖郑州、洛阳、焦作、南阳四家中心支公司，以及二七、安阳、荥阳、新密、登封、巩义6个营销服务部。

中荷人寿河南省分公司非常重视员工及业务队伍建设。截至2023年末，内勤人力175人（含分公司总经理1人、内勤174人），其中高管10人、员工165人，中级职称3人、初级职称4人，本科及以上学历人员占比95.42%，平均年龄37.82岁。截至2023年末，个人寿险渠道各层级代理人1139人，其中大专学历430人，占比37.75%，本科及以上学历302人，占比26.51%。银行保险销售人员99人，其中客户经理83人，营业部经理16人，平均年龄39岁，本科人员14人，占比14.14%。

2023年，中荷人寿河南省分公司共实现保费收入153906.89万元，同比增长11.33%，其中期缴保费收入120511.67万元，同比减少2.35%，趸缴保费收入33395.22万元，同比增长125.19%。2023年赔付支出23115.72万元，同比减少20.97%。

【经营管理】

坚持稳健合规经营。个人寿险渠道在注重人力有效增长的同时，致力于提高业务规模与人均产能，并为代理人搭建顺畅的晋升通道；银行保险渠道注重渠道多元化和银保营销化的经营模式，打造了一批银行保险高绩效团队；经纪代理渠道着重在合作渠道中凸显服务优势与品牌形象，并根据合作渠道的需求为其提供专业培训。

为保证业务快速发展，中荷人寿河南省分公司建立了稳固的后援体系，公司日常管理逐渐规范，后援力量和水平不断提升，并在日常工作中逐渐将积累的经验条理化、程序化，在机构开拓、财务管理、客户服务等各方面形成了完整而有效的体系和流程，为公司的规范化发展提供了参考和依据。实践证明，高效的后援体系和科学规范的管理制度对一线业务的发展起到了很大的推动作用。

【个险业务】

个险渠道坚持“合规第一、品质先行”的发展策略，始终坚持把合规放在首位，在合规的基础上，发展人力和业务，稳健经营。积极推动转型升级，立足发展中高端客户市场，满足客户深层次的保险和服务需求，深耕客户价值，追求持续、稳健成长，同时设计行业领先的营销模式，优化渠道组织和人才，升级培训体系，打造敏捷组织，强化终端机构管理和运营能力，推动高质量发展。

【中介业务】

银行保险渠道以合规为前提，坚持价值经营，走专业化销售路线，在国家金融监督管理局政策指导下，全面、充分地与各专业银行合作，业务稳定发展，形成银保合作的双赢局面。

在经代渠道发展探索中，分公司提出了“发展培育”的观点，在与经营较为成熟的代理公司建立合作发展关系的同时，着眼培育认同中荷人寿经营理念，具有发展潜力的中、小型代理公司，通过产品、销售技巧等方面的培训及支持，与这些公司共同成长。

【团险业务】

团险渠道以交叉销售为主，坚持以利润为导向，提高效益型险种占比，逐步降低综合赔付率，控制费用率，并适时与个险、银保渠道结合，进行团险客户的综合开发。

【客户服务】

中荷人寿为客户提供的特色服务包括：服务便捷、轻松互动的多渠道沟通平台；无远弗届、无忧无虑的国内（际）SOS急难援助服务；贴心关爱、无微不至的爱心天使；尊贵礼遇、唯您优享的VIP尊享会；私人医生、无忧健康的健康管理服务；希望载爱成长的好爸好妈会开展亲子俱乐部及多种形式的客户关系维护活动。

中荷人寿持续推进科技与业务的协同和融合，实现自动化、数字化和智能化，为客户提供保单全生命周期的多场景服务：线上投保、保单查询、在线验证、理赔服务、保单信息变更、领/交钱、续期缴费、电子发票、电子回访等服务，为客户带来全新的服务体验，为客户的保单权益提供有力保障。

中荷人寿坚持以客户为中心，秉承“客户至上，轻松尊重”的理念，聚焦“沟通便捷、快速有效、业务透明、通俗易懂、建议专业”五个维度，优化服务流程，提升服务效率，创新服务模式，改善服务体验，保护消费者合法权益，践行保险业服务于民，努力实现权益有保障、服务有温度、保险更轻松、守护赢尊重。

【风险管控】

2023年，中荷人寿河南省分公司在监管部门和总公司的指导下，借助“销售人员互联网营销宣传合规性自查”等专项工作的开展，不断健全和完善公司合规及风险管理体系，对各业务流程进行梳理和自查，同时通过开展各类宣传培训、警示教育、风险排查等常态化工作，进一步提升公司整体合规管理水平，完善风险防控工作机制，防范风险发生。

平安养老保险股份有限公司河南分公司

【综述】

2023年，平安养老保险股份有限公司河南分公司紧跟集团新战略转型步伐，时刻保持危机意识，提升竞争力，秉持专业促成长、持续赢未来的经营理念，年金资产规模稳固发展，保险业务多点开花。短险业绩全年累计5.55亿元，长险业绩全年累计超6.42亿元，企业年金供款标规全年累计超4.48亿元。

截至2023年末，平安养老险河南分公司在河南省设立6家中心支公司，2家支公司，内勤人力87人，外勤人力141人。

【经营管理】

作为河南省首家专业养老保险公司，平安养老险河南分公司目前管理企业年金各类资产已逾60亿元，原保险保费收入5.23亿元，服务各类企业客户1.38万余家，服务个人客户约155.42万人；通过与各级政府在大病、职工高额、意外、医疗及养老保险等方面的合作，充分发挥保险保障功能，助力精准扶贫，持续优化与提升参保人群的服务体验，协助政府构建多层次医疗、养老保障体系。

【团险业务】

2023年末，河南省实现团险业务保费收入52346.47万元，其中人寿保险保费收入949.47万元、意外伤害险保费收入13213.44万元、健康险保费收入38183.55万元。

【中介业务】

2023年，平安养老险河南分公司始终坚持依法合规经营，建立严格的中介业务内控管理制度，持续进行业务合作流程监控，规范专业、兼业中介业务发展，全年实现保费收入86.09万元。

【客户服务】

一、科技赋能，自助便捷。平安养老险依托平安集团综合金融优势与科技实力，在“金融+科技”“金融+生态”战略指引下，不断加快智能化转型步伐，积极探索科技创新在理赔服务等场景下的应用，推出了“自助查询”“智慧理赔”“暖心赔”等一系列代表性服务体系与项目。平安养老险河南分公司在原有线上客户服务的通道基础上，增加手机微信服务入口，对于保单查询、理赔、保全、在线咨询等线上服务，通过养老险河南分公司公众号即可实现。对于企业客户的服务，注册“平安E企赢”即可打通服务通道，快捷办理。客户可以通过“好福利”APP自助办理理赔服务，“不见面、马上办”的理赔服务新模式正在为更多的客户提供便利，通过“暖心赔”项目，实现了“一个APP适应不同人群场景”“‘刷脸’赔付自动结算报销”，成为解决细分人群困境的利器，理赔提速的助推器。当科技和保险结合，践行“一个APP，多个场景，多项服务”理赔模式的平安养老险，必然拥有更便捷的操作流程、更安心的使用体验、更广泛的覆盖群体。

二、精准施策，体现关怀。开展长护险试点研究，参与了多地的长护险试点工作，为超4万家庭提供了居家护理、机构护理、辅具租赁、失能预防等暖心保障。在人工服务过程中，客服人员面对老年客户时，必须落实“三多”服务，即多一些关爱、多一些耐心、多一些解释。特别是在业务办理及业务查询工作中，客户服务人员将在标准化服务的基础上增添温度，通过多确认、多提醒、多关心等方式，让老年人切身感受到平安养老险的温度。

三、携手老人，跨越鸿沟。将传统服务方式与智能化服务创新并行，在推出“柜面适老化服务”的基础上，充分利用平安集团在科技方面的优势，适时推出“一键人工”“音转字”等服务，助力老年客户跨越“数字鸿沟”。针对60岁以上的老年客户推出“一键人工”服务。当客户打通客服热线后，系统将判断客户年龄是否超过60岁。面对老年客户，系统将跳过智能交互环节，开启绿色通道，直接接通人工客服，解决老年人受困于智能技术的问题，帮助他们及时顺利地享受到相关的、需要的服务。

始终把客户需求摆在第一位，考虑到老年客户办理业务可能遇到的难题，以及老年人群体服务的特殊性，推出“柜面适老化服务”。柜面开设“老年服务专柜”，配备老年人专用服务物品——老花镜、舒适椅等，优先办理老年客户临柜业务。柜面有专人指导相关申请材料的填写，为老年人提供更周全、更贴心、更直接、更方便的温馨服务。

积极响应和落实“五心的平安，有温度的金融”这一服务理念，积极探索更智能化的客户服务方式，在“好福利”APP和微信公众号上线智能机器人客服服务。在“好福利”APP上，客户只需输入想咨询的问题关键字，便能通过智能联想输入技术，启动智能机器人自动识别功能，触发系统自动推送客户可能关注或需要咨询的问题和建议。在微信公众号上，老年人可使用语音发送自身需求，后台机器人将通过语音识别技术，将语音转换成文字，为老年客户提供轻松、快捷、便利的咨询解答服务。

【风险管控】

坚持通过“以内含价值为导向”的产品策略提升业务质量，发展核心业务确保业务结构优化。同时更进一步明确业务质量与风险管控两者并重，将风险管控的理念通过各项政策措施渗透各个环节，并采取了一系列管理举措，着重理顺和强化风控体系职能、完善组织架构。

一、重视重大突发事件应急管理。成立重大突发事件应急处置领导小组，负责领导、指挥、协调重大突发事件应急处理工作，并督导重大突发事件应急处理办公室开展工作。

二、加强业务人员从业资格管理与培训。严格按照保险行业协会通知要求，针对每一位入司业务员，均要求注销其他公司执业证、依规定取得新的保险销售从业人员执业证，并应当符合监管规定的有关岗前培训和后续教育的条件。新入司员工由人力资源部门安排，通过网络、面授等方式参加新人员工培训，并将培训结果作为转正等相关事项的参考依据。员工在司任职期间需要持续接受涵盖专业技能、法律法规、职业道德等方面的培训课程，并通过相关测试考核。离职或由外勤转岗为内勤的员工，及时将其持有的执业证进行注销。

三、严格履行客户身份识别等反洗钱义务。按照《客户身份识别和客户身份资料及交易记录保存管理办法》，建立健全和执行客户身份识别制度，遵循“了解你的客户”的原则，针对具有不同洗钱或者恐怖融资风险特征的客户、业务关系或者交易，采取相应的措施，了解客户及其交易目的和交易性质，了解实际控制客户的自然人和交易的实际受益人。平安养老险河南分公司客户身份识别制度完善，能够准确记录客户真实身份信息，保存交易资料，保障每一笔交易都可以如实再现。

四、财务收付费管理。根据人身险收付费管理办法，平安养老险河南分公司加强“零现金”宣导，人身险收付费原则上均要求通过银行等资金支付系统进行转账支付。对于现金交纳、领取的情况以及转账账户为非受益人账户的情况，按《平安养老保险股份有限公司人身险收付费管理办法》中的相关要求执行。

中国人民人寿保险股份有限公司河南省分公司

【综述】

2023 年，中国人民人寿保险股份有限公司河南省分公司落实高质量发展要求，保证了公司整体经营稳定。截至 2023 年末，公司下辖共有 17 个中心支公司，103 个市级支公司，内勤总人数 886 人。按照 2023 年总公司考核口径，各项考核指标达成情况如下：新业务价值保费 16178 万元，首年期交保费 94931 万元，十年期及以上期交保费 9504 万元，大个险月均有效人力 1587 人、月均钻石人力 412 人。

【经营管理】

一是稳步推进个险业务发展。根据河南实际队伍情况，在反复调研、结合实际后，探索出大个险“铁三角”经营模式，即以产品推动为核心，坚定不移做好客户、促成和队伍 3 个方面工作。将“铁三角”经营模式用于每一项业务中，取得了一定成效。二是银保渠道实现多元化发展。不断优化业务结构，新开拓了招商银行、中原银行、河南农信社三大渠道，这三大渠道与两邮一起成为了银保渠道的主要支撑，各渠道共同发力，助力业绩指标全面增长。三是团险渠道规模效益同步提升。2023 年，团险渠道围绕总公司“做强队伍、做大规模、做优效益、做好服务”的总体业务发展规划，坚定贯彻“结构多元，队伍支撑，合规经营”的渠道发展理念，深耕河南短期险、学平险市场，发力法人客户大项目新增新拓，全力实现规模、效益同步提升，队伍、业务双轮驱动的发展局面。四是客户服务质效持续提高。积极沟通，及时化解有效投诉；分类选择对应化解方式，有效化解矛盾纠纷；创新手段，推动纠纷解决；采取分析原因、加强督导、分类管理等措施，理赔时效逐月提升。五是风险防控基础进一步筑牢。强化基层内控体系建设，按省市县机构层级拆分，将具有针对性的基层治理举措锚钉于相应机构，制定了各三四级机构交叉互评，实现边建边验收、建好即验好；加强合规穿透式检查力度，选取 6 家重点机构和 32 家四级机构，聚焦基层治理薄弱短板及易受监管处罚的重点环节，制定专项检查方案，开展穿透式检查，在防范化解违规风险方面起到了积极作用。六是党的建设全面加强。扎实开展两个批次的主题教育，落实学习贯彻习近平新时代中国特色社会主义思想主题教育工作部署，推动主题教育整改成果转化见实效、见长效。推进全面从严治党，召开全面从严治党专题会议，深入贯彻全面从严治党新部署、新要求，推进全面从严治党谈话，预防不良行为的发生。

【个险业务】

2023 年，大个险渠道坚持走专业化经营体系，运用“铁三角”运作模式、坚持老客户经营策略、搭建活动经营平台，同时将合规经营嵌入业务发展，提高销售风险防范能力，基础管理进一步加强，队伍质量进一步提升，各项业务指标及人力指标均在全国系统内居于前茅。

2023 年，大个险渠道新业务价值保费达成 11312 万元，达成率 99.94%。首年规模保费达成 124488 万元，达成率 196.74%；新单期交保费达成 50134 万元，达成率 168.6%；短险保费达成 2363 万元，达成率 77%。在业务稳步发展的同时，绩优队伍建设迈上新台阶。其中，IDA 增加 27 人入围；钻石人力达成 412 人，达成率

98%；万名先锋达成 275 人，达成率 105.7%，同比正增长 81 人。

产品推动方面，统一推动、统一训练、统一宣导、统一通关、统一方案、统一平台，全年在不同阶段聚焦不同产品，组织空中课堂训练 100 余次，河南省统一运作、穿透式训练、量化通关标准，标准化、精密化运作平台会，组织分类产说会，充分发挥产说会优势。队伍建设方面，从主管、准主任中圈定增员人选，以业务优、出勤好为条件圈定行销系列，打造准主任培养体系，意愿启动前置，进行过程式面谈，加强非制式化培训，增员质量逐步提升。

【团险业务】

2023 年，贯彻落实总公司高质量发展工作要求，专注渠道专业化建设，以法人客户开发为主导凝聚发展合力，以大项目市场新拓为抓手实现跨越式发展，以价值型期交业务为补充优化提升渠道价值贡献，坚持多元板块均衡发展，持续调整业务结构，强化渠道创费创利能力，全年共实现模保费收入 1.053 亿元，其中期交保费 409 万元，短险保费 10118 万元。牵头逐步铺开多业务渠道全面销售，截至 2023 年末，累计实现保费收入 686.42 万元，累计服务人次 943 人，其中团险渠道实现保费收入 152.07 万元，累计服务人次 315 人。

【银保业务】

2023 年，围绕“规模支撑渠道、价值贡献渠道、高客开拓渠道、模式创新渠道”的渠道定位，坚定发展信心，坚持转型发展，坚守合规底线，持续强化银保渠道专业化经营能力和精细化管理能力。2023 年，全渠道首年期交达成 9.4 亿元，其中：银保达成占全渠道 43%。新业务价值达成 4299 万元，达成率 141.8%，新单期交达成 40774 万元，达成率 311.1%，人力增长至 376 人。

【客户服务】

持续围绕提升消费者权益保护评价指标，提高消费者权益保护工作质量，完善机制建设，服务客户的宗旨，以反欺诈、控风险为核心开展工作。一是保质保量完成各项业务处理工作。全年承保新单 61.35 万件，打印保单 5.79 万件，打印个人保险凭证 27.81 万件；人工核保 1.97 万件；保全业务 13.9 万件；理赔案件 4.73 万件，赔付金额 2.58 亿元。二是进一步优化业务流程，加强运营技术智能化，提高业务处理时效和质量，改善客户体验；提升业务受理能力及风险防控水平。理赔出险支付时效 52.14 天，申请支付时效 1.33 天，为有效加强灾害事故理赔应急管理工作，制定《中国人民人寿保险股份有限公司河南省分公司灾害事故理赔救灾分级响应管理办法（试行）》。持续改进保全服务，2022 年河南省各机构柜面配置了 E 动柜面设备，至 2023 年 E 动柜面保全已上线了 44 个保单服务项，2023 年业务受理量超过 31901 件，线上自助单项业务不超过 3 分钟即可完成，相比实体柜面服务效率提高 80%；全程无纸化办理，电子签名、人脸识别，满足客户一站式、一致性、便捷性、个性化的需求及风险防控。三是继续完善消费者权益保护工作，制定消保工作管理办法、工作计划、教育宣传管理办法、培训管理办法、审查管理办法、信息披露管理办法、考核方案、消委会议事规则等方面一系列制度文件，将消费者权益保护工作纳入公司治理、经营发展战略和企业文化建设，践行“人民保险，服务人民”企业使命。四是积极开展“3・15”“金融消费者权益保护教育宣传月”金融消费者权益保护教育宣传、客户节、“人保・友爱”增值服务计划、“我为客户办实事”等工作。在“3・15”消费者权益保护教育宣传周、金融知识宣传月等活动中集中开展消费者权益保护宣传教育，切实强化消费者风险防范意识，提升社会公众金融知识素养，消除侵害消费者权益隐患。2023 年 5 月 18 日至 7 月 18 日期间，围绕“智慧健康生活，用心守护美好”活动主题，开展了“关怀拜访，精彩抢先”“友爱相约，幸福全家享”“延续关爱，免息复效”“燃动一夏，乐享健康”“听您所想，暖心回馈”“趣味消保，人保相伴”等一系列活动，积极践行“人民保险，服务人民”的企业使命，坚持“以客户为中心”的发展理念，提升了公司品牌形象，加强了客户认同感，提高了移动平台使用率，增加了客户黏性，增强了全员服务意识，升级了保险温度，提振了销售队伍士气，推动了公司业务发展。通过升级并推动客户体验“人保·友爱”增值服务，提高了“人保寿险E服务”等移动平台使用频率，为客户提供了温暖服务与数字体验，通过发挥服务赋能和线上化服务优势，感恩回馈广大客户，增强客户获得感和满意度，促进公司业务发展。为牢固树立以人民为中心的发展思想，围绕“办实事、解民忧”，巩固深化“我为群众办实事”实践成效，印发了《关于开展“我为外勤、客户办实事”主题教育实践活动的通知》，紧盯人民群众急难愁盼的问题，持续聚焦销售、承保、保全、理赔、服务等与客户直接接触的环节，提升工作效能，改善用户体验。五是根据总公司中国人民人寿保险股份有限公司终端柜面标准建设手册，统一各级柜面“消保信息公示区”“金融消保宣传区”两区建设要求，着力对消保专区进行升级改造，提升柜面常态化教育宣传形象，充分保障消费者的知情权和受教育权。统一配备消保常态化教育宣传材料，组织各级柜面持续面向消费者普及金融保险知识，提升风险防范意识，强化消费者对终端柜面的服务体验。六是组织各机构常态化开展客户信息治理工作，不断扩大客户信息治理问题类型，切实提高公司客户信息真实性水平。七是不断完善反保险欺诈管理制度及加强反保险欺诈宣传，制定了《中国人民人寿保险股份有限公司河南省分公司反欺诈风险管理工作考核细则》及《中国人民人寿保险股份有限公司河南省分公司反保险金欺诈实施细则》。组织开展反欺诈宣传活动、介绍常见的保险欺诈形式，来提高风险意识，并且鼓励举报保险欺诈行为。通过“以案说险”等形式揭示保险欺诈风险，在河南省各机构柜面张贴反欺诈宣传海报、反欺诈宣传单，制作反欺诈宣传卡片，营造良好的社会诚信体系，保护保险消费者利益。

【风险管控】

2023年，坚持稳中求进工作总基调，强化底线思维，提高风险意识，加强风控体系和能力建设，积极安排部署风控合规工作，取得一定成效。一是深入开展风险排查。结合既往年度案件风险排查及背景调查工作发现问题线索，聚焦排查重点风险、重点机构和重点人员，开展2023年案件风险排查、穿透式检查等工作，彻查存量风险。2023年8月至9月，抽取业务骨干组成2个检查组，采取“四不两直”方式，对6家重点机构和32家四级机构的职场管理、产品说明会管理、销售人员管理、印章管理、费用支出管理等29个风险点对标进行重点检查。二是持续健全反洗钱机制。优化完善反洗钱内控制度及操作流程，制定河南省分公司《洗钱及恐怖融资风险管理政策》等8个反洗钱工作制度，加强反洗钱人员队伍建设和宣传培训，提升内、外勤员工对反洗钱工作的认识、风险识别能力。三是扎实开展基层内控评级。通过基层内控自评、晋级、验收等相关工作，促进各级机构持续建立自上而下、有效运转的内部控制体系，激发内控体系建设内生动力，全面夯实内控案防体系建设及省内基层治理。四是修订完善授权管理制度。按照总公司授权管理工作要求，结合河南省实际工作情况，制定《河南省分公司2023年度授权地市级机构事项清单》《河南省分公司2023年度各条线权限设置清单》及各三级机构授权四级机构事项清单，明确各级机构职责边界，使公司授权工作有章可循、有规可依。五是充分做好风险监测预警。结合业务情况，制定2023年关键风险指标库及限额设置明细表，根据风险管理系统检测结果，区分月度、季度、年度指标，对各条线、机构关键风险指标达成情况进行预警和提示。帮助各级机构、条线部门及时识别预警价值、退保、费用、声誉、案件、洗钱、赔付、人员等重点风险隐患，推动风险管控前置化。六是全面进行合规宣传培训。围绕监管规定、合规风控制度、操作与执行规程等内容，开展合规条线人员培训工作，强抓队伍素质，提升综合能力。利用“3·15”消费者权益日、“7·8”保险公众宣传日、非法集资宣传月等时间节点，通过悬挂宣传标语条幅、电子屏滚动播放宣传标语、张贴宣传海报、微信朋友圈宣传等多种方式开展防范非法集资、养老诈骗、普法教育等各类宣传活动。

国华人寿保险股份有限公司河南分公司

【综述】

国华人寿保险股份有限公司河南分公司自成立以来，贯彻落实国华人寿保险股份有限公司以“让每个家庭拥有保障和幸福”为使命，以人民、以客户为中心的发展思路，以“13210”（即“1”个坚持——党建引领；“3”个发展前提——风险导向、合规底线、安全发展；“2”个发展主线——负债优化、资产提升；“10”大能力提升——战略管理能力、高质量负债能力、良好资产管理能力、资产负债匹配能力、风险合规管理能力、信息科技及安全能力、财务管理能力、客户服务能力、品牌管理能力、员工发展能力）新发展战略，以高度的责任感，坚持服务民生、服务实体经济，助力共同富裕。

始终科学把握寿险经营规律，算账经营，稳健发展。国华人寿河南分公司目前已基本形成以银行保险为主的业务渠道，较为成熟的期交业务发展模式，搭建了基本覆盖河南省重点地市的机构布局，相继设立了11家中心支公司，在已开设机构的地区运作日趋成熟，管理进一步完善。重视员工及业务队伍建设，推动优质发展和队伍留存，截至2023年末，内勤人力122人，银行保险销售人员191人。

2023年，国华人寿河南分公司不断探索符合自身特色的新型发展之路，提高管理能力和战略执行能力，坚守合规底线，推动中原经济高质量发展。

【经营管理】

2023年，国华人寿河南分公司以既定发展战略为指导，按照“坚定转型发展、突出价值成长、全面提升能力、迈向成熟险企、助力共同富裕”的总体思路推进业务发展，重点关注价值业务增长，向成熟险企持续迈进。2023年，国华人寿河南分公司累计实现原保险保费收入244209.11万元；合计实现总规模保费289917.98万元，其中新单规模保费173192.33万元，续期规模保费116725.65万元；按缴费结构分，全年新单规模保费中趸交保费125661.99万元，期交保费47530.34万元，期交保费占比27%；全年赔付支出4772.1万元，赔付件数940件。

【银保业务】

2023年，国华人寿河南分公司紧绷监管红线，平衡业务发展与风险底线，确保机构与业务健康良好发展。加大期交及原保险保费占比，2023年度河南银保承保规模保费172969万元，其中期交保费占比30%，较2022年有较大提升。

国华人寿河南分公司秉承“传渠引领、地方行（中原银行）突破、股份行辅助、双邮阶段性项目推动”渠道经营发展策略，目前共有工、农、中、建、双邮、兴业、中原、交行、中信、华夏11个合作渠道。

通过深度经营，构建多元化、均衡化的渠道合作模式，逐步形成了双邮、工行为核心，建行、农行为重点，中信、华夏快速突破的渠道格局。同时，通过省对省联合培训、会议赋能，促进各渠道合作基础日益深化，合作关系健康稳定发展。

通过打造国华高净值业务专业支持体系，赋能队伍，赋能渠道，提升高价值业务营销能力和大单产出。以差异化经营和专业推动的模式深度挖掘中高端客户，坚定持续推动高频、高客项目在各渠道深入落地。并通过科技赋能、服务助力，推进存量客户持续经营。坚持合法合规经营，把控各机构算账经营，达到费用平衡。队伍不断优化，通过国华云直播常态化课程收集、筛选及直播举办等方式专业赋能实现共同提升整体素质，并以国华人寿总公司基本法为考核标准，优胜劣汰。联合运营、续期等部门，对业务质量和品质进行核查，杜绝发生系统性风险事件。

强化基础管理，形成成熟的督导体系，后援支持到位，系统日臻成熟，机构自主经营效果显著，管理干部的经营能力、管理能力、风险合规意识不断加强，各项经营指标良好，持续经营能力不断提升。

【客户服务】

2023 年，国华人寿河南分公司在全年的业务工作操作中，积极主动、高效高质完成了各项工作内容，在国华人寿总公司运营系列的各项指标中位列前茅，全年处理理赔案件 940 件，赔付金额合计 4738.54 万元；处理各类保全业务 68674 件，金额 281250.24 万元。

公司积极推进核保创新落地，扩大智能核保应用，全面打通线上全流程投保，提供客户更顺畅便捷的投保体验。同时，持续推进理赔创新服务范围，在原有的简 e 赔、理赔闪赔、理赔垫付、上门取件、理赔直付和特药服务六大服务项目上持续进行第三方资源整合与功能优化。

将消费者权益保护融入公司治理各环节，建立健全消费者权益保护体制机制，夯实公司消费者权益保护工作的主体责任，依照依法合规、平等自愿、诚实守信、以消费者为中心的基本原则，履行消费者权益保护职责：一是完善消费者权益保护体制建设。国华人寿总公司持续完善各部门之间消保工作协调机制，健全总、分支机构体制建设，促进消保工作有序开展。二是强化消保审查工作。国华人寿总公司加强源头管控，对面向消费者提供的产品和服务在设计开发、定价管理、协议制定、营销宣传等环节进行事前审查，提出实质性修改意见，确保与消费者有关的产品和服务在设计开发、定价管理、协议制定等环节有效落实消费者权益保护的相关规定，杜绝侵害消费者合法权益的行为发生。三是加强消费者教育宣传活动。国华人寿河南分公司建立金融知识普及宣传管理制度，开设金融知识教育宣传专区用于开展监管部门发起的集中式教育宣传活动，并将消费者权益保护宣传活动作为常态化工作。2023 年，国华人寿河南分公司开展了“3·15 宣传周”“金融消保宣传月”等消费者权益保护宣传教育活动。四是推进纠纷多元化解机制。国华人寿河南分公司在投诉处理方面，对于暂时未能达成一致的消费者，积极联动当地银行保险业调解中心、行业协会、消保委等第三方机构介入调解，有效提升纠纷化解与消保工作的效率效果。

【风险管控】

国华人寿河南分公司以监管政策为红线，依托国华人寿总公司垂直化、标准化管理，不断加强风险防御能力。2023 年重点围绕“保险销售人员互联网营销宣传排查”“公司经营管理风险指标监测”等方面开展工作。

2023 年，国华人寿河南分公司借助国华人寿总公司审计契机，从上到下深入全面地对各项经营管理情况进行审视。借助风险管理委员会的召开，将日常经营管理中存在的风险与漏洞，逐一进行分析整改。坚持不断优化调整业务结构和产品结构，强化回访管理，完善销售费用和人员管理，重点加强对全辖业务条线、财务条线的合规宣导，优化销售费用管理和销售人员管理，加强保险消费者权益保护。

与此同时，坚持组织各项合规反洗钱宣传培训，创新宣传培训方式，加强对外勤销售人员的合规培训比重，合规人员广泛参与销售人员的日常工作中，增强了合规管理第一道防线的影响力和展业合规性的同时强化了合规管理第一、第二道防线的黏合度。2023 年 9 月份通过消费者权益保护宣传月活动以现场直播的方式向社会公众开展保险业非法集资的表现形式及案例警示宣讲，有力地提升了广大民众防范和处置非法集资的意识。

2024 年，国华人寿河南分公司将进一步健全风险管理体系，整合合规资源，将重点放在防范和处置非法集资，坚定不移地贯彻“报行合一”等方面。同时强化警示教育，通过结合近两年的外部典型案例，查处各类乱象，强化问责机制。

华泰人寿保险股份有限公司河南分公司

【综述】

华泰人寿保险股份有限公司河南分公司成立于 2008 年，下属洛阳、焦作、许昌、漯河、安阳、周口、南阳、开封、驻马店、平顶山、商丘等 11 家中支和 20 余家四级机构。开业 10 余年来，华泰人寿河南分公司秉承稳健经营、创新发展的理念，经营规范，业务发展稳步提升。2023 年，在监管机关及总公司的指导下，贯彻落实总、分公司各项规章制度，落实各项监管政策，坚持“品质、客户、规模、利润”的经营理念，践行“二次创业”精神、提升企业文化和品牌形象。截至 2023 年 12 月 31 日，总保费收入 5.39 亿元，其中个险系列累计保费 5 亿元，13 月继续率指标 87.07%，较去年提升 7 个百分点。各业务系列呈持续、稳健、健康发展态势。

【经营管理】

2023 年，华泰人寿河南分公司根据监管机关及总公司工作要求，切实加强基础管理，积极落实协同发展，加快发展战略渠道，公司客户稳步增长，业务品质稳中有升，打造公司核心竞争力，促进公司各项经营指标提升，实现公司持续、健康、稳定发展。

坚持依法合规经营，以“树行业新风，创服务品牌，规范服务标准”为要求，加强职业道德和专业技能培养，实施制度化培训管理与运作，建立培训管理平台，以不断提升全员综合素质和业务品质为培训目的。业务团队的管理从基础指标入手，逐步提高团队管理能力，引导队伍健康发展。加强合规建设，通过建立健全合规管理制度，明确合规管理责任，确保公司稳健经营，杜绝违法违规行为。

华泰人寿河南分公司认真贯彻总公司“规范管理，稳健经营，诚实守信，创新发展”的长期理念，在抓好队伍建设与业务发展的同时，根据相关法律法规及总公司相关规定，重视制度建设与计划管理工作，逐步梳理健全系统的内部控制制度，确保公司经营管理规范和运营顺畅。后援管理体系健全，各项制度不断落实完善。财务费用管控合理有效，实现费用系统化管理，资金运用合理，审批管理严格，审批流程高效，内控机制完善，核算基础扎实，资源达到合理化配置。加强法律合规管理和对机构的指导，严格遵守监管制度，落实新机构开拓及人才储备工作，有力保障了公司健康有序发展。

【业务发展】

紧跟集团和总部战略，高质量发展初见成效。

2023年，新单保费收入为6282.4万元。个银K2达成86.26%，其中个险K2达成86.20%，较去年上升5.14%；K3达成92.11%，其中个险K3达成91.22%；全年续期个银任务目标47889.03万元，达成率99.95%。

【客户服务】

华泰人寿河南分公司以“创新让保险更简单、服务让客户更满意”为服务宗旨，以服务树品牌，以服务促业务，提供多渠道服务方式，为客户提供全面服务，实现了客户随时随地查询保单信息的需求，满足了客户专业化、全方位、高品质的服务需求。通过全国集中统一的“95509”电话中心管理模式，将电话回访、咨询、投诉、理赔等集中受理，指定专人负责，及时跟进并反馈处理情况。“一柜通”服务方便客户办理各类柜面业务。不断完善创新服务，广泛听取客户意见和建议，在营业场所公示服务承诺，便于客户对公司服务进行监督，改进服务流程，丰富服务内容。

【风险管控】

2023年，华泰人寿河南分公司全面、有序、统筹安排落实各项合规管理工作，以“防风险、促合规、不处罚”为首要工作目标，有效防范各类合规风险，创新和巩固各项合规基础工作，立足学习教育平台，完善各项制度，梳理防控流程、强化违规责任追究，提升公司内控管理成效。全年度严格按照法律法规、监管文件、总公司要求开展各项工作，落实了一系列的合规自查、风险排查及相关的培训宣传工作，通过检查发现问题隐患，追踪整改有效防控风险，并通过新颖的培训宣传方式提升全员的合规意识，督促指导内外勤人员加大对合规知识的了解与掌握，取得了良好的效果，真正让内控施于源头，让风险止于苗头。同时，加强负面警示教育，经常性开展形式多样的警示教育，坚持合规创造价值，引导各部门、各机构树立全员合规、合规从管理层做起、合规创造价值、合规助力企业防范风险的理念，筑牢各级人员的风险意识、红线意识。

华泰人寿河南分公司执行总公司各项规章制度来控制信息技术的安全，对计算机的物理安全有完备的控制措施，有严格的保密措施，并设置必要的日志。对交换机房及相应网络设备进行管理，安全措施完善，有健全的网络管理系统，有关个人电脑、公司信箱、公司网站等均建立有相应的管理制度。在已建立的《机房基础设施故障处理实施预案》和《网络重大突发事件处理实施预案》中定期检查、维护应急的设施、设备和系统，确保其处于适用状态，实现信息系统建设对公司业务发展和风险管控的有效支持。

进一步强化相关制度。严格执行各类突发事件应急预案及报告制度，加强统一领导，分级管理，预防为主，及时上报，快速反应，保守秘密，明确各类突发事件报告工作的责任部门、主要职责及责任追究制度。

华泰人寿河南分公司2023年对整体合规工作的要求更加严格。华泰人寿河南分公司根据监管及总公司的要求，开展了一系列的自查、排查及培训宣传工作，通过检查发现问题隐患，并通过新颖的培训宣传方式提升全员的合规意识与合规知识的了解与掌握，取得了良好的效果。

太平养老保险股份有限公司河南分公司

【综述】

太平养老保险股份有限公司河南分公司成立于2011年，专业经营养老金业务和员工福利保障业务，其中养老金业务涵盖针对各类企事业单位的企业年金、职业年金、养老保障、资产管理等服务，员工福利保障业务涵盖寿险、意外险、补充医疗、健康管理等服务。

【经营管理】

2023年以来，太平养老河南分公司紧紧围绕集团、总公司“以攻为守、稳中求进、化危为机、创新转型”的经营工作思路，聚焦价值成长，加快业务转型，强化底线思维，发挥政治引领、全面推进各项重点工作，敢担当、善作为、稳发展，聚焦养老主业，推动业务转型升级，奋力开创高质量发展新局面。在业务发展方面，始终坚持聚焦养老金这个立司之本，持续做强做优做大养老金管理资产规模，聚焦团险这个强司之源，做强做优做大团险核心业务。2023年太平养老河南分公司养老金新增缴费8.65亿元，团险保费收入2.13亿元。从合规管理方面，始终坚持“合规先行”的风险防控理念，不断完善内控制度建设、持续强化合规培训宣导力度、建立常态化合规风险识别机制，积极营造合规经营文化氛围，风险管理水平逐步上升。

【保险业务】

2023年，太平养老河南分公司累计承保总保费21250万元，较2022年同比增长11%。其中，人寿保险1485万元，意外伤害保险2255万元，健康保险17510万元。

【中介业务】

2023年，太平养老河南分公司始终坚持依法合规经营，加强制度和流程完善，持续提升管理水平，稳健、合规地开展专业代理和兼业代理业务。全年实现保费11076.7万元。其中，专业代理2203万元，兼业代理8873.7万元。

【客户服务】

在公司消费者权益保护相关工作要求指导下，建立客户驱动的模式，坚持客户利益至上的原则，在坚持依法、合规的前提下，一切工作以满足客户需求为中心，以为客户提供高质高效温暖的服务为目标，结合传统的服务方式与智能化、创新服务方式并行的原则，提升保险消费者服务体验，规范公司新契约回访、保险金代领回访、有效投诉回访及满意度回访的处理流程及标准。太平养老保险股份有限公司开通了“95589”全国24小时服务热线，积极开展“总经理接待日”活动，不断改进和完善“信、访、电”多渠道消费者投诉处理流程，并力争提高处理效率，全面维护太平养老客户的权益。“信”指保险消费者可以采取邮寄投诉材料的方式提出投诉；“访”指保险消费者可以采取面谈的方式提出投诉，太平养老河南分公司在职场内设定有专门接待室接待并处理消费者投诉，太平养老河南分公司每月开展总经理接待日活动，总经理接待日定为每个月15日，时间为早上9：00—11：30，如遇法定公休日或节假日则顺延；“电”指保险消费者可以拨打太平保险“95589”全国24小时服务热线提出投诉。太平养老河南分公司设置专人专岗负责投诉处理工作，并采取协商、调解、诉讼等多元纠纷处理方式解决不同客户的矛盾问题，避免矛盾的激化与升级；加强投诉处理时效管理，要求投诉当日有回应，做到投诉案件及时响应，及时处理。

太平养老河南分公司按照传统的服务方式与智能化、创新服务方式并行的原则，重点关注“一老、一少、一新”特殊人群，一方面加强服务人员业务素质培养，丰富完善网点硬件设施，设立绿色通道、爱心座椅，提升服务质效；另一方面，积极组织开展常态化金融知识、防非、反诈教育宣传活动，普及相关知识，借助自身业务特点，不断增强特殊人群在保险服务中的获得感。

【风险管控】

2023 年以来，太平养老河南分公司通过不断完善内控制度建设、持续强化合规培训宣导力度、建立常态化合规风险识别机制，积极营造合规经营文化氛围，风险管理水平逐步提升。一是不断完善内控合规制度体系建设，建立健全分公司各项制度，确保各条线、各岗位相关工作有章可循、有章可依。二是扎实推进常态化风险识别机制有效运行，通过定期、不定期开展系列风险排查工作，针对问题认真研讨、深入整改，有效遏制日常经营中存在的各类风险隐患，进一步强化合规管理、堵塞风险漏洞。三是持续强化合规培训、宣导力度，利用线上、线下等途径，积极开展合规培训、宣传活动，营造浓厚的诚信、合规文化氛围，引导员工自觉转变观念，规范公司及员工各项行为。

其他金融机构

中国中信金融资产管理股份有限公司河南省分公司

【综述】

中国中信金融资产管理股份有限公司河南省分公司现有 50 名在岗审批人员，平均年龄 39.2 岁，其中本科以上学历（含本科）49 人，占比 98%；中高级职称 31 人，占比 62%；党员 43 人，占比 86%。内设部门 12 个，同时还设立有党建工作领导小组、风险管理和内部控制委员会、业务审查委员会、资产评估审查委员会、资金财务审查委员会等机构。

2023 年，分公司强化“一年巡视、五年整改”理念，以主题教育为契机，围绕公司“一三五”战略目标，立足资产管理公司职能定位，聚焦社会经济发展大局，坚持“夯实基础、稳中求进、提质增效”工作思路，通过抓党建、定目标、明方向，摸家底、化风险、强主业，坚定不移走中国特色金融发展之路。2023 年末，分公司管理资产规模 169.37 亿元，其中，不良资产包业务规模 58.04 亿元，商业化业务规模 107.33 亿元，政策性债转股（买断价）3.99 亿元。

【经营管理】

一、党建引领，凝聚发展合力。2023 年，分公司聚焦资产管理公司主责主业，主动寻找收购线索，在理性报价、追求盈利的前提下扩大收购规模，不断加大不良资产收购处置力度。年初锁定全年重点处置资产，坚持“线上 + 线下”双线推介，在充分发挥阿里、京东、“每周甄选”、“融易淘”等互联网平台作用的同时，积极采取现场推介会、电视营销、投资者座谈会等方式开展多元化营销，积累客户资源，强化精准营销。坚持加大存量资产处置力度，逐一研究处置策略，从时效性、尽职调查、司法手段、维权措施等多个维度制定工作机制和方案，深挖处置线索，依法合规开展资产处置，提升资产处置效率，努力实现国有资产利益最大化。同时，吸取过往经验教训，复盘“收—管—处”全流程，深入查找短板问题，扎实推进精细化管理。2023 年新增收购不良资产包债权规模 30.44 亿元，终极处置不良资产债权规模 16.67 亿元。

二、积极创新，推动转型发展。分公司结合河南地区经济特点，重点围绕国企改革、涉房风险化解、大型企业纾困等领域，深挖存量资源和资产价值，探索特色化、差异化可持续发展的业务模式，积极推进业务落地。制定实施“成材计划”，成立产品创新研发小组，通过案例学习、实战演练、营销交流等方式全面提升员工转型创新能力，提高项目落地率。同时，运用不良资产收购处置、债券收购、债务重组等金融工具箱，主动采取资产重组、资源整合等手段提升处置效益。聚焦“大不良”领域，加强精准营销，走访重点客户，延展行业头部企业、金融机构、中介机构、社会投资者等客户群，与多家机构签署战略合作协议，2023 年新增投放 33.13 亿元（其中，重组类投放 27.42 亿元，收购类投放 5.71 亿元），积极支持和服务区域经济社会发展。其中，分公司通过“增资入股 + 管理重构”的方式，助力河南省内某大型国有企业成功化解债务风险，进一步优化资产负债和产权结构。项目实施后，该企业整体风险得到有效控制，盈利能力明显改善，得到河南省人民政府的肯定。

三、防化并举，推进风险攻坚。分公司继续将存量项目的“防”和风险项目的“化”作为重中之重，坚持底线思维，盯紧重点项目，抓牢核心资产，定期通报重点工作进展情况，推动各项工作有序开展、有效落实。一是严防资产质量下迁。建立定期风险排查机制，每月月初对存量项目逐户制定风险防化思路和措施，加强后期管理和动态监测，通过财产信托隔离等方式做好风险隔离，不断增强项目安全垫。重点盯防关注类资产、延展期项目和大客户风险，做到早发现、早预警、早处置。二是全力化解存量风险。制定《风险隐患项目风险化解处置工作方案》，“一户一策”具体到项目，找准症结、分类施策、靶向发力，定期督办进展情况，推动各项措施落地见效。三是把好新增项目关口。大力倡导“管好风险就是创造效益”的理念，对新增项目进行公开研讨，严格项目准入标准，做实抓手及后手；方案上会前，分管领导、风险总监及中后台审查部门到现场实地考察，从不同角度评判项目风险；项目投放前，风险总监和总经理与企业实际控制人面谈，把好最后关口。

四、强化管理，夯实发展根基。结合新形势、新任务、新要求，进一步加强内部管理，保障运转高质高效。一是强化统筹谋划。聚焦部门职责定位，以提质增效为主线，将年度目标分解任务纳入各部门绩效考核，定期召开经营分析会，及时传达集团、公司会议精神，分析重点任务完成情况，研究部署下步重点工作任务，确保各项任务落实到位。二是强化月度考核。建立月度考核评比机制，对各部门的工作进度进行排名通报，张榜公布，亮红黄牌，激励先进，通报落后，对因履职尽责不力、工作作风不实导致整体工作被动的，坚决调整岗位。三是加强督办管理。将各项重点工作纳入督办事项清单，建立管理台账，标时限、标成效、标责任人，专人负责，每月对各部门完成情况进行通报，做到“以目标倒逼任务进度、以结果倒逼责任落实”。四是加强合规建设。组织开展“合规文化深化年”活动，完善内控合规制度流程，坚持动态更新制度体系，修订 5 项制度，废止 8 项制度。持续加大合规教育培训力度，通过讲座、座谈、警示案例等方式，筑牢合规经营底线。

【商业化业务】

2023年，分公司严格按照监管政策要求，认真贯彻落实公司“十四五”发展规划，紧紧围绕“一三五”战略目标，立足河南实际，充分发挥金融救助功能和不良资产主业优势，综合运用不良资产收购、债务重组、问题企业重组等特色金融工具箱，积极助力企业纾困，有力地支持了区域经济和产业改革发展，维护了社会稳定。

【债转股管理】

2023年，分公司按照股权管理要求认真履行股权管理职责，依规依法行使股东权利，扎实做好债权企业“三会”管理工作，参与债权企业重大经营决策，掌握企业经营状况，积极化解金融风险，减轻企业负担。

中国长城资产管理股份有限公司河南省分公司

【综述】

2023年，中国长城资产管理股份有限公司河南省分公司紧紧围绕“聚焦主业、瘦身缩表、腾笼换鸟、转型发展”的总体思路，坚持目标导向，发扬斗争精神，以党建为引领、改革为动力，全力推动存量盘活、增量优化，全年处置回收现金12.34亿元，新增主业投放6.42亿元，实现税后净利润0.73亿元。2023年，内设10个职能部门，在职员工64人。

【经营管理】

一、完善考核机制。一是压实目标责任。签订目标任务“军令状”，分解任务清单，压实工作推进责任，从经济和行政两个方面加大考核硬性约束。二是突出核心任务。按照“业绩优先、兼顾公平、奖勤罚懒、多劳多得”的原则，精简考核指标，突出利润导向，加大正向激励和风险扣罚力度，实施绩效薪酬延期支付和追索扣回制度，引导团队增强市场意识和风险意识。三是加大阶段考核力度。建立季度目标责任清单，设置专项奖惩措施，保障阶段性目标有效落实。

二、加强内控合规管理。一是严格后期管理。建立后期管理积分考核制度，强化实质性审核，定期通报后期管理检查情况，切实提高风险监测预警水平。二是加强操作风险防范。将合规要求贯穿业务操作的全流程，实施项目预审，加强对尽调报告、法律意见书、评估报告和项目方案的“四位一体”审核，提高项目质效；落实双人尽调、合同面签、双人办理抵质押登记等操作细则；引入事前、事中审计，跟进新增项目审计和基础管理审计，筑牢“三道防线”，防范操作风险。三是强化违规追责问责。严肃开展“一险三问”和员工轻微违规行为问责，对风险项目责任人实施绩效追索扣回和违规问责，对轻微违规责任人实施积分问责，深化合规管理严的氛围。

【商业化业务】

一、守正创新、稳中有进，巩固提升不良资产主业。按照“逢包必调、适包必竞、审慎报价”原则，广泛参与资产包尽调，突出增存联动，提升处置效益。积极参与中小金融机构改革化险，推进不良资产合作处置事宜。2023年参与尽调资产包16个，涉及债权本金100.93亿元，债务企业149户，成功收购资产包5个，出资合计3.79亿元。收购过程中，分公司严格尽调标准，实行项目预审，下力气提高尽职调查和评估定价能力，为资产价值挖潜奠定基础。

二、把握机遇、发挥特色，提高服务实体经济质效。坚持服务国家和地方战略，把握河南省国有企业改革重组、平台改革化险等市场需求，大力拓展实质性重组和综合金融服务项目，提高服务实体经济能力。一是围绕大型国企、上市公司等开发实质性重组和“轻资产”项目，落地实施了梁北二井市场化债转股项目，帮助企业降低负债、优化资产结构。二是与安钢、平煤等存量客户保持密切沟通，积极对接省级政府平台等，以解决实际问题、服务客户需求为导向，建立常态化联系，年内先后与平煤集团、河南能源、省投资集团等建立总部级战略合作关系。三是转变经营模式，坚决摒弃类信贷思维，积极尝试资产并购、定增、公开市场债券维护、非主业剥离、公益债投资、破产重整、财务顾问等业务模式，逐步向轻资产、综合金融服务商转变。

【不良资产处置】

按照“分类精细运作”的思路，进一步加大诉讼力度，从严管理督促律师，深挖财产线索；紧抓疫情后酒店、文旅、医疗等行业快速恢复的机遇期，深度营销推介，提升资产引力；下力气补齐管理短板，深入市场，苦练内功，着力提升营销谈判和价值发掘能力等，为存量资产处置奠定坚实基础。全年共处置传统资产包处置债权 97 户、回收现金 5.527 亿元。

【政策性债转股管理】

剩余政策性资产管理工作重点做好股权维护和债转股企业的经营监测，分公司严格执行法人授权书权限规定，完成政策性债转股股东行权事项 15 个，董事行权事项 10 个，无上报总公司股权重要事项。派出股东代表、董事、监事参加政策性债转股企业年度“三会”，行使管理监督权利，维护股东权益，全力实现国有金融资产保值增值；按期归集、整理、装订、归档政策性债转股档案资料。

中国东方资产管理股份有限公司河南省分公司

【综述】

2023 年，中国东方资产管理股份有限公司河南省分公司全面贯彻落实公司党委的决策部署，围绕河南经济社会特点，聚焦不良资产主业，优化资产结构，提升风险管控水平，以高质量党建引领高质量发展，各项工作取得良好成绩。截至 2023 年末，中国东方河南省分公司内设部门 5 个，员工 41 人。

【经营管理】

一、坚守主责主业，畅通地方金融体系循环。一是聚焦不良主业，综合分析研判，进一步提升定价能力。对河南省司法营商环境、金融不良资产上下游客户、同业经营情况、分公司金融近年来不良资产等情况进行研判分析，研究制定经营策略。坚持“逢包必看，适包必调”的原则，全年参与 8 个资产包的尽调，参与竞价 6 个。通过复盘和反思，在实践中对资产包信息捕捉，整包处置逻辑分析，估值定价技巧、竞价策略提高等方面有了新的思考，为下一步实践奠定了坚实基础。二是加强企业走访，深入行业研究，进一步搭建客户渠道。聚焦河南产业政策导向，变“坐商为行商”，班子成员带队走访省内外企业，积极与平煤神马集团、许继集团等央国企以及天瑞集团、永红煤业等民企接洽，拓展业务合作机会。围绕储能、新能源发电等新兴行业，走访利维能等企业，探索股权投资模式。组织业务部门对省内市值200亿元以上的上市公司进行研究，对市场化债转股业务、央国企类项目和司法拍卖类业务优劣势进行分析，切实提升员工展业能力。

二、围绕企业需求，促进地方实体经济发展。精选资产标的，抢抓时间窗口，非金业务实现突破。围绕省属企业资产盘活需求，实现投放2.93亿元。围绕国有企业“两资”“两非”剥离，以市场化债转股方式实现投放6亿元。深挖高速行业业务机会，跟踪尽调漯周界高速不良债权，在司法拍卖程序自启动到竞拍不足1个月的情况下，倒排时间计划，细化任务分工，上下通力配合最终实现投放19.11亿元。至此，分公司非金和股权业务占比达到30%，业务布局更趋合理，资产结构单一的情况得到有效改善。

三、强化风险意识，不断提升内控管理水平。一是强化合规管理。坚持培训与检查并重，全年开展2次合规自查自纠，开展合规培训2次，使合规理念深入人心。积极配合银行业协会现场检查工作，并作为省内非银机构唯一代表进行经验分享。二是做好把关推动。在依法合规的前提下推进审查关口前移，在推进重大、疑难项目时双线实地尽调12次，提出相应建议，提高审查质效。三是加强中介机构监督管理。将不再符合入库条件的5家评估、拍卖等中介机构和7家律师事务所调整出库。加强中介报告的复核评价，适时向工作质量不高的中介机构发送警示函，切实提升报告质量。四是主动争取生存空间。为改善生存环境，挣破司法困境，牵头4家资产公司驻豫机构历时5个月梳理处置中面临的司法“梗阻”难题，涉及782个项目，债权金额合计318亿元，并与国家金融监督管理总局河南监管局和河南省高院联合发文，取得积极效果。2023年末，收到诉讼退费300万元。

四、强化人才建设，有效提升队伍战斗力。一是深入贯彻落实公司干部人才队伍建设意见，全面梳理分公司干部人才队伍情况，完善干部培养机制，选拔任用优秀干部，坚持自身努力与组织培养相结合，积极创造条件、搭建平台为员工递进式成长提供便利条件。二是以理论学习、项目研讨、实践锻炼为抓手，全年开展业务培训11次、圆桌论坛1次，中层干部断档现象得到改善，各部门协同配合进一步增强，员工能力与不良资产业务要求严重不匹配的现象有较大改观。三是以建立标准化台账、支委培训、学习测试为载体，提升党支部规范化水平。在此基础上抓好星级党建和品牌党建，实现一个党支部晋级三星。严格发展党员和换届选举程序，发展1名党员，完成4个党支部换届选举。坚持党建带团建，组织开展运动会、五四青年座谈会等系列活动，凝人心聚合力。四是开展减负增效劳动竞赛，不断完善激励约束机制，最大程度发挥每名员工的积极性，广泛凝聚内外部的合力，推动分公司实现可持续高质量发展。

【不良资产处置】

2023年，中国东方河南省分公司对存量金融不良资产坚持打出资产处置组合拳，确保难点堵点有效破解。一是以强力推进诉讼执行进程创造处置机会，全年推动60户债权新增代理律师，推动22户债权取得胜诉判决，27户债权进入执行程序。借力律师、服务商等延伸处置手臂，员工数量与资产规模严重不匹配的情况得到缓解。以多渠道招商推介扩大朋友圈，参加公司“行云流水”和“2023年特殊资产推介会”，自行举办1期线上推介会，涉及债权本金90亿元，取得一定效果。充分利用“金沙淘”小程序、中原金交所、阿里拍卖、京东拍卖等渠道，开展高频精准营销，分地区、分类别开展区域招商和抵债招租。以地方政府为重要合作伙伴，在前期良好合作的基础上，重点推介南阳、焦作地区资产包。二是优化工作机制，盯紧压实进度。由总室成员认领督导23个重点疑难项目，推动项目取得实质性进展。动态更新2023年重点项目处置进度表、律师代理项目进度台账等业务台账，清单化管理全年重点任务。

利用每周经营例会集思广益想对策，定期与团队、代理律师分析研判重点问题，久久为功、一件一件压茬推进，推动44个项目进入处置通道。

【收购重组业务】

2023年，中国东方河南省分公司积极参与河南经济社会发展，支持实体企业转型升级。以盘活集团内部低效资产为切入点，向省属国有企业提供金融服务，对不良债权实施重组，缓解企业资金压力，扭转经营困境。

【债转股管理】

2023年，中国东方河南省分公司严格按照要求对存量债权和债转股企业开展管理和处置工作。积极参加债权企业“三会”，审慎审议各项议案，充分行使股东权利。在完成政策性债转股企业基础业务的前提下，针对重点债转股企业进行相对应的估减值和报送企业年报同时探索商业化债转股业务，持续开展综合金融服务。

中国信达资产管理股份有限公司河南省分公司

【综述】

2023年，中国信达资产管理股份有限公司河南省分公司立足防控金融风险、服务实体经济功能定位，聚焦主责主业，围绕“五个坚持、四个突出”重点任务，打好“四场硬仗”，较好地完成了总公司下达的综合经营计划；实现考核口径利润5.82亿元，连续24年超额完成总部下达的利润计划；实现新增投放9单，收购成本26.64亿元；实现处置回现71.12亿元；未发生案件。

截至2023年末，中国信达河南分公司共有内设部门11个，正式员工58人。

【经营管理】

一、立足防范化解金融风险，推动发挥“消防队”作用。2023年，收购金融不良债权总额21.45亿元。其中，主动跟进地方中小银行改革化险工作，通过收购不良债权、提供化险方案等方式，持续在中小金融机构改革化险的“河南方案”中贡献信达力量。

二、立足做好科技金融大文章，推动科技与金融“双向奔赴”。以债转股方式支持晶体六氟磷酸锂行业龙头企业扩大再生产、降低负债、抢占发展赛道；支持集成电路电子特气专精特新“小巨人”企业快速成长、实现国产替代。

三、立足河南开展特色化经营，推动国企转型发展。通过股权增资助力平煤神马集团梁北二井建设，支持煤炭保供；创新业务模式，帮助河南能源和永城煤电控股公司缓解企业债券兑付压力，支持企业信用修复，助力河南能源时隔三年后重返债券市场。

四、立足加强内管内控，推动合规稳健发展。持续完善内管内控制度，加强全流程风险管理，强化合规经营理念，做好反洗钱、征信合规、押品、案防等基础管理，夯实法律、评估、估值等基础工作；认真开展合规培训、警示教育、员工异常行为和廉洁风险排查，深化经营领域党风廉政建设和清廉金融文化建设。

【市场化业务】

2023年，中国信达河南分公司围绕区域重点领域风险化解和实体企业经营中的难点痛点，发挥不良资产经营专业优势和集团协同优势，以盘活存量为切入点，为平煤神马集团、河南能源集团、多氟多新材料等企业提供高质量的金融服务，助力企业提质增效、稳健发展。

【不良资产处置】

2023年，中国信达河南分公司对存量金融机构不良资产坚持分类管理、差异化处置的策略，充分利用淘宝网、信达智慧淘、信达“踏浪前行”等平台，大力构建生态圈、朋友圈，综合运用债务重组、重整、转让等多种方式，打响“长龄资产处置”攻坚战，累计回收15.47亿元，有力支持了区域经济结构的调整优化和企业的脱困重生。

【债转股管理】

中国信达河南分公司认真履行股权管理职责，动态掌握企业的经营状况，积极协助企业开好“三会”。2023年，共召开股权管理决策小组会议56次，审议“三会”议案297项。同时，推动平煤神马集团、恒天重工股权处置取得阶段性成效，义马煤业、中孚实业等项目股权处置款均“颗粒归仓”。

中原资产管理有限公司

【综述】

中原资产管理有限公司成立于2015年8月，是具有金融不良资产批量收购业务资质的省级地方资产管理公司。公司注册资本100亿元，隶属于河南省人民政府，省财政厅代省政府履行出资人职责，省地方金融管理局履行行业监管职责，按照省管骨干金融企业管理。公司设党委会、股东会、董事会、监事会、经理层，构建了规范的现代公司治理架构。

公司立足维护区域金融稳定、服务实体经济、助推省委、省政府重大战略实施三大功能定位，构建了“不良资产管理＋综合金融服务＋新兴产业投资赋能”的业务布局。近年来，公司统筹发展和安全，统筹存量业务和增量业务，统筹业务发展和管理提升，以产业思维、投行化手段和协同推进、数据赋能的工作方法，不断提升服务省委、省政府重大战略的能力。截至2023年末，公司合并资产总额725.44亿元、负债总额564.72亿元，资产负债率77.85%；全年实现收入总额40.06亿元，实现利润总额8.5亿元。

【经营管理】

2023年以来，中原资产稳中求进、守正创新，构建“不良资产管理＋综合金融服务＋新兴产业投资赋能”的业务布局，按照产业化思维、投行化手段、协同推进、数据赋能的工作方法，形成多业务条线量质齐升、协同发展的良好态势。

一、坚持目标导向，各项工作稳中有进。一是经营业绩方面。公司扛稳国有资产保值增值责任，回归主业成效显著，信誉形象、市场影响力明显提升。截至2023年末，公司资产总额725.44亿元，负债总额564.72亿元，所有者权益160.72亿元，归属母公司所有者权益总额77.49亿元，与上年同期相比，资产负债规模均有所增长，资产负债总额及资产负债率较年初变动不大，资产负债结构相对稳定。2023年度，公司合并净利润2.51亿元，较上年增加0.04亿元，增长1.62%。二是市场融资方面。报告期内，惠誉上调公司境外主体评级至BBB，时隔28个月重回“投资级”，为地方AMC最高国际评级。2023年末，存量融资付息成本较年初显著下降，短贷比重持续降低。三是主业投资方面。2023年，公司新增不良资产主业投资64.23亿元，其中金融不良投资31.17亿元，占全年投资比重分别达57.22%、27.86%，主业投资比重大幅上升。

二、坚守功能定位，服务实体经济。一是服务专精特新产业培育。2023年以来，公司做强产业基金，布局高端制造装备、新能源、新材料等战略新兴产业，投放鑫芯半导体、硅谷数模（苏州）半导体公司股权项目，入股河南省创投母基金管理机构河南高创，积极助推河南省新兴产业抢滩占先；设立河南培育钻石私募股权投资基金，联合黄河旋风、许昌市投资集团等共同投资河南许钻科技公司，助推河南省钻石产业做大做强；支持郑大一附院、阜外华中医院设备供应，通过供应链模式信息化精细化管理降低医院耗材采购管理成本，助力医院设备更新升级。二是服务绿色金融相关项目。支持传统产业绿色转型。公司运用“保理+供应链”“产业+金融”模式，累计投放4.4亿元，支持特种聚酯材料领域企业银金达、天瑞水泥等传统产业绿色转型升级，助力省内企业低碳环保发展。支持新能源产业发展。联合中信建投资本管理有限公司等企业，撬动社会资本，帮助光伏组件生产龙头企业正泰新能科技股份有限公司快速发展，推动清洁能源产业的发展。支持绿色交通产业发展。以售后回租方式投资4788万元，完成安阳安兴新能源服务有限公司售后回租项目，支持安阳地区环卫车、混凝土搅拌车等公务车辆推广更新；投放24.98万元，完成河南省现代服务业基金管理有限公司直接租赁项目。三是助力河南文旅业加快复苏。为助力河南文旅业加快复苏，公司持续发挥融资租赁特色优势，累计实现投放2.7亿元，支持“只有河南”、新乡南太行、济源市王屋山等景区功能优化、服务升级，围绕区域特色资源，以产业振兴为着力点支持革命老区振兴发展。

三、深化金融职能，落实省委“十大战略”。中原资产立足省内现代产业体系构建，着力发挥金融服务实体经济功能，既服务新兴产业培育壮大，也服务传统产业提质升级；既服务新型工业化，也服务信息化、城镇化和农业现代化。一是服务创新驱动战略。围绕新材料、精细化工、生物基材料链等战略新兴产业，服务省内“专精特新”企业实际需求，因企制宜、精准施策，支持濮阳圣恺环保新材料科技股份有限公司等企业转型升级，做大做强。二是服务换道领跑战略。发起设立特殊机遇基金，撬动4.9亿元社会资本，协同开展1亿元应收账款保理业务，支持森源电气做大做强。三是助力乡村振兴战略。通过“融信链”系统，实现粮食收购入库、保管、销售出库全流程进行信息化、线上化监管，收储小麦1.7万吨、玉米1.49万吨。围绕牧原等行业龙头开展粮食供应，促进农民增收。助力乡村特色产业发展，与厚源生物、孟州汉永等酒精加工业务开展深入合作，积极支持河南小麦外运、东北玉米跨区域调运河南，推进“一带一路”绿豆收储业务。巩固脱贫攻坚成果，公司驻村工作队在2022年挂牌督办县帮扶工作成效综合评价中获得“好”等次，在参与定点帮扶的42家单位中位列前三，体现了省委、省政府对公司的支持和认可。

四、夯实发展基础，提升管理能力。一是对公司章程进行进一步完善。结合公司成立以来的经营情况，对照《中华人民共和国公司法》及省管企业干部管理规定，进一步修订完善公司章程条款，规范公司领导职位事项，明确股东会、董事会职权范围，厘清不同公司治理主体之间的职责边界，不断优化治理流程；适时调整利润分配政策，为公司稳健经营积蓄力量，兼顾重视投资者的合理投资回报需求，保障利润分配的持续性和稳定性。二是构建全面风险管理体系。根据风险管理权责明确管控目标，完成《全面风险管理提质增效方案》。组织开展风险管理条线调研，对照公司风险管理面临的主要风险进行梳理，完成《公司风险监督体系建设情况的报告》，完善并执行各类风险管理策略。优化风险条线管理架构，明确对部门、子公司的授权和管控模式，明确管控指引。拟定《风险条线管理办法》，促进风险管理工作体系化规范化。制定《金融不良处置分期操作指引》，进一步规范金融处置流程，防范不良处置风险。完成制定《客户集中度管理办法》，加强客户集中度管理，并结合战略部集团管控，调整投资授权管理。完成关于调整公司下属子公司业务投资权限的汇报，优化对部门、子公司的管控模式和授权。三是提升数字赋能实力，提高工作效率。编制《公司"十四五"数字化转型战略规划》，提出了"1152"的数字化战略总体蓝图，以集团垂直管控一体化为基本策略，以科技组织治理升级为根本前提，以项目管理、资产运营、财务管理、风险合规、协同办公等核心业务场景为驱动，以数据治理和科技赋能为支撑，明确了公司统一规划、统一标准、统一建设、统一运维的信息化建设思路。2023 年，在公司统一安排、部署下，统筹推进财务、业务、办公等信息化系统建设，工作效率稳步提升。

【不良资产收购处置】

中原资产积极发挥地方资产管理公司逆周期调节的作用，加大金融风险化解力度。2023 年，新增不良资产主业投资 64.02 亿元，其中金融不良投资 31.17 亿元，加大省内城商行、农商行不良资产收购力度，化解区域金融不良。据统计，公司实现金融不良资产投资额在河南市场上 58.87% 的占有率，公司不良资产业务的专业能力和市场影响力进一步提升。

一、积极开展不良资产收购。通过定向组包、结构化收购以及单户收购等方式，引导社会投资人参与合作。2023 年 1 月至 12 月，公司投资 31.17 亿元收购金融不良资产 62 笔，涉及本息规模合计 103.43 亿元，投资额在省内一级市场占比位居河南省内第一。其中，收购省内城商行、农商行、村镇银行不良资产包 49 个，涉及本息规模合计 60.13 亿元，有效防范化解地方金融机构风险。通过金融不良资产收购处置，盘活河南省授信资源、土地资源、市场资源，为区域经济发展腾出空间。

二、加大不良资产处置力度。以难点和大额债权为工作重点，一户一策制定处置方案，加强新老债权组包，整合司法资源，加强清收执行，合理运用以物抵债等多种手段，全年实现不良资产清收处置回现 49.35 亿元，其中金融不良资产回现 32.59 亿元。一是拓展地市合资公司处置渠道。2023 年，公司通过优化地市合资公司运营机制，持续培育合资公司处置能力，实现了对豫鹤合资公司以及中控合资公司的不良资产包处置、现金回收，不仅使资产得到了有效周转，也降低了资金占用成本。二是通过以物抵债方式，盘活有价值资产。通过梳理短期内无法债权转让、司法执行的存量债权，分析研判债权实际情况，公司通过以物抵债方式，实现洛阳路桥、爱港置业等项目有效处置，最大程度维护了公司的利益，实现国有资产保值增值。三是加强内部协同，以增量带存量。在资产收购和处置业务方面，充分协同内部各业务条线，发挥公司在金融综合服务的优势，以存量化解为日标进行协同处置。2023年，公司通过不良资产业务、私募股权投资、投资银行等业务条线，实现豫金刚石、科迪乳业、新野纺织等破产重组，实现存量业务与增量业务统筹发展。

三、提升不良资产管理能力。一是根据相关部门要求，制定印发《征信业务管理办法》，完成配套管理制度建设，强化征信活动风险管理能力。二是积极与人民银行河南省分行沟通对接，并完成相关请示材料上报工作，并于 8 月上旬成功取得人民银行河南省分行关于中原资产接入人行征信资质的批复。

【债转股业务】

2023 年，中原资产通过债转股方式，帮助企业解困脱难，进一步提升企业价值。2023 年 8 月，中原资产通过存量债权转股权方式，成为河南科迪乳业股份有限公司股东，位列第六大股东。科迪乳业经过破产重整后，整体债务负担实现有效下降，地方政府也在持续支持、帮助企业逐步走出困境。

河南资产管理有限公司

河南资产管理有限公司成立于2017年5月，是经河南省政府及原银监会批准设立的地方资产管理公司，获得金融机构不良资产收购、私募基金管理人、融资租赁、一级破产管理人等业务资格，注册资本60亿元，由河南投资集团牵头国家开发投资集团、河南日报报业集团、中原证券、中原信托、中原高速等8家股东共同设立。截至2023年末，公司合并财务报表总资产354亿元，管理资产规模660亿元，注册资本从50亿元增加至60亿元，资产负债率59.31%，拨备覆盖率318%，营业收入、实现利税持续增长。

一、深耕金融不良业务。截至2023年末，累计收购不良资产1397亿元，累计处置不良资产785亿元。其中，2023年新增收购46个不良资产包共81亿元债权。优化存量资产管理机制，重新盘点、内部组包、责任到人、每周督办，全年自行清收处置债权超100户，回款较2022年同比增长超50%。

二、支持战略新兴产业发展。投资半导体检测设备龙头企业昂坤视觉，联合建信投资以债转股模式投资支持先进封装基板企业兴森科技，累计直接和间接投资半导体产业链企业90家。布局生物医药产业赛道，投资支持中国工程院院士创立的海和药物公司，助力国产抗肿瘤创新药的研发、生产及商业化。布局新能源产业，投资国电投氢能科技公司，估值已从投资时的41亿元增加到最新的130亿元，成为国内氢能行业目前估值最高的独角兽企业。推进建立“7+28”重点产业链图谱、18个地市产业图谱，逐户拜访链主龙头企业，与神火集团、仕佳光子、光力科技、龙佰集团等在优质子公司分拆上市、产业并购基金设立、低效资产重组等方面谋划合作，助力本土优质产业做强做优做大。

中原信托有限公司

【综述】

中原信托有限公司成立于1985年，是经国家金融监督管理总局批准、以金融信托为主营业务的国有控股金融机构，注册资本金46.81亿元人民币。积极应对复杂困难的经营环境，完整、准确、全面贯彻新发展理念，坚持服务实体经济、服务人民美好生活的宗旨使命，全面深化内部改革，大力发展本源业务，抓好风险防范化解，转型创新实现新突破，不良资产清收成效显著，总体经营形势回升向好，高质量发展扎实推进。截至2023年12月末，资产总额4080亿元，其中信托资产3972亿元，固有资产108亿元。全年实现总收入8亿元；实现净利润1.4亿元，同比增长11.11%；上缴各类税金8.9亿元，同比增长

13%，为河南省经济建设作出了积极贡献。

【信托业务】

立足信托业新发展阶段，聚焦可持续增长点，积极构建适合中原信托的发展模式，努力打造差异化竞争优势。标品业务开拓成效明显。标品信托规模达到294亿元，除日开、半年开、年开产品外，主动管理的产品新增了周开系列，月开、季开产品即将上线，标品产品线进一步丰富；另外，与中原银行、汉口银行、北银理财、郑州银行4家机构落地标品委外业务108亿元，业务开拓成效明显。加大金融同业和企业集团客户开发力度。金融同业合作方面，有标品业务合作落地的金融同业机构达到18家；企业集团业务方面，与16家省内客户合作业务，规模129亿元；与6家央国企客户落地业务，规模23亿元，业务类型涵盖委托贷款、员工信托、薪酬福利信托、资产证券化、标品直投等，企业集团客户营销取得了一定进展。积极推广预付资金信托。聚焦高质量推进“信用河南”建设，大力发展特色化服务信托，预付资金信托业务迈出重要步伐，2023年成立11单业务，覆盖3个城市11个业务领域，预付金信托“洛阳模式”逐步成熟，有望在其他地市复制推广。

【固有业务】

充分发挥固有业务“压舱石”和“稳定器”的作用，逐步提升固有资金盈利能力。做好股权管理。积极争取参股企业现金分红，2023年收到分红3750.58万元，合并权益增值贡献收入约1.6亿元，为中原信托收入基本盘提供了有力支撑。积极推进PE投资业务。持续完善制度体系，加强投研能力建设，聚焦省“十大战略”，完成与新型材料、半导体芯片等相关的5个战略新兴产业项目投资，截至2023年末，累计投资16只基金，实缴2.69亿元，累计投资净收益率31.26%。科学规划配置固有资金。做好资金配置规划，明确资产配置比例和投资期限等，筛选优质金融产品入池，把握跨年存款和逆回购等交易机会，快速配置近21亿元可运用资金。合理安排固有资金，助力信托业务转型发展。

【财富管理】

以客户需求为导向，通过丰富产品线、增强资产配置能力、发展家族/家庭信托等举措，满足客户多样化、个性化的产品需求。积极做好柜台直销。着力做好标品营销，布局上线“双利、宏盈”等新产品线，配置标品的客户比例达到85%，同比增长15%；打造智能营销平台，优化升级APP功能，签约使用率达95%。大力开发新客户。通过组织营销竞赛，开展“百天冲刺”专项激励活动等措施，拓展了苏宁银行等机构客户以及高净值自然人客户，新客户开发数量显著增长，存续活跃客户数量同比增长26%。加大财富管理服务信托业务开拓力度。家族信托、家庭信托、保险金信托三类业务新增项目201个，新增规模16.12亿元。激发全员营销热情，员工客户共计签约5.62亿元，同比增长151%。

【风险管理】

持续提高政治站位，把防范化解金融风险作为经营管理工作的永恒主题。高度重视审计整改和风险项目清收化解。高度重视审计整改，认真对待审计署审计调查和监管部门专项核查，周密制定整改方案，有序推进整改工作，按时完成各项整改任务。加大风险项目清收处置化解力度，通过现金清收、交易对手破产重整、第三方收购等方式，不良资产清收成效显著。健全全面风险管理体系。全面梳理经营过程中主要风险点，签订全面风险管理责任书，压实风险管理责任，构建覆盖全面风险的管理体系。做好新分类政策下风险管理，制定转型业务尽调模板，发布风险提示，规范业务开展。建立评审统计分析机制，及时推广可行业务模式，加强对异地部门的展业指导，提高业务开拓效率。加强全流程风险管控。严把项目准入，坚决劝退风险隐患项目，筑牢风险防控第一道防线。将避免受托赔偿责任作为根本标准，推行事前清单式、要素式合规审查，抓实做细事中重点领域、重点环节法律风险排查。以“全面覆盖 + 个性定制”的方式做好培训宣传，提高员工风险识别和防控能力，构筑全员合规的风险防线。

【社会责任】

坚持以人民为中心的价值取向，积极履行社会责任。深刻把握金融工作的人民性。持续提升综合金融服务能力，不断满足人民群众不断增长的财产保值增值和财富传承需求，2023 年累计清算信托规模 2277 亿元，累计分配信托收益 170 亿元，为客户创造了稳健的理财收益。大力发展慈善信托。积极参与社会公益慈善事业，全年新增慈善信托 3 单，新增规模 252 万元。助力我省乡村振兴事业。发挥金融机构在助力乡村振兴中的重要作用，通过设立乡村振兴慈善信托、推进基础设施建设、助推特色产业发展、改善村容村貌、协调解决群众实际困难等有力举措，助力浚县新镇镇新镇村和侯村大力推进乡村振兴，增强了帮扶地区和群众的内生发展动力，中原信托巩固拓展脱贫攻坚成果帮扶工作。做好信息披露。连续 11 年在官方网站发布《社会责任报告》，充分展示在经济、环境、社会等方面的国企担当，展现了积极履行社会责任的良好企业形象。

百瑞信托有限责任公司

【综述】

百瑞信托有限责任公司是受国家金融监督管理总局监管的非银行金融机构。公司始建于 1986 年 4 月 15 日，前身为郑州信托投资公司，2002 年完成重新登记后更名为百瑞信托投资有限公司，2007 年更名为百瑞信托有限责任公司。2010 年以来，公司历经多次增资扩股，注册资本增至人民币 40 亿元，控股股东为国家电投集团资本控股有限公司。

【经营管理】

2023 年，公司认真落实国家金融监督管理总局关于信托业回归本源的要求，全力推动传统业务向证券投资、服务信托等创新业务方向转型。同时，作为国家电投集团旗下金融平台企业，公司围绕“央企能源产业金融”定位，立足服务主责主业，积极探索能源产融业务发展。公司通过完善组织架构、提升全面风险管理能力、优化绩效考核激励体系、打造专业人才队伍等措施，全力推进业务转型发展，致力于构建经营稳健、品牌卓越、特色显著的绿色能源信托公司。截至 2023 年末，公司实现营业收入 8.24 亿元，净利润 3.22 亿元，管理信托项目规模 5166 亿元。在中国信托业协会组织的信托公司行业评级中，公司连续八年获评最高等级 A 级。

【固有业务】

2023 年，公司重点围绕新能源行业，拓展股权投资业务、推进资本市场业务布局，积极转型发展。一方面，持续加强能源市场投资，加快提升投研联动能力，积极拓展新能源产业股权投资类业务。另一方面，持续推进资本市场业务布局，逐步降低非标资产规模，大力发展标品投资业务，积极参与公募 REITs 战略配售，将新能源产业投资一级市场和二级市场结合起来，获得稳定的现金分红收益及资本利得收益。同时，积极优化存量资产，从期限结构、资产效率、风险控制等方面对在管资产进行有序调整。

【信托业务】

一、打造能源特色业务。公司依托股东背景，围绕实体经济发展，主动融入新能源产业“主战场”，确定能源产融业务为公司主要转型方向之一。通过发挥信托在轻资产运作、资金募集、资金投放等方面的作用，以信托贷款、永续债、资产证券化等模式服务新能源发展需求。积极拓展新能源股权投资机会，引进专业人才、建立专家委员会、成立新能源运营平台，不断提升能源产融业务发展质效。截至2023年末，公司能源产融业务存续规模1583亿元，同比增长33.7%。

二、回归信托本源业务。回归本源是信托行业转型的总体要求。结合公司资源禀赋，选择证券投资、财富管理、服务信托、普惠金融作为转型方向。一是大力发展证券投资业务。公司持续优化证券投资业务产品线，打造证券“精品工程”，强化证券产品营销能力，提升金融科技能力，夯实证券投资业务发展基础。截至2023年末，证券投资业务存续规模同比实现翻倍增长。二是创新发展财富管理信托。公司创新发展财富管理信托产品，重点发展家庭服务信托，于2023年4月落地首单业务。同时，加强产品标准化、规范化设计，拓宽底层资产配置范围，强化与银行、券商合作，丰富代销渠道，推动业务快速发展。三是多元发展资产服务信托。公司积极推进资产证券化、风险处置和行政管理等各类服务信托，不断提升服务质效。其中资产证券化已在局部领域取得较好成绩，ABN和类REITs发行规模连续两年保持信托行业第一；风险处置服务信托和预付类资金服务信托均落地了首单业务，为规模化发展起到了示范效应。四是积极发展普惠金融业务。针对不同消费群体和中小企业，发行了普惠金融首单放款池业务、承接池业务，为公司转型发展、创收增效提供了新的动力。公司作为原始权益人的首单中保登资产支持计划发行成功，实现了放款池、承接池、证券化的全产业链条贯通，储架规模50亿元，实现了普惠金融业务的证券化运作。

【风险控制】

一是持续优化风控管理。完善风险管理制度体系，制定年度风险管理工作计划，确定各类风险管理策略和管理措施。持续开展全面风险指标监测、全面风险排查及信托资产风险分类，及时掌握大类风险变动趋势。优化风险应急预案，规范应急处置机制，加强舆情监测，强化声誉风险管理。全面优化评审标准，完善业务评审指引，开展业务后评价，推动各类业务规范开展。二是持续深化合规文化建设。全面升级内控合规管理制度，梳理业务全流程尽职履责管理要点，提高受托履职水平。围绕重点业务，持续完善尽调模板、合同模板、交易运营流程、资料收集核查等关键环节，强化重点领域内控管理。以“能力作风提升年”专项活动为契机，开展合规专题培训及全员合规警示教育，组织签署内控合规承诺书，开展“会前学法”、合规主题征文、合规知识测试等活动，增强全员主动合规意识，提升合规履职能力。

中原再担保集团股份有限公司

中原再担保集团股份有限公司是省管骨干金融企业，主营再担保、融资担保、投资担保，以中小微企业为主要服务对象、以再担保增信分险为业务重点，不断凝聚河南省政府性融资担保体系合力，支持小微、“三农”“双创”和战略性新兴产业发展，发挥服务河南省经济发展的“稳定器”和“放大器”作用。截至2023年末，集团注册资本130亿元，资产总额151.8亿元，主体长期信用等级AAA；融资担保余额535亿元；累计完成业务规模4100多亿元，直接或间接扶持中小微企业、“三农”70多万户，有力促进了河南省经济社会发展。

一、聚焦主业主责，支持河南省实体经济发展。聚焦主业主责，不断拓展支小支农和批量业务规模，2023年，为河南省13万户小微、“三农”经营主体提供融资担保服务，新增融资担保金额485.9亿元。积极争取国家融资担保基金授信支持，2023年度授信额度由225亿元增加至275亿元。与工商银行、交通银行、邮储银行等业务大行签订新版“总对总”合作协议，2023年末“总对总”批量业务余额达到172.7亿元。与地方法人银行联合打造“中原E保通”“担保e贷”“再担增信保”“中原快贷”等系列地方版批量产品，精准服务河南融资主体。

二、创新业务模式，开创河南省担保行业新格局。大力推进“市级出机构、县级出机制”的政担合作模式，启动“千企万户”专项支持计划，由合作市、县政府建立担保机构代偿补偿、保费补贴等机制，中原再担保集团及合作担保机构发挥体系作用，引导各类金融资源，批量支持合作区域小微、“三农”经营主体。截至2023年末，“千企万户”专项支持计划已在郑州市、漯河市、濮阳市、安阳市、洛阳市、周口市域内10个县(市、区)落地；自2021年计划推出以来，累计为河南省2.6万户小微、“三农”经营主体提供融资担保100亿元，减免保费超9000万元。

河南省农业信贷担保有限责任公司

河南省农业信贷担保有限责任公司于2016年3月注册成立，为省管骨干企业，由省财政厅代表省政府履行出资人职责，省财政分4次注入资本金50亿元，是国有独资的政策性农业信贷担保机构。公司总资产84.28亿元，无实质性负债，期末净资产56.8亿元，拨备覆盖率692%，最新国内主体信用评级AAA。

一、创新金融产品，精准支持乡村产业发展。聚焦我省粮食生产及重要农产品稳产保供和优势特色产业，强化“一县一业”“一乡一特”“一村一品”培育，着力打造“豫农担+N”产品体系，在河南省136个县（市）梳理确定19类、46

个农业细分行业进行重点支持。针对2023年的小麦“烂场雨”现象，为调动新农主体种粮积极性，设计出台“稳粮担”产品，通过免担保费、财政贴息1%等组合政策，引导银行按照同期LPR降低贷款利率，支持河南省主粮种植户和种子繁育加工等经营主体，当年实现放款5.25亿元。截至2023年12月末，公司扶持粮食、畜牧、蔬菜等重要农产品在保余额分别为74.04亿元、49.44亿元和32.67亿元。通过产品方案、服务对象和产业项目的精准匹配，有效引导了银行信贷资金精准“滴灌”重点产业，推动农业产业由“小弱散”向“专精深”转变。

二、创新服务模式，提升金融为农服务质效。为解决农业融资贵问题，主动将粮食种植、畜牧养殖等农业第一产业项目的担保费率一律下调至0.5%，对受疫情灾情影响到期还款困难、省政府要求支持的重点产业予以免收担保费，同时积极争取财政贴息、风险补偿金等政策，协调银行执行优惠贷款利率。目前借款主体平均综合融资成本控制在4%左右。通过人工智能（AI）等科技手段，实现项目批量审批、业务财务系统直连、电子签名和智能用印、二维码自动缴费、项目审查和风险等报告智能生成，将担保项目单笔放款办理时间从7～15天降低到平均2小时以内；联合网商银行、建行、中行开发的纯信用线上产品，实现担保贷款“310”（3分钟申请、1秒钟放款、0人工干预）模式。打造农业全场景综合服务平台，为新农主体提供担保业务全流程在线办理、上下游行业信息推送、农产品价格行情查询等12项服务，平台活跃客户已超8万户。

河南能源集团财务有限公司

【综述】

河南能源集团有限公司是经河南省委、省政府批准组建的大型能源集团。2008年12月5日，由原永煤集团、焦煤集团、鹤煤集团、中原大化、河南省煤气集团战略重组成立河南煤化集团；2013年9月12日与原义煤集团战略重组为河南能源化工集团；2022年7月8日，经省政府同意正式更名为河南能源集团。注册资本金210亿元，拥有职工15万人。产业涉及能源、化工新材料、现代物贸、金融服务、智能制造等，主要分布在河南14个省辖市，以及新疆、贵州、内蒙古、陕西、青海等省（区）和澳大利亚。拥有煤炭资源储量318亿吨，产能近1亿吨／年，品种以无烟高炉喷吹煤、炼焦精煤为主；化工产品产能近1000万吨，产品主要涉及甲醇、乙二醇、醋酸、二甲醚以及化工新材料碳纤维、聚甲醛、1，4-丁二醇、PET、PBT等18个种类。控股大有能源、九天化工2家上市公司和濮阳绿宇新材料1家新三板挂牌公司。

【公司简介】

河南能源集团财务有限公司是经原中国银行保险监督管理委员会批准，于2009年收购洛玻财务公司100%股权，并增资扩股后成立河南煤业化工集团财务有限公司，2013年更名为河南能源化工集团财务有限公司，2022年更名河南能源集团财务有限公司。2023年9月，经国家金融监督管理总局河南监管局核准，注册资本金由人民币300000万元增资为人民币440000万元。

2023年，着力强化公司治理，规范业务运作流程。以党建为引领，以优化业务为主线，着力提升公司治理、金融服务和风险管控能力，积极融入产融结合发展新格局，较好完成了各项任务。实现营业收入39105万元，实现利润总额26724万元。

截至2023年末，财务公司现有员工42人，其中经理层3人，总经理1人，副总经理2人，高级经理及总经理助理3人，董事会及经理层人员任免均由河南能源统一任免。公司按职能设立7个部门，分别为结算管理部、信贷管理部、审计稽核部、风险管理部、财务会计部、综合管理部、信息科技部。

【风险控制】

2023年，财务公司始终把讲政治、把方向、管大局作为首要任务，充分发挥“集团资金归集平台、集团资金结算平台、集团资金监控平台、集团金融服务平台”4个平台功能，采取多种措施化解各类风险。一是持续推进指标达标及担保业务的清理工作。积极与相关银行和企业沟通，配合提供相关资料：一方面努力压降贷款比例，通过加大银企直联及提高资金集中情况，增加成员单位存款以及新增外部融资等方式持续加以解决；另一方面积极推进担保业务清理工作，公司通过变更担保人、提前还款续借、签署补充协议等方式，先后完成了民生银行、浙商银行、交通银行等担保业务的清理，金额较年初下降10.99亿元。二是持续强化风险防控，认真梳理公司各项内控制度，规范业务流程设计，持续推进公司制度“废改立”，及时准确将国家现行法律法规、行业监管政策规定转化为内部规章制度。充分发挥由业务部门、风险管理部门、审计稽核部门形成的内控管理“三道防线”作用，加强内控检查和业务审计，确保内控制度和监管要求落实到位。加强对各类风险的监测预警，做到风险的早发现、早预警、早暴露、早处置。

【经营管理】

2023年，财务公司充分发挥金融机构优势，节约成员单位财务成本。一是始终坚持“效率高于银行，价格优于银行”的服务理念，在政策允许的条件下，通过提高成员单位存款利率，减免结算业务手续费、担保业务手续费，降低全资成员单位及持股比例较高成员单位贷款利率等措施，减轻集团财务费用支出，最大限度节约集团公司和成员单位财务成本。全年累计为成员单位节约财务费用12000万元。二是严格账户管理，加强资金管控。财务公司严格执行人民银行账户管理规定，对资金收付是否符合账户用途和账户性质严格把关。指定专人不定期地检查各成员单位外部支出账户资金存款情况，确保对成员单位外部支出户的资金管控。三是实施差异化存款利率政策，根据上年度日均存款余额适当上浮存款利率（不超人行指导定价），最大程度提高成员单位的存款收益，以提高成员单位资金归集的积极性，进一步提高集团资金的使用效率。四是持续优化资金收支流程，完善资金信息系统，实现非监管受限资金的流量精益管理，为成员单位提供优质安全有效的对外资金结算和对内清算服务。五是在确保还债和还贷的刚性兑付前提下，严格执行集团资金预算，做好资金收支计划和头寸调拨，合理安排各成员单位经营支出，奠定资金精准调度、资金曲线“削峰填谷”的管控基础。

【业务发展】

2023年，财务公司充分发挥金融服务平台职能，助力河南能源高质量发展。一是积极推进银企直联资金归集和资金可视化功能。通过分析成员单位的业务性质、开户情况、用款规律，积极与成员单位沟通，加强成员单位外部银企直联账户监管，做到外部账户资金应归尽归。截至2023年12月末，除部分单位存在法人未变更、资金不管控等原因未办理账户授权外其他大部分已完成。二是倾力拓展金融服务广度、深度。积极发挥人员、行业等优势，不断建设完善金融服务机制和队伍，加快推进数字化转型，切实提升金融服务实体经济质效。深入各成员单位进行调研，根据成员单位不同需求，量身打造出专属产品、专有流程、专职队伍“三专”机制，充分发挥财务公司服务集团和成员单位“主力军”作用。

中国石化财务有限责任公司郑州分公司

【综述】

中国石化财务有限责任公司郑州分公司是中国石化财务有限责任公司在豫设立的分支机构，前身为中石化财务公司河南代表处，2007 年经原中国银监会批准规范更名为郑州分公司。目前，主要为河南、陕西和山西区域内的中国石化集团成员企业提供金融服务，同时依法接受中国人民银行河南省分行、国家金融监督管理总局河南监管局的指导、监督和管理。

【经营管理】

2023 年，分公司强化责任担当，坚守主责主业，打造服务品牌，有效发挥集团资金归集平台、资金结算平台、资金监控平台、金融服务平台作用，全力为成员企业提供优质的资金收付、交易结算、信贷支持、委存委贷等综合性服务，有力助推集团公司高质量发展。全年实现营业收入 15378.97 万元，实现考核利润 5418.13 万元，上缴税费 1893.89 万元。年末资产总额 35.03 亿元。

【业务发展】

一、资金集中管理服务优质高效。始终把资金集中管理作为生命工程和首要任务，不断提升资金管理水平和结算服务能力，分公司现有客户 118 家，在用结算账户 215 户，全年高效办理内外部结算 180.92 万笔 13638.23 亿元，始终保持“录入零差错、收付零损失、服务零投诉”。不断深化资金集中平台应用，积极向企业推广智能客服系统，丰富“非接触式服务”渠道，已为 115 家成员企业开通网上金融服务（覆盖率 100%）；成功建立财务公司第一个合资企业资金池，助力集团公司提高资金运行效率。

二、支持实体经济发展有力有效。主动融入集团公司“一基两翼三新”产业格局和主业转型升级发展，聚焦保障国家能源安全，全力为商储洛阳分公司、河南油田等提供贷款资金支持；聚焦服务绿色低碳，对符合国家绿色发展理念的地热、光伏、风能等项目，在风险可控的前提下，坚持受理优先、投放优先、利率优惠和重点保障资金投入；聚焦帮助成员企业降本减费，稳步开展票据业务。全年为成员企业提供贷款资金支持 15.28 亿元，办理票据贴现 49.83 亿元，有力支持实体经济健康快速发展。

三、精准服务水平明显提升。建立精准服务长效机制，细化完善《“一企一策”实施细则》，纵向构建领导班子、业务部门、客户经理的层级营销管理网络，横向形成跨部门的服务支持体系，发挥各层级、各部门的联动优势，确保精准服务落实到位。把准脉搏精准发力，以“两问四送”（问需于企、问计于企，送政策、送方案、送资金、送服务）和“三专”（专门拜访、专业推进、专责处理）为抓手，广泛开展“大走访、大调研”活动，累计走访、接待企业 90 余家次，召开 18 次业务恳谈会，收集 16 条服务诉求，更新完善 33 份服务方案，真正帮助企业解决在筹融资和资金管理上的“痛点”“难点”。

【风险控制】

一、重点领域风险管控更加精准有效。加强信贷业务风险管控，提高行业调查研究能力，加大贷款“三查”力度，充分利用财务公司对集团成员企业的资金监控手段，通过多渠道的信息采集、多信息的校验分析和逻辑判断，为信贷决策、审查审批、风险控制等提供智力支持。严防票据业务风险，持续加强对票据客户授信调查和统一授信管理，合理控制票据业务规模，从严从实从细审查票据业务贸易背景。充分运用财务公司新一代综合授信管理系统，提升标准化和信息化水平。

二、风险管理体系更加全面完备。强化“源头严防、过程严管、后果严惩”的闭环管理，构建以业务部门自我控制为第一道防线、风险管理和会计部门为第二道防线、稽核检查为第三道防线的风险管理体系，确保前中后台既相互分离、相互独立又相互制约、相互监督。充分发挥内部监督职能，做好日常稽核检查、季度内控穿行测试，开展反洗钱、信息科技等7项专项排查，动态更新风险管理台账。加强统一权限管理平台、新网银等系统的推广应用，坚持不相容岗位相分离原则，通过系统设置业务审批流程，减少人工干预。

三、依法依规经营更加主动自觉。全面落实新的企业集团财务公司管理办法，按照新要求加强监督检查，准确及时报送非现场监管报告、报表等350余份。认真开展制度执行力提升行动，举行“我的制度我来讲”12次，组织全员参加“学内控、讲制度、控风险”岗位练兵，切实提高政策、内控、制度的理解力和执行力。厚植稳健合规文化，开展典型案件警示、反洗钱风险防控、防非法集资等培训教育，组织全员签订风险防控责任承诺书。深化反洗钱信息系统应用，做好客户信息采集、身份识别和可疑交易筛查分析，建立健全“机控＋人控”的反洗钱监控模式。

郑州宇通集团财务有限公司

【综述】

郑州宇通集团财务有限公司是经原中国银行业监督管理委员会批准设立的非银行金融机构，于2012年2月开业。注册资本人民币10亿元。

截至2023年末，宇通财务公司共有员工16人，其中具备五年以上金融或财务工作经验12人，占比75%，三年以上金融或财务工作经验14人，占比87.5%。

2023年，宇通财务公司经营稳定，资本充足，流动性充裕，盈利状况良好。截至2023年末，宇通财务公司资产规模58.73亿元，贷款余额38.17亿元，全年实现营业收入0.99亿元，净利润0.70亿元。2023年月均资本充足率29.42%，月均流动性比例61.38%，不良贷款率、不良资产率继续保持为零。宇通财务公司各项监管指标均符合监管要求，整体风险水平低，资产质量优良。

【资金和投资业务】

2023年，宇通财务公司在保证集团资金安全的同时，主要通过以下措施加强集团资金管理、提升资金使用效率：一是加强头寸的精细化管理，持续提升资金计划准确性，管好资金来源和运用，根据成员单位资金需求，保持合理的资金头寸并满足监管要求；二是持续优化资产配置，兼顾资产流动性和资金收益，确保集团资金链安全；三是持续扩大资金共享服务范围，提升账户、资金集中管理水平，实现资金可视化管理；四是发挥专业价值，积极为成员单位提供财务咨询服务，协助集团进行票据、理财管理，防范集团资金风险。

2023年，宇通财务公司投资业务执行“在国家金融监督管理总局批准的投资业务范围内，以固定收益类有价证券为投资标的”的风险管理策略。截至2023年12月末，宇通财务公司投资余额 0.60 亿元，投资于公募基金及同业存单，均属低风险产品，市场风险可控。年末投资比例 0.74%，符合监管要求。

【风险管理和内部控制】

2023 年，宇通财务公司通过风险清单梳理、风险排查、审计稽核等多种措施不断强化内部控制及全面风险管理效果。宇通财务公司各部门针对不同的业务流程 / 管理标准进行分层分类管理，识别了 74 项潜在风险点，并逐项明确了管控措施及责任人，内部控制第一道防线得以加强；风险部门日常开展的风险排查、举一反三等工作，及时识别过程中存在的问题，并进行整改纠偏，不断完善业务流程及管理机制，夯实内部控制第二道防线；审计部门作为内控管理的第三道防线，充分发挥审计监督作用，2023 年共开展各类审计项目 10 项，对宇通财务公司内部控制的有效性进行监督评价，通过常态化开展各类审计稽核项目，使各部门内控意识逐渐增强、对规则更加敬畏，闭环管理意识及整改效率逐步提升，内审监督有效性及宇通财务公司整体内控建设效果不断提升。

【资金集中】

作为集团资金集中管理平台，宇通财务公司在集团财务大力支持下，不断加强资金集中管理，通过落地新成员单位及时归集、账户直联保障归集、降低外部不可用资金等举措，2023 年月均资金集中度达到 48.74%。

【信贷业务】

2023 年，宇通财务公司紧跟成员单位资金需求，资金投放优先满足成员单位信贷需求，积极落实集团发展战略，促进集团主业健康发展，大力支持集团商用车业务稳步发展。2023 年，宇通财务公司累计发放自营贷款 40 笔，放款金额 42.54 亿元。内部贷款日均规模 32.90 亿元，较 2022 年提高 4.62 亿元，有效满足了成员单位内部贷款需求，有效支撑集团降低外部负债的目标。

【票据业务】

宇通财务公司积极为成员单位办理票据贴现业务，并给予优惠贴现利率，降低成员单位产业链交易成本。2023 年，累计为成员单位办理贴现 13 笔，贴现金额 2255.13 万元。

天瑞集团财务有限责任公司

【综述】

天瑞集团财务有限责任公司是由天瑞集团股份有限公司发起设立、经原中国银行保险监督管理委员会批准设立的银行业金融机构，注册及营业地位于郑州市郑东新区商务外环路 20 号海联大厦，注册资本 10 亿元人民币。

【组织架构】

根据《中华人民共和国公司法》及公司章程对公司治理的要求和实际运营的需要，建立了由股东会、董事会、监事会和高级管理层组成的公司治理架构。形成三权分立、相互制衡、职责明确的激励约束机制，设董事长 1 名、总经理 1 名、副总经理 1 名，拟任副总经理 1 名。董事会下设风险管理委员会、审计委员会，经营层下设贷款审查委员会，强化专业委员会履职，保证委员会作用的充分发挥。天瑞财务公司始终秉持“依托集团、服务集团”的经营理念，主动接受国家金融监督管理总局河南监管局和中国人民银行河南省分行的监管和指导。在风险可控的前提下合规经营、稳健发展，向成员单位提供吸收存款、发放贷款、开具电票等金融服务。

天瑞财务公司按职能设有资金结算部、信贷管理部、风险管理部、计划财务部、信息科技部、稽核审计部、综合管理部7个部门。根据业务发展需要以及各环节相互监督牵制、不相容岗位职责分离的要求明确了各自的工作职责，健全了一套完整的工作制度，形成了层次分明、制衡到位、权责分明的治理结构和体系。

【经营指标】

公司坚持“依托集团、服务集团”为宗旨，严格落实监管要求，强化公司治理和合规管理。截至2023年12月末，公司资产总额26.03亿元，负债总额14.51亿元，所有者权益11.52亿元，其中：吸收存款余额14.47亿元，各项贷款余额25.1亿元。当年累计向成员单位发放贷款34.3亿元，当年累计开具电承5.91亿元。

天瑞财务公司把防范风险放在首要位置，2023年度根据监管要求，持续执行全面风险管控及内控制度建设。针对公司实际经营过程中的风险进行全面分析，制定详细的管控措施，落实责任到人。优化内部控制措施，建立市场乱象整治工作长效机制，提升合规管理水平。

【业务开展】

一、结算业务。天瑞财务公司加强资金集中管理，提高资金集中度；积极开展业务创新，优化资源配置，提高资金使用效率。2023年天瑞财务公司累计结算资金3644.82亿元，累计结算业务21.06万笔。天瑞财务公司为企业集团的业务发展和资本运作提供全方位、个性化的综合金融服务，搭建以服务于集团产业发展为目的、以集团价值最大化为目标的资金归集平台、金融服务平台、资金结算平台、资金监控平台，使公司发展成为集团多元化经营战略的重要组成部分和支撑力量。

二、票据业务。根据集团及成员单位需求签发电子银行承兑汇票，优化成员单位付款方式及付款需求。2023年天瑞财务公司累计签发电子银行承兑汇票2215笔，票面金额总计5.91亿元；累计兑付到期银行承兑汇票2070笔，总计7.17亿元。公司合规审慎开展票据业务，严格按照监管要求及公司内控制度，审核票据贸易背景真实性及票据保证金资金来源并实行专户管理。将票据承兑业务纳入整体流动性风险管理框架，切实提高流动性风险的预警、防范和处置能力。

三、贷款业务。通过内部信贷业务持续满足成员单位金融需求。2023年天瑞财务公司当年累计发放贷款34.3亿元。天瑞财务公司紧紧围绕集团战略和重点企业，创新信贷产品，合理筹划金融业务规模和信贷投放配比，进一步优化资产收益率和单一客户贷款集中度，提升信贷服务能力。

【风险管理和内部控制】

公司始终坚持“制度先行”原则，持续做好内控体系建设。2023年梳理各项内控制度，优化完善内控制度流程，根据相关法律法规，全年修订制度6项，新增制度4项，废止制度1项，公司现行制度达173项，提高了内控制度体系的规范性和科学性，巩固了防范风险能力。

天瑞财务公司结合公司的实际情况和监管导向，不断完善公司治理架构和风险体系建设，不断健全风险管理及内部控制机制，持续完善内控制度流程。加强合规管理，严格落实各项监管要求，强化合规检查监督和各类风险的事前防控。全面提升风险管理水平，确保业务开展的合规性，促使财务公司健康稳健运行。

中国平煤神马集团财务有限责任公司

【综述】

中国平煤神马集团财务有限责任公司成立于2013年7月，原注册资本10亿元，2019年各股东方同比例增加注册资本至30亿元，股东共有3家，其中中国平煤神马控股集团有限公司出资15.3亿元，占比51%；平顶山天安煤业股份有限公司出资10.5亿元，占比35%；神马实业股份有限公司出资4.2亿元，占比14%。财务公司设立有股东会、董事会、监事会及经营层，内部分设资金结算部、信贷管理部、计划财务部、稽核审计部、风险管理部、信息科技部、综合管理部共7个职能部门。目前开展的业务主要有吸收成员单位的存款、办理贷款，协助成员单位实现交易款项的收付、票据承兑与贴现、内部转账结算业务，以及固定收益类有价证券投资业务。

【经营管理】

认真实施合规管理，积极稳健开展业务，努力开创新局面。截至2023年末，财务公司资产总额131.18亿元，其中贷款余额69.61亿元；负债总额98.4亿元，其中吸收存款98.02亿元；所有者权益32.78亿元。全年营业收入4.24亿元，利润2.82亿元，各项监管指标持续优于监管要求。

【风险管理和内部控制】

推动风险管理机制建设。重新审定授权流程和内容，审定了公司年度合规检查计划和资产管理风险偏好等工作。扎实开展信用风险排查工作。全年共排查流动资金贷款64笔，金额640960万元；贴现71笔，金额111641万元；表外承兑15笔，金额211000万元。持续开展非法集资、反洗钱和反恐怖主义法等宣传排查工作，严肃开户结算纪律，防范非法资金借道流转。通过常态化学习宣传和排查整改，提升全员合规意识，保障公司各项业务健康有序运行。

【资金集中】

资金归集进一步加强。加强与集团成员单位的沟通交流，加强与合作银行的协调配合，全年共办理76个直联行账户的授权手续，进一步理顺资金归集渠道，夯实资金归集基础。截至2023年12月末，开户单位389家，较年初新增28家。结算水平进一步提高。全年累计办理结算250.7万笔，结算金额20515.54亿元，其中对私批量业务中发放工资194.6万人次，工资总额近108亿元。做到结算及时，监管到位，结算零差错。

【信贷业务】

2023年累计发放流动资金贷款64笔，金额64亿元，办理贴现67笔，金额11.83亿元，签发承兑汇票34张，金额15.1亿元，实现贷款利息收入2.39亿元，贴息收入0.12亿元，手续费收入0.01亿元。同时，利率定价参照同期市场利率水平并适度让利，2023年发放贷款加权平均利率3.65%，较2022年下降23BP，为推动集团公司高质量发展提供了有力的信贷支持。

河南双汇集团财务有限公司

【综述】

双汇是农业产业化国家重点龙头企业，总部在河南省漯河市。双汇在全国 18 个省（市）建有 30 个现代化肉类加工基地和配套产业，形成了饲料、养殖、屠宰、肉制品加工、调味品生产、新材料包装、冷链物流、商业外贸等完善的产业链，拥有 100 多万个销售终端，每天有 1 万多吨产品销往全国各地，在全国绝大部分省份均可实现朝发夕至。双汇品牌价值 806.69 亿元，连续多年领跑中国肉类行业。

【经营管理】

河南双汇集团财务有限公司认真贯彻落实国家监管政策法规，坚守功能定位，依法合规经营，实现稳健发展。截至 2023 年末，公司资产总额 93.2 亿元，负债总额 69.81 亿元，实现利润 2.02 亿元，所有者权益 23.39 亿元，各项监管指标均符合要求，没有出现风险事件。

【服务实体】

公司坚持“立足集团，服务集团”的经营宗旨，充分发挥资金管理平台优势，不断优化系统功能，增加科技投入，为成员单位提供优质高效的金融服务，支持集团屠宰、肉制品、外贸、养殖、餐饮等产业发展。全年向成员单位授信 113.39 亿元，其中流动资金贷款授信 111.6 亿元，固定资产贷款授信 1.79 亿元；全年累计发放贷款 83.99 亿元，其中流动资金贷款 61.94 亿元，固定资产贷款 7.85 亿元，票据贴现 14.2 亿元。

围绕集团“产业化、多元化、国际化、数字化”的四化战略，开展股权整合、产业并购、资产管理等业务，研究政策，开拓新兴业务赛道，为集团产业链完善、产品结构调整、市场网点倍增提供金融动能，贡献金融智慧。

【产业链金融】

公司认真落实国家“支农、支小、扶助小微”普惠金融政策，支持集团下游经销商客户发展。积极推广买方信贷系统，实现买方信贷客户信息自动化采集，买方信贷客户遍及全国 27 个省、市、区，全年为 228 户经销商发放买方信贷 5.08 亿元，年末贷款余额 2.66 亿元，同比增长 17.15%。买方信贷业务开展以来，累计投放买方信贷贷款 14.23 亿元，无不良，无损失。同时，积极协调外部金融机构开展集团下游经销商贷款投放，2023 年外部金融机构对 140 户经销商投放贷款 1.61 亿元，贷款余额 1.77 亿元，支持经销商开拓渠道、旺产旺销。

【资金业务】

公司对成员单位资金进行统筹规划、统一调度，每日跟踪资金收支情况，制定资金周计划、月计划，提升资金精细化管理程度，全年结算量 23 万笔，金额 1.38 万亿元，实现收付款零差错。充分发挥资金集中管理平台优势，加强头寸管理，优化资金结构，提高资金运作效率，保障公司资金流动性、安全性。

【投资业务】

坚持“安全第一、收益第二”的原则，审慎开展各项投资业务，在合作机构选择上，优先选择信誉高的国有大行、优质股份制银行和头部券商机构。在业务品种选择上，重点选择风险低的同业存款、同业存单、质押式报价回购等产品，保障投资业务零风险、零损失。

【票据业务】

公司严格执行票据业务监管要求，严格审查票据业务贸易背景真实性，强化内控管理，规范操作流程，严控操作风险，审慎开展票据业务。2023年，公司办理成员单位票据贴现14.2亿元，办理转贴现4.53亿元，未开展票据承兑业务。

【资金集中】

公司与国内八家重要银行开通银企直连服务，对成员单位银行账户进行实时监控管理，每天采用手工归集和系统自动归集相结合的方式，对成员单位的资金应收尽收，2023年资金集中度超过80%；日常定期对银行账户进行排查，减少外部银行账户开立个数，将能纳入资金系统管理的账户全部纳入直连管理，有效提升资金集中度，减少外部银行资金沉淀，提升集团资金集中管理水平。

【风险管理和内部控制】

公司贯彻落实“风险为本”的理念，健全风险管控措施，筑牢风险底线，为公司稳健经营保驾护航。一是制定策略清晰、架构合理、控制得当、监督有力的风险管理政策，保障风险管理工作有效实施。二是完善公司十一大类198项标准化管理制度，确保各项业务开展有据可依、有章可循。三是加强流动性风险管理，开展流动性压力测试，保证合理的流动性水平。四是开展合规检查，加强风险案例培训，开展警示教育活动，组织员工行为排查，防范合规风险。五是开展全面风险评估，完善内控体系，规范操作流程，提升风控水平。

【信息化建设】

一是不断优化新一代资金管理系统，拓展个性化需求，升级系统安全，保证系统稳定。二是组织研发、上线买方信贷业务系统，提升买方信贷管理水平，实现客户凭“一码两证”即可申贷，提升信贷管理智能化水平。三是通过人民银行征信中心数据上传测试和验收，于2023年12月加入二代征信系统，利用科技赋能支持信贷业务持续健康发展。

河南九鼎金融租赁股份有限公司

【综述】

河南九鼎金融租赁股份有限公司是经银行业监管部门批准，由郑州银行股份有限公司主发起，联合宇通客车股份有限公司、河南天伦燃气集团有限公司共同成立的一家全国性一级法人金融租赁公司。注册资本20亿元，总部设在河南省郑州市。

【经营管理】

作为郑州首家金融租赁公司，自成立以来，九鼎金租始终秉持“灵活、高效、稳健、共赢”的经营理念，以金融租赁的特色产品服务于实体经济发展。2023年，九鼎金租以转型攻坚、零售业务专业化提升、风险及科技能力提升、增收节支、风险资产攻坚等“五大攻坚”工作为抓手，坚定不移地贯彻“高质量发展”的经营理念，取得了较为显著的成效。

截至2023年末，九鼎金租资产总额350.1亿元，较2022年增长22.48亿元，增幅6.86%；其中融资租赁资产余额334.35亿元，较2022年增长21.47亿元，增幅6.86%。负债余额312.32亿元，较2022年增长18.99亿元，增幅6.47%。净资产37.78亿元，较2022年增长3.5亿元，增幅10.2%。2023年营业净收入12.99亿元，较2022年增长2.35亿元，增幅22.02%。利润总额4.67亿元，较2022年增长0.03亿元，增幅0.71%。净利润3.5亿元，较2022年增长0.02亿元，增幅0.56%；不良资产率1.82%，资本充足率11.18%。

【业务发展】

一、优化区域布局，持续增强本土支持力度。2023年，九鼎金租持续、深入践行“立足河南、面向全国重点区域”的业务发展定位。截至2023年末，省内租赁业务余额258.78亿元，占比77.09%，业务布局进一步聚焦省内。

二、聚焦主责主业，业务转型推动有力。2023年，九鼎金租持续推进“做直租、扶中小、降户均、育专业”的业务转型思路。一是全年直租业务投放12.52亿元，较2022年增加2.65亿元，增幅26.85%。二是新增业务户均投放0.91亿元；户均余额0.69亿元，较2022年降低0.22亿元。三是对公中小户投放113户，目标完成率139%。四是对公五大“育专业”行业投放54户，目标完成率270%。

【风险管理】

在建立并完善现代公司治理体系，加强精细化管理水平的基础上，九鼎金租始终坚守“创新、高效、协同、稳健”的发展理念和不发生案件、不发生重大风险事件的经营底线。逐步形成了管理有制度、部门有约束、岗位有职责、操作有程序、风险有监测、工作有评价、责任有追究的风险管理体系架构。一是坚持以全面风险管理为轴心，以限额、授权等管理工具为传导手段，强化定量指标的引导作用，不断充实以稳健型风险偏好为核心的风险管理文化。二是实施科技赋能，全面布控信用风险、及时化解流动性风险、严密防控操作风险、主动防范合规风险，并持续加强对租赁物风险及市场风险的管控，实现了对风险的主动选择和积极安排。三是建立项目审批绿色通道，落实限时办结要求，进一步提高审批效率。同时在风险可控前提下，对于重点行业、重点区域、重点项目，实施“急事急办、特事特办”，积极支撑业务发展。四是持续推进制度“立改废”，全年更新制度61项，其中新增9项，修订52项。现行制度共计196项，基本覆盖所有业务领域和关键环节，构建起了风险合规管理的长效机制。

【流动性管理】

九鼎金租始终将资金流动性管理放在重要位置。2023年，九鼎金租同业授信规模持续扩大，累计共取得127家金融机构授信批复，授信总额621.36亿元，较2022年增加21亿元。随着同业客户的不断拓展，九鼎金租授信机构逐步增加，可用授信能够满足业务发展需求。与此同时，九鼎金租持续加强资产负债管理，科学把控负债吸收的节奏，有效保障了业务投放和流动性管理的需求，在资金端逐步形成了竞争优势。

洛银金融租赁股份有限公司

【综述】

洛银金融租赁股份有限公司成立于2014年12月，成立时注册资本金6亿元，由原洛阳银行作为主发起人，联合一拖股份等3家非金融企业法人共同发起设立，是全国第三家由城商行发起设立的金融租赁公司，也是河南省内第一家金融租赁公司。经过2016年增资和2020年转增，注册资本增加至20亿元。

【经营管理】

2023年，洛银金租紧紧围绕“保证流动性安全、夯实资产质量、调优结构深化转型”的工作思路，积极应对、抢抓机遇，确保流动性得到根本修复、业务投放回归正轨、不良处置取得质变。一是流动性得到保障，解决了洛阳银行被吸收合并对公司造成的影响，实现授信恢复，整体融资规模稳步增长，保证了流动性安全。二是抓住流动性修复的契机，提升业务拓展力度，加快业务投放速度，业务投放规模实现较快增长，扭转了资产规模连续两年下滑的趋势，累计实现业务投放150.42亿元，完成年初目标任务的136.75%。三是不良处置取得实效，2023年，公司进行不良清收，通过高管分包、诉讼、转让、核销等多种方式，将存量风险资产压降至年初的三分之一，且全部纳入账面不良资产，顺利完成暗翻明的监管要求，实质不良贷款率2.47%，公司整体资产质量显著提升，在转型发展之路上真正实现轻装上阵。

截至2023年末，洛银金租资产总额280.33亿元，其中融资租赁资产267.65亿元，总负债238.58亿元，所有者权益41.75亿元，资本充足率16.27%，不良贷款率2.47%，拨备覆盖率150.32%，各项监管指标保持良好水平。

【业务发展】

2022年下半年，由于流动性紧张等因素，导致洛银金租业务发展节奏受到较大影响，业务投放甚至一度按下暂停键。2023年，洛银金租抓住货币政策宽松、流动性修复等有利条件，加大资金融入规模，提升业务拓展力度，加快业务投放速度，两次提高2023年业务投放目标，业务投放规模实现较快增长，一举扭转了资产规模连续两年下滑的趋势。2023年，洛银金租累计实现业务投放150.42亿元，融资租赁资产规模达到267.65亿元，年度业务投放和融资租赁资产余额均创造了公司成立以来的历史最高纪录。

【风险管理】

2023年，根据监管要求和自身实际情况，洛银金租及时对标中原银行风险管理政策，对自身全面风险管理政策进行梳理修订，持续提升公司全面风险管理能力。一是完善制度体系。先后建立健全了《授信集中度管理方案》《核保管理办法》《资产评估机构管理办法》《信用风险管理办法》《动产融资统一登记管理办法（暂行）》等10余项内控制度及业务规程，为业务稳健发展提供了有效制度保障。二是强化过程管理。增加业务系统中的放款审批节点，加强业务签约过程中风险管理，强化租赁物管理，着重对租赁物真实性、价值评估、项目资金用途合理性及其合规要件完备性等方面提高审查标准。2023年，洛银金租建立了评估机构“白名单”机制，招标选聘了14家合格的评估机构开展2023年度租赁物价值评估工作，累计开展41笔租赁物跟踪评估。三是加强合规文化建设。提升风险团队建设，注重内部人员培养，高质量完成中原银行季度风险条线人员能力测评，打造一支高素质、专业化风险团队。提升员工行为管理水平，完善员工异常行为监测，防范操作风险，提升员工合规意识，逐步实现员工从“不敢违规”到“不能违规、不愿违规”转变。四是严肃内审问责。对审计发现的问题，同被审计单位进行沟通交流，深入分析原因，制定整改计划，加强整改监督，确保整改工作落实到位，促进审计成果运用转化。同时，强化问责措施，健全内部约束和责任追究体系，成立责任认定领导小组和问责领导小组，制定议事规则，优化工作流程，提升问责效能，充分发挥问责的警示与引导作用，将合规固化为员工的价值理念和行为准则。

【流动性管理】

2023年，洛银金租借助资金市场整体宽松的契机，一方面，加强同中原银行的沟通，从同业客户资源共享、交叉授信等方面入手，充分利用中原银行的资源和市场影响力，拓宽授信渠道，扩大资金来源。同时，加强同业客户拜访，提高拜访层级。按照统一部署，高管带队加大对省内金融机构和公司前十大重点客户的营销力度，消除客户顾虑，增强客户信心，实现授信增额19家，增信56.70亿元，恢复授信3家，额度19亿元，2023年累计融入资金402.47亿元，在确保流动性安全的基础上，保障了业务投放对资金的需求。另一方面，结合资金到期计划和年度投放安排，适时调整资金期限错配战略，优化融资结构，降低流动性风险，加强资金久期管理，对宏观经济金融形势进行预判，科学把握资金市场波动，着眼长远，适时调整公司资金融入期限，尽力降低公司融资成本。截至2023年末，洛银金租存量资金加权平均借款成本4.08%，较同期下降0.27个百分点，为公司业务投放提供了有力保障。

河南中原消费金融股份有限公司

【综述】

河南中原消费金融股份有限公司于2016年12月30日正式揭牌开业，注册地在郑东新区万众大厦，是目前河南省唯一一家消费金融公司，主要业务范围是发放个人消费贷款。目前，中原消费金融公司注册资本为20亿元人民币，共有中原银行股份有限公司、华平亚洲金融投资有限公司和上海伊千网络信息技术有限公司3家股东。其中，中原银行为主要出资人，持股比例49.25%；华平亚洲和伊千网络为一般出资人，持股比例分别为42%和8.75%。

【经营管理】

中原消费金融公司秉承“合规先行、风险防控、科技驱动”的发展理念，依托股东雄厚的资金实力、务实的管理团队以及严谨的风控能力，深挖与居民生活密切关联的细分行业，围绕衣、食、住、行、用等消费场景和重点目标市场，合理利用股东和第三方资源，致力于通过技术创新、渠道整合、大数据应用等手段，面向个人消费者提供“消费贷款+消费分期”服务，构建消费金融生态圈，满足广大客户美好生活品质的需要，以全新的消费金融场景让消费者获得良好的消费体验，以实际行动践行“普惠金融”。截至 2023 年 12 月 31 日，中原消费金融公司累计放款超过 7616.73 万笔，累计放款金额 3081.10 亿元，贷款余额 326.42 亿元，累计服务客户 2091.27 万人。

【业务发展】

一是构建以自营为核心的业务发展模式。中原消费金融公司自营业务主要以线上自主获客为主，通过“中原消费金融”APP 作为对外获客载体，同时积极与外部伙伴建立合作关系，推广公司品牌形象，深度挖掘市场潜在客群，发展自有客户群体，不断提升自有客户黏性。主要的获客场景包括“中原消费金融”APP、微信小程序、支付宝小程序、支付宝生活号等自建场景。二是强化平台合作业务发展。中原消费金融公司坚持用大格局、大视角、大思维，通过场景介入等方式与“大渠道、大流量、大平台”进行业务合作。通过深入了解渠道规则、动态，把握市场先机，降低成本，提升投放效率，实现精准自主获客。三是积极探索线下业务模式。对线下业务市场进行了多维度地调研分析，并最终确认新的业务发展定位。完成了对线下业务条线的组织架构调整，并根据新的业务发展定位组建销售团队，完善市场、产品、管理体系等重要事项建设工作。目前已在郑州、新乡、洛阳、许昌、安阳、重庆总计 6 个城市设置营销试点，并积极开展与母行中原银行的资源联动，基于中原银行资源禀赋探索更多合作方案。

【风险管理】

中原消费金融公司秉承“金融科技、大数据赋能、探索创新”的风险管理理念，将“大数据”和“智能算法”贯穿整个风控流程，实现客户风险识别数据化、反欺诈防范自动化、风险防范实时化，构建贯穿全信贷生命周期、覆盖全产品链条的智能风控体系。以“金融大数据”为基础，借助策略、模型、统一视角三大驱动力，构建了雾伞特征工程平台、阶梯变量加工平台、红岸机器学习平台、雪地模型部署平台、面壁决策服务平台等五大风险支撑平台，以风险为导向打造完整贷前、贷中、贷后风险管控闭环，构筑牢固的金融防火墙。

【流动性管理】

2023 年，中原消费金融公司高度重视流动性风险管理工作，多措并举，确保了 2023 年公司流动性的合理充裕。一是加强流动性风险限额管理。根据监管机构对流动性风险监管指标和监测指标的要求，结合公司实际情况，设定了流动性比例和流动性缺口率两个指标进行限额管理，其中流动性比例应不低于 25%，流动性缺口率应不低于 -10%。2023 年，公司流动性比例均高于 25%，最低为 248.52%；流动性缺口率稳定在 20% 以上，均高于 -10%。二是积极有序开展融资业务。2023 年，公司按照资金缺口情况有序开展融资业务，积极推进同业授信。截至 2023 年末，获得同业授信额度达 783.77 亿元，主要来自股份制商业银行、城市商业银行、农村商业银行及部分大型国有商业银行、外资银行和民营银行。同时，共计发行 5 单 ABS 业务，发行总金额 60.06 亿元，完成首单出表类公募 ABS 产品发行，发行规模 15.13 亿元，进一步盘活了存量信贷资产，拓展了融资渠道。三是持续落实日常流动性风险监测要求。2023 年，公司通过流动性风险管理系统、备付金消息定期提醒等方式每日对公司各银行账户资金余额进行跟踪和监测，同时根据各账户的用途和性质做好资金安排，适时进行内部资金调拨，满足贷款发放、同业还款和各项资金支付需求，确保公司流动性安全。

中国银联股份有限公司河南分公司

【综述】

中国银联股份有限公司河南分公司是中国银联股份有限公司下辖的36家分公司之一，致力于推进河南省各类基于银行卡的综合支付服务和支付创新。分公司内设办公室、业务技术部、机构合作部、受理市场部、创新推广部5个部门，共有正式员工49人。2023年，河南省银行卡跨行清算交易6.54亿笔，清算金额2.92万亿元。

【“云闪付”APP】

“云闪付”APP是中国银联在中国人民银行的指导下，联合全国各商业银行、产业各方共建共享的移动支付战略产品。通过聚合银行业资源与银联网络，覆盖更广阔的服务场景，搭建更开放全面的服务平台，为用户提供安全、便捷的支付服务。2023年，河南省年内新增“云闪付”APP用户超过421.83万户，“云闪付”APP累计用户超过3880.02万户。

与此同时，中国银联河南分公司不断丰富“云闪付”APP的功能。2023年，以云闪付网络平台为支撑，不断赋能各大商业银行，助力提升银行账户服务水平，新增郑州银行、中原银行接入云网平台，联合民生银行、华夏银行、邮储银行、工商银行等商业银行开展单品营销、立减券等多元化云网专项营销活动，在助推银行获客、活客方面取得良好成效，其中在民生银行银联生态圈建设项目上，民生卡唤醒率平均在68%以上，交易笔数较活动前一月平均提升8.63倍，参与营销的用户人均全量资产平均提升13.14%（个别地市24.22%），人均存款平均提升15.12%。此外，持续打造高流量优惠集合“豫你约惠”品牌，不断开展“约惠七夕”“夏日缤纷惠”“惠享金秋”等热点活动，“云闪付”小程序累计浏览5150.1万次，日均访问16.04万次。

2023年，中国银联河南分公司以“云闪付”APP为抓手承接河南省各级政府消费券项目102个，覆盖郑州等17个城市和34个县（市、区），聚焦家电、汽车、零售、餐饮以及文旅酒店等重点行业场景，累计引入政府和商家资金6.92亿元，直接带动消费达26.76亿元，营造了惠民、利企、助商的社会氛围，有力促进了河南省消费回补和潜力释放。

【受理市场发展】

2023年，中国银联河南分公司联合省内各成员机构，继续认真践行“支付为民”理念，持续深化支付服务供给侧改革，围绕便民、利民、惠民的服务宗旨，不断完善省内受理市场建设。

在出行场景，中国银联河南分公司将郑州地铁乘车码成功赋能招商银行、民生银行、平安银行等商业银行，并组织开展河南省公交地铁场景专项营销活动，年内河南省公交地铁场景交易量约4680万笔。在校园场景，积极推广中小幼K12场景解决方案，已上线32所K12校园，累计产生交易1311.6万笔；持续组织开展校园场景营销活动，覆盖河南省79所高校，累计实现校园场景交易2180.44万笔。在零售场景，大力推广“支付+”产品方案，助力商户数字化经营，36家头部商户上线“逛街吧”解决方案，带动交易金额2019.32万元，新增有效会员5.89万个；15家头部商户上线“会员一码付”解决方案，带动交易金额1089万元；商户通过“超级月卡”形式开展专项营销，累计售卡 20.36 万张，优惠券承兑 45.21 万笔。在政务场景，通过银联系统在郑州等 6 个城市上线退役军人优待证免费乘公交地铁权益，全年发生交易约 1013 万笔，覆盖 24.31 万用户，接入地区、用户规模、业务规模均居全国第一；河南省政务服务网财政非税缴费业务开通银联企业网银支付和银联二维码支付，截至 2023 年末，网银支付和二维码支付分别发生交易金额约 6500 万元、320 万元；与省自然资源登记确权局达成税费同缴解决方案全面合作意向，漯河不动产已完成业务上线。

【创新业务】

2023 年，中国银联河南分公司不断探索创新业务，着力促进业务优化，深入开展各类创新项目。贷记业务，全年惠民惠农补贴项目已覆盖河南农信 157 家联社，发放约 5056 万笔补贴资金。对公业务，联合河南中行完成云直通的改造上线，并成功投产落地郑州市停车场统一收费业务和花花牛网上统一订奶业务，累计入驻商户约 300 家，累计交易近 3 万笔；联合广发郑州分行推广移企付，落地牧原物流项目，项目投产 3 个月累计交易金额近 85 万元。数据及银联云产品，银联“天擎”数据产品赋能郑州农行“商户 E 贷”，并在全国农行系统率先落地，助力河南农行 2023 年累计放款 4.5 万笔，放款金额 80.5 亿元；与嘉联支付持续深化银联云合作。加大社保卡创新应用，目前市民卡（使用社保卡金融账户）已覆盖就医、出行、校园、文旅、补贴、金融等 6 大应用场景，联合市民卡公司投入 3000 余万元在加油、百货、餐饮、暖气缴费等场景开展优惠活动。分期产品，2023 年，中国银联河南分公司消费分期交易笔数 13.25 万笔，交易金额 14.31 亿元，共 166 户商户交易金额超过 200 万元。

【风险管理】

中国银联河南分公司不断提升智能风控能力，深化产业联防联控合作，为消费者提供全方位风险服务，切实保障群众支付安全。全年发送 10 万余户疑似套现风险案例至相关收单机构进行确认和处置，约谈拉卡拉、乐刷、易生、联动优势等 10 余人次支付机构；严格落实反洗钱工作，完成省内 76 家法人机构客户身份识别及尽职调查工作，转发反洗钱案例 300 余例。与此同时，不断加强风险防范宣传，切实提高广大群众风险防范意识和能力。累计开展“‘5・15’打击和防范经济犯罪宣传”“普及金额知识，守住钱袋子”“金融知识普及月暨反诈拒赌校园行”“金融消费者权益保护教育宣传”等线上线下风险宣传活动 20 余次，通过多措并举，进一步筑牢风险防范的安全“网”。

【系统运营】

2023 年，中国银联河南分公司切实保障银行卡网络系统安全运行，为机构提供优质高效的综合服务。一方面，扎实做好国庆节、“杭州亚运会”等节假日、重要时期生产机房的生产运行工作，重保期间开展 7×24 小时值班，完成机房物埋环境、生产网络设备、通信线路等相关设施设备的隐患排查工作，网络系统运营零故障。另一方面，完成基础环境系统主要场景的高可用演练，做好基础环境系统现场备件准备、应急预案梳理等保障。全年完成托管机房环境供电、防水等 19 场应急演练，4 次代维紧急到场演练，均达到预期效果；完成 2 次信息安全攻防演习工作，以及“关于防范恶意程序攻击的风险提示”等 20 余项风险排查处置工作。

银联商务股份有限公司河南分公司

【综述】

2023年，银联商务股份有限公司河南分公司高举高质量发展大旗，认真贯彻落实中国人民银行、中国银联关于降低小微企业和个体工商户支付手续费的相关工作精神，支持市场主体纾困发展，减费让利惠企利民，为商户赋能。目前，公司紧密围绕客户在商圈管理、消费数据咨询、数据中心建设、SaaS服务、行业监管、跨境出海等方面需求，深入研究云计算、区块链、大数据、人工智能、物联网等新技术的落地应用，通过为餐饮、园区、医疗、养老、交通、政务、文旅等各行各业提供稳定可靠的支付、增值和科技服务，助力省内各行业客户经营实现数字化、智能化转型。截至2023年末，银联商务河南分公司在网综合支付商户规模近7.44万户，在网综合支付终端规模13.84万台；累计清算笔数60506万笔，清算金额3021亿元。

银联商务河南分公司目前设置有综合部、业务运营部、风险合规部、技术部、SaaS服务部、终端部、市场服务部、行业拓展部、银行合作部9个一级部门，同时，在河南省18个地市设立业务部。

银联商务河南分公司人员总数340人，其中合同制员工298人，占比87.65%；派遣制员工42人，占比12.35%。

【交通出行业务】

银联商务河南分公司为更好地服务省内交通行业商户和车主，整合公司资源打造了"豫车享"车主服务平台，涵盖了车主服务、车辆服务和出行场景三大板块。目前已覆盖省内各类交通场景商户1200余家，包括郑州地铁、洛阳地铁、郑州公交在内的50余个公共交通项目，覆盖18个地市的各类加油站、停车场、共享单车等各类商户；同时，为了更好地服务新能源车主，还专门开发了"豫车享"车主服务平台，接入了包括星星充电、云快充、小桔充电在内的多家头部充电桩企业，接入充电桩数量超过1.5万根；此外，还与包括天猫养车、车享家在内的超2000家省内各类洗车、保养门店开展了各类合作；同时，还接入了打车、代驾、周边餐饮等各类车主服务。

【SaaS商业业务】

在推广SaaS商业业务过程中，全年在百购泛零售、房产监管、权益平台、云文旅、云增值孵化五大场景均有落地，同时在"云闪付"小程序开发、银行面对面发券、一刻钟生活圈、RPA等产品已具备标准化方案及推广能力。房产监管业务已覆盖全辖14个地市，云增值平台开发的"云闪付逛街吧"小程序，接入正弘城、大桥石化、裕隆百货、万果园等地市TOP商户18个。截至2023年末，河南省累计在运维行业ERP项目92个，存量云ERP商户3.4万余个。

【智慧园区业务】

2023年，银联商务河南分公司新增园区项目51个，覆盖河南省15个地市。主要是面向政府机关、企事业单位、学校、医院、酒店等客户，基于会员管理、门禁考勤、进出闸机、停车管理、智能水电、智能安防及各类行业软件等应用，提供针对园区内人、事、物、权的一体化、智能化、移动化、精细化的园区服务功能，实现园区"一卡通""一码通""一脸通"及可视化平台方案。

【大数据业务】

银联商务河南分公司充分整合自身及银联系海量支付数据能力，面向消费、金融、互联网、智慧城市等不同行业的实际需求，深度结合业务场景，提供“数据 + 能力 + 场景”支撑及商业咨询、算法风控、数据认证三大服务板块。为政企机构提供消费数据监测简报、数据传输接口、可视化平台建设等服务，辅助其进行市场运行监测、消费数据分析，提升运营管理和决策能力。

【风险管理】

银联商务河南分公司全面贯彻落实党中央、国务院关于打击治理电信网络诈骗和跨境赌博各项工作要求。一是纵深推进电信网络诈骗和跨境赌博“资金链”治理，围绕动态完善反洗钱内控制度、适时组织反洗钱宣传、探索反洗钱培训模式、优化商户重新识别和风险等级评定、规范上报可疑交易报告、加大案例现场抽核力度、响应配合监管调研等方面拟定年度反洗钱工作计划并序时推进。二是不断巩固深化金融知识普及长效机制，践行金融工作的政治性和人民性，统筹日常各项工作，通过内部培训、现场宣传、公众号推送、数字人宣讲、商户服务等方式开展金融知识宣教活动，全面覆盖分公司全体员工，广泛触达特约商户、合作机构、公司客户、社会公众。

【系统安全】

银联商务河南分公司信息系统机房按照 GB/T 50174 A 级标准建设，设立 24 小时现场人员值班，配备远程视频监控系统和温湿度预警系统，建立严格的机房进出登记和操作审核制度；信息系统通过安全工具定期进行漏扫，及时修复安全漏洞；系统、网络变更严格执行审批和复核机制；建立数据提取申请、审批、使用期限、销毁处理流程，并成立由“一把手”领导的信息安全组，设立日常信息安全岗，负责安全预警工作和信息安全防护。

第四部分

各市金融篇

郑州市

2023年以来，郑州市金融运行总体平稳，存、贷款保持增长，金融服务重大战略、重点领域和薄弱环节质效突出，融资成本优势明显，不良贷款率保持低位，为经济持续回升向好营造了较好的货币金融环境。

一、金融总量增长平稳。各项存款增速回落。截至2023年末，郑州市金融机构本外币（下同）存款余额30657亿元，位居全国36个重点城市第14位；同比增长4.2%，低于河南省平均水平3.8个百分点，较上年同期回落4.4个百分点；较年初增加1240.4亿元，同比少增1082.1亿元。

各项贷款增势回升。年末，郑州市金融机构贷款余额37263.2亿元，位居全国36个重点城市第12位；同比增长6.2%，较三季度末回升0.8个百分点，但仍低于河南省平均水平3.3个百分点；较年初增加2164.5亿元，同比少增326.1亿元，年增量占河南省增量的29.9%。其中，企（事）业单位贷款余额24505.9亿元，较年初增加1789.9亿元，同比少增678.1亿元，年增量占各项贷款增量的82.7%；住户贷款余额12408.8亿元，较年初增加394.8亿元，同比多增409.8亿元。

二、信贷支持重大战略、重点领域和薄弱环节的力度持续加大。一是制造业和科技创新金融服务持续推进。2023年末，郑州市制造业中长期贷款余额1178.6亿元，同比增长19.4%；较年初增加198.4亿元，同比多增5.5亿元。高新技术企业贷款余额1171.2亿元，同比增长22.1%，高于河南省4.8个百分点；科技型中小企业贷款余额184.3亿元，同比增长27.6%，高于河南省6.6个百分点。二是普惠小微、民营领域支持有力。金融机构不断创新金融产品，加快数字化转型，推动金融服务惠及更多市场主体。2023年末，郑州市普惠小微贷款余额达3350.3亿元，占河南省普惠小微贷款的32.5%，同比增长21.3%；民营贷款余额为7447.9亿元，占河南省民营贷款的32.8%，同比增长6.6%。

三、融资成本优势明显。企业存量、新发放贷款利率下降。2023年末，郑州市存量企业贷款加权平均利率为4.27%，同比下降0.37个百分点，处有统计以来低位，低于河南省平均水平0.39个百分点。12月份，郑州市新发放企业贷款加权平均利率为3.96%，同比下降0.17个百分点，低于河南省平均水平0.15个百分点。

四、金融运行总体稳健，不良贷款率保持低位。2023年末，郑州市银行业金融机构不良贷款率为1.52%，低于河南省平均水平3.12个百分点。

开封市

【经济运行情况】

一、生产总值稳中有增。2023年，开封市生产总值完成2534.19亿元，同比增长0.9%。分产业看，第一产业增加值360.35亿元，同比增长2.4%；第二产业增加值904.81亿元，同比增长2%；第三产业增加值1269.03亿元，同比下降0.4%。三次产业结构比值为14.2∶35.7∶50.1，对开封市经济增长的贡献率分别为40.8%、79.1%和-19.9%，分别拉动GDP增长0.4个、0.7个和-0.2个百分点。

二、规模以上工业增加值微增。开封市规模以上工业增加值同比增长0.1%。分门类看，制造业下降0.4%，电力、热力、燃气及水的生产和供应业增长4.4%。分重点产业看，高技术产业增加值下降4.4%，占比10.3%；高新技术产业增加值增长13.1%，占比44.2%；战略性新兴产业增加值增长2.1%，占比15.8%；高成长产业增加值下降1.5%，占比56.1%。

三、固定资产投资小幅增长。开封市固定资产投资同比增长4.8%。其中，第一产业投资下降43.9%；第二产业投资增长7.5%；第三产业投资增长6.2%。开封市基础设施投资增长20.6%，占固定资产投资的28.9%；开封市民间投资下降4.9%，占固定资产投资的62.3%；工业投资增长7.5%，占固定资产投资的28.7%。

四、消费需求持续恢复。开封市社会消费品零售总额1174.81亿元，同比增长4.9%。分城乡看，城镇零售额938.95亿元，增长4.8%；乡村零售额235.86亿元，增长5.1%。分行业看，批发业零售额123.42亿元，下降3%；零售业零售额892.7亿元，增长5.4%；住宿业零售额8.6亿元，增长6%；餐饮业零售额150.08亿元，增长8.7%。

五、外贸进出口总额大幅增长。开封市进出口总值113.32亿元人民币，同比增长51%。其中，出口总值95.54亿元人民币，同比增长50%；进口总值17.78亿元人民币，同比增长56.3%。

【金融运行情况】

一、各项存款小幅增长。2023年末，开封市本外币各项存款余额3294.77亿元，比年初增加282.86亿元。分部门看，住户存款增加较多，非金融企业存款下降明显。其中，住户存款余额2687.04亿元，比年初增加306.5亿元；非金融企业及机关团体存款余额5801.99亿元，比年初减少29亿元；财政性存款5.38亿元，较年初增加0.84亿元；非银行业金融机构存款余额21.3亿元，较年初增加5.22亿元。

二、各项贷款稳步增长。2023年末，开封市本外币各项贷款余额2757.67亿元，比年初增加330.35亿元，同比多增73.36亿元。分部门看，住户贷款余额1356.19亿元，比年初增加103.39亿元，同比多增70.33亿元，非金融企业及机关团体贷款余额1401.45亿元，比年初增加226.96亿元，同比多增3.02亿元。

三、社会融资规模持续增长。2023年，开封市社会融资规模增量为380.84亿元，同比多增84.6亿元。从结构看，人民币贷款是社融增长的主要支撑，企业债券融资继续上升，未贴现的银行承兑汇票大幅下降。其中，人民币贷款新增330.58亿元，占社融增量的86.8%，同比多增29.84亿元；企业债券融资新增126.53亿元，占社融增量的32.22%，同比多增28.2亿元；未贴现的银行承兑汇票累计减少 109.29 亿元，占比 -28.7%。

四、信贷结构持续优化，重点领域贷款保持较快增长。2023 年，开封市涉农贷款余额 999.99 亿元，同比增长 12.38%，较年初新增 110.2 亿元，同比多增 19.03 亿元，为提升农业供给能力、刺激乡村振兴提供了强有力的金融支持；开封市民营贷款余额 626.72 亿元，同比增长 6.57%，高于去年同期 12.4 个百分点；开封市小微企业贷款余额 550.57 亿元，同比增长 12.01%；开封市制造业贷款余额 127.64 亿元，同比增长 3.24%；开封市民营贷款余额 626.72 亿元，同比增长 6.57%；开封市普惠小微贷款余额 389.78 亿元，同比增长 21.67%。

【货币、信贷政策执行情况】

一、继续贯彻落实金融支持稳住经济大盘工作。定期召开金融支持稳住经济大盘工作专班会议，依托开封市金融系统稳经济大盘工作专班机制，持续推动稳经济政策措施落地见效。

二、发挥好货币政策工具“总量 + 结构”双重作用。组织召开窗口指导会、工作推进会、座谈会、培训会，多措并举确保再贷款再贴现资金快速精准投向涉农、小微等支持领域。建立货币政策工具专项考核机制，强化对金融机构的激励约束。累计发放支农支小再贷款 24.43 亿元，同比增长 83.15%；累计发放再贴现 24.29 亿元，机构覆盖面显著提升；累计向辖内符合条件的金融机构发放普惠小微贷款激励资金 499.86 万元；累计发放普惠小微贷款阶段性减息激励资金 434.91 万元。

三、加大对重点领域和薄弱环节的信贷投放。持续推动科创金融高质量发展，印发《关于推动科创金融高质量发展的指导意见》。组织召开科创金融工作专班会、工作研讨会，联合多部门召开科创金融政银企对接会。积极推动个人消费信贷工作，联合市商务局召开个人消费信贷工作座谈会，下发工作提示函并进行现场调研督导。截至 2023 年末，开封市科创企业贷款余额 41.84 亿元，同比增长 30.89%；当年新发放贷款 30.94 亿元，其中新发放信用贷款企业 224 家，金额 9.28 亿元；新发放首贷企业 68 家，金额 2.09 亿元。开封市金融机构累计发放交通物流专项再贷款相关领域贷款 2.35 亿元。开封市个人消费贷款（不含个人住房贷款）余额 99.15 亿元，较年初新增 24.34 亿元，同比增长 32.54%。

四、全面提升乡村振兴金融服务能力水平。成立“一把手”为组长的金融服务乡村振兴工作专班，多次召开专班会议研究部署相关工作。联合多部门召开金融支持乡村振兴工作推进会，加快推动政策落地。印发《关于 2023 年开封市金融支持乡村振兴工作推进落实情况的通报》，开展优秀典型案例征集、评选、展播活动，引导金融机构加大对乡村振兴领域信贷投放力度。深入涉农企业和部分金融机构进行走访调研，推动金融机构与企业加强对接。

五、提升宣传质效，力促人民币跨境使用增量扩面。积极向涉外企业宣讲跨境人民币政策，落实专班工作机制，通过实地走访，“一对一”精准服务跨境人民币重点领域重点企业。召开跨境人民币工作推进会，组织辖内金融机构开展“开封市跨境人民币业务巡回宣传月”活动，多渠道全方位向社会主体宣传跨境人民币业务，多措并举力促人民币跨境使用增量扩面。截至 2023 年末，开封市跨境人民币收付金额 58.37 亿元。

【金融稳定情况】

一、持续强化风险监测，及时摸清风险底数。一是进一步织密风险监测网，提升日常监测工作质效。二是督促金融机构严格落实重大事项报告制度，及时针对风险问题作出应对。三是对法人机构开展全覆盖的压力测试，向金融机构提示风险并督促整改。

二、强化提示预警，加强中小银行风险防控。一是依托央行评级和存款保险核查，全面把握全辖法人金融机构风险状况。二是对金融机构进行差别化管理。三是充分发挥差别费率纠正作用。

做好风险差别费率核定，及时反馈费率核定中发现的风险问题，督促机构整改，有效发挥存款保险监管和纠正的功能。

三、多措并举，全力推动高风险机构风险化解。坚持“早纠化险、改革化险、治未化险、清收化险”的化险工作思路，进一步加强风险通报提示，压实各方责任，推动高风险机构风险化解。

四、推动存保宣传常态化，积极防范挤兑风险。持续完善挤兑风险防控和存款保险宣传工作机制，结合辖区实际明确辖区存保宣传工作重点，推动金融机构发挥主体作用，建立存款保险常态化宣传机制，将宣传工作要求逐项落实到位。结合2023年国家网络安全宣传周河南省金融日，组织辖内22家金融机构集中开展存款保险宣传，有效营造宣传氛围，扩大宣教受众群体，有效防范挤兑风险。

【国际收支情况】

一、涉外收支总额大幅增长。截至2023年末，开封市涉外收支总额24.05亿美元，同比增长30.59%，其中，涉外收入20.70亿美元，同比增长42.91%；涉外支出3.35亿美元，同比减少14.78%；净流入17.35亿美元，同比扩大64.41%。

二、外汇供求基本平衡。截至2023年末，结售汇总额9.21亿美元，同比增长25.64%。其中，结汇7.72亿美元，同比增长24.60%；售汇1.49亿美元，同比增长31.38%；顺差6.23亿美元，同比扩大23.08%，综合考虑其他因素，境内外汇供求保持基本平衡。

【银行业改革与发展】

一、保障重点，全力以赴稳住地方经济。一是全力支持居民住房改善需求。截至2023年末，积极推动“带押过户”落地实施41笔2578万元；有序做好存量住房贷款利率调整，调整23.98万户，调整金额663.07亿元，为按揭客户节约利息83.24亿元。二是助企惠企取得良好社会效益。统筹推进“行长进万企”和“走万企、提信心、优服务”两大活动。2023年开封市银行业共走访企业3123家，实际已投放金额234.06亿元，帮助解决企业问题1023个，走访企业数量、新增授信金额和问题解决率均高于去年水平。围绕“制造立市”战略及科技创新持续发力。

二、守土有责，稳妥有序推进重点风险处置。重点领域风险严密防控。一方面，有效降低整体风险水平。另一方面，严抓重点领域风险防控。紧盯案件风险，持续整治保险互联网营销市场乱象、保险中介机构“多散乱”问题。

【证券、保险业改革与发展】

一、证券业。截至2023年末，共有国都、诚通、中原、安信、银河、方正、东方以及东方财富等8家证券公司在开封设立分支机构，较上年增加1家证券公司。8家证券公司在开封共设立10家分支机构，其中市区8家分支机构，兰考县、尉氏县各1家。

二、保险业。截至2023年末，开封市(含县区)共有保险机构150家，保险业从业人员9024人。累计实现保费收入89.15亿元，同比上升1.5%；整体偿付支出38.22亿元，同比上升13.61%。

洛阳市

【经济运行情况】

2023年，面对严峻复杂的国际国内环境，洛阳市坚决贯彻落实党中央、国务院和省委、省政府决策部署，坚持稳字当头、稳中求进，聚焦“三项重点工作”、用好“三个重要抓手”，突出问题导向，全力以赴拼经济，经济运行稳中有进、稳中提质、稳中蓄势、稳中向好，高质量发展扎实推进，新动能加快成长壮大。

一、综合。初步核算，2023年洛阳市生产总值达到5481.6亿元，按可比价计算，比上年增长3.5%。其中，第一产业增加值214.1亿元，增长1.7%；第二产业增加值2139.0亿元，增长1.6%；第三产业增加值3128.5亿元，增长5.1%。三次产业结构比值为3.9：39.0：57.1。人均生产总值77434元，增长3.4%。年末常住人口707.9万人，其中洛阳市城镇常住人口477.3万人，常住人口城镇化率为67.42%，比上年末提高0.94个百分点。洛阳市出生人口5.1万人，出生率为7.20‰；死亡人口5.5万人，死亡率为7.77‰；自然增长率为-0.57‰。2023年城镇新增就业人员10.8万人，失业人员实现再就业2.0万人，就业困难人员实现就业0.8万人，新增农村劳动力转移就业5.3万人。2023年洛阳市居民消费价格比上年同期下降0.2%。

二、农业。2023年洛阳市粮食种植面积744.8万亩。其中，小麦种植面积347.7万亩，玉米种植面积291.7万亩。2023年油料种植面积65.6万亩，蔬菜种植面积102.2万亩，棉花种植面积1.0万亩。2023年粮食产量241.5万吨，下降1.7%。其中，夏粮产量114.6万吨，下降6.4%；秋粮产量126.9万吨，增长3.1%；小麦产量114.6万吨，下降6.4%；玉米产量97.1万吨，增长3.4%。油料产量14.3万吨，增长1.8%；烟叶产量4.7万吨，下降5.9%；蔬菜产量275.0万吨，增长1.5%；食用菌产量11.6万吨，增长3.3%；水果产量119.5万吨，增长3.2%；中药材产量11.6万吨，增长7.6%。2023年猪牛羊肉产量18.5万吨，增长4.6%；牛奶产量17.7万吨，增长8.7%；生猪存栏134.4万头，下降8.4%；生猪出栏187.0万头，下降0.2%。牛存栏33.6万头，增长11.0%；牛出栏16.0万头，增长0.1%。家禽存栏2399.9万只，下降4.0%；家禽出栏2438.0万只，下降28.3%。2023年末农业机械总动力541万千瓦，第一产业用电量4.3亿千瓦时，乡村居民生活用电量25.2亿千瓦时。

三、工业和建筑业。2023年洛阳市工业增加值1751.6亿元，比上年增长1.3%。规模以上工业增加值增长0.2%。在规模以上工业中，分经济类型看，国有企业增加值增长2.3%；集体企业下降25.5%；股份制企业增长3.6%；外商及港澳台商投资企业增长3.0%。分门类看，采矿业增加值下降6.7%；制造业增长2.2%；电力、热力、燃气及水生产和供应业下降4.2%。分重点产业看，装备制造业增加值增长8.5%，占规模以上工业比重21.9%；六大高成长性制造业增长9.1%，占规模以上工业比重27.7%；高新技术产业增长1.5%，占规模以上工业比重46.8%；工业战略性新兴产业增长10.2%，占规模以上工业比重12.6%；高技术制造业下降1.9%，占规模以上工业比重3.0%；高耗能行业下降1.3%，占规模以上工业比重40.9%。2023年洛阳市规模以上工业产品销售率99.2%。2023年建筑业增加值393.8亿元，比上年增长3.0%。建筑业总产值791.4亿元，比上年增长 8.8%。资质内建筑业企业 734 家，比上年增长 8.6%。

四、服务业。2023 年洛阳市批发和零售业增加值 522.3 亿元，同比增长 6.1%；交通运输、仓储和邮政业增加值 394.8 亿元，增长 9.4%；住宿和餐饮业增加值 96.1 亿元，增长 6.2%；金融业增加值 309.3 亿元，增长 5.0%；房地产业增加值 300.8 亿元，下降 2.4%；信息传输、软件和信息技术服务业增加值 212.2 亿元，增长 12.0%。2023 年规模以上服务业企业营业收入 553.1 亿元，同比增长 14.7%。2023 年洛阳市公路货物运输量 1.8 亿吨，比上年增长 27.6%；公路货物周转量 385.0 亿吨公里，增长 9.6%。公路旅客运输量 3392.3 万人，增长 114.9%；公路客运周转量 12.0 亿人公里，增长 206.6%。机场旅客吞吐量 120.7 万人，增长 72.8%；机场货邮吞吐量 755.9 吨，增长 61.5%。2023 年末洛阳市机动车保有量 158.3 万辆。其中，轿车保有量 90.7 万辆。2023 年洛阳市邮电业务总量 120.1 亿元，比上年增长 17.5%。其中，邮政行业业务总量 39.9 亿元，增长 11.7%；电信业务总量 80.2 亿元，增长 18.6%。

五、固定资产投资。2023 年洛阳市固定资产投资（不含农户，下同）比上年下降 7.5%。分产业看，第一产业投资下降 5.4%，第二产业投资下降 22.6%，第三产业投资增长 0.2%。分领域看，民间投资下降 17.6%，基础设施投资下降 3.2%，工业投资下降 22.7%。2023 年房地产开发投资 286.8 亿元，比上年下降 6.9%，其中住宅投资 255.8 亿元，下降 4.7%。商品房销售面积 461.8 万平方米，下降 8.3%；商品房销售额 332.2 亿元，下降 7.8%。2023 年固定资产投资在建项目（不含房地产开发）1738 个，其中亿元以上项目 724 个。洛阳市强力推进重大项目攻坚，滚动开展“三个一批”活动，海澜集团产业基地 40 天开工、9 个月投产，百万吨乙烯项目 6 个月具备开工条件，中州时代一期核心厂房 81 天封顶，项目建设的“洛阳速度”不断刷新。

六、国内贸易。2023 年洛阳市社会消费品零售总额 2454.3 亿元，比上年增长 7.0%。按经营单位所在地分，城镇零售额 2152.9 亿元，增长 8.1%；乡村零售额 301.4 亿元，下降 0.5%。按消费类型分，餐饮收入 340.5 亿元，增长 6.9%；商品零售 2113.8 亿元，增长 7.0%。按行业分，批发和零售业零售额 2112.7 亿元，增长 7.0%；住宿和餐饮业零售额 341.6 亿元，增长 6.7%。限额以上批发零售业企业商品零售额中，粮油、食品类增长 7.2%，饮料类下降 13.4%，烟酒类增长 6.0%，服装鞋帽针纺织品类增长 4.1%，化妆品类下降 10.1%，日用品类增长 61.2%，家用电器和音像器材类下降 17.6%，中西药品类下降 2.6%，文化办公用品类增长 18.5%，家具类下降 2.8%，石油及制品类增长 18.2%，汽车类增长 6.4%，体育、娱乐用品类下降 20.3%，金银珠宝类增长 6.1%。

七、对外经济。2023 年洛阳市进出口总值 240.0 亿元，比上年增长 14.7%。其中，出口总值 194.1 亿元，增长 10.7%；进口总值 45.9 亿元，增长 35.2%。

八、财政收支。2023 年洛阳市一般公共预算收入 404.3 亿元，比上年增长 1.5%。其中，税收收入 265.6 亿元，增长 2.8%，税收占一般公共预算收入比重为 65.7%。一般公共预算支出 667.0 亿元，增长 6.1%。其中，民生支出 491.3 亿元，占一般公共预算支出的 73.7%。

九、居民收入消费和社会保障。2023 年洛阳市居民人均可支配收入 33662 元，比上年增长 6.6%；居民人均消费支出 24193 元，增长 8.9%。按常住地分，城镇居民人均可支配收入 45727 元，增长 4.8%；城镇居民人均消费支出 31573 元，增长 8.2%。农村居民人均可支配收入 19734 元，增长 7.8%；农村居民人均消费支出 15673 元，增长 7.9%。年末参加城镇职工基本养老保险人数（含离退休人员）188.0 万人，参加城乡居民基本养老保险人数 328.7 万人。参加基本医疗保险人数 662.8 万人，其中参加城镇职工基本医疗保险人数（含离退休人员）132.5 万人。参加失业保险人数 79.0 万人，年末领取失业保险金人数 1.1 万人。

参加工伤保险人数 86.0 万人。参加生育保险人数 77.9 万人。

【金融运行情况】

2023 年，洛阳市金融机构紧紧围绕洛阳经济发展大局，不断改善金融服务、优化信贷结构，存、贷款稳步增长，确保了辖区经济金融整体平稳运行。

一、金融运行基本情况

（一）金融总量较快增长。各项存款超 7800 亿元。2023 年 12 月末，洛阳市金融机构本外币存款余额 7833.22 亿元，较年初增加 468.58 亿元，同比增长 6.36%。其中，人民币存款余额 7772.99 亿元，较年初增加 506.99 亿元，同比少增 18.54 亿元，增量居河南省第 6 位，同比增长 6.98%，较河南省低 1.3 个百分点，较上年同期低 0.82 个百分点。各项贷款增长持续加快。2023 年 12 月末，洛阳市金融机构本外币贷款余额 6909.95 亿元，较年初增加 640.8 亿元，同比增长 10.22%。其中，人民币贷款余额 6892.43 亿元，较年初增加 667.41 亿元，同比多增 407.51 亿元，增量居河南省第二位，同比增长 10.72%，较河南省高 0.64 个百分点，较上年同期高 6.36 个百分点。

（二）信贷结构持续优化。随着经济复苏和相关支持政策持续发力，金融总量较快增长的同时，信贷结构也在进一步优化。一是经济修复较快的领域贷款增长加快。2023 年，洛阳市经济运行稳定恢复，市场主体生产经营活动改善，带动相关领域贷款增长加快。2023 年 12 月末，洛阳市企（事）业单位贷款余额 4695.34 亿元，较年初增加 510.91 亿元，同比多增 331.77 亿元，同比增长 12.21%。基础设施领域贷款余额 1038.94 亿元，较年初增加 142.67 亿元，同比多增 114.21 亿元，同比增长 15.92%，较上年同期高 12.64 个百分点；制造业贷款余额 661.38 亿元，较年初增加 53.67 亿元，同比多增 40.52 亿元，同比增长 8.83%，较上年同期高 6.62 个百分点。其中，信用贷款余额 194.58 亿元，占全部制造业贷款的 29.42%，较年初增加 49.5 亿元，同比增长 34.11%；绿色贷款余额 821.32 亿元，较年初增加 274.82 亿元，同比增长 50.3%。二是重点领域和薄弱环节金融服务持续改善。在结构性货币政策工具引导撬动下，更多信贷资源流向普惠小微主体、乡村振兴等国民经济重点领域和薄弱环节。2023 年 12 月末，洛阳市普惠口径小微贷款余额 886.94 亿元，较年初增加 111.18 亿元，同比多增 119 亿元，同比增长 14.32%；民营贷款余额 2400.98 亿元，较年初增加 144.6 亿元，同比多增 182.71 亿元，同比增长 6.41%，较上年同期高 8.36 个百分点；涉农贷款余额 2287.62 亿元，较年初增加 107.69 亿元，同比多增 57.41 亿元，同比增长 4.94%，较上年同期高 8.61 个百分点。

（三）资金利用率高于河南省平均水平，企业贷款利率持续下降。2023 年 12 月末，洛阳市金融机构人民币余额存贷比 88.67%，较上年同期上升 3 个百分点，高于河南省 5.7 个百分点；全年新增存贷比 131.64%，较上年同期上升 82.19 个百分点，高于河南省 35.96 个百分点。洛阳市金融机构认真落实利率市场化改革部署，进一步稳定银行负债成本，推动贷款利率继续下行。2023 年金融机构新发放贷款中，企业贷款、小微企业贷款加权平均利率分别为 4.46% 和 4.69%，较上年同期分别下降 0.39 个、0.52 个百分点。

二、金融运行结构特点

（一）住户存款持续稳步增长。2023 年 12 月末，洛阳市住户存款余额达 5405.23 亿元，同比增长 13.55%，高于各项存款增速 6.57 个百分点，较年初增加 645.21 亿元，占各项存款增加额的 127.26%，高于 2022 年同期占比 8.15 个百分点，同比多增 19.26 亿元。

（二）四大行驱动作用明显。2023 年，洛阳市中资全国性四家行各项存款增加 292.07 亿元，占全部存款增量的 57.61%；各项贷款增加 409.59 亿元，同比多增 197.25 亿元，占全部贷款增量的 61.37%。2023 年 12 月末，中资全国性四家行存款、贷款同比增长 11.37% 和 19.99%，分别高于各项存款、贷款增速4.39个、9.27个百分点。

（三）基础设施类行业、租赁和商务服务业贷款大幅增长。2023年，洛阳市基础设施类行业、租赁和商务服务业贷款大幅增加。截至2023年12月末，基础设施类行业贷款同比增加142.67亿元，占全部行业贷款新增额的43.3%，同比增长15.92%，较上年同期高12.64个百分点；租赁和商务服务业贷款同比增加99.27亿元，占全部行业贷款新增额的30.13%，同比增长13.76%，较上年同期高8.59个百分点。

【货币、信贷政策执行情况】

一、贯彻好稳健货币政策，促进贷款总量稳定增长。将贯彻稳健货币政策与支持地方经济高质量发展有效融合，成立金融支持促经济稳增长工作专班，锚定2023年信贷新增目标，按月召开专班会议，通报情况分析问题研究对策。报送工作专报10次，召开金融形势分析会及窗口指导会5次，向地方政府、金融机构宣传政策，传达货币政策内容和调控要求。截至2023年12月末，洛阳市本外币贷款余额6909.95亿元，较年初新增640.8亿元，增量居河南省第二，同比增长10.22%；全年新增存贷比131.64%，高于河南省35.96个百分点。

二、强化货币政策工具引领，落实增量扩面要求。召开工作会传达货币政策工具管理要求，根据金融机构需求情况积极申请调增额度。完善调研、激励、帮扶机制，摸底再贷款投放制约因素，开展货币政策专项业务培训和“一对一”政策辅导，定期组织货币政策工具使用情况监测。截至2023年12月末，再贷款余额53.9亿元，再贴现余额27.8亿元，2023年累放各类再贷款再贴现132.42亿元。

三、深化利率市场化改革，促进实体经济融资成本下行。持续深化利率市场化改革，充分发挥贷款市场报价利率（LPR）改革效能和指导作用。加强利率自律管理，定期监测存款挂牌利率、贷款利率变化，督促金融机构落实存款利率自律要求，按规定明示贷款年化利率，稳定银行负债成本。

四、着力加强金融支持乡村振兴工作。结合实际，研究制定出台金融支持乡村振兴工作实施意见，引导金融机构加大对乡村振兴支持力度，2023年12月末，洛阳市金融机构涉农贷款较年初增加107.69亿元，同比多增57.41亿元，同比增长4.94%，增速较上年同期高8.61个百分点。在洛阳市2022年度巩固拓展脱贫攻坚成果同乡村振兴有效衔接工作考核评估中位列行业帮扶单位“好”的等次。

五、不断强化民营小微企业金融服务。推动小微企业敢贷愿贷能贷会贷长效机制建设，开展惠企助企政策宣传解读活动，推动普惠小微贷款稳步增长。2023年12月末，洛阳市金融机构小微企业较年初增加95.62亿元，同比多增167.54亿元，同比增长4.96%，较上年同期高8.55个百分点。其中，普惠口径小微贷款较年初增加111.18亿元，同比多增119亿元，同比增长14.32%。民营企业贷款较年初增加144.6亿元，同比多增182.71亿元，同比增长6.41%，较上年同期高8.36个百分点。

六、努力打造科技金融品牌项目。加强与科技局、财政局等部门联合，强化机制，建立金融支持科技创新政策体系；丰富政策性科创金融产品，持续推进“科技贷”、“成长贷”、知识产权质押等产品；构建三元融资体系，推动债券、股权融资，构建多渠道、全生命周期的科技企业融资体系。会同市工信局、金融局召开“洛阳市高成长性企业产融路演活动”；联合高新区举行银企对接科技金融座谈会；联合市金融局、科技局、工信局组织驻洛8家主要商业银行、11家科技园区、8家县区平台公司召开“洛阳市科创票据发行对接会”，推动科技企业直接融资；开展“金融支持科技创新提升行动”和“金融支持科技企业创新大赛”；联合洛阳市科技局、市场监督管理局印发《关于进一步加强知识产权质押融资工作的通知》，持续推动科技金融和知识产权质押融资。洛阳市金融支持科技创新步入快车道，科技金融有关做法被《金融时报》《大河财立方》

《洛阳日报》报道。高水平承办“‘创新引领 金融赋能’河南省科创金融政金企对接暨集中签约活动（洛阳站）”，组织省、市两级有关厅局、金融机构、企业参会，有关情况被“学习强国”、《河南日报》《洛阳日报》、洛阳电视台、洛阳网、大河财立方等多家媒体报道。截至2023年末，洛阳市科技企业贷款余额345.9亿元，同比增长21.1%，高于同期全部贷款增速10.38个百分点；共支持科技企业2630家，较年初增加598家，同比增长37.9%。

七、有效做好房地产金融工作。实施好差别化住房信贷政策，督促各银行落实好存量房利率调整政策。强化政策宣传，做好对辖内个人住房贷款利率执行情况的监测。

八、积极推动金融支持绿色发展。引导金融机构强化绿色金融产品、服务创新，推动双碳工具落地见效。完善政策框架，出台《关于凝聚金融合力聚焦重点领域强化制造业金融服务的通知》《关于贯彻稳健货币政策加大金融支持经济高质量发展的指导意见》，打造“绿色金融”支柱，实施“绿色金融工程”。建立绿色金融监测统计报告制度，指导洛阳市20家金融机构开展绿色金融工作成效监测考核，并将结果纳入MPA评估内容。发挥“货币政策工具+”引领作用，增加绿色领域再贷款、再贴现额度，对绿色领域企业票据优先办理再贴现，累放绿色再贷款、绿色票据占全部再贷款、再贴现的70%以上。引导金融机构、民营企业发行绿色债券、绿色票据等，提升债务融资工具市场服务实体经济能力和水平。截至2023年末，洛阳市金融机构绿色贷款余额773.9亿元，较年初增加229.3亿元，同比增长42.1%，高于各项贷款增速31.38个百分点。

【金融稳定情况】

2023年，洛阳市积极履行防范化解金融风险、维护金融稳定职责，夯实基础工作，强化重点、亮点和创新工作，以化解区域金融风险为主线，统筹做好2023年金融稳定各项工作。一是加强日常监测分析，夯实防范金融风险基础。二是利用新闻媒体平台宣传优势，组织开展存款保险宣传活动。2023年，共发放宣传册和宣传小折页20万余份；发布美篇等图文宣传百余篇，用户访问量10万次；社区宣讲500余次，受众人数6万余人。

【国际收支情况】

2023年，洛阳市跨境资金流动规模小幅增加，顺差额大幅减少；银行结汇金额小幅增加，售汇金额小幅减少，结售汇顺差幅度有所减少。

一、辖区涉外收支额小幅增长，整体顺差大幅下降。2023年，洛阳市涉外收入68.06亿美元，同比增长4.41%；对外付款63.05亿美元，同比增长25.03%；跨境资金流动总额131.10亿美元，同比增长13.40%；跨境收支整体顺差5.01亿美元，同比下降66.05%。

二、银行累计结汇小幅降低，售汇小幅增加，顺差额有所减少。2023年，洛阳市银行累计结汇24.45亿美元，同比下降2.51%；累计售汇18.48亿美元，同比增长2.04%；结售汇顺差5.97亿美元，同比下降14.32%。结汇方面，经常项目结汇累计239828万美元，同比增长6.69%；资本与金融项下结汇累计4627万美元，同比下降82.16%，其中直接投资项目累计结汇4427万美元，同比下降72.31%；证券筹资项目累计结汇为0，同比下降100%。售汇方面，经常项下累计售汇106538万美元，同比下降35.49%，主要是货物贸易项下累计售汇68438万美元，同比下降50.13%；资本与金融项下售汇累计78253万美元，同比增长390.58%，其中直接投资资本金项目累计售汇59772万美元，2022年同期该项目售汇金额仅为1万元。

三、人民币跨境收支均位列第二，但货物贸易人民币结算量占比明显提升。2023年，洛阳市跨境人民币收入15.23亿美元，占比22.37%，仅次于美元居第二位，成为洛阳市外汇收入的重要结算货币，但距离美元75.58%的占比仍有差距。

人民币跨境支出11.62亿美元，占比18.43%，仍远低于美元的78.18%。从人民币结算量分析，跨境人民币收入业务货物贸易占比46.13%，占比大幅增长，资本与金融项目占比49.11%，同比明显下降；跨境人民币支出业务仍以资本与金融项目为主导，占比75.84%，同比明显下降，货物贸易人民币结算量占比22.87%。

【银行业改革与发展】

一、总体情况。2023年，国家金融监督管理总局洛阳监管分局坚持以习近平新时代中国特色社会主义思想为指导，切实增强管党治党的政治责任和为民监管的使命担当，主动作为、攻坚克难，坚持把推动经济运行整体好转作为当前金融服务地方经济发展的重中之重，始终坚持做大总量与优化质量并举、用好增量与盘活存量并重的原则，引导督促辖区银行业保险业金融机构紧紧围绕洛阳市重大战略、重点领域、重大项目，进一步优化金融资源配置，不断增强金融服务新发展格局的能力，为地方经济高质量发展贡献金融力量。同时，准确把握稳增长和防风险的关系，坚持底线思维，增强系统观念，切实抓好存量风险化解和增量风险防范，牢牢守住不发生系统性区域性风险底线。

二、坚持监管为民，多措并举助推经济高质量发展。一是强化重点领域支持。坚持把推动经济运行整体好转作为当前金融服务地方经济发展的重中之重，围绕重大战略、重点领域、重大项目，组织召开洛阳银行业保险业稳开局稳经济工作座谈会并开展专项调研，引导进一步优化金融资源配置，加强部分领域保险支持保障。进一步落实差别化信贷政策，推动“带押过户”在洛落地。二是深化民营小微金融服务。完成商业银行小微企业金融服务监管评价，科学确定地方法人机构2023年度普惠型小微企业信贷计划。常态化推进“行长进万企”活动。大力推进“减费让利”工作，节约市场主体融资成本。三是加大薄弱领域支持力度。督促加大涉农贷款投放力度，积极支持农村地区基础设施建设、夏粮赔付和春耕备耕农资供应。多次召开脱贫人口小额信贷工作推进会，推动脱贫人口小额信贷“应贷尽贷”。会同政府部门制定《夏粮理赔工作实施方案》，落实全天候赔付机制。四是准确把握稳增长和防风险的关系，督促银行保险机构前移案件防控关口，严防案件风险，全面维护保险行业稳健发展。

三、深化金融改革，脚踏实地引领推动转型发展。牢牢把握推进金融供给侧结构性改革的主线，注重内生驱动，强化监管引领，切实推动机构回归本源、合规经营、稳健发展。

（一）持续推进农商行改革化险。一是扎实开展专项债注资，完成募股方案受理和批复工作。二是持续完善公司治理。开展公司治理评估和股东股权专项排查整治，逐家机构建立问题台账，持续跟踪问题整改成效；推进辖内农村中小法人机构领导班子建设，从严把牢“准入关”。

（二）持续引导洛银金租回归本源。按月督导洛银金租制定构筑物压降计划，发挥融资融物特色功能优势，回归主业和支持本地发展的态势进一步稳固。截至2023年末，洛银金租共压降构筑物34亿元，完成2023年压降计划的127.53%，省内业务余额82.67亿元，占比较年初提升0.22个百分点，直租业务余额3.01亿元，较年初有所增加；投向战略性新兴产业业务余额32.33亿元，绿色租赁业务余额27.64亿元，均较年初大幅增加。

（三）持续深化保险改革。一是巩固车险综改成果。开展对车险市场“全覆盖”式调研，依靠监管约谈、窗口指导、现场检查等多种形式，深入推进车险市场顽瘴痼疾“靶向清理”专项工程，有序推进车险“二次”综改，实现费率持续下降、保费持续增长。二是推动财险机构转型发展。引导辖内财险机构大力发展非车业务，围绕特色农业保险、出口信用保险、新市民保险等重点，大力推动产品创新，并积极开展“保险+期货”“保险+文物”等模式创新，努力推动业务转型优化，创造新的利润增长点。三是加快人身险扩面提质。组织召开人身保险规范性发展专委会，着力推进长护险、专属商业养老保险等重点业务落地开展，做好新市民、妇女、儿童、老年人、残疾人、脱贫人员等特殊群体的保险保障服务；重点关注“惠民保”业务发展，联合多部门印发指导意见，推动洛阳“惠民保”尽快落地。

四、洛阳市银行业运行情况

（一）资产负债规模稳步扩张。2023年末，洛阳市银行业各项资产余额9708.68亿元，较年初增加724.93亿元，增长8.07%；各项负债余额9421.99亿元，较年初增加647.13亿元，增长7.37%。

（二）利润同比下滑。2023年，洛阳市银行业机构累计实现净利润29.89亿元，同比减少42.06亿元，其中大型银行（含邮储）实现净利润51.02亿元。

（三）金融服务实体成效持续彰显。一是重点领域贷款保障力度不断加大。2023年洛阳市支持“三个一批”重大项目贷款余额109.82亿元，较年初增加46.14%。二是支持经济加快转型升级。洛阳市高新技术企业、科技型企业、专精特新中小企业贷款余额分别为269.99亿元、277.16亿元、58.69亿元，分别较年初增长25.4%、35.63%、61.95%。

【证券、保险业改革与发展】

一、总体情况

（一）企业上市挂牌情况。截至2023年末，洛阳市共有4家企业在交易所审核（涧光股份、双瑞特装、中超新材、瑞昌石化），4家企业在河南证监局辅导（德野房车、麦斯克、三杰新材、盛龙实业），其中新增辅导企业1家（盛龙实业），1家企业申报北京证券交易所（以下简称北交所）直联。2023年，新增全国中小企业股份转让系统（以下简称“新三板”）挂牌企业3家，2家企业完成“新三板”调层，“新三板”挂牌企业累计达到20家，新增中原股权交易中心（以下简称四板）挂牌企业144家，四板挂牌企业累计达到644家。

（二）基金情况。截至2023年末，洛阳市辖区内注册设立各类基金共55支，总规模443.51亿元，实际到位资金91.35亿元，投资187个项目，投资金额82.49亿元，其中101个项目在洛阳，投资金额53.57亿元，共投资71家企业。2023年，洛阳市新注册设立基金10只，总规模190.16亿元，实际到位14.29亿元，投资7个在洛阳项目，投资金额5.21亿元。

（三）资本市场融资情况。2023年，洛阳市资本市场融资460.57亿元，同比增长2.68%。其中，股票市场融资17.79亿元，占融资总额的3.87%，同比下降83.75%；债券市场融资383.49亿元，占融资总额的83.26%，同比增长47.5%；基金市场融资3亿元，占融资总额的0.65%，同比下降65.12%；其他融资（包括股权转让、信托、融资租赁）56.28亿元，占融资总额的12.22%，同比下降20.28%。

（四）保险业发展情况。截至2023年末，洛阳市保险公司达到65家，其中财险公司30家，寿险公司35家，保险行业从业人员5万多人。全市多种保险机构并存、中外资保险公司竞争的保险市场体系逐步形成。2023年，洛阳市保险业原保险保费收入166.63亿元，同比增长2.04%，规模及增速分别居河南省第三位、第四位；赔付支出56.33亿元，同比增长31.63%，规模及增速分别居河南省第三位、第二位。一是财产险保费收入增速加快。2023年，洛阳市财产险原保险保费收入38.93亿元，居河南省第五位，同比增长8.28%，高于上年同期7.85个百分点。二是人身险保费收入增速逐渐好转。2023年，洛阳市人身险保费收入同比增速从1月的-13.39%逐步恢复至12月的0.28%，但由于居民可支配收入下降、消费降级、谨慎安排长期大额支出和非必需品购买等趋势并未改变，需求整体仍较低迷，增长压力依然较大。三是风险保障功能不断增强。

2023年，辖区保险机构支出赔付56.33亿元，其中财产险公司赔付支付23.06亿元，同比增长15.28%，人身险公司赔付支出33.27亿元，同比增长45.99%。

二、工作举措及成效

（一）完善顶层设计，推动资本市场建设再提速。一是优化政策机制。建立精准培育体系，实行“十项工作机制”，为企业全面赋能。二是形成工作合力。建立领导小组季度例会、后备企业分级培育、信息共享通报、交易所“直通车”四项工作制度，推动形成企业上市纵向到底、横向到边的工作合力。三是压实属地责任。向各县区下达上市挂牌培育目标任务并实行积分管理，明确责任主体，利用通报、约谈等方式，加压推进企业股改、挂牌、上市等各项工作有效落实。四是高位研究推动。市政府主要领导多次研究企业上市工作，争取支持，极大地提振了洛阳市企业上市信心。

（二）提升服务质效，推动上市梯队基础再夯实。一是强化源头培育。聚焦优势产业和风口产业，按照“动态调整、分层培育”的原则，组织各县区对省级及市级上市后备企业资源库进行了增补调整，其中省级后备企业60家，市级后备企业135家。二是加强宣传培训。针对企业改制、全面注册制改革、北交所“深改19条”等开展专题培训7次，培训企业200余家次，引导洛阳市符合条件的企业把握政策“窗口期”，抢抓改革红利。三是聚焦难点堵点。全面落实企业上市“十项工作机制”，利用优化合规证明、柔性执法、行政处罚事先通报、中介机构服务全流程信息沟通等十项工作机制帮助企业解决上市问题，助力企业轻装上阵。2023年以来，为拟上市企业开具合规证明60余份，协调解决上市问题27个，加快推动企业报辅报审。四是落实奖补激励。组织开展2022年度省市两级奖补申报工作，初步审定省级金融业发展专项奖补资金1068.95万元、市级资本市场奖补金额1212.71万元。

（三）争取各级支持，推动企业服务质量再提升。一是建立服务基地。推动市政府与沪深北三大交易所、中原股权交易中心签订战略合作协议并在洛共建资本市场服务基地，该基地是河南省唯一一家三大交易所共建基地，依托服务基地加大对上市后备企业的政策咨询、辅导，并提供常态化路演、投融资对接等孵化培育服务。基地自2023年4月挂牌以来，已组织开展各类活动26场。二是深化对外合作。邀请沪深北交易所专家“一对一”入企指导5轮、覆盖企业30余家，通过专家“把脉问诊”，8家企业上市进度进一步加快，6家企业板块定位更加精准。三是积极向上对接。2023年带领企业到省金融局、省证监局专题汇报8次，省金融局、省证监局主要领导及分管领导先后3次到洛指导调研上市工作，并对洛阳上市工作开展情况表示肯定。

（四）深化“基金入洛”，推动企业融资渠道再拓宽。一是实行绿色通道与快速研判会商相结合，在洛阳市范围内打开基金“注册通道”，助力基金快速落地。2023年洛阳市新增基金10只，总规模190.16亿元。二是聚焦“专精特新”企业，组织开展融资路演活动3场，帮助14家企业与域内外投资机构进行对接，其中4家企业与6家金融机构达成融资意向0.97亿元。三是常态化开展直接融资培训。联动沪深北交易所开展“走进北交所”、“深交所阳光服务”、科创债券、公募REITs等各类培训活动26场，覆盖企业329家。四是稳步推进龙门REITs项目。目前已完成中介机构选聘，正在梳理资产清单、研究制定特许经营权构建方案。

平顶山市

【经济运行情况】

2023年，平顶山市地区生产总值2720.07亿元，同比增长3.2%。其中，第一产业增加值204.30亿元，增长2.2%；第二产业增加值1135.29亿元，增长2.8%；第三产业增加值1380.48亿元，增长3.8%。

一、生产领域持续恢复，产业发展韧性增强

（一）工业生产平稳运行。全年规模以上工业增加值同比增长3.4%。分三大门类看，采矿业增加值增长4.9%，占平顶山市规模以上工业的比重为46.0%；制造业增加值增长3.5%，占比为43.3%；电力、热力、燃气及水生产和供应业增加值下降4.3%，占比为10.7%。主要行业保持增长，重点产业支撑有力。全年平顶山市规模以上工业主要行业大类均保持增长。其中，煤炭开采和洗选业、电气机械和器材制造业、黑色金属冶炼和压延加工业增长较快，工业增加值同比增长5.5%、38.9%和11.2%。传统支柱产业贡献突出，主导产业拉动较大。全年平顶山市传统支柱产业工业增加值同比增长2.3%，占平顶山市规模以上工业的82.0%。五大主导产业（电子信息产业、装备制造业、汽车及零部件产业、食品产业、新材料产业）增加值同比增长7.0%，占平顶山市规模以上工业的16.9%。

（二）服务业恢复明显。全年平顶山市服务业增加值同比增长3.8%，其中，住宿和餐饮业，信息传输、软件和信息技术服务业，交通运输、仓储和邮政业，金融业，批发和零售业增加值分别增长5.0%、13.1%、3.6%、6.2%、4.9%。营利性服务业保持增长，其中，规模以上卫生和社会工作单位营业收入同比增长24.0%，文化、体育和娱乐业营业收入同比增长14.4%，租赁和商务服务业营业收入同比增长11.1%，住宿和餐饮业营业额同比增长8.5%和7.9%，有效带动服务业向好发展。

二、需求领域稳步恢复，积极因素不断累积

（一）消费市场恢复加快。全年平顶山市社会消费品零售总额1184.18亿元，增长6.1%。在限额以上单位的23类商品中，有17类商品零售额实现增长，增长面达73.9%。城镇市场贡献突出，乡村市场发展较快。城镇市场实现社会消费品零售额962.23亿元，同比增长6.0%，占平顶山市社会消费品零售总额的比重达81.3%；乡村市场实现社会消费品零售额221.95亿元，同比增长6.5%，高于城镇增速0.5个百分点。民生类商品平稳增长，平顶山市限额以上单位粮油、食品类同比增长5.3%。升级类商品增势良好，新能源汽车同比增长82.4%，电子出版物及音像制品类同比增长15.6%，体育、娱乐用品类同比增长17.3%，通信器材类同比增长30.5%。

（二）投资保持平稳增长，工业投资贡献突出。全年平顶山市固定资产投资增长2.8%，分产业看，第一产业投资下降70.6%，第二产业投资增长29.6%，第三产业投资下降5.2%。工业投资快速增长。随着工业重点项目建设加速提质增效，平顶山市工业投资步伐加快，全年增长18.4%，占全部投资的45.5%。其中，采矿业增长39.5%，制造业下降5.5%，电力、热力、燃气及水生产和供应业增长79.7%。社会民生领域投资加快。全年平顶山市住宿和餐饮业投资同比增长119.9%，租赁和商务服务业投资增长86.0%，居民服务、修理和其他服务业投资增长80.8%，交通运输、仓储和邮政业投资增长62.4%，教育投资增长49.7%，卫生和社会工作投资增长13.1%。

三、财政收支增势平稳

全年平顶山市一般公共预算收入237.13亿元，增长5.0%；一般公共预算支出424.50亿元，增长2.1%，财政收支保持稳定增长态势。民生投入保障有力。教育、文化、农林水、社保和卫生健康等九项民生支出290.8亿元，占一般公共预算支出的比重近七成。

【金融运行情况】

2023年，平顶山市金融运行总体平稳，金融机构本外币存款稳步增长，贷款增速加快。平顶山市金融机构本外币各项存款、各项贷款余额分别为4376.5亿元、3060.49亿元，增速分别为7.64%、9.75%。

一、各项存款稳步增长，增速有所减缓

2023年12月末，平顶山市金融机构本外币各项存款余额4376.5亿元，同比增长7.64%，比上年同期低2.92个百分点。存款较年初增加310.67亿元，同比少增77.79亿元。

（一）个人储蓄保持增长态势。2023年12月末，平顶山市本外币住户存款余额3289.5亿元，较年初增加360.75亿元，同比多增4.11亿元；其中，住户定期存款较年初增加341.32亿元，占住户存款增量比重的94.6%。

（二）非金融企业存款呈减少态势，同比大幅下降。2023年12月末，非金融企业本外币存款余额761.36亿元，较年初减少58.46亿元，同比少增90.51亿元。其中，非金融企业活期存款较年初增加38.26亿元，同比多增49.42亿元；定期及其他存款较年初减少96.72亿元，同比少增139.93亿元。

二、各项贷款同比多增，增速大幅提升

2023年12月末，平顶山市金融机构本外币各项贷款余额3060.49亿元，同比增长9.75%，高于上年同期3.74个百分点。贷款较年初增加271.9亿元，同比多增113.75亿元。

（一）住户贷款稳步增长。2023年12月末，本外币住户贷款余额851.79亿元，比年初增加120.58亿元，同比多增79.77亿元。其中，住户消费贷款余额623.88亿元，比年初增加62.57亿元，同比多增36.6亿元。

（二）非金融企业及机关团体贷款稳步增长，同比多增。2023年12月末，非金融企业及机关团体本外币贷款余额2208.7亿元，比年初增加151.33亿元，占各项贷款增量的56%，余额同比多增33.99亿元。

三、重点领域金融支持力度持续加大，信贷结构持续优化

（一）推动产业转型升级，加大对制造业重点领域融资力度。截至2023年12月末，平顶山市制造业贷款余额335.64亿元，占所有行业贷款总额的12.51%，较年初增加31.2亿元，同比多增30.38亿元，新增贷款额占所有行业新增贷款的14.31%。

（二）保障民生需求，金融机构加大对电力、热力、燃气供应业及批发零售业等服务业领域信贷投放。截至2023年12月末，电力、热力、燃气供应业贷款余额71.87亿元，比年初增加21.82亿元，同比多增10.77亿元；批发零售业贷款余额367.6亿元，比年初增加2.06亿元，同比多增8.01亿元。电力、热力、燃气供应业及批发零售业新增贷款额占所有行业新增贷款的11%。

（三）金融支持乡村振兴扎实推进，涉农贷款稳步增长。截至2023年12月末，平顶山市涉农贷款余额1419.59亿元，较年初增加85.86亿元。

【货币、信贷政策执行情况】

一、强化货币政策工具运用，推动资金使用提质增效

（一）用足用好再贷款再贴现政策。实现货币政策工具使用增量扩面，确保政策资金“精准滴灌”市场主体。截至2023年12月末，平顶山市再贷款余额24.81亿元，2023年再贴现累计投放76.39亿元，再贷款再贴现投放同比增长36.02%。

（二）用快用准阶段性减息政策。积极落实普惠小微贷款阶段性减息政策，通过政策宣导、调研摸底、答疑解难，做到政策直达快享。累计为辖区法人机构报销减息资金 2614.16 万元。

（三）继续用好普惠小微贷款支持工具。充分发挥普惠小微贷款支持工具的正向激励作用，推动符合条件的法人金融机构执行普惠小微贷款“周统计、周通报、周审结、周执行”制度，进一步激励金融机构加大对小微企业、小微企业主和个体工商户的支持力度，持续推动普惠小微贷款“增量、降价、扩面”。截至 2023 年 12 月末，平顶山市符合政策支持条件的地方法人共获得激励资金 756.49 万元，撬动新增普惠小微贷款 6.25 亿元。

二、加强重点领域和薄弱环节信贷投放，助力经济高质量发展

（一）深入推动科创金融发展。建立金融支持科技型企业“名录库”，吸纳平顶山市金融领域专家组建“专精特新”贷和科技贷 2 个工作专班，推动建立金融服务顾问制度。积极落实支持科技型企业融资政策，发挥科技创新再贷款定向支持作用。截至 2023 年 12 月末，科技型企业（项目）贷款余额 152.42 亿元，同比增长 19.35%；支持专精特新企业贷款余额 17.28 亿元，同比增长 -4.22%。

（二）着力推动绿色金融发展。落实绿色金融业绩评价机制，完善绿色产业项目库融资对接机制，大力推广“环保贷”“节能贷”等特色绿色信贷产品，促进信贷资源向绿色金融领域倾斜。截至 2023 年 12 月末，平顶山市绿色贷款同比增长 24.89%，高于各项贷款增速 15.33 个百分点，余额较年初新增 32.69 亿元。

（三）积极探索文旅金融新模式。与市文旅局、鲁山县政府联动，探索打造“央行再贷款 + 政银担 + 文旅贷”模式，以央行再贷款定向支持特色产业，引入政银担降低风险，引导地方法人机构量身创新金融产品，有效引导政策资金精准惠及当地文旅企业。截至 2023 年 12 月末，鲁山农信联社通过“央行再贷款 +”模式共投放贷款 1.69 亿元，支持农家乐、旅游企业、旅游项目 306 户。

（四）认真做好巩固脱贫攻坚成果与乡村振兴金融服务。围绕平顶山市“一县一业、一村一品”的农村产业发展思路，指导金融机构主动迎合需求，量身定制金融解决方案，高质量支持平顶山市乡村振兴发展。截至 2023 年 12 月末，平顶山市涉农贷款余额 1419.69 亿元，同比增长 6.44%。

（五）持续提升民营和小微企业金融服务水平。实施中小微企业金融服务能力提升工程，加快建立敢贷愿贷能贷会贷长效机制，认真落实小微企业信贷政策导向效果评估工作，强化督促引导，促进小微企业融资“增量、降价、扩面”。截至 2023 年 12 月末，平顶山市普惠小微贷款余额和授信户数同比分别增长 32.29% 和 23.32%。

（六）全力落实好房地产金融政策。强化保交楼配套融资工作监测调度，指导主融资银行为平顶山市 22 个专项借款项目新增配套融资 11.3 亿元。专项借款拨付率 99.70%，专项借款支持项目交付率 95.17%。平顶山市调整存量首套住房贷款 15.51 万笔、涉及贷款金额 366.39 亿元，为购房群众减少贷款利息成本 3.03 亿元。

（七）凝聚合力抓投放。注重与地方党委政府的沟通汇报，形成抓投放工作合力。年末一大型国有企业为降杠杆、减负债，12 月份计划压降各家金融机构贷款。提出减债降负“三优先”原则，即优先压降到期负债、优先偿还省外借款、优先压降应付账款，获得企业认可采纳，有效降低了大型企业财务收缩对平顶山市贷款增长的影响。

【金融稳定情况】

一、健全工作机制，全力推动辖区高风险机构压降。在强化日常监测、预警、评估的基础上，结合辖区实际，全力推动和配合地方政府及相关部门压降高风险机构。目前，辖区已基本形成“内外联动、上下贯通、左右协同”的金融风险防范化解协调和推进工作机制。

二、在河南省率先成功探索联合监管部门开展早期纠正。建立较为完善的信息共享机制，探索联合开展早期纠正，不断增强早期纠正规则性、有效性和权威性。

三、持续强化金融风险监测评估预警。不断强化风险监测工作。一是做好金融风险监测分析。

通过开展风险排查或专项调查等，深入做好辖区银行业、证券业、保险业风险状况监测分析工作。二是强化中小银行风险监测报告与防控。坚持中小银行流动性日监测周报告制度，密切关注机构存取款和流动性情况，强化风险预判，前移防控关口，将风险苗头消灭在萌芽状态。三是加强 1 ～ 7 级机构的预警监测。四是加强对重点机构及黄区机构跟踪监测。分别建立了“重点化险”机构和“治未化险”机构跟踪监测制度，了解风险化解工作进度、存在的困难和问题以及下一步工作措施等，及时进行督导。五是强化大型问题企业风险监测。六是继续做好金融稳定压力测试。扎实、有序推进央行金融机构评级工作。严格执行评级程序，完成对辖区法人金融机构的央行金融机构评级工作，对辖区法人机构经营管理和风险状况做出真实、客观评价。

四、扎实开展存款保险基础工作。严格数据审核，保费归集及时准确。对保费交纳基数核定和保费归集工作坚持严要求、严把关、严审核的“三严”管理，确保了保费归集及时、准确、无误，持续实现了保费归集工作“无差错、无遗漏、无延误”的“三无”工作目标。

【国际收支情况】

国际收支和结售汇总额同比有所下降，国际收支和结售汇持续保持顺差。2023 年，平顶山市国际收支总额 13.73 亿美元，同比下降 26.70%；顺差 5.45 亿美元，同比增长 28.54%。其中，收入 9.89 亿美元，同比下降 16.04%；支出 4.18 亿美元，同比下降 42.27%。受原材料价格上涨和结算周期调整等突发性、短期性因素影响，辖区货物贸易实现收入 9.02 亿美元，同比下降 10.43%；货物贸易支出 1.21 亿美元，同比下降 67.73%。资本项下收入 0.69 亿美元，同比下降 51.18%。资本项下支出 2.25 亿美元，同比下降 22.15%。

【银行业改革与发展】

一、防范化解金融风险

（一）紧盯高风险机构风险化解。指导重点农合机构及村镇银行制定 2023 年度风险处置方案，夯实风险处置各方责任。

（二）稳步提升银行业资产质量。督促辖内农合机构、中原银行继续开展“集中清收”行动，一体推进不良清收、追赃挽损、追责问责。

（三）持续规范保险市场秩序。加强保险中介机构管理，开展保险机构互联网营销宣传合规自查，组织辖内财险机构开展“三外一高”业务风险排查，保险市场秩序进一步规范。

（四）积极稳控重点领域风险。突出防范案件风险。组织辖内银行业开展地方政府债务风险排查，配合化解地方债务风险。

二、服务经济高质量发展

（一）持续扩大有效金融供给。截至 2023 年 12 月末，平顶山市银行业各项贷款达 3060.49 亿元，较年初增长 9.75%，高技术产业贷款较年初增长 20.55%，推动河南省首笔线上知识产权质押融资在平落地，平顶山市保费赔付支出为 36.71 亿元，同比增长 19.42%，有力助推了经济运行整体好转。

（二）保障房地产市场健康发展。以“保交楼、保民生、保稳定”为首要目标，健全常态化房地产融资风险监测，督促银行机构落实房地产贷款尽职免责和容错纠错要求，推动“带押过户”政策落地实施，下调存量首套住房贷款利率。截至 2023 年 12 月末，平顶山市银行业房地产贷款余额 567.61 亿元，较年初增加 16.77 亿元，平顶山市 22 个专项借款保交楼项目已落地配套融资 6.93 亿元，保交楼项目交房率 96.25%。

（三）大力开展助企纾困。指导银行机构开展“走万企、提信心、优服务”活动，辖内银行机构 328 位包联企业银行负责人全年共走访调研企业 3728 家，累计解决企业问题 2199 个，帮助企业新增或续贷 470.99 亿元，走访企业数量、新增授信金额和问题解决率均大幅高于上年水平。

（四）不断深化普惠金融质效。一方面，小微企业金融支持提质增效。平顶山市银行业小微企业贷款余额较年初增长 12.40%，高于各项贷款增速 2.65 个百分点。法人机构普惠型小微企业贷款整体实现“两增”目标。分支机构提前超额完成普惠小微信贷计划，完成率高达233.94%。另一方面，乡村振兴金融服务有声有色。引导银行机构创新推出“兴农贷”“丰收e贷”等多种助农特色产品，全力做好春耕备耕、夏粮抢收等资金支持；指导银行机构开展“信用户”评定活动，大力推动农村信用金融发展，平顶山市银行业涉农贷款持续增长。

（五）加快完善保险社会保障功能。充分发挥大病保险在帮扶弱势群体上的优势和作用，辖内大病保险覆盖群众405.19万人，累计理赔20.45万人次、2.2亿元。引导保险机构创新推出“蔬菜种植保险”“设施农业保险”等多种特色农险产品，特色农业保险险种同比增长137.5%。持续用好“回溯、检查、反垄断”三大机制，推动车险综合改革向纵深发展，平顶山市车均保费1581.83元，低于河南省121.2元，让消费者获得了实实在在的红利。保险机构累计为29.27万夏粮受灾农户赔付1.24亿元，进一步发挥保险防灾减灾的功能。

【证券、保险业改革与发展】

2023年上半年，国内证券市场整体向好，稳中有升。截至2023年12月末，平顶山市共有证券类金融机构11家，据对11家机构数据的统计，平顶山市证券公司共有资金户53.7万户，同比增加4.53万户。2023年1—12月，总交易额3227.04亿元，同比增加55.88亿元；利润总额2599万元，同比减少1436万元。截至2023年12月末，平顶山市共有保险主体48家，其中寿险25家（平安养老10月份撤销机构），财险22家。2023年1—12月，平顶山市保险业实现保费收入共计95.13亿元，同比增长-2.62%，其中，寿险保费收入67.79亿元，同比增长-6.70%；财险保费收入27.34亿元，同比增长10.24%。在社会经济补偿方面，各项赔款和给付金额累计达到38.45亿元，其中赔款金额达到19.3亿元，给付金额达到19.15亿元。

安阳市

【经济运行情况】

2023年，安阳地区生产总值2486.1亿元，比2022年增长3.2%。分产业看，第一产业增加值222.5亿元，同比增长2.1%；第二产业增加值1026.9亿元，同比增长2.1%；第三产业增加值1236.7亿元，同比增长4.4%。三次产业结构比值为9.0∶41.3∶49.7，全年人均地区生产总值46070元。

一、工业生产总体稳定。2023年，安阳市规模以上工业增加值同比增长2.8%，居河南省第十位。分行业看，钢铁行业同比增长7%，拉动规模以上工业1.8个百分点；汽车制造业同比增长45.9%，拉动规模以上工业0.7个百分点；食品制造业同比增长24.6%；通用设备制造行业同比增长29.4%；专用设备制造同比增长21.2%；战略性新兴产业同比增长11.2%。

二、固定资产投资降幅收窄。2023年，安阳市固定资产投资完成607.1亿元，同比下降1.9%。其中，工业投资同比增长24.8%，房地产投资同比增长11.4%，基础设施投资同比下降29.3%。2023年安阳市共入库项目463个。其中，入库工业项目248个，同比增加45个，完成投资85.4

亿元，同比增长 81.6%。

三、批发和零售业稳定增长。批发和零售业增加值 181.9 亿元，同比增长 7.4%；交通运输、仓储和邮政业增加值 161.2 亿元，同比增长 5.4%；住宿和餐饮业增加值 32.4 亿元，同比增长 4.9%；金融业增加值 87.5 亿元，同比增长 6.6%；房地产业增加值 157.1 亿元，同比增长 0.8%；信息传输、软件和信息技术服务业增加值 63.1 亿元，同比增长 10.7%。全年规模以上服务业营业收入 151.6 亿元，同比增长 1.8%；利润总额 12.1 亿元，同比下降 6.4%。2023 年社会消费品零售额稳定增长，安阳市社会消费品零售总额 959.3 亿元，同比增长 8%，增速居河南省第一位。

四、财政收入平稳增长。2023 年，安阳市财政总收入 388.3 亿元，同比增长 8.3%。一般公共预算收入 235.7 亿元，同比增长 6.1%。其中，税收收入 152.6 亿元，同比增长 5.1%，占一般公共预算收入的比重 64.8%；一般公共预算支出 446.8 亿元，同比增长 4.3%。

五、居民消费价格总水平平稳可控。食品价格同比上涨 0.2%，非食品价格与 2022 年同期持平；消费品价格同比下降 0.2%，服务价格同比上涨 0.3%，工业品价格同比下降 0.6%。

【金融运行情况】

一、信贷增量连续三年突破 300 亿元。2023 年末，人民币贷款余额 2921.5 亿元，同比增长 12.3%，增速较 2022 年末回落 2.9 个百分点，高于河南省、全国平均增速 2.1 个和 1.7 个百分点，河南省排名第九位。2023 年安阳市共新增人民币贷款 319 亿元，信贷增量实现了连续三年超 300 亿元。2023 年票据融资增加 41.8 亿元，同比少增 86 亿元。剔除票据融资后，安阳市实质性贷款增加 277.2 亿元，同比多增 61.7 亿元。2023 年末，安阳市住户贷款余额 1438.1 亿元，同比增长 14.1%；全年新增住户贷款 177.5 亿元，同比多增 49.3 亿元。其中，个人消费贷款增加 113.6 亿元，同比多增 10.6 亿元；个人经营性贷款增加 63.9 亿元，同比多增 38.7 亿元。

二、金融支持乡村振兴力度加大，县域及农村信贷供给状况良好。2023 年末，安阳市涉农贷款（不含票据融资）余额 1290.1 亿元，同比增长 13.5%，农户贷款余额 629.8 亿元，同比增长 20.8%，分别比年初高 0.5 个和 3.9 个百分点。农村小微企业贷款余额 368.2 亿元，增长 11.5%，比年初高 2.6 个百分点。五县（市）各项贷款同比增长 14.5%，高出市区增速 4.5 个百分点。

三、普惠金融步入良性发展轨道。2023 年末，安阳市普惠小微贷款余额为 319.8 亿元，同比增长 24.7%，较 2022 年末提高 2 个百分点；普惠小微贷款占安阳市各项贷款的比重为 11.3%，较 2022 年末提高 1.5 个百分点。普惠金融快速发展，金融服务覆盖率大幅提升。2023 年末，安阳市普惠小微授信 9.5 万户，较年初增加 1.2 万户，增长 13.5%。其中，贷款户数为 8 万户，占比 84.2%。

四、个人住房贷款增速平稳回落。自 2022 年以来安阳市个人住房贷款需求回落，增速持续下滑。2023 年末，安阳市个人住房贷款余额同比增长 7.9%。

五、信贷配置导向作用增强。金融业对文旅产业的支持力度逐步加强。截至 2023 年末，安阳市文化体育和娱乐业贷款（不含票据融资）同比增长 39.8%，高于 2022 年同期 12 个百分点；住宿和餐饮业贷款（不含票据融资）同比增长 8.1%，高于 2022 年同期 22.9 个百分点。金融在新技术、信息化产业的投入也保持高速增长。2023 年末，信息传输、软件和信息技术服务业贷款同比增长 42.2%，高于 2022 年末 24.5 个百分点；科学研究和技术服务业贷款同比增长 33.7%。

六、存贷款利差不断缩小，存款增长动力不足。2023 年末，安阳市人民币存款余额 4456.31 亿元，同比增长 9%，较年初低 1.9 个百分点。2023 年安阳市共新增各项存款 368.8 亿元，同比少增 66.6 亿元。其中，住户存款余额 3518.4 亿元，同比增长 11.7%，较年初低 3.9 个百分点。全年新增住户存款367.4亿元，同比少增56.5亿元；非金融企业存款增加1.8亿元，同比少增5.18亿元；广义政府存款增加0.65亿元，同比少增1.18亿元；非银行业金融机构存款减少1.07亿元。2023年末，安阳市各金融机构余额存贷比为65.6%，较年初提高1.8个百分点；新增存贷比为86.5%，较年初提高7.6个百分点。

【货币、信贷政策执行情况】

一、全年信贷保持增长，结构持续优化。2023年末，安阳市人民币各项贷款余额2921.49亿元，同比增长12.26%。全年新增贷款318.98亿元，同比少增24.29亿元。安阳市民营企业贷款余额同比增长16.16%，高于各项贷款增速3.9个百分点；全年共新增民营企业贷款107.59亿元，同比多增74.55亿元。全年共新增普惠小微贷款75.33亿元，同比多增20.57亿元。

二、发挥货币政策工具的总量和结构双重功能。运用好支农支小再贷款、再贴现工具引导辖内法人金融机构持续加大对涉农、小微和民营企业的信贷投放力度。2023年全年累计发放再贷款17.45亿元，同比多增9.88亿元；累计办理再贴现64.58亿元。共向符合条件的4家法人金融机构发放普惠小微贷款支持工具激励资金853.4万元，引导新增普惠小微贷款4.77亿元。绿色和科技金融方面，推动安阳市金融机构运用碳减排支持工具、科技创新、交通物流专项再贷款等新型政策工具，发放相关领域优惠贷款共计59.9亿元。

三、持续提升乡村振兴、科技等领域金融服务质效。出台《安阳市金融服务乡村振兴工作意见》等文件，成立金融服务乡村振兴工作专班，开展金融支持乡村振兴高质量发展调研。深入落实上级行金融支持科技创新相关政策精神，配合制定《安阳市贯彻落实〈加大力度支持科技型企业融资工作要点〉实施细则》，加强科技金融工作安排部署。2023年末，安阳市涉农贷款余额同比增长13.53%，高于各项贷款增速。政策实施以来，安阳市金融机构共运用科技创新再贷款发放优惠贷款36.4亿元。

四、持续优化房地产领域金融服务。引导金融机构积极落实差别化住房信贷政策，全方位了解安阳市保交楼项目的生产经营情况，加大保交楼配套融资支持力度。

【金融稳定情况】

一、认真开展央行金融机构评级工作。按季对辖区11家法人银行开展央行评级工作，并与日常非现场监测、核查评估等现场工作结合起来，强化分析框架，真实反映法人银行的经营管理和风险状况，持续提升评级的科学性、客观性。

二、做好银行业压力测试工作。按年定期对辖区11家法人银行开展压力测试工作。

三、扎实推进存款保险早期纠正和风险警示工作。落实存款保险早期纠正和风险识别工作机制，推动高风险机构风险化解和数量压降工作。

【国际收支情况】

一、安阳市涉外经济总体情况。跨境流入同比下降，跨境支出上升明显。安阳市全年涉外收入11008笔，金额7.57亿美元，同比下降4.78%；涉外支出3046笔，金额10.51亿美元，同比上升19.27%；外汇资金净流出2.94亿美元，同比上升210.53%。全年银行结汇上升，售汇下降。2023年银行结汇6.04亿美元，同比上升9.14%；银行售汇6.89亿美元，同比下降19.81%。综合因素作用下，安阳市银行结售汇逆差0.85亿美元，同比下降72.29%。

二、安阳市外汇收支主要特点。2023年，安阳市全年经常项目涉外收入略有下降，涉外支出有所上升，逆差上升明显。经常项目收入6.79亿美元，同比下降6.63%；经常项目支出10.17美元，同比上升15.73%；经常项目逆差3.38亿美元，同比上升122.57%。

【银行业改革与发展】

一、安阳市银行业金融机构资产负债及盈利情况。截至2023年12月末，安阳市银行业资产负债规模持续增长，银行业机构资产总额4924.01亿元，较年初增加402.98亿元，增速8.91%；负债总额4794.04亿元，较年初增加399.98亿元，增速9.1%。表外业务持续增加。2023年末，表外业务（不含代理代销）余额合计983.93亿元，较年初增加144.71亿元，增速17.24%，高于表内贷款增速5.03个百分点。机构盈利水平略有下滑。2023年末，安阳市银行业机构累计实现净利润29.32亿元，同比下降3.15亿元。不良贷款“双升”。2023年末，安阳市银行业机构不良贷款余额139.19亿元，比年初增加28.91亿元；不良贷款率4.73%，比年初增加0.53个百分点。

二、安阳市银行业金融机构支持重点领域、服务实体经济情况。截至2023年末，安阳市普惠型小微企业贷款余额392.14亿元，较年初增长24.69%；有贷款余额户数10.52万户，较年初增加1.47万户；普惠贷款利率4.91%，较年初下降0.42个百分点。涉农贷款余额1289.8亿元，较年初增长153.43亿元，增速13.5%。2023年末，安阳市重大项目建设贷款余额120.25亿元，较年初增加14.3亿元，增速13.5%；专精特新中小企业贷款余额19.5亿元，较年初增加11.02亿元，增速达129.41%。2023年末，对物流、批发和零售、文体娱乐等与民生直接相关的行业新增贷款达86亿元；累计发放防汛救灾和灾后重建等领域信贷资金98亿元，实施延期还本付息1.34亿元，减免收费257万元。2023年末，安阳市银行业制造业贷款余额337.25亿元，较年初增长43亿元，增速14.61%，高于河南省平均增速1.06个百分点；制造业贷款占各项贷款的比重11.54%，位居河南省第八位。

【证券、保险业改革与发展】

一、安阳市证券机构数量保持稳定，组织体系更趋完善。2023年安阳市证券期货业机构数量14家，无地方法人证券期货公司。其中，地市级证券营业部12家，期货公司2家，县域级证券营业部3家。

二、安阳市保险业市场总体运行平稳，服务实体经济质效持续提升。一是财产险市场连续5年实现正增长，保持了平稳发展的态势。2023年，安阳市财产险公司原保险保费收入31.69亿元，同比增长1.8%。其中，车险保费收入20.43亿元，同比减少0.39%；非车险保费收入11.26亿元，同比增长6.02%。非车险业务占比达35.54%，较2022年同期提高1.4个百分点。安阳市财产险公司赔付率达63.93%，同比上升3.36个百分点；综合费用率27.39%，同比下降0.17个百分点；承保利润率8.68%，河南省排名第三位，实现承保利润2.56亿元。二是人身险业务规模保持稳定，新单业务增长放缓。2023年，安阳市人身险机构原保险保费收入80.23亿元；同比下降1.74%。人身险机构全年累计为社会提供风险保障1.25万亿元，同比下降10.98%；赔付支出25.09亿元，同比增长53.15%。城乡居民大病保险赔付20.23万人次、金额2.17亿元，在防止群众因病致贫、因病返贫方面发挥了有力作用。

鹤壁市

【经济运行情况】

一、地区生产总值。2023年，鹤壁市主要经济指标企稳回升，呈现稳中向好、稳中提质态势。全年鹤壁市完成地区生产总值1033.17亿元，同比增长3.1%，居河南省第十二位。分产业看，第一产业完成增加值74.78亿元，增长1.7%，居河南省第十二位；第二产业完成增加值543.25亿元，增长3.4%，居河南省第九位；第三产业完成增加值415.14亿元，增长2.9%，居河南省第十三位。

二、规模以上工业增加值。鹤壁市规模以上工业增加值同比增长3.8%，居河南省第七位。从三大门类看，采矿业增长24%；制造业增长1.6%；电力、热力、燃气及水的生产和供应业下降5.8%。

三、固定资产投资。鹤壁市固定资产投资同比增长7.8%，居河南省第二位。其中，第一产业投资下降13.0%；第二产业投资增长27%；第三产业投资下降2.1%。工业投资增长27.0%。

四、社会消费品零售总额。鹤壁市社会消费品零售总额345.94亿元，同比增长6.5%，居河南省第八位。其中，限额以上零售额69.31亿元，增长4.7%。

五、财政收支。鹤壁市一般公共预算收入完成80.34亿元，同比增长3.9%，居河南省第七位。其中，税收收入完成51.54亿元，增长0.8%。分税种看，增值税完成19.28亿元，增长15.2%；企业所得税完成3.43亿元，下降17.4%。一般公共预算支出完成166.1亿元，下降17.9%。

六、居民消费价格指数。鹤壁市居民消费价格总水平同比下降0.4%。从调查商品和服务情况看，八大类商品和服务价格呈现“三涨五降”的格局。其中，教育文化娱乐价格上涨2.0%；医疗保健价格上涨1.1%；其他用品及服务价格上涨2.4%；食品烟酒价格下降1.1%；衣着价格下降0.6%；居住价格下降0.1%；生活用品及服务价格下降0.4%；交通通信价格下降2.8%。

【金融运行情况】

一、各项存款平稳增长。2023年末，鹤壁市金融机构本外币各项存款余额1309.52亿元，同比增长10.63%，增幅居河南省第八位；全年新增125.84亿元，同比少增35.45亿元。分部门看，住户存款余额956.63亿元，同比增长14.55%，全年新增121.53亿元，同比少增2.03亿元。非金融企业存款余额196.17亿元，同比下降3.34%，全年减少6.79亿元，同比多减39.64亿元。机关团体存款余额136.97亿元，同比增长6.36%，全年新增8.19亿元，同比少增4.51亿元。

二、各项贷款持续增长。2023年末，鹤壁市金融机构本外币各项贷款余额1007.93亿元，同比增长17.96%，增幅居河南省第二位，全年新增153.44亿元，同比多增110.73亿元。分部门看，住户贷款余额412.25亿元，同比增长14.09%，全年新增50.91亿元，同比多增17亿元。非金融企业及机关团体贷款余额595.68亿元，同比增长20.79%，全年新增102.53亿元，同比多增93.73亿元。分期限看，短期贷款余额306.85亿元，同比增长15.35%，全年新增40.83亿元，同比多增58.75亿元；中长期贷款余额628.36亿元，同比增长16.80%，全年新增90.40亿元，同比多增69.73亿元。

三、社会融资规模较快增长。2023年，鹤壁市社会融资规模增量为181.10亿元，同比多增

133.98亿元。分项目看，人民币贷款仍然是社会融资规模的主要力量。2023年，投向实体经济的人民币贷款新增152.73亿元，占社会融资规模增量的84.33%，同比多增110.02亿元。企业债券融资新增3.3亿元，同比少增1.7亿元；委托贷款新增3.55亿元，同比多增1.86亿元。

四、金融支持重点领域和薄弱环节增势突出。2023年末，制造业中长期贷款同比增长56.75%，高于鹤壁市贷款增速38.79个百分点。高新技术企业、科技型中小企业和专精特新企业贷款较快增长，同比分别增长53.4%、55.6%和35.4%。小微企业贷款、普惠小微贷款同比分别增长24.95%、34.82%，增幅同比分别提高41.45个、35.42个百分点。民营企业贷款同比增长7.74%，增幅同比提高29.57个百分点。涉农贷款同比增长9.44%，增幅同比提高19.41个百分点。

五、实体经济融资成本下降。银行业金融机构加快建立和完善内部转移定价机制（FTP），将贷款市场报价利率（LPR）内嵌到内部资金转移定价之中。2023年鹤壁市新发放企业贷款加权平均利率4.14%，同比下降71个基点。其中新发放小微企业贷款加权平均利率4.60%，同比下降70个基点。

【货币、信贷政策执行情况】

一、强化窗口指导，有效落实稳健货币政策。一是组织召开窗口指导会、金融工作调度会，传达政策意图，指导金融机构抢抓政策机遇期，加大信贷投放，优化信贷结构。建立六大调度项目（本外币贷款投放、制造业中长期贷款、乡村振兴、民营企业、科创金融、绿色金融），开展调度12次。二是优化完善宏观审慎评估（MPA）机制，有序开展评估工作。成立宏观审慎评估委员会，建立数据质量核查及通报制度。2023年共开展评估3次，召开座谈反馈会3次，引导地方法人金融机构在总量平稳的同时进一步优化信贷结构。

二、健全科技金融体系，优化绿色金融供给，聚焦重点产业和项目助力经济高质量发展。一是出台支持科技企业扩大融资18条措施，开展科创金融服务能力提升专项行动，搭建科创企业培育机制，建立专营团队，丰富专属金融产品。二是建立涵盖518家企业和项目在内的绿色金融项目库，开展“金融机构园区行”活动。2023年末，绿色贷款余额100.94亿元，同比增长24.29%，高于鹤壁市贷款增速6.33个百分点。三是围绕鹤壁市“四优三新”（电子电器、现代化工及功能新材料、绿色食品、镁基新材料四个优势产业和数字经济、生物技术、现代物流三个新兴产业）及重点项目，制定针对性金融服务方案，推动贷款尽早尽快投放到位。

三、深化普惠金融，服务乡村振兴。一是出台《关于推进普惠金融“两增三优”提质增效的实施意见》《关于金融服务乡村振兴 助力建设农业强市的实施意见》，引导信贷资源向普惠领域和薄弱环节倾斜。二是发挥再贷款再贴现等货币政策工具总量和结构双重调节作用，落实普惠小微贷款支持工具等助企纾困政策，切实降低普惠市场主体融资成本。三是以“乡村振兴评估”为手段，引导金融机构调整优化信贷结构，提升金融服务质量。2023年末，鹤壁市普惠金融贷款余额151.82亿元，全年新增34.16亿元，同比多增36.42亿元。

四、管理和服务并重，用足用好各项货币政策工具。一是开展“再贷款专项服务”活动，关注地方法人机构贷款投放，筛选合格贷款全部采用质押方式办理支农支小再贷款。二是以新型结构性货币政策工具使用为抓手，指导金融机构抢抓多项金融政策延长期限、追加额度、扩大资金支持范围的机遇期，加大对重点领域和薄弱环节支持力度。2023年鹤壁市累计发放再贷款再贴现12.53亿元。其中，支农再贷款8.52亿元，支小再贷款2.5亿元，办理再贴现1.51亿元。累计使用新型结构性货币政策工具22.34亿元。其中，支持煤炭清洁高效利用贷款投放额居河南省第二位，普惠养老贷款投放额居河南省第三位。

五、推广跨境人民币业务，实现质优面扩。

一是加大政策解读宣传，扩大社会知晓面。2023年末，鹤壁市跨境人民币业务结算企业共61家，同比增加20家。二是培育企业使用人民币跨境结算习惯，帮助企业有效规避汇率风险。鹤壁市金融机构共拓展“首办户”31户。三是全面落实便利化政策，提高涉外企业业务办理效率。四是做好跨境人民币业务监测分析，防范业务风险。2023年末，鹤壁市金融机构办理跨境人民币业务2.66亿元，同比增长11.24%。

【金融稳定情况】

一、树立底线思维，维护鹤壁市金融稳定。一是牢牢把握“稳定大局、统筹协调、分类施策、精准拆弹”的基本方针，积极稳妥推进风险防范化解工作。二是金融机构整体风险收敛，法人银行机构央行评级提升。鹤壁市金融运行稳定，未发生系统性区域性金融风险。

二、强化存款保险保障作用，落实早期纠正制度。一是开展存款保险早期纠正，制发通知3份，对风险机构提出风险警示。二是实现保费归集零差错，依据《存款保险条例》上调2家机构适用费率。三是开展早纠工作效果评估。落实跟踪监测、定期评估、分级督导、沟通会商、激励约束五项工作机制要求，通过约见谈话、实地走访和视频会议的形式督导早纠机构48次。四是持续开展存款保险宣传，2次集中开展“存款保险宣传月”专项活动；开展“回头看”行动，对银行机构在职员工进行存款保险宣传培训；制发《存款保险知识公众认知度评估方案》，完成全域存款保险公众认知度评估。

三、抓前段治未病早预警，强化金融风险监测评估。一是高质量完成央行评级；对农信机构开展存款保险现场核查；对法人银行业金融机构偿付能力和流动性风险开展压力测试；做好风险监测预警，督促指标异常机构尽快回归正常。二是关口前移，风险苗头打小打早。组织开展金融风险应急演练，取得积极成效。三是做好中小银行流动性风险防控。

四、压实各方风险防化责任，推进风险压降处置。一是根据央行评级结果，向有关机构发出《金融业务风险提示》。二是丰富风险监测分析手段，编制法人金融机构风险监测指标统计表，为法人机构风险状况“画像”。三是召开与政府、法院联动联合防范化解金融风险问题座谈会，共同落实金融风险防化责任。四是联合相关部门搭建季度例行线上会议平台，推动相关各方履行职能。五是推进风险压降处置工作，做好合规建设，规范操作流程，减少操作风险。

【国际收支情况】

一、国际收支规模呈下降趋势。2023年实现国际收支4.29亿美元，同比下降24.27%。其中，收入3.41亿美元，同比下降14.56%；支出0.88亿美元，同比下降47.41%。跨境资金净流入2.53亿美元，同比增长8.69%，跨境资金流动顺差格局明显。分项目来看，货物贸易收付款仍是国际收支主体，收付汇合计3.89亿美元，占全年国际收支总量的90.68%。

二、银行结售汇同比大幅下降。2023年银行办理结售汇3.08亿美元，同比下降29.28%。其中，结汇2.67亿美元，同比下降18.69%；售汇0.41亿美元，同比下降61.53%。经常项下货物贸易结售汇合计2.58亿美元，占比83.77%。

三、进出口同比较快增长。2023年企业进出口报关11.73亿美元，同比上升8.59%。其中，进口1.07亿美元，同比上涨18.07%；出口10.67亿美元，同比上涨7.72%。

【银行业改革与发展】

一、银行业资产规模持续扩大，机构体系更加优化。一是资产负债规模持续增长。2023年末，鹤壁市银行业金融机构本外币资产规模1498.50亿元，同比增长10.49%；负债规模1444.16亿元，同比增长10.74%。二是金融机构体系稳定，从业人员、网点同比减少。2023年末，鹤壁辖区共有13家银行业金融机构。其中，国有商业银行5家，政策性银行1家，城市商业银行2家，地方法人金融机构5家。银行从业人员3281人，同比减少93人；网点数214个，同比减少8个。

二、银行业改革持续深化。一是银行业内控合规建设进一步加强。围绕“全年无案件、无重大舆情风险，全年举报投诉率下降、重复举报投诉量下降”工作目标，开展“内控合规管理长效年”活动及合规管理培训。二是巩固公司治理成效。聚焦股东贷款入股、违规关联交易等违规行为，开展股东股权排查整治。聚焦公司治理失衡主要问题表现形式，在鹤壁市农村中小银行开展专项整治工作，逐家摸排，精准画像，防范化解内部人控制和外部人操纵风险。

三、金融服务质效持续提升。一是聚焦鹤壁市主导产业、重点产业链发展，常态长效推进“惠润工程”“行长进万企”“走万企、提信心、优服务”等活动，深化金企对接，调整扩充鹤壁市269家重点企业“首席金融服务员”。二是围绕科技金融、绿色金融、普惠金融、养老金融、数字金融“五篇大文章”，重点发力科技创新、绿色发展、民营小微、数字经济等领域，引导金融资源投向相关重大战略、重点领域和薄弱环节。三是持续优化新市民金融服务，编制新市民专属信贷产品手册，推出新市民专属产品28个，向吸纳新市民就业较多的行业发放贷款25.81亿元。

【证券、保险业改革与发展】

一、证券业改革与发展

证券业经营保持平稳。2023年，共有3家证券公司在鹤壁市设立1家分公司及4家营业部，无法人证券机构，市场主体与2022年相同。2023年3家证券公司交易额为426.66亿元，开户16519户。

二、保险业改革与发展

（一）经营主体稳定。截至2023年末，鹤壁市共有32家保险公司。其中，财产险19家，人身险13家，1家专营养老保险机构退出市场。共有26家保险中介机构。其中，专业中介14家，银行类兼业代理10家，车商类兼业代理2家。从业人员共计7700余人。

（二）保险业务平稳发展。鹤壁市保费收入30.29亿元，同比下降1.6%。其中，财产险公司保费收入9.79亿元，同比增长2.85%；人身险公司保费收入20.5亿元，同比下降3.59%。鹤壁市保险赔付支出11.59亿元，同比增长27.39%。其中，财产险公司赔付支出7.1亿元，同比增长31.77%，人身险公司赔付支出4.49亿元，同比增长21.02%。

（三）经济“减震器”和社会“稳定器”功能有效发挥。全年为农户提供农险保障33.11亿元；“惠鹤保”一期参保人数超过12万人；针对“烂场雨”对夏粮收储带来的不利影响，为3.5万亩小麦理赔0.12亿元。

（四）保险市场改革不断深化。全面落实人身险高质量发展指导意见，推动营销体制由增量向增效转变，营销员数量下降8.6%。优化市场业务结构，人身险保障类产品占比增加12.2个百分点，非车险业务占比增加4.94个百分点。扎实推进车险综合改革，车均保费较改革前下降13.97%。开展车险市场顽瘴痼疾“靶向清理”专项工程、车船税整治专项行动、市场专项整治“清朗行动”，鹤壁市保险协会对13家次机构采取惩戒措施，规范市场秩序。

新乡市

【经济运行情况】

一、经济运行总体稳中加固。2023年，新乡市实现地区生产总值（GDP）3347.65亿元，同比增长1.5%。分产业看，第一产业增加值296.25亿元，增长1.9%；第二产业增加值1420.84亿元，增长0.5%；第三产业增加值1630.56亿元，增长2.3%。三次产业占比为8.85∶42.44∶48.71。

2023年，制造业增加值同比增长1.6%，高于新乡市规模以上工业增速0.6个百分点，装备制造业增加值增长3.8%。新乡市规模以上服务业企业营业收入同比下降3.5%，公路货物周转量同比增长2%；旅客周转量同比增长93.5%，规模以上文化体育和娱乐业营业收入增长35.8%。

二、投资同比下降。2023年，新乡市固定资产投资同比下降5.4%，第一产业投资增长64.8%，第二产业投资下降19.6%，第三产业投资增长1.8%。基础设施投资同比增长5.2%，基础设施投资占新乡市投资的比重由2022年同期的23.2%提升到25.8%，占比提升2.6个百分点。新能源汽车相关行业投资同比增长12.2倍，汽车及零部件产业投资同比增长15.5%，化学原料和化学制品制造业投资同比增长70.9%。

三、社会消费需求持续释放。2023年，新乡市社会消费品零售总额1130.32亿元，同比增长4.9%。其中，限额以上单位消费品零售额增长4.7%。2023年，限额以上单位通信器材类、可穿戴智能设备、烟酒类、化妆品类商品零售额分别同比增长59.6%、51.4%、20.9%、20.8%；限额以上单位电子出版物及音像制品类、文化办公用品类商品零售额分别增长84.8%、38.8%；限额以上单位汽车类、石油及制品类商品零售额分别增长2.9%、30.7%。

四、财政收支平稳增长。2023年，新乡市财政总收入完成366.4亿元，同比增长12.1%，其中，入中央级收入128.7亿元；入省级收入-3.9亿元。一般公共预算收入完成241.5亿元，增长6.4%。分项目看，税收收入完成160.1亿元，增长5.7%。非税收收入完成81.5亿元，增长7.8%，税收收入占一般公共预算收入的比重66.3%。2023年，新乡市一般公共预算支出完成489.6亿元，同比增长2.6%。

【金融运行情况】

一、贷款平稳增长。2023年末，新乡市金融机构本外币贷款余额3369.4亿元，较年初增加357.94亿元，增幅11.89%。其中，人民币贷款余额3368.8亿元，居河南省第四位；较年初增加357.37亿元，居河南省第四位；余额同比增长11.87%，居河南省第11位。

二、存款稳步增长。2023年末，新乡市金融机构本外币存款余额5133.81亿元，较年初增加412.47亿元，增幅8.74%。其中，人民币存款余额5120.26亿元，居河南省第七位；较年初增加414.81亿元，居河南省第八位；余额同比增长8.82%，增幅位居河南省第十四位。从存款结构看，住户存款余额4000.51亿元，较年初增加436.81亿元；非金融企业存款余额642.4亿元，较年初减少31.82亿元。机关团体存款余额441.4亿元，较年初增加14.15亿元。

三、社会融资规模总体平稳增长。2023年末，新乡市社会融资规模累计新增量为446.43亿元，同比多增55.77亿元，同比增长14.27%。其中，人民币贷款累计新增 357.36 亿元，同比多增 26.41 亿元，占社会融资规模增量的 80.05%。

四、贷款利率持续下行。2023 年末，新乡市全辖金融机构新发企业贷款加权平均利率为 4.43%，较年初下降 0.17 个百分点。其中，小微企业贷款、普惠小微企业贷款加权平均利率分别为 4.58%、4.3%，分别较年初下降 0.97 个、1.37 个百分点。

【货币、信贷政策执行情况】

2023 年，新乡市全面贯彻稳健货币政策精准有力基调要求，加强货币政策工具管理，强力推动政策落实。

一、货币政策执行情况。一是 2023 年末，新乡市再贷款余额 27.42 亿元，限额使用率 81.6%，同比增长 124.39%；再贴现 2023 年累计办理 67.99 亿元，余额 16.69 亿元，限额使用率 92.7%，同比增长 31.42%。二是新型货币政策工具增量扩面。累计审核通过新乡市符合碳减排支持工具、支持煤炭清洁高效利用再贷款、科技创新再贷款和交通物流专项再贷款使用条件的贷款共计 62.87 亿元。其中，发放支持科技创新优惠贷款 42.5 亿元，位居河南省第 2 位。三是持续贯彻落实普惠小微贷款支持计划。截至 2023 年 12 月末，通过普惠小微贷款支持工具发放相应激励资金 2004.17 万元。

二、信贷政策执行情况。一是实现精准投放。2023 年末，新乡市法人金融机构新增贷款 43.37 亿元。二是强化利率自律管理，通过存款利率下行引导辖区贷款利率下行。2023 年末，新乡市地方法人机构新发放贷款加权平均利率为 5.62%，较年初下降 1.36 个百分点。三是贯彻落实支持房地产“金融 16 条”和相关房地产金融政策，加强政策正面宣传引导。2023 年末，新乡市房地产贷款余额为 1109.12 亿元，较年初新增 49.85 亿元，同比增长 4.71%，房地产贷款占人民币各项贷款余额的比重为 32.92%。其中，房地产开发贷款余额为 29.51 亿元，较年初新增 5.73 亿元，同比增长 24.09%；新乡市个人住房贷款余额 1070.05 亿元，较年初新增 45.7 亿元，同比增长 4.46%，个人住房贷款占全部房地产贷款余额比重为 96.49%。

【金融稳定情况】

一、强化部门联动，提升风险应急处置能力。推动河南省首家开展市政府组织的银行业机构流动性风险应急演练，新乡市金融局、人民银行新乡支行、市金融监管分局、市公安局、市委宣传部、市网信办等单位共同参与，采取场景展示、现场模拟的方式，检验辖区流动性风险应急处置预案，全面提升规范化、程序化应急处置能力。

二、完善监测预警，强化结果运用。综合运用风险预警、央行评级、压力测试、问题企业监测等手段，不断提升风险监测能力，努力提高预警工作的前瞻性、评估工作的客观性。严格落实重大事项报告制度，加强与金融管理部门的信息联动，及时发现风险线索。有序开展压力测试，强化结果反馈与应用。

三、深入推进存款保险宣传。加强宣传工作督导，督促投保机构规范宣传方式，以网点宣传为主阵地，以利民活动动态宣传和线上多媒体宣传为辅助，丰富宣传方式。利用市政府开展防范非法集资宣传月，组织辖区银行业机构宣传存款保险制度，强化重点人群宣传。

【国际收支情况】

一、主要业务指标完成情况。2023 年，新乡市外汇收支总额达 26.59 亿美元，同比减少 3.52%。其中收入 20.62 亿美元，同比减少 7.74%，支出 5.97 亿美元，同比增加 12.48%；收支顺差 14.65 亿美元，同比减少 14.04%。

2023 年，新乡市进出口总额 26.49 亿美元，同比减少 6.98%。其中进口 1810 笔，折合 4.85 亿美元，同比减少 17.71%；出口 32650 笔，折合 21.64 亿美元，同比减少 4.18%。新登记 FDI 企业 8 家，总注册资本 9363.01 万美元；ODI 企业 4 家，投资总额 1417.97 万美元。办理外债登记 4 笔，签约金额 2958.42 万美元，外债变更 1 笔。

二、跨境人民币业务量大幅提升。2023 年，新乡辖区累计办理人民币跨境结算金额 50.22 亿元，同比上升 47.12%。其中，跨境人民币收入业务 34.09 亿元，同比上升 17.39%；跨境人民币支出业务 16.13 亿元，同比上升 216.47%。

【银行业改革与发展】

一、银行业类型多样化，网点覆盖广泛。2023 年末，新乡市政策性银行、大型商业银行、股份制度银行等地市级分支机构 15 家、地方法人银行业金融机构 13 家，新乡市银行业机构网点 743 个，从业人员数 9690 人，金融服务体系进一步完善。

二、金融机构改革不断完善。2023 年，新乡市进一步深化法人机构改革，协同推进封丘县农村信用合作联社改制工作，加大农信农商银行不良贷款清收盘活。

【证券、保险业改革与发展】

一、证券业改革与发展情况。2023 年末，新乡市 15 家证券公司营业部，1 家期货公司营业部，整体运行平稳。2023 年，新乡市上市企业累计实现境内股票融资 0.92 亿元。

二、保险业改革与发展情况。2023 年末，新乡市共有保险机构 56 家（财险 30 家，寿险 26 家），县级分支机构 123 个，乡镇营销服务部 198 个。保险中介代理机构 68 家，其中，专业代理机构 32 家（不含分支机构），保险经纪机构 3 家，公估机构 2 家，兼业代理机构 31 家。兼业代理机构中金融类兼业代理机构 15 家，非金融类兼业代理机构 16 家。2023 年末，新乡市保险机构共有保险从业人员 1.69 万人，从业人员构成中，公司高管 267 人，职工 1964 人，保险销售从业人员 1.47 万人。

2023 年，新乡市保险业累计实现保费收入 130.12 亿元，同比下降 0.42%。赔付支出 43.55 亿元，同比增长 19.61%。新乡市财产险累计实现保费收入 36.98 亿元，同比增长 12.68%。人身险公司累计保费收入 93.14 亿元，同比下降 4.81%。

焦作市

【经济运行情况】

一、经济运行总体稳中有进。2023 年，焦作市地区生产总值 2233.90 亿元，同比增长 3.90%。其中，第一产业增加值 134.51 亿元，同比增长 1.73%；第二产业增加值 862.10 亿元，同比增长 6.52%；第三产业增加值 1237.32 亿元，同比增长 2.38%。三次产业结构比值为 6.02 : 38.59 : 55.39。

二、固定资产投资增速高于河南省。2023 年，焦作市固定资产投资同比增长 7.4%，高于河南省增速 5.3 个百分点。

三、工业经济平稳增长。2023 年，焦作市规模以上工业增加值同比增长 7.3%，高于河南省增速 2.3 个百分点。

四、社会消费需求持续释放。2023 年，焦作市社会消费品零售总额 938.50 亿元，同比增长 7.6%，高于河南省增速 1.1 个百分点。

五、就业形势总体平稳。2023 年，焦作市城镇新增就业 6.81 万人、城镇失业人员再就业 1.96 万人、就业困难人员就业 0.56 万人。

六、民生支出持续加大。2023 年，焦作市一般公共预算收入实际完成 143.55 亿元，同比下降 15.36%；税收占一般公共预算收入的比重为 76.16%；一般公共预算支出 302.07 亿元，同比增长 5.63%。

【金融运行情况】

一、存款增量创历史新高。2023 年末，焦作市金融机构本外币各项存款余额为 3062.23 亿元，同比增长 10.42%；较年初增加 288.99 亿元，同比多增 6.47 亿元，增量创历史新高。分项目看，住户存款、机关团体存款、非银行业金融机构存款较年初分别增加 280.04 亿元、1.60 亿元、19.33 亿元；非金融企业存款、财政性存款较年初分别减少 9.96 亿元、0.43 亿元。

二、贷款增速明显回升，贷款结构不断优化。2023 年末，焦作市金融机构各项贷款余额为 2011.33 亿元，同比增长 13.98%；较年初增加 246.68 亿元，同比多增 301.32 亿元。一是金融支持制造业和科技创新力度增强。2023 年焦作市制造业贷款增速回升到中高速区间，年末余额 296.91 亿元，同比增长 16.9%，较 2022 年末提高 17.7 个百分点，高于各项贷款增速 2.8 个百分点。2023 年末，高新技术企业贷款、科技型中小企业贷款余额分别为 163.7 亿元、44.5 亿元，较年初分别增加 34.8 亿元、4.3 亿元。二是更多信贷资源流向经济社会薄弱环节。2023 年末民营贷款余额 812.87 亿元，同比增长 18.70%，较 2022 年末提高 32.5 个百分点，高于各项贷款增速 4.7 个百分点。普惠小微贷款余额 327.81 亿元，同比增长 26.30%，较 2022 年末提高 12.9 个百分点，高于各项贷款增速 12.3 个百分点；较年初增加 68.26 亿元，是 2022 年增量的 2.2 倍。涉农贷款余额 946.84 亿元，较年初增加 105.71 亿元，是 2022 年增量的 12.7 倍。三是绿色金融规模显著增加。2023 年末绿色贷款余额为 180.56 亿元，同比增长 43.0%，高于各项贷款增速 29.1 个百分点；较年初增加 54.33 亿元，同比多增 16.42 亿元。

【货币、信贷政策执行情况】

一、贯彻落实好稳健货币政策。综合运用窗口指导、政策督导、联络员沟通传导三种模式，加强与焦作市法人金融机构之间的工作协调和信息沟通，压实金融机构责任，强化政策传导，合理把握信贷投放节奏，进一步降低融资成本，保持货币信贷适度增长。截至 2023 年 12 月末，焦作市新发放一般贷款加权平均利率为 4.36%，较去年同期下降 46 个 BP。

二、综合运用货币政策工具。发挥总量结构双重功能，用足用好货币政策工具。2023 年，累计发放支农支小再贷款 13.97 亿元，同比增加 2.96 亿元；累计发放再贴现 23.83 亿元，同比增加 4.34 亿元。开展首笔信贷资产质押再贷款，先后 3 次召开审贷会，向 11 家金融机构新增再贷款授信 19.60 亿元，同时对授信使用完毕的金融机构采取无授信直接发放再贷款 0.46 亿元，使用再贷款机构扩大至 11 家，同比增加 3 家。

三、精准有力支持重大战略、重点领域和薄弱环节。一是及时向金融机构推送通过国家发改委审核的制造业中长期项目清单，指导金融机构加大对接力度，积极满足项目融资需求。引导金融机构对先进制造业等重点领域企业开辟绿色办贷业务通道，实施“一户一价”的利率定价机制。二是实施“金融兴农”“金融稳粮”“金融优种”三大工程，开展“央行送春风 金融助春耕”专项工作，保障粮食安全领域和农业生产季节性资金需求。三是开展专题宣讲，编印《焦作市金融支持民营经济政策产品服务指南》，优化金融营商环境，方便民营企业高效对接银行业务。四是推动“认房不认贷”政策在焦作市落地。建立白名单房企融资情况周监测机制、差别化住房信贷政策执行情况月度监测制度。2023 年，焦作市 3 家白名单房企累计获得贷款 6.23 亿元，其中房地产开发贷款 4.73 亿元，住房按揭贷款 1.50 亿元。

四、加大跨境人民币推广使用。成立“焦作市跨境人民币工作专班”，共同推动重点领域跨境人民币结算。开展跨境人民币“首办户”和“跨境人民币优质企业”培育活动。2023年，累计为焦作市190家涉外企业提供跨境人民币结算服务，较2022年同期增加72家。焦作市跨境人民币收支合计46.93亿元，同比增长37.80%。

【金融稳定情况】

一、全力化解高风险机构风险。一是压实各方责任，推动各责任主体合力攻坚。二是与金融监管部门加强信息交流，联合开展风险研判、对金融机构开展联合约谈和风险评估、联合向有关各方通报风险等方面深化合作，定期互换和共享金融风险信息，研究风险化解路径，共同推动金融机构风险化解。三是发挥央行评级作用，做好评级结果运用。依托央行评级结果，及时下发风险提示书，约谈部分机构高管，对存在问题逐一反馈。

二、全力提升风险监测预警质效。一是积极构建完善外部信息沟通协调机制。根据焦作市金融风险实际情况，与地方金融工作局等部门联合建立沟通协调机制，在政策协同、维护稳定、化解风险等方面形成合力。二是风险监测延向企业主体，风险分析窗口实现前移。完善风险监测指标，风险监测由银行机构延伸到企业主体，加强与地方金融工作局合作，对焦作市上市公司风险情况进行联合监测，防止上市公司风险蔓延至金融机构，加强重点大型企业的风险监测。三是不断完善焦作市金融稳定基础数据库，日常风险监测更趋完善。四是压力测试机构全覆盖，压力测试的科学性和前瞻性不断提高。

三、全面发挥存款保险金融安全网作用。一是压实各方责任，夯实网点阵地。制定网点宣传规范化统一流程，明确营业网点必做动作，确保焦作市宣传口径一致。二是聚焦重点地区，下沉宣传重心。针对6个重点宣传地区，进一步分层次、分重点下沉宣传重心，开展存保护航工程系列宣传活动。三是扎实推动“12345”存保护航工程。

【国际收支情况】

一、银行结、售汇同比双升，结售汇顺差有所下降。2023年，焦作市银行累计结售汇21.51亿美元，同比增长11.49%。其中，银行结汇17.52亿美元，同比增长1.43%；银行售汇3.99亿美元，同比增长97.55%；结售汇顺差13.53亿美元，同比下降11.28%。

二、跨境流动资金规模稳中有降，资金净流入有所减少。2023年，焦作市涉外收支总规模34.56亿美元，同比下降7.57%。其中，涉外收入25.39亿美元，同比下降11.99%；对外付款9.17亿美元，同比增长7.39%；跨境资金净流入16.22亿美元，同比下降20.14%。

三、外贸进、出口同比双降，进出口顺差规模有所扩大。2023年，对外贸易进出口总额36.85亿美元，同比下降2.49%。其中，出口总额28.17亿美元，同比下降0.78%；进口总额8.68亿美元，同比下降7.65%；进出口顺差19.49亿美元，同比增长2.69%。

四、资本和金融项目项下支出持续增长，差额由顺转逆。2023年，资本和金融项目涉外收入1.64亿美元，同比下降6.82%；对外付款2.02亿美元，同比增长22.42%，收付汇差额由顺转逆为0.38亿美元。

【银行业改革与发展】

焦作市辖区银行业金融机构共计25家。其中，政策性银行、国有商业银行、股份制银行等市级分支机构11家、地方法人银行业金融机构14家，包括农村商业银行6家、农村信用社4家、村镇银行4家。2023年末，焦作市银行业资产总计3384.33亿元，较年初增加296.48亿元；负债总计3307.28亿元，较年初增加313.46亿元。

金融机构改革持续推进，2023年4月19日，焦作市政府召开焦作农商银行筹建工作动员会、全市金融工作座谈会，积极推动城区农商银行改制工作。

【证券、保险业改革与发展】

一、证券业。2023年末，焦作市共有13家证券公司营业部，较2022年增加1家。一是证券开户数量增长。2023年末，焦作市13家证券营业部累计存量账户48.51万户，同比增加3.51万户，增幅7.81%。2023年累计新增开户4.47万户，同比减少0.16万户。二是市场交易量上升。2023年证券累计成交总额2606.34亿元，同比增加2.17%。三是盈利水平整体有所下降。2023年末，焦作市各证券营业部实现营业收入6881.31万元，同比下降7.61%；营业利润1785.21万元，同比下降24.15%；净利润1600.15万元，同比下降18.10%。

二、保险业。保险市场整体发展稳中趋升。2023年，焦作市共有保险业金融机构55家。其中，财险机构26家，与2022年机构数相同，寿险机构29家，较2022年增加2家。

2023年，焦作市保费收入增速高于河南省平均增速。2023年末焦作市累计实现原保险保费收入97.85亿元，同比增长3.37%，高于河南省平均增速2.09个百分点。分机构类型看，财险机构保费收入23.92亿元，同比增长4.68%；人身险公司保费收入73.93亿元，同比增长2.95%。分险种来看，车险保费收入重新恢复正增长，稳定了财产险公司的总体支撑作用，增速为3.21%，占比达到67.81%。非车险保费收入增速为7.95%，高于财产险公司增速3.26个百分点。2023年以来保险机构累计赔付支出34.78亿元，同比增长17.03%，其中财产险业务赔付支出16.11亿元，同比增长11.42%，主要为车险赔付10.65亿元；人身险业务赔付支出18.67亿元，同比增长21.21%。

濮阳市

【经济运行情况】

2023年，初步核算，濮阳市生产总值1850.64亿元，按可比价格计算，比2022年增长2.8%。分产业看，第一产业增加值203.49亿元，增长2.1%；第二产业增加值664.41亿元，增长2.3%；第三产业增加值982.74亿元，增长3.4%。三次产业结构比值为11.0∶35.9∶53.1。

粮食产量总体平稳，畜牧业生产稳定增长。全年粮食总产量299.57万吨，比2022年减少2.28万吨，下降0.8%，连续17年稳定在50亿斤以上。油料、蔬菜、猪牛羊禽肉、牛奶、禽蛋分别同比增长2.7%、5.3%、10.0%、9.2%、0.8%。全年生猪出栏157万头，增长11.9%；年末生猪存栏103.90万头，下降9.7%。

制造业倍增聚势开篇，规模以上工业蓄势增能。濮阳市规模以上工业增加值同比增长2.6%，增速居河南省第11位。其中，采矿业、制造业、电力热力燃气及水生产和供应业增加值总量在濮阳市规上工业的结构比为23.2∶64.2∶12.6，分别增长2.9%、3.0%、0.3%。传统优势产业得到改造升级，传统制造业增加值增长4.2%；新兴产业进一步发展壮大，新增8家绿色工厂、5家智能工厂（车间）、165项发明专利，规上工业研发活动覆盖率79.4%，4个新产业增加值增长19.3%，战略性新兴产业增加值增长15.5%，高新技术产业增加值增长8.7%；产业集聚优势更加突出，濮阳市先进制造业开发区合计完成增加值占濮阳市比重77.8%，同比增长3.8%。

服务业稳定恢复，文化、体育和娱乐业高速增长。服务业增加值982.74亿元，同比增长3.4%。营利性服务业增加值同比增长4.5%；非营利性服务业增加值同比增长0.2%。十大门类“七升三降”，其中水利、环境和公共设施管理业和文化、体育和娱乐业实现大幅增长，分别增长51.9%、104.4%。

固定资产投资持续回升，制造业投资稳居河南省首位。上半年，濮阳市固定资产投资增速持续走弱。下半年，制造业投资拉动工业投资快速反弹，全部固定资产投资呈弱“V”字形走势。濮阳市全年固定资产投资同比增长5.0%。其中，工业投资同比增长21.1%，增速居河南省第六位。制造业投资同比增长47.5%，增速连续三个月稳居河南省首位。

市场消费稳定增长，农村消费增长快于城镇。濮阳市累计实现社会消费品零售总额777.98亿元，同比增长5.7%。其中，农村消费品零售额同比增长7.2%，快于城镇消费品零售额2.2个百分点。濮阳市限上批发零售业21类商品零售中，13类商品零售额保持增长态势。通信器材类、家用电器和音像器材类、金银珠宝类等部分升级类商品销售增势良好。汽车类商品零售额同比增长3.2%，其中新能源汽车同比增长27.4%。

财政运行平稳。一般公共预算收入完成118.55亿元，同比增长1.6%，其中，税收收入完成79.97亿元，同比增长3.2%。一般公共预算支出完成329.87亿元，同比增长2.9%。

市场物价总体平稳，鲜菜、鲜果类商品价格涨幅较大。濮阳市居民消费价格同比下降0.6%。八大类商品价格二涨六降，其中，教育文化和娱乐类、其他用品和服务类分别上涨0.4%、2.0%；食品烟酒类、衣着类、居住类、生活用品及服务类、交通和通信类、医疗保健类分别下降0.5%、0.7%、0.1%、0.2%、3.6%、0.1%。

居民收入稳定增长，城乡收入差距进一步缩小。濮阳市居民人均可支配收入达到27962元，同比增长6.5%，增速居河南省第六位。其中，农村居民人均可支配收入19106元，同比增长8.3%；城镇居民人均可支配收入38712元，同比增长3.5%。农民收入增速快于城镇居民4.8个百分点，城乡居民收入差距继续缩小，城乡收入比2.03∶1，比2022年下降0.09个百分点。

【金融运行情况】

2023年濮阳市银行业存款增势放缓，贷款快速增长。2023年末，濮阳市银行业存款余额2845.95亿元，较年初增加273.68亿元，同比增长10.64%，增速比2022年放缓3.72个百分点；贷款余额1874.63亿元，较年初增加245.49亿元，同比增长15.07%，增速比2022年加快2.83个百分点，居河南省第五位。各项贷款余额占各项存款余额的65.87%，比2022年提升2.54个百分点。

分部门看，住户贷款和企（事）业单位贷款均大量增加。住户贷款年末余额1138.81亿元，较年初增加125.60亿元，同比多增30.12亿元；企（事）业单位贷款年末余额735.81亿元，较年初增加119.90亿元，同比多增37.78亿元。

分期限看，短期贷款、中长期贷款均增加较多。短期贷款余额537.21亿元，较年初增加84.71亿元，同比多增24.63亿元；中长期贷款余额1270.91亿元，较年初增加141.96亿元，同比多增38.87亿元。

分机构看，国有大行分支机构、中原银行分支机构以及濮阳农商行信贷投放较多。

【货币、信贷政策执行情况】

一、认真贯彻稳健的货币政策。2023年，人民银行濮阳市分行多次召开货币信贷形势分析会、窗口指导会、座谈会，积极推进落实稳健货币政策。联合市金融工作局、金监局濮阳分局多次召开信贷投放工作加压推进会，推动建立濮阳市金融工作会商沟通机制，引导辖内金融机构持续扩大信贷总量，优化信贷结构，降低融资成本。通过现场调研、约见谈话、通报批评等方式指导法人金融机构严格落实信贷调控要求，科学、合理制定信贷投放计划，保持贷款平稳增长和精准投放。2023年末，濮阳市各项贷款余额1875亿元，同比增长15.07%，增速河南省排名第五位。各项利率持续下行，企业融资成本连续下降。濮阳市一般贷款加权平均利率4.96%，普惠小微贷款加权平均利率4.69%，分别较2022年同期回落0.77个、1.28个百分点；企业贷款加权平均利率4.75%，同比下降0.67个百分点，累计为企业让利2.65亿元。

二、大力提升货币政策工具使用效果。组织召开政策宣讲会、推进会，开展约谈和调研活动，激励法人金融机构使用再贷款的主动性。同时，因地制宜，精准施策，实现货币政策工具与产业发展无缝对接。一是联合市委组织部、市农业农村局等五部门推动金融产品创新升级。瞄准乡村振兴致富带头人群体，创新推出“再贷款+兴村富民贷”模式，提供5亿元专用再贷款限额，定向支持濮阳市法人金融机构发放“兴村富民贷”。二是联合清丰县政府、清丰县农商行，在支持当地家居产业方面开展深度合作。为清丰县提供1亿元家居产业专用再贷款限额，专门用于合作银行发放家居贷款，支持家居企业发展，助力清丰县打造在全国有重要影响的“家居之都”。清丰县政府设立了1300万元的家居产业贷款风险补偿资金，政府与合作银行分别按照40%、60%的比例分担贷款损失，对合作银行按贷款余额增量的1%进行奖励，并为家居企业提供政府性融资担保支持。清丰农商行作为合作银行，对清丰县家居企业推出了利率优惠的“家居贷”，使用再贷款资金发放的贷款利率不超5.5%，有效扩大了清丰县家居产业贷款投放，切实降低了企业融资成本。2023年末，濮阳市再贷款限额增至36亿元，累计办理再贷款业务89笔，再贷款余额31.09亿元，实现了再贷款资金使用的全机构、全品种覆盖；再贴现限额6.5亿元，累计办理再贴现业务36笔，累计发放金额13.53亿元。濮阳市在河南省货币政策工具使用评估中连续四季度位列第一名。

三、加大对社会薄弱环节和重要领域的信贷支持。一是推动市政府出台了《濮阳市促进金融业发展若干措施》，明确提出按照新增涉农贷款和民营小微企业贷款额的一定比例给予银行财政奖补。二是通过开展金融机构服务乡村振兴考核评估、出台《濮阳市金融服务乡村振兴工作二十条措施》、开展金融支持乡村振兴调研、加强金融支持乡村振兴宣传、推进“兴村富民贷”业务增量扩面等一系列措施，大力推动金融支持乡村振兴。2023年末，濮阳市涉农贷款余额944亿元，同比增长11.49%。“兴村富民贷”自2021年以来累计发放21595笔，金额35.1亿元，相关做法获得省分行尹清伟副行长批示，并被《金融时报》《河南日报》等媒体报道，被评为第五届“新华信用杯”全国优秀信用案例。三是通过引导银行机构优化信贷结构、开展制造业信贷政策导向效果评估、联合市发改委推动制造业中长期项目与金融机构对接融资，加大制造业金融支持力度。2023年末，濮阳市制造业贷款余额102.12亿元，同比增长19.72%，高于各项贷款增速4.65个百分点。四是通过用好普惠小微贷款支持工具、召开金融支持民营企业工作座谈推进会、推动市政府对辖内法人金融机构普惠小微贷款给予一定财政资金奖励、引导普惠小微企业贷款利率下行等举措，引导金融资源向普惠小微领域倾斜。截至2023年末，濮阳市普惠小微企业贷款余额286亿元，同比增长26.93%，高于各项贷款增速11.86个百分点。五是积极落实房地产金融政策。配合地方政府各项部署，鼓励引导银行机构提供配套融资，并加大对房地产企业的贷款支持力度，同时积极推进优质房地产企业纾困融资，加大对省级白名单房企的融资支持，做好银企对接、跟踪监测和督促指导，实施好差别化住房信贷政策，加快推动新发放首套住房个人住房贷款利率政策动态调整长效机制等新政策实施，引导银行机构在城市政策下限基础上合理确定个人住房贷款最低首付比和利率水平。截至2023年末，濮阳市房地产贷款余额705.86亿元，较年初增长40.16亿元，同比增长6.03%；引导商业银行对白名单房企新发放开发贷款3.91亿元，新发放个人住房按揭贷款12.61亿元。

四、持续推动金融市场平稳健康运行。一是强化债券市场风险监测预警，不断加大创新型债券发行力度。二是持续跟踪承兑贴现办法执行情况，监测企业和金融机构票据业务风险，严禁金融机构违规开展票据质押、贴现业务，积极推动解决辖内城投企业票据持续逾期问题。三是加强黄金市场业务备案和监督管理，开展法人金融机构黄金市场业务快速调研，推动黄金市场平稳规范发展。四是加强风险监测与规范管理，促进货币市场、衍生品市场、资产支持证券市场、互联网金融市场平稳运行。

五、积极推动跨境人民币使用。一是及时传达最新政策，积极为符合条件的涉外企业开办跨境人民币业务。二是列为年度工作重点，引导银行加强对后备优质企业宣传，帮助其尽快进入优质企业行列。三是新增 1 家银行分支机构加入人民币跨境收付信息管理系统管理。四是持续跟踪监测辖区非金融企业控制多类金融机构的情况。五是联合外汇及跨境人民币自律机制，积极宣传跨境人民币便利化政策，为涉外企业办理跨境人民币便利化业务。2023 年 8 月 18 日组织召开“融汇豫企避险守益”汇率风险中性理念（濮阳站）宣讲活动。2023 年末，濮阳市跨境人民币业务收支总额 17.75 亿元。

六、积极做好宏观审慎管理工作。继续配合健全宏观审慎政策框架，加强监测宏观杠杆率、金融市场杠杆、房地产等重点领域风险情况，配合做好系统重要性金融机构监测分析。

【金融稳定情况】

一、积极开展早期纠正工作，及时防范和化解金融风险。2023 年，人民银行濮阳市分行成立早期纠正工作领导小组，定期跟踪督导法人金融机构早期纠正情况，下发早期纠正通知书，对资本补充及资产质量均提出工作要求。同时压实各方责任，持续推进早纠机构风险化解。

二、有序开展央行评级，强化评级结果运用。定期对辖内 10 家法人金融机构开展央行金融机构评级，召开央行金融机构评级委员会会议，审议初始评级结果。对法人金融机构开展资产质量真实性评估，掌握风险底数，准确刻画银行风险情况。

三、落实好存款保险制度，巩固金融风险防范处置长效机制。一是核定各家机构适用的存款保险费率，各投保机构按照计算出的保费金额，准时交纳当期存款保险保费。二是对费率核定中发现问题的法人银行机构开展“一对一”座谈和指导。三是开展存款保险现场核查，并将核查结果体现在存款保险风险差别费率核定工作中。四是持续强化、广泛开展存款保险宣传。组织各金融机构在对应社区悬挂存款保险明白人宣传牌；开展“存款保险宣传月”以及贯穿全年的“投保机构规范宣传”专项行动；对金融机构存款保险标识使用情况开展专项巡查；依托存款保险宣传网格，聚焦重点地区和重点人群，以提升认知度为目标，做实做细宣传工作，确保“护航 12345”工程在辖区落地落实。

四、强化风险监测预警，守住不发生系统性风险的底线。密切监测地方中小银行流动性风险，做到日监测周报告，同时密切关注和防范可能引发的负面舆情。按季度开展银行业金融机构风险预警工作，分级别区分预警值，及时通告超预警值机构。2023 年，辖区未发生系统性、区域性金融风险。

【国际收支情况】

2023 年，濮阳市涉外收支总额下降，银行结、售汇量一升一降，涉外收支和结售汇差额仍保持顺差，但均较大幅度收窄。濮阳市涉外收支总规模 14.67 亿美元，同比下降 11.52%，其中，涉外收入 12.03 亿美元，同比下降 13.20%；涉外支出 2.64 亿美元，同比下降 2.94%；收支顺差 9.39 亿美元，同比下降 15.71%。

经常项下收支一降一升，收支顺差收窄。经常项下全年收支总额 13.94 亿美元，同比下降 10.70%；收入 11.63 亿美元，同比下降 15.72%；支出 2.31 亿美元，同比上涨 27.62%；收支顺差

9.32亿美元，同比下降22.27%。其中货物贸易收汇量下降逾一成，付汇增长明显；服务贸易收付一跌一涨；收入与经常转移收支均大幅下降。

资本与金融项下收入大幅增长，支出降幅过半。全年资本和金融项下收入3967.33万美元，同比上涨633.33%；支出3338.76万美元，同比下降63.40%。

汇率波动导致结售汇量不同程度变动，结售汇量呈现一降一增，结售汇顺差小幅放宽。全年累计结汇8.88亿美元，同比下降9.22%；售汇1.39亿美元，同比上涨26.29%。货物贸易项下结汇6.97亿美元，同比下降7.89%；货物贸易项下售汇0.65亿美元，同比上涨23.44%。

【银行业改革与发展】

一、银行业发展情况。截至2023年末，濮阳市共有18家银行类金融机构，其中，政策性银行濮阳市分行1家、国有大型银行濮阳分行5家、城市商业银行濮阳分行2家、农村商业银行6家、村镇银行4家。濮阳市银行业网点443个，从业人员6361人，实现利润总额26.18亿元，较2022年减少2.57亿元。

二、服务实体经济情况。一是金融供给总量持续增长。2023年，国家金融监督管理总局濮阳监管分局统筹推进“走万企、提信心、优服务”和“行长进万企”活动，组织开展线上线下银企对接会216场次，为4016家企业授信104.25亿元，有效增加金融供给总量。截至2023年末，濮阳市银行业贷款余额1875亿元，较年初增长15%，贷款增速河南省排名第五位，顺利完成市委、市政府下达的信贷投放任务。二是金融供给结构不断优化。注重监管引领，在金融供给扩面的同时，聚焦重点领域和薄弱环节，不断调整优化供给结构。2023年，濮阳市制造业贷款、普惠型小微企业贷款、涉农贷款、绿色贷款均实现快速增长，全年累计向195家次高新技术企业提供贷款39.08亿元，累计向191家次科创企业提供贷款35.02亿元。濮阳被评为河南省3个中央财政支持普惠金融发展示范区之一，获得3000万元专项资金支持，分局获得濮阳市制造业倍增行动先进单位。三是金融支持“保交楼”成效明显。成立工作专班，现场督导3次，指导银行机构开展走访53次，摸清摸透项目情况，做到分类施策。2023年，濮阳市房地产领域贷款快速增长，濮阳市银行机构已向2批次53个保交楼项目批复融资4.86亿元，已发放1.81亿元。

三、金融改革工作情况。一是推进基层法人机构经营机制转换。做好辖内农商行公司治理监管评估，开展公司治理及内控有效性现场检查，进一步摸清机构风险底数，引导机构扭转经营发展方式。二是完善消费者权益保护机制。建立消保投诉“日登记、周共享、月通报、年考核”制度，开展贯彻落实新时代“枫桥经验”专项行动，压实金融机构主体责任。

【证券、保险业改革与发展】

一、证券业。2023年，濮阳市辖区资本市场稳定健康发展，证券市场运行平稳有序，市场融资功能不断增强。截至2023年末，濮阳市共有证券公司营业部机构4家，分别为中原证券股份有限公司濮阳分公司、方正证券股份有限公司濮阳黄河路证券营业部、民生证券股份有限公司濮阳中原路证券营业部、山西证券股份有限公司濮阳长庆路证券营业部；濮阳市累计开户数162122户，总资产59.9亿元，托管证券市值57.16亿元；全年营业收入累计4058.55万元，利润1000.86万元；共有A股上市公司2家，流通股市价总值90.12亿元。

二、保险业。截至2023年末，濮阳市共有保险机构46家，其中财险机构21家，人身险机构25家，已备案专业中介代理机构34家。濮阳市保险业原保费收入93.44亿元，同比下降3.04%。濮阳市保险业累计赔付支出35.61亿元，增速19.14%。

一是综合运用监管手段和行业自律等措施，遏制车险高返还等不理性竞争行为，持续巩固车险乱象治理成果。截至2023年末，濮阳市车险综合费用率24.15%，从低到高位居河南省第二位，通过“减费增赔”，保障车险服务的后端客户利益；加大对非法保险中介在濮展业的查处力度，严禁将车船税缴纳到异地。全年保险机构代收代缴车船税2.11亿元，全力保障当地税源不流失。二是充分发挥保险业经济“减震器”和社会“稳定器”功能。强化理赔服务，面对小麦收获期“烂场雨”带来的粮食减产以及台风“杜苏芮”带来的暴雨灾害，分局指导保险机构及时开通绿色通道，做到应赔尽赔、早赔快赔，对小麦受损累计赔付3700万元，对暴雨灾害累计赔付923万元，最大程度发挥保险防灾防损功能；深挖行业潜力，指导太保农险在台前县成功落地晚秋黄梨优势特色农产品保险，实现台前县特色优势农产品保险品种数量零突破；推动巨灾保险落地，助力濮阳成为河南省首个非试点城市自主开展巨灾保险项目地市。目前，濮阳市责任保险、家庭财产保险、企业财产保险、农业保险同比增幅均超过20%，财险业务结构进一步优化。

许昌市

【经济运行情况】

一、经济运行总体平稳。根据地区生产总值统一核算结果，2023年许昌市生产总值3238.19亿元，按可比价格计算，同比增长0.9%。其中，第一产业增加值216.53亿元，增长1.4%；第二产业增加值1398.91亿元，增长1.6%；第三产业增加值1622.75亿元，增长0.1%。三次产业结构比值为6.7∶43.2∶50.1。

二、工业生产平稳增长。2023年，许昌市规模以上工业增加值同比增长2.0%。其中，六大新兴产业同比增长-4.1%，三大优势产业同比增长2.8%，三大传统产业同比增长0.8%。

三、固定资产投资增速回升。2023年，许昌市固定资产投资同比增长6.1%。分产业看，第一产业投资增长-76.3%，第二产业投资增长-13.9%，第三产业投资增长13.9%。分领域看，基础设施投资增长91.0%，民间投资增长4.0%。

四、消费品市场显著回暖。2023年，许昌市社会消费品零售总额完成1372.7亿元，同比增长7.0%。分行业看，批发和零售业实现零售额1125.4亿元，同比增长6.9%；住宿和餐饮业实现零售额247.3亿元，同比增长7.1%。

五、对外贸易增幅提升。2023年，许昌市进出口总值完成271.6亿元，同比增长7.7%。其中，出口总值237.2亿元，同比增长11.8%；进口总值34.4亿元，同比增长-13.8%。

六、财政收支保持增长。2023年，许昌市一般公共预算收入完成211.9亿元，同比增长3.9%；一般公共预算支出完成348.6亿元，同比增长0.5%。

七、市场物价小幅回落，居民收入保持增长。2023年，许昌市居民消费价格同比下降0.2%。居民人均可支配收入31685.0元，同比增长4.5%；其中，城镇居民人均可支配收入39537.9元，同比增长3.4%；农村居民人均可支配收入24228.2元，同比增长6.7%。

【金融运行情况】

一、各项存款增速放缓。2023年末，许昌市金融机构人民币各项存款余额3534.61亿元，较年初增加256.13亿元，增长7.81%，增速较2022年末下降3.90个百分点。住户存款增量贡献度持续高位运行。2023年末，许昌市住户部门人民币各项存款余额2785.58亿元，较年初增加321.40亿元，较同期多增29.16亿元；增长13.02%，比2022年末回落0.41个百分点。

二、各项贷款增速有所提升。2023年末，许昌市金融机构人民币各项贷款余额为2847.84亿元，较年初增加225.54亿元，增长8.60%，增速较2022年末提升2.03个百分点。住户贷款增量扩大、增速提升，仍处高位运行状态。2023年末，许昌市住户贷款余额1293.12亿元，新增126.12亿元，增长10.81%，较2022年末多增66.22亿元，增速提升5.40个百分点，对全部新增贷款占比55.92%，较2022年末提升18.90个百分点。

三、社会融资规模稳步增长。2023年，许昌市社会融资规模累计增加252.83亿元，同比多增56.03亿元，同比增长28.47%。其中，人民币贷款累计增加225.54亿元，同比多增63.74亿元，占社会融资规模增量的89.21%；企业债券融资累计增加43.39亿元，同比多增30.39亿元，占社会融资规模增量的17.16%。

【货币、信贷政策执行情况】

一、贯彻落实稳健货币政策，政策实施效能有效提升。坚持将稳信贷作为服务实体经济发展的重要抓手，联合出台《加强政银企对接活动助力经济快速恢复实施方案》等政策措施，召开经济金融形势分析会、窗口指导会、银行行长座谈会等，充分发挥政策指导效能；聚焦制约信贷增长的痛点难点问题，多次开展实地调研，强化监测通报和约谈，督促引导金融机构千方百计扩大信贷投放。截至2023年12月末，许昌市金融机构人民币各项存款余额3534.61亿元，较年初增加256.13亿元，增长7.81%；各项贷款余额为2847.84亿元，较年初增加225.54亿元，增长8.60%。累计发放再贷款1.86亿元、再贴现43.2亿元。深化利率市场化改革，推动市场主体综合融资成本稳中有降，12月份，新增一般贷款加权平均利率较年初下降0.59个百分点，新增企业贷款加权平均利率较年初下降0.52个百分点。

二、围绕重点多管齐下，金融支持重点领域和薄弱环节精准有力。紧盯民营小微、乡村振兴、绿色低碳、科技创新等薄弱环节，加快推动建立敢贷愿贷能贷会贷长效机制，强化信贷政策导向评估，各项货币政策工具实施效果逐步显现。截至12月末，许昌市涉农贷款余额1281.99亿元、同比增长8.97%；小微企业贷款余额807.91亿元，同比增长4.92%；发放碳减排支持工具0.8亿元、煤炭清洁高效利用贷款1.2亿元，科技创新贷款11.2亿元。加大重点领域信贷支持，制定出台《许昌市金融服务专精特新企业工作方案》，全年共向“专精特新”企业发放贷款575笔，金额29.74亿元；深入实施金融支持制造业提质培优行动，联合市金融工作局、工信局在许昌市范围开展金融支持制造业提质培优行动，全年向先进制造业企业发放贷款189笔，金额23.94亿元。督促金融机构落实好存量首套个人住房贷款利率调整政策，认真落实差异化住房信贷政策，更好地满足刚性和改善性住房需求，截至2023年12月末，许昌市房地产贷款余额、个人住房贷款余额分别同比增长3.89%、4.75%。

三、强化金融市场管理，区域金融市场平稳发展。一是维护票据市场平稳规范发展。加强对辖内金融机构票据业务合法合规性监管，督促其严格按照有关规定开展票据业务，规范和促进票据业务健康发展，截至2023年末，许昌市金融机构银行承兑汇票余额104.76亿元，票据融资余额121.86亿元。二是强化债券市场风险管理。成立债券监测预警工作领导小组，建立发债企业档案库，及时压实各方责任，避免了兑付风险事件发生。三是加强银行间市场成员和黄金市场监督管理，密切关注辖内业务开展情况。认真开展金融市场业务监督管理工作。及时跟踪和了解辖内参与银行间债券市场的法人金融机构业务开展情况。四是加大跨境人民币业务推广，强化跨境资金流动形势监测。截至2023年12月末，许昌市跨境人民币结算总额创历史最高值13.57亿元，同比增速达 122.63%。

【金融稳定情况】

一、加强风险监测预警，金融稳定基础持续巩固。积极适应机构改革后金融稳定工作的新形势新要求，建立健全法人金融机构日监测、周报告机制，持续加强重点机构异常情况核实和风险预判，有序推动风险防控重心前移。深化存款保险宣传，与公安、税务等多个部门建立了常态化联动宣传机制，多次联合开展集中性宣传活动。

二、完善机制建设，金融稳定防线不断加强。认真贯彻中央金融工作会议明确的“早识别、早预警、早暴露、早处置”风险化解思路，开展早期纠正工作，督促其多方筹措资金、限期补充资本，降低经营风险，尽快退出高风险机构行列；持续推进改革化险，大力支持 2 家法人机构完成政府专项债申请的全部流程；坚持清收化险，配合地方政府做好农信系统不良贷款清收工作，全年清收不良贷款 86.31 亿元。

三、强化监管职能，反洗钱监管取得积极进展。联合市总工会、市公安局举办反洗钱知识电视竞赛、反洗钱征文比赛和打击洗钱犯罪业务专项培训，着力提升金融机构业务能力和履职水平。出台《许昌市打击治理洗钱违法犯罪三年行动合作机制（2022—2024 年）》《反洗钱警银合作机制实施方案》《预防和打击毒品犯罪及下游洗钱违法犯罪会议纪要》等文件，凝聚人民银行、公安、检察院等多部门监管合力。

【国际收支情况】

一、银行结、售汇双增长。2023 年，许昌市辖内外汇指定银行代客结汇 23.06 亿美元，同比增长 3.64%；售汇 2.89 亿美元，同比增长 34.54%，净结汇 20.17 亿美元，同比增长 0.34%。

二、跨境资金收支双增长。2023 年，许昌市跨境资金收入 29.34 亿美元，同比增长 8.95%；支出 8.6 亿美元，同比增长 41.27%。

三、对外直接投资大幅增长。2023 年，许昌市辖内企业向境外直接投资 4242 万美元，同比增长 241%。

四、外商来许直接投资大幅增长。2023 年，外商来许直接投资 3917 万美元，同比增长 210.13%。

【银行业改革与发展】

2023 年末，许昌市辖区政策性银行、国有商业银行、股份制商业银行、城市商业银行、农村金融机构（含农村商业银行、农村信用社）和村镇银行机构共计 25 家，与 2022 年末持平。网点共计 594 个，较 2022 年末减少 22 个。从业人员 7764 人，较 2022 年末减少 219 人。

许昌市银行业资产类总计 6309.35 亿元，较年初增加 477.46 亿元，增长 8.19%；负债类总计 6163.97 亿元，较年初增加 461.07 亿元，增长 8.08%。人民币各项存款余额 3534.61 亿元，较年初增加 256.13 亿元，增长 7.81%；人民币各项贷款余额为 2847.84 亿元，较年初增加 225.54 亿元，增长 8.60%。实现利润 32.60 亿元，同比多盈 9.59 亿元。

【保险业改革与发展】

2023 年末，许昌辖内共有保险公司非法人机构 53 家，其中，财险公司 27 家，寿险公司 26 家。保费收入 94.08 亿元，较去年同期减少 5.63 亿元，其中，人寿保费收入 70.05 亿元，较去年同期减少 7.27 亿元，财产保费收入 24.03 亿元，较去年同期增加 1.64 亿元；理赔支出 19.83 亿元，较去年同期增加 4.1 亿元，其中，人寿理赔支出 2.82 亿元，较去年同期减少 0.18 亿元，财产理赔支出 17.01 亿元，较去年同期增加 4.28 亿元。

漯河市

【经济运行情况】

2023年以来，漯河市经济运行平稳向好，工业生产稳步恢复，消费市场持续复苏，财政收支总体平稳。

2023年，漯河市经济延续良好的运行态势，GDP全年增长5.4%，主要经济指标增速高于河南省平均水平，持续稳居河南省第一方阵。

一、农业生产保持稳定。漯河市粮食生产克服夏粮“烂场雨”影响，粮食生产再获丰收，全年粮食产量达到184.97万吨。新建和改造提升高标准农田16.9万亩，优质小麦种植面积占比河南省第一。生猪出栏258万头，猪肉产量20.2万吨，生猪产能调控考核居河南省第一。培育省级以上“一村一品”示范村镇13个，临颍县王岗镇（小辣椒）入选全国乡村特色产业产值超10亿元，临颍县成为中国数字辣椒第一县。

二、工业生产持续向好。漯河市规模以上工业增加值增长7%，新增规上工业企业159家。产业体系不断完善。培育现代食品、新材料、先进制造三大产业集群“11+8”产业链，35家“倍增工程”企业产值、利润、税金分别增长9.6%、18.9%、14%。高新技术产业快速增长。传统产业规上企业技改覆盖率达90%，漯河市高新技术产业增加值增长16.5%，全社会研发经费支出增长41.8%。

三、服务业持续恢复。2023年，漯河市社会消费品零售总额785.9亿元，同比增长7%，居河南省第五位。筹措财政资金6586万元，在零售、汽车和文旅三个领域进行消费券发放活动，带动消费10.4亿元。服务业增加值同比增长4.6%，居河南省第六位。2023年，服务业对GDP贡献率达51.4%，漯河市服务业实现税收收入84.5亿元，占漯河市税收的43.2%。物流业实现高质量发展。成功创建国家骨干冷链物流基地，全国冷链物流百强企业漯河占7家，上榜企业数量位居河南省第一位；双汇物流建成全国最大的冷链物流智慧供应链平台，注册车辆突破21万辆。

四、固定资产投资稳定增长。固定资产投资全年增长7.2%，高于河南省平均水平5.1个百分点。其中工业投资增长4%，服务业投资增长11.4%，基础设施投资增长89.3%。“三个一批”项目先进。新增“三个一批”项目174个，总投资2018亿元；结转“投产一批”项目153个，总投资1095.1亿元。重点项目建设推进有力。

五、财税收入保持稳定。漯河市财政一般公共预算收入136.3亿元，同比增长3.4%，居河南省第七位；其中税收收入占比70.6%，居河南省第四位，企业所得税增量和增幅均居河南省第一位。居民人均可支配收入增长6.8%，居河南省第三位。

六、开放水平持续提升。对外贸易快速增长。全年漯河市货物贸易进出口总额68.9亿元，同比增长33.9%、居河南省第三位，与RCEP国家进出口贸易额增长49.6%。25家企业实现出口零的突破，亿元以上进出口企业达到9家。招商引资成效明显。漯河市共签约项目208个，总投资967亿元，其中超10亿元项目41个，国内外500强、行业百强、上市公司投资项目33个。

【金融运行情况】

2023年，漯河市金融运行总体平稳，信贷结构持续优化，信贷投放力度加大，信贷结构加快优化，金融支持科技创新、民营小微、先进制造、绿色发展等领域力度持续加大。一是各项存款增长加快，住户存款表现明显。2023年末，漯河市本外币存款余额2014.5亿元，同比增长10.8%，高于河南省2.8个百分点。二是各项贷款增长稳中有升。2023年末，漯河市本外币贷款余额1385.6亿元，较年初增加136.4亿元，同比多增27亿元。三是社会融资规模增加较多。1—12月，漯河市社会融资规模增量为171.4亿元，同比多17.6亿元。其中，投向境内实体经济的贷款增加136.4亿元，同比多增27亿元；表外融资增加12.7亿元，同比减少16.7亿元；政府债券净融资21.3亿元，同比多增15.9亿元。

【货币、信贷政策执行情况】

一、贯彻落实稳健货币政策，着力稳定信贷增长。一是打造货币政策落实"六项机制"，助力地方经济高质量发展。积极融入漯河经济发展大局，通过打造货币政策落实"六项机制"（向政府报告机制、政策传导机制、政府交办讲评机制、工作专班机制、常态化银企对接机制、定期监测通报机制），贯彻落实稳健货币政策，助力地方经济高质量发展。认真贯彻落实上级行调控要求，积极做好法人机构信贷窗口调控指导。截至2023年末，漯河市存款余额2014.50亿元，同比增长10.8%，高于河南省平均2.8个百分点。贷款余额1385.64亿元，同比增长10.9%，高于河南省平均1.4个百分点；全年新增贷款136.41亿元。二是有效落实利率市场化改革措施，推动利率稳中有降。坚持以服务实体经济为本，在银行负债端，加强存款利率自律管理，及时处理违规行为，稳定负债成本；在资产端，强化窗口指导，定期开展宏观审慎评估、定价行为评估和合格审慎评估，发挥贷款市场报价利率改革效能，推动辖区企业实际贷款利率持续下行，继续向市场主体让利。2023年，漯河市企业、小微企业和普惠小微贷款利率分别为4.08%、5.04%和4.98%，同比分别下降0.75个、0.55个和0.67个百分点，为市场主体减少利息3.12亿元、1.11亿元和1.31亿元。

二、加强结构性货币政策工具管理，不断提高工具使用效果。一是管好用好货币政策工具。把用足用好结构性货币政策工具作为服务实体经济的重要抓手，引导金融机构加大信贷产品和服务方式创新，精准滴灌民营小微企业。2023年，漯河市再贷款再贴现累计投放55.68亿元，同比多投1.57亿元。二是督促国有大行在漯分行加大科技创新再贷款等政策落实力度。在落实"六项机制"的基础上，积极运用现场调研、"一对一"指导等方式督导有关金融机构创新金融产品、优化业务流程、提高放贷效率，提升对货币政策工具的承载能力。全年共落地结构性专项再贷款和政策性资金支持的优惠贷款合计24.68亿元，其中碳减排支持工具和交通物流优惠贷款累放金额均居河南省前八。

三、持续发挥信贷政策的结构引导作用，强化对重点领域和薄弱环节的金融支持。一是着力提升民营小微企业、中长期项目、绿色发展等重点领域和薄弱环节金融支持力度。截至2023年末，漯河市企业中长期贷款余额377.36亿元，同比增长29.8%，高于河南省19.3个百分点。开展金融支持漯河市食品工业企业高质量发展专项行动，发挥好结构性再贷款政策引导作用，带动金融机构加大对民营小微企业、制造业、涉农等重点领域的信贷支持，不断增强市场主体融资获得感。漯河市民营、普惠小微、制造业、贷款余额同比分别增长13.6%、19.4%、45.7%，均高于同期各项贷款增速。运用碳减排支持工具、煤炭清洁高效利用专项再贷款带动金融机构加大绿色领域信贷投放。漯河市绿色贷款余额90.03亿元，同比增加28.74亿元，增长46.9%，高于同期各项贷款增速36.0个百分点。二是加大科创领域信贷支持力度。贯彻落实上级加大力度支持科技型企业融资行动方案有关要求，聚焦漯河创新之城建设，制定《漯河市金融服务科技创新提升工程实施方案》，以漯河市130余家高新技术企业为重点，通过开展财务辅助和金融知识培训、创新科技信贷产品、深化银企对接活动、合理确定贷款利率、加大央行政策资金支持、完善风险补偿机制等一系列政策措施，强化金融支持力度。漯河市科创企业贷款余额20.03亿元，同比增长15.2%，高于各项贷款增速4.3个百分点，加权平均利率4.38%，同比下降0.50个百分点。三是金融支持全面推进乡村振兴不断发力。认真贯彻巩固拓展脱贫攻坚成果同乡村振兴有效衔接，做好脱贫人口小额信贷质量监测和续贷展期管理，保持脱贫地区信贷投放力度不减。全年脱贫人口小额信贷当年新增4518户、1.47亿元，余额户贷率40.8%。

四、持续推动金融市场平稳健康发展。一是加强债券市场监测。持续落实债券风险排查报告制度，重点关注地方政府融资平台债券到期情况，提前三个月摸底企业偿付资金和风险情况，确保不发生违约事件。2023年辖区企业已累计发行银行间市场直接债务融资工具15亿元，兑付银行间市场直接债务融资工具5亿元。引导辖内金融机构积极宣传科创票据等创新产品，做好符合条件企业的培育。二是强化货币市场和票据市场监测管理。加强对辖内银行间货币市场成员的流动性监测，密切关注同业拆借、债券回购等业务开展情况，确保不发生流动性风险。落实好商业承兑汇票信息披露的有关要求，加强对地方平台公司票据逾期监测，及时做好后续处理工作。三是推动黄金市场业务平稳发展。加强黄金市场业务管理，辖内临颍农商行备案开展黄金业务。加强辖内黄金市场监测分析，督促辖内金融机构及时、准确报送黄金市场数据，促进黄金业务合规开展。

【金融稳定情况】

一、银行业运行状况

（一）资产负债规模连续增长。银行业机构坚持回归主业，资产负债规模持续增加。截至2023年末，漯河市银行业机构资产总额为2296.02亿元，较年初增加201.45亿元，增长9.62%。负债总额为2212.29亿元，较年初增加191.77亿元，增长9.49%。贷款占比上升，贷款余额占资产的比重为60.35%，比去年增加0.71个百分点；贷款增量占资产增量的67.71%，高于去年同期25.52个百分点。

（二）存款规模大幅增加，存款稳定性持续提升。截至2023年末，漯河市银行业机构本外币存款余额2014.50亿元，较年初增加195.55亿元，同比少增49.77亿元，增长10.8%。

（三）贷款增速高于去年同期水平。截至2023年末，漯河市银行业机构各项贷款余额1385.6亿元，较年初增加136.4亿元，同比多增27亿元，增长10.96%，增速高于去年同期1.32个百分点。

二、证券业发展情况

（一）证券交易量出现下滑。2023年，漯河市3家证券公司（中原证券3家营业部、民生证券、方正证券各1家营业部）全部实现盈利，但净利润较去年同期下降。3家证券公司实现累计交易量1422.30亿元，同比上升9.15%；实现净利润1056.05万元，较去年同期下降57.82万元。

（二）中介业务快速增长。漯河辖区所有证券公司均开展融资融券业务、代销基金业等中介业务，2023年辖区3家证券机构实现债券融券回购交易金额445.19亿元，较去年增长183.16亿元，新开立基金账户1379个，较同期增加104个。

（三）非主板挂牌推介工作不断增强。2023年，漯河市证券机构坚持金融服务实体经济理念，积极向经营状况较好、有融资需求的企业推介新三板和区域性股转交易市场挂牌融资，使更多的企业感受多层次资本市场融资的便利，降低挂牌企业的融资成本，提高了漯河市企业直接融资比重。截至2023年末，漯河市共有3家上市公司。

三、保险业发展情况

（一）保险业运营平稳，保费收入和支出小幅下降。2023年漯河市保险业原保险保费收入55.79亿元，位居河南省第15位，同比上升0.56%。漯河市保险业累计赔付支出22.64亿元，位居河南省第十五位，同比下降27.26%。

（二）财产险市场运行良好，车险业务需求上升。2023年漯河市财产险保险公司原保险保费收入16.03亿元，同比增长24.75%；赔付支出12.91亿元，同比增长54.80%。车险保费收入8.67亿元，同比增长1.78%，占全部财产险比重达54.09%，拉动了行业增速。

（三）人身险整体运行平稳，寿险出现小幅下滑。2023年漯河市人身险保险寿险保费收入42.18亿元，同比下降1.05%。

【国际收支情况】

2023年，漯河市外汇市场运行平稳，涉外收支规模小幅上涨，收入项下增幅显著。涉外收支总规模18.66亿美元，同比增长7.86%。其中，涉外收入9.3亿美元，同比增长45.3%；涉外支出9.36亿美元，较去年同期下降14.13%。货物贸易进出口总额9.86亿美元，同比增长17.1%。结售汇方面，市场结汇意愿强烈，漯河市结售汇总规模11.71亿美元，同比增长9.44%。其中，结汇8.39亿美元，较去年同期增长51.7%；售汇3.32亿美元，同比下降36.28%。

【银行业改革与发展】

一、金融支持有力有效。一是金融支持力度持续加大。漯河市银行机构积极落实各项金融支持政策，围绕辖内建设食品名城、创新之城、幸福之城战略，聚焦先进制造业、新型城镇化、重大基础设施等省、市重点项目，加大贷款资金投放力度，为辖内经济社会高质量发展提供有力金融支撑。2023年，漯河市银行机构制造业贷款余额154.22亿元，较年初增长47.36%，增速连续12个月居河南省第一位。二是普惠金融服务质效不断提升。创新落实“万人助万企”，深化开展“行长进万企”活动。活动开展以来，漯河市银行机构已累计走访企业417家，解决各类企业问题174个，解决率超过89%，实现企业问题解决率、金融服务满意率“双达标”。2023年，漯河市普惠小微企业贷款余额225.19亿元，较年初增长21.33%；有贷余额户数4.57万户，较年初新增0.44万户，漯河市新发放普惠型小微企业贷款平均利率较年初下降0.6个百分点。三是金融服务乡村振兴持续深化。以创建全国金融服务乡村振兴创新示范区为契机，结合“三链同构、农食融合”农业全产业链发展特色，创新动产融资质押、无形资产质押等融资模式，加大信贷投放力度，支持农业产业化发展。2023年，漯河市涉农贷款余额591.32亿元，较年初增长12.46%，高于河南省平均水平4.01个百分点。积极推动农业保险承办机构结合地方“土特产”生长情况、经济效益、上下游产业链发展及品牌影响力，创新保险服务模式，推动地方“土特产”规模化及创新转型。截至目前，漯河市辣椒、香菇、大蒜、桃、草莓、葡萄等特色农产品中，已经有6个特色险种落地，累计为生产经营者提供风险保障6.11亿元。四是保险经济“减震器”、社会“稳定器”作用充分发挥。引导保险业积极融入我市发展战略，着力开展“保险增量、风险减量”行动，更好统筹量的合理增长和质的有效提升。2023年，漯河市保费收入55.79亿元，同比增速0.56%，增速居河南省第六位。漯河市40家保险公司累计承担各类风险保障3.51万亿元，累计支付各项赔款和给付保险金22.64亿元，为辖内社会稳定、经济发展和群众生产生活提供有力保障和支撑。

二、改革化险稳妥有序。一是坚持把不良清收与农信社改革有机结合，多措并举、多管齐下共同推动风险化解。将不良贷款控制效果与市场准入、监管评级、履职评价相挂钩，不断压实法人机构主体责任，确保不良资产压降得到真实效果。二是扎实开展“代理退保”黑产乱象整治，积极发挥协会行业自律功能，指导辖内保险行业协会组织会员单位签署《漯河车险市场自律公约》。通过综合治理，初步扭转了车险行业乱象“久治不愈”的局面，引导保险公司将资金向理赔端倾斜，进一步提升人民群众获得感。

三、风险防控扎实稳妥。一是紧盯“三外一高”风险，制定《漯河银保监分局银行保险机构重点领域风险排查工作方案》，开展地毯式排查整治，认真绘制辖内风险地图，掌握重点机构精准画像。二是紧盯房地产领域风险，针对辖内“保交楼”项目，完善“一楼一策一专班一银行”工作机制。强化风险监测，抓好预售资金监管，助力辖内房地产市场平稳健康发展。三是紧盯信用风险，坚持一行（社）一策，强化对辖内重点机构不良贷款的指导和监测分析。重视与公检法等部门的协同配合，一体推进清收不良、追赃挽损、追责问责。

三门峡市

【经济运行情况】

一、三门峡市经济发展稳健前行。初步核算，2023年三门峡市地区生产总值1620.27亿元，比上年增长2.0%。其中，第一产业增加值174.84亿元，增长2.5%；第二产业增加值696.08亿元，增长1.0%；第三产业增加值749.35亿元，增长3.0%。三次产业结构比值为10.8∶43.0∶46.2。全年人均地区生产总值79875元，增长2.4%。

二、财政收入稍有增长。2023年三门峡市财政总收入207.43亿元，比上年增长3.6%。一般公共预算收入140.69亿元，增长1.2%。其中，税收收入90.82亿元，下降1.5%，占一般公共预算收入的比重为64.6%。一般公共预算支出283.06亿元，增长2.6%。

三、固定资产投资大幅下降。2023年三门峡市固定资产投资（不含农户，下同）比上年下降23.3%。其中，第一产业投资下降36.0%，第二产业投资下降15.0%，第三产业投资下降26.5%。基础设施投资下降31.6%，民间投资下降36.6%，工业投资下降14.7%。2023年三门峡市房地产开发投资比上年下降22.0%。其中，住宅投资下降22.7%。

四、工业生产相对平稳。2023年三门峡市规模以上工业增加值比上年增长1.9%。分经济类型看，国有控股企业增加值增长0.9%；股份制企业增长3.1%；外商及港澳台商投资企业下降12.2%；私营企业增长12.4%。全年三门峡市规模以上工业产品销售率96.8%。

五、消费需求小幅释放。2023年三门峡市社会消费品零售总额569.95亿元，比上年增长5.3%。分城乡看，城镇消费品零售额468.24亿元，增长5.2%；乡村消费品零售额101.71亿元，增长5.8%。分行业看，批发业27.62亿元，下降4.5%；零售业470.29亿元，增长6.2%；住宿业4.81亿元，增长7.8%；餐饮业67.23亿元，增长3.4%。

六、进口总额小幅增加。2023年三门峡市货物进出口总值231.38亿元，比上年增长5.0%。其中，出口总值25.51亿元，下降11.1%；进口总值205.88亿元，增长7.4%。全年三门峡市实际利用省外资金505.9亿元，比上年增长9.2%。全年三门峡市外商直接投资（不含银行、证券、保险）新设立企业2个。

七、居民可支配收入及消费增长。2023年三门峡市居民人均可支配收入29357元，比上年增长4.8%。按常住地分，城镇居民人均可支配收入37363元，增长3.2%；农村居民人均可支配收入20732元，增长7.4%。城乡居民人均可支配收入比值为1.80，比上年缩小0.08。2023年三门峡市居民人均消费支出20709元，比上年增长8.8%。按常住地分，城镇居民人均消费支出25797元，增长8.1%；农村居民人均消费支出15227元，增长9.7%。

【金融运行情况】

一、各项存款平稳增长。2023年末，三门峡市金融机构本外币存款余额2006.83亿元，较年初增加167.54亿元，同比增长9.11%。人民币存款余额2003.81亿元，较年初增加168.23亿元，同比增长9.16%，同比增速高于河南省平均水平0.89个百分点，同比增速排名河南省第十二名。其中，住户存款较年初增加172.43亿元，非金融企业存款较年初减少16.49亿元，财政性存款较年初减少7.95亿元。

二、各项贷款不断增长。2023年末，三门峡市金融机构本外币贷款余额1182.94亿元，较年初增加124.42亿元，同比增长11.75%。人民币贷款余额1182.93亿元，较年初增加125.47亿元，同比增长11.86%，增速比上年同期高3.42个百分点；同比增速高于河南省平均水平1.79个百分点，同比增速排名河南省第十二名。从贷款结构看，三门峡市民营企业贷款余额322.18亿元，同比增长19.45%。三门峡市涉农、小微领域贷款余额543.96亿元，同比增长14.51%。三门峡市制造业贷款余额145.91亿元，同比增长7.60%。三门峡市房地产贷款余额199.78亿元，同比增长0.88%。其中，个人住房贷款余额152.98亿元，同比增长3.70%。

三、社会融资规模增量同比增长。2023年末，三门峡市社会融资规模增量累计147.65亿元，同比多增37.42亿元。其中，人民币贷款新增125.47亿元，同比多增43.13亿元；外币贷款减少1.09亿元，同比少增1.72亿元；委托贷款减少11.71亿元，同比少降0.37亿元；未贴现的银行承兑汇票减少39.64亿元，同比多降28.46亿元；企业债券融资增加62.00亿元，同比多增40.50亿元；保险公司赔付额为9.87亿元，同比多增1.37亿元；其他项新增额为2.75亿元，同比少增17.78亿元。

【货币、信贷政策执行情况】

一、营造适宜的货币金融环境。2023年出台《关于精准有力落实货币信贷政策助力现代化三门峡建设的指导意见》，印发《三门峡市人民银行系统货币信贷管理工作要点》，下发信贷业务提示函35份。组织开展货币政策工具合规运用专项行动、货币政策工具使用现场核查，按季度评估辖区政策工具运用情况。全年累计办理再贷款再贴现资金业务106笔13.4亿元，发放普惠小微贷款支持工具激励资金290.8万元，支持普惠小微贷款新增1.8亿元。三门峡市7家法人金融机构通过先收后返、直接扣减等方式，共减免普惠小微贷款利息349.8万元，惠及三门峡市1652户普惠小微企业，实现了阶段性减息政策快速落地。辖区7家全国性金融机构向相关行业部门推送的碳减排、煤炭清洁高效利用、交通物流、科技创新领域市场主体发放贷款260笔107.5亿元，加权平均利率3.4%。分别于3月27日、9月15日各下调金融机构存款准备金率0.25个百分点（不含已执行5%存款准备金率的金融机构），共释放长期流动性约6300万元。

二、持续优化信贷结构。2023年与市金融局等部门共同推动市政府印发《三门峡市2023年政银企对接工作方案》《三门峡市2023年政银企对接重点项目推进积分评价方案》，推动7个共2.9亿元制造业中长期贷款项目落地，12月末三门峡市制造业贷款余额145.9亿元，比年初增加10.3亿元。联合市工业和信息化局等部门开展“‘专精特新贷’融资助力中小企业高质量发展”专场活动，为民营和小微企业宣讲政策、答疑解惑。截至2023年12月末，三门峡市民营企业、小微企业、普惠小微贷款同比分别增长19.5%、15.1%、30.4%，分别高于各项贷款增速7.6个、3.2个和18.5个百分点。与市科技局等部门共同印发《三门峡市“科技贷”业务实施方案》，形成服务科技型企业工作合力。截至2023年12月末，三门峡市“科技贷”已发放贷款46笔、1.8亿元，惠及企业31家。发展绿色金融，三门峡市绿色贷款余额165.3亿元，较年初新增28.6亿元，余额同比增长20.9%，高于各项贷款增速9.1个百分点，绿色贷款余额占各项贷款余额的14.0%。

三、持续推进乡村振兴。截至2023年末，三门峡市涉农贷款余额544.0亿元，同比增长14.5%，增速比上年同期高7.9个百分点；比年初增加68.6亿元，同比多增39.6亿元。2023年末，三门峡市金融精准扶贫贷款余额 60.2 亿元，同比增长 10.0%，其中，已脱贫人口贷款余额 23.1 亿元，同比增长 23.7%；产业精准扶贫贷款余额 22.6 亿元，同比增长 0.2%。推动三门峡市新型农业经营主体在三门峡市普惠金融服务平台注册，2023 年末，三门峡市新型农业经营主体已在市普惠金融服务平台注册 3199 家，借助平台大数据模型增信并获得融资支持 12.7 亿元。

四、金融市场健康发展。2023 年末，三门峡市金融机构新发放一般贷款加权平均利率为 4.4%，同比下降 0.7 个百分点。其中，新发放企业贷款利率为 4.2%，同比下降 0.6 个百分点。2023 年三门峡市 5 家农商银行在银行间债券市场累计成交 1142 笔 1658.1 亿元，同比分别增长 29.0%、36.7%。其中，正回购（融入）741 笔 1006.1 亿元，同比分别增长 183.9%、249.2%，逆回购（融出）401 笔 652.0 亿元，同比分别下降 35.7%、29.5%；资金净融入 354.1 亿元，同比下降 155.6%。全年三门峡市金融机构银行承兑汇票贴现加权平均利率 1.7%，同比下降 0.2 个百分点。2023 年末，三门峡市房地产贷款余额 199.78 亿元，比年初增加 1.75 亿元。其中，个人住房贷款余额 152.98 亿元，比年初增加 5.5 亿元。截至 12 月末，三门峡市金融机构向 4 家省级白名单房企发放贷款 2.9 亿元。

【金融稳定情况】

守牢不发生系统性风险底线。2023 年扎实开展央行评级工作。2023 年末，辖区 8 家法人机构存款余额 451.15 亿元，较年初增加 20.09 亿元，经营保持稳定。

【国际收支情况】

跨境资金收支总额增加。2023 年，三门峡市涉外收支总额 29.59 亿美元，同比增长 18.1%。其中，涉外收入 3.94 亿美元，同比下降 29.72%；涉外支出 25.65 亿美元，同比增长 31.87%；净流出 21.72 亿美元，同比增长 56.76%。2023 年，三门峡市货物进出口总值 231.38 亿元，比上年增长 5.0%。其中，出口总值 25.51 亿元，下降 11.1%；进口总值 205.88 亿元，增长 7.4%。

【银行业改革与发展】

金融风险防控稳妥有序。建立农村中小银行高风险机构处置工作机制，明确处置部门职责，落实央地协同监管机制要求。加强重点领域风险管控，有效防范化解集团客户信用风险。配合防范化解地方政府隐性债务风险，建立完善融资平台到期还款监测台账。扎实推进存量案件风险处置，全力推动案件风险出清。持续整治不法贷款中介黑灰产业，切实保护金融消费者的合法权益。

【证券、保险业改革与发展】

一、保险业运行基本平稳，保费收入稍有下降。2023 年末，三门峡市共有保险业金融机构 27 家。其中，人寿保险公司 12 家，财产保险公司 15 家，较去年均无变化。2023 年共实现保费收入 40.11 亿元，同比下降 2.24%，其中，人寿保险公司保费收入 28.33 亿元，同比下降 3.18%；财产保险公司保费收入 11.78 亿元，同比微增 0.08%。

二、证券机构数量与资产减少。2023 年末，三门峡市证券行业共 5 家分支机构，分别为中原证券、民生证券、国都证券、诚通证券、方正证券，没有法人类证券机构。安信证券和国泰君安证券正常退出辖区市场。5 家证券机构资产总额 4.65 亿元，负债总额 4.34 亿元，同比分别减少 0.18 亿元、0.22 亿元，降幅分别为 3.73% 和 4.82%。5 家证券公司中，仅有诚通证券资产总额同比增长，增幅为 1.75%；方正证券资产总额同比降幅最大，降幅 21.46%。

南阳市

【经济运行情况】

2023年，南阳市生产总值4572.17亿元，增长4.8%。其中一产增加值736.27亿元，增长2.1%；二产增加值1315.79亿元，增长5.7%；三产增加值2520.11亿元，增长5.1%。三次产业结构比值为16.1∶28.8∶55.1。2023年粮食作物种植面积1308.89千公顷，粮食产量694.20万吨。2023年南阳市工业增加值998.80亿元，增长5.5%，规模以上工业增加值增长6.0%。高新技术产业增加值增长13.1%，占规模以上工业增加值的比重为49.8%。南阳市固定资产投资增长5.8%。社会消费品零售总额2405.35亿元，增长7.1%，居民消费价格上涨0.1%。地方财政总收入445.87亿元，增长15.8%，其中，一般公共预算收入289.38亿元，增长12.7%；一般公共预算支出821.00亿元，增长6.4%。南阳市城乡居民人均可支配收入28742元，增长7.0%。南阳市年末常住人口949.70万人，城镇化率达53.16%。南阳市2023年进出口总额237.3亿元，增长3.1%，其中，进口总额42.5亿元，增长19.2%；出口总额194.8亿元，增长0.2%。2023年城镇新增就业7.95万人，失业人员再就业1.59万人，困难人员就业0.65万人。

【金融运行情况】

一、各项存款大幅增长。2023年末，南阳市金融机构本外币各项存款余额7301亿元，比年初增加701亿元。从结构上看，住户存款保持大幅增长，企业一般存款小幅下降，财政及机关团体存款相对稳定。我市各项存款整体保持较高增速，为各类信贷投放提供了充足稳定的资金来源。

二、各项贷款增长显著。2023年，南阳市金融系统坚持金融高质量发展，以更好地服务实体经济发展需要。坚持稳健的货币政策，保持货币信贷稳定增长，有力释放政策效能，金融总量稳步增加，整体呈现出稳中有进的良好态势。南阳市各项贷款余额4259亿元，比年初增加600亿元。在固定资产、基建等贷款带动下，各项贷款较好满足了支持地方实体经济发展和服务民生需要。制造业、绿色环保行业、普惠小微企业、民营企业等方面信贷引导效果明显。

三、社会融资规模稳步增长。截至2023年末，南阳市社会融资规模增量为641亿元，同比多增308亿元，其中，间接融资是社会融资规模的绝对基础，占比高达94%，直接融资是重要、有益的构成部分，社会融资规模整体构成不断丰富和优化。

【货币、信贷政策执行情况】

一、有效发挥货币政策工具“精准滴灌”作用。充分发挥好货币政策工具总量和结构双重功能，引导金融机构加大对重点领域和薄弱环节的金融支持。多次召开政策解读会、工作推进会、现场督导会，做好新工具政策宣讲、任务分解、督导落实、交办疏堵及资金支持，并定期通报辖区金融机构政策工具使用情况，强化激励约束，提高央行资金使用效率，最大限度减少政策时滞，确保各类货币政策工具使用量稳居河南省前列。紧抓内乡农商行成功申报河南省碳减排支持工具试点机构机遇，将推进碳减排支持工具等创新型结构性政策工具落地纳入年度重点工作任务，确保更多低成本资金落地南阳并精准支持实体经济重点领域。截至2023年末，南阳市再贷款再贴现限额和余额分别为114.5亿元、83.7亿元；年累计投放再贷款再贴现 149.75 亿元，同比多增 52.5 亿元。累计运用普惠小微阶段性减息工具为地方法人金融机构提供激励资金 4806.89 万元。内乡农商银行已累计投放碳减排支持工具优惠贷款 1.02 亿元，位居河南省试点机构第一。

二、全力支持房地产市场平稳健康发展。一是加强监测指导。按月组织金融机构制定房地产信贷投放计划，并按周监测投放进度，督促金融机构持续稳定住房信贷规模。二是落实住房信贷政策。结合我市房价变动情况，保持南阳市最低首套房贷款利率为 LPR-35BP。三是做好白名单房企金融服务。联合市住建局制定“关于进一步做好白名单房企金融服务的通知”，筛选南阳市级白名单 84 家，并组织召开银企对接会，引导金融机构通过延期、按揭、开发贷等方式，精准支持优质房企。

三、推动优化信贷结构，精准支持重点领域和薄弱环节。一是持续推进小微企业敢贷愿贷能贷会贷长效机制建设。定期开展小微企业信贷政策导向效果评估，持续监测跟踪延期还本付息政策退出过程中贷款质量变化和 100 家普惠小微企业融资情况，指导金融机构通过制定年度服务目标等方式加大民营小微企业金融支持，促进小微企业融资增量、扩面、降价、提质。至 2023 年末，南阳市普惠小微贷款较年初新增 158.5 亿元，同比增长 22.6%。二是推动扩大绿色信贷投放。成立绿色金融工作专班，落实《2023 年河南省人民银行绿色金融重点任务攻坚行动工作方案》，进一步明确工作目标、重点任务和时限要求，定期召开会议研究部署，指导金融机构持续扩大绿色信贷供给。截至 2023 年末，南阳市绿色贷款余额 553.85 亿元，较年初增加 186.05 亿元，同比增长 51.57%。三是有效支持全面推进乡村振兴。开展 2022 年度金融机构服务乡村振兴考核评估，提升金融机构服务乡村振兴的积极性和主动性。至 2023 年末，南阳市涉农贷款余额 2677.4 亿元，较年初新增 385.6 亿元，同比增长 16.8%。

四、落实利率市场化改革，推动实体经济融资成本稳中有降。推动金融机构完善内部资金转移定价，进一步疏通利率传导渠道，持续释放 LPR 下降红利。引导地方法人金融机构存款定价主动跟随国有大行及股份制银行定价，合理管控负债成本，为贷款利率稳中有降积蓄空间。落实降低存量首套房贷利率政策，有效减轻居民利息负担。截至 2023 年 12 月末，南阳市新发放企业贷款、普惠小微贷款加权平均利率分别为 4.32% 和 5.10%，同比分别下降 37 个和 141 个基点，均处于历史低位。

五、有序推进跨境人民币业务增量扩面。坚持人民币国际化的政策导向和“本币优先”理念，一是持续推动人民币跨境使用。帮助企业规避汇率风险、降低交易成本、提升资金效率，推动跨境人民币结算增量扩面。截至 2023 年末，南阳市跨境人民币结算量达 72.82 亿元，居河南省第 3 位（不含郑州），同比增长 65.34%。人民币跨境收支占国际收支比重为 25.8%，较去年同期提高 8.1 个百分点。二是大力推进优质企业跨境人民币结算便利化业务发展。全年辖内金融机构共为优质企业办理 869 笔便利业务，金额累计 8.59 亿元，同比增长 72.84%，拓展跨境人民币“首办户”78 家。三是积极满足市场主体投融资需求。2023 年，南阳市跨境人民币融资业务量达 7.83 亿元，较去年实现“零的突破”。

【金融稳定情况】

一、从早从小，强化风险监测预警机制。一是严格执行地方法人金融机构风险监测工作，定期开展辖内法人风险预警监测工作，及时了解辖内法人机构关键指标变化情况，对指标异常机构以发送风险提示单、风险提示函方式开展风险提示或约谈，督促跟踪整改，做到监测预警跟踪闭环管理。二是落实流动性重点关注机构动态监测制度，关注流动性指标不达标机构，谨防流动性风险。三是扎实开展央行金融机构评级工作。按照实事求是、及时反馈、实时更新的工作要求，将监测情况及整改情况纳入央行评级工作中、更新到系统评级中，做到定量数据真实准确、定性数据客观公正，评级结果真实反映机构的风险水平。四是加强对大型企业金融风险监测、预警、处置力度。五是落实银行业金融机构重大事项“零报告”机制，认定辖区机构上报的重大事项，及时向上级行报送银行业金融机构重大事项报告。六是强化风险应急管理。

二、共同发力，持续推动高风险机构风险化解。适时通过专题汇报、呈报件等形式向市委、市政府反映辖区法人机构风险状况，会同南阳市金融监管分局、南阳市金融局多次召开辖区农信机构风险化解推进会，并推动市委召开深改委会议暨第二十一次会议，专题研究农信系统高风险处置化解工作。同时，认真落实《关于进一步完善投保机构风险识别和早期纠正工作工作机制的通知》要求，按照“四个坚持”的化解思路，对照警示和早纠工作阈值，该警示的警示、该早纠的早纠，提前介入，进一步提升防范化解中小法人机构风险的主动性。

三、严守底线，确保不发生挤兑等重大风险事件。一是综合利用工作信息对法人机构风险整体状况、专项指标、风险重点、大额劣变等事项进行综合研判，针对一些严格超阈值指标，通过下发风险提示书、约谈等形式及时提示风险，对存款短期内下降较大、提前支取定期存款笔数较多、流动性可用资金不足的机构及时单独电话提醒，实现风险防控关口前移。二是坚持底线思维，稳字当头，始终对挤兑风险隐患保持高度警惕，关键时间节点提醒机构高度关注异常存取款和重大资金流向变化情况。三是存款保险制度常态化、重点化宣传工作成效明显。围绕重点地区、重点人群、重要节点，通过抽查检查、专项督导等措施，着力构建存保制度宣传长效机制，扎实开展存款保险制度宣传活动。

【国际收支情况】

2023 年，南阳市涉外收支再创新高，总规模达 40.14 亿美元，同比增长 9.72%。总体来看，南阳国际收支状况稳健，跨境资金流动形势回稳向好。

从总体来看，主要渠道的跨境资金流动形势向好，货物贸易项下跨境资金保持净流入，龙头行业凸显支柱作用。2023 年，南阳市外贸企业保持持续输出活力，实现延续性增长，货物贸易项下跨境收支和结售汇均呈现顺差。南阳市货物贸易收入 27.44 亿美元，同比增长 15.11%；支出 3.42 亿美元，同比下降 19.11%；净流入 24.02 亿美元，同比增长 90.94%，显示外需加大带动外贸整体回稳向好。

分行业来看，农副产品类、汽车零部件、纺织服装等出口收入表现不一。一是农副产品类龙头支撑作用凸显。2023 年，南阳市农副产品类出口收入 15.72 亿美元，同比增长 22.33%，占货物贸易收入的 57.29%。南阳农副产品出口主要为食用菌菇、罐头、茶叶、椒类调味品、艾绒制品等，主要销往马来西亚、美国、韩国等国及中国香港。二是汽车零部件出口延续增长。2023 年南阳市汽车零部件产品出口收入 3.49 亿美元，同比增长 42.45%。南阳市汽车零部件出口企业 10 余家，产品出口涉及汽车涡轮壳体、减震器悬架、排气歧管、水泵等，主要出口国家有德国、比利时、奥地利、韩国等。随着近几年新能源汽车、零配件制造技术的快速发展，传统汽车零部件行业发展面临着技术革新和行业转变困境。三是纺织服装业复苏迟缓，企业加大自救力度。2023 年南阳市纺织服装行业出口 0.44 亿美元，同比下降 43.59%。纺织服装业作为传统出口优势产业之一，受制于全球市场需求下降、原材料价格高企等因素，出口收缩明显。约 9 成企业订单量下滑，机器开工率 100% 的企业仅 1 成，盈利企业仅 3 成。

【银行业改革与发展】

一、金融供给稳定增长。截至 2023 年末，南阳市各项贷款余额 4258.87 亿元，较年初增加 600.37 亿元，超过去年全年增量 267.09 亿元，增速 16.41%，高于河南省平均水平 6.94 个百分点，贷款余额、增量、增速均排名河南省前三，贷款增量和增速均创历年新高。涉农贷款余额 2680.54 亿元，河南省排名仅次于省会城市，较年初增量 387.86 亿元，河南省排名第一，增速高于河南省平均水平 8.46 个百分点；南阳市银行机构已为各类大中小微型企业累计投放贷款 1900.93 亿元，同比增加 239.28 亿元。

二、聚焦重点领域金融供给。持续加大对重大战略、基础设施领域等信贷投放力度，扎实开展“行长进万企”活动，主动对接“三个一批”重大项目建设资金需求，南阳市重点领域贷款较快增长。截至 2023 年末，南阳市银行业支持省市重点项目贷款余额 292.82 亿元，其中支持“三个一批”项目建设贷款 117.37 亿元，较年初增加 23.01 亿元，增速 24.39%，高于辖内整体贷款增速 7.98 个百分点。“万人进万企”名单企业贷款余额 623.02 亿元，较年初增加 237.21 亿元，增速 61.48%，高于整体信贷增速 45.07 个百分点。

三、服务产业高质量发展。持续加大制造业、科创、绿色等领域信贷支持，助力产业高质量发展。制造业中长期贷款余额 154.18 亿元，较年初增加 20.75 亿元，增速 15.55%；绿色信贷余额 559.72 亿元，较年初增加 177.93 亿元，增幅 46.6%，高于南阳市各项贷款平均增速 25.36 个百分点。科创企业贷款余额 52.20 亿元，较年初增加 9.09 亿元。对辖内 21 个重点产业链贷款投放 669.33 亿元，较年初增加 252.94 亿元，增速 60.74%，高于整体贷款增速 44.33 个百分点，“专精特新”企业贷款余额为 27.73 亿元，较年初增加 8.73 亿元，增速 45.94%，高于整体贷款增速 29.53 个百分点。

四、持续强化薄弱领域金融服务。积极将信贷资源向民营企业、小微企业等倾斜，进一步支持市场主体发展壮大。南阳市银行业普惠型小微企业贷款（不含票据融资）余额 860.07 亿元，较年初增加 158.82 亿元，增速 22.65%，高于各项贷款（不含票据融资）增速 6.24 个百分点。普惠型小微企业贷款户数 13.72 万户，较年初增加 2.33 万户。对私营企业贷款余额 1497.17 亿元，较年初增速 19.74%，高于整体贷款增速 3.33 个百分点。截至 2023 年 12 月末，辖内脱贫人口小额信贷余额 18.98 亿元。

五、主动做好惠企纾困服务。支持社会经济恢复发展，主动对困难企业、个体工商户、货车司机、住宿餐饮、文化旅游等主体贷款实施延期还本付息，南阳市银行业向各类中小微企业实施贷款延期还本金额 108.24 亿元，延期付息金额 0.93 亿元。对个人按揭贷款实施延期还本金额 5.26 亿元，延期付息金额 0.18 亿元。

六、综合融资成本稳中有降。认真落实贷款利率压降和费用减免工作要求，持续向实体减费让利。南阳市新发放各项贷款平均利率 4.50%，较年初下降 0.68 个百分点；新发放普惠小微贷款利率 5.34%，较年初下降 87 个 BP；新发放个人住房贷款利率 3.23%，较年初下降 113 个 BP，实现稳中有降；制造业贷款利率 3.52%，较年初下降 62 个 BP。当年主动承担或减免信贷相关费用 6627.02 万元。

【证券、保险业改革与发展】

2023年，南阳市上市企业共10家（境内7家：牧原股份、新野纺织、飞龙股份、仲景食品、中光学、森霸传感、金冠电气；境外3家：首控集团、福森药业、玉典钒业），新三板挂牌企业13家（全宇制药、利欣药业、凯鑫光电、中天防爆、天一密封、汇博医疗、西施兰、民兴生物、国辰建安、蓝奥科技、得莱斯、去吧看看网络、格瑞光电），区域股权市场挂牌企业 886 家，驻宛证券期货经营机构 13 家（中原证券、民生证券、方正证券、长江证券、中信证券、中航证券、申万宏源、国泰君安、招商证券、中银证券、华林证券、安信证券、中原期货）。

保险市场保持平稳运行，风险保障能力持续强化。截至 2023 年 12 月末，南阳市保险业原保险保费收入 191.54 亿元，规模稳居河南省第二位。赔付支出 83.51 亿元，规模居河南省第二位，同比增长34.91%，增速居河南省第一位。其中，财产险保费收入54.61亿元，同比增长12.41%，增速居河南省第三位。寿险保费收入136.94亿元，同比下降3%，增速河南省排名第7位。辖内保险公司深挖南阳地域特色，创新发展地方特色农产品保险，农业保险“提标、扩面、增品”发展水平稳步提升，为促进农业发展、农民增收和防灾减损提供有效保障。南阳市农业保险累计为南阳市提供风险保障348.63亿元，同比增长22.17%，赔付支出10.22亿元，同比增长65.91%；其中，为生猪产业提供风险保障金额82.88亿元，为种植业提供风险保障金额258.39亿元，有力地保障了“菜篮子”“米袋子”工程。

商丘市

【经济运行情况】

2023年，商丘市地区生产总值3109.00亿元，同比增长3.6%，总量居河南省第七位，增速居河南省第八位。其中，第一产业增加值588.03亿元，增长2.1%；第二产业增加值1011.84亿元，增长4.1%；第三产业增加值1509.13亿元，增长3.9%。全社会用电量212.76亿千瓦时，同比增长6.9%。工业用电量84.38亿千瓦时，同比增长2.0%。商丘市规模以上工业增加值同比增长1.7%。固定资产投资同比增长6.0%。社会消费品零售总额1592.17亿元，同比增长4.9%。

2023年，商丘市一般公共预算收入200.94亿元，同比增长0.4%；一般预算支出561.82亿元，同比增长1.6%。商丘市城乡居民人均可支配收入25069元，增长4.9%，其中，城镇居民人均可支配收入37378元，同比增长3.9%；农村居民人均可支配收入16932元，同比增长6.7%。

【金融运行情况】

一、各项存款保持较快增速。2023年末，商丘市金融机构本外币各项存款余额5081.88亿元，较年初增加489.89亿元，同比少增92.54亿元；同比增长10.67%，增速较2022年末下降3.86个百分点，增量、增速均居河南省第6位。分项目看，住户存款余额4231.22亿元，较年初增加512.58亿元；企业存款余额396.72亿元，较年初减少33.97亿元；广义政府存款余额453.35亿元，较年初增加11.35亿元。

二、各项贷款增长加快，信贷投向结构不断优化。2023年末，商丘市金融机构本外币各项贷款余额2949.22亿元，较年初增加332.80亿元，同比多增150.31亿元；同比增长12.72%，增速较2022年末提高5.22个百分点，增速居河南省第八位。

分部门看，住户贷款余额1692.63亿元，较年初增加209.89亿元，同比增长14.2%。其中，个人经营性贷款余额443.60亿元，较年初增加80.37亿元；个人消费性贷款余额1249.03亿元，较年初增加129.51亿元。企事业单位贷款余额1256.58亿元，较年初增加122.91亿元，同比增长10.8%。

分行业看，工业贷款余额321.83亿元，较年初增加3.66亿元，同比少增14.52亿元；同比增长1.2%，增速较2022年末下降了4.9个百分点。其中，制造业贷款余额117.20亿元，较年初减少5.53亿元。服务业贷款余额722.81亿元，较年初增加66.72亿元，同比增长10.18%。基础设施领域贷款余额245.02亿元，较年初增加39.24亿元，同比增长 19.89%。

房地产贷款平稳增长。2023 年末，商丘市房地产贷款余额 1095.24 亿元，较年初增加 77.59 亿元，同比增长 7.62%。其中，房地产开发贷款余额 99.68 亿元，较年初减少 1.10 亿元；购房贷款余额 995.56 亿元，较年初增加 78.69 亿元。

涉农贷款较快增长。2023 年末，商丘市涉农贷款余额 1502.43 亿元，较年初增加 145.69 亿元，同比多增 45.63 亿元；同比增长 10.74%，增速较 2022 年末上升 2.80 个百分点。

普惠小微贷款增长较快。2023 年末，商丘市金融机构普惠小微贷款余额 474.29 亿元，较年初增加 91.61 亿元，同比增长 23.94%；民营企业贷款余额 791.51 亿元，较年初增加 94.11 亿元，同比增长 13.44%；小微企业主和个体工商户贷款余额 323.32 亿元，较年初增加 73.89 亿元，同比增长 29.61%。

绿色贷款呈现快速增长态势。2023 年末，商丘市绿色贷款余额 184.94 亿元；较年初增加 109.51 亿元，同比多增 95.68 亿元；同比增长 145.18%，增速居河南省第一位。绿色贷款主要投向节能环保产业、清洁能源产业、基础设施绿色升级产业和电力、热力、燃气及水生产和供应业等领域。

【货币、信贷政策执行情况】

一、加强窗口指导和政策协同，加大稳健货币政策实施力度。一是聚焦党中央重大决策和上级行货币信贷工作的贯彻落实，全力督促金融机构落实 2023 年度信贷增长目标，实施宏观审慎评估（MPA）和法人金融机构信贷监测调度，增强信贷总量增长的稳定性，强化金融对实体经济支持力度。加大对国家重大战略、重点领域和薄弱环节的信贷支持。开展制造业、小微、民营企业信贷政策导向效果评估。二是用足用好各类货币政策工具。印发《关于加大货币政策工具运用力度做好重点领域和薄弱环节金融支持的通知》，指导金融机构提前储备合格贷款台账，确保存量再贷款收回后能及时发放。2023 年对法人金融机构再贷款集中授信 40.9 亿元，2023 年末，商丘市再贷款余额 30.0 亿元。发挥结构性货币政策工具作用，加大对绿色发展、科技创新等领域支持力度，累计发放碳减排支持工具、煤炭清洁高效利用专项再贷款、科技创新再贷款等 17 亿元。对 3 家符合条件的法人金融机构发放激励资金 426.91 万元，撬动普惠小微贷款增量 2.37 亿元。

二、常态化组织银企对接，推动企业融资和居民信贷成本下降。一是召开营商环境攻坚领导小组成员推进会，积极推进商丘市融资营商环境改善。持续做好“企业服务日”“万人助万企”等活动，督促金融机构优化内部政策性安排，落实小微企业敢贷愿贷能贷会贷长效机制，营造金融服务良好氛围。开展重点涉外企业走访对接，推动辖内金融机构拓展跨境人民币“首办户”“首办行”，提升跨境人民币业务服务实体经济的能力。依托商丘市稳经济重要项目金融工作专班机制，配合市发改委做好科技型企业和项目的申报，组织金融机构对市发改委下发的重点支持项目逐户滚动对接。二是及时传达落实全国、省级市场利率定价自律机制要求，密切跟踪辖区金融机构利率定价及竞争等情况，督促金融机构进一步完善内部资金转移定价机制，持续推进实体经济融资成本稳中有降，2023 年 12 月份，商丘市金融机构新发放各项贷款、企业贷款、普惠小微贷款、个人住房贷款加权平均利率分别为 3.68%、3.26%、4.43%、4.03%，分别较去年同期下降 2.48 个、2.14 个、1.76 个、0.10 个百分点，处于历史最低水平。

三、巩固脱贫攻坚成果同乡村振兴有效衔接，加强对乡村振兴等薄弱环节金融支持。一是出台了《关于进一步优化乡村振兴金融服务若干措施的通知》《商丘再贷款助力乡村振兴专项实施方案》等政策文件，完善金融支持种业振兴、新型农业经营主体融资监测制度，推动金融机构对 68 家种业振兴名录库企业实现走访对接、评级授信全覆盖。截至 2023 年末，商丘市 16 家种业企业贷款余额 1.38 亿元，3882 家新型农业经营主体贷款余额40.30亿元。二是指导辖区金融机构加强谋划，认真落实“四个不摘”工作要求，管好用好再贷款等货币政策工具，确保扶贫再贷款“应展尽展”，增强重点群体收入的持续性和稳定性。商丘市2023年新增脱贫人口小额信贷25417户、8.26亿元。

四、推动金融支持房地产市场平稳健康发展。一是研究出台《关于进一步加大商丘市房地产行业企业金融支持工作的通知》等文件，组建房地产金融工作专班，认真组织开展好白名单房企金融服务、保交楼商业配套融资等重点工作。二是全力以赴优化保交楼金融服务。推动成立保交楼工作专班，建立协调推进保交楼工作机制。三是深入落实差异化住房信贷政策。落实首套房贷利率政策动态调整机制，指导金融机构做好存量房“带押过户”，提高存量不动产利用率和融资效率，稳妥有序落实降低存量首套住房贷款利率政策。政策实施以来，辖区存量首套住房贷款已调整659亿元，调整后个人住房贷款加权平均利率4.03%，下降1.36个百分点，每年为群众节省利息支出约8.96亿元。

【金融稳定情况】

一、建立金融风险防范化解协调机制。一是积极与市（县）两级政府沟通对接，牵头推动辖区金融风险防范化解协调机制良性运转。二是发挥监管合力，强化对重点机构的督导约谈。三是继续贯彻落实“四个坚持”化险思路，完善六项工作机制。围绕高风险机构压降，跟踪监测机制、风险警示、沟通会商、工作及时报告等六项工作机制安排部署金融稳定工作。

二、持续推进机构风险压降工作。一是按照新要求，充分开展早期纠正工作。二是加大通报提示力度，持续压实各方责任

三、强化风险监测预警工作。完成14家法人银行业机构评级工作，并对商丘市14家法人银行机构开展全覆盖式线上压力测试，保证风险提示到位。

四、切实发挥存款保险作用。一是强化对问题投保机构的存款保险现场核查，对费率核定中发现的问题，督促投保机构加强整改。二是落实惩戒机制，做好风险差别费率核定工作。

【国际收支情况】

一、年度结售汇总额明显下降，呈顺差态势。2023年，商丘市银行结售汇总额5.93亿美元，同比下降24.70%。其中，结汇5.08亿美元，同比下降24.11%；售汇0.86亿美元，同比下降27.82%；结售汇顺差4.22亿美元，同比下降23.34%。

二、跨境收支总额大幅下降，顺差额收窄。2023年，商丘市跨境收支合计8.17亿美元，同比下降26.8%。其中，收入6.00亿美元，同比下降28.33%，支出2.17亿美元，同比下降22.03%。收支保持顺差态势，顺差额为3.83亿美元，同比收窄31.48%。

三、进出口总额有所下降，进口额有所增长。2023年，商丘市进出口总额12.43亿美元，同比下降3.33%。其中，进口2.56亿美元，同比增长14.29%，出口9.87亿美元，同比下降7.12%。进出口贸易保持顺差态势，顺差额为7.31亿美元，顺差幅度收窄12.92%。

【银行业改革与发展】

一、银行业体系更加完善。2023年末，商丘市共有银行业机构27家，包含政策性银行1家，中资大型银行6家、股份制银行6家、地方法人金融机构（农村商业银行、农联社、村镇银行、互助社等）15家，共有金融机构网点733家，从业人员9556人。辖内法人金融机构总资产1687.38亿元，同比增长9.48%；总负债1579.79亿元，同比增长8.60%。

二、银行业改革有序推进。持续推动农信系统改革发展工作。2023年3月，商丘华商农村商业银行股份有限公司改制变更为商丘农村商业银行，拥有两家一级支行、总行营业部及75家分理处。

【证券、保险业改革与发展】

一、证券机构数量稳定，资产、负债总额略有下降。截至2023年末，商丘市证券业经营机构共7家，分别是中原证券商丘分公司、民生证券商丘营业部、财达证券商丘营业部、海通证券商丘营业部、长江证券商丘营业部、方正证券商丘营业部和中银国际证券商丘营业部。证券机构资产总额8.94亿元，同比下降10.24%。负债总额8.79亿元，同比下降11.66%。累计营业收入6685.23万元，净利润883.69万元，累计交易额2482.29亿元。

二、保险市场主体数量基本稳定，保费收入小幅下降。截至2023年末，商丘市共有市级保险机构48家，其中，财险公司26家，寿险公司22家。保险业累计实现保费收入115.52亿元，同比下降5.25%。其中，寿险公司累计保费收入72.32亿元，财险公司累计保费收入43.20亿元。

信阳市

【经济运行情况】

2023年，信阳市生产总值2959.40亿元，按可比价格计算，同比增长2.5%。分产业看，第一产业增加值470.43亿元，增长1.1%；第二产业增加值926.68亿元，增长2.6%；第三产业增加值1562.29亿元，增长2.9%。信阳市三次产业结构比值为15.9：31.3：52.8。全年人均地区生产总值48459元，比2022年增长3.7%。分行业看，信阳市涉及工业33个大类行业中，14个行业同比增长。信阳市固定资产投资同比下降0.9%，居河南省第十四位，低于河南省3.9个百分点，其中，工业投资同比下降7.5%，居河南省第十四位，低于河南省16.5个百分点。分产业看，第一产业投资同比增长14.1%，第二产业投资同比下降7.4%，第三产业投资同比增长1.0%。

2023年，信阳市一般公共预算收入141.61亿元，同比增长3.4%；一般公共预算支出646.68亿元，同比增长0.7%。全年社会消费品零售总额1329.22亿元，比2022年增长4.7%。分城乡看，城镇消费品零售额1072.03亿元，增长4.4%；乡村消费品零售额257.19亿元，增长5.8%。2023年，全年居民消费价格与2022年持平。其中，食品价格下降0.2%，非食品价格持平；消费品价格上涨0.3%，服务价格下降0.6%。

【金融运行情况】

一、各项存款稳步增长，同比增速放缓。截至2023年末，信阳市金融机构本外币可比口径各项存款余额5586.12亿元，同比增长10.85%，比2022年同期下降4.46个百分点，比年初增加546.69亿元，同比少增124.09亿元。

分部门看，住户存款成为贡献各项存款全年正向增长的唯一部门，但增速持续放缓。截至2023年末，金融机构住户存款余额4826.87亿元，同比增长14.80%，位居河南省第5名，比年初增加622.32亿元，同比少增43.05亿元。其中，活期存款比年初增加31.10亿元，同比少增74.33亿元；定期存款比年初增加591.23亿元，同比多增31.28亿元。

广义政府部门和企业部门存款余额净下降，拖累各项存款增长。截至2023年末，广义政府部门存款余额同比增速跌至-7.42%，比2022年末下降8.57个百分点，比年初净下降35.61亿元。非金融企业存款余额同比下降11.36%，降幅比2022年末扩大11.28个百分点，比年初净下降40.09亿元，同比多降39.92亿元。其中，活期存款比年初减少 39.04 亿元，同比减少 56.93 亿元。

二、贷款增速继续回落，中长期贷款为增长主力。截至 2023 年末，信阳市金融机构本外币可比口径各项贷款余额 2606.27 亿元，同比增长 8.06%，余额较年初增加 194.36 亿元，同比多增 11.56 亿元。

从贷款类别看，信阳市贷款增长过度依赖中长期贷款，短期贷款劣势突出。截至 2023 年末，信阳市中长期贷款余额 1908.61 亿元，同比增长 9.47%，较年初增加 165.17 亿元，占信阳市各项贷款新增量的 84.98%；短期贷款余额 669.59 亿元，较年初增加 25.22 亿元，仅占各项贷款新增量的 12.97%。

从贷款主体看，企（事）业单位贷款同比少增较多，住户贷款增长加快。截至 2023 年末，信阳市企（事）业单位贷款余额 1250.40 亿元，同比增长 9.80%，增速比 2022 年末低 7.17 个百分点，较年初增加 111.59 亿元，同比少增 53.61 亿元。住户贷款余额 1355.78 亿元，同比增长 6.50%，增速比 2022 年末高 5.10 个百分点，较年初增加 82.77 亿元，同比多增 65.17 亿元。其中，住户经营性贷款较年初增加 42.53 亿元，同比增加 57.52 亿元。

三、贷款结构持续优化，薄弱领域贷款增长加快。一是工业贷款逆势上涨，增量超过去五年之和。截至 2023 年末，信阳市工业贷款余额 194.04 亿元，较年初增加 49.92 亿元，同比增长 34.64%，增速比 2022 年末高 19.29 个百分点，全年增量 49.92 亿元，远超过去五年的增量之和（18.26 亿元），其中制造业贷款新增 19.44 亿元。二是普惠金融领域贷款保持较快增长。截至 2023 年末，信阳市普惠口径小微贷款余额 465.23 亿元，较年初增加 79.57 亿元，同比增长 20.63%，增速比 2022 年末高 10.93 个百分点，普惠小微授信户数达到 7.51 万户，同比增长 22.31%。三是民营企业贷款扭负为正。截至 2023 年末，信阳市民营企业贷款余额 467.28 亿元，同比增长 5.11%，较年初增加 22.70 亿元，同比增加 38.31 亿元，实现了增速、增量扭负为正，有力满足民营市场主体信贷需求。

【货币、信贷政策执行情况】

一、推动信贷总量稳定增长。信阳市金融机构以实现贷款同比多增为目标，密切关注贷款增长趋势变化，中国人民银行信阳市分行加强窗口指导力度和频度，实施稳信贷增长“一把手”工程，开展贷款集中攻坚行动，引导金融机构持续增加信贷投放。

二、加大货币政策工具实施力度。中国人民银行信阳市分行发挥货币政策工具的总量和结构引导功能，增强金融机构资金实力和信贷投放能力。一是落实定向降准措施，推动 14 家法人金融机构存款准备金率降至历史低位（5%）。二是用好传统货币政策工具，2023 年办理再贷款、再贴现资金 33.30 亿元，同比多增 1.62 亿元。三是推动新型货币政策工具快速落地，利用碳减排支持工具延期政策，全力支持信阳市绿色金融改革创新试验区建设，累计运用碳减排支持工具发放优惠利率贷款 40.66 亿元，位居河南省第二位。

三、广泛开展银企对接。发挥银企桥梁纽带作用，中国人民银行信阳市分行等金融管理部门持续提升银企对接频次，实现重点领域和薄弱环节信贷有效投放。先后组织开展制造业中长期贷款项目银企对接、中小企业金融服务能力提升工程、绿色信贷产品政策推介会等。截至 2023 年末，制造业贷款、普惠小微企业贷款、绿色贷款余额同比增长分别为 20.58%、20.63%、56.38%，均高于同期各项贷款增速。

四、助力特色产业振兴。中国人民银行信阳市分行制定金融支持茶产业发展指导意见，组织召开春茶生产银企对接会，开展乡村振兴考核评估，推动增强金融服务特色产业支持力度。截至 2023 年末，茶产业贷款余额 16.54 亿元，同比增长 18.94%；贷款户数 6183 户，同比增长 30.61%；贷款利率 5.08%，较 2022 年末下降 0.52 个百分点。

五、推动融资成本稳中有降。鼓励金融机构实行内部资金转移价格优惠，持续释放贷款市场报价利率（LPR）改革红利。中国人民银行信阳市分行运用再贷款等货币政策工具向法人机构提供低成本信贷资金，引导贷款利率进一步下降。2023年，贷款加权平均利率5.38%，较2022年同期下降0.29个百分点，其中，普惠小微企业贷款加权平均利率5.28%，较2022年同期下降1.13个百分点。

六、支持房地产市场健康发展。因城施策实施差别化住房信贷政策，中国人民银行信阳市分行执行新发放首套房贷款利率动态调整长效机制，新发放住房按揭贷款利率降至4%，处于统计以来新低，指导金融机构调整存量首套房贷利率。采取深入县区督导、加强政策解读、编发配套融资路径简报等措施，推动“保交楼”配套融资落地，至目前，已落地项目6个、金额1.89亿元。

七、提升外汇便利化服务。中国人民银行信阳市分行会同相关部门先后开展外贸政策培训、汇率风险中性理念集中宣讲活动等，新增汇率避险“首办户”36家，办理远期结售汇、期权等汇率避险业务3000多万美元。

【金融稳定情况】

一、银行业情况。一是资产负债规模稳步增长，盈利水平逐步恢复。截至2023年末，信阳市银行业金融机构27家，资产总额6422.58亿元，较年初增加649.41亿元；负债总额6258.37亿元，较年初增加610.39亿元。2023年，信阳市银行业金融机构共实现当年利润31.37亿元，较2022年同期增加8.27亿元。二是农信机构信贷防控风险压力依然较大。三是存款保险制度深入实施，央行评级有序开展。中国人民银行信阳市分行认真组织开展辖区14家法人投保机构央行评级、保费测算和交费工作，有效发挥风险差别费率的正向激励和风险矫正作用。

二、证券业情况。截至2023年末，信阳市共有证券分支机构14家，新开户数4752户，同比上升29.91%，累计证券交易金额803.55亿元，同比降低73.35%，累计证券交易手续费收入0.41亿元，同比上升95.23%。2023年，经纪业务收入0.49亿元，同比增长28.95%，理财产品销售收入0.37亿元，同比增长37.04%，利润总额0.23亿元，同比增长109.09%。证券行业交易逐渐活跃，盈利水平逐步回升。

三、保险业情况。截至2023年末，信阳市共有保险机构40家，其中，财险机构18家，寿险机构22家。2023年，信阳市保险机构累计实现保费收入105.86亿元，比2022年同期减少1.97亿元，同比下降1.83%，累计赔付38.24亿元，同比增加42.89%，其中，寿险赔付16.96亿元，财险赔付21.28亿元。

【国际收支情况】

一、总体情况。2023年，信阳市银行结售汇7.33亿美元，同比下降14.55%。其中，结汇4.41亿美元，同比下降6.34%；售汇2.92亿美元，同比下降24.57%。涉外收支9.40亿美元，同比下降5.03%。其中，涉外收入5.74亿美元，同比下降0.28%；涉外支出3.66亿美元，同比下降11.63%。货物贸易收付汇7.37亿美元，同比下降12.94%。其中，货物贸易收汇4.28亿美元，同比下降11.66%；货物贸易付汇3.09亿美元，同比下降14.64%。

二、外汇收支特点。一是进口支出减少，同比下行趋势明显。二是出口收入总体减少，不同行业有所差异。三是服务贸易逆差收窄。主要原因是信阳涉外经济基础薄弱，服务贸易行业并未形成规模化优势，服务贸易收入项下常见交易项目主要为其他商务服务，如管理咨询费、网络服务费、翻译费等，单笔交易额通常在10万美元以下，并且不具有交易连续性。服务贸易支出项下存在外商投资企业利润分配情况，通常在10万美元以上，2023年，信阳市利润汇出共计0.08亿美元，由此造成服务贸易收支失衡。四是资本项目收支呈顺差格局。2023年，信阳市资本与金融项目项目收入43笔，同比增长141.94%，主要为境外借款汇入，共计0.90亿美元，占比达到了88.60%。其余均为外商投资企业收到资本金汇入。

【银行业改革与发展】

一、有序推进金融机构改革发展。截至2023年末，信阳市银行业金融机构共有27家，城商行异地、派生存款、票据业务等量化监管指标均完成进度目标，城商行机构布局实现大幅优化，持续回归本源、深耕本土。信阳市农信社改革扎实推进，除商城外，县域7家农信社已经全部完成改制实现挂牌。浉河、平桥、明港、商城4家农信社通过政府注资、市场引资、系统帮扶、兼并重组、自身消化等多种方式，持续推进改制步伐。

二、着力扩大重大战略金融供给。信阳市银行业金融机构持续推进金融供给增总量、降成本、优结构，加大对重大战略、重点领域的金融支持力度，全年累计走访企业7138家，解决企业问题3000余个。信阳市制造业贷款、基础设施贷款分别增长26.44%、30.32%，分别高于河南省平均水平12.88个、20.13个百分点。大型银行继续发挥头雁作用，全年贷款增长17.37%，兴业银行、固始天骄、中原银行等机构贷款增幅超15%。

三、聚焦“五篇大文章”优化金融服务。聚焦提升科技金融质效，落实科技型企业名单制管理，推广知识产权质押融资“白名单”双向推送制度，信阳市高技术产业贷款、知识密集型产业贷款余额分别增长14.72%、21.06%。聚焦健全绿色金融体系，信阳市银保机构推出40余款绿色金融产品，绿色金融主题网点、绿色保险产品创新基地、个人碳积分账户等改革创新实践走在河南省前列，截至2023年末，绿色贷款余额225.66亿元，同比增长56.40%，占各项贷款比重提升至8.70%。聚焦改善普惠金融服务，普惠型小微企业贷款顺利实现“两增一优一稳”目标，完成全年信贷计划的134.50%，信用贷款、续贷、中长期贷款占比持续提升，新发放普惠型小微企业贷款平均利率5.06%，较年初继续下降0.74个百分点，保持黄淮南五市最低。涉农贷款持续增长，新型农业经营主体建档评级实现全覆盖目标，脱贫人口小额信贷较年初增长22.20%。聚焦加快养老金融发展，积极布局个人养老金融业务，目前已累计实现开户1.78万户，预约开户1.25万户，中行顺利发放河南省系统首笔养老贷。

【证券、保险业改革与发展】

一、证券业改革与发展。2023年，信阳市证券业新开户数比2022年有较大程度的增长，证券交易活跃度有所提高，证券交易金额持续增加。一是经营业务同质化问题依旧，传统业务低迷和佣金下行倒逼转型。2023年，信阳市14家证券分支机构主要收入仍以传统的经纪业务收入为主，虽然创新业务收入占比在不断提高，但总体占比依然较小。二是业务规模与风险管控能力匹配程度有待改进。受到市场行情影响，券商为了提高盈利，开展创新业务，容易忽略融资融券等创新业务所带来的市场风险、信用风险、流动性风险等多种风险，造成业务规模与风险管控能力匹配程度不高。

二、保险业改革与发展。2023年，信阳市财险、寿险业发展缓慢，保费规模增长乏力，农业保险稳步发展，市场竞争加剧，保险市场分化严重，保险业务依然集中在市区和大型保险公司。一是市场份额依然集中。分区域看，财险寿险业务集中在市区。2023年，市区财险寿险保费收入合计76.41亿元，占保费总收入的63.69%。分机构看，业务集中在个别机构。财险市场集中在人保财险、平安财险、国寿财险、太保财险4家，分别占信阳市财险市场份额的28.41%、13.93%、12.80%和10.14%；寿险市场集中在中国人寿、太保人寿和瑞众人寿3家，共占市场份额的47.40%。二是农险业务实现两位数增长。目前，信阳有两家专门经营农险的保险机构，即中原农险和国元农险，除此之外，还有人保、平安、中华联合、国寿、太平洋等财险机构经营农险业务，其中，人保和中原农险农业保险保费收入占农险总收入近六成。三是寿险公司举步维艰。受经济下行影响，2023年，信阳市寿险业务总保费下滑，较2022年同期下降15.40个百分点。四是同质化严重，市场差异化营销不显著。目前，保险市场上产品种类繁多，产品间同质化严重、差异化不足，人身险公司险种结构的相似率高达九成以上，传统的人身险、意外险和健康险在不同保险公司之间差别不大，同类保险合同中条款大体相同，客户区分辨别难度大，中小保险公司难以通过产品差异化吸引更多客户群体、获取超额利润。财产险公司大多着重拓展机动车辆保险、企业财产保险、公众责任保险和雇主责任保险等产品市场，车险占整个财产险业务的七成以上。

周口市

【经济运行情况】

2023 年，周口市地区生产总值增长 4.8%，高于河南省 0.7 个百分点，居河南省第四位。其中，第一产业增加值增长 2.0%，第二产业增加值增长 6.0%，第三产业增加值增长 4.8%，中国式现代化建设周口实践迈出坚实步伐。

一、全力以赴拼经济，经济运行稳中向好。一是政策加力显效。因时因势出台扩大内需 80 条、提振市场信心 83 条等一揽子政策措施，政策红利加速释放，减免退缓各项税费 32.6 亿元，新增市场经营主体 19.9 万户，入库“四上”企业 808 家。社会消费品零售总额增长 6.4%，居河南省第十位；工业用电量增长 12.9%，居河南省前列；规上工业增加值增加 5.0%，居河南省第六位；一般公共预算收入增长 12.3%，居河南省第二位，其中税收收入 136.35 亿元，同比增长 15.6%，税收占比 67.4%，跑出了高质量发展加速度。二是投资有效增长。推进“三个一批”建设项目 312 个，完成投资 1360 亿元，省重点项目综合考评位居河南省前列，周口市固定资产投资增长 10.5%。其中电网发展投入 23.7 亿元，获批各类用地 2.67 万亩，争取专项债券 201.2 亿元。三是活力明显增强。快递揽收量增长 59.4%，邮政行业业务量、公路客货运周转量分别增长 30.1%、8.1%，金融机构贷款余额 2578.8 亿元，增长 15.5%，其中新增贷款突破 350 亿元，新增存贷比 59.8%。经济运行呈现一季度稳健开局、二季度承压修复、三季度持续上行、四季度加快回升的态势。

二、坚定不移抓创新，第一动力日益增强。一是创新载体不断完善。周口“智慧岛”挂牌运营，国家知识产权专利审查协作周口工作站、国家技术转移郑州中心周口分中心授牌运营。川汇区、西华县顺利完成国家级高新区年度创建任务，淮阳区、沈丘县、鹿邑县、商水县开发区成功创建省级高新区。新增省级科技成果转移转化示范区 2 个、技术转移示范机构 3 家、创新载体 44 家，省化学药物产业研究院成功获批，新组建市级产业研究院 11 家，省市产业研究院总数达到 23 家，实现主导产业研究院全覆盖。新授权专利 2515 件，技术合同成交额增长 180%。二是创新主体不断壮大。周口市新增国家级高新技术企业 112 家、科技型中小企业 714 家、培育头雁企业 3 家、省级“专精特新”中小企业 64 家、“瞪羚企业” 9 家，培育国家级“小巨人”企业 4 家、企业技术中心 2 个，培育创新型中小企业 586 家，规上工业企业研发活动覆盖率达到 73.6%。高技术产业、高新技术产业增加值分别增长 38.9%、21.4%。三是产教融合不断深化。成功创建河南省首批产教融合型试点城市，银丰塑料等 10 家企业成为第四批省级产教融合型企业培育单位，周口理工职业学院挂牌招生，周师现代产业学院、河南科技职业大学新院区完成规划设计和土地报批，高校专业设置与周口产业发展的匹配度、贡献率不断增加。

三、加快转型调结构，新旧动能接续转换。一是传统产业提质升级。“智改数转”步伐加快，完成智能化改造项目297个，规上制造业企业智能化改造覆盖率达到60%，工业技改投资增长20.5%。培育国家新一代信息技术与制造业融合发展试点示范企业1家、智能制造示范工厂揭榜单位1家、省级制造业标杆企业2家，新增省级智能车间（工厂）17家、上云企业777家，超1万家企业“上云上平台”。二是新兴产业培育壮大。金丹科技、乐普药业、耕德电子等一批龙头企业项目投产达效，临港开发区生物化工园区通过评审，生物可降解材料、生物医药、智能终端零部件三大战略性新兴产业增加值分别增长23.3%、10.1%、81.1%，新质生产力加快形成。三是特色产业加速聚集。河南（周口）绿色印染示范产业园通过评审，周钢二期开工建设，太康县锅炉制造、项城市医药、淮阳县塑料制品等3家特色产业集群被评定为河南省2023年度中小企业特色产业集群，纺织服装入选河南省千亿级产业集群。

四、强基固本促振兴，农业强市步伐稳健。一是粮食生产难中守稳。116.7万亩高标准农田和100万亩高标准农田示范区全部建成，夏粮总产101.71亿斤，秋粮总产78.81亿斤，创历史新高，全年粮食总产稳定在180亿斤以上，稳居河南省第一位。二是农业园区提质发展。郸城县国家现代农业产业园获批创建，实现国家级“零的突破”。新创建省级现代农业产业园6家，实现省级现代农业产业园县域全覆盖。创建市级现代农业产业园64家、县级现代农业产业园281家。培育全国名特优新农产品25个、地理标志农产品8个，建成全国绿色食品原料标准化生产基地4个，入选河南省知名农业品牌82个。国家农高区按照“四区一基地”定位高质量推进，19个公共实验室建成投用，118平方公里优质种子田种植基地建设初具规模。

【金融运行情况】

一、各项存款增速有所放缓，增量仍处于历史相对高位。2023年末，周口市金融机构人民币（下文如无特殊注明，存贷款均为人民币口径）各项存款余额为5621.1亿元，同比增长11.65%，增速同比提高3.2个百分点，居河南省第三位。2023年存款新增586.34亿元，新增额仅低于2022年，仍处于历史相对高位。

从存款结构上来看，2023年周口市存款整体仍呈现“住户定期存款高增、企业存款乏力”的结构性特征。虽然在疫情影响逐步消散、经济持续向好、就业压力改善、存款利率下调等多种有利因素的影响下，居民预防性储蓄需求持续下降，但2023年住户定期存款增速仍持续位于17%以上的高位，年内住户定期存款新增540.55亿元，处于历史高位。企业存款方面，房地产、城投的流动性状况恶化，企业存款增速自6月份持续保持负增长。

二、各项贷款新增创历史新高，信贷结构持续优化。2023年末，周口市各项贷款余额2578.57亿元，同比增长15.8%，增速居河南省第四位，大幅高出河南省平均水平8.5个百分点；贷款新增351.85亿元，同比多增133.5亿元，创历史新高。

分部门看，与以往年度住户部门贷款增速高、企业贷款增速低，新增存款贷款主要来源于住户部门的情况不同，2023年度企业部门信贷增长显著优于住户部门。从贷款增速上来看，2023年以来，周口市企业部门贷款增速持续高于住户部门，甚至有些月份贷款增速高于住户部门贷款增速9.41个百分点。从贷款新增额来看，住户部门贷款年内新增190.45亿元，同比多增58.5亿元；企业部门贷款年内新增164.41亿元，同比多增75.01亿元。

三、薄弱环节和重点领域支持力度不断加大。金融支持普惠领域成效显著。普惠小微贷款增速持续高于各项贷款增速。截至2023年12月末，周口市普惠小微贷款同比分别增长23.77%，高于各项贷款7.97个百分点。

金融服务乡村振兴重点突出。截至2023年12月末，周口市涉农贷款（人民币口径）余额1599.07

亿元，同比增长15.44%，较年初增加213.9亿元。

绿色贷款增长显著。截至2023年12月末，周口市绿色贷款余额117.59亿元，同比增长72.91%，较年初增加49.58亿元，其中，基础设施绿色升级产业、清洁能源产业、生态环境产业增加显著，分别增加15.64亿元、15.4亿元、9.34亿元。

四、实体经济融资成本稳中有降。2023年，周口市金融机构新发放一般贷款和企业贷款加权平均利率分别为5.37%、4.4%，同比分别下降0.67个、0.59个百分点；小微、普惠小微、新发放个人住房贷款利率同比回落0.53个、0.54个、0.9个百分点。

【货币、信贷政策执行情况】

一、高效贯彻稳健货币政策，货币信贷保持合理增长。坚持"人民银行有举措、金融机构有行动、实体经济有感受"工作思路，年初出台《关于金融支持周口市经济高质量发展的意见》《关于金融支持周口率先建成农业强市的意见》《关于金融支持周口农高区建设的意见》3个指导性文件，建立了金融机构贯彻执行货币信贷政策一致性评估机制等5项保障机制，通过月监测、季研判评估、关键时段日调度等，打通政策传导落地过程中的堵点难点。引导周口市银行业金融机构认真贯彻国家宏观调控及人民银行"稳健的货币政策精准有力"的工作要求，把稳信贷总量就是稳经济增长作为政治责任，实行"一把手"责任制，建立各类专班推进机制，全力以赴稳总量。截至2023年末，周口市金融机构各项贷款余额2578.57亿元，增长15.8%，大幅度高于河南省平均水平8.5个百分点，增速居河南省第四位；年内贷款新增351.85亿元，同比多增133.5亿元，增量创周口市有统计数据以来历史新高。

二、灵活运用货币政策工具，总量和结构双重功能有效发挥。增强货币政策工具传导，加强再贷款再贴现管理，对地方法人银行符合政策条件的涉农贷款"优先报账、优先审批"，撬动地方法人银行加大对产业振兴、乡村建设等领域金融支持。引导金融机构创建支农、支小再贷款示范点92个，建立货币政策工具周监测、月督导、季通报制度，紧盯支农、支小再贷款使用量、占比等指标，确保货币政策工具在各县市区均衡落地。2023年共办理再贷款30.82亿元，较上年增加6.54亿元，惠及涉农、民营小微企业等市场主体2万余户，其中，累计办理支农再贷款28.48亿元，居河南省第二位；落实普惠小微贷款阶段性减息政策，为企业主体减息2092万元，河南省第三位；人民银行周口市分行累计为法人机构发放普惠小微贷款支持工具激励资金1856.91万元，河南省第一位。累计发放科技创新再贷款6.2亿元，各金融机构投放科创类贷款22.33亿元，支持科技创新主体近800个；落地设备更新改造贷款金额5.07亿元，河南省第三位；累计办理再贴现15.2亿元。

三、提升信贷政策结构引导效能，持续强化金融赋能。聚焦重点领域服务能力提升，重点围绕周口市经济发展的"6个先进制造业产业集群和17个重点产业链"，立足"助企强链"工作目标，联合发改委、工信、交通等职能部门，构建信息共享机制，及时推送"三个一批"及省市重大项目清单、企业白名单。聚焦乡村振兴提质增效，围绕"一县一业""一乡一特"发展格局的资金需求特点，创设"农资贷""苹果贷""香菇贷""生猪贷"等近百种惠农助农信贷产品，打造了周口乡村振兴的"旗舰"。2023年，周口市制造业贷款、绿色信贷、普惠小微贷款分别增长25.51%、72.91%、23.77%，均高于全部贷款平均增速。

四、持续深化利率市场化改革，实体经济融资成本稳中有降。2023年，周口市新发放一般贷款、企业贷款加权平均利率分别为5.37%、4.40%，较年初下降0.67个、0.59个百分点；小微、普惠小微、个人房贷利率较年初分别回落0.53个、0.54个和0.90个百分点。同时，周口市金融机构完成对首套个人商业住房贷款利率调整工作，涉及贷款金额648亿元，全年约为购房者节约利息支出6亿多元。

【金融稳定情况】

一、落实“治未化险”，强化风险提示预警。按照日、周、月、季不同周期开展法人银行机构风险监测预警。组织开展2023年流动性压力测试和偿付能力敏感性压力测试，扎实开展央行金融机构现场评级和资产质量真实性现场评估工作，做到“底数清、情况明”。

二、坚持“早纠化险”，扎实做好存款保险各项工作。持续推动存款保险常态化规范化宣传。抓住5月、9月“集中宣传月”等契机开展重点宣传活动4次；坚持将存款保险知识宣传与打击处置非法集资宣传相结合，与市公安局、税务局等单位联合开展宣传活动；重点加强对大学生群体的宣传工作，开展“存保知识进校园讲好开学第一课”专题宣传活动，为大一新生讲解存款保险知识，夯实存款保险基础工作。

【国际收支情况】

一、国际收支申报情况。2023年，国际收支间接申报累计发生13220笔，金额112741.69万美元，同比下降9.86%。其中，涉外收入申报累计11718笔，金额82338.76万美元，同比下降18.34%；涉外支出申报累计1502笔，金额30402.93万美元，同比上升25.39%。

二、银行结售汇情况。2023年，周口市辖内银行结售汇总额合计94969万美元，同比下降14.87%。其中，银行结汇79791万美元，同比下降18.21%；银行售汇15178万美元，同比上升8.36%。

【银行业改革与发展】

一、前置风险研判，确保重点风险持续收敛。一是不断夯实不良贷款质量。按月监测，按季通报，层层压实风险管控责任，持续开展中小银行不良贷款监测排查、不良集中清收处置，稳步推进不良资产认定和隐性不良入账，坐实资产质量。二是着力压降高风险机构数量。按照“严控增量、减少存量”原则，稳步推进辖内高风险行社处置，建立月度监测、季度分析制度，强化高风险机构的监测和预警，督促高风险机构建立恢复和处置计划或处置方案，综合运用清收不良、降旧控新、改革化险、强化治理等多种措施化解风险。强化监管协同，发挥处置合力。三是稳妥应对流动性风险变量。印发农村中小银行集中取款应急处置预案、处置操作规程，督促辖内法人银行制定取款预案，预防和妥善处置流动性风险事件，坚决防止单体风险、局部风险演化为区域性风险。四是全面摸清金融市场风险体量。组织对农村中小金融机构开展重点风险隐患、违法违规业务、违规担保（保函）等自查、排查。

二、深化金融改革，推进重点机构转型升级。一是扎实推动辖内法人机构公司治理。对7家农商行开展现场与非现场评估，实现3年对所监管机构现场评估全覆盖，目前已向机构反馈评估结果，并督促其制定整改方案。二是扎实推动城区农合机构整合及专项债注资工作。三是扎实推动农合机构股东股权排查整治。对辖内9家农合机构的股东股权开展专项排查整治工作。

【证券、保险业改革与发展】

一、证券市场总体稳健，监管合作成效明显。截至2023年末，周口市6家证券经营机构总资产47.61亿元，开户总数303612户，新增开户数26960户，各项业务均小幅增长。但总体规模相对偏小，核心竞争力不强，盈利主要依靠传统经纪业务收入，盈利模式较为单一。

二、推动深化保险市场整治，聚焦保险保障托底。2023年，周口市新增保险机构3家，分别为：中国平安人寿保险股份有限公司扶沟支公司、中国平安人寿保险股份有限公司泰康支公司、东吴人寿保险股份有限公司西华支公司。截至2023年12月末，周口市原保险保费收入123.42亿元，同比减少4.11%；赔付支出56.25亿元，同比增加30.57%。

驻马店市

【经济运行情况】

一、经济运行总体情况。2023年，驻马店市生产总值3097.16亿元，同比增长4.5%，高于河南省0.4个百分点。分产业看，第一产业增加值517.41亿元，增长1.6%；第二产业增加值1052.24亿元，增长4.6%；第三产业增加值1527.50亿元，增长5.6%。第一产业增加值占驻马店市生产总值比重为16.7%，第二产业增加值比重为34.0%，第三产业增加值比重为49.3%。

二、农业生产情况。2023年，驻马店市全年粮食作物种植面积1305.06千公顷，比2022年增加0.39千公顷。全年粮食产量782.77万吨，位居河南省第二。其中，夏粮475.97万吨，下降8.4%；秋粮306.80万吨，增长4.9%。油料产量169.96万吨，增长2.1%。蔬菜产量544.82万吨，增长3.5%。主要畜禽肉类总产量89.94万吨，比2022年增长2.2%；禽蛋产量37.40万吨，增长0.7%；牛奶产量29.51万吨，增长17.4%。

三、工业生产情况。2023年，驻马店市规模以上工业增加值同比增长3.5%，低于河南省1.5个百分点。全年规模以上工业中，五大主导产业增加值增长8.2%，传统产业下降4.4%，高技术产业增长11.0%，高耗能工业下降1.8%，高新技术产业增长16.1%。驻马店市已有的34个大类行业中有20个行业增加值保持增长，增长面达58.8%。其中，农副食品加工业增长17.9%，食品制造业增长19.3%，化学原料和化学制品制造业增长5.7%，计算机、通信和其他电子设备制造业增长6.0%。

四、固定资产投资情况。2023年，驻马店市固定资产投资（不含农户）同比增长7.5%，高于河南省5.4个百分点。其中，工业投资增长27.0%，基础设施投资增长9.1%，民间投资增长1.4%。分产业看，第一产业投资下降37.9%，第二产业投资增长27.0%，第三产业投资下降0.6%。全年“三个一批”项目建设活动持续推进，全年驻马店市亿元及以上项目完成投资同比增长20.3%。

五、消费市场情况。2023年，驻马店市社会消费品零售总额1198.74亿元，同比增长6.5%，增速与河南省持平。按城乡分，城镇消费品零售额852.74亿元，增长6.4%；乡村消费品零售额346亿元，增长6.5%。按行业分，批发和零售业零售额1032.75亿元，增长6.8%；住宿和餐饮业零售额166亿元，增长4.6%。

六、居民消费价格情况。2023年，驻马店市居民消费价格（CPI）总水平比2022年下降0.2%，其中，食品烟酒类下降0.5%；衣着类上涨0.4%；居住类下降0.8%；生活用品及服务类上涨0.2%；交通和通信类下降2.6%；教育文化和娱乐类上涨1.7%；医疗保健类上涨1.3%；其他用品和服务类上涨2.3%。

七、财政收支情况。2023年，驻马店市财政总收入315.50亿元，同比增加27.24亿元，增长9.5%。一般公共预算收入211.29亿元，同比增加6.81亿元，增长3.3%，其中，税收收入131.01亿元，同比减少3.3亿元，下降2.5%，占一般公共预算收入比重62.0%。一般公共预算支出654.59亿元，同比增加103.83亿元，增长18.9%，其中，民生支出467.61亿元，增长9.1%，占一般公共预算支出比重71.4%。

【金融运行情况】

一、各项存款情况。2023年末，驻马店市金融机构本外币各项存款余额5450.29亿元，居河南省第6位；较年初新增579.41亿元，居河南省第4位；同比增长11.90%，居河南省第2位。其中，住户存款余额4617亿元，同比增长13.01%；非金融企业存款354.14亿元，同比增长9.56%。

二、各项贷款情况。2023年末，驻马店市各项贷款余额2952.62亿元，居河南省第6位；同比增长11.95%，居河南省第10位；新增315.14亿元，居河南省第9位，同比多增102.78亿元。其中，住户贷款余额1543.00亿元，同比增长12.28%；非金融企业及机关团体贷款余额1409.58亿元，同比增长11.58%；中长期贷款余额2034.25亿元，较年初新增238.18亿元，占全部贷款新增的75.58%，同比增长19.72个百分点。

三、社会融资规模情况。2023年末，驻马店市社会融资规模累计新增485.11亿元，同比多增143.51亿元。其中，本外币贷款累计新增315.12亿元，占融资规模的64.96%；委托贷款累计新增-0.89亿元；未贴现票据承兑累计新增36.05亿元，占比7.43%；企业债券融资累计新增83.19亿元，占比17.15%；非金融企业境内股票融资8.7亿元，占比1.79%；保险公司累计赔偿32.69亿元，占比6.74%；其他10.25亿元，占比2.11%。

【货币、信贷政策执行情况】

一、货币政策贯彻落实情况。通过制定印发货币信贷工作指导意见、召开专题会议、现场督导、定期通报、向地方政府呈报专报件等方式，加强窗口指导和政策宣传，提高货币政策传导的有效性。按季开展宏观审慎评估，充分发挥信贷总量、信贷节奏、信贷结构等指标的激励引导作用，促进法人机构加大普惠小微和制造业中长期贷款投放力度。加强法人金融机构信贷调控，强化信贷调控数据日常监测与督导，确保信贷目标符合宏观调控要求。

二、货币政策工具使用情况。一是用好再贷款再贴现政策工具。2023年，驻马店市累计发放支农支小再贷款16.25亿元，较2022年增加1.63亿元；累计办理再贴现1.89亿元，较2022年增加1.65亿元。2023年末，驻马店市再贷款余额15.05亿元，同比增加1.14亿元。二是落实普惠小微贷款阶段性减息政策。2023年，对驻马店市18家法人金融机构进行普惠小微贷款阶段性减息政策支持，减息金额共计1350.28万元，涉及市场主体7236户，利率互换贷款本金162.03亿元。三是落实普惠小微贷款支持工具政策。对符合条件的法人金融机构，2023年共发放激励资金455.66万元，贷款互换本金2.59亿元。四是推动新型货币政策工具落地见效。2023年，驻马店市累计发放符合普惠养老、碳减排、科技创新、交通物流和设备更新改造等专项再贷款使用条件的优惠贷款27.01亿元。其中，普惠养老专项优惠贷款1.58亿元；碳减排支持工具优惠贷款15.57亿元；科技创新优惠贷款6.85亿元，支持企业56家；交通物流优惠贷款0.07亿元，支持企业6家；设备更新专项优惠贷款2.94亿元。

三、重点领域和薄弱环节金融支持情况。一是提升乡村振兴金融服务质效。2023年末，驻马店市涉农贷款余额1652.34亿元，较年初增加173.05亿元，占全部新增贷款的54.91%，同比多增94.79亿元。二是加大制造业信贷投放。2023年末，驻马店市制造业贷款余额159.53亿元，同比增长15.49%，高于各项贷款增速3.54个百分点。三是推动绿色贷款快速增长。2023年末，绿色贷款余额201.22亿元，较年初新增59.84亿元，同比增长42.33%，高于各项贷款增速30.38个百分点。四是加大金融支持房地产市场力度。2023年末，驻马店市房地产领域贷款余额955.29亿元，较年初增加63.7亿元，同比多增23.3亿元。五是做好民营、小微企业金融服务工作。2023年末，驻马店市民营企业贷款余额1065.59亿元，较年初增加85.55亿元；小微企业贷款余额804.05亿元，较年初增加85.62亿元；普惠小微贷款余额475.91亿元，同比增长22.01%，高于各项贷款增速10.07个百分点。

四、贷款利率情况。认真落实贷款市场报价利率改革措施，引导贷款利率持续下行。截至2023年12月，驻马店市各项贷款加权平均利率连续9个月低于河南省平均水平。利率监测数据显示，2023年12月，驻马店市新发放一般贷款、企业贷款、普惠小微贷款加权平均利率分别为5.19%、5.05%、4.89%，较2022年12月份分别下降0.7个、1.04个、0.78个百分点；新发放个人住房贷款加权平均利率3.93%，较2022年12月下降0.31个百分点。积极落实存量首套个人住房贷款利率调整政策，自2023年9月25日以来，累计完成存量首套个人住房贷款利率转换金额694.4亿元，调整前后加权平均利率下降1.39个百分点。

【金融稳定情况】

一、风险监测预警情况。一是按月监测驻马店市金融机构风险状况。对驻马店市银行业金融机构，建立大额贷款监测制度。二是对驻马店市18家法人金融机构开展偿付能力及流动性压力测试，推动金融风险“早识别、早预警、早发现、早处置”。三是建立驻马店市法人金融机构流动性日监测制度，全面掌握流动性状况，及时查明存款异常下降原因，有针对性地采取措施，防范流动性风险。四是强化央行评级结果运用。

二、防范化解金融风险情况。一是压实机构主体责任。积极推动机构落实“改革、清收、治未、早纠、发展”五个化险要求，通过约见谈话、调研督导、发送风险提示书等形式，督促法人机构制定风险化解的时间表、路线图，压实金融机构落实好防范化解风险主体责任。二是不断凝聚监管合力。2023年，与驻马店市金融工作局、国家金融监管总局驻马店监管分局就政府督导、驻马店市金融风险形势、维护驻马店市金融安全、防范非法集资、农商行不良贷款集中清收、重点机构风险化解、加强金融机构监管、法人机构应急预案检查评估等事项进行多次沟通协调，形成监管合力。三是紧紧依靠地方政府。积极主动向驻马店市政府主要领导汇报辖区金融风险状况，上报驻马店市金融风险情况专题报告。

三、存款保险工作情况。一是切实发挥存款保险风险差别费率机制的风险约束和校正作用，扎实有序做好保费基数申报和保费缴纳管理工作。二是严格落实法人投保机构运行监测报告制度，按季对投保机构的运行及风险状况进行分析，及时采取应对措施。三是常态化抓好存款保险宣传。组织金融机构日常持续开展宣传工作，加强现场巡查督导力度，提高存款保险宣传工作质效。四是组织开展2023年度存款保险认知度评估，采取“以评促改、评宣结合”的方式，扎实推动驻马店市存款保险宣传工作向纵深发展。

【国际收支情况】

一、涉外收支情况。2023年，驻马店市涉外收支总额78156万美元，同比下降4.15%。其中，收入65166万美元，支出12990万美元，顺差52176万美元。从收入结构看，经常项目收入63741万美元，同比下降3.03%；资本和金融项目收入1425万美元，同比下降52.99%。从支出结构看，经常项目支出12966万美元，同比增长40.24%；资本和金融项目支出25万美元，同比下降99.3%。

二、银行结售汇情况。2023年，驻马店市银行结售汇70738万美元，同比增长4.11%。具体来看，银行结汇59136万美元，同比下降0.4%。其中，经常项目累计结汇58230万美元，同比下降0.19%；资本项目累计结汇906万美元，同比下降12.21%。银行售汇11602万美元，同比增长35.33%。其中，经常项目累计售汇11484万美元，同比增长35.65%；资本项目累计售汇118万美元，同比增长10.28%。

三、进出口情况。2023年，驻马店市进出口总额87847万美元，同比上升1.92%。其中，进口11238万美元，同比上升30.16%；出口76609万美元，同比下降1.22%，辖区出口金额超过百万美元的企业数量达141家；贸易顺差65371万美元，同比下降5.15%。

四、跨境人民币结算情况。2023年，驻马店市跨境人民币收支总额5.32亿元，同比下降13.21%，占同口径本外币收支的9.93%。其中，收入3.22亿元，支出2.1亿元。全年为优质企业办理便利化业务685笔，金额合计5.83亿元。

【银行业改革与发展】

银行业改革与发展情况。2023年末，驻马店市共有1家政策性银行、5家国有商业银行、4家股份制商业银行、10家农村商业银行、8家村镇银行。驻马店市银行业运行总体平稳，金融风险整体可控。2023年末，驻马店市银行业金融机构各项资产总额8297.83亿元，同比增长13.16%；负债总额8148.29亿元，同比增长12.63%。

【证券、保险业改革与发展】

一、证券业改革与发展情况。2023年末，驻马店市共有5家证券公司营业网点，分别为中原证券、民生证券、广发证券、方正证券和银河证券。2023年，驻马店市证券公司存量账户317631户，新开交易账户30699户；累计证券交易额1272.96亿元，同比减少420.92亿元，下降24.85%。2023年，驻马店市证券业实现净利润2114.8万元，同比减少827.14万元，下降28.14%。其中，中原证券、民生证券共盈利1233.73万元，占全部5家证券机构净利润的72.83%。

二、保险业改革与发展情况。2023年，驻马店市共有49家保险机构。其中，财产险公司22家，人身险公司27家。2023年，驻马店市保险业保费收入113.79亿元，同比减少5.5亿元，下降4.61%。其中，人身险保费收入74.53亿元，同比减少10.31亿元，下降12.15%；财产险保费收入39.26亿元，同比增加4.81亿元，增长13.89%。人身险累计给付、赔款金额19.1亿元，同比上升22.67%；财产险累计赔付金额27.23亿元，同比上升24.34%。

济源市

【经济运行情况】

一、生产总值稳定增长。2023年，济源地区生产总值788.61亿元，按不变价格计算，同比增长5.4%，较2022年提高1个百分点。分产业看，第一产业增加值增长2.6%，高于河南省平均水平0.8个百分点；第二产业增加值增长6.4%，高于河南省平均水平1.7个百分点；第三产业增加值增长4.0%，与河南省持平。

二、供给端持续恢复。一是农业生产稳中有进。2023年，济源市农林牧渔业总产值完成40.15亿元，同比增长2.7%，高于河南省平均水平0.5个百分点，居河南省第1位。二是工业生产提速明显。2023年，济源市规模以上工业增加值同比增长8.4%，高于河南省平均水平3.4个百分点，居河南省第二位。三是服务业恢复向好。2023年，济源市服务业增加值同比增长4.0%，与河南省持平，居河南省第八位。

三、需求端恢复步伐稳健。一是固定资产投资平稳增长。2023年，济源市固定资产投资同比增长2.5%，高于河南省平均水平0.4个百分点。二是消费品市场规模稳步扩大。2023年，济源市社会消费品零售总额207.5亿元，同比增长5.0%，市场规模再创历史新高。三是进出口总额稳居河南省第二。2023 年，济源市进出口总值 378.1 亿元，稳居河南省第二位，同比增长 25.1%，高于河南省平均水平 28.9 个百分点，增量居河南省第一位。

四、民生保障有力有效。一是基本民生支出有效保障。2023 年，济源市一般公共预算支出下降 10.3%，财政部门积极主动作为，持续优化调整，压减收回资金优先用于保障基本民生和重点领域支出需要。2023 年，民生支出 52.9 亿元，占一般公共预算支出比重的 70%。二是就业创业全面加强。深入开展“人人持证、技能河南”建设，完成职业技能培训 6.5 万人次，新增技能人才 3.2 万人，高技能人才 1.2 万人，均超额完成省定目标。实现城镇新增就业 1.6 万人，发放创业担保贷款资金 2.33 亿元，扶持自主创业 1702 人，带动就业 4503 人。三是居民收入水平稳步提升。2023 年，济源市居民人均可支配收入 35963 元，居河南省第二位，同比增长 6.1%，高于济源经济增长水平。四是居民消费价格温和上涨。2023 年，济源市居民消费价格指数（CPI）同比下降 0.5%。

五、经济增长新动能加快培育。一是市场主体量质齐升。2023 年，新设市场主体 2.3 万户，同比增长 14.93%、居河南省第二位。二是新产业、新消费蓬勃发展。2023 年，战略性新兴产业和高新技术产业占规上工业增加值比重分别达 10.6%、26.9%。清洁能源快速发展，济源市风力、太阳能等清洁能源发电量分别增长 15.3%、6.5%；新能源汽车消费表现亮眼，济源市限额以上新能源汽车零售额同比增长 38.2%，高于汽车零售增速 44.2 个百分点。三是需求结构持续改善。工业投资结构进一步优化，战略新兴产业投资同比增长 175.9%，传统五大支柱产业投资同比下降 9.6%。新能源汽车市场份额持续扩大，新能源汽车零售额占限额以上汽车零售额比重由 2022 年的 18.3% 提升至 2023 年的 26.9%。

【金融运行情况】

一、各项存款增势较好，存款增加主要来自住户部门。2023 年末，济源市金融机构本外币各项存款余额 858.70 亿元，同比增长 14.24%，增速较上年同期低 4.34 个百分点。其中济源市金融机构人民币各项存款余额 851.05 亿元，同比增长 15.79%，增速较上年同期低 0.77 个百分点。全年人民币各项存款增加 60.96 亿元，同比多增 11.63 亿元。住户存款是存款增长的主要来源，住户存款增加 73.78 亿元，同比多增 4.93 亿元。

二、各项贷款增势较好，增速连续 30 个月居河南省首位。2023 年末，济源市金融机构本外币各项贷款余额 726.51 亿元，同比增长 27.98%，增速较上年同期高 0.26 个百分点。其中，济源市金融机构人民币各项贷款余额 720.04 亿元，同比增长 28.51%，增速较上年同期低 2.81 个百分点。全年人民币各项贷款增加 159.74 亿元，同比多增 26.12 亿元。分部门看，贷款部门分化显著。各项贷款增加主要是企（事）业单位贷款增加 127.96 亿元，同比多增 22.86 亿元，其中，短期贷款增加 33.21 亿元，中长期贷款增加 29.90 亿元，票据融资增加 64.85 亿元。

【货币、信贷政策执行情况】

一、加强窗口指导，稳固信贷支持实体经济力量。一是强化政策引导，深化窗口指导。定期召开辖区金融形势分析暨窗口指导会议，压实金融机构信贷投放责任，稳固信贷支持实体经济力度。实施宏观审慎评估和法人信贷调控，引导 2 家法人金融机构把握好信贷投放节奏，增强信贷增长的稳定性和信贷投放的可持续性。二是积极发挥货币政策工具作用。组织召开货币政策工具培训会、再贴现业务推进会，指导辖区农商行开办“支农支小贷”产品，专门对接人民银行支农支小再贷款，并配套 2 亿元的专属信贷额度。2023 年，辖区累计办理再贷款 5.95 亿元、再贴现 3.99 亿元，再贷款授信比为 54.74%。自 2022 年起累计向 2 家法人银行发放普惠小微贷款支持工具1396.82万元，带动普惠小微企业贷款增长7.93亿元。三是持续引导贷款利率下行。指导金融机构充分发挥市场利率定价自律机制作用，督促执行省级自律机制决议，引导金融机构将贷款市场报价利率嵌入内部定价和传导环节，推动贷款利率水平稳中有降。2023年，金融机构新发放企业贷款加权平均利率4.09%，较去年同期下降0.55个百分点；新发放小微企业贷款加权平均利率4.78%，较去年同期下降0.54个百分点；新发放普惠小微企业贷款加权平均利率4.87%，较去年同期下降0.38个百分点。首套房个人住房贷款加权平均利率3.99%，较去年同期下降0.11个百分点；二套以上个人住房贷款加权平均利率4.4%，较去年同期下降0.5个百分点。

二、坚持精准发力，推动重点领域和关键环节发展。一是提升普惠小微市场主体金融服务水平。持续开展中小微企业金融服务能力建设提升工程，督促金融机构完善金融服务小微企业敢贷愿贷能贷会贷长效机制方案，健全内部政策安排和激励约束机制，会同相关部门开展“周三金融服务日”活动、“小微金融服务示范行”活动，通过线上线下常态化对接，为小微企业提供政策咨询、融资辅导、产品创新、方案定制等综合化金融解决方案，扶助中小微企业“破关”成长。2023年末，济源市小微企业贷款余额174.57亿元，同比增速50.08%；普惠小微贷款余额102.66亿元，同比增速31.66%。二是精准助力乡村振兴。成立金融服务乡村振兴工作专班，建立细化任务台账，组织召开专班工作会议对金融服务乡村振兴工作进行安排部署。对乡村振兴评估处于勉励档的金融机构进行约谈。建立辖区种业企业主办银行服务机制，为辖区24家种业企业分别确定了主办银行，督促主办银行及时了解种业企业的经营情况和融资需求，通过上门走访等形式，强化政策宣传、财务辅导和信贷产品推介，并创新开展种业知识产权、生物资产等抵押贷款业务，进一步提升种业企业的金融服务能力。2023年末，济源市涉农贷款余额313.9亿元，同比增速20.81%。三是做好金融支持科创和绿色企业信贷支持。对辖内金融机构开展金融支持科技型企业、绿色金融服务专题调研，摸清企业融资情况，帮助企业协调解决融资问题，打通信贷政策传导“最后一公里”。2023年末，济源市科技型企业贷款余额26.96亿元，较年初增加4.65亿元；绿色贷款余额100.72亿元，较年初增加43.72亿元。

三、强化政策落实，促进房地产市场健康发展。一是配合召开济源市利率政策动态调整长效机制专题会议，明确牵头部门，建立房地产信息共享机制。因城施策实施好差别化住房信贷政策，梳理辖区内住房信贷政策及实际执行情况，引导金融机构贯彻落实好差别化住房信贷政策，持续做好评估期内首套房和二套房首付比例和贷款利率等相关指标跟踪。二是及时转发存量首套住房贷款利率下调政策文件，组织银行机构通过报纸、公告、自媒体等多种渠道，广泛开展政策宣传和政策解读。召开地方法人机构房地产信贷政策落实工作推进会，指导地方法人银行制定落实方案和细化措施，推动政策平稳有序落实。2023年，已组织金融机构完成2.7万笔个人存量首套住房贷款利率调整手续，涉及存量房贷金额62.54亿元，调整后利率下降1.25个百分点。召开省级白名单房企专场银企对接会，建立白名单房企主办银行机制，督促金融机构落实“一企一策”包联工作要求，持续加大对省级白名单房企的金融支持。积极推动保交楼专项借款配套融资落地见效。2023年，济源市金融机构向省级白名单房企发放个人住房贷款5.15亿元、房地产开发贷款0.73亿元。

四、聚焦扩面增量，实现人民币跨境使用快速增长。联合示范区发改统计局印发《关于进一步推动跨境人民币业务发展的指导意见》，围绕河南省2023年度跨境人民币重点工作，结合济源实际提出多项要求。召开金融机构跨境人民币政策培训会，向金融机构宣讲政策要点，上门为涉外企业客户讲解跨境人民币业务操作方面的知识。组织金融机构开展跨境人民币首办户活动，2023

年，新增跨境人民币首办户 11 家，涉及收支结算金额 1.25 亿元。截至 2023 年 12 月末，济源市跨境人民币收支结算金额 131.75 亿元，居河南省第三位，同比增速 134.39%。

【金融稳定情况】

一、守牢底线，不发生区域性系统性风险。一是加强沟通协调，持续压实各方责任。组织召开金融稳定会商协调机制会议，集中分析研判辖区金融风险防范状况，提升金融风险防范水平。二是持续强化中小银行流动性监测。严格落实流动性“日监测、周报告”制度，督促辖内法人银行每日监测流动性变动情况，强化风险预判，前移防控关口。三是不断完善金融风险应对和处置机制。组织开展金融机构关注类突发事件应急演练，进一步修订完善应急预案。

二、提升质效，强化金融风险监测评估。一是细化对辖内金融机构的日常监测。定期收集、整理法人金融机构基础数据，从流动性、安全性、抗风险能力等方面全面分析潜在风险。对辖区全部银行业机构和非银行金融机构进行风险监测，切实提高对辖区所有金融机构各类风险的早期发现与识别分析水平。二是认真开展压力测试工作。组织辖内地方法人金融机构进行流动性风险压力测试和偿付能力敏感性压力测试。三是稳步推进央行金融机构评级工作，加强评级结果运用。完成辖区法人机构央行金融机构评级工作，不断完善工作机制，提高评级工作水平，真实客观揭示金融机构风险状况。

三、做好存款保险各项工作，充分发挥存款保险防挤兑作用。一是对法人投保机构保费缴纳基数、适用费率和保费核定、做好保费归集工作。二是继续抓好存款保险宣传。组织金融机构做好常态化宣传的同时，以“存保为民 储户放心”为主题，开展形式多样的存款保险宣传活动。组织开展辖区公众认知度评估工作，认真做好评估问卷的发放、回收、汇总、分析等工作。利用央行金融机构评级现场评价工作，深入机构现场，通过座谈交流、听取汇报、实地察看等多种方式，深入了解掌握存款保险宣传工作开展情况。

【国际收支情况】

2023 年，济源市涉外经济快速发展，跨境资金首次突破百亿美元大关。济源市跨境收支总额为 100.49 亿美元，同比增长 2.51%。其中，跨境收入 43.19 亿美元，同比减少 0.8%；跨境支出 57.4 亿美元，同比增加 5.4%，跨境收支逆差 14.21 亿美元。银行结售汇 37.31 亿美元，其中，结汇 5.96 亿美元，售汇 31.35 亿美元。经常项目跨境收支呈现上涨态势，经常项目收支差额呈现逆差。济源市经常项目跨境收支总额 76.88 亿美元，同比增长 10.67%。其中，经常项目跨境收入 31.5 亿美元，同比增长 8.28%；经常项目跨境支出 45.38 亿美元，同比增长 12.38%，经常项目收支逆差 13.88 亿美元。资本与金融项目跨境收支小幅下降，资本项目呈现小幅逆差。资本与金融项目跨境收支总额 23.61 亿美元，同比增加 17.36%，其中，资本与金融项目收入 11.69 亿美元，支出 11.92 亿美元。

【银行业改革与发展】

一、加强日常监管，切实防范化解风险。一是强化专项排查治理。二是化解矛盾纠纷，保护消费者合法权益。坚持把问题解决在一线、隐患消除在萌芽，确保行业稳定，维护消费者合法权益。建立通报分析和监管联动机制，及时研究解决突出、苗头性问题，提高行业风险防范水平。开展“3·15”消费者权益保护、“消费者权益保护集中宣传月”等宣传活动。三是紧盯重点领域，守住风险底线防线。抓住机构和高管两个重要环节，严格落实报告报备制度。

二、推动政策落实，积极服务社会大局。一是持续推进“行长进万企”活动。与“走万企、提信心、优服务”活动统筹开展，建立“半月 + 月报”双频监测和“政银企”常态化对接机制，督促辖内机构实施台账式管理，加大重点项目、重点企业对接力度。全年走访企业 2000 家，实现全年计划的 137.46%；企业融资需求 282.54 亿元，投放 210.82 亿元；发放金融产品手册 1150 份，开展金融政策宣讲 79 场次。二是支持项目建设和制造业转型升级。指导各行加强与上级行、社沟通争取，积极破除产业和信贷政策壁垒，加大对“三个一批”“十大战略”等重点项目和先进制造业的支持力度。2023 年 12 月末，中长期贷款余额 267.35 亿元，同比增加 58.17 亿元，增长 27.81%。三是做好稳增长金融支持工作。2023 年 12 月末，中小微企业及个体工商户延期还本付息贷款余额 14.56 亿元、2631 户。全年银行业减免服务收费 247.38 万元，小微企业、个体工商户和“专精特新”企业贷款利率分别下降 0.24 个、0.31 个、0.19 个百分点。

三、聚焦特殊领域，有效推动科学发展。一是加强小微企业金融服务。建立“周三金融服务日”线上、线下银企常态化对接和白名单企业推送机制，发挥“信易贷”“银税互动”等平台作用，扩大中小微企业融资覆盖面。建立企业还贷周转金和风险补偿机制，提升风险缓释能力，创新金融产品，降低融资成本。法人银行完成“两增两控”任务，其他银行完成信贷计划。二是大力支持乡村振兴战略。巩固脱贫攻坚成果，落实“四个不摘”。截至 2023 年 12 月末，脱贫小额信贷余额 2258.52 万元，涉及户数 533 户，当年新增发放 2248.47 万元，户数 589 户。服务农业生产和产业振兴，涉农贷款余额 313.9 亿元。三是支持科技创新领域和新市民。加大对科创企业、数字化产业、低碳环保等领域的支持力度，探索开展知识产权质押融资，推广“科技贷”“专利贷”，解决科技企业融资难题。2023 年 12 月末，支持“专精特新”贷款余额 7.82 亿元，企业 99 户。加强政策宣传，创新金融产品，为大学生、农民工等新市民群体提供生活保障和创业支持方面的金融服务。2023 年 12 月末，购房信贷余额 20.73 亿元，涉及户数 8225 户，创业担保贷款余额 1.7 亿元，户数 1218 户。

【证券、保险业改革与发展】

一、证券业情况。辖内共有 4 家证券机构，分别为国泰君安股份有限公司济源营业部、国都证券有限责任公司济源文昌中路证券营业部、中原证券股份有限公司济源济水大街证券营业部、方正证券股份有限公司济源宣化东街证券营业部。2023 年末，济源市 4 家证券机构总交易额 427.67 亿元，同比下降 3.1%；全年新增资金户 12614 户，同比增长 60.71%；手续费收入 0.18 亿元，同比下降 14.02%；利润 0.2 亿元，同比下降 8.21%。辖内证券公司的经营范围主要包括：证券经纪、证券投资咨询、与证券交易、证券活动有关的财务顾问、证券投资基金代销、融资融券业务、代销金融产品业务等，但目前 4 家证券公司业务依然是以证券交易为主，其他业务交易量较少。2023 年末，股票交易额 396.45 亿元，占总交易额的 92.7%。

二、保险业情况。辖内共有 23 家保险机构，其中隶属于郑州直管的 19 家，隶属于焦作 4 家。2023 年末，财险保费收入 5.96 亿元，同比增长 2.8%，较上年同期下降 5 个百分点；赔付支出 3.58 亿元，同比增长 11.78%；寿险保费收入 16.2 亿元，同比增长 3.31%，较上年同期上升 1.18 个百分点；赔付支出 3.23 亿元，同比上升 22.74%。辖内产险机构开展的业务有车险、企财险、责任险、农业险等几项，从对各项业务数据的对比看，以车险业务为主，车险占辖内产险的 63.3%，责任险、农业险投保较少，占辖内产险的 18.78%。

第五部分

金融社团组织

河南省金融学会

【综述】

一、加强党建引领，聚焦政治建设，不断提升组织水平。一是认真贯彻落实党中央决策部署，深入开展学习贯彻习近平新时代中国特色社会主义思想主题教育，以学铸魂、以学增智、以学正风、以学促干。加强学会会刊、学术研讨以及学会工作群、学会工作平台等意识形态阵地管理。二是进一步规范和完善学会的组织架构，梳理全体会员名单和负责人候选名单，梳理完善学会的各项制度，按要求修订学会章程形成修订草案；修订《河南省金融学会财务管理办法》《河南省金融学会研究课题管理办法》，形成修订稿，筹备换届工作。三是加强会费收支管理，有计划地使用会费开展学术交流和研讨活动，为会员开展学术研究提供支持。

二、持续开展金融标准建设。一是牵头工商银行、建设银行、兴业银行总行和生态环境部对外合作与交流中心成立标准编制工作组，通过组织金融机构进行情景分析和压力测试，面向编制小组成员、金融机构和监管部门进行多次征求意见，召开专家评审会议，听取金标委专家意见等进行多轮修改论证，以2021年度发布的绿色信贷环境与社会风险管理标准《商业银行绿色项目贷款环境与社会风险管理规范》为基础申建的绿色金融行业标准2023年8月获金标委正式立项。二是积极引导支持会员单位就数据治理等方面研制团体标准，完成《商业银行外部数据价值评估指南》团体标准的印发，并在全国团体标准信息平台进行公开发布。

三、加强对外合作交流，开展形式多样的学术活动。一是聚焦绿色金融，开展相关政策解读培训工作。组织召开环境信息披露座谈会，邀请兴业银行总行专家对相关地市分行与金融机构就环境信息披露工作开展培训。二是聚焦红色金融，开展红色金融遗址保护相关工作。发挥河南省金融学会平台作用，根据平顶山市金融学会需求情况，积极支持平顶山市分行做好中州农民银行旧址保护相关工作。撰写的红色金融研究报告《革命时期农村合作社研究》《鄂豫皖省苏维埃银行在艰难中创建与发展》等3篇口述史被《红色金融口述史料汇编（1921—1949）》采用。三是做好学术培训和研讨交流，为推动实际工作搭建平台。加强与金融机构、高等院校和研究机构间的交流，组织会员单位参加省社科联、共青团河南省委等组织的线上互动活动；积极参加2023年河南社会科学学术年会等学术交流活动。

四、结合河南实际，组织课题研究。一是做好2022年度学会重点课题和青年课题的结项和评审工作。对2022年度的61项重点课题和104项青年课题进行匿名评审，评出重点课题一等奖3项、二等奖8项、三等奖12项、优秀奖15项；青年课题一等奖3项、二等奖78项、三等奖13项、优秀奖15项。二是做好2023年度学会重点课题和青年课题的申报工作。经对申报课题进行筛选和审定，立项重点课题61项，青年课题79项。

【《金融理论与实践》月刊】

一、守好意识形态阵地，主动履行社会责任。坚持以习近平新时代中国特色社会主义思想为指导，严格把关文章质量，2023年刊发文章133篇。始终把社会效益放在办刊首位，社会效益评价考核等级为优秀；按时上报半年报、年报，顺利通过期刊年度核验；及时向新闻出版相关部门报送样刊。坚守公益初心，履行社会责任，主动将文献数据纳入国家级、公益性和开放型的国家哲学社会科学学术期刊数据库。

二、聚焦党中央重大决策部署和经济金融热点问题，扎实做好出版工作。紧紧围绕党中央重大决策部署开展采编工作，聚焦科技金融、绿色金融、普惠金融、养老金融、数字金融“五篇大文章”相关领域进行采编，服务金融高质量发展；同时，聚焦学术前沿和最新实践，刊载“数字经济”“金融改革与创新”“金融对外开放”等经济金融热点问题为主题的稿件。

三、坚持学术化办刊，影响力不断扩大。期刊得到社会各界的广泛认可，复合影响因子由2022年的3.377上升至2023年的4.078，连续十次入选全国中文核心期刊；连续被科技部中国科学技术信息研究所评为“中国科技核心期刊”；根据中国社科院《中国人文社会科学期刊AMI综合评价报告（2022）》，《金融理论与实践》被评为扩展刊；连续被评为“RCCSE中国核心学术期刊（A-）”期刊；2023年被《复印报刊资料》全文转载4篇，索引162篇；国际传播力不断提升，根据《中国学术期刊国际引证报告(2023版)》,《金融理论与实践》的国际影响力指数CI为27.742。

四、坚持精品化办刊，形成特色品牌。河南省委宣传部《豫版动态》（期刊审读）第88期和河南省出版协会《河南出版》（期刊审读）第3期对《金融理论与实践》提出表扬，认为：“《金融理论与实践》紧扣时代主题，顺应数字时代大势，把宣传党的二十大精神落到实处，为经济社会发展出谋划策；《金融理论与实践》围绕党和国家重大决策部署和经济金融热点问题，刊发既有理论高度又具实践价值的专业文章。”

河南省钱币学会

【综述】

2023年，河南钱币博物馆以习近平新时代中国特色社会主义思想和党的二十大精神为指导，深入贯彻习近平总书记对金融工作和河南工作重要讲话重要指示批示精神，坚持问题导向，坚持稳中求进，深入推进全面从严治党和内部管理规范化制度化，提升干部队伍履职能力，打造人民群众满意机关，扎实推进钱币文化和货币知识宣传，各项工作取得新成效、呈现新气象。

【河南钱币博物馆】

一是积极开展钱币文化宣传普及，弘扬优秀传统文化。充分发挥党史宣传教育职能，为系统内外各党支部提供党建活动平台，先后接待民盟郑州市群艺馆支部、郑州市委网信办机关党委、花园路街道省银行社区党总支、河南省卫生厅社区直管党员、郑州市第四公交公司党支部、工商银行、农业银行、交通银行、中原银行等到馆开展党建学习活动。充分发挥意识形态工作阵地和货币金融文化宣传交流平台作用。全年接待总行督导组、省委检查组、人民银行平顶山市分行、郑州培训学院、河南博物院志愿者团队、河南省文联、郑州市文联、长青路小学、花园路社区等5000余人次参观。二是加强对外工作交流，进一步提升工作技能。6月7日，河南财政金融学院继续教育学院到河南钱币博物馆开展党建活动，馆院双方围绕财经培训教育工作开展座谈，就现场教学、课题研究、文化传播等方面的工作经验和计划进行充分交流。6月20日，河南鼎藏文化传播有限公司到河南钱币博物馆就钱币文创开发进行交流探讨。2023年9月18日，河南钱币博物馆与公博古钱币艺术品鉴定有限公司河南分公司就钱币鉴定工作进行交流座谈，提升钱币博物馆服务央行、服务社会的能力。三是扎实做好制度修订工作，强化工作规范，提升工作效能。2023年10月30日，印发新的《河南钱币博物馆管理制度》，增加博物馆藏品退出馆藏、人员工作交接、罚则等具体条目。

【河南省钱币学会】

一是2023年总行钱币学会课题申报工作成果丰硕。1项专著《泉映汉月，驭流河山：钱币考古视角下汉代货币与社会的综合考察》和4项课题《抗战时期河南农工银行新辅币券研究》《第一套人民币与解放区兑换路径探析》《2015年汤阴馨和湾小区出土汉魏时期钱币窖藏整理与研究》《中原解放区货币发行与斗争相关问题研究》成功立项，立项数量居全国第一。二是传承红色金融基因，举办“纪念中州农民银行成立75周年”系列活动。举办中州农民银行红色金融历史展。设立展板50个，对中州农民银行机构设立、货币发行、支持解放战争、发展解放区经济等红色金融历史进行展览。举办中国历代货币展。征集历代精品货币实物2600余枚（套），设立展柜20多个，对历代精品货币进行展示。举办钱币研究成果展示会。征集钱币研究论文16篇，邀请河南省内钱币研究专家、学者等30余人，对中州农民银行货币发行、历代货币铸造工艺等研究成果进行展示交流研讨，6名与会代表进行了现场交流发言。会议评选出论文一等奖1名、二等奖2名、三等奖3名、优秀奖4名，并现场颁发获奖证书。

【《中国钱币大辞典》编纂】

一是2023年8月29日，召开2023年《中国钱币大辞典》编纂推进会，听取剩余3卷编纂进度报告，对加快推进编纂工作、保证按时完成余卷编纂提出具体要求。二是《清编·银锭卷》基本完成资料收集工作，增补银锭资料6000余种，撰写具体辞条约2000条。《清编·银元卷》已完成对辞条及图片的梳理、归并和增删，完成引文文献核对及考证，完成行文、译文和用图规范化处理，10月份完成 ·审。《清编·纸币卷》已完成上下两册辞条共3596条，预计2025年9月完成初稿。

第六部分

河南金融统计资料

一、综合业务统计表

（一）本外币信贷收支表

河南省金融机构可比口径本外币信贷收支表

汇率：7.0827　　2023 年 12 月　　单位：万元

栏目 来源项目名称	本月余额	比年初增减数		栏目 运用项目名称	本月余额	比年初增减数	
		今年	去年			今年	去年
一、各项存款	1005848919	74118129	97168741	一、各项贷款	835966608	72364095	55677587
（一）境内存款	1005042497	74460298	97083053	（一）境内贷款	832597056	73018052	55381216
1. 住户存款	684061914	80339204	84610937	1. 住户贷款	329657071	24701117	11233887
（1）活期存款	185871666	5179620	15769517	（1）短期贷款	69214593	9984296	3158595
（2）定期及其他存款	498190248	75159583	68841419	消费贷款	26869812	1762284	-76876
2. 非金融企业存款	172813492	-5282523	-2239219	经营贷款	42344782	8222012	3235471
（1）活期存款	66707425	-6491831	-1435873	（2）中长期贷款	260442478	14716821	8075292
（2）定期及其他存款	106106066	1209307	-803345	消费贷款	224025254	11242182	6444307
3. 机关团体存款	103699914	2921225	9404827	经营贷款	36417224	3474639	1630985
4. 财政性存款	6338992	354096	-234799	2. 企（事）业单位贷款	502729985	48106935	44147329
5. 非银行业金融机构存款	38128186	-3871703	5541307	（1）短期贷款	145039726	15129600	-5386900
（二）境外存款	806422	-342170	85687	（2）中长期贷款	296637075	28132515	31254718
二、金融债券	3244815	-844491	699789	（3）票据融资	48787275	4446583	14511637
其中：境外发行				（4）融资租赁	10033530	761767	3906814
三、卖出回购资产	18200	-322887	156002	（5）各项垫款	2282379	-363532	-138940
四、借款及非银行业金融机构拆入	101965	22149	-273900	3. 非银行业金融机构贷款	210000	210000	
五、联行往来（净）				（二）境外贷款	3369552	-653957	296371
六、应付及暂收款	26622234	2437275	3723488	二、债券投资	108672393	11276266	26783363
七、各项准备	26108929	2046474	-2609404	其中：境外债券	684444	-218809	127694
八、所有者权益	44606242	4819934	-41422	三、股权及其他投资	21618436	144648	-8522830
其中：实收资本	20124716	3652594	-194268	四、买入返售资产	6327142	-865466	4709386
九、其他	-18174448	8073736	12563974	五、存放非银行业金融机构款项	765041	-833289	466671
				六、联行往来（净）	100004488	8161288	31669780
				其中：境内存放二级准备金	1979903	62468	22602
				七、金银占款			
				八、中央银行外汇占款			
				九、应收及预付款	9591773	242358	641387
				十、投资性房地产	12101	-1351	3936
				十一、固定资产	5418872	-138230	-42012
资金来源总计	1088376855	90350318	111387268	资金运用总计	1088376855	90350318	111387268

河南省存款类金融机构可比口径本外币信贷收支表

汇率：7.0827　　　　2023 年 12 月　　　　单位：万元

来源项目名称	本月余额	比年初增减数		运用项目名称	本月余额	比年初增减数	
		今年	去年			今年	去年
一、各项存款	1006813945	74842890	97011252	一、各项贷款	826863228	71654105	50872837
（一）境内存款	1006007523	75185060	96925564	（一）境内贷款	823493676	72308063	50576466
1. 住户存款	684058643	80341370	84605500	1. 住户贷款	326392887	24283380	10904680
（1）活期存款	185871666	5179620	15769517	（1）短期贷款	66456995	9483079	2992801
（2）定期及其他存款	498186977	75161749	68835982	消费贷款	24112213	1261067	–242670
2. 非金融企业存款	172472539	–5198181	–2488918	经营贷款	42344782	8222012	3235471
（1）活期存款	66707425	–6491831	–1435873	（2）中长期贷款	259935892	14800300	7911878
（2）定期及其他存款	105765114	1293650	–1053045	消费贷款	223518667	11325661	6280893
3. 机关团体存款	103699914	2921225	9404827	经营贷款	36417224	3474639	1630985
4. 财政性存款	6338992	354096	–234799	2. 非金融企业及机关团体贷款	492598298	47438686	40279788
5. 非存款类金融机构存款	39437435	–3233450	5638954	（1）短期贷款	145009226	15213450	–5301250
（二）境外存款	806422	–342170	85687	（2）中长期贷款	296545529	28149072	31263220
二、金融债券	2949716	–799660	699726	（3）票据融资	48737275	4446583	14511637
其中：境外发行				（4）融资租赁	23890	–6889	–54879
三、卖出回购资产	43700	–297387	283180	（5）各项垫款	2282379	–363532	–138940
四、借款及非银行业金融机构拆入	51965	–7851	–458900	3. 非银行业金融机构贷款	4502491	585997	–608002
五、联行往来（净）				（二）境外贷款	3369552	–653957	296371
六、应付及暂收款	26079831	2564962	3493455	二、债券投资	108672393	11276266	26788371
七、各项准备	25451606	2099431	–2722309	其中：境外债券	684444	–218809	127694
八、所有者权益	40788775	4495090	–684353	三、股权及其他投资	19421131	–42846	–8674710
其中：实收资本	18356626	3584504	–494268	四、买入返售资产	6361901	–770222	4667911
九、其他	–25112160	6977181	8673735	五、存放非存款类金融机构款项	1113559	–582420	559022
				六、联行往来（净）	100004488	8161288	31669780
				其中：境内存放二级准备金	1979903	62468	22602
				七、金银占款			
				八、中央银行外汇占款			
				九、应收及预付款	9247107	323548	455890
				十、投资性房地产	10862	–1181	4077
				十一、固定资产	5372707	–143883	–47394
资金来源总计	1077067377	89874656	106295784	资金运用总计	1077067377	89874656	106295784

河南省大型银行可比口径本外币信贷收支表

汇率：7.0827　　2023年12月　　单位：万元

来源项目名称	本月余额	比年初增减数		运用项目名称	本月余额	比年初增减数	
		今年	去年			今年	去年
一、各项存款	525723433	59535558	61589943	一、各项贷款	426109452	53788730	35876144
（一）境内存款	525248497	59583134	61490175	（一）境内贷款	422751513	54129461	35797388
1. 个人存款	381519072	54035279	49920970	1. 短期贷款	83633371	20902850	6058367
其中：活期储蓄存款	132623622	5508044	12458619	（1）个人贷款	32903116	8365951	4757474
定期储蓄存款	141364675	34383676	22652909	其中：个人消费贷款	11550580	65414	342109
结构性存款	1702030	-347331	-781322	（2）单位贷款	50730255	12536899	1300893
2. 单位存款	130128900	4030757	9476382	经营贷款	39409007	8953149	3218952
其中：活期存款	59004877	-5744075	1395889	固定资产贷款	313960	-311855	-147529
定期存款	28349905	16513317	2336504	并购贷款			
保证金存款	7319500	-430377	-603466	贸易融资	11007288	3895605	-1770531
结构性存款	1258625	-204375	33180	（3）非存款类金融机构贷款			
3. 国库定期存款	8500	8500		2. 中长期贷款	320665388	31273194	23097781
4. 非存款类金融机构存款	13592025	1508598	2092823	（1）个人贷款	156421196	11650927	7167719
（二）境外存款	474936	-47576	99767	其中：个人消费贷款	148566216	9749558	6380763
二、代理财政性存款	58213	-83005	24767	（2）单位贷款	164244192	19622268	15930063
三、金融债券				经营贷款	25159399	4505574	4269529
其中：境外发行				固定资产贷款	136677751	14298262	11358043
四、卖出回购资产				并购贷款	1270506	436781	309629
五、向中央银行借款	175711	30107	-16411	贸易融资	1136536	381651	-7139
六、银行业存款类金融机构往来	3255387	1224142	107487	（3）非存款类金融机构贷款			
七、借款及非存款类金融机构拆入	26291	-2852	7	3. 票据融资	17251435	2191893	6893227
八、联行往来（净）				4. 融资租赁			
九、应付及暂收款	11112585	1016641	1689391	5. 各项垫款	1201318	-238476	-251988
其中：应付利息	8131766	1173537	1136299	（二）境外贷款	3357939	-340731	78756
十、其他负债	3080984	-44113	221032	二、债券投资	2405568	642809	497620
十一、所有者权益	6208337	1496382	1833307	三、股权及其他投资	163913	-26197	-96800
其中：实收资本				四、买入返售资产			
				五、存放中央银行存款	2998	11	11
				六、缴存中央银行财政性存款	278786	-116400	106540
				七、银行业存款类金融机构往来	982736	17833	384630
				八、存放非存款类金融机构款项	107		
				九、联行往来	120292093	9253866	29518599
				其中：境内存放二级准备金	905147	24439	4024
				十、库存现金	1193004	-36952	6924
				十一、应收及预付款	2539267	206205	-95334
				其中：应收利息	1183281	66723	107374
				十二、投资性房地产			
				十三、固定资产	1741948	-36454	-77182
				十四、其他资产	2685796	83117	145616
				十五、减：各项准备	8754727	603709	817244
				其中：贷款损失准备	8691226	614495	823063
资金来源总计	549640941	63172859	65449522	资金运用总计	549640941	63172859	65449522

河南省中小型银行可比口径本外币信贷收支表

汇率：7.0827　　2023 年 12 月　　单位：万元

来源项目名称	本月余额	比年初增减数 今年	比年初增减数 去年	运用项目名称	本月余额	比年初增减数 今年	比年初增减数 去年
一、各项存款	122987599	807179	10930228	一、各项贷款	153129099	3809088	5656163
（一）境内存款	122685033	1084856	10969219	（一）境内贷款	153117630	3883533	5669275
1. 个人存款	34460210	5317555	6416992	1. 短期贷款	45720147	1271661	–3683707
其中：活期储蓄存款	10901379	–299711	1646702	（1）个人贷款	3932270	–428335	–1205372
定期储蓄存款	12605308	5026251	3524350	其中：个人消费贷款	2036996	–161333	–1316266
结构性存款	2178678	–14628	–190752	（2）单位贷款	41782882	1704999	–2488333
2. 单位存款	75789704	–623516	1859652	经营贷款	34319625	932475	–2080264
其中：活期存款	20182171	–1265697	1665160	固定资产贷款	21195	–12892	–90538
定期存款	12957169	2832098	2189628	并购贷款			
保证金存款	18480652	–3538553	–246432	贸易融资	7442062	785416	–317531
结构性存款	1715642	48701	–400572	（3）非存款类金融机构贷款	4995	–5003	9998
3. 国库定期存款				2. 中长期贷款	99316092	4085938	8326280
4. 非存款类金融机构存款	12435119	–3609183	2692575	（1）个人贷款	41610277	–86882	817921
（二）境外存款	302567	–277677	–38992	其中：个人消费贷款	33875816	–1026286	–647655
二、代理财政性存款	633140	–53837	69050	（2）单位贷款	57705815	4172820	7508359
三、金融债券				经营贷款	17866928	1299310	2554841
其中：境外发行				固定资产贷款	37894965	2697194	4729775
四、卖出回购资产				并购贷款	1288636	178900	615113
五、向中央银行借款	753107	21199	57535	贸易融资	655286	–2584	–391371
六、银行业存款类金融机构往来	2354368	568502	–1937623	（3）非存款类金融机构贷款			
七、借款及非存款类金融机构拆入			–273906	3. 票据融资	7921994	–1343714	861809
八、联行往来（净）	21228199	2905557	–3202503	4. 融资租赁			
九、应付及暂收款	2197781	133951	272557	5. 各项垫款	159398	–130352	164894
其中：应付利息	1501625	161855	284049	（二）境外贷款	11469	–74445	–13112
十、其他负债	1030634	–11786	–20755	二、债券投资	124654	–130855	–123863
十一、所有者权益	399588	–316683	–58629	三、股权及其他投资	82157	–12075	13445
其中：实收资本				四、买入返售资产			
				五、存放中央银行存款			
				六、缴存中央银行财政性存款	29672	–19659	18528
				七、银行业存款类金融机构往来	347842	64941	–36813
				八、存放非存款类金融机构款项	140	2	2
				九、联行往来			
				其中：境内存放二级准备金	842297	23070	54913
				十、库存现金	125349	7020	–7662
				十一、应收及预付款	1000327	177664	87886
				其中：应收利息	754684	150066	91266
				十二、投资性房地产	8551	–861	1703
				十三、固定资产	373671	–11018	–12843
				十四、其他资产	594177	–29474	11109
				十五、减：各项准备	4231220	–199309	–228298
				其中：贷款损失准备	4133501	–164737	–199651
资金来源总计	151584418	4054082	5835953	资金运用总计	151584418	4054082	5835953

国家开发银行河南省分行可比口径本外币信贷收支表

汇率：7.0827　　2023年12月　　单位：万元

来源项目名称	本月余额	比年初增减数 今年	比年初增减数 去年	运用项目名称	本月余额	比年初增减数 今年	比年初增减数 去年
一、各项存款	2919049	-2586105	-332318	一、各项贷款	59716552	3857714	5090951
（一）境内存款	2874418	-2617503	-345552	（一）境内贷款	56500374	4036874	4937789
1.个人存款				1.短期贷款	629748	-235942	433539
其中：活期储蓄存款				（1）个人贷款			
定期储蓄存款				其中：个人消费贷款			
结构性存款				（2）单位贷款	629748	-235942	433539
2.单位存款	2867287	-2617680	-345866	经营贷款	535948	8000	95797
其中：活期存款	2745853	-2534937	-185063	固定资产贷款	93800	-243942	337742
定期存款	7411	3435	-15127	并购贷款			
保证金存款	13486	-3691	3017	贸易融资			
结构性存款				（3）非存款类金融机构贷款			
3.国库定期存款				2.中长期贷款	55870626	4272816	4504250
4.非存款类金融机构存款	7131	177	314	（1）个人贷款	2646371	633065	462651
（二）境外存款	44631	31398	13234	其中：个人消费贷款	2646371	633065	462651
二、代理财政性存款				（2）单位贷款	53224256	3639751	4041599
三、金融债券				经营贷款	2049844	-316990	379533
其中：境外发行				固定资产贷款	51174412	3956741	3662066
四、卖出回购资产				并购贷款			
五、向中央银行借款				贸易融资			
六、银行业存款类金融机构往来	141	-239	-10175	（3）非存款类金融机构贷款			
七、借款及非存款类金融机构拆入				3.票据融资			
八、联行往来（净）	55303309	6191680	5414004	4.融资租赁			
九、应付及暂收款	121424	-8340	67093	5.各项垫款			
其中：应付利息	27479	11503	3308	（二）境外贷款	3216178	-179160	153162
十、其他负债	237352	-53634	-55623	二、债券投资			
十一、所有者权益	410535	181405	70806	三、股权及其他投资	2150	-909	-1438
其中：实收资本				四、买入返售资产			
				五、存放中央银行存款	2998	11	11
				六、缴存中央银行财政性存款			
				七、银行业存款类金融机构往来	964000	14000	391161
				八、存放非存款类金融机构款项			
				九、联行往来			
				其中：境内存放二级准备金			
				十、库存现金			
				十一、应收及预付款	176225	22632	42661
				其中：应收利息	146911	14208	35748
				十二、投资性房地产			
				十三、固定资产	35021	-2298	-4618
				十四、其他资产	55118	-6373	3559
				十五、减：各项准备	1960254	160009	368498
				其中：贷款损失准备	1959433	159331	368570
资金来源总计	58991810	3724767	5153788	资金运用总计	58991810	3724767	5153788

中国农业发展银行河南省分行可比口径本外币信贷收支表

汇率：7.0827　　2023年12月　　单位：万元

来源项目名称	本月余额	比年初增减数 今年	比年初增减数 去年	运用项目名称	本月余额	比年初增减数 今年	比年初增减数 去年
一、各项存款	2577758	−194552	590351	一、各项贷款	29477900	1802791	2665000
（一）境内存款	2577758	−194552	590351	（一）境内贷款	29477900	1802791	2665000
1. 个人存款				1. 短期贷款	11456721	−708315	−1296273
其中：活期储蓄存款				（1）个人贷款			
定期储蓄存款				其中：个人消费贷款			
结构性存款				（2）单位贷款	11456721	−708315	−1296273
2. 单位存款	2577752	−194559	590351	经营贷款	11456721	−708315	−1296273
其中：活期存款	1683200	−389183	190419	固定资产贷款			
定期存款	734652	266329	344372	并购贷款			
保证金存款	49502	−10186	−15851	贸易融资			
结构性存款				（3）非存款类金融机构贷款			
3. 国库定期存款				2. 中长期贷款	18021180	2511106	3962672
4. 非存款类金融机构存款	6	6		（1）个人贷款			
（二）境外存款				其中：个人消费贷款			
二、代理财政性存款	462271	−20292	232702	（2）单位贷款	18021180	2511106	3962672
三、金融债券				经营贷款	853757	−238841	51687
其中：境外发行				固定资产贷款	17167423	2749947	3910985
四、卖出回购资产				并购贷款			
五、向中央银行借款				贸易融资			
六、银行业存款类金融机构往来	10034	10034		（3）非存款类金融机构贷款			
七、借款及非存款类金融机构拆入				3. 票据融资			
八、联行往来（净）	25551851	1997798	2272958	4. 融资租赁			
九、应付及暂收款	114426	4985	16114	5. 各项垫款			−1399
其中：应付利息	44156	7405	8251	（二）境外贷款			
十、其他负债	64824	1718	24	二、债券投资	115210	−121827	−94007
十一、所有者权益	20612	−22839	−4346	三、股权及其他投资			
其中：实收资本				四、买入返售资产			
				五、存放中央银行存款			
				六、缴存中央银行财政性存款			
				七、银行业存款类金融机构往来	2613	72	−855
				八、存放非存款类金融机构款项			
				九、联行往来			
				其中：境内存放二级准备金			
				十、库存现金			
				十一、应收及预付款	90856	−13187	16168
				其中：应收利息	63001	−12448	17918
				十二、投资性房地产			
				十三、固定资产	59888	−880	−3420
				十四、其他资产	40137	−54729	−35815
				十五、减：各项准备	984828	−164612	−560731
				其中：贷款损失准备	938558	−111665	−529831
资金来源总计	28801777	1776852	3107803	资金运用总计	28801777	1776852	3107803

中国进出口银行河南省分行可比口径本外币信贷收支表

汇率：7.0827　　　　2023 年 12 月　　　　单位：万元

来源项目名称（栏目）	本月余额	比年初增减数		运用项目名称（栏目）	本月余额	比年初增减数	
		今年	去年			今年	去年
一、各项存款	431664	108834	77617	一、各项贷款	8541790	1082659	1357908
（一）境内存款	431664	108834	77617	（一）境内贷款	8541790	1086659	1365908
1. 个人存款				1. 短期贷款	1499046	92497	34100
其中：活期储蓄存款				（1）个人贷款			
定期储蓄存款				其中：个人消费贷款			
结构性存款				（2）单位贷款	1499046	92497	34100
2. 单位存款	431664	108834	77617	经营贷款	883884	157817	62383
其中：活期存款	78092	11609	-9470	固定资产贷款			
定期存款	317009	111709	94800	并购贷款			
保证金存款	35609	-4243	-7325	贸易融资	615162	-65319	-28283
结构性存款				（3）非存款类金融机构贷款			
3. 国库定期存款				2. 中长期贷款	6717436	796282	1204399
4. 非存款类金融机构存款				（1）个人贷款			
（二）境外存款	1			其中：个人消费贷款			
二、代理财政性存款				（2）单位贷款	6717436	796282	1204399
三、金融债券				经营贷款	5113634	1061171	1283182
其中：境外发行				固定资产贷款	1427569	-48518	77644
四、卖出回购资产				并购贷款	31215	-9790	-5395
五、向中央银行借款				贸易融资	145018	-206581	-151032
六、银行业存款类金融机构往来	4	-1	-5009	（3）非存款类金融机构贷款			
七、借款及非存款类金融机构拆入				3. 票据融资	325308	197879	127409
八、联行往来（净）	8116629	967618	1243426	4. 融资租赁			
九、应付及暂收款	49065	5037	15812	5. 各项垫款			
其中：应付利息	43240	4896	14795	（二）境外贷款		-4000	-8000
十、其他负债	28567	-1321	4615	二、债券投资			
十一、所有者权益	12864	12864	43168	三、股权及其他投资	8685	942	-2623
其中：实收资本				四、买入返售资产			
				五、存放中央银行存款			
				六、缴存中央银行财政性存款			
				七、银行业存款类金融机构往来	200000	20000	9000
				八、存放非存款类金融机构款项			
				九、联行往来			
				其中：境内存放二级准备金			
				十、库存现金			
				十一、应收及预付款	30927	-824	9408
				其中：应收利息	30425	-687	9426
				十二、投资性房地产			
				十三、固定资产	151	10	-16
				十四、其他资产	3671	-1078	2840
				十五、减：各项准备	146431	8679	-3114
				其中：贷款损失准备	146233	8951	-3091
资金来源总计	8638794	1093030	1379630	资金运用总计	8638794	1093030	1379630

中国工商银行股份有限公司河南省分行可比口径本外币信贷收支表

汇率：7.0827　　2023 年 12 月　　单位：万元

栏目 来源项目名称	本月余额	比年初增减数		栏目 运用项目名称	本月余额	比年初增减数	
		今年	去年			今年	去年
一、各项存款	93144553	7559403	11985170	一、各项贷款	82576077	10578834	7340361
（一）境内存款	93090264	7620432	11909574	（一）境内贷款	82537816	10582029	7340632
1. 个人存款	66143616	9357097	9492188	1. 短期贷款	12014622	2904218	321789
其中：活期储蓄存款	23939390	1202382	2178321	（1）个人贷款	3086849	1061825	89025
定期储蓄存款	32883000	7901008	5077624	其中：个人消费贷款	1754999	67666	–111837
结构性存款		–6495	–80495	（2）单位贷款	8927773	1842393	232764
2. 单位存款	23954320	–1585580	2214222	经营贷款	7065938	1302738	1082390
其中：活期存款	11162955	–1638336	838112	固定资产贷款	14297	–400	–6053
定期存款	5175332	2039173	780231	并购贷款			
保证金存款	952854	86191	–1388370	贸易融资	1847538	540055	–843573
结构性存款	183100	–118524	–1279	（3）非存款类金融机构贷款			
3. 国库定期存款				2. 中长期贷款	67140466	7010382	5388023
4. 非存款类金融机构存款	2992328	–151085	203164	（1）个人贷款	36220269	2689316	1659243
（二）境外存款	54289	–61029	75597	其中：个人消费贷款	33838594	1935212	1274110
二、代理财政性存款	2338	–20769	15421	（2）单位贷款	30920197	4321066	3728780
三、金融债券				经营贷款	4590068	1135710	1100394
其中：境外发行				固定资产贷款	24839273	2699937	2421240
四、卖出回购资产				并购贷款	771722	251499	205952
五、向中央银行借款	98096	98096	–17617	贸易融资	719134	233921	1195
六、银行业存款类金融机构往来	211044	–345822	113756	（3）非存款类金融机构贷款			
七、借款及非存款类金融机构拆入	1571	–184	–51	3. 票据融资	3380686	667429	1631678
八、联行往来（净）				4. 融资租赁			
九、应付及暂收款	2970711	270903	445556	5. 各项垫款	2042		–858
其中：应付利息	1714721	228777	368745	（二）境外贷款	38261	–3196	–271
十、其他负债	549298	365	7247	二、债券投资	2403254	643808	499152
十一、所有者权益	784756	153857	382927	三、股权及其他投资	131755	–1763	29053
其中：实收资本				四、买入返售资产			
				五、存放中央银行存款			
				六、缴存中央银行财政性存款	3338	–8825	–3625
				七、银行业存款类金融机构往来			
				八、存放非存款类金融机构款项			
				九、联行往来	13463856	–3143006	5423106
				其中：境内存放二级准备金			
				十、库存现金	205280	11106	18878
				十一、应收及预付款	821899	105010	–125101
				其中：应收利息	200197	4659	2950
				十二、投资性房地产			
				十三、固定资产	242464	–18886	–30699
				十四、其他资产	569813	–82793	21593
				十五、减：各项准备	2655369	367637	240307
				其中：贷款损失准备	2649810	372705	236369
资金来源总计	97762367	7715849	12932411	资金运用总计	97762367	7715849	12932411

中国农业银行股份有限公司河南省分行可比口径本外币信贷收支表

汇率：7.0827　　2023年12月　　单位：万元

来源项目名称	本月余额	比年初增减数 今年	比年初增减数 去年	运用项目名称	本月余额	比年初增减数 今年	比年初增减数 去年
一、各项存款	104553890	20312707	13574499	一、各项贷款	63737955	10314688	8101535
（一）境内存款	104527504	20292740	13572998	（一）境内贷款	63737331	10314871	8101574
1.个人存款	77442196	12266814	10511500	1.短期贷款	16253957	4756574	1353545
其中：活期储蓄存款	28862725	1331777	3153959	（1）个人贷款	8262328	2863989	1435271
定期储蓄存款	41819092	9489679	6051712	其中：个人消费贷款	2499155	184150	100532
结构性存款	2197	-14010	-18085	（2）单位贷款	7991630	1892585	-81726
2.单位存款	22729392	4888137	2815775	经营贷款	7416413	1730331	412660
其中：活期存款	8334597	-563243	618372	固定资产贷款	62850	-124650	-455824
定期存款	7319878	6361073	149186	并购贷款			
保证金存款	945365	-201336	570404	贸易融资	512366	286904	-38562
结构性存款			-47827	（3）非存款类金融机构贷款			
3.国库定期存款	8500	8500		2.中长期贷款	43892545	4717897	4235459
4.非存款类金融机构存款	4347416	3129289	245723	（1）个人贷款	26144571	1599249	2411867
（二）境外存款	26386	19967	1500	其中：个人消费贷款	25633796	1544213	2348962
二、代理财政性存款	4776	-9398	-3401	（2）单位贷款	17747974	3118647	1823592
三、金融债券				经营贷款	2296532	1104489	296868
其中：境外发行				固定资产贷款	15445998	2009870	1538691
四、卖出回购资产				并购贷款	2880	2880	-13124
五、向中央银行借款				贸易融资	2565	1409	1156
六、银行业存款类金融机构往来	2435957	1489119	98020	（3）非存款类金融机构贷款			
七、借款及非存款类金融机构拆入				3.票据融资	3590828	840401	2512570
八、联行往来（净）				4.融资租赁			
九、应付及暂收款	2212336	455744	333491	5.各项垫款			
其中：应付利息	1703243	389006	257632	（二）境外贷款	625	-184	-39
十、其他负债	170946	-11387	20585	二、债券投资			
十一、所有者权益	1153907	190852	188376	三、股权及其他投资	14447	3466	5320
其中：实收资本				四、买入返售资产			
				五、存放中央银行存款			
				六、缴存中央银行财政性存款	7756	-6203	-4007
				七、银行业存款类金融机构往来	635	5	-510
				八、存放非存款类金融机构款项	57		
				九、联行往来	46474022	12099512	6225112
				其中：境内存放二级准备金			
				十、库存现金	286101	21161	-16840
				十一、应收及预付款	337656	22925	-64173
				其中：应收利息	190316	24188	17499
				十二、投资性房地产			
				十三、固定资产	347356	-8205	-1707
				十四、其他资产	441143	56402	41712
				十五、减：各项准备	1115316	76113	74870
				其中：贷款损失准备	1094683	78858	75288
资金来源总计	110531812	22427637	14211570	资金运用总计	110531812	22427637	14211570

中国银行股份有限公司河南省分行可比口径本外币信贷收支表

汇率：7.0827　　　　2023 年 12 月　　　　单位：万元

来源项目名称	本月余额	比年初增减数		运用项目名称	本月余额	比年初增减数	
		今年	去年			今年	去年
一、各项存款	78388405	12092944	7445916	一、各项贷款	62951052	10172278	3146852
（一）境内存款	78209531	12174004	7450104	（一）境内贷款	62904687	10126962	3146832
1. 个人存款	49221171	8259562	6612812	1. 短期贷款	14627752	3841953	1217186
其中：活期储蓄存款	17817925	1206907	2080940	（1）个人贷款	3504633	696958	692896
定期储蓄存款	22556070	5503362	4213306	其中：个人消费贷款	1421762	−289117	302346
结构性存款	393145	−117979	−217812	（2）单位贷款	11123119	3144995	524290
2. 单位存款	26219837	2273745	587592	经营贷款	7523924	1749858	462950
其中：活期存款	11648823	253517	−722275	固定资产贷款	73630	68360	3880
定期存款	4313683	2150598	461518	并购贷款			
保证金存款	2662140	172138	379967	贸易融资	3525565	1326777	57460
结构性存款	554449	32731	−1595	（3）非存款类金融机构贷款			
3. 国库定期存款				2. 中长期贷款	44478295	5647442	1277715
4. 非存款类金融机构存款	2768523	1640697	249700	（1）个人贷款	24987468	1772751	−112334
（二）境外存款	178874	−81060	−4188	其中：个人消费贷款	24220294	1919172	50647
二、代理财政性存款	2190	−2984	−2574	（2）单位贷款	19490828	3874691	1390049
三、金融债券				经营贷款	3509166	1306183	451854
其中：境外发行				固定资产贷款	15790991	2507269	952073
四、卖出回购资产				并购贷款	17104	7104	
五、向中央银行借款			−8581	贸易融资	173566	54135	−13878
六、银行业存款类金融机构往来	287713	−80376	122813	（3）非存款类金融机构贷款			
七、借款及非存款类金融机构拆入				3. 票据融资	3796758	652965	656148
八、联行往来（净）				4. 融资租赁			
九、应付及暂收款	1320687	3176	193494	5. 各项垫款	1881	−15399	−4216
其中：应付利息	1176285	159950	181278	（二）境外贷款	46365	45317	19
十、其他负债	179841	−23197	5012	二、债券投资			
十一、所有者权益	523938	522062	403811	三、股权及其他投资	4900	−27900	−125900
其中：实收资本				四、买入返售资产			
				五、存放中央银行存款			
				六、缴存中央银行财政性存款	49366	20130	−9011
				七、银行业存款类金融机构往来			
				八、存放非存款类金融机构款项	50		
				九、联行往来	18899875	2649353	5591608
				其中：境内存放二级准备金			
				十、库存现金	156738	−9122	−36744
				十一、应收及预付款	174425	1146	−1467
				其中：应收利息	136728	−2528	1988
				十二、投资性房地产			
				十三、固定资产	287818	−11324	−17868
				十四、其他资产	62906	−4905	−8295
				十五、减：各项准备	1884354	278031	379283
				其中：贷款损失准备	1867340	273708	381220
资金来源总计	80702775	12511625	8159891	资金运用总计	80702775	12511625	8159891

中国建设银行股份有限公司河南省分行可比口径本外币信贷收支表

汇率：7.0827　　2023 年 12 月　　单位：万元

栏目 来源项目名称	本月余额	比年初增减数		栏目 运用项目名称	本月余额	比年初增减数	
		今年	去年			今年	去年
一、各项存款	102201685	9231939	12302132	一、各项贷款	82808846	10219258	6939791
（一）境内存款	102056299	9192342	12287289	（一）境内贷款	82788935	10458426	7014425
1. 个人存款	70417232	11067887	9424950	1. 短期贷款	23132863	6714378	1325190
其中：活期储蓄存款	27977089	1311163	2528157	（1）个人贷款	9466262	2820340	1554038
定期储蓄存款	34756780	8968419	5027144	其中：个人消费贷款	4056538	272261	224799
结构性存款	11187	−11259	10704	（2）单位贷款	13666601	3894038	−228849
2. 单位存款	30395888	−197289	1564322	经营贷款	10785620	2643450	725676
其中：活期存款	13008465	−643434	−614469	固定资产贷款	64800	−13000	−30080
定期存款	6299571	3077116	341563	并购贷款			
保证金存款	2036583	−648036	−235625	贸易融资	2816181	1263588	−924444
结构性存款	101760	−67240	83000	（3）非存款类金融机构贷款			
3. 国库定期存款				2. 中长期贷款	54791704	3596507	3959548
4. 非存款类金融机构存款	1243178	−1678256	1298018	（1）个人贷款	33461276	1627703	1215363
（二）境外存款	145386	39597	14843	其中：个人消费贷款	32685464	1541636	1122932
二、代理财政性存款	20221	−9566	2347	（2）单位贷款	21330428	1968804	2744185
三、金融债券				经营贷款	9006223	822674	1739297
其中：境外发行				固定资产贷款	12152957	1057325	972850
四、卖出回购资产				并购贷款	102372	56772	27400
五、向中央银行借款				贸易融资	68876	32033	4637
六、银行业存款类金融机构往来	191420	109435	−44677	（3）非存款类金融机构贷款			
七、借款及非存款类金融机构拆入	24719	−2668	58	3. 票据融资	3667122	370651	1975547
八、联行往来（净）				4. 融资租赁			
九、应付及暂收款	2228194	84634	463214	5. 各项垫款	1197246	−223109	−245858
其中：应付利息	1605729	158353	202940	（二）境外贷款	19911	−239168	−74634
十、其他负债	501934	18835	145762	二、债券投资	2314	−1000	−1532
十一、所有者权益	1359653	178176	290546	三、股权及其他投资			
其中：实收资本				四、买入返售资产			
				五、存放中央银行存款			
				六、缴存中央银行财政性存款	81279	5838	17757
				七、银行业存款类金融机构往来			−604
				八、存放非存款类金融机构款项			
				九、联行往来	22030922	−686387	6254038
				其中：境内存放二级准备金	41526	24439	4024
				十、库存现金	200753	9126	−18101
				十一、应收及预付款	736015	9966	46761
				其中：应收利息	246511	171	33001
				十二、投资性房地产			
				十三、固定资产	457575	−24214	−39586
				十四、其他资产	225833	70917	−37579
				十五、减：各项准备	15712	−7279	1563
				其中：贷款损失准备	24	−49	68
资金来源总计	106527826	9610785	13159382	资金运用总计	106527826	9610785	13159382

交通银行股份有限公司河南省分行可比口径本外币信贷收支表

汇率：7.0827　　　　2023 年 12 月　　　　单位：万元

栏目 来源项目名称	本月余额	比年初增减数		栏目 运用项目名称	本月余额	比年初增减数	
		今年	去年			今年	去年
一、各项存款	31279603	2449010	3769886	一、各项贷款	24774694	2513095	1154240
（一）境内存款	31256869	2446038	3770947	（一）境内贷款	24738267	2477608	1153721
1. 个人存款	17422214	2405284	2532374	1. 短期贷款	4348923	722104	154309
其中：活期储蓄存款	5096291	190709	593146	（1）个人贷款	843844	179763	104436
定期储蓄存款	8366193	2592861	2086824	其中：个人消费贷款	393663	135076	98718
结构性存款	1295502	–197587	–475633	（2）单位贷款	3505079	542341	49872
2. 单位存款	11628288	1466661	1134128	经营贷款	2686446	431639	–178417
其中：活期存款	4197627	99343	513084	固定资产贷款	4583	1777	2806
定期存款	2964654	2062172	174669	并购贷款			
保证金存款	545470	83255	94692	贸易融资	814050	108925	225483
结构性存款	419316	–51342	880	（3）非存款类金融机构贷款			
3. 国库定期存款				2. 中长期贷款	19607953	1475357	875217
4. 非存款类金融机构存款	2206367	–1425906	104445	（1）个人贷款	9344532	243386	12008
（二）境外存款	22735	2972	–1060	其中：个人消费贷款	8847955	183467	19446
二、代理财政性存款		–48	–724	（2）单位贷款	10263421	1231971	863209
三、金融债券				经营贷款	2577948	276523	85242
其中：境外发行				固定资产贷款	7326899	924969	679560
四、卖出回购资产				并购贷款	295612	37711	89401
五、向中央银行借款				贸易融资	62963	–7232	9005
六、银行业存款类金融机构往来	73812	26809	–179328	（3）非存款类金融机构贷款			
七、借款及非存款类金融机构拆入				3. 票据融资	781242	280116	125250
八、联行往来（净）				4. 融资租赁			
九、应付及暂收款	635023	131189	104460	5. 各项垫款	149	32	–1055
其中：应付利息	519855	127184	89589	（二）境外贷款	36427	35487	519
十、其他负债	190367	5295	4860	二、债券投资			
十一、所有者权益	782265	–99339	516347	三、股权及其他投资	10661	910	–3835
其中：实收资本				四、买入返售资产			
				五、存放中央银行存款			
				六、缴存中央银行财政性存款	911	–2253	–19176
				七、银行业存款类金融机构往来	18100	4331	–5282
				八、存放非存款类金融机构款项			
				九、联行往来	8466477	–76774	2736649
				其中：境内存放二级准备金	863621		
				十、库存现金	48532	–19542	20471
				十一、应收及预付款	64771	4034	317
				其中：应收利息	53004	–1782	202
				十二、投资性房地产			
				十三、固定资产	147159	–12189	–13015
				十四、其他资产	14529	–1401	–542
				十五、减：各项准备	584764	–102703	–345675
				其中：贷款损失准备	581736	–101554	–342481
资金来源总计	32961070	2512915	4215502	资金运用总计	32961070	2512915	4215502

中国邮政储蓄银行股份有限公司河南省分行可比口径本外币信贷收支表

汇率：7.0827　　2023 年 12 月　　单位：万元

来源项目名称	本月余额	比年初增减数 今年	比年初增减数 去年	运用项目名称	本月余额	比年初增减数 今年	比年初增减数 去年
一、各项存款	113236247	10475659	12844657	一、各项贷款	49544275	6132862	4102414
（一）境内存款	113233613	10475081	12844815	（一）境内贷款	49544103	6132690	4102414
1. 个人存款	100872643	10678635	11347145	1. 短期贷款	12625505	2199564	1252809
其中：活期储蓄存款	28930201	265106	1924097	（1）个人贷款	7739199	743076	881807
定期储蓄存款	983540	-71654	196300	其中：个人消费贷款	1424463	-304622	-272449
结构性存款				（2）单位贷款	4886306	1456489	371002
2. 单位存款	12333888	-197237	1506210	经营贷款	3394717	1087133	617896
其中：活期存款	7906558	-716986	948128	固定资产贷款			
定期存款	2269377	819749	444464	并购贷款			
保证金存款	163603	81103	-27551	贸易融资	1491589	369356	-246894
结构性存款				（3）非存款类金融机构贷款			
3. 国库定期存款				2. 中长期贷款	34883798	4552794	2857570
4. 非存款类金融机构存款	27082	-6317	-8540	（1）个人贷款	23616710	3085457	1518921
（二）境外存款	2634	579	-158	其中：个人消费贷款	20693743	1992793	1102015
二、代理财政性存款	28689	-40238	13697	（2）单位贷款	11267088	1467337	1338649
三、金融债券				经营贷款	1129619	176985	216341
其中：境外发行				固定资产贷款	9947221	1142151	1131562
四、卖出回购资产				并购贷款	80815	80815	
五、向中央银行借款	77615	-67989	9787	贸易融资	109432	67386	-9254
六、银行业存款类金融机构往来	55300	25215	7077	（3）非存款类金融机构贷款			
七、借款及非存款类金融机构拆入				3. 票据融资	2034800	-619668	-7965
八、联行往来（净）				4. 融资租赁			
九、应付及暂收款	1624209	79334	82081	5. 各项垫款			
其中：应付利息	1384453	98764	32807	（二）境外贷款	172	172	
十、其他负债	1251246	19611	93189	二、债券投资			
十一、所有者权益	1193284	369370	-19506	三、股权及其他投资			
其中：实收资本				四、买入返售资产			
				五、存放中央银行存款			
				六、缴存中央银行财政性存款	136136	-125087	124602
				七、银行业存款类金融机构往来	2	-503	-134
				八、存放非存款类金融机构款项			
				九、联行往来	66260250	4602848	8702090
				其中：境内存放二级准备金			
				十、库存现金	295600	-49681	39259
				十一、应收及预付款	228276	40493	5668
				其中：应收利息	209615	27807	15986
				十二、投资性房地产			
				十三、固定资产	224555	40662	30310
				十四、其他资产	1316455	51269	125169
				十五、减：各项准备	538958	-168098	98396
				其中：贷款损失准备	538200	-168504	104029
资金来源总计	117466590	10860962	13030982	资金运用总计	117466590	10860962	13030982

中信银行股份有限公司郑州分行可比口径本外币信贷收支表

汇率：7.0827　　2023 年 12 月　　单位：万元

栏目 来源项目名称	本月余额	比年初增减数		栏目 运用项目名称	本月余额	比年初增减数	
		今年	去年			今年	去年
一、各项存款	22833826	895498	934475	一、各项贷款	22515873	994775	681491
（一）境内存款	22733490	914425	1014159	（一）境内贷款	22515660	1016298	679878
1. 个人存款	6794229	1055881	1346010	1. 短期贷款	5477920	399389	–143889
其中：活期储蓄存款	1972734	42346	220454	（1）个人贷款	367696	–278	1950
定期储蓄存款	2730325	1171861	779161	其中：个人消费贷款	261728	–2689	–77566
结构性存款	245394	–103318	–88510	（2）单位贷款	5110224	399666	–145838
2. 单位存款	14309799	863864	–320892	经营贷款	4471590	246069	–4981
其中：活期存款	4630274	672485	898500	固定资产贷款	1012	1012	–11600
定期存款	1932430	929272	427749	并购贷款			
保证金存款	4275826	–138432	–52204	贸易融资	637622	152586	–129257
结构性存款	269376	60429	–36029	（3）非存款类金融机构贷款			
3. 国库定期存款				2. 中长期贷款	14974158	604746	828965
4. 非存款类金融机构存款	1629463	–1005320	–10958	（1）个人贷款	8386547	581380	92322
（二）境外存款	100336	–18928	–79684	其中：个人消费贷款	6963129	455725	–181099
二、代理财政性存款	155270	–28387	–167158	（2）单位贷款	6587612	23367	736643
三、金融债券				经营贷款	2020537	314042	25151
其中：境外发行				固定资产贷款	4092450	–319391	465730
四、卖出回购资产				并购贷款	389394	–14772	298016
五、向中央银行借款	245899	61474	23026	贸易融资	85231	43488	–52254
六、银行业存款类金融机构往来	31586	–53005	–392793	（3）非存款类金融机构贷款			
七、借款及非存款类金融机构拆入			–258815	3. 票据融资	2059549	23292	22598
八、联行往来（净）				4. 融资租赁			
九、应付及暂收款	383646	–25521	75373	5. 各项垫款	4033	–11129	–27796
其中：应付利息	237618	–8678	53387	（二）境外贷款	213	–21523	1613
十、其他负债	145566	–8306	2533	二、债券投资			
十一、所有者权益	110085	–16384	3157	三、股权及其他投资			
其中：实收资本				四、买入返售资产			
				五、存放中央银行存款			
				六、缴存中央银行财政性存款	88	–89	–1239
				七、银行业存款类金融机构往来	21271	4924	–4028
				八、存放非存款类金融机构款项			
				九、联行往来	1389370	–181016	–409347
				其中：境内存放二级准备金			
				十、库存现金	15897	–4958	–2032
				十一、应收及预付款	130459	23824	1469
				其中：应收利息	96690	20157	7095
				十二、投资性房地产			
				十三、固定资产	30988	–88	–1269
				十四、其他资产	265448	26305	40875
				十五、减：各项准备	463514	38310	86123
				其中：贷款损失准备	449352	33542	84903
资金来源总计	23905879	825368	219799	资金运用总计	23905879	825368	219799

广发银行股份有限公司郑州分行可比口径本外币信贷收支表

汇率：7.0827　　2023 年 12 月　　单位：万元

栏目 来源项目名称	本月余额	比年初增减数		栏目 运用项目名称	本月余额	比年初增减数	
		今年	去年			今年	去年
一、各项存款	6573517	−190205	−176161	一、各项贷款	6629513	−486767	−260316
（一）境内存款	6570838	−190707	−177114	（一）境内贷款	6629496	−486766	−260315
1. 个人存款	1874378	347068	289792	1. 短期贷款	2165867	469161	−255669
其中：活期储蓄存款	511862	−57964	98801	（1）个人贷款	127903	12213	109
定期储蓄存款	718860	372721	197679	其中：个人消费贷款	37269	−7010	2341
结构性存款	118602	−69065	−102670	（2）单位贷款	2037964	456948	−255778
2. 单位存款	4618396	−335313	−460666	经营贷款	1777543	271453	−264976
其中：活期存款	1692341	533128	−13291	固定资产贷款			
定期存款	487855	−192928	−235687	并购贷款			
保证金存款	1583636	−306183	−326552	贸易融资	260421	185495	9197
结构性存款	52049	−18049	−84582	（3）非存款类金融机构贷款			
3. 国库定期存款				2. 中长期贷款	4387196	−893176	−45098
4. 非存款类金融机构存款	78064	−202462	−6240	（1）个人贷款	2115733	−237509	−19315
（二）境外存款	2679	503	953	其中：个人消费贷款	2065883	−221167	−90
二、代理财政性存款		−6	−759	（2）单位贷款	2271463	−655667	−25783
三、金融债券				经营贷款	1507029	−516822	−746
其中：境外发行				固定资产贷款	762511	−137347	−11714
四、卖出回购资产				并购贷款			
五、向中央银行借款		−10042	10042	贸易融资	1923	−1498	−13323
六、银行业存款类金融机构往来	22673	−21491	42903	（3）非存款类金融机构贷款			
七、借款及非存款类金融机构拆入				3. 票据融资	76406	−62750	40485
八、联行往来（净）				4. 融资租赁			
九、应付及暂收款	77401	−8037	−9087	5. 各项垫款	27		−33
其中：应付利息	63096	−6115	−6107	（二）境外贷款	17	−1	−1
十、其他负债	98596	−14906	−2221	二、债券投资	269	−10	210
十一、所有者权益	150759	−160776	562846	三、股权及其他投资	15233	5083	2186
其中：实收资本				四、买入返售资产			
				五、存放中央银行存款			
				六、缴存中央银行财政性存款			−4
				七、银行业存款类金融机构往来	11729	6431	−759
				八、存放非存款类金融机构款项			
				九、联行往来	435634	−9954	409161
				其中：境内存放二级准备金			
				十、库存现金	9939	−1599	−4657
				十一、应收及预付款	24527	2329	1082
				其中：应收利息	22025	1474	907
				十二、投资性房地产			
				十三、固定资产	11906	−607	−857
				十四、其他资产	31252	−3564	3840
				十五、减：各项准备	247056	−83193	−277679
				其中：贷款损失准备	245643	−83623	−277645
资金来源总计	6922947	−405463	427563	资金运用总计	6922947	−405463	427563

中国光大银行股份有限公司郑州分行可比口径本外币信贷收支表

汇率：7.0827　　　　2023 年 12 月　　　　单位：万元

栏目 来源项目名称	本月余额	比年初增减数		栏目 运用项目名称	本月余额	比年初增减数	
		今年	去年			今年	去年
一、各项存款	9842879	–1426566	–532953	一、各项贷款	11274250	–175215	–740192
（一）境内存款	9831178	–1381058	–520434	（一）境内贷款	11265478	–183694	–739902
1. 个人存款	3992865	561412	585982	1. 短期贷款	3699273	226693	–760683
其中：活期储蓄存款	858717	43307	–28645	（1）个人贷款	230017	–17813	–200849
定期储蓄存款	1442485	572748	412467	其中：个人消费贷款	199129	–33320	–188847
结构性存款	504417	–41600	–74767	（2）单位贷款	3469255	244506	–559834
2. 单位存款	5356697	–1857579	–986065	经营贷款	3180768	127708	97341
其中：活期存款	1003799	–470104	185331	固定资产贷款			–45
定期存款	931653	–93582	–625062	并购贷款			
保证金存款	1959669	–1098773	–138411	贸易融资	288488	116797	–657130
结构性存款	114100	16500	–178700	（3）非存款类金融机构贷款			
3. 国库定期存款				2. 中长期贷款	7493860	–182381	55810
4. 非存款类金融机构存款	481615	–84891	–120351	（1）个人贷款	4130266	29309	227155
（二）境外存款	11701	–45508	–12520	其中：个人消费贷款	3270670	–167434	–3881
二、代理财政性存款		–43	–231	（2）单位贷款	3363594	–211691	–171345
三、金融债券				经营贷款	1379582	249838	114298
其中：境外发行				固定资产贷款	1835000	–458946	–177855
四、卖出回购资产				并购贷款	117170	3846	19859
五、向中央银行借款				贸易融资	31842	–6429	–127647
六、银行业存款类金融机构往来	604896	595438	–331475	（3）非存款类金融机构贷款			
七、借款及非存款类金融机构拆入				3. 票据融资	65451	–208454	–61348
八、联行往来（净）	577870	577870		4. 融资租赁			
九、应付及暂收款	213586	11564	46721	5. 各项垫款	6895	–19551	26319
其中：应付利息	176908	15276	49762	（二）境外贷款	8772	8478	–290
十、其他负债	76660	5749	–8576	二、债券投资	173	–20	–58
十一、所有者权益	–124873	–113091	–58886	三、股权及其他投资	13501	1322	1379
其中：实收资本				四、买入返售资产			
				五、存放中央银行存款			
				六、缴存中央银行财政性存款	250	–773	–29
				七、银行业存款类金融机构往来	12662	8930	–4331
				八、存放非存款类金融机构款项	73	1	1
				九、联行往来		–292783	–27194
				其中：境内存放二级准备金			
				十、库存现金	11579	1006	–4817
				十一、应收及预付款	38805	–1701	–8468
				其中：应收利息	34640	–1825	–7305
				十二、投资性房地产			
				十三、固定资产	75379	–1200	–3529
				十四、其他资产	29998	1722	–3617
				十五、减：各项准备	265654	–109631	94547
				其中：贷款损失准备	264783	–110046	95040
资金来源总计	11191018	–349079	–885401	资金运用总计	11191018	–349079	–885401

上海浦东发展银行股份有限公司郑州分行可比口径本外币信贷收支表

汇率：7.0827　　2023 年 12 月　　单位：万元

来源项目名称	本月余额	比年初增减数 今年	比年初增减数 去年	运用项目名称	本月余额	比年初增减数 今年	比年初增减数 去年
一、各项存款	20436444	-2076143	1817674	一、各项贷款	21134320	-1000725	-2044654
（一）境内存款	20332181	-2074373	1814587	（一）境内贷款	21134270	-1000681	-2044265
1. 个人存款	6403346	160587	950072	1. 短期贷款	6614590	-222133	-1361090
其中：活期储蓄存款	1830771	-301033	275877	（1）个人贷款	1753579	-256782	-916143
定期储蓄存款	2676778	526009	707031	其中：个人消费贷款	1188543	-108206	-892609
结构性存款	531040	16256	-83562	（2）单位贷款	4861011	34649	-444947
2. 单位存款	11714154	-346795	-952424	经营贷款	3698818	366387	-750385
其中：活期存款	2627852	-177409	135699	固定资产贷款	10368	-8719	9087
定期存款	1571001	-509560	413304	并购贷款			
保证金存款	2318580	-152674	-828972	贸易融资	1151825	-323019	296351
结构性存款	281008	-146280	-42398	（3）非存款类金融机构贷款			
3. 国库定期存款				2. 中长期贷款	13025154	-112276	-429239
4. 非存款类金融机构存款	2214681	-1888166	1816939	（1）个人贷款	7706241	-407273	-286640
（二）境外存款	104264	-1770	3087	其中：个人消费贷款	6063147	-584645	-384719
二、代理财政性存款	13	-87	-510	（2）单位贷款	5318913	294997	-142599
三、金融债券				经营贷款	1530476	197711	75650
其中：境外发行				固定资产贷款	3572627	48559	-204649
四、卖出回购资产				并购贷款	82615	-7785	-13600
五、向中央银行借款	96214	-62453	-54356	贸易融资	133195	56512	
六、银行业存款类金融机构往来	1006876	-141680	-833623	（3）非存款类金融机构贷款			
七、借款及非存款类金融机构拆入			-15091	3. 票据融资	1366586	-611645	-395161
八、联行往来（净）			-276147	4. 融资租赁			
九、应付及暂收款	357822	-11718	40957	5. 各项垫款	127940	-54627	141225
其中：应付利息	316751	1556	57355	（二）境外贷款	50	-44	-389
十、其他负债	91858	23130	-5084	二、债券投资			
十一、所有者权益	-256524	-232995	-411779	三、股权及其他投资	13377	1603	11774
其中：实收资本				四、买入返售资产			
				五、存放中央银行存款			
				六、缴存中央银行财政性存款	126	126	-1520
				七、银行业存款类金融机构往来	21698	4452	-9053
				八、存放非存款类金融机构款项			
				九、联行往来	1255288	-1279955	2535237
				其中：境内存放二级准备金			
				十、库存现金	26819	8246	-1002
				十一、应收及预付款	127968	17908	-17433
				其中：应收利息	121733	18378	-15525
				十二、投资性房地产			
				十三、固定资产	12747	-912	-2165
				十四、其他资产	30514	-2037	-1346
				十五、减：各项准备	890154	250651	207797
				其中：贷款损失准备	876582	242039	205608
资金来源总计	21732703	-2501946	262040	资金运用总计	21732703	-2501946	262040

招商银行股份有限公司郑州分行可比口径本外币信贷收支表

汇率：7.0827　　　　2023 年 12 月　　　　单位：万元

栏目 来源项目名称	本月余额	比年初增减数		栏目 运用项目名称	本月余额	比年初增减数	
		今年	去年			今年	去年
一、各项存款	10775546	177302	2148355	一、各项贷款	10303671	191034	785967
（一）境内存款	10762459	176145	2144758	（一）境内贷款	10303598	191063	785964
1. 个人存款	4490266	722944	1119843	1. 短期贷款	2726187	415354	408705
其中：活期储蓄存款	2313279	-43022	533855	（1）个人贷款	358886	-52964	-110605
定期储蓄存款	1263210	537609	449973	其中：个人消费贷款	164280	1687	-23470
结构性存款	169683	-55971	21802	（2）单位贷款	2362306	473321	509312
2. 单位存款	5880240	-512976	938606	经营贷款	1174271	648594	154654
其中：活期存款	1757434	-1365380	551697	固定资产贷款	9815	-5185	15000
定期存款	1091075	488553	461826	并购贷款			
保证金存款	1169264	84807	37790	贸易融资	1178220	-170088	339658
结构性存款	257925	67338	-20945	（3）非存款类金融机构贷款	4995	-5003	9998
3. 国库定期存款				2. 中长期贷款	6682106	240931	157919
4. 非存款类金融机构存款	391954	-33823	86309	（1）个人贷款	4132790	325371	264551
（二）境外存款	13087	1156	3597	其中：个人消费贷款	2965498	172199	97296
二、代理财政性存款		-49	-682	（2）单位贷款	2549316	-84440	-106632
三、金融债券				经营贷款	719309	97648	81704
其中：境外发行				固定资产贷款	1718371	-258600	-164838
四、卖出回购资产				并购贷款	106643	71519	897
五、向中央银行借款	208954	84202	-41754	贸易融资	4993	4993	-24395
六、银行业存款类金融机构往来	28421	2710	-11083	（3）非存款类金融机构贷款			
七、借款及非存款类金融机构拆入				3. 票据融资	895026	-458200	217967
八、联行往来（净）			-299117	4. 融资租赁			
九、应付及暂收款	177398	38038	26627	5. 各项垫款	279	-7022	1373
其中：应付利息	108335	47577	23599	（二）境外贷款	73	-29	3
十、其他负债	98055	2472	-18611	二、债券投资			
十一、所有者权益	63212	2426	17783	三、股权及其他投资	1148	-9631	-22521
其中：实收资本				四、买入返售资产			
				五、存放中央银行存款			
				六、缴存中央银行财政性存款	1625	-450	198
				七、银行业存款类金融机构往来	4704	2474	-13164
				八、存放非存款类金融机构款项	67	1	1
				九、联行往来	1201020	160144	1040875
				其中：境内存放二级准备金			
				十、库存现金	19571	1107	1739
				十一、应收及预付款	22702	570	389
				其中：应收利息	18009	-176	1607
				十二、投资性房地产	8551	-861	1703
				十三、固定资产	31096	-2599	-6399
				十四、其他资产	32425	-4213	-1415
				十五、减：各项准备	274993	30475	-34145
				其中：贷款损失准备	272487	29884	-32257
资金来源总计	11351586	307100	1821518	资金运用总计	11351586	307100	1821518

兴业银行股份有限公司郑州分行可比口径本外币信贷收支表

汇率：7.0827　　　　2023 年 12 月　　　　单位：万元

来源项目名称	本月余额	比年初增减数		运用项目名称	本月余额	比年初增减数	
		今年	去年			今年	去年
一、各项存款	16839581	1907681	1967299	一、各项贷款	11612953	236327	943908
（一）境内存款	16835334	1977110	1947797	（一）境内贷款	11611609	235996	943030
1. 个人存款	3437765	816194	661928	1. 短期贷款	2509068	-153600	277532
其中：活期储蓄存款	1279581	71101	208536	（1）个人贷款	370335	7750	193622
定期储蓄存款	1327001	730766	409481	其中：个人消费贷款	45590	33167	9936
结构性存款	41496	-7606	32305	（2）单位贷款	2138733	-161350	83909
2. 单位存款	7832230	981552	1148288	经营贷款	1970468	-83174	629
其中：活期存款	1327108	257792	-18523	固定资产贷款			
定期存款	1510433	363255	658422	并购贷款			
保证金存款	2219318	-127986	390691	贸易融资	168265	-78176	83281
结构性存款	194224	-41097	108882	（3）非存款类金融机构贷款			
3. 国库定期存款				2. 中长期贷款	8638404	757851	307070
4. 非存款类金融机构存款	5565339	179365	137581	（1）个人贷款	5519056	-109096	-107220
（二）境外存款	4247	-69429	19502	其中：个人消费贷款	5240252	-172549	-156071
二、代理财政性存款	298	158	-1358	（2）单位贷款	3119349	866947	414291
三、金融债券				经营贷款	887136	51683	283793
其中：境外发行				固定资产贷款	2222053	805104	131738
四、卖出回购资产				并购贷款	7035	7035	
五、向中央银行借款		-24232	-51615	贸易融资	3125	3125	-1240
六、银行业存款类金融机构往来	247894	-25612	-95848	（3）非存款类金融机构贷款			
七、借款及非存款类金融机构拆入				3. 票据融资	464137	-365285	355458
八、联行往来（净）				4. 融资租赁			
九、应付及暂收款	218154	34833	-14236	5. 各项垫款		-2970	2970
其中：应付利息	178668	37069	10284	（二）境外贷款	1344	332	878
十、其他负债	66993	-9628	4378	二、债券投资			-7
十一、所有者权益	32484	14994	-108197	三、股权及其他投资	5015	-3698	-2225
其中：实收资本				四、买入返售资产			
				五、存放中央银行存款			
				六、缴存中央银行财政性存款	9521	-7338	4880
				七、银行业存款类金融机构往来	14037	3076	9
				八、存放非存款类金融机构款项			
				九、联行往来	5893526	1683661	837367
				其中：境内存放二级准备金			
				十、库存现金	13842	345	1091
				十一、应收及预付款	63184	29311	1273
				其中：应收利息	37413	8718	878
				十二、投资性房地产			
				十三、固定资产	16665	568	-162
				十四、其他资产	30220	-793	-1125
				十五、减：各项准备	253558	43265	84586
				其中：贷款损失准备	249365	42514	83755
资金来源总计	17405404	1898195	1700424	资金运用总计	17405404	1898195	1700424

中国民生银行股份有限公司郑州分行可比口径本外币信贷收支表

汇率：7.0827　　2023 年 12 月　　单位：万元

来源项目名称	本月余额	比年初增减数 今年	比年初增减数 去年	运用项目名称	本月余额	比年初增减数 今年	比年初增减数 去年
一、各项存款	12860384	292266	2376579	一、各项贷款	11427853	623592	588816
（一）境内存款	12797096	433440	2309329	（一）境内贷款	11427248	677933	595718
1. 个人存款	3036815	623941	438138	1. 短期贷款	2511779	141021	-250190
其中：活期储蓄存款	879040	13910	86205	（1）个人贷款	483318	-5825	-46037
定期储蓄存款	1142330	523012	252940	其中：个人消费贷款	41404	21305	-6877
结构性存款	62644	4715	10331	（2）单位贷款	2028461	146846	-204153
2. 单位存款	7750093	245620	773275	经营贷款	1854130	38832	-206148
其中：活期存款	2045714	-198895	-319544	固定资产贷款			
定期存款	760624	-34336	-217998	并购贷款			
保证金存款	853749	-116959	520251	贸易融资	174331	108014	1995
结构性存款	64500	16700	42400	（3）非存款类金融机构贷款			
3. 国库定期存款				2. 中长期贷款	7148006	-167784	410692
4. 非存款类金融机构存款	2010188	-436121	1097916	（1）个人贷款	2545613	-93218	-235362
（二）境外存款	63288	-141174	67250	其中：个人消费贷款	1924045	-195413	-248881
二、代理财政性存款	50	-42	-200	（2）单位贷款	4602393	-74566	646054
三、金融债券				经营贷款	1366402	-60146	179390
其中：境外发行				固定资产贷款	2963895	16992	414004
四、卖出回购资产				并购贷款	208184	2167	95637
五、向中央银行借款	195610	27453	152837	贸易融资	63912	-33578	-42976
六、银行业存款类金融机构往来	315420	194719	102823	（3）非存款类金融机构贷款			
七、借款及非存款类金融机构拆入				3. 票据融资	1761457	716940	426995
八、联行往来（净）				4. 融资租赁			
九、应付及暂收款	228290	33254	57100	5. 各项垫款	6006	-12244	8221
其中：应付利息	164894	28722	49561	（二）境外贷款	605	-54341	-6902
十、其他负债	203797	-2520	-859	二、债券投资			
十一、所有者权益	192401	139596	63577	三、股权及其他投资		-1992	1992
其中：实收资本				四、买入返售资产			
				五、存放中央银行存款			
				六、缴存中央银行财政性存款	34	-55	-575
				七、银行业存款类金融机构往来	14928	-7476	9891
				八、存放非存款类金融机构款项			
				九、联行往来	2557514	-223771	2114909
				其中：境内存放二级准备金			
				十、库存现金	13288	3355	2070
				十一、应收及预付款	244234	84125	71401
				其中：应收利息	217709	80241	66840
				十二、投资性房地产			
				十三、固定资产	18182	-361	6578
				十四、其他资产	32520	586	-13668
				十五、减：各项准备	312600	-206724	29556
				其中：贷款损失准备	300851	-208181	29488
资金来源总计	13995952	684727	2751859	资金运用总计	13995952	684727	2751859

华夏银行股份有限公司郑州分行可比口径本外币信贷收支表

汇率：7.0827　　2023 年 12 月　　单位：万元

栏目 来源项目名称	本月余额	比年初增减数		栏目 运用项目名称	本月余额	比年初增减数	
		今年	去年			今年	去年
一、各项存款	5792160	197409	415070	一、各项贷款	4976134	164797	355583
（一）境内存款	5790706	197202	414765	（一）境内贷款	4976134	164797	356074
1. 个人存款	1392396	198191	228462	1. 短期贷款	1312114	-78811	-52349
其中：活期储蓄存款	503377	33082	16424	（1）个人贷款	41227	-17567	26461
定期储蓄存款	429828	80349	128423	其中：个人消费贷款	37024	-18482	28277
结构性存款	57628	-31289	16502	（2）单位贷款	1270887	-61243	-78810
2. 单位存款	4395019	766	185646	经营贷款	1211157	-113473	650
其中：活期存款	792236	-113663	-392660	固定资产贷款			-75000
定期存款	1437513	879953	211122	并购贷款			
保证金存款	840732	-796570	161622	贸易融资	59730	52229	-4460
结构性存款	17500	9500	8000	（3）非存款类金融机构贷款			
3. 国库定期存款				2. 中长期贷款	3610333	267515	394663
4. 非存款类金融机构存款	3291	-1755	657	（1）个人贷款	2008345	86832	-18298
（二）境外存款	1455	207	305	其中：个人消费贷款	1876218	76033	-12128
二、代理财政性存款		-3	-5	（2）单位贷款	1601988	180683	412961
三、金融债券				经营贷款	1289431	163841	254268
其中：境外发行				固定资产贷款	297807	2092	158694
四、卖出回购资产				并购贷款	14750	14750	
五、向中央银行借款				贸易融资			
六、银行业存款类金融机构往来			-7463	（3）非存款类金融机构贷款			
七、借款及非存款类金融机构拆入				3. 票据融资	53653	-12964	2783
八、联行往来（净）				4. 融资租赁			
九、应付及暂收款	159395	10814	16062	5. 各项垫款	34	-10943	10977
其中：应付利息	40672	7348	10106	（二）境外贷款			-491
十、其他负债	12291	-55	-7812	二、债券投资	9002	-8998	-30000
十一、所有者权益	18970	-52107	-35341	三、股权及其他投资		-6969	375
其中：实收资本				四、买入返售资产			
				五、存放中央银行存款			
				六、缴存中央银行财政性存款	45	-1	-55
				七、银行业存款类金融机构往来	616	592	-153
				八、存放非存款类金融机构款项			
				九、联行往来	942717	40793	96656
				其中：境内存放二级准备金	421026	23070	54913
				十、库存现金	1376	-324	-74
				十一、应收及预付款	125315	339	5997
				其中：应收利息	21432	1089	3312
				十二、投资性房地产			
				十三、固定资产	35262	-1169	-1254
				十四、其他资产	9882	1798	-3054
				十五、减：各项准备	117533	34802	42761
				其中：贷款损失准备	115865	34039	42309
资金来源总计	5982817	156057	380511	资金运用总计	5982817	156057	380511

平安银行股份有限公司郑州分行可比口径本外币信贷收支表

汇率：7.0827　　2023年12月　　单位：万元

来源项目名称	本月余额	比年初增减数 今年	比年初增减数 去年	运用项目名称	本月余额	比年初增减数 今年	比年初增减数 去年
一、各项存款	5814951	1043233	451253	一、各项贷款	6511636	402168	757734
（一）境内存款	5813518	1046043	492734	（一）境内贷款	6511636	405880	757268
1. 个人存款	2299755	679655	602635	1. 短期贷款	2614878	536151	147813
其中：活期储蓄存款	557965	-12763	127268	（1）个人贷款	179083	-91696	-155514
定期储蓄存款	523174	335953	138628	其中：个人消费贷款	50376	-46291	-170094
结构性存款	429691	266081	77498	（2）单位贷款	2435795	627847	303327
2. 单位存款	3513576	366522	238665	经营贷款	503558	-53386	69553
其中：活期存款	628389	-119147	-114396	固定资产贷款			
定期存款	583909	275127	241096	并购贷款			
保证金存款	1358120	177816	470952	贸易融资	1932237	681232	233774
结构性存款	129260	-196240	-64000	（3）非存款类金融机构贷款			
3. 国库定期存款				2. 中长期贷款	3501047	-28440	510660
4. 非存款类金融机构存款	187	-134	-348567	（1）个人贷款	2979202	-36713	629450
（二）境外存款	1433	-2810	-41481	其中：个人消费贷款	1640288	-265198	199693
二、代理财政性存款		-2	-45	（2）单位贷款	521845	8273	-118789
三、金融债券				经营贷款	247578	99435	4284
其中：境外发行				固定资产贷款	264093	-94149	-115615
四、卖出回购资产				并购贷款	7780	7780	
五、向中央银行借款			-1003	贸易融资	2394	-4792	-7458
六、银行业存款类金融机构往来	15031	-3032	18063	（3）非存款类金融机构贷款			
七、借款及非存款类金融机构拆入				3. 票据融资	395712	-101831	98795
八、联行往来（净）	408468	-588411	208284	4. 融资租赁			
九、应付及暂收款	106027	16150	-3156	5. 各项垫款			
其中：应付利息	65565	19676	11624	（二）境外贷款		-3712	466
十、其他负债	77674	-9529	11223	二、债券投资			
十一、所有者权益	33561	-46620	54487	三、股权及其他投资	25197	1265	23858
其中：实收资本				四、买入返售资产			
				五、存放中央银行存款			
				六、缴存中央银行财政性存款		-1	-59
				七、银行业存款类金融机构往来	27474	14232	-11932
				八、存放非存款类金融机构款项			
				九、联行往来			
				其中：境内存放二级准备金			
				十、库存现金	9835	-324	117
				十一、应收及预付款	21252	-2338	2457
				其中：应收利息	17641	-1551	2539
				十二、投资性房地产			
				十三、固定资产	3181	-821	-1271
				十四、其他资产	52754	-480	18964
				十五、减：各项准备	195617	1913	50763
				其中：贷款损失准备	194691	1163	50661
资金来源总计	6455712	411789	739105	资金运用总计	6455712	411789	739105

恒丰银行股份有限公司郑州分行可比口径本外币信贷收支表

汇率：7.0827　　2023 年 12 月　　单位：万元

栏目 来源项目名称	本月余额	比年初增减数		栏目 运用项目名称	本月余额	比年初增减数	
		今年	去年			今年	去年
一、各项存款	2902302	−269907	1180511	一、各项贷款	2955999	306185	773942
（一）境内存款	2902301	−269907	1180512	（一）境内贷款	2955999	306185	773942
1. 个人存款	105671	−96985	90423	1. 短期贷款	1137671	−35326	304367
其中：活期储蓄存款	30622	−113661	98079	（1）个人贷款	2764	−3801	−3558
定期储蓄存款	49861	13914	−9310	其中：个人消费贷款	284	−349	70
结构性存款				（2）单位贷款	1134908	−31524	307926
2. 单位存款	2736673	−154780	1051000	经营贷款	960318	−68015	429987
其中：活期存款	1238052	47694	512378	固定资产贷款			
定期存款	327637	58076	249021	并购贷款			
保证金存款	876743	−347988	237461	贸易融资	174590	36491	−122061
结构性存款				（3）非存款类金融机构贷款			
3. 国库定期存款				2. 中长期贷款	1818327	355718	469381
4. 非存款类金融机构存款	59957	−18142	39088	（1）个人贷款	344061	37899	86204
（二）境外存款	2	1		其中：个人消费贷款	257331	13827	41046
二、代理财政性存款				（2）单位贷款	1474266	317819	383177
三、金融债券				经营贷款	317191	−42584	−34055
其中：境外发行				固定资产贷款	900761	347797	185047
四、卖出回购资产				并购贷款	241350	21650	219700
五、向中央银行借款				贸易融资	14964	−9045	12485
六、银行业存款类金融机构往来	59467	−1642	−169504	（3）非存款类金融机构贷款			
七、借款及非存款类金融机构拆入				3. 票据融资		−6008	5008
八、联行往来（净）				4. 融资租赁			
九、应付及暂收款	29459	−617	3245	5. 各项垫款		−8199	−4815
其中：应付利息	17018	124	3006	（二）境外贷款			
十、其他负债	18709	905	−3168	二、债券投资			
十一、所有者权益	40586	40374	−110540	三、股权及其他投资			
其中：实收资本				四、买入返售资产			
				五、存放中央银行存款			
				六、缴存中央银行财政性存款		−57	44
				七、银行业存款类金融机构往来	7935	5412	−6810
				八、存放非存款类金融机构款项			
				九、联行往来	116769	−594504	181054
				其中：境内存放二级准备金	421271		
				十、库存现金	837	−288	−621
				十一、应收及预付款	17792	8630	2341
				其中：应收利息	16780	9352	1837
				十二、投资性房地产			
				十三、固定资产	18916	−1020	−1260
				十四、其他资产	11558	1511	3094
				十五、减：各项准备	79282	−43245	51237
				其中：贷款损失准备	79090	−43354	51410
资金来源总计	3050523	−230886	900545	资金运用总计	3050523	−230886	900545

渤海银行股份有限公司郑州分行可比口径本外币信贷收支表

汇率：7.0827　　2023 年 12 月　　单位：万元

栏目 来源项目名称	本月余额	比年初增减数		栏目 运用项目名称	本月余额	比年初增减数	
		今年	去年			今年	去年
一、各项存款	1662814	5009	–846949	一、各项贷款	2707925	–830000	–816467
（一）境内存款	1662813	5007	–846949	（一）境内贷款	2707925	–830000	–816467
1. 个人存款	210424	70343	25085	1. 短期贷款	656326	56601	–1181673
其中：活期储蓄存款	49496	3997	–2963	（1）个人贷款	5376	–3818	–1574
定期储蓄存款	100601	47252	15215	其中：个人消费贷款	3078	–2442	–2408
结构性存款	13243	5473	–2823	（2）单位贷款	650951	60419	–1180100
2. 单位存款	1452297	52373	–872035	经营贷款	607730	129310	–272773
其中：活期存款	162072	45834	–56605	固定资产贷款			
定期存款	159643	–76800	88279	并购贷款			
保证金存款	429724	–315681	–862163	贸易融资	43221	–68891	–907327
结构性存款	332700	277700	–134000	（3）非存款类金融机构贷款			
3. 国库定期存款				2. 中长期贷款	1764778	–463417	338741
4. 非存款类金融机构存款	92	–117708		（1）个人贷款	1200983	–362807	177178
（二）境外存款	1	1		其中：个人消费贷款	1091114	–226892	3198
二、代理财政性存款	15238	–5082	7297	（2）单位贷款	563795	–100610	161563
三、金融债券				经营贷款	194521	–139979	32924
其中：境外发行				固定资产贷款	285804	–44102	129639
四、卖出回购资产				并购贷款	82500	82500	
五、向中央银行借款				贸易融资	970	970	–1000
六、银行业存款类金融机构往来			–254617	（3）非存款类金融机构贷款			
七、借款及非存款类金融机构拆入				3. 票据融资	272638	–419516	18614
八、联行往来（净）	1000455	–836573	291203	4. 融资租赁			
九、应付及暂收款	45336	21850	–10994	5. 各项垫款	14183	–3667	7851
其中：应付利息	18715	3462	–10239	（二）境外贷款			
十、其他负债	18913	–5847	–3692	二、债券投资			
十一、所有者权益	29974	–12609	15741	三、股权及其他投资			
其中：实收资本				四、买入返售资产			
				五、存放中央银行存款			
				六、缴存中央银行财政性存款	17983	–11023	16887
				七、银行业存款类金融机构往来	3046	–880	–1972
				八、存放非存款类金融机构款项			
				九、联行往来			
				其中：境内存放二级准备金			
				十、库存现金	565	–563	290
				十一、应收及预付款	35271	12102	–722
				其中：应收利息	33090	11941	–1517
				十二、投资性房地产			
				十三、固定资产	466	–34	42
				十四、其他资产	7474	–2855	–68
				十五、减：各项准备			
				其中：贷款损失准备			
资金来源总计	2772730	–833252	–802012	资金运用总计	2772730	–833252	–802012

浙商银行股份有限公司郑州分行可比口径本外币信贷收支表

汇率：7.0827　　2023年12月　　单位：万元

来源项目名称	本月余额	比年初增减数		运用项目名称	本月余额	比年初增减数	
		今年	去年			今年	去年
一、各项存款	3643771	337321	527108	一、各项贷款	3059281	497466	607443
（一）境内存款	3643697	337248	527108	（一）境内贷款	3058886	497071	607443
1. 个人存款	422300	178323	78621	1. 短期贷款	1338708	132978	445592
其中：活期储蓄存款	113936	20988	12811	（1）个人贷款	12087	2246	6766
定期储蓄存款	200856	114057	42661	其中：个人消费贷款	8291	1298	4981
结构性存款	4839	1696	3143	（2）单位贷款	1326621	130733	438826
2. 单位存款	3221114	158955	448286	经营贷款	568671	-27333	-99925
其中：活期存款	515609	-457	115625	固定资产贷款			-27980
定期存款	1111734	367031	78383	并购贷款			
保证金存款	510181	-385501	166277	贸易融资	757950	158066	566732
结构性存款	3000	2200	800	（3）非存款类金融机构贷款			
3. 国库定期存款				2. 中长期贷款	1534106	399263	159644
4. 非存款类金融机构存款	283	-31	201	（1）个人贷款	541439	98943	7898
（二）境外存款	74	73		其中：个人消费贷款	518240	89227	-2019
二、代理财政性存款		-1		（2）单位贷款	992666	300320	151746
三、金融债券				经营贷款	440343	62313	203310
其中：境外发行				固定资产贷款	384603	87757	-69034
四、卖出回购资产				并购贷款			
五、向中央银行借款	6430	-55203	20357	贸易融资	167720	150250	17470
六、银行业存款类金融机构往来	12065	12063	1	（3）非存款类金融机构贷款			
七、借款及非存款类金融机构拆入				3. 票据融资	186072	-35170	2207
八、联行往来（净）				4. 融资租赁			
九、应付及暂收款	37776	3318	12018	5. 各项垫款			
其中：应付利息	25990	3538	8664	（二）境外贷款	395	395	
十、其他负债	28131	6351	6495	二、债券投资			
十一、所有者权益	75477	130485	-90299	三、股权及其他投资			
其中：实收资本				四、买入返售资产			
				五、存放中央银行存款			
				六、缴存中央银行财政性存款			
				七、银行业存款类金融机构往来	5128	2702	-2655
				八、存放非存款类金融机构款项			
				九、联行往来	635237	-89872	-135609
				其中：境内存放二级准备金			
				十、库存现金	1802	1017	233
				十一、应收及预付款	27035	16576	2525
				其中：应收利息	24096	15403	3253
				十二、投资性房地产			
				十三、固定资产	58844	-1906	2139
				十四、其他资产	16325	8352	1605
				十五、减：各项准备			
				其中：贷款损失准备			
资金来源总计	3803651	434335	475680	资金运用总计	3803651	434335	475680

河南省外资银行可比口径本外币信贷收支表

汇率：7.0827　　2023年12月　　单位：万元

来源项目名称	本月余额	比年初增减数 今年	比年初增减数 去年	运用项目名称	本月余额	比年初增减数 今年	比年初增减数 去年
一、各项存款	140834	23190	–36855	一、各项贷款	444928	203261	–65134
（一）境内存款	115859	23170	–49396	（一）境内贷款	444928	212145	–66034
1.个人存款	21498	4378	–56	1.短期贷款	372646	169923	–62896
其中：活期储蓄存款	5431	–211	–525	（1）个人贷款			
定期储蓄存款	7611	3563	590	其中：个人消费贷款			
结构性存款	3977	–317	–819	（2）单位贷款	372646	169923	–62896
2.单位存款	94362	18792	–49340	经营贷款	219291	69572	–24927
其中：活期存款	20888	3855	–18433	固定资产贷款			
定期存款	2142	–4321	6463	并购贷款			
保证金存款	7722	–3880	–898	贸易融资	153355	100351	–37969
结构性存款		–13500	–6000	（3）非存款类金融机构贷款			
3.国库定期存款				2.中长期贷款	72282	42221	–3138
4.非存款类金融机构存款				（1）个人贷款	2268	1453	–14
（二）境外存款	24974	20	12541	其中：个人消费贷款	2268	2268	
二、代理财政性存款			–8	（2）单位贷款	70014	40768	–3124
三、金融债券				经营贷款	69400	42200	–3200
其中：境外发行				固定资产贷款	614	–520	–836
四、卖出回购资产				并购贷款			
五、向中央银行借款				贸易融资		–912	912
六、银行业存款类金融机构往来	34	34	–1	（3）非存款类金融机构贷款			
七、借款及非存款类金融机构拆入				3.票据融资			
八、联行往来（净）	180194	170026	–31144	4.融资租赁			
九、应付及暂收款	2583	1362	284	5.各项垫款			
其中：应付利息	554	–60	194	（二）境外贷款		–8884	901
十、其他负债	56980	1805	–6727	二、债券投资			
十一、所有者权益	94932	7325	7355	三、股权及其他投资			
其中：实收资本				四、买入返售资产			
				五、存放中央银行存款	850	3	9
				六、缴存中央银行财政性存款		–3	–3
				七、银行业存款类金融机构往来	1024	92	313
				八、存放非存款类金融机构款项	208	152	-13
				九、联行往来			
				其中：境内存放二级准备金			
				十、库存现金	380	54	59
				十一、应收及预付款	1135	–582	–768
				其中：应收利息	1011	–394	–857
				十二、投资性房地产			
				十三、固定资产	119	42	–8
				十四、其他资产	27651	–775	–1604
				十五、减：各项准备	738	–1498	–53
				其中：贷款损失准备	695	–1303	–162
资金来源总计	475557	203742	–67096	资金运用总计	475557	203742	–67096

汇丰银行（中国）有限公司郑州分行可比口径本外币信贷收支表

汇率：7.0827　　2023 年 12 月　　单位：万元

来源项目名称 \ 栏目	本月余额	比年初增减数		运用项目名称 \ 栏目	本月余额	比年初增减数	
		今年	去年			今年	去年
一、各项存款	68931	13019	12116	一、各项贷款	330343	150446	-79136
（一）境内存款	45995	10180	315	（一）境内贷款	330343	159330	-80298
1. 个人存款	10204	-234	363	1. 短期贷款	290343	146530	-77098
其中：活期储蓄存款	3959	-542	-322	（1）个人贷款			
定期储蓄存款	3523	891	-47	其中：个人消费贷款			
结构性存款	142	-28	34	（2）单位贷款	290343	146530	-77098
2. 单位存款	35791	10414	-48	经营贷款	158802	50783	-42637
其中：活期存款	8312	471	-6770	固定资产贷款			
定期存款	2142	-4321	6463	并购贷款			
保证金存款	7514	-2407	174	贸易融资	131541	95746	-34462
结构性存款				（3）非存款类金融机构贷款			
3. 国库定期存款				2. 中长期贷款	40000	12800	-3200
4. 非存款类金融机构存款				（1）个人贷款			
（二）境外存款	22935	2839	11801	其中：个人消费贷款			
二、代理财政性存款			-8	（2）单位贷款	40000	12800	-3200
三、金融债券				经营贷款	40000	12800	-3200
其中：境外发行				固定资产贷款			
四、卖出回购资产				并购贷款			
五、向中央银行借款				贸易融资			
六、银行业存款类金融机构往来	34	34	-1	（3）非存款类金融机构贷款			
七、借款及非存款类金融机构拆入				3. 票据融资			
八、联行往来（净）	186664	131605	-95782	4. 融资租赁			
九、应付及暂收款	2081	1689	8	5. 各项垫款			
其中：应付利息	374	214	41	（二）境外贷款		-8884	1163
十、其他负债	36884	-454	-2386	二、债券投资			
十一、所有者权益	64333	4722	6404	三、股权及其他投资			
其中：实收资本				四、买入返售资产			
				五、存放中央银行存款	826	6	6
				六、缴存中央银行财政性存款		-3	-3
				七、银行业存款类金融机构往来	516	-290	374
				八、存放非存款类金融机构款项			
				九、联行往来			
				其中：境内存放二级准备金			
				十、库存现金	111	-26	36
				十一、应收及预付款	828	-33	-629
				其中：应收利息	735	17	-629
				十二、投资性房地产			
				十三、固定资产	75	51	-10
				十四、其他资产	26799	74	-239
				十五、减：各项准备	572	-390	49
				其中：贷款损失准备	530	-391	49
资金来源总计	358925	150616	-79649	资金运用总计	358925	150616	-79649

东亚银行(中国)有限公司郑州分行可比口径本外币信贷收支表

汇率:7.0827　　2023年12月　　单位:万元

栏目 来源项目名称	本月余额	比年初增减数		栏目 运用项目名称	本月余额	比年初增减数	
		今年	去年			今年	去年
一、各项存款	51800	4007	-26643	一、各项贷款	75390	47945	-3353
(一)境内存款	50764	3864	-27498	(一)境内贷款	75390	47945	-3353
1.个人存款	11293	4612	-420	1.短期贷款	43108	18523	-3415
其中:活期储蓄存款	1472	331	-203	(1)个人贷款			
定期储蓄存款	4089	2673	636	其中:个人消费贷款			
结构性存款	3836	-289	-853	(2)单位贷款	43108	18523	-3415
2.单位存款	39471	-748	-27078	经营贷款	25329	17329	-2000
其中:活期存款	3956	3587	-4355	固定资产贷款			
定期存款				并购贷款			
保证金存款	208	-1473	-1072	贸易融资	17778	1194	-1415
结构性存款		-13500	-6000	(3)非存款类金融机构贷款			
3.国库定期存款				2.中长期贷款	32282	29421	62
4.非存款类金融机构存款				(1)个人贷款	2268	1453	-14
(二)境外存款	1036	143	855	其中:个人消费贷款	2268	2268	
二、代理财政性存款				(2)单位贷款	30014	27968	76
三、金融债券				经营贷款	29400	29400	
其中:境外发行				固定资产贷款	614	-520	-836
四、卖出回购资产				并购贷款			
五、向中央银行借款				贸易融资		-912	912
六、银行业存款类金融机构往来				(3)非存款类金融机构贷款			
七、借款及非存款类金融机构拆入				3.票据融资			
八、联行往来(净)				4.融资租赁			
九、应付及暂收款	421	-289	312	5.各项垫款			
其中:应付利息	176	-262	144	(二)境外贷款			
十、其他负债	10048	26	-374	二、债券投资			
十一、所有者权益	18456	1264	77	三、股权及其他投资			
其中:实收资本				四、买入返售资产			
				五、存放中央银行存款	24		
				六、缴存中央银行财政性存款			
				七、银行业存款类金融机构往来	509	382	-62
				八、存放非存款类金融机构款项	208	152	-13
				九、联行往来	3720	-44235	-22824
				其中:境内存放二级准备金			
				十、库存现金	269	80	23
				十一、应收及预付款	184	-476	72
				其中:应收利息	162	-347	-57
				十二、投资性房地产			
				十三、固定资产	44	-9	3
				十四、其他资产	530	67	-593
				十五、减:各项准备	152	-1102	-119
				其中:贷款损失准备	151	-908	-227
资金来源总计	80725	5009	-26628	资金运用总计	80725	5009	-26628

渣打银行（中国）有限公司郑州分行可比口径本外币信贷收支表

汇率：7.0827　　2023 年 12 月　　单位：万元

栏目 来源项目名称	本月余额	比年初增减数		栏目 运用项目名称	本月余额	比年初增减数	
		今年	去年			今年	去年
一、各项存款	20103	6163	−22328	一、各项贷款	39195	4870	17355
（一）境内存款	19100	9125	−22213	（一）境内贷款	39195	4870	17617
1. 个人存款				1. 短期贷款	39195	4870	17617
其中：活期储蓄存款				（1）个人贷款			
定期储蓄存款				其中：个人消费贷款			
结构性存款				（2）单位贷款	39195	4870	17617
2. 单位存款	19100	9125	−22213	经营贷款	35160	1460	19710
其中：活期存款	8620	−202	−7308	固定资产贷款			
定期存款				并购贷款			
保证金存款				贸易融资	4035	3410	−2093
结构性存款				（3）非存款类金融机构贷款			
3. 国库定期存款				2. 中长期贷款			
4. 非存款类金融机构存款				（1）个人贷款			
（二）境外存款	1003	−2962	−115	其中：个人消费贷款			
二、代理财政性存款				（2）单位贷款			
三、金融债券				经营贷款			
其中：境外发行				固定资产贷款			
四、卖出回购资产				并购贷款			
五、向中央银行借款				贸易融资			
六、银行业存款类金融机构往来				（3）非存款类金融机构贷款			
七、借款及非存款类金融机构拆入				3. 票据融资			
八、联行往来（净）		−3064	3064	4. 融资租赁			
九、应付及暂收款	81	−38	−36	5. 各项垫款			
其中：应付利息	4	−12	9	（二）境外贷款			−262
十、其他负债	10049	2233	−3967	二、债券投资			
十一、所有者权益	12144	1339	875	三、股权及其他投资			
其中：实收资本				四、买入返售资产			
				五、存放中央银行存款		−3	3
				六、缴存中央银行财政性存款			
				七、银行业存款类金融机构往来			
				八、存放非存款类金融机构款项			
				九、联行往来	2750	2750	−38750
				其中：境内存放二级准备金			
				十、库存现金			
				十一、应收及预付款	123	−74	−211
				其中：应收利息	114	−63	−171
				十二、投资性房地产			
				十三、固定资产			−1
				十四、其他资产	322	−916	−772
				十五、减：各项准备	14	−5	16
				其中：贷款损失准备	14	−5	16
资金来源总计	42377	6633	−22392	资金运用总计	42377	6633	−22392

河南省区域性中小银行可比口径本外币信贷收支表

汇率：7.0827　　　　2023年12月　　　　单位：万元

来源项目名称	本月余额	比年初增减数		运用项目名称	本月余额	比年初增减数	
		今年	去年			今年	去年
一、各项存款	311049579	11308984	23072413	一、各项贷款	224996559	12953799	10959595
（一）境内存款	311045634	11325920	23060042	（一）境内贷款	224996415	13183697	10729768
1.个人存款	233095258	18237776	25602260	1.短期贷款	77654439	2399140	-4762459
其中：活期储蓄存款	36934986	246325	1591140	（1）个人贷款	26365357	1265949	-395728
定期储蓄存款	179879765	19463508	27424823	其中：个人消费贷款	9544703	1244379	654562
结构性存款				（2）单位贷款	46802082	542190	-3738731
2.单位存款	64550568	-5782608	-3381674	经营贷款	40218715	-691703	-4364720
其中：活期存款	24930935	-3762110	-5763694	固定资产贷款	518000	-106062	-97067
定期存款	16810877	-941346	-951506	并购贷款			
保证金存款	9481847	-1661368	-230754	贸易融资	6065367	1339955	723056
结构性存款				（3）非存款类金融机构贷款	4487000	591000	-628000
3.国库定期存款				2.中长期贷款	123047136	7080081	8635638
4.非存款类金融机构存款	13399808	-1129248	839455	（1）个人贷款	55651097	3043516	202627
（二）境外存款	3945	-16936	12371	其中：个人消费贷款	37413569	2322731	522098
二、代理财政性存款	130704	-142712	38586	（2）单位贷款	67395542	4036565	8433011
三、金融债券	2949716	-799660	699726	经营贷款	48530354	2326496	5756348
其中：境外发行				固定资产贷款	17806364	1610827	2393147
四、卖出回购资产	12748681	-1421614	5972447	并购贷款	871020	195834	334270
五、向中央银行借款	13433848	4470033	-3200357	贸易融资	187805	-96592	-50753
六、银行业存款类金融机构往来	15451482	666143	-2057281	（3）非存款类金融机构贷款	496		
七、借款及非存款类金融机构拆入	25624	-4999	-185001	3.票据融资	23377110	3699180	6911097
八、联行往来（净）				4.融资租赁			
九、应付及暂收款	11160155	1526937	1568829	5.各项垫款	917729	5296	-54508
其中：应付利息	8762757	1290085	1743964	（二）境外贷款	144	-229898	229827
十、其他负债	1882775	462524	397536	二、债券投资	94773070	9342612	23109926
十一、所有者权益	30366970	3072237	-2553467	三、股权及其他投资	18940435	120631	-8675243
其中：实收资本	15346546	2871086	-517600	四、买入返售资产	9115467	-420708	3472024
				五、存放中央银行存款	25439997	-2814077	-4199341
				六、缴存中央银行财政性存款	239440	-164254	18470
				七、银行业存款类金融机构往来	18035630	2434232	-6358172
				八、存放非存款类金融机构款项	1112992	-242947	602756
				九、联行往来	92441	-776983	-1159685
				其中：境内存放二级准备金	232458	14959	-36335
				十、库存现金	765168	-302526	27827
				十一、应收及预付款	5081507	79261	389237
				其中：应收利息	2815506	28807	318646
				十二、投资性房地产	2311	-320	2374
				十三、固定资产	2711125	-71308	68370
				十四、其他资产	8895593	521144	2776636
				十五、减：各项准备	11002200	1520682	-2718657
				其中：贷款损失准备	8940137	1048604	-2077951
资金来源总计	399199535	19137873	23753432	资金运用总计	399199535	19137873	23753432

河南省城商行可比口径本外币信贷收支表

汇率：7.0827　　2023 年 12 月　　单位：万元

来源项目名称（栏目）	本月余额	比年初增减数		运用项目名称（栏目）	本月余额	比年初增减数	
		今年	去年			今年	去年
一、各项存款	129472797	1996611	8652214	一、各项贷款	108625815	5771282	6785717
（一）境内存款	129468977	2013520	8639816	（一）境内贷款	108625671	6001179	6555890
1.个人存款	66175998	7257133	9587018	1.短期贷款	34874265	3276044	-1477692
其中：活期储蓄存款	12264016	202723	1565763	（1）个人贷款	5301892	847713	-342598
定期储蓄存款	44928042	6939788	7163421	其中：个人消费贷款	3450569	510924	-104953
结构性存款				（2）单位贷款	25090373	1842331	-587094
2.单位存款	49907987	-4130282	-1998296	经营贷款	19222151	966411	-1112437
其中：活期存款	15538343	-2473123	-4056538	固定资产贷款	435205	-102892	-46560
定期存款	14039123	-476965	-992299	并购贷款			
保证金存款	8556701	-1414313	75016	贸易融资	5433017	978812	571902
结构性存款				（3）非存款类金融机构贷款	4482000	586000	-548000
3.国库定期存款				2.中长期贷款	66308619	4551050	5811358
4.非存款类金融机构存款	13384991	-1113331	1051094	（1）个人贷款	27228269	1691090	140517
（二）境外存款	3820	-16909	12398	其中：个人消费贷款	19821079	1252420	-281579
二、代理财政性存款	27625	-8168	-6099	（2）单位贷款	39079854	2859960	5670841
三、金融债券	2899716	-799660	699726	经营贷款	20592421	1171803	3002620
其中：境外发行				固定资产贷款	17428608	1588916	2384704
四、卖出回购资产	9821992	-2254305	5138590	并购贷款	871020	195834	334270
五、向中央银行借款	9764785	3657744	-1758883	贸易融资	187805	-96592	-50753
六、银行业存款类金融机构往来	14032874	1079719	-3033497	（3）非存款类金融机构贷款	496		
七、借款及非存款类金融机构拆入	25000	-5000	-185000	3.票据融资	7369751	1801456	2218262
八、联行往来（净）	38136	-1431975	1186627	4.融资租赁			
九、应付及暂收款	3633193	706017	405009	5.各项垫款	73035	-24458	3962
其中：应付利息	2825851	582905	478079	（二）境外贷款	144	-229898	229827
十、其他负债	1724245	532967	483175	二、债券投资	40425188	1647213	8730554
十一、所有者权益	13892606	684423	-2262769	三、股权及其他投资	17794190	40408	-8623859
其中：实收资本	4613112	95113	-611860	四、买入返售资产	6696348	-1060842	4793536
				五、存放中央银行存款	8633784	-995176	-2873696
				六、缴存中央银行财政性存款	152691	-6170	60428
				七、银行业存款类金融机构往来	1505083	534235	-1715322
				八、存放非存款类金融机构款项	541622	-702822	521894
				九、联行往来			
				其中：境内存放二级准备金			
				十、库存现金	259318	-41701	42159
				十一、应收及预付款	1883946	6631	53094
				其中：应收利息	1634360	27164	190881
				十二、投资性房地产	2311	-320	2374
				十三、固定资产	1074079	-22179	158269
				十四、其他资产	3129178	-372636	1128400
				十五、减：各项准备	5390582	639551	-255544
				其中：贷款损失准备	3609981	169969	397279
资金来源总计	185332968	4158373	9319092	资金运用总计	185332968	4158373	9319092

中原银行股份有限公司可比口径本外币信贷收支表

汇率：7.0827　　　　2023 年 12 月　　　　单位：万元

栏目 / 来源项目名称	本月余额	比年初增减数		栏目 / 运用项目名称	本月余额	比年初增减数	
		今年	去年			今年	去年
一、各项存款	89174341	355148	39136717	一、各项贷款	72236187	2415770	28254513
（一）境内存款	89172686	372352	39118889	（一）境内贷款	72236043	2645668	28024686
1. 个人存款	49711009	4570656	24318372	1. 短期贷款	23706283	1267068	6994926
其中：活期储蓄存款	9283125	264443	3420157	（1）个人贷款	4518200	743684	1130903
定期储蓄存款	34605053	4875970	18350507	其中：个人消费贷款	2826889	390856	513983
结构性存款				（2）单位贷款	15506083	267384	6102023
2. 单位存款	30838363	−3753521	12083873	经营贷款	12616015	−238298	4568990
其中：活期存款	9986885	−1806648	1965152	固定资产贷款	213556	2417	29985
定期存款	8228427	−166170	4444656	并购贷款			
保证金存款	5115248	−1255066	2916796	贸易融资	2676512	503265	1503048
结构性存款				（3）非存款类金融机构贷款	3682000	256000	−238000
3. 国库定期存款				2. 中长期贷款	43407141	3819210	16606263
4. 非存款类金融机构存款	8623313	−444782	2716644	（1）个人贷款	19907455	1430433	3470729
（二）境外存款	1655	−17205	17828	其中：个人消费贷款	15605944	1237819	2636430
二、代理财政性存款	25813	−1793	−7123	（2）单位贷款	23499190	2388777	13135534
三、金融债券	1099716	−1299660	1399698	经营贷款	11554705	938536	8927760
其中：境外发行				固定资产贷款	10885660	1350999	3731602
四、卖出回购资产	7309733	−2857388	6766266	并购贷款	871020	195834	456125
五、向中央银行借款	6723520	2587184	−529784	贸易融资	187805	−96592	20047
六、银行业存款类金融机构往来	8350055	1547148	1404809	（3）非存款类金融机构贷款	496		
七、借款及非存款类金融机构拆入	25000	−5000	−140000	3. 票据融资	5061331	−2411376	4352279
八、联行往来（净）	46784	−1477577	1216969	4. 融资租赁			
九、应付及暂收款	2832504	538039	1153945	5. 各项垫款	61288	−29234	71218
其中：应付利息	2220323	421242	1047794	（二）境外贷款	144	−229898	229827
十、其他负债	1661299	555823	686545	二、债券投资	28762464	−8037	14912952
十一、所有者权益	8647646	526418	1906878	三、股权及其他投资	10638758	1270274	983419
其中：实收资本	3691162	9944	1755775	四、买入返售资产	5627592	−890990	5339189
				五、存放中央银行存款	6158335	−1012805	1108589
				六、缴存中央银行财政性存款	122349	6669	64489
				七、银行业存款类金融机构往来	1213233	609429	404131
				八、存放非存款类金融机构款项	502380	−697236	534660
				九、联行往来			
				其中：境内存放二级准备金			
				十、库存现金	172106	−24605	86531
				十一、应收及预付款	1324821	−33636	421942
				其中：应收利息	1110189	−16536	432173
				十二、投资性房地产	2311	−320	2425
				十三、固定资产	754395	−45887	390993
				十四、其他资产	2272921	−652067	1888780
				十五、减：各项准备	3891441	468219	1397695
				其中：贷款损失准备	2572682	10339	1355220
资金来源总计	125896412	468341	52994919	资金运用总计	125896412	468341	52994919

郑州银行股份有限公司可比口径本外币信贷收支表

汇率：7.0827　　　　2023 年 12 月　　　　单位：万元

栏目 来源项目名称	本月余额	比年初增减数		栏目 运用项目名称	本月余额	比年初增减数	
		今年	去年			今年	去年
一、各项存款	40298456	1641463	2004470	一、各项贷款	36389627	3355511	4326342
（一）境内存款	40296291	1641167	2005217	（一）境内贷款	36389627	3355511	4326342
1. 个人存款	16464989	2686477	1818873	1. 短期贷款	11167982	2008976	1744648
其中：活期储蓄存款	2980891	–61720	112376	（1）个人贷款	783692	104029	–40388
定期储蓄存款	10322989	2063818	1526820	其中：个人消费贷款	623680	120068	58127
结构性存款				（2）单位贷款	9584290	1574947	1315036
2. 单位存款	19069624	–376761	–52893	经营贷款	6606136	1204709	835565
其中：活期存款	5551458	–666475	–2420814	固定资产贷款	221649	–105309	–20416
定期存款	5810696	–310795	486074	并购贷款			
保证金存款	3441453	–159246	266902	贸易融资	2756505	475547	499886
结构性存款				（3）非存款类金融机构贷款	800000	330000	470000
3. 国库定期存款				2. 中长期贷款	22901478	731840	2246450
4. 非存款类金融机构存款	4761678	–668549	239237	（1）个人贷款	7320814	260657	341771
（二）境外存款	2166	296	–747	其中：个人消费贷款	4215135	14601	–23154
二、代理财政性存款	1812	–6375	3013	（2）单位贷款	15580664	471183	1904678
三、金融债券	1800000	500000	400000	经营贷款	9037716	233267	1090269
其中：境外发行				固定资产贷款	6542948	237917	814410
四、卖出回购资产	2512259	603083	672900	并购贷款			
五、向中央银行借款	3041265	1070560	–264240	贸易融资			
六、银行业存款类金融机构往来	5682818	–467429	–788069	（3）非存款类金融机构贷款			
七、借款及非存款类金融机构拆入				3. 票据融资	2308420	609920	343226
八、联行往来（净）				4. 融资租赁			
九、应付及暂收款	800688	167978	121391	5. 各项垫款	11747	4776	–7982
其中：应付利息	605528	161663	103154	（二）境外贷款			
十、其他负债	62946	–22856	–13349	二、债券投资	11662724	1655251	822463
十一、所有者权益	5244960	158005	–644776	三、股权及其他投资	7155432	–1229866	–2532584
其中：实收资本	921950	85169	–768036	四、买入返售资产	1068755	–169852	–184061
				五、存放中央银行存款	2475449	17628	–728388
				六、缴存中央银行财政性存款	30342	–12839	3332
				七、银行业存款类金融机构往来	291849	–75194	–195913
				八、存放非存款类金融机构款项	39242	–5586	–12621
				九、联行往来	8649	–45602	–11721
				其中：境内存放二级准备金			
				十、库存现金	87212	–17096	17121
				十一、应收及预付款	559124	40267	32600
				其中：应收利息	524170	43700	30907
				十二、投资性房地产			
				十三、固定资产	319684	23708	16707
				十四、其他资产	856257	279430	19670
				十五、减：各项准备	1499142	171332	81607
				其中：贷款损失准备	1037299	159629	92404
资金来源总计	59445205	3644429	1491339	资金运用总计	59445205	3644429	1491339

河南省农村商业银行可比口径本外币信贷收支表

汇率：7.0827　　2023年12月　　单位：万元

栏目 / 来源项目名称	本月余额	比年初增减数 今年	比年初增减数 去年	栏目 / 运用项目名称	本月余额	比年初增减数 今年	比年初增减数 去年
一、各项存款	167249791	8197530	15301528	一、各项贷款	104958736	7091239	3984436
（一）境内存款	167249785	8197524	15301528	（一）境内贷款	104958736	7091239	3984436
1. 个人存款	154308197	9369271	16377294	1. 短期贷款	37576896	–614538	–3136736
其中：活期储蓄存款	23391063	60312	263851	（1）个人贷款	17068933	466147	–97142
定期储蓄存款	124119481	10802658	20229898	其中：个人消费贷款	5665450	703347	705882
结构性存款				（2）单位贷款	20507963	–1080685	–2959594
2. 单位存款	12926772	–1155830	–864133	经营贷款	19792818	–1438658	–3060349
其中：活期存款	8311302	–947738	–1324411	固定资产贷款	82795	–3170	–50507
定期存款	2359792	–428584	95624	并购贷款			
保证金存款	804318	–217193	–274118	贸易融资	632350	361143	151262
结构性存款				（3）非存款类金融机构贷款			–80000
3. 国库定期存款				2. 中长期贷款	50541271	2175387	2486807
4. 非存款类金融机构存款	14816	–15917	–211633	（1）个人贷款	23749558	1161787	–178179
（二）境外存款	6	6		其中：个人消费贷款	15711734	1143554	835403
二、代理财政性存款	102009	–135351	47853	（2）单位贷款	26791713	1013600	2664986
三、金融债券	50000			经营贷款	26418665	988972	2652525
其中：境外发行				固定资产贷款	373048	24628	12461
四、卖出回购资产	2926689	852191	834357	并购贷款			
五、向中央银行借款	3387290	896592	–935180	贸易融资			
六、银行业存款类金融机构往来	721342	–201185	433108	（3）非存款类金融机构贷款			
七、借款及非存款类金融机构拆入	624	1	–1	3. 票据融资	16007359	5500636	4692835
八、联行往来（净）				4. 融资租赁			
九、应付及暂收款	6914910	749311	1024025	5. 各项垫款	833210	29754	–58470
其中：应付利息	5435135	635933	1161940	（二）境外贷款			
十、其他负债	127116	–70235	–92337	二、债券投资	54167902	7705320	14496483
十一、所有者权益	15046095	2356861	–294832	三、股权及其他投资	1144124	80276	–53443
其中：实收资本	9905006	2775009	72461	四、买入返售资产	2389312	652318	–1288522
				五、存放中央银行存款	15283560	–2034268	–844056
				六、缴存中央银行财政性存款	85779	–157068	–35326
				七、银行业存款类金融机构往来	12952288	1469983	–4190578
				八、存放非存款类金融机构款项	280612	280612	
				九、联行往来	115942	–2202933	20706
				其中：境内存放二级准备金			
				十、库存现金	414342	–235831	–41049
				十一、应收及预付款	2839395	20556	213442
				其中：应收利息	1086254	–11903	128323
				十二、投资性房地产			
				十三、固定资产	1423829	–45856	–98420
				十四、其他资产	5558005	870312	1623798
				十五、减：各项准备	5087959	848944	–2531049
				其中：贷款损失准备	4826303	850928	–2542132
资金来源总计	196525866	12645715	16318520	资金运用总计	196525866	12645715	16318520

河南省郑州农村商业银行可比口径本外币信贷收支表

汇率：7.0827　　2023年12月　　单位：万元

栏目 来源项目名称	本月余额	比年初增减数		栏目 运用项目名称	本月余额	比年初增减数	
		今年	去年			今年	去年
一、各项存款	9405304	650129	602295	一、各项贷款	6240265	776573	760251
（一）境内存款	9405304	650129	602295	（一）境内贷款	6240265	776573	760251
1. 个人存款	6847112	156247	429747	1. 短期贷款	1997554	-151345	-451995
其中：活期储蓄存款	1246808	-469250	-610046	（1）个人贷款	573330	-153357	-213414
定期储蓄存款	5357544	617889	1137050	其中：个人消费贷款	146022	-83121	-71034
结构性存款				（2）单位贷款	1424224	2012	-238581
2. 单位存款	2558192	493882	172548	经营贷款	774844	-360031	-368950
其中：活期存款	1168880	-28581	-370483	固定资产贷款	19030	900	-20893
定期存款	336957	47562	99051	并购贷款			
保证金存款	5233	-8836	-11104	贸易融资	630350	361143	151262
结构性存款				（3）非存款类金融机构贷款			
3. 国库定期存款				2. 中长期贷款	2711763	267006	889424
4. 非存款类金融机构存款				（1）个人贷款	1322540	171739	63566
（二）境外存款				其中：个人消费贷款	1075891	45599	69578
二、代理财政性存款	8522	-704	103	（2）单位贷款	1389223	95267	825858
三、金融债券				经营贷款	1305565	121667	805863
其中：境外发行				固定资产贷款	83658	-26400	19995
四、卖出回购资产	483230	373260	70370	并购贷款			
五、向中央银行借款	28138	1891	-72228	贸易融资			
六、银行业存款类金融机构往来				（3）非存款类金融机构贷款			
七、借款及非存款类金融机构拆入				3. 票据融资	1530948	660912	322822
八、联行往来（净）				4. 融资租赁			
九、应付及暂收款	308029	41783	34257	5. 各项垫款			
其中：应付利息	243564	42706	58962	（二）境外贷款			
十、其他负债	13382	342	-4739	二、债券投资	3543704	617861	393864
十一、所有者权益	1620118	-49013	-99971	三、股权及其他投资	41692		10000
其中：实收资本	330000			四、买入返售资产	12076		-297186
				五、存放中央银行存款	501864	-179549	-590966
				六、缴存中央银行财政性存款	10187	1975	105
				七、银行业存款类金融机构往来	898506	-274068	75455
				八、存放非存款类金融机构款项			
				九、联行往来	503933	6679	124376
				其中：境内存放二级准备金			
				十、库存现金	29744	-8374	2577
				十一、应收及预付款	161125	2039	82736
				其中：应收利息	70574	3259	11478
				十二、投资性房地产			
				十三、固定资产	88773	1720	-9969
				十四、其他资产	150264	69448	2693
				十五、减：各项准备	315410	-3384	23849
				其中：贷款损失准备	298850	-3090	20873
资金来源总计	11866723	1017688	530087	资金运用总计	11866723	1017688	530087

河南省信托投资公司可比口径本外币信贷收支表

汇率：7.0827　　2023 年 12 月　　单位：万元

栏目 来源项目名称	本月余额	比年初增减数		栏目 运用项目名称	本月余额	比年初增减数	
		今年	去年			今年	去年
一、各项存款				一、各项贷款	122046	–100407	–94152
（一）境内存款				（一）境内贷款	122046	–100407	–94152
1. 个人存款				1. 短期贷款	30500	–83850	–85650
其中：保证金存款				（1）个人贷款			
2. 单位存款				其中：个人消费贷款			
其中：活期存款				（2）单位贷款	30500	–83850	–85650
定期存款				经营贷款	30500	–83850	–85650
保证金存款				固定资产贷款			
（二）境外存款				并购贷款			
二、代理财政性存款				贸易融资			
三、金融债券				2. 中长期贷款	91546	–16557	–8502
其中：境外发行				（1）个人贷款			
四、卖出回购资产				其中：个人消费贷款			
五、中长期借款				（2）单位贷款	91546	–16557	–8502
其中：境外借款				经营贷款	91546	–16557	–8502
六、向中央银行借款				固定资产贷款			
七、金融机构存放				并购贷款			
八、金融机构拆入				贸易融资			
九、应付及暂收款	50310	–65375	–60440	3. 票据融资			
十、其他负债	40919	–6161	962	4. 融资租赁			
十一、所有者权益	2191412	188390	42464	5. 各项垫款			
其中：实收资本	868090	68090		（二）境外贷款			
				二、债券投资			–5008
				三、股权及其他投资	2115633	200442	117260
				四、买入返售资产	25241	–45262	51493
				五、存放中央银行存款			
				六、存放金融机构	31281	14797	–96340
				七、拆放金融机构			
				八、库存现金	4	1	–1
				九、应收及预付款	86965	–15037	17697
				其中：应收利息	3354	–1414	4009
				十、投资性房地产	1239	–170	–141
				十一、固定资产	36791	7237	1570
				十二、其他资产	64922	–8889	16290
				十三、减：各项准备	201481	–64142	25681
资金来源总计	2282641	116854	–17014	资金运用总计	2282641	116854	–17014

中原信托有限公司可比口径本外币信贷收支表

汇率：7.0827　　2023年12月　　单位：万元

来源项目名称	本月余额	比年初增减数 今年	比年初增减数 去年	运用项目名称	本月余额	比年初增减数 今年	比年初增减数 去年
一、各项存款				一、各项贷款	91546	–16557	–8502
（一）境内存款				（一）境内贷款	91546	–16557	–8502
1. 个人存款				1. 短期贷款			
其中：保证金存款				（1）个人贷款			
2. 单位存款				其中：个人消费贷款			
其中：活期存款				（2）单位贷款			
定期存款				经营贷款			
保证金存款				固定资产贷款			
（二）境外存款				并购贷款			
二、代理财政性存款				贸易融资			
三、金融债券				2. 中长期贷款	91546	–16557	–8502
其中：境外发行				（1）个人贷款			
四、卖出回购资产				其中：个人消费贷款			
五、中长期借款				（2）单位贷款	91546	–16557	–8502
其中：境外借款				经营贷款	91546	–16557	–8502
六、向中央银行借款				固定资产贷款			
七、金融机构存放				并购贷款			
八、金融机构拆入				贸易融资			
九、应付及暂收款	42796	–62114	–53256	3. 票据融资			
十、其他负债	19552	4037	6780	4. 融资租赁			
十一、所有者权益	1019429	160347	4188	5. 各项垫款			
其中：实收资本	468090	68090		（二）境外贷款			
				二、债券投资			
				三、股权及其他投资	995391	9849	69294
				四、买入返售资产	24998	24998	
				五、存放中央银行存款			
				六、存放金融机构	18091	10938	–97829
				七、拆放金融机构			
				八、库存现金	4	1	–1
				九、应收及预付款	67368	–10392	9388
				其中：应收利息	9	9	
				十、投资性房地产	1239	–170	–141
				十一、固定资产	34176	7513	1878
				十二、其他资产	21608	865	10838
				十三、减：各项准备	172644	–75225	27213
资金来源总计	1081777	102270	–42288	资金运用总计	1081777	102270	–42288

百瑞信托有限责任公司可比口径本外币信贷收支表

汇率：7.0827　　2023年12月　　单位：万元

来源项目名称	本月余额	比年初增减数		运用项目名称	本月余额	比年初增减数	
		今年	去年			今年	去年
一、各项存款				一、各项贷款	30500	–83850	–85650
（一）境内存款				（一）境内贷款	30500	–83850	–85650
1. 个人存款				1. 短期贷款	30500	–83850	–85650
其中：保证金存款				（1）个人贷款			
2. 单位存款				其中：个人消费贷款			
其中：活期存款				（2）单位贷款	30500	–83850	–85650
定期存款				经营贷款	30500	–83850	–85650
保证金存款				固定资产贷款			
（二）境外存款				并购贷款			
二、代理财政性存款				贸易融资			
三、金融债券				2. 中长期贷款			
其中：境外发行				（1）个人贷款			
四、卖出回购资产				其中：个人消费贷款			
五、中长期借款				（2）单位贷款			
其中：境外借款				经营贷款			
六、向中央银行借款				固定资产贷款			
七、金融机构存放				并购贷款			
八、金融机构拆入				贸易融资			
九、应付及暂收款	7514	–3261	–7184	3. 票据融资			
十、其他负债	21367	–10198	–5818	4. 融资租赁			
十一、所有者权益	1171983	28043	38276	5. 各项垫款			
其中：实收资本	400000			（二）境外贷款			
				二、债券投资			–5008
				三、股权及其他投资	1120242	190593	47966
				四、买入返售资产	243	–70260	51493
				五、存放中央银行存款			
				六、存放金融机构	13190	3859	1489
				七、拆放金融机构			
				八、库存现金			
				九、应收及预付款	19597	–4645	8309
				其中：应收利息	3345	–1423	4009
				十、投资性房地产			
				十一、固定资产	2615	–276	–308
				十二、其他资产	43314	–9754	5452
				十三、减：各项准备	28837	11083	–1532
资金来源总计	1200864	14584	25274	资金运用总计	1200864	14584	25274

河南省中资财务公司可比口径本外币信贷收支表

汇率：7.0827　　　　2023 年 12 月　　　　单位：万元

来源项目名称	本月余额	比年初增减数		运用项目名称	本月余额	比年初增减数	
		今年	去年			今年	去年
一、各项存款	3605201	160289	-699576	一、各项贷款	4474833	257388	-639972
（一）境内存款	3605201	160289	-699576	（一）境内贷款	4474833	257388	-639972
1. 个人存款				1. 短期贷款	3398077	668621	155195
其中：活期储蓄存款				（1）个人贷款	24868	12272	3353
定期储蓄存款				其中：个人消费贷款			-60
结构性存款				（2）单位贷款	3363209	656349	141843
2. 单位存款	3605201	160289	-699576	经营贷款	3363209	671468	156211
其中：活期存款	973360	53319	-489095	固定资产贷款			
定期存款	776957	130775	-156716	并购贷款			
保证金存款	15285	-18253	-127104	贸易融资		-15119	-14368
结构性存款				（3）非存款类金融机构贷款	10000		10000
3. 国库定期存款				2. 中长期贷款	866130	-303569	-584522
4. 非存款类金融机构存款				（1）个人贷款	17994	15288	-4521
（二）境外存款				其中：个人消费贷款			-1311
二、代理财政性存款				（2）单位贷款	848137	-318857	-580002
三、金融债券				经营贷款	704203	-372521	-554869
其中：境外发行				固定资产贷款	143933	53664	-23726
四、卖出回购资产				并购贷款			
五、向中央银行借款		-50844	-45548	贸易融资			-1407
六、银行业存款类金融机构往来		-94850	-20000	（3）非存款类金融机构贷款			
七、借款及非存款类金融机构拆入				3. 票据融资	186736	-100775	-154496
八、联行往来（净）	871650	-68424	350824	4. 融资租赁	23890	-6889	-54879
九、应付及暂收款	50071	-29112	-102241	5. 各项垫款			-1270
其中：应付利息	9918	-4492	-837	（二）境外贷款			
十、其他负债	19490	2194	-308	二、债券投资	1018	-43	-37496
十一、所有者权益	1360930	58649	92141	三、股权及其他投资	1484	-106585	103425
其中：实收资本	1140000	170000	40000	四、买入返售资产	131479	32435	-17390
				五、存放中央银行存款	172302	-19437	16181
				六、缴存中央银行财政性存款			
				七、银行业存款类金融机构往来	1276886	-145945	132280
				八、存放非存款类金融机构款项	112	87	25
				九、联行往来			
				其中：境内存放二级准备金			
				十、库存现金			
				十一、应收及预付款	-9648	-29686	614
				其中：应收利息	17957	-1507	1735
				十二、投资性房地产			
				十三、固定资产	944	-246	-221
				十四、其他资产	21008	1573	-1780
				十五、减：各项准备	163076	11638	-19625
				其中：贷款损失准备	163050	13465	-21373
资金来源总计	5907342	-22098	-424709	资金运用总计	5907342	-22098	-424709

河南能源集团财务有限公司可比口径本外币信贷收支表

汇率：7.0827　　　　2023 年 12 月　　　　单位：万元

栏目 / 来源项目名称	本月余额	比年初增减数		栏目 / 运用项目名称	本月余额	比年初增减数	
		今年	去年			今年	去年
一、各项存款	811963	−58008	13810	一、各项贷款	1111100	−35000	−1570
（一）境内存款	811963	−58008	13810	（一）境内贷款	1111100	−35000	−1570
1. 个人存款				1. 短期贷款	622200	67500	29700
其中：活期储蓄存款				（1）个人贷款			
定期储蓄存款				其中：个人消费贷款			
结构性存款				（2）单位贷款	622200	67500	29700
2. 单位存款	811963	−58008	13810	经营贷款	622200	67500	29700
其中：活期存款	282830	43290	−523971	固定资产贷款			
定期存款	30202	−56998	5887	并购贷款			
保证金存款	976	−348	997	贸易融资			
结构性存款				（3）非存款类金融机构贷款			
3. 国库定期存款				2. 中长期贷款	488900	−102500	−30000
4. 非存款类金融机构存款				（1）个人贷款			
（二）境外存款				其中：个人消费贷款			
二、代理财政性存款				（2）单位贷款	488900	−102500	−30000
三、金融债券				经营贷款	488900	−102500	−30000
其中：境外发行				固定资产贷款			
四、卖出回购资产				并购贷款			
五、向中央银行借款			−1020	贸易融资			
六、银行业存款类金融机构往来				（3）非存款类金融机构贷款			
七、借款及非存款类金融机构拆入				3. 票据融资			
八、联行往来（净）				4. 融资租赁			
九、应付及暂收款	3166	−1596	1854	5. 各项垫款			−1270
其中：应付利息	611	−1410	1695	（二）境外贷款			
十、其他负债				二、债券投资			
十一、所有者权益	518350	19726	21631	三、股权及其他投资	474	−405	−194
其中：实收资本	440000	140000		四、买入返售资产			
				五、存放中央银行存款	41370	−17290	−289
				六、缴存中央银行财政性存款			
				七、银行业存款类金融机构往来	211482	16374	35486
				八、存放非存款类金融机构款项	112	87	25
				九、联行往来			
				其中：境内存放二级准备金			
				十、库存现金			
				十一、应收及预付款	15876	−1810	2706
				其中：应收利息	15866	−1809	2711
				十二、投资性房地产			
				十三、固定资产	78	−28	−42
				十四、其他资产	13027	927	74
				十五、减：各项准备	60039	2734	−79
				其中：贷款损失准备	60039	2734	−79
资金来源总计	1333479	−39879	36275	资金运用总计	1333479	−39879	36275

中国石化财务有限责任公司郑州分公司可比口径本外币信贷收支表

汇率：7.0827　　　　2023 年 12 月　　　　单位：万元

栏目 来源项目名称	本月余额	比年初增减数		栏目 运用项目名称	本月余额	比年初增减数	
		今年	去年			今年	去年
一、各项存款	185004	47304	-7919	一、各项贷款	366545	25107	-128712
（一）境内存款	185004	47304	-7919	（一）境内贷款	366545	25107	-128712
1. 个人存款				1. 短期贷款	162110	8784	9905
其中：活期储蓄存款				（1）个人贷款			
定期储蓄存款				其中：个人消费贷款			
结构性存款				（2）单位贷款	162110	8784	9905
2. 单位存款	185004	47304	-7919	经营贷款	162110	23681	17363
其中：活期存款	46613	14914	-15830	固定资产贷款			
定期存款	71000	2500	2280	并购贷款			
保证金存款				贸易融资		-14897	-7458
结构性存款				（3）非存款类金融机构贷款			
3. 国库定期存款				2. 中长期贷款	60850	-10828	-58827
4. 非存款类金融机构存款				（1）个人贷款			
（二）境外存款				其中：个人消费贷款			
二、代理财政性存款				（2）单位贷款	60850	-10828	-58827
三、金融债券				经营贷款	4800	1800	-13510
其中：境外发行				固定资产贷款	56050	-12628	-45317
四、卖出回购资产				并购贷款			
五、向中央银行借款				贸易融资			
六、银行业存款类金融机构往来				（3）非存款类金融机构贷款			
七、借款及非存款类金融机构拆入				3. 票据融资	143585	27151	-79790
八、联行往来（净）	128070	-233292	-41083	4. 融资租赁			
九、应付及暂收款	21368	9368	-5645	5. 各项垫款			
其中：应付利息	1175	-554	1307	（二）境外贷款			
十、其他负债	13934	1756	-199	二、债券投资			
十一、所有者权益	2010	-7687	-8443	三、股权及其他投资			
其中：实收资本				四、买入返售资产			
				五、存放中央银行存款			
				六、缴存中央银行财政性存款			
				七、银行业存款类金融机构往来	116	-204640	64636
				八、存放非存款类金融机构款项			
				九、联行往来			
				其中：境内存放二级准备金			
				十、库存现金			
				十一、应收及预付款	244	8	-145
				其中：应收利息	229	-4	-138
				十二、投资性房地产			
				十三、固定资产	513	-26	13
				十四、其他资产	8	1	-2
				十五、减：各项准备	17040	3001	-921
				其中：贷款损失准备	17040	3001	-921
资金来源总计	350386	-182551	-63289	资金运用总计	350386	-182551	-63289

郑州宇通集团财务有限公司可比口径本外币信贷收支表

汇率：7.0827　　2023年12月　　单位：万元

来源项目名称	本月余额	比年初增减数 今年	比年初增减数 去年	运用项目名称	本月余额	比年初增减数 今年	比年初增减数 去年
一、各项存款	451372	59951	7371	一、各项贷款	381733	-4544	-16
（一）境内存款	451372	59951	7371	（一）境内贷款	381733	-4544	-16
1.个人存款				1.短期贷款	358400	23933	55714
其中：活期储蓄存款				（1）个人贷款		-4	4
定期储蓄存款				其中：个人消费贷款			
结构性存款				（2）单位贷款	358400	23938	55710
2.单位存款	451372	59951	7371	经营贷款	358400	24160	56836
其中：活期存款	18005	4588	3154	固定资产贷款			
定期存款	125000	59000	-30000	并购贷款			
保证金存款	1886	-1308	-11453	贸易融资		-222	-1126
结构性存款				（3）非存款类金融机构贷款			
3.国库定期存款				2.中长期贷款	7057	-13973	-18569
4.非存款类金融机构存款				（1）个人贷款	554	-2152	-3210
（二）境外存款				其中：个人消费贷款			
二、代理财政性存款				（2）单位贷款	6503	-11821	-15359
三、金融债券				经营贷款	6503	-11821	-15359
其中：境外发行				固定资产贷款			
四、卖出回购资产				并购贷款			
五、向中央银行借款			-1158	贸易融资			
六、银行业存款类金融机构往来				（3）非存款类金融机构贷款			
七、借款及非存款类金融机构拆入				3.票据融资		-722	-6959
八、联行往来（净）				4.融资租赁	16276	-13782	-30202
九、应付及暂收款	5150	-296	-996	5.各项垫款			
其中：应付利息	3602	209	1072	（二）境外贷款			
十、其他负债	21	-69	51	二、债券投资			-6092
十一、所有者权益	130749	1474	-564	三、股权及其他投资	1009	-8209	5648
其中：实收资本	100000			四、买入返售资产	5014	5014	
				五、存放中央银行存款	23216	1252	-890
				六、缴存中央银行财政性存款			
				七、银行业存款类金融机构往来	182544	67242	6050
				八、存放非存款类金融机构款项			
				九、联行往来			
				其中：境内存放二级准备金			
				十、库存现金			
				十一、应收及预付款	1587	283	804
				其中：应收利息	1586	303	797
				十二、投资性房地产			
				十三、固定资产	64	-35	-16
				十四、其他资产	1676	-70	-765
				十五、减：各项准备	9551	-127	20
				其中：贷款损失准备	9551	-127	21
资金来源总计	587292	61059	4704	资金运用总计	587292	61059	4704

天瑞集团财务有限责任公司可比口径本外币信贷收支表

汇率：7.0827　　　　2023 年 12 月　　　　单位：万元

来源项目名称	本月余额	比年初增减数		运用项目名称	本月余额	比年初增减数	
		今年	去年			今年	去年
一、各项存款	144670	51413	-48667	一、各项贷款	251005	60005	-83000
（一）境内存款	144670	51413	-48667	（一）境内贷款	251005	60005	-83000
1. 个人存款				1. 短期贷款	251000	60000	-83000
其中：活期储蓄存款				（1）个人贷款			
定期储蓄存款				其中：个人消费贷款			
结构性存款				（2）单位贷款	251000	60000	-83000
2. 单位存款	144670	51413	-48667	经营贷款	251000	60000	-83000
其中：活期存款	111066	67538	-40002	固定资产贷款			
定期存款	30700	-15000	-8000	并购贷款			
保证金存款	2903	-1125	-665	贸易融资			
结构性存款				（3）非存款类金融机构贷款			
3. 国库定期存款				2. 中长期贷款			
4. 非存款类金融机构存款				（1）个人贷款			
（二）境外存款				其中：个人消费贷款			
二、代理财政性存款				（2）单位贷款			
三、金融债券				经营贷款			
其中：境外发行				固定资产贷款			
四、卖出回购资产				并购贷款			
五、向中央银行借款				贸易融资			
六、银行业存款类金融机构往来		-94850		（3）非存款类金融机构贷款			
七、借款及非存款类金融机构拆入				3. 票据融资	5	5	
八、联行往来（净）				4. 融资租赁			
九、应付及暂收款	477	-820	893	5. 各项垫款			
其中：应付利息	18	-69	-3	（二）境外贷款			
十、其他负债				二、债券投资			
十一、所有者权益	115243	434	2250	三、股权及其他投资			
其中：实收资本	100000			四、买入返售资产			
				五、存放中央银行存款	5707	331	-69
				六、缴存中央银行财政性存款			
				七、银行业存款类金融机构往来	10992	-103673	39197
				八、存放非存款类金融机构款项			
				九、联行往来			
				其中：境内存放二级准备金			
				十、库存现金			
				十一、应收及预付款	199	-274	149
				其中：应收利息	180	16	-129
				十二、投资性房地产			
				十三、固定资产			
				十四、其他资产	17	-3	-3
				十五、减：各项准备	7530	208	1797
				其中：贷款损失准备	7530	2005	
资金来源总计	260390	-43823	-45524	资金运用总计	260390	-43823	-45524

中国平煤神马集团财务有限责任公司可比口径本外币信贷收支表

汇率：7.0827　　　　2023 年 12 月　　　　单位：万元

来源项目名称	本月余额	比年初增减数 今年	比年初增减数 去年	运用项目名称	本月余额	比年初增减数 今年	比年初增减数 去年
一、各项存款	980170	13434	224111	一、各项贷款	716106	-67737	-40040
（一）境内存款	980170	13434	224111	（一）境内贷款	716106	-67737	-40040
1. 个人存款				1. 短期贷款	628960	-19900	-9490
其中：活期储蓄存款				（1）个人贷款			
定期储蓄存款				其中：个人消费贷款			
结构性存款				（2）单位贷款	628960	-19900	-9490
2. 单位存款	980170	13434	224111	经营贷款	628960	-19900	-9490
其中：活期存款	497419	-56983	209237	固定资产贷款			
定期存款	26341	6200	-20400	并购贷款			
保证金存款	9500	-15200	-3150	贸易融资			
结构性存款				（3）非存款类金融机构贷款			
3. 国库定期存款				2. 中长期贷款	44000		-6000
4. 非存款类金融机构存款				（1）个人贷款			
（二）境外存款				其中：个人消费贷款			
二、代理财政性存款				（2）单位贷款	44000		-6000
三、金融债券				经营贷款	44000		-6000
其中：境外发行				固定资产贷款			
四、卖出回购资产				并购贷款			
五、向中央银行借款				贸易融资			
六、银行业存款类金融机构往来				（3）非存款类金融机构贷款			
七、借款及非存款类金融机构拆入				3. 票据融资	43146	-47132	-23884
八、联行往来（净）				4. 融资租赁		-705	-666
九、应付及暂收款	3822	2080	-1279	5. 各项垫款			
其中：应付利息	373	-313	170	（二）境外贷款			
十、其他负债				二、债券投资	1018	-43	60
十一、所有者权益	327803	210	3633	三、股权及其他投资			
其中：实收资本	300000			四、买入返售资产			
				五、存放中央银行存款	61054	2519	18313
				六、缴存中央银行财政性存款			
				七、银行业存款类金融机构往来	549666	79417	247398
				八、存放非存款类金融机构款项			
				九、联行往来			
				其中：境内存放二级准备金			
				十、库存现金			
				十一、应收及预付款	193	29	10
				其中：应收利息			
				十二、投资性房地产			
				十三、固定资产	15	-25	-47
				十四、其他资产	3848	-337	-348
				十五、减：各项准备	20104	-1902	-1118
				其中：贷款损失准备	20079	-1909	-1127
资金来源总计	1311795	15724	226464	资金运用总计	1311795	15724	226464

河南双汇集团财务有限公司可比口径本外币信贷收支表

汇率：7.0827　　　　2023 年 12 月　　　　单位：万元

栏目 来源项目名称	本月余额	比年初增减数		栏目 运用项目名称	本月余额	比年初增减数	
		今年	去年			今年	去年
一、各项存款	691482	110557	51510	一、各项贷款	494005	130234	−10631
（一）境内存款	691482	110557	51510	（一）境内贷款	494005	130234	−10631
1. 个人存款				1. 短期贷款	406122	144019	7371
其中：活期储蓄存款				（1）个人贷款	15583	2992	3409
定期储蓄存款				其中：个人消费贷款			
结构性存款				（2）单位贷款	380539	141027	−6038
2. 单位存款	691482	110557	51510	经营贷款	380539	141027	−6038
其中：活期存款	5990	160	467	固定资产贷款			
定期存款	384850	134800	34150	并购贷款			
保证金存款				贸易融资			
结构性存款				（3）非存款类金融机构贷款	10000		10000
3. 国库定期存款				2. 中长期贷款	87883	66292	21591
4. 非存款类金融机构存款				（1）个人贷款			
（二）境外存款				其中：个人消费贷款			
二、代理财政性存款				（2）单位贷款	87883	66292	21591
三、金融债券				经营贷款			
其中：境外发行				固定资产贷款	87883	66292	21591
四、卖出回购资产				并购贷款			
五、向中央银行借款		−50844	−42193	贸易融资			
六、银行业存款类金融机构往来				（3）非存款类金融机构贷款			
七、借款及非存款类金融机构拆入				3. 票据融资		−80076	−39593
八、联行往来（净）				4. 融资租赁			
九、应付及暂收款	6638	3352	1675	5. 各项垫款			
其中：应付利息	1236	−145	403	（二）境外贷款			
十、其他负债				二、债券投资			−31465
十一、所有者权益	233908	82080	45389	三、股权及其他投资		−97971	97971
其中：实收资本	200000	80000	40000	四、买入返售资产	126465	27421	18674
				五、存放中央银行存款	40956	−5095	22978
				六、缴存中央银行财政性存款			
				七、银行业存款类金融机构往来	280779	93332	−40303
				八、存放非存款类金融机构款项			
				九、联行往来			
				其中：境内存放二级准备金			
				十、库存现金			
				十一、应收及预付款			−1328
				其中：应收利息			
				十二、投资性房地产			
				十三、固定资产	120	−44	98
				十四、其他资产	1803	484	−146
				十五、减：各项准备	12100	3217	−533
				其中：贷款损失准备	12100	3217	−533
资金来源总计	932029	145144	56381	资金运用总计	932029	145144	56381

河南省金融租赁公司可比口径本外币信贷收支表

汇率：7.0827　　2023年12月　　单位：万元

来源项目名称	本月余额	比年初增减数 今年	比年初增减数 去年	运用项目名称	本月余额	比年初增减数 今年	比年初增减数 去年
一、各项存款	344224	-86508	255136	一、各项贷款	10009640	768656	3961692
（一）境内存款	344224	-86508	255136	（一）境内贷款	10009640	768656	3961692
1. 个人存款	3271	-2166	5437	1. 短期贷款			
其中：保证金存款	3271	-2166	5437	（1）个人贷款			
2. 单位存款	340953	-84342	249699	其中：个人消费贷款			
其中：活期存款				（2）单位贷款			
定期存款				经营贷款			
保证金存款	340953	-84342	249699	固定资产贷款			
（二）境外存款				并购贷款			
二、代理财政性存款				贸易融资			
三、金融债券		-339930	63	2. 中长期贷款			
其中：境外发行				（1）个人贷款			
四、卖出回购资产				其中：个人消费贷款			
五、中长期借款				（2）单位贷款			
其中：境外借款				经营贷款			
六、向中央银行借款				固定资产贷款			
七、金融机构存放				并购贷款			
八、金融机构拆入	8649200	1226124	3300694	贸易融资			
九、应付及暂收款	302808	89413	83193	3. 票据融资			
十、其他负债	4189	-8050	-10779	4. 融资租赁	10009640	768656	3961692
十一、所有者权益	1313288	96066	567525	5. 各项垫款			
其中：实收资本	700000		300000	（二）境外贷款			
				二、债券投资			
				三、股权及其他投资	81672	-12949	34620
				四、买入返售资产			
				五、存放中央银行存款	10483	-3617	14100
				六、存放金融机构	488242	225792	82500
				七、拆放金融机构			
				八、库存现金			
				九、应收及预付款	208653	-64072	184126
				其中：应收利息	93441	-52585	64511
				十、投资性房地产			
				十一、固定资产	4410	-289	3657
				十二、其他资产	148882	45655	54964
				十三、减：各项准备	338274	-17938	139829
资金来源总计	10613708	977114	4195832	资金运用总计	10613708	977114	4195832

河南九鼎金融租赁股份有限公司可比口径本外币信贷收支表

汇率：7.0827　　2023 年 12 月　　单位：万元

来源项目名称	本月余额	比年初增减数 今年	比年初增减数 去年	运用项目名称	本月余额	比年初增减数 今年	比年初增减数 去年
一、各项存款				一、各项贷款	3343472	214713	254043
（一）境内存款				（一）境内贷款	3343472	214713	254043
1. 个人存款				1. 短期贷款			
其中：保证金存款				（1）个人贷款			
2. 单位存款				其中：个人消费贷款			
其中：活期存款				（2）单位贷款			
定期存款				经营贷款			
保证金存款				固定资产贷款			
（二）境外存款				并购贷款			
二、代理财政性存款				贸易融资			
三、金融债券		-139930	63	2. 中长期贷款			
其中：境外发行				（1）个人贷款			
四、卖出回购资产				其中：个人消费贷款			
五、中长期借款				（2）单位贷款			
其中：境外借款				经营贷款			
六、向中央银行借款				固定资产贷款			
七、金融机构存放				并购贷款			
八、金融机构拆入	3029500	340000	230100	贸易融资			
九、应付及暂收款	85843	-12012	4736	3. 票据融资			
十、其他负债	1614	-1333	1699	4. 融资租赁	3343472	214713	254043
十一、所有者权益	377809	34894	34720	5. 各项垫款			
其中：实收资本	200000			（二）境外贷款			
				二、债券投资			
				三、股权及其他投资	67601	-15372	22973
				四、买入返售资产			
				五、存放中央银行存款			
				六、存放金融机构	55551	-9514	-15430
				七、拆放金融机构			
				八、库存现金			
				九、应收及预付款	58222	-10938	21456
				其中：应收利息	35121	81	-6119
				十、投资性房地产			
				十一、固定资产	322	-56	-79
				十二、其他资产	64023	38972	4235
				十三、减：各项准备	94427	-3814	15881
资金来源总计	3494766	221620	271318	资金运用总计	3494766	221620	271318

洛银金融租赁股份有限公司可比口径本外币信贷收支表

汇率：7.0827　　2023年12月　　单位：万元

来源项目名称	本月余额	比年初增减数 今年	比年初增减数 去年	运用项目名称	本月余额	比年初增减数 今年	比年初增减数 去年
一、各项存款	192292	9714	6982	一、各项贷款	2652025	338981	-91531
（一）境内存款	192292	9714	6982	（一）境内贷款	2652025	338981	-91531
1.个人存款				1.短期贷款			
其中：保证金存款				（1）个人贷款			
2.单位存款	192292	9714	6982	其中：个人消费贷款			
其中：活期存款				（2）单位贷款			
定期存款				经营贷款			
保证金存款	192292	9714	6982	固定资产贷款			
（二）境外存款				并购贷款			
二、代理财政性存款				贸易融资			
三、金融债券		-200000		2.中长期贷款			
其中：境外发行				（1）个人贷款			
四、卖出回购资产				其中：个人消费贷款			
五、中长期借款				（2）单位贷款			
其中：境外借款				经营贷款			
六、向中央银行借款				固定资产贷款			
七、金融机构存放				并购贷款			
八、金融机构拆入	2158297	590135	-94820	贸易融资			
九、应付及暂收款	34583	3830	-6330	3.票据融资			
十、其他负债	2575	-6717	-12478	4.融资租赁	2652025	338981	-91531
十一、所有者权益	422872	35896	45473	5.各项垫款			
其中：实收资本	200000			（二）境外贷款			
				二、债券投资			
				三、股权及其他投资	14070	2423	11647
				四、买入返售资产			
				五、存放中央银行存款			
				六、存放金融机构	148881	35531	13897
				七、拆放金融机构			
				八、库存现金			
				九、应收及预付款	67394	35500	-9001
				其中：应收利息	27293	-3682	-9380
				十、投资性房地产			
				十一、固定资产	468	-45	-73
				十二、其他资产	21496	-5734	-216
				十三、减：各项准备	93716	-26202	-14105
资金来源总计	2810618	432858	-61173	资金运用总计	2810618	432858	-61173

河南省消费金融公司可比口径本外币信贷收支表

汇率：7.0827　　2023 年 12 月　　单位：万元

栏目 来源项目名称	本月余额	比年初增减数		栏目 运用项目名称	本月余额	比年初增减数	
		今年	去年			今年	去年
一、各项存款				一、各项贷款	3264185	417738	329208
（一）境内存款				（一）境内贷款	3264185	417738	329208
1. 个人存款				1. 短期贷款	2757599	501217	165794
其中：保证金存款				（1）个人贷款	2757599	501217	165794
2. 单位存款				其中：个人消费贷款	2757599	501217	165794
其中：活期存款				（2）单位贷款			
定期存款				经营贷款			
保证金存款				固定资产贷款			
（二）境外存款				并购贷款			
二、代理财政性存款				贸易融资			
三、金融债券	295099	295099		2. 中长期贷款	506586	–83479	163414
其中：境外发行				（1）个人贷款	506586	–83479	163414
四、卖出回购资产				其中：个人消费贷款	506586	–83479	163414
五、中长期借款				（2）单位贷款			
其中：境外借款				经营贷款			
六、向中央银行借款				固定资产贷款			
七、金融机构存放	344800	244000	95500	并购贷款			
八、金融机构拆入	2471248	103588	88713	贸易融资			
九、应付及暂收款	189285	–151725	207281	3. 票据融资			
十、其他负债	1839	–152728	110692	4. 融资租赁			
十一、所有者权益	312767	40388	32942	5. 各项垫款			
其中：实收资本	200000			（二）境外贷款			
				二、债券投资			
				三、股权及其他投资			
				四、买入返售资产			
				五、存放中央银行存款			
				六、存放金融机构	374040	–2726	171818
				七、拆放金融机构			
				八、库存现金			
				九、应收及预付款	49048	–2081	–16325
				其中：应收利息	30486	8355	–8795
				十、投资性房地产			
				十一、固定资产	4965	–1296	156
				十二、其他资产	40369	–3890	–2333
				十三、减：各项准备	117569	29122	–52604
资金来源总计	3615038	378622	535128	资金运用总计	3615038	378622	535128

（二）河南省各市金融统计表

郑州市金融机构可比口径本外币信贷收支表

汇率：7.0827　　2023 年 12 月　　单位：万元

来源项目名称	本月余额	比年初增减数 今年	比年初增减数 去年	运用项目名称	本月余额	比年初增减数 今年	比年初增减数 去年
一、各项存款	306569735	12404400	23225691	一、各项贷款	372631554	21645127	24905986
（一）境内存款	306308724	12359940	23231375	（一）境内贷款	369356595	22057200	24529767
1. 住户存款	129528236	14882803	15652470	1. 住户贷款	124087809	3948025	-150059
（1）活期存款	42505099	677193	2903384	（1）短期贷款	18722240	1707227	-347079
（2）定期及其他存款	87023137	14205611	12749086	消费贷款	10146103	257290	-840996
2. 非金融企业存款	91570079	-1676446	-4442014	经营贷款	8576137	1449937	493917
（1）活期存款	30514279	-3817308	-2072233	（2）中长期贷款	105365569	2240798	197020
（2）定期及其他存款	61055800	2140862	-2369781	消费贷款	88998190	665628	-1630829
3. 机关团体存款	45650418	3733693	4545823	经营贷款	16367379	1575171	1827849
4. 财政性存款	3840937	711507	89446	2. 企（事）业单位贷款	245058786	17899175	24679827
5. 非银行业金融机构存款	35719054	-5291618	7385650	（1）短期贷款	53681393	5639781	-3949813
（二）境外存款	261011	44460	-5684	（2）中长期贷款	165984253	13600764	18170603
二、金融债券	3214815	-644491	1799761	（3）票据融资	16999266	-1614964	6328380
其中：境外发行				（4）融资租赁	7373892	415893	4023022
三、卖出回购资产	3400	-295827	138982	（5）各项垫款	1019982	-142300	107634
四、借款及非银行业金融机构拆入	75596	24941	-273917	3. 非银行业金融机构贷款	210000	210000	
五、联行往来（净）	83934208	7389089	7431320	（二）境外贷款	3274959	-412073	376219
六、应付及暂收款	7068912	613339	1420035	二、债券投资	48847756	3848366	16117989
七、各项准备	13038900	704095	1467219	其中：境外债券	684444	-218809	127694
八、所有者权益	24200303	1952728	2577738	三、股权及其他投资	20331668	197586	-1334957
其中：实收资本	8556346	1107447	1291408	四、买入返售资产	5627112	-1167998	4982607
九、其他	15560890	2079305	8330650	五、存放非银行业金融机构款项	754942	-490891	519338
				六、联行往来（净）			
				其中：境内存放二级准备金	1573511	44847	50145
				七、金银占款			
				八、中央银行外汇占款			
				九、应收及预付款	3706334	183878	853802
				十、投资性房地产	9790	-1031	1802
				十一、固定资产	1757604	12540	70912
资金来源总计	453666760	24227577	46117480	资金运用总计	453666760	24227577	46117480

开封市金融机构可比口径本外币信贷收支表

汇率：7.0827　　2023 年 12 月　　单位：万元

栏目 来源项目名称	本月余额	比年初增减数		栏目 运用项目名称	本月余额	比年初增减数	
		今年	去年			今年	去年
一、各项存款	32947707	2828644	3769617	一、各项贷款	27576721	3303531	2569909
（一）境内存款	32939326	2831059	3766857	（一）境内贷款	27576413	3303486	2569945
1. 住户存款	26870440	3060453	3490034	1. 住户贷款	13561924	1033930	330603
（1）活期存款	8017758	270283	824975	（1）短期贷款	2978873	497351	78519
（2）定期及其他存款	18852683	2790171	2665058	消费贷款	762720	63451	-4622
2. 非金融企业存款	2984326	-488456	123204	经营贷款	2216153	433900	83141
（1）活期存款	1720260	-443852	101070	（2）中长期贷款	10583051	536578	252085
（2）定期及其他存款	1264066	-44605	22133	消费贷款	9608424	370229	245003
3. 财政性存款	53844	8363	-22253	经营贷款	974627	166349	7081
4. 机关团体存款	2817668	198461	147865	2. 非金融企业及机关团体贷款	14014489	2269557	2239342
5. 非银行业金融机构存款	213048	52238	28009	（1）短期贷款	4118467	684072	217306
（二）境外存款	8381	-2415	2760	（2）中长期贷款	6543218	406301	916326
二、金融债券				（3）票据融资	3306956	1178127	1118226
其中：境外发行				（4）融资租赁			
三、卖出回购资产	4800	4800		（5）各项垫款	45847	1057	-12517
四、借款及非银行业金融机构拆入				3. 非银行业金融机构贷款			
五、联行往来（净）				（二）境外贷款	308	45	-36
六、应付及暂收款	878706	33303	174893	二、债券投资	2639824	-513936	2134975
七、各项准备	618110	-7942	-111813	其中：境外债券			
八、所有者权益	960569	75851	-16554	三、股权及其他投资	108992	80053	-11302
其中：实收资本	378988	714	28	四、买入返售资产	20000	20000	-15006
九、其他	-709623	-18094	2527289	五、存放非银行业金融机构款项	2566	2566	-57
				六、联行往来（净）	3880044	22714	1597203
				其中：境内存放二级准备金		-2	-56
				七、金银占款			
				八、中央银行外汇占款			
				九、应收及预付款	266211	4666	70684
				十、投资性房地产			
				十一、固定资产	205911	-3032	-2973
资金来源总计	34700269	2916562	6343432	资金运用总计	34700269	2916562	6343432

洛阳市金融机构可比口径本外币信贷收支表

汇率：7.0827　　2023年12月　　单位：万元

来源项目名称	本月余额	比年初增减数 今年	比年初增减数 去年	运用项目名称	本月余额	比年初增减数 今年	比年初增减数 去年
一、各项存款	78332226	4685828	5335774	一、各项贷款	69099489	6408007	2491920
（一）境内存款	78069533	5057417	5277099	（一）境内贷款	69007738	6650004	2572153
1. 住户存款	54217358	6435520	6255894	1. 住户贷款	21926095	1520110	807821
（1）活期存款	14189849	442839	1295633	（1）短期贷款	5665872	826926	157206
（2）定期及其他存款	40027509	5992681	4960262	消费贷款	2183161	317855	136029
2. 非金融企业存款	17438878	−447418	−319402	经营贷款	3482710	509071	21177
（1）活期存款	5248965	−651816	−400707	（2）中长期贷款	16260224	693183	650615
（2）定期及其他存款	12189913	204397	81305	消费贷款	14360665	378568	476406
3. 机关团体存款	5467947	−1552816	1085766	经营贷款	1899558	314615	174209
4. 财政性存款	272631	27681	−42202	2. 企（事）业单位贷款	47081643	5129894	1764332
5. 非银行业金融机构存款	672720	594450	−1702958	（1）短期贷款	15766566	1777401	−318759
（二）境外存款	262692	−371589	58675	（2）中长期贷款	21661893	1698788	1148441
二、金融债券	30000	−200000	−699972	（3）票据融资	6456895	1334894	1133864
其中：境外发行				（4）融资租赁	2659638	346580	−115542
三、卖出回购资产			−24840	（5）各项垫款	536651	−27769	−83671
四、借款及非银行业金融机构拆入	108	−97	6	3. 非银行业金融机构贷款			
五、联行往来（净）				（二）境外贷款	91751	−241997	−80234
六、应付及暂收款	1899943	262910	143746	二、债券投资	4476477	685468	−3052322
七、各项准备	2072479	219498	−730297	其中：境外债券			
八、所有者权益	2804846	1056101	−1903951	三、股权及其他投资	83383	2365	−3865955
其中：实收资本	2060497	1230000	−687884	四、买入返售资产	99770	99770	−397656
九、其他	2175786	1557085	1779163	五、存放非银行业金融机构款项		−73	−19
				六、联行往来（净）	12704807	379072	8762685
				其中：境内存放二级准备金	159397	2775	8667
				七、金银占款			
				八、中央银行外汇占款			
				九、应收及预付款	455897	27064	−73901
				十、投资性房地产			
				十一、固定资产	395565	−20346	34877
资金来源总计	87315389	7581326	3899628	资金运用总计	87315389	7581326	3899628

平顶山市金融机构可比口径本外币信贷收支表

汇率：7.0827　　2023 年 12 月　　单位：万元

来源项目名称	本月余额	比年初增减数		运用项目名称	本月余额	比年初增减数	
		今年	去年			今年	去年
一、各项存款	43765008	3106730	3884675	一、各项贷款	30604876	2719006	1581476
（一）境内存款	43761641	3107402	3884141	（一）境内贷款	30604874	2719040	1581478
1. 住户存款	32895013	3607536	3566440	1. 住户贷款	8517907	1205770	408111
（1）活期存款	8700657	194310	750632	（1）短期贷款	2570539	600330	79817
（2）定期及其他存款	24194356	3413226	2815808	消费贷款	889260	81805	-57241
2. 非金融企业存款	7613633	-584620	320460	经营贷款	1681279	518525	137058
（1）活期存款	3054774	382567	-111630	（2）中长期贷款	5947368	605439	328294
（2）定期及其他存款	4558859	-967187	432090	消费贷款	5349592	543904	317091
3. 机关团体存款	2819554	137925	18535	经营贷款	597776	61535	11203
4. 财政性存款	206017	-46000	104767	2. 非金融企业及机关团体贷款	22086967	1513270	1173367
5. 非银行业金融机构存款	227425	-7440	-126061	（1）短期贷款	9204433	578110	303558
（二）境外存款	3368	-673	533	（2）中长期贷款	9033564	594303	455956
二、金融债券			-200000	（3）票据融资	3706190	483804	524272
其中：境外发行				（4）融资租赁		-705	-666
三、卖出回购资产				（5）各项垫款	142780	-142241	-109753
四、借款及非银行业金融机构拆入				3. 非银行业金融机构贷款			
五、联行往来（净）				（二）境外贷款	2	-34	-2
六、应付及暂收款	1127700	47300	205717	二、债券投资	2655805	-77750	-818158
七、各项准备	1026819	208552	-203133	其中：境外债券			
八、所有者权益	1403114	9359	-664351	三、股权及其他投资	83806	-324	-2007812
其中：实收资本	965745	61846	-410598	四、买入返售资产	20000	20000	
九、其他	-2068874	61886	-622714	五、存放非银行业金融机构款项	790	-297	-1809
				六、联行往来（净）	11315772	773862	3686937
				其中：境内存放二级准备金	13	9	2
				七、金银占款			
				八、中央银行外汇占款			
				九、应收及预付款	305865	10694	-8873
				十、投资性房地产	450	-45	475
				十一、固定资产	266404	-11319	-32043
资金来源总计	45253767	3433827	2400194	资金运用总计	45253767	3433827	2400194

安阳市金融机构可比口径本外币信贷收支表

汇率：7.0827　　2023年12月　　单位：万元

栏目 来源项目名称	本月余额	比年初增减数		栏目 运用项目名称	本月余额	比年初增减数	
		今年	去年			今年	去年
一、各项存款	44621636	3654168	4391278	一、各项贷款	29215253	3179549	3443058
（一）境内存款	44619513	3654333	4390740	（一）境内贷款	29215184	3180026	3442585
1. 住户存款	35214524	3670269	4238895	1. 住户贷款	14381840	1774688	1281674
（1）活期存款	8855178	183209	813026	（1）短期贷款	3107197	691259	419262
（2）定期及其他存款	26359346	3487059	3425869	消费贷款	1004322	161336	119763
2. 非金融企业存款	5087252	–11854	106718	经营贷款	2102876	529923	299500
（1）活期存款	2235683	–308699	90975	（2）中长期贷款	11274643	1083430	862411
（2）定期及其他存款	2851569	296845	15743	消费贷款	10263321	974781	910257
3. 广义政府存款	4093963	6611	18315	经营贷款	1011322	108649	–47845
（1）财政性存款	149827	–88987	–86175	2. 非金融企业及机关团体贷款	14833344	1405338	2160911
（2）机关团体存款	3944136	95598	104490	（1）短期贷款	4753199	640651	316638
4. 非银行业金融机构存款	223775	–10693	26811	（2）中长期贷款	6407331	367447	567719
（二）境外存款	2122	–166	538	（3）票据融资	3484260	417482	1277381
二、金融债券				（4）融资租赁			
其中：境外发行				（5）各项垫款	188554	–20243	–827
三、卖出回购资产				3. 非银行业金融机构贷款			
四、借款及非银行业金融机构拆入				（二）境外贷款	69	–477	473
五、联行往来（净）				二、债券投资	3086943	238454	1424768
六、应付及暂收款	1161491	118219	140174	其中：境外债券			
七、各项准备	721041	145267	–74783	三、股权及其他投资	56918	1363	–4863
八、所有者权益	1261204	49979	44758	四、买入返售资产	146389	101839	–5023
其中：实收资本	756050	52229	280	五、存放非银行业金融机构款项	965	515	–2455
九、其他	–1750827	614812	1018776	六、联行往来（净）	13050073	1072586	644487
				其中：境内存放二级准备金	5	–102	–111
				七、金银占款			
				八、中央银行外汇占款			
				九、应收及预付款	261869	–1624	32826
				十、投资性房地产	57	–14	–254
				十一、固定资产	196079	–10224	–12341
资金来源总计	46014545	4582444	5520204	资金运用总计	46014545	4582444	5520204

鹤壁市金融机构可比口径本外币信贷收支表

汇率：7.0827　　2023年12月　　单位：万元

来源项目名称 \ 栏目	本月余额	比年初增减数		运用项目名称 \ 栏目	本月余额	比年初增减数	
		今年	去年			今年	去年
一、各项存款	13095217	1258422	1612929	一、各项贷款	10079252	1534424	427085
（一）境内存款	13094470	1258542	1613580	（一）境内贷款	10079247	1534419	427085
1. 住户存款	9566252	1215259	1235576	1. 住户贷款	4122465	509102	339086
（1）活期存款	2727426	94131	205095	（1）短期贷款	857393	153636	94477
（2）定期及其他存款	6838825	1121128	1030482	消费贷款	334552	56985	22677
2. 非金融企业存款	1961667	−67859	328500	经营贷款	522841	96651	71800
（1）活期存款	771301	−241663	41974	（2）中长期贷款	3265072	355466	244609
（2）定期及其他存款	1190366	173803	286526	消费贷款	3029278	311795	264963
3. 机关团体存款	1369668	81894	126990	经营贷款	235794	43671	−20354
4. 财政性存款	144021	29757	−128869	2. 非金融企业及机关团体贷款	5956783	1025318	87998
5. 非银行业金融机构存款	52861	−509	51383	（1）短期贷款	2211114	254619	−273695
（二）境外存款	747	−120	−651	（2）中长期贷款	3018424	548520	−37894
二、金融债券				（3）票据融资	725323	224216	397419
其中：境外发行				（4）融资租赁			
三、卖出回购资产				（5）各项垫款	1921	−2037	2168
四、借款及非银行业金融机构拆入				3. 非银行业金融机构贷款			
五、联行往来（净）				（二）境外贷款	5	5	
六、应付及暂收款	339795	40891	77840	二、债券投资	884586	−46422	335370
七、各项准备	277973	−61639	−134090	其中：境外债券			
八、所有者权益	533372	18863	−96531	三、股权及其他投资	109714	−3770	−20030
其中：实收资本	460833			四、买入返售资产	19950	19950	
九、其他	−1426342	−7711	−474361	五、存放非银行业金融机构款项	304	−39	−254
				六、联行往来（净）	1560355	−235884	248571
				其中：境内存放二级准备金	2	1	−4
				七、金银占款			
				八、中央银行外汇占款			
				九、应收及预付款	81018	−11868	−784
				十、投资性房地产			
				十一、固定资产	84837	−7565	−4170
资金来源总计	12820016	1248826	985788	资金运用总计	12820016	1248826	985788

新乡市金融机构可比口径本外币信贷收支表

汇率：7.0827　　2023 年 12 月　　单位：万元

来源项目名称	本月余额	比年初增减数 今年	比年初增减数 去年	运用项目名称	本月余额	比年初增减数 今年	比年初增减数 去年
一、各项存款	51338129	4124744	6117559	一、各项贷款	33693978	3579424	3309504
（一）境内存款	51106755	4112928	6108708	（一）境内贷款	33693677	3579269	3309506
1. 住户存款	40005125	4368136	4918108	1. 住户贷款	17105074	1625975	1370677
（1）活期存款	10804771	125863	780321	（1）短期贷款	3332284	511327	465702
（2）定期及其他存款	29200354	4242272	4137788	消费贷款	1038521	22574	95023
2. 非金融企业存款	6423999	–318238	705543	经营贷款	2293762	488753	370679
（1）活期存款	3283143	16613	228406	（2）中长期贷款	13772790	1114648	904975
（2）定期及其他存款	3140856	–334851	477137	消费贷款	12250181	844375	781251
3. 广义政府存款	4672449	62262	483455	经营贷款	1522609	270273	123723
（1）财政性存款	258414	–79280	–33150	2. 非金融企业及机关团体贷款	16588603	1953294	1938830
（2）机关团体存款	4414035	141541	516605	（1）短期贷款	5884427	409181	–25868
4. 非银行业金融机构存款	5182	769	1602	（2）中长期贷款	8556057	1405541	1027968
（二）境外存款	231373	11816	8851	（3）票据融资	2135776	144271	943709
二、金融债券				（4）融资租赁			
其中：境外发行				（5）各项垫款	12344	–5700	–6980
三、卖出回购资产	10000	–28200	38200	3. 非银行业金融机构贷款			
四、借款及非银行业金融机构拆入				（二）境外贷款	300	155	–3
五、联行往来（净）				二、债券投资	4840412	1528682	1098585
六、应付及暂收款	1294844	124091	207296	其中：境外债券			
七、各项准备	789296	–20914	–71103	三、股权及其他投资	44737		
八、所有者权益	1449147	260903	104010	四、买入返售资产			
其中：实收资本	453143	26173	–8944	五、存放非银行业金融机构款项	136	–265	–408
九、其他	–2546081	1369634	214425	六、联行往来（净）	13246695	714888	2278011
				其中：境内存放二级准备金	449	302	73
				七、金银占款			
				八、中央银行外汇占款			
				九、应收及预付款	297243	20723	–66341
				十、投资性房地产			
				十一、固定资产	212135	–13194	–8963
资金来源总计	52335336	5830258	6610387	资金运用总计	52335336	5830258	6610387

焦作市金融机构可比口径本外币信贷收支表

汇率：7.0827　　2023 年 12 月　　单位：万元

来源项目名称	本月余额	比年初增减数 今年	比年初增减数 去年	运用项目名称	本月余额	比年初增减数 今年	比年初增减数 去年
一、各项存款	30622344	2889889	2825156	一、各项贷款	20113298	2466820	–546380
（一）境内存款	30619344	2905792	2809880	（一）境内贷款	20113205	2466824	–546377
1. 住户存款	23492370	2800417	3120219	1. 住户贷款	7851996	1001174	458202
（1）活期存款	5610961	196007	647551	（1）短期贷款	2735846	572259	222951
（2）定期及其他存款	17881409	2604410	2472669	消费贷款	912881	105253	36909
2. 非金融企业存款	4229708	–99630	–276275	经营贷款	1822965	467006	186042
（1）活期存款	1874392	152759	–18035	（2）中长期贷款	5116150	428915	235252
（2）定期及其他存款	2355315	–252388	–258241	消费贷款	4308096	365287	272848
3. 广义政府存款	2698438	11694	106517	经营贷款	808054	63628	–37597
（1）财政性存款	61284	–4299	–62883	2. 企（事）业单位贷款	12261209	1465649	–1004579
（2）机关团体存款	2637154	15993	169400	（1）短期贷款	3703184	328635	–780025
4. 非银行业金融机构存款	198827	193310	–140581	（2）中长期贷款	7108344	957624	–230206
（二）境外存款	3000	–15903	15276	（3）票据融资	1432179	176828	14081
二、金融债券			–200000	（4）融资租赁			
其中：境外发行				（5）各项垫款	17503	2562	–8429
三、卖出回购资产		–1960	1960	3. 非银行业金融机构贷款			
四、借款及非银行业金融机构拆入				（二）境外贷款	93	–4	–3
五、联行往来（净）				二、债券投资	2601824	399869	–311904
六、应付及暂收款	1000272	90177	71568	其中：境外债券			
七、各项准备	537970	139306	–468222	三、股权及其他投资	400		–1386956
八、所有者权益	752477	–30833	–499012	四、买入返售资产			
其中：实收资本	524604	119787	–500000	五、存放非银行业金融机构款项	60		–50
九、其他	–1570073	11359	–839901	六、联行往来（净）	8221553	218334	3199852
				其中：境内存放二级准备金	1	–9	3
				七、金银占款			
				八、中央银行外汇占款			
				九、应收及预付款	250291	18413	–61914
				十、投资性房地产	1800	–204	1973
				十一、固定资产	153764	–5294	–3072
资金来源总计	31342990	3097937	891549	资金运用总计	31342990	3097937	891549

濮阳市金融机构可比口径本外币信贷收支表

汇率：7.0827　　2023 年 12 月　　单位：万元

来源项目名称	本月余额	比年初增减数		运用项目名称	本月余额	比年初增减数	
		今年	去年			今年	去年
一、各项存款	28589978.65	2753875.89	3222166.29	一、各项贷款	18747517.40	2453998.05	1775393.72
（一）境内存款	28588151.24	2754000.87	3222207.53	（一）境内贷款	18747505.75	2454033.64	1775399.64
1. 住户存款	23179400.25	2703975.43	2925603.85	1. 住户贷款	11388498.48	1256092.92	954903.00
（1）活期存款	6723267.13	166793.60	627888.98	（1）短期贷款	2734398.22	435305.24	398905.78
（2）定期及其他存款	16456133.11	2537181.83	2297714.87	消费贷款	859912.74	84186.65	3802.54
2. 非金融企业存款	2408551.75	–19533.01	101226.43	经营贷款	1874485.49	351118.58	395103.24
（1）活期存款	1496932.56	–58428.46	–14453.69	（2）中长期贷款	8654100.25	820787.68	555997.22
（2）定期及其他存款	911619.19	38895.45	115680.11	消费贷款	7971082.50	767399.08	741160.56
3. 广义政府存款	2905879.36	–14557.45	205803.57	经营贷款	683017.75	53388.61	–185163.35
（1）财政性存款	96785.55	13215.85	4243.11	2. 非金融企业及机关团体贷款	7359007.27	1197940.72	820496.64
（2）机关团体存款	2809093.81	–27773.30	201560.46	（1）短期贷款	2638928.44	410875.36	201252.41
4. 非银行业金融机构存款	94319.88	84115.90	–10426.32	（2）中长期贷款	4054966.69	598818.50	474880.98
（二）境外存款	1827.42	–124.97	–41.24	（3）票据融资	665112.14	188246.86	144390.01
二、金融债券				（4）融资租赁			
其中：境外发行				（5）各项垫款			–26.77
三、卖出回购资产				3. 非银行业金融机构贷款			
四、借款及非银行业金融机构拆入	124.00	1.00	–1.00	（二）境外贷款	11.65	–35.60	–5.92
五、联行往来（净）				二、债券投资	1804247.00	413090.00	442780.00
六、应付及暂收款	709797.42	20990.50	65254.85	其中：境外债券			
七、各项准备	441303.12	78517.69	–27347.93	三、股权及其他投资	23036.00		
八、所有者权益	643299.83	73634.78	62557.81	四、买入返售资产			
其中：实收资本	207277.20	15072.20	7750.00	五、存放非银行业金融机构款项	343.03	–208.25	–1308.82
九、其他	–882910.42	195801.93	–228386.65	六、联行往来（净）	8637426.35	254679.41	873361.13
				其中：境内存放二级准备金	87.10	81.00	6.10
				七、金银占款			
				八、中央银行外汇占款			
				九、应收及预付款	144031.64	994.09	7525.94
				十、投资性房地产			
				十一、固定资产	144991.18	268.49	–3508.61
资金来源总计	29501592.60	3122821.79	3094243.36	资金运用总计	29501592.60	3122821.79	3094243.36

许昌市金融机构可比口径本外币信贷收支表

汇率：7.0827　　2023 年 12 月　　单位：万元

来源项目名称	本月余额	比年初增减数		运用项目名称	本月余额	比年初增减数	
		今年	去年			今年	去年
一、各项存款	35415783	2554415	3452725	一、各项贷款	28485233	2243759	1604333
（一）境内存款	35411281	2562037	3448716	（一）境内贷款	28485210	2243736	1604339
1. 住户存款	27879609	3212090	2920096	1. 住户贷款	12931624	1261356	599075
（1）活期存款	7271938	323635	495408	（1）短期贷款	2627366	439576	63638
（2）定期及其他存款	20607672	2888455	2424688	消费贷款	777451	101548	-134
2. 非金融企业存款	4322291	-791942	71732	经营贷款	1849914	338028	63772
（1）活期存款	1890556	-193914	80001	（2）中长期贷款	10304258	821779	535437
（2）定期及其他存款	2431736	-598028	-8269	消费贷款	9490445	665614	530055
3. 机关团体存款	2905391	83822	446964	经营贷款	813813	156165	5382
4. 财政性存款	192463	79332	7520	2. 非金融企业及机关团体贷款	15553586	982380	1005264
5. 非银行业金融机构存款	111527	-21265	2405	（1）短期贷款	6232373	379296	-386198
（二）境外存款	4502	-7622	4008	（2）中长期贷款	7747711	482729	1098814
二、金融债券				（3）票据融资	1318591	123541	290885
其中：境外发行				（4）融资租赁			
三、卖出回购资产				（5）各项垫款	254911	-3185	1763
四、借款及非银行业金融机构拆入				3. 非银行业金融机构贷款			
五、联行往来（净）				（二）境外贷款	23	23	-6
六、应付及暂收款	912520	143305	58902	二、债券投资	1655980	396884	578006
七、各项准备	638281	-46526	-345092	其中：境外债券			
八、所有者权益	1443451	202851	169968	三、股权及其他投资	185521	-10634	-1500
其中：实收资本	808548	218000		四、买入返售资产	107371	97382	9989
九、其他	-1265714	-254053	807592	五、存放非银行业金融机构款项	1		1
				六、联行往来（净）	5541750	-122072	1975031
				其中：境内存放二级准备金	410	-1062	456
				七、金银占款			
				八、中央银行外汇占款			
				九、应收及预付款	921074	5488	-15545
				十、投资性房地产	2	-26	-29
				十一、固定资产	247390	-10791	-6192
资金来源总计	37144322	2599990	4144095	资金运用总计	37144322	2599990	4144095

漯河市金融机构可比口径本外币信贷收支表

汇率：7.0827　　2023年12月　　单位：万元

来源项目名称	本月余额	比年初增减数 今年	比年初增减数 去年	运用项目名称	本月余额	比年初增减数 今年	比年初增减数 去年
一、各项存款	20144961.31	1955542.28	2453279.01	一、各项贷款	13856361.11	1364146.61	1093959.55
（一）境内存款	20141939.69	1955068.35	2453094.09	（一）境内贷款	13856253.51	1364208.53	1093960.36
1. 住户存款	15733547.44	1885291.47	2226570.90	1. 住户贷款	6898678.45	529355.96	460448.36
（1）活期存款	3980324.15	89757.56	457178.14	（1）短期贷款	1599742.57	256055.83	223912.55
（2）定期及其他存款	11753223.28	1795533.91	1769392.76	消费贷款	727615.28	77781.51	87155.38
2. 非金融企业存款	2650902.63	79185.20	-90244.73	经营贷款	872127.30	178274.32	136757.17
（1）活期存款	912595.63	6268.61	53070.44	（2）中长期贷款	5298935.88	273300.13	236535.80
（2）定期及其他存款	1738307.00	72916.59	-143315.17	消费贷款	4786667.75	298723.07	226199.61
3. 广义政府存款	1755550.03	380.04	305342.64	经营贷款	512268.13	-25422.93	10336.20
（1）财政性存款	65487.68	-26555.73	20129.16	2. 企（事）业单位贷款	6957575.05	834852.57	633512.01
（2）机关团体存款	1690062.35	26935.76	285213.47	（1）短期贷款	2765408.84	-123147.16	130979.26
4. 非银行业金融机构存款	1939.59	-9788.36	11425.29	（2）中长期贷款	3773590.65	865725.81	567280.27
（二）境外存款	3021.62	473.93	184.92	（3）票据融资	416575.56	93281.93	-66161.53
二、金融债券				（4）融资租赁			
其中：境外发行				（5）各项垫款	2000.00	-1008.00	1414.00
三、卖出回购资产				3. 非银行业金融机构贷款			
四、借款及非银行业金融机构拆入	955.59	-27.89	-45.98	（二）境外贷款	107.60	-61.93	-0.81
五、联行往来（净）				二、债券投资	1634612.00	195982.00	552458.33
六、应付及暂收款	478676.85	67810.31	40559.90	其中：境外债券			
七、各项准备	362816.23	87015.36	-79298.54	三、股权及其他投资	60561.00	-108534.38	92971.38
八、所有者权益	825090.72	88023.33	108093.11	四、买入返售资产	136265.24	7241.94	21907.80
其中：实收资本	576574.00	83709.00	90000.00	五、存放非银行业金融机构款项	332.26	-164.29	-450.82
九、其他	-1214007.25	-270300.78	128737.90	六、联行往来（净）	4650299.88	474239.33	883300.63
				其中：境内存放二级准备金	132.40	-1100.20	1231.80
				七、金银占款			
				八、中央银行外汇占款			
				九、应收及预付款	113915.11	767.89	12890.81
				十、投资性房地产			
				十一、固定资产	146146.86	-5616.49	-5712.28
资金来源总计	20598493.46	1928062.60	2651325.40	资金运用总计	20598493.46	1928062.60	2651325.40

三门峡市金融机构可比口径本外币信贷收支表

汇率：7.0827　　2023 年 12 月　　单位：万元

来源项目名称	本月余额	比年初增减数 今年	比年初增减数 去年	运用项目名称	本月余额	比年初增减数 今年	比年初增减数 去年
一、各项存款	20068348	1675430	2114105	一、各项贷款	11829408	1244165	830670
（一）境内存款	20066495	1675293	2114847	（一）境内贷款	11829408	1244165	830670
1. 住户存款	15623521	1718348	1931201	1. 住户贷款	3592644	451366	203962
（1）活期存款	4060977	62135	394723	（1）短期贷款	1492255	205942	104226
（2）定期及其他存款	11562544	1656212	1536478	消费贷款	657428	23044	44687
2. 非金融企业存款	2502730	-165764	195817	经营贷款	834827	182897	59540
（1）活期存款	962532	-122817	-12188	（2）中长期贷款	2100389	245424	99736
（2）定期及其他存款	1540198	-42948	208005	消费贷款	1861735	195450	98158
3. 机关团体存款	1716188	33740	2905	经营贷款	238653	49974	1578
4. 财政性存款	54288	-79514	-15823	2. 企（事）业单位贷款	8236764	792799	626708
5. 非银行业金融机构存款	169767	168483	746	（1）短期贷款	3203343	408031	110324
（二）境外存款	1853	138	-741	（2）中长期贷款	4254302	255285	371923
二、金融债券				（3）票据融资	767383	117746	144461
其中：境外发行				（4）融资租赁			
三、卖出回购资产				（5）各项垫款	11736	11736	
四、借款及非银行业金融机构拆入				3. 非银行业金融机构贷款			
五、联行往来（净）				（二）境外贷款			
六、应付及暂收款	537606	32141	124298	二、债券投资	1771299	122325	498836
七、各项准备	433379	41487	-46534	其中：境外债券			
八、所有者权益	405742	-11189	-62932	三、股权及其他投资	18190	-3800	-14372
其中：实收资本	302234	-1906	8809	四、买入返售资产			
九、其他	-875955	1170126	-201183	五、存放非银行业金融机构款项	438	-518	-467
				六、联行往来（净）	6599251	1568498	618458
				其中：境内存放二级准备金	476	115	-3594
				七、金银占款			
				八、中央银行外汇占款			
				九、应收及预付款	213316	-16553	2062
				十、投资性房地产			
				十一、固定资产	137218	-6121	-7434
资金来源总计	20569119	2907996	1927754	资金运用总计	20569119	2907996	1927754

南阳市金融机构可比口径本外币信贷收支表

汇率：7.0827

2023 年 12 月

单位：万元

栏目 来源项目名称	本月余额	比年初增减数		栏目 运用项目名称	本月余额	比年初增减数	
		今年	去年			今年	去年
一、各项存款	73006332	7010054	8049590	一、各项贷款	42588655	6003736	3332844
（一）境内存款	72998288	7010006	8049281	（一）境内贷款	42588097	6003540	3332877
1. 住户存款	58683012	7512556	7326878	1. 住户贷款	16488569	1734734	748752
（1）活期存款	14847581	686829	1162550	（1）短期贷款	4935219	758718	5450
（2）定期及其他存款	43835431	6825727	6164328	消费贷款	1514065	26122	97210
2. 非金融企业存款	7307202	–304299	296916	经营贷款	3421154	732596	–91760
（1）活期存款	3770495	–813348	651483	（2）中长期贷款	11553350	976016	743303
（2）定期及其他存款	3536708	509049	–354566	消费贷款	9293429	818461	729020
3. 广义政府存款	6783820	–88185	363118	经营贷款	2259921	157554	14283
（1）财政性存款	200189	–118483	56628	2. 非金融企业及机关团体贷款	26099528	4268805	2584125
（2）机关团体存款	24065	8418	5740	（1）短期贷款	10341069	2137493	78412
4. 非银行业金融机构存款	8044	48	309	（2）中长期贷款	12884218	1571456	1813629
（二）境外存款				（3）票据融资	2834908	562455	694046
二、金融债券				（4）融资租赁			
其中：境外发行		–1700	1700	（5）各项垫款	39333	–2599	–1962
三、卖出回购资产				3. 非银行业金融机构贷款			
四、借款及非银行业金融机构拆入				（二）境外贷款	558	196	–33
五、联行往来（净）	1830883	230206	210677	二、债券投资	6654872	276365	2249516
六、应付及暂收款	1106511	206682	–608514	其中：境外债券			
七、各项准备	1907079	–9857	–1978	三、股权及其他投资	11037	–14642	5429
八、所有者权益	894376	48000	2089	四、买入返售资产	27279	27279	–34340
其中：实收资本	–2952320	–542447	1216385	五、存放非银行业金融机构款项	1280	–3237	–1707
九、其他				六、联行往来（净）	25055294	651094	3345217
				其中：境内存放二级准备金	243165	15978	–34570
				七、金银占款			
				八、中央银行外汇占款			
				九、应收及预付款	301630	–38754	–19780
				十、投资性房地产			
				十一、固定资产	258439	–8903	–9320
资金来源总计	74898485	6892938	8867860	资金运用总计	74898485	6892938	8867860

商丘市金融机构可比口径本外币信贷收支表

汇率：7.0827　　2023 年 12 月　　单位：万元

来源项目名称	本月余额	比年初增减数 今年	比年初增减数 去年	运用项目名称	本月余额	比年初增减数 今年	比年初增减数 去年
一、各项存款	50818839.92	4898906.77	5824285.66	一、各项贷款	29492180.62	3328002.81	1824934.99
（一）境内存款	50817335.46	4900179.70	5823392.54	（一）境内贷款	29492083.16	3327905.34	1824991.99
1. 住户存款	42312244.40	5125759.13	5216852.12	1. 住户贷款	16926277.42	2098852.72	1000238.43
（1）活期存款	12791065.88	483236.83	1136553.01	（1）短期贷款	4464848.24	914823.82	325667.37
（2）定期及其他存款	29521178.52	4642522.30	4080299.11	消费贷款	1254069.81	152080.61	62460.78
2. 非金融企业存款	3967223.12	−339715.92	360344.75	经营贷款	3210778.43	762743.20	263206.59
（1）活期存款	2263378.38	−61296.48	−133463.74	（2）中长期贷款	12461429.18	1184028.91	674571.06
（2）定期及其他存款	1703844.74	−278419.44	493808.48	消费贷款	11236236.94	1142988.33	851859.35
3. 广义政府存款	4533450.03	113512.15	250234.17	经营贷款	1225192.25	41040.57	−177288.30
（1）财政性存款	204970.57	−95335.44	16302.21	2. 非金融企业及机关团体贷款	12565805.73	1229052.62	824753.55
（2）机关团体存款	4328479.46	208847.59	233931.96	（1）短期贷款	5351926.80	119289.25	201267.18
4. 非银行业金融机构存款	4417.92	624.34	−4038.49	（2）中长期贷款	6076256.83	705894.27	344055.84
（二）境外存款	1504.46	−1272.93	893.12	（3）票据融资	1129622.10	407869.10	295642.53
二、金融债券				（4）融资租赁			
其中：境外发行				（5）各项垫款	8000.00	−4000.00	−16211.99
三、卖出回购资产				3. 非银行业金融机构贷款			
四、借款及非银行业金融机构拆入				（二）境外贷款	97.47	97.47	−57.00
五、联行往来（净）				二、债券投资	3545116.00	730949.00	1173676.00
六、应付及暂收款	1062613.66	93558.20	177993.47	其中：境外债券			
七、各项准备	732275.76	24561.29	−390592.58	三、股权及其他投资	52574.00	−131.00	−24742.00
八、所有者权益	1463046.37	309729.39	17683.33	四、买入返售资产	83837.00	−72299.00	89107.00
其中：实收资本	731549.00	185062.00		五、存放非银行业金融机构款项	342.00	−80.00	143.00
九、其他	−5015621.63	−325844.76	−381543.21	六、联行往来（净）	15180364.06	1033258.59	2189957.16
				其中：境内存放二级准备金	14.90	−34.40	39.20
				七、金银占款			
				八、中央银行外汇占款			
				九、应收及预付款	440346.30	−5618.07	12266.77
				十、投资性房地产			
				十一、固定资产	266394.10	−13171.46	−17516.24
资金来源总计	49061154.08	5000910.88	5247826.68	资金运用总计	49061154.08	5000910.88	5247826.68

信阳市金融机构可比口径本外币信贷收支表

汇率：7.0827　　2023年12月　　单位：万元

来源项目名称	本月余额	比年初增减数 今年	比年初增减数 去年	运用项目名称	本月余额	比年初增减数 今年	比年初增减数 去年
一、各项存款	55861208	5466920	6707774	一、各项贷款	26062693	1943611	1828011
（一）境内存款	55855411	5466842	6707697	（一）境内贷款	26061859	1943611	1827988
1. 住户存款	48268714	6223243	6653756	1. 住户贷款	13557834	827724	176049
（1）活期存款	10368730	310992	1054266	（1）短期贷款	2535979	221550	31587
（2）定期及其他存款	37899984	5912251	5599490	消费贷款	707193	44293	19974
2. 非金融企业存款	3127165	–400912	–1737	经营贷款	1828786	177257	11613
（1）活期存款	1827040	–390385	178968	（2）中长期贷款	11021854	606173	144463
（2）定期及其他存款	1300125	–10527	–180705	消费贷款	8337808	358133	305988
3. 广义政府存款	4444764	–356106	54806	经营贷款	2684047	248041	–161525
（1）财政性存款	101077	–71933	23833	2. 非金融企业及机关团体贷款	12504025	1115887	1651938
（2）机关团体存款	4343688	–284173	30973	（1）短期贷款	4159945	30606	–62005
4. 非银行业金融机构存款	14768	617	872	（2）中长期贷款	8064279	1045541	1667157
（二）境外存款	5797	78	77	（3）票据融资	279785	39740	84960
二、金融债券				（4）融资租赁			
其中：境外发行				（5）各项垫款	17		–38173
三、卖出回购资产				3. 非银行业金融机构贷款			
四、借款及非银行业金融机构拆入				（二）境外贷款	834		23
五、联行往来（净）				二、债券投资	5766457	1203305	609020
六、应付及暂收款	1721062	192324	147182	其中：境外债券			
七、各项准备	908468	91528	–283178	三、股权及其他投资	22675	655	9530
八、所有者权益	1612858	405277	57369	四、买入返售资产			
其中：实收资本	967739	280000		五、存放非银行业金融机构款项	1027	–901	64
九、其他	–5686320	–126386	–1208862	六、联行往来（净）	22019610	2876766	2978213
				其中：境内存放二级准备金	48	–167	190
				七、金银占款			
				八、中央银行外汇占款			
				九、应收及预付款	292809	12186	4767
				十、投资性房地产			
				十一、固定资产	252005	–5960	–9320
资金来源总计	54417275	6029662	5420285	资金运用总计	54417275	6029662	5420285

周口市金融机构可比口径本外币信贷收支表

汇率：7.0827　　2023 年 12 月　　单位：万元

栏目 来源项目名称	本月余额	比年初增减数		栏目 运用项目名称	本月余额	比年初增减数	
		今年	去年			今年	去年
一、各项存款	56250274	5869637	6665072	一、各项贷款	25787964	3453178	2151436
（一）境内存款	56248894	5869486	6664872	（一）境内贷款	25787883	3453233	2151441
1. 住户存款	48708390	5856586	6221276	1. 住户贷款	15370938	1904612	1319576
（1）活期存款	13081049	451218	1199564	（1）短期贷款	4065051	833599	541054
（2）定期及其他存款	35627341	5405368	5021711	消费贷款	1254498	140694	42872
2. 非金融企业存款	3138125	-112405	242711	经营贷款	2810553	692905	498182
（1）活期存款	2140400	88641	59102	（2）中长期贷款	11305887	1071013	778522
（2）定期及其他存款	997725	-201045	183609	消费贷款	8716480	1114649	719411
3. 广义政府存款	4247320	-26810	198885	经营贷款	2589406	-43636	59111
（1）财政性存款	199894	60164	-200533	2. 非金融企业及机关团体贷款	10416945	1548620	831865
（2）机关团体存款	4047425	-86975	399418	（1）短期贷款	2798360	387980	-376297
4. 非银行业金融机构存款	155059	152115	2001	（2）中长期贷款	7170640	1233912	945174
（二）境外存款	1380	151	200	（3）票据融资	447945	-73271	263974
二、金融债券				（4）融资租赁			
其中：境外发行				（5）各项垫款			-986
三、卖出回购资产				3. 非银行业金融机构贷款			
四、借款及非银行业金融机构拆入	112			（二）境外贷款	81	-55	-5
五、联行往来（净）				二、债券投资	6458544	600181	1069663
六、应付及暂收款	1397261	55052	185676	其中：境外债券			
七、各项准备	787222	201587	-365541	三、股权及其他投资	126508	9104	9037
八、所有者权益	1373951	177148	-13115	四、买入返售资产	19469	19469	
其中：实收资本	550746	33245	12776	五、存放非银行业金融机构款项			
九、其他	-4248756	-579957	-630028	六、联行往来（净）	22257113	1651249	2587637
				其中：境内存放二级准备金	1632	1136	-511
				七、金银占款			
				八、中央银行外汇占款			
				九、应收及预付款	624610	-174	38096
				十、投资性房地产	2	-31	-31
				十一、固定资产	285855	-9508	-13773
资金来源总计	55560064	5723468	5842064	资金运用总计	55560064	5723468	5842064

驻马店市金融机构可比口径本外币信贷收支表

汇率：7.0827　　2023年12月　　单位：万元

栏目 来源项目名称	本月余额	比年初增减数		栏目 运用项目名称	本月余额	比年初增减数	
		今年	去年			今年	去年
一、各项存款	5447.78	580.26	610.22	一、各项贷款	2952.55	315.14	212.37
（一）境内存款	5447.26	580.16	610.19	（一）境内贷款	2952.51	315.12	212.37
1. 住户存款	4614.99	531.97	601.32	1. 住户贷款	1542.97	168.79	106.63
（1）活期存款	971.24	32.03	85.32	（1）短期贷款	390.62	51.15	48.67
（2）定期及其他存款	3643.75	499.94	516.00	消费贷款	147.15	13.63	23.73
2. 非金融企业存款	353.68	31.36	–28.76	经营贷款	243.47	37.53	24.94
（1）活期存款	176.07	–1.75	–12.42	（2）中长期贷款	1152.36	117.64	57.96
（2）定期及其他存款	177.61	33.10	–16.35	消费贷款	975.39	103.22	56.01
3. 广义政府存款	466.21	4.86	37.36	经营贷款	176.96	14.42	1.95
（1）财政性存款	22.66	6.15	3.01	2. 非金融企业及机关团体贷款	1409.54	146.32	105.74
（2）机关团体存款	443.55	–1.29	34.36	（1）短期贷款	503.78	45.22	–72.66
4. 非银行业金融机构存款	12.38	11.98	0.27	（2）中长期贷款	881.84	120.54	141.00
（二）境外存款	0.52	0.09	0.04	（3）票据融资	23.83	–16.76	34.65
二、金融债券				（4）融资租赁			
其中：境外发行				（5）各项垫款	0.08	–2.68	2.75
三、卖出回购资产				3. 非银行业金融机构贷款			
四、借款及非银行业金融机构拆入	0.04			（二）境外贷款	0.04	0.03	
五、联行往来（净）				二、债券投资			
六、应付及暂收款	150.89	17.13	17.80	其中：境外债券			
七、各项准备	122.49	5.93	–28.34	三、股权及其他投资			
八、所有者权益	147.36	27.70	–25.46	四、买入返售资产			
其中：实收资本	86.70	19.90		五、存放非银行业金融机构款项	0.15		–0.01
九、其他	–971.71	–95.28	–143.07	六、联行往来（净）	1883.01	219.69	227.19
				其中：境内存放二级准备金	0.06	–0.03	0.06
				七、金银占款			
				八、中央银行外汇占款	–0.06		–0.01
				九、应收及预付款	36.36	1.44	–7.88
				十、投资性房地产			
				十一、固定资产	24.83	–0.52	–0.52
资金来源总计	4896.84	535.74	431.15	资金运用总计	4896.84	535.74	431.15

济源市金融机构可比口径本外币信贷收支表

汇率：7.0827　　2023年12月　　单位：万元

来源项目名称	本月余额	比年初增减数 今年	比年初增减数 去年	运用项目名称	本月余额	比年初增减数 今年	比年初增减数 去年
一、各项存款	8587049	1070338	1177510	一、各项贷款	7265062	1588539	1232027
（一）境内存款	8586544	1070751	1177400	（一）境内贷款	7265062	1588539	1232027
1. 住户存款	5639574	737808	688484	1. 住户贷款	2107706	308932	181044
（1）活期存款	1554446	100871	159405	（1）短期贷款	762269	26279	134708
（2）定期及其他存款	4085128	636936	529079	消费贷款	270191	-9467	53916
2. 非金融企业存款	2070103	257438	379678	经营贷款	492078	35746	80791
（1）活期存款	690943	46124	47677	（2）中长期贷款	1345437	282653	46336
（2）定期及其他存款	1379160	211314	332001	消费贷款	1137920	190801	28385
3. 广义政府存款	774838	-24313	107726	经营贷款	207517	91852	17951
（1）财政性存款	10276	-26786	5695	2. 企（事）业单位贷款	5157356	1279608	1050983
（2）机关团体存款	764562	2473	102030	（1）短期贷款	1983874	332097	211119
4. 非银行业金融机构存款	102030	99818	1512	（2）中长期贷款	1328058	299002	147168
（二）境外存款	505	-413	110	（3）票据融资	1845424	648508	692696
二、金融债券				（4）融资租赁			
其中：境外发行				（5）各项垫款			
三、卖出回购资产				3. 非银行业金融机构贷款			
四、借款及非银行业金融机构拆入				（二）境外贷款			
五、联行往来（净）				二、债券投资	884448	261579	112880
六、应付及暂收款	210326	33867	40383	其中：境外债券			
七、各项准备	174218	25797	5699	三、股权及其他投资	56572		549
八、所有者权益	304133	52173	35097	四、买入返售资产	19700	-38100	57800
其中：实收资本	62500			五、存放非银行业金融机构款项			
九、其他	-423532	1120014	-118655	六、联行往来（净）	521841	483586	-278668
				其中：境内存放二级准备金			
				七、金银占款			
				八、中央银行外汇占款			
				九、应收及预付款	84587	8096	17227
				十、投资性房地产			
				十一、固定资产	19985	-1511	-1780
资金来源总计	8852194	2302190	1140034	资金运用总计	8852194	2302190	1140034

(三)外汇业务统计表

河南省银行代客涉外收付款交易量排序表

2023 年 1—12 月　　笔数单位：万笔　　金额单位：千美元(按地区)

地区＼项目	收入					支出					收支笔数	
	对公		对私		金额排序	对公		对私		金额排序		
	笔数	金额	笔数	金额		笔数	金额	笔数	金额		合计	排序
合计	46.90	105961936.00	4.21	603291.00	0	5.99	88731625.00	6.72	1820146.00	0	63.81	0
郑州	19.98	79376932.00	0.73	86795.00	1.00	3.07	72475434.00	3.59	1007726.00	1.00	27.36	1.00
开封	1.10	2052249.00	0.09	17037.00	8.00	0.09	264799.00	0.26	69629.00	13.00	1.54	8.00
洛阳	4.95	4331638.00	0.79	39971.00	2.00	0.39	3189495.00	0.65	180803.00	3.00	6.78	2.00
平顶山	0.57	978724.00	0.20	10065.00	10.00	0.07	377020.00	0.17	40696.00	11.00	1.01	13.00
安阳	0.98	742054.00	0.12	14789.00	13.00	0.12	1001679.00	0.19	49565.00	5.00	1.41	9.00
鹤壁	0.64	336341.00	0.04	2320.00	18.00	0.07	70726.00	0.08	17250.00	18.00	0.83	15.00
新乡	3.46	2037723.00	0.51	34875.00	7.00	0.23	518457.00	0.29	79628.00	10.00	4.48	4.00
焦作	2.06	2499441.00	0.04	6903.00	6.00	0.48	846736.00	0.21	53355.00	7.00	2.79	6.00
济源	0.46	2718838.00	0.05	2674.00	5.00	0.16	3813162.00	0.02	5745.00	2.00	0.70	17.00
濮阳	1.34	1158593.00	0.73	44919.00	9.00	0.13	223831.00	0.21	40600.00	15.00	2.42	7.00
许昌	4.38	2947385.00	0.24	10229.00	4.00	0.50	826674.00	0.14	34109.00	8.00	5.26	3.00
漯河	0.91	682008.00	0.05	249592.00	11.00	0.11	911125.00	0.09	25089.00	6.00	1.16	12.00
三门峡	0.34	390316.00	0.02	3211.00	17.00	0.07	2544483.00	0.08	20533.00	4.00	0.51	18.00
南阳	2.49	3123291.00	0.30	40028.00	3.00	0.22	780547.00	0.27	70690.00	9.00	3.29	5.00
商丘	0.90	594507.00	0.09	9863.00	15.00	0.08	185286.00	0.13	35828.00	16.00	1.20	11.00
信阳	0.51	530705.00	0.10	14595.00	16.00	0.05	322627.00	0.13	34221.00	12.00	0.79	16.00
周口	1.12	815599.00	0.05	7748.00	12.00	0.06	280518.00	0.09	23508.00	14.00	1.32	10.00
驻马店	0.69	645592.00	0.06	7677.00	14.00	0.09	99026.00	0.12	31171.00	17.00	0.96	14.00
周口(停用)	0.00	0	0.00	0	19.00	0.00	0	0.00	0	19.00	0.00	19.00
驻马店(停用)	0.00	0	0.00	0	19.00	0.00	0	0.00	0	19.00	0.00	19.00
信阳(停用)	0.00	0	0.00	0	19.00	0.00	0	0.00	0	19.00	0.00	19.00

河南省银行代客涉外收付款统计表

2023 年 1—12 月

单位：千美元

项目 / 交易类别	收入		支出		差额		累计同比 ± %		
	本月	本年累计	本月	本年累计	本月	本年累计	收入	支出	差额
合计	13274372.00	106565227.00	12743599.00	90551771.00	530773.00	16013456.00	−5.76	−10.69	37.06
1. 经常账户	12793610.00	101770237.00	12413513.00	84396708.00	380097.00	17373529.00	−2.75	−9.78	56.54
1.1 货物和服务	12721430.00	101172273.00	12343711.00	82890484.00	377719.00	18281789.00	−2.39	−9.67	53.73
1.1.1 货物贸易	12582116.00	99992494.00	12026183.00	80227559.00	555933.00	19764935.00	−2.16	−10.24	54.19
其中：一般贸易	2708992.00	29212802.00	1494828.00	15691803.00	1214164.00	13520999.00	−3.18	−5.20	−0.73
进料加工贸易	9746928.00	69939929.00	10440105.00	63425207.00	−693177.00	6514722.00	−1.96	−11.93	−
1.1.2 服务贸易	139314.00	1179779.00	317528.00	2662925.00	−178214.00	−1483146.00	−19.02	11.73	60.08
1.1.2.1 加工服务	3805.00	40424.00	170.00	3078.00	3635.00	37346.00	−6.77	29.76	−8.88
1.1.2.2 运输服务	25542.00	227362.00	34972.00	240927.00	−9430.00	−13565.00	−53.96	−27.47	−
1.1.2.3 旅行	1649.00	16010.00	214856.00	1829774.00	−213207.00	−1813764.00	26.50	20.98	20.93
1.1.2.4 建设	30267.00	282195.00	16369.00	211215.00	13898.00	70980.00	−23.90	−2.47	−53.99
1.1.2.5 保险服务	199.00	1663.00	2116.00	5040.00	−1917.00	−3377.00	−10.83	29.63	66.93
1.1.2.6 金融服务	14.00	257.00	782.00	9576.00	−768.00	−9319.00	162.24	−18.82	−20.34
1.1.2.7 电信、计算机和信息服务	9338.00	133150.00	3714.00	20037.00	5624.00	113113.00	4.88	42.58	0.18
1.1.2.8 其他商业服务	67277.00	460414.00	35141.00	262779.00	32136.00	197635.00	19.14	21.95	15.60
其中：法律、会计、广告等专业和管理咨询服务	11255.00	120527.00	9061.00	87262.00	2194.00	33265.00	143.80	47.07	−
1.1.2.9 文化和娱乐服务	824.00	4387.00	5434.00	20565.00	−4610.00	−16178.00	−8.38	41.46	65.93
其中：视听和相关服务	553.00	2749.00	61.00	1792.00	492.00	957.00	−34.47	−46.60	14.06
1.1.2.10 别处未涵盖的维护和维修服务	221.00	3749.00	453.00	25436.00	−232.00	−21687.00	−47.68	−10.15	2.57
1.1.2.11 别处未涵盖的知识产权使用费	13.00	8688.00	3382.00	33547.00	−3369.00	−24859.00	85.60	7.23	−6.56
1.1.2.12 别处未涵盖的政府货物和服务	165.00	1480.00	139.00	951.00	26.00	529.00	−64.59	109.01	−85.80
1.2 初次收入（收益）	35133.00	467499.00	58670.00	1426873.00	−23537.00	−959374.00	−41.43	−15.59	7.53
1.2.1 职工报酬	26698.00	369411.00	940.00	10790.00	25758.00	358621.00	−31.24	−69.94	−28.47
1.2.2 投资收益	7350.00	88238.00	57674.00	1399729.00	−50324.00	−1311491.00	−62.87	−15.21	−7.20

续表

1.2.2.1 直接投资股息、红利及利息	7350.00	87945.00	30243.00	1096197.00	−22893.00	−1008252.00	−62.97	−19.38	−10.15
1.2.2.2 证券投资收益	0	258.00	0	173385.00	0	−173127.00	892.31	1.15	1.02
1.2.2.3 其他投资收益	0	35.00	27431.00	130147.00	−27431.00	−130112.00	−73.08	8.61	8.69
1.2.3 其他初次收入	1085.00	9850.00	56.00	16354.00	1029.00	−6504.00	−57.71	354.15	–
1.3 二次收入（经常转移）	37047.00	130465.00	11132.00	79351.00	25915.00	51114.00	−33.24	−18.15	−48.09
1.3.1 捐赠和无偿援助	1646.00	20223.00	185.00	1265.00	1461.00	18958.00	−18.54	−13.42	−18.86
1.3.2 非寿险保险赔偿	190.00	5600.00	42.00	313.00	148.00	5287.00	70.11	−83.47	278.18
1.3.3 社会保障	1972.00	11789.00	0	0	1972.00	11789.00	167.69	0.00	171.89
1.3.4 其他二次收入（经常转移）	33239.00	92853.00	10905.00	77773.00	22334.00	15080.00	−43.00	−16.84	−78.26
2. 资本和金融账户	480762.00	4794990.00	330086.00	6155063.00	150676.00	−1360073.00	−43.11	−21.52	–
2.1 资本账户	0	225.00	0	9.00	0	216.00	−98.44	0.00	0.00
2.1.1 资本转移	0	115.00	0	0	0	115.00	0.00	0.00	0.00
2.1.2 非生产非金融资产转让	0	110.00	0	9.00	0	101.00	−99.24	0.00	0.00
2.2 金融账户	480762.00	4794765.00	330086.00	6155054.00	150676.00	−1360289.00	−43.01	−21.52	–
2.2.1 直接投资	322423.00	3058747.00	246116.00	4416215.00	76307.00	−1357468.00	−33.72	−3.07	–
2.2.1.1 我国对境外直接投资	160351.00	1961786.00	205106.00	3511365.00	−44755.00	−1549579.00	−15.04	23.66	192.05
2.2.1.2 外国来华直接投资	126306.00	799779.00	26885.00	544757.00	99421.00	255022.00	−61.24	−56.86	−68.15
2.2.1.3 联属企业之间的投资	35766.00	297182.00	14125.00	360093.00	21641.00	−62911.00	22.38	−20.64	−70.17
2.2.2 证券投资及金融衍生工具	31880.00	402800.00	12.00	469637.00	31868.00	−66837.00	−77.11	−67.71	–
2.2.2.1 股本	0	293747.00	12.00	12.00	−12.00	293735.00	1059.63	−99.99	–
2.2.2.2 投资基金	0	0	0	139.00	0	−139.00	0.00	0.00	0.00
2.2.2.3 债券	27880.00	98153.00	0	468500.00	27880.00	−370347.00	−94.26	−64.43	–
2.2.2.4 金融衍生工具	4000.00	10900.00	0	986.00	4000.00	9914.00	−55.51	−77.76	−50.59
2.2.3 其他投资	126459.00	1333218.00	83958.00	1269202.00	42501.00	64016.00	−34.62	−30.75	−69.00
2.2.3.1 资产	20.00	9209.00	0	0	20.00	9209.00	2577.03	0.00	2690.61
2.2.3.2 负债	126439.00	1324009.00	83958.00	1269202.00	42481.00	54807.00	−35.06	−30.75	−73.42
未分类数据	0	0	0	0	0	0	0.00	0.00	0.00

注：/0 表示上年同期为零。

（四）证券、期货情况统计表

河南省境内上市公司融资情况表

单位：亿元

时间	上市公司名称	首次公开发行	上市公司股权再融资金额				交易所债券市场融资金额			
			公开发行	非公开发行	配股	优先股	公司债	可转债	可交换债	金融债
2023 年 1 月	安彩高科			11.68						
2023 年 2 月	百川畅银							4.2		
2023 年 2 月	驰诚股份	0.68								
2023 年 3 月	濮阳惠成								3	
2023 年 3 月	建龙微纳							7		
2023 年 3 月	神马股份							30		
2023 年 3 月	平煤股份						38	29		
2023 年 4 月	花溪科技	0.92								
2023 年 5 月	光力科技							4		
2023 年 6 月	致欧科技	9.90								
2023 年 6 月	东方碳素	4.03								
2023 年 7 月	中粮资本						5			
2023 年 8 月	明泰铝业			12.8						
2023 年 8 月	多氟多			20						
2023 年 8 月	飞龙股份			7.8						
2023 年 8 月	金丹科技							7		
2023 年 9 月	城发环境						5			
2023 年 9 月	新强联			10.79						
2023 年 9 月	蓝天燃气							8.7		
2023 年 10 月	中原证券						25			

注：上市公司股票融资时点按照上市日期计算，债券融资时点按照起息日期计算。

河南省股票成交金额表

2016~2023 年

单位：亿元

地区＼年份	2016	2017	2018	2019	2020	2021	2022	2023
郑州市	27582.91	24884.56	18806.06	41730.32	61223.98	70539.14	65958.06	74078.87
开封市	1286.23	1046.43	795.04	1382.33	1962.62	2165.56	2047.75	2138.56
洛阳市	5452.62	4691.73	3403.38	8501.22	9082.77	10168.40	9292.90	10411.73
平顶山市	1325.89	1739.19	1284.33	2405.20	3405.15	3590.08	3101.26	3412.04
安阳市	1246.66	1075.06	882.29	1820.30	2507.79	2902.54	2542.11	2769.10
鹤壁市	382.46	314.48	255.05	532.52	728.74	791.45	805.22	977.47
新乡市	2035.68	1747.5	1340.67	2950.49	4393.88	4808.38	4323.74	4756.60
焦作市	1524.01	1444.4	1063.95	2063.17	2734.22	3239.42	2906.50	3202.06
濮阳市	1001.09	783.62	580.73	1162.55	1624.93	1687.15	1484.89	1596.73
许昌市	979.02	1760.4	1287.74	1867.17	3595.16	4223.37	3473.05	3556.32
漯河市	620.49	730.78	545.49	1142.71	1431.65	1517.42	1303.43	1422.42
三门峡市	628.89	647.48	490.50	1063.25	1326.80	1434.83	1311.74	1277.12
南阳市	1989.05	1942.54	1524.49	3005.18	4252.07	4924.80	4507.45	4656.71
商丘市	1083.03	1020.9	791.42	1515.17	2168.90	2700.87	2309.80	2469.00
信阳市	1403.25	1374.26	1040.29	1887.62	2613.36	2833.79	2681.62	2625.10
周口市	1014.57	757.5	505.63	1216.78	1796.13	2108.03	1824.62	1874.80
驻马店市	1406.36	1017.42	827.00	1544.93	2120.55	2530.13	2100.36	2095.31
济源市	272.43	243.93	180.18	318.58	440.86	517.43	481.04	506.05
总　计	**51234.66**	**47222.18**	**35604.24**	**76109.49**	**107409.56**	**122682.79**	**112455.54**	**123825.98**

郑州商品交易所期货期权交易情况统计表

2023 年

品种	成交量（手）	成交金额（百万元）
优质强筋小麦	294	0.19
一号棉 CF	165411304	131223.46
白糖 SR	188624633	125494.89
PTA	520811647	150103.56
菜籽油	185663459	163760.66
早籼稻	0	0.00
甲醇 MA	399309189	95743.02
普麦 PM	0	0.00
玻璃 FG	362031143	120465.50
油菜籽 RS	7051	4.26
菜籽粕 RM	230593113	72356.42
动力煤 ZC	0	0.00
粳稻 JR	0	0.00
晚籼稻 LR	0	0.00
硅铁 SF	68686436	25280.83
锰硅 SM	59233330	20471.00
棉纱	963743	1067.77
苹果	30791542	26780.66
红枣	12556460	7863.30
尿素	137877259	58713.74
纯碱	556206354	225629.38
短纤	70624729	25810.14
花生 PK	36100351	17925.18
对二甲苯 PX	5440838	2350.85
烧碱 SH	13633331	11245.47
白糖期权	47922433	251.34
一号棉期权	45252947	385.71
PTA 期权	188188427	405.99
甲醇期权	118989018	287.21
菜籽粕期权	33966136	123.59
动力煤期权	0	0.00
菜籽油期权	21739016	144.73

注：单边计算；含期转现量。

二、金融机构业务统计表

（一）资产负债表

国家开发银行河南省分行资产负债表

2023 年

单位：万元

项目名称	期末数			项目名称	期末数		
	人民币	外币折人民币	本外币合计		人民币	外币折人民币	本外币合计
资产				负债			
现金				单位存款	2819060.56	79371.26	2898431.82
贵金属				储蓄存款			
存放中央银行款项	2998.37		2998.37	向中央银行借款			
存放同业款项				同业存放款项	7272.28		7272.28
应收利息	81131.86	65637.91	146769.77	境内商业银行	42.76		42.76
贷款	56251785.25	3464766.65	59716551.90	境内其他银行业金融机构	7229.53		7229.53
贸易融资				境内证券业金融机构			
贴现及买断式转贴现				境内保险业金融机构			
其他贷款				境内其他金融机构			
拆放同业	964000.00		964000.00	境外金融机构			
境内商业银行	964000.00		964000.00	系统内存放款项	52394777.35	2908531.42	55303308.77
其他应收款	1683.13	709.17	2392.30	存入保证金	13486.28	0.07	13486.35
投资	2149.71		2149.71	其他存款			
债券				应付利息	332.97	83.35	416.32
其他	2149.71		2149.71	应缴税费	42223.19	3714.53	45937.72
买入返售资产				应付职工薪酬	3407.03		3407.03
长期待摊费用				其他应付款	1825.84	28799.89	30625.73
固定资产原价	62198.31		62198.31	预提费用			
减：累计折旧	27177.40		27177.40	递延收益	137478.95		137478.95
固定资产净值	35020.91		35020.91	预计负债	35092.45		35092.45
固定资产清理				其他负债	13854.59	64497.25	14089.90
在建工程				负债合计	55468811.49	3084997.77	58489547.32
无形资产	3.33		3.33	所有者权益			
其他资产	64689.42	22.08	449.56	实收资本	10000.00		10000.00
递延所得税资产				未分配利润			
其他资产				其中：本年利润	386797.89	23736.92	410534.81
减：各项资产减值损失准备	1537852.60	422401.11	1960253.71	所有者权益合计	396797.89	23736.92	420534.82
资产总计	55865609.38	3108734.69	58910082.14	负债及所有者权益总计	55865609.38	3108734.69	58910082.14

中国农业发展银行河南省分行资产负债表

2023 年

单位：万元

项目名称	期末数	项目名称	期末数
资产		负债	
现金及银行存款		向中央银行借款	
存放中央银行款项		联行存放款项	25583796.84
贵金属		同业及其他金融机构存放款项	10043.50
存放联行款项		拆入资金	
存放同业款项	2505.77	以公允价值计量且其变动计入当期损益的金融负债	
损益的金融资产		交易性金融负债	
衍生金融资产		卖出回购金融资产款	
买入返售金融资产		吸收存款	3052205.91
持有待售资产		应付职工薪酬	45719.08
应收款项类金融资产		其中：工资、奖金、津贴和补贴	44811.19
应收利息		应缴税费	18942.77
其他应收款	8063.64	应付利息	
发放贷款和垫款	28577705.36	持有待售负债	
金融投资	118651.99	其他应付款	4569.19
交易性金融资产		租赁负债	12.07
债权投资	118651.99	预计负债	1739.43
可供出售金融资产		其他负债	64117.42
持有至到期投资		其中：应付股利	
长期股权投资		负债合计	28781146.20
投资性房地产		所有者权益（或股东权益）	
固定资产	59669.65	实收资本（或股本）	
在建工程	239.30	国家资本	
使用权资产	23.52	集体资本	
无形资产	910.73	法人资本	
商誉		其中：国有法人资本	
长期待摊费用		个人资本	
抵债资产	2652.11	外商资本	
递延所得税资产		其他权益工具	
其他资产	31336.36	优先股	
		未分配利润	20612.22
		归属于母公司所有者权益合计	20612.22
		少数股东权益	
		所有者权益（或股东权益）合计	20612.22
资产总计	28801758.42	负债及所有者权益（或股东权益）总计	28801758.42

中国进出口银行河南省分行资产负债表

2023 年

单位：万元

项目名称	期末数	项目名称	期末数
资产		负债	
现金及存放中央银行款项	0.01	向中央银行借款	
贵金属		同业及其他金融机构存放款项	4.47
存放同业款项	1003.25	拆入资金	
拆出资金	200113.01	交易性金融负债	
衍生金融资产	219.17	衍生金融负债	
买入返售金融资产		卖出回购金融资产款	
持有待售资产		吸收存款	437837.17
发放贷款和垫款	8406082.29	应付职工薪酬	294.61
金融投资	8685.16	应缴税费	4423.14
交易性金融资产	8685.16	持有待售负债	
债权投资		预计负债	639.50
其他债权投资		应付债券	
其他权益工具投资		租赁负债	1239.11
长期股权投资		递延所得税负债	
投资性房地产		其他负债	8161807.17
固定资产	151.28	负债合计	8606245.16
在建工程		所有者权益	
无形资产	0.49	资本公积	
使用权资产	2267.18	未分配利润	12863.55
商誉		归属于母公司所有者权益合计	12863.55
递延所得税资产		少数股东权益	
其他资产	586.87	所有者权益合计	12863.55
资产总计	8619108.71	负债及所有者权益总计	8619108.71

中国工商银行股份有限公司河南省分行资产负债表

2023 年　　单位：万元（本外币）

项目名称	期末数	项目名称	期末数
资产		负债	
现金	205347	单位存款	24073126
贵金属	17097	储蓄存款	66169035
存放中央银行款项		向中央银行借款	98096
存放同业款项		同业存放款项	2126821
存放系统内款项	13465346	境内商业银行	125143
拨付营运资金		境内其他银行业金融机构	108363
应收利息	200198	境内证券业金融机构	774147
贷款	76628899	境内其他金融机构	1119168
贸易融资	2566906	卖出回购款项	
贴现及买断式转贴现	3380686	票据	
其他贷款		汇出汇款	13
其他应收款	255072	应解汇款	25285
投资	2545052	存入保证金	962768
债券	2403254	应付利息	1714729
其他	141798	应缴税费	419385
买入返售资产		应付职工薪酬	116821
长期待摊费用	8018	其他应付款	344512
固定资产原价	758565	递延收益	26604
减：累计折旧	450534	预计负债	17728
固定资产净值	308030	其他负债	135805
固定资产清理	1342	衍生金融负债	443
在建工程	9185	递延所得税负债	12665
无形资产	76995	负债合计	96243391
抵债资产	-414	所有者权益	
递延所得税资产	263915	实收资本	353263
其他资产	105202	其他综合收益	58467
投资性房地产		未分配利润	726349
衍生金融资产	398	其中：本年利润	726349
减：各项资产减值损失准备	2655409	所有者权益合计	1138079
资产总计	97381470	负债及所有者权益总计	97381470

中国农业银行股份有限公司河南省分行资产负债表

2023 年

单位：万元

项目名称	期末数	项目名称	期末数
资产		负债	
现金及存放中央银行款项	293856.17	向中央银行借款	
存放同业款项净额	691.35	同业及其他金融机构存放款项	6788579.14
贵金属	17.05	联行存放款项	315742.58
存放联行款项	46540390.54	拆入资金	
拆出资金净额		衍生金融负债	0.56
以公允价值计量且其变动计入当期损益的投资	14447.47	卖出回购金融资产款	
衍生金融资产	10.56	客户存款	101906873.28
买入返售金融资产净额		应付职工薪酬	256693.12
应收利息净额	-319.97	应缴税费	25805.70
发放贷款及垫款净额	62854016.95	应付利息	2352.09
以摊余成本计量的投资净额		预计负债	30076.14
长期股权投资净额		应付债券及发行存款证	
控制结构化主体投资净额		递延所得税负债	
固定资产净值	326764.44	租赁负债	38079.81
在建工程净值	13592.72	其他负债	131793.06
使用权资产净值	38962.38	负债合计	109495995.49
无形资产净值	77604.15	所有者权益	
投资性房地产净值		实收资本	
递延所得税资产	229035.44	其他综合收益	16429.84
其他资产	274917.36	一般风险准备	
		未分配利润 /（累计亏损）	1151561.28
		归属于母公司所有者权益合计	1167991.12
		少数股东权益	
		所有者权益合计	1167991.12
资产总计	110663986.61	负债及所有者权益总计	110663986.61

中国银行股份有限公司河南省分行资产负债表

2023 年　　单位：万元（本外币）

项目名称	期末数	项目名称	期末数
资产		负债	
现金及存放中央银行款项	229221.98	向中央银行借款	
存放同业款项	18709880.47	同业及其他金融机构存放款项	794357.26
贵金属	10148.25	拆入资金	11.99
拆出资金		交易性金融负债	
交易性金融资产		衍生金融负债	
衍生金融资产		卖出回购金融资产款	
买入返售金融资产		吸收存款	79035037.67
应收利息		应付职工薪酬	82447.60
发放贷款和垫款	61293200.83	应缴税费	38801.30
以公允价值计量且其变动计入损益的金融资产		预计负债	63602.15
以公允价值计量且其变动计入其他综合收益的金融资产		租赁负债	36468.71
以摊余成本计量的金融资产		应付债券	0.34
可供出售金融资产		递延所得税负债	
持有至到期投资		其他负债	118046.09
贷款及应收款项类债券		负债合计	80168773.11
长期股权投资		股本（营运资金）	77826.59
投资性房地产		其他权益工具	
固定资产	275906.24	资本公积	
在建工程	11514.60	减：库藏股	
使用权资产	37829.27	盈余公积	
无形资产	4924.59	一般风险准备	
递延税资产		未分配利润	520625.73
其他资产	197639.37	其他综合收益	3040.17
		归属于母公司股东权益合计	601492.49
		少数股东权益	
		股东权益合计	601492.49
资产总计	80770265.60	负债及股东权益总计	80770265.60

中国建设银行股份有限公司河南省分行资产负债表

2023 年　　单位：万元（本外币）

项目名称	期末数	项目名称	期末数
资产		负债	
现金及存放中央银行款项	282057.68	向中央银行借款	
存放同业款项		同业及其他金融机构存放款项	1443147.77
贵金属	-983.19	拆入资金	
拆出资金		交易性金融负债	113425.84
交易性金融资产		衍生金融负债	3537.86
衍生金融资产	2308.85	卖出回购金融资产款	
买入返售金融资产		吸收存款	102794298.29
应收利息		应付职工薪酬	83612.58
发放贷款和垫款	77245048.46	应缴税费	29631.42
金融投资：	2660.19	应付利息	
交易性金融资产		预计负债	133137.41
债权投资		递延所得税负债	84.23
其他债权投资		租赁负债	39366.01
其他权益工具投资		其他负债	664439.63
固定资产	448282.43	负债合计	105304681.04
在建工程	3194.15	股本（营运资金）	
无形资产	51085.38	其他权益工具	
商誉		资本公积	
递延所得税资产	49.26	减：库藏股	
使用权资产	45640.01	未分配利润	1359596.31
其他资产	28585039.03	其他综合收益	104.91
		归属于母公司股东权益合计	
		少数股东权益	
		股东权益合计	1359701.22
资产总计	106664382.26	负债及股东权益总计	106664382.26

交通银行股份有限公司河南省分行资产负债表

2023 年

单位：万元

项目名称	期末数	项目名称	期末数
资产		负债	
现金及存放中央银行款项	49443.88	向中央银行借款	
贵金属		同业及其他金融机构存放款项	1750452.11
存放同业款项	18050.32	拆入资金	
拆出资金		以公允价值计量且其变动计入当期损益的金融负债	
以公允价值计量且其变动计入其他综合收益的金融投资	10660.93	交易性金融负债	10255.82
衍生金融资产	5954.19	衍生金融负债	10155.96
套期工具		客户存款	30122610.13
买入返售金融资产		应付职工薪酬	51117.55
应收利息		应缴税费	17529.30
发放贷款和垫款	24238148.44	应付利息	
可供出售金融资产		预计负债	11223.75
持有至到期投资		发行存款证	
应收款项类投资		应付债券	
长期股权投资		递延所得税负债	
投资性房地产		其他负债	47932.07
固定资产	131574.21	联行往来	
在建工程	177.60	负债合计	32021276.67
无形资产	8115.28	股本	
递延所得税资产		未分配利润	782344.65
其他资产	67640.02	归属于母公司股东权益合计	782264.89
联行往来	8273776.70	股东权益合计	782264.89
资产总计	32803541.57	负债及股东权益总计	32803541.57

中国邮政储蓄银行股份有限公司河南省分行资产负债表

2023 年　　　　单位：万元

项目名称	期末数	项目名称	期末数
资产		负债	
现金	295600.30	单位存款	12182420.94
贵金属		储蓄存款	100875277.75
存放中央银行款项		向中央银行借款	
存放同业款项	1.58	同业存放款项	70020.24
境内商业银行	1.58	境内商业银行	18063.07
境内其他银行业金融机构		境内其他银行业金融机构	39487.62
存放系统内款项	74340831.85	境内证券业金融机构	12469.55
拨付营运资金		系统内存放款项	7938706.78
应收利息	209614.71	卖出回购款项	78046.89
贷款	45908454.05	中央银行	78046.89
贸易融资	1601020.80	票据	78046.89
贴现及买断式转贴现	2034800.32	应解汇款	225.30
其他贷款		存入保证金	163603.11
拆放同业		应付利息	1384453.49
其他应收款	35205.69	应缴税费	-44323.16
债券		应付职工薪酬	152094.85
长期待摊费用	65185.26	其他应付款	166007.06
固定资产原价	289755.46	递延收益	175.11
减：累计折旧	134681.93	预计负债	2034.69
固定资产净值	155073.53	其他负债	211421.46
在建工程	69481.48	衍生金融负债	14.34
无形资产	31017.65	负债合计	123180164.51
其他资产	166119.69	其他综合收益	3178.19
投资性房地产	17.04	未分配利润	1190105.77
减：各项资产减值损失准备	538958.43	其中：本年利润	1190105.77
		所有者权益合计	1193283.96
资产总计	124373448.47	负债及所有者权益总计	124373448.47

中信银行股份有限公司郑州分行资产负债表

2023 年

单位：万元

项目名称	期末数	项目名称	期末数
资产		负债	
现金及存放中央银行款项	15985.27	向中央银行借款	
存放同业款项	21266.43	同业及其他金融机构存放款项	1109622.06
贵金属		拆入资金	
拆出资金		交易性金融负债	
衍生金融资产	603.70	衍生金融负债	152.91
买入返售金融资产		卖出回购金融资产款	245250.08
应收利息	86470.57	吸收存款	21911327.37
发放贷款和垫款	22056385.76	应付职工薪酬	74635.44
金融资产投资		应缴税费	39883.39
以公允价值计量且其变动计入当期损益的金融资产		应付利息	237621.82
以公允价值计量且其变动计入其他综合收益的金融资产		预计负债	45008.02
以摊余成本计量的金融资产		租赁负债	38320.32
长期股权投资		已发行债务凭证	
固定资产	30839.29	联行存放	70095.53
无形资产	4256.10	其他负债	43107.59
使用权资产	37426.48	负债合计	23815024.52
递延所得税资产	175408.15	股东权益	
存放联行	1459786.27	拨入营运资金	35333.90
其他资产	72026.46	其他综合收益	820.58
		未分配利润	109275.48
		股东权益合计	145429.96
资产总计	23960454.48	负债及股东权益总计	23960454.48

广发银行股份有限公司郑州分行资产负债表

2023 年

单位：万元

项目名称	期末数	项目名称	期末数
资产		负债	
现金及存放中央银行款项	9938.78	向中央银行借款	
存放同业款项	11730.51	同业及其他金融机构存放款项	82152.30
贵金属		拆入资金	
拆出资金		交易性金融负债	442.95
衍生金融资产	732.85	衍生金融负债	0.01
买入返售金融资产		卖出回购金融资产款	
发放贷款和垫款	6403006.71	吸收存款	6577134.07
金融投资	15536.41	应付职工薪酬	8195.68
交易性金融资产	4924.91	应缴税费	4558.36
债权投资	303.24	租赁负债	27555.75
其他债权投资		预计负债	10522.78
其他权益工具投资	10308.26	应付债券	
长期股权投资		递延所得税负债	
固定资产	11905.90	其他负债	5033.13
在建工程		负债合计	6715595.03
使用权资产	26782.36	所有者权益（或股东权益）	
无形资产	178.70	实收资本（或股本）	60000.00
递延所得税资产		其他权益工具	
其他资产	446541.90	其中：优先股	
		资本公积	
		减：库存股	
		其他综合收益	2292.52
		未分配利润	148466.57
		所有者权益（或股东权益）合计	210759.09
资产总计	6926354.12	负债及所有者权益（或股东权益）总计	6926354.12

中国光大银行股份有限公司郑州分行资产负债表

2023 年

单位：万元

项目名称	期末数	项目名称	期末数
资产		负债	
现金及银行存款	11580.07	对公存款	5820097.09
贵金属	39.71	储蓄存款	3993050.79
存放中央银行款项	250.4	财政性存款	0.11
存放同业款项	12734.67	向中央银行借款	
存放联行款项		同业存放款项	631534.25
拆出资金		联行存放款项	600339.75
买入返售金融资产		同业拆入款项	
发放贷款和垫款	10879962.09	卖出回购金融资产款	
贸易融资	325665.46	应解汇款	3162.81
贴现	65114	汇出汇款	3.81
信贷资产减值准备	264783.49	应付利息	176908.44
应收利息	34639.9	其他应付款	3174.51
其他应收款	3234.88	交易性金融负债	
交易性金融资产		衍生金融负债	
衍生金融资产		应付债券	
可供出售金融资产		长期借款	
持有至到期投资	172.92	应付职工薪酬	13772.85
长期股权投资		应缴税费	7069.88
应收款项类投资	13501.04	应付股利	
固定资产原值	113133.57	预计负债	14907.5
减：累计折旧	37784.17	递延所得税负债	
固定资产净值	75349.39	其他负债	24312.98
投资性房地产		负债合计	11312764.09
固定资产清理		股东权益	
在建工程	30.03	股本	
无形资产	2056.13	资本公积	
商誉		盈余公积	
长期待摊费用	2022.19	一般风险准备	
抵债资产		未分配利润	-126096.27
递延所得税资产		其中：本年利润	
其他资产	326.4	股东权益合计	-124872.94
资产总计	11187891.15	负债及股东权益总计	11187891.15

上海浦东发展银行股份有限公司郑州分行资产负债表

2023 年　　单位：万元（本外币）

项目名称	期末数	项目名称	期末数
资产		负债	
现金及存放中央银行款项	26941.68	向中央银行借款	
存放同业及其他金融机构款项	21692.32	同业及其他金融机构存放款项	3119974.40
拆出资金		拆入资金	
贵金属		交易性金融负债	
衍生金融资产		衍生金融负债	
买入返售金融资产		卖出回购金融资产款	96090.90
发放贷款和垫款	20361666.90	吸收存款	18640164.85
金融投资		应付职工薪酬	207.35
交易性金融资产	13377.07	应缴税费	14238.89
债权投资		递延所得税负债	
其他债权投资		租赁负债	20928.65
其他权益工具投资		预计负债	43919.36
长期股权投资		已发行债务证券	
固定资产	12746.62	其他负债	22445.54
使用权资产	22783.01	负债合计	21957969.92
无形资产	903.50	股本	
递延所得税资产		其他权益工具	
其他资产	1241327.68	资本公积	
		其他综合收益	2089.56
		盈余公积	
		一般风险准备	
		未分配利润	−258620.70
		股东权益合计	−256531.14
资产总计	21701438.78	负债及股东权益总计	21701438.78

招商银行股份有限公司郑州分行资产负债表

2023 年

单位：万元

项目名称	期末数	项目名称	期末数
资产		负债	
现金	20272.71	向中央银行借款	208588.02
贵金属	926.42	同业和其他金融机构存放款项	268741.23
存放中央银行款项	1624.60	拆入资金	20000.00
存放同业和其他金融机构款项	4768.86	卖出回购金融资产款	
拆出资金		客户存款	10515303.68
买入返售金融资产		应付利息	108333.84
贷款和垫款	10017740.40	交易性金融负债	
应收利息	17692.26	以公允价值计量且其变动计入当期损益的金融负债	
以公允价值计量且其变动计入当期损益的投资（切换）		衍生金融负债	
衍生金融资产		应付债券	
以公允价值计量且其变动计入其他综合收益的金融资产	1147.83	租赁负债	18995.04
以摊余成本计量的金融资产		应付职工薪酬	32435.02
长期股权投资		应缴税费	11885.86
固定资产	31095.93	合同负债	1273.42
投资性房地产	8551.05	预计负债	28933.25
无形资产	215.43	其他负债	61696.13
使用权资产	20083.68	负债合计	11276185.49
递延所得税资产		股东权益	
其他资产	1213103.65	实收股本	
		其他权益工具	
		其中：优先股	
		资本公积	
		投资重估储备	1094.11
		套期储备	
		盈余公积	
		一般风险准备	
		未分配利润	59943.23
		其中：本年利润	59943.23
		外币报表折算差额	
		股东权益合计	61037.34
资产总计	11337222.83	负债及股东权益总计	11337222.83

兴业银行股份有限公司郑州分行资产负债表

2023 年　　单位：万元

项目名称	期末数	项目名称	期末数
资产		负债	
现金及存放中央银行款项	23362.34	向中央银行借款	
存放同业款项	14037.19	同业及其他金融机构存放款项	5850111.13
贵金属		拆入资金	
拆出资金		卖出回购金融资产款	
衍生金融资产		吸收存款	11416329.63
买入返售金融资产		应付职工薪酬	24061.12
发放贷款及垫款	11395670.98	应缴税费	5295.30
交易性金额资产	5015.46	预计负债	11674.43
债权投资		租赁负债	27878.10
其他债权投资		其他负债	60877.85
长期股权投资		负债合计	17396227.56
投资性房地产		所有者权益（或股东权益）	
固定资产	15430.34	股本	
使用权资产	26071.49	资本公积	
在建工程	1244.59	其他综合收益	565.68
无形资产	1448.80	盈余公积	
其他资产	5946430.32	未分配利润	31918.27
其中：应收利息		所有者权益（或股东权益）	32483.95
资产总计	17428711.50	负债及所有者权益总计	17428711.50

中国民生银行股份有限公司郑州分行资产负债表

2023 年 单位：万元

项目名称	期末数	项目名称	期末数
资产	13321.72	负债	
现金及存放中央银行款项	14944.97	向中央银行借款	
存放同业及其他金融机构款项	386.51	同业及其他金融机构存放款项	2316663.38
贵金属		拆入资金	
拆出资金		以公允价值计量且其变动计入当期损益的金融负债	
衍生金融资产		衍生金融负债	
买入返售金融资产		卖出回购金融资产款	196118.23
应收利息	11325201.74	吸收存款	11020832.68
发放贷款和垫款		应付职工薪酬	9428.27
金融投资		应缴税费	5450.47
以公允价值计量且其变动计入当期损益的投资		应付利息	
以摊余成本计量的投资		预计负债	26962.12
以公允价值计量且其变动计入其他综合收益的债权投资		应付债券	
以公允价值计量且其变动计入其他综合收益的权益工具投资		租赁负债	24437.56
以公允价值计量且其变动计入其他综合收益的投资		递延所得税负债	
长期股权投资		其他负债	20996.33
固定资产	18182.05	负债合计	13620889.05
无形资产	155.81	股本	168317.00
使用权资产	26084.85	其他权益工具	
递延所得税资产		其中：优先股	
其他资产	2583329.74	其他综合收益	608.43
		盈余公积	
		一般风险准备	
		未分配利润	191792.90
		外币报表折算差额	
		股东权益合计	360718.34
资产总计	13981607.39	负债及股东权益总计	13981607.39

华夏银行股份有限公司郑州分行资产负债表

2023 年

单位：万元

项目名称	期末数	项目名称	期末数
资产		负债	
现金及存放中央银行款项	1421.24	向中央银行借款	
存放同业款项	607.17	同业及其他金融机构存放款项	3193.11
贵金属		拆入资金	
拆出资金		交易性金融负债	
以公允价值计量且其变动计入当期损益的金融资产		衍生金融负债	
衍生金融资产		卖出回购金融资产款	
买入返售金融资产		吸收存款	5829639.29
应收利息		应付职工薪酬	11905.87
发放贷款及垫款	4881396.15	应缴税费	3636.84
债权投资	8169.86	租赁负债	9623.30
其他债权投资	1002.97	应付利息	
应收款项类投资		预计负债	2667.19
长期股权投资		应付债务凭证	
投资性房地产		递延所得税负债	0.45
固定资产	35262.28	其他负债	10656.27
使用权资产		负债合计	5871322.31
无形资产	9382.33	股东权益	
递延所得税资产		股本	
其他资产	953050.56	其他权益工具	
		资本公积	
		减：库存股	
		其他综合收益	−9.03
		盈余公积	
		一般风险准备	
		未分配利润	18979.28
		股东权益合计	18970.25
资产总计	5890292.56	负债及股东权益总计	5890292.56

平安银行股份有限公司郑州分行资产负债表

2023 年　　　　单位：万元（本外币）

项目名称	期末数	项目名称	期末数
资产		负债	
现金及存放中央银行款项	9835.50	向中央银行借款	
贵金属		同业及其他金融机构存放款项	
存放同业款项	27409.46	拆入资金	
拆出资金		联行存放款项	
存放联行款项		交易性金融负债	
交易性金融资产		衍生金融负债	
衍生金融资产		卖出回购金融资产款	
买入返售金融资产		吸收存款	5867497.19
发放贷款和垫款	6322527.98	应付职工薪酬	31016.84
应收款项类投资		应缴税费	4565.98
可供出售金融资产		预计负债	13716.06
持有至到期投资		应付债券	
其他债权投资		递延所得税负债	
其他权益工具投资	25196.92	租赁负债	12049.56
债权投资		其他负债	445238.03
长期股权投资		负债合计	6374083.65
商誉		股东权益	
固定资产	3029.23	股本	
投资性房地产		其他权益工具	
无形资产	35.97	资本公积	
递延所得税资产		其他综合收益	8521.98
租赁使用权资产	11300.27	盈余公积	
其他资产	8321.11	一般风险准备	
		未分配利润	25050.80
		归属于母公司股东权益合计	33572.78
		少数股东权益	
		股东权益	33572.78
资产总计	6407656.43	负债及股东权益总计	6407656.43

恒丰银行股份有限公司郑州分行资产负债表

2023年　　单位：万元

项目名称	期末数	项目名称	期末数
资产		负债	
现金及存放中央银行款项	836.87	向中央银行借款	
存放同业款项	7894.06	同业及其他金融机构存放款项	120070.83
贵金属		拆入资金	
拆出资金		交易性金融负债	
衍生金融资产		衍生金融负债	
买入返售金融资产		卖出回购金融资产款	
发放贷款和垫款	2893086.94	吸收存款	2858716.70
金融投资	4165.86	应付职工薪酬	7800.41
交易性金融资产	4165.86	应缴税费	2359.25
债权投资		租赁负债	6113.51
其他债权投资		预计负债	546.49
其他权益工具投资		已发行债务证券	
长期股权投资		递延所得税负债	
投资性房地产		其他负债	2557.91
固定资产	18698.94	负债合计	2998165.09
在建工程	216.93	股东权益	
使用权资产	5709.73	股本	
无形资产	321.84	其他权益工具	
递延所得税资产		其中：优先股	
其他资产	107819.90	永续债	
		资本公积	
		其他综合收益	85.92
		减：库存股	
		盈余公积	
		一般风险准备	
		未分配利润	40500.04
		外币报表折算差额	
		股东权益合计	40585.97
资产总计	3038751.06	负债及股东权益总计	3038751.06

渤海银行股份有限公司郑州分行资产负债表

2023 年

单位：万元

项目名称	期末数	项目名称	期末数
资产		负债	
现金及银行存款	819.98	向中央银行借款	
存放中央银行款项	17983.40	同业及其他金融机构存放款项	91.56
存放同业款项	3045.95	拆入资金	
减：存放同业减值准备		以公允价值计量且其变动计入当期损益的金融负债	
存放同业款项净值	3045.95	衍生金融负债	
贵金属		卖出回购金融资产款	
拆出资金		客户存款	1677906.70
减：拆出资金减值准备		应解及汇出款	54.10
拆出资金净值		应付职工薪酬	4904.42
买入返售金融资产		应缴税费	856.25
减：买入返售金融资产减值准备		应付利息	15529.18
应收利息	29904.60	应付债券	
发放贷款和垫款	2706686.28	租赁负债	7628.07
减：贷款损失准备		递延所得税负债	
发放贷款和垫款净值	2706686.28	其他负债	1031345.26
以公允价值计量且其变动计入当期损益的金融投资		负债合计	2738315.53
衍生金融资产		股东权益	
投资性房产		资本公积	
固定资产	465.59	其他综合收益	
使用权资产	6910.99	盈余公积	
无形资产		一般风险准备	
递延所得税资产		未分配利润	
其他资产	2487.38	本年利润	29988.65
		股东权益合计	29988.65
资产总计	2768304.18	负债及股东权益总计	2768304.18

浙商银行股份有限公司郑州分行资产负债表

2023 年　　单位：万元（本外币）

项目名称	期末数	项目名称	期末数
资产		负债	
现金及存放中央银行款项	1802.40	向中央银行借款	6430.10
贵金属		同业及其他金融机构存放款项	12318.80
存放同业及其他金融机构款项	640913.80	拆入资金	355.40
拆出资金		交易性金融负债	
以公允价值计量且其变动计入当期损益的金融资产		衍生金融负债	
衍生金融资产		吸收存款	3669696.70
买入返售金融资产		其中：各项存款	3669696.70
发放贷款和垫款	3084844.30	财政预算存款	
其中：贷款	2898844.20	汇出汇款	
票据贴现	186000.20	卖出回购金融资产款	
减值准备		预计负债	
以公允价值计量且其变动计入其他综合收益的金融资产		应付职工薪酬	6758.60
以摊余成本计量的金融资产		应缴税费	2231.80
长期股权投资		应付债券	
固定资产	58843.60	递延所得税负债	
无形资产		其他负债	25698.80
递延所得税资产		负债合计	3723490.20
其他资产	12566.40	实收资本（或股本）	
		其他权益工具	
		资本公积	
		其中：股本溢价	
		其他综合收益	6988.80
		盈余公积	
		一般风险准备	
		未分配利润	68491.60
		所有者权益合计	75480.40
资产总计	3798970.50	负债及所有者权益总计	3798970.50

汇丰银行（中国）有限公司郑州分行资产负债表

2023 年

单位：万元

项目名称	期末数	项目名称	期末数
流动资产		流动负债	
现金及银行存款	111.21	短期存款	43398.85
存放中央银行款项	825.89	短期储蓄存款	14817.93
存放同业款项	515.66	财政性存款	
存放联行款项	112120.84	向中央银行借款	
拆放同业款项		同业存放款项	33.79
短期贷款	158801.88	系统内借入	298784.43
贸易融资	131540.92	应解汇款	
应收利息	734.82	汇出汇款	
减：坏账准备	1102.08	委托存款	
其他应收款	93.21	委托投资资金	
贴现		应付代理证券款项	
代理证券		卖出回购款项	
买入返售金融资产		应付利息	373.82
其他流动资产	25854.91	其他应付款	105.88
一年内到期的长期投资		存入短期保证金	7513.73
流动资产合计	431701.42	应付工资	92.08
长期资产		应付福利费	12.20
中长期贷款	40000.00	应交税金	191.93
非应计贷款		预提费用	
减：贷款呆账准备		发行短期债券	
长期债券投资		其他流动负债	902097.10
长期股权投资		一年内到期的长期负债	
减：投资风险准备		流动负债合计	1267421.74
固定资产原值	160.15	长期负债	
减：累计折旧	127.24	长期存款	
固定资产净值	32.91	长期储蓄存款	
固定资产清理		存入长期保证金	
在建工程	42.07	拨入营运资金	10000.00
待处理固定资产净损失		长期负债合计	10000.00
抵债期产		所有者权益	
长期资产合计	40074.98	实收资本	
无形、递延及其他资产		资本公积	16.90
无形资产		未分配利润	64315.98
长期待摊费用	601.59	所有者权益合计	64332.88
递延税款			
其他资产合计	869978.22		
资产总计	1341754.62	负债及所有者权益总计	1341754.62

东亚银行（中国）有限公司郑州分行资产负债表

2023 年　　　　单位：万元

项目名称	期末数	项目名称	期末数
资产		负债	
现金	269.06	单位存款	39262.36
贵金属		储蓄存款	12329.82
存放中央银行款项	23.63	向中央银行借款	
存放同业款项	717	同业存放款项	
境内商业银行	508.53	境内商业银行	
境外金融机构	208.47	境外金融机构	
应收利息	162.37	同业拆入	
贷款	57611.3	卖出回购款项	
贸易融资	17778.43	存入保证金	208.28
其他贷款		应付利息	176.28
拆放同业		应缴税费	80.42
境内商业银行		应付职工薪酬	
境内保险业金融机构		其他应付款	164.25
其他应收款	21.57	预计负债	0.11
投资		其他负债	58.69
固定资产原价	261.51	衍生金融负债	11.47
减：累计折旧	217.79	发行同业存单	
固定资产净值	43.72	递延所得税负债	36.35
固定资产清理		负债合计	52316.45
递延所得税资产	583.71	实收资本	10000
其他资产	3713.11	资本公积	
投资性房地产		未分配利润	18455.67
衍生金融资产	11.47	其中：本年利润	1264.42
减：各项资产减值损失准备	151.78	所有者权益合计	28455.67
资产总计	80772.12	负债及所有者权益总计	80772.12

渣打银行（中国）有限公司郑州分行资产负债表

2023 年

单位：万元

项目名称	期末数	项目名称	期末数
流动资产		流动负债	
现金及银行存款	264.10	短期存款	20102.72
存放中央银行款项		短期储蓄存款	
存放同业款项		财政性存款	
存放联行款项	78223.47	向中央银行借款	
拆放同业款项		同业存放款项	
短期贷款	35160.00	系统内借入	75473.42
贸易融资	4035.19	应付利息	4.30
应收利息	113.70	其他应付款	37.37
其他应收款	8.83	应付福利费	2.67
买入返售金融资产		应交税金	20.86
其他流动资产	709.81	预提费用	16.11
一年内到期的长期投资		发行短期债券	
流动资产合计	118515.11	其他流动负债	756.43
长期资产		一年内到期的长期负债	
减：贷款呆账准备	15.73	流动负债合计	96413.88
固定资产原值	329.95	长期负债	
减：累计折旧	329.95	长期存款	
固定资产净值		长期储蓄存款	
固定资产清理		拨入营运资金	10000.00
在建工程		长期负债合计	10000.00
抵债期产		所有者权益	
长期资产合计	−15.73	实收资本	
无形、递延及其他资产		资本公积	
无形资产		未分配利润	12143.85
长期待摊费用	58.35	所有者权益合计	12143.85
其他资产合计	58.35		
资产总计	118557.73	负债及所有者权益总计	118557.73

河南农商联合银行资产负债表

2023 年

单位：万元

项目名称	期末数	项目名称	期末数
资产		负债	
现金及存放中央银行款项	21273488.33	向中央银行借款	3843624.11
贵金属	25.88	联行存放款项	33394.24
存放联行款项	20962.11	同业及其他金融机构存放款	6151024.26
存放同业款项	11814750.91	拆入资金	
拆出资金	3597.45	交易性金融负债	2042.92
衍生金融资产	170.64	衍生金融负债	178.73
合同资产		卖出回购金融资产款	2956808.01
买入返售金融资产	2815049.25	吸收存款	210632587.18
应收费用	287.44	应付职工薪酬	298273.62
应收股利		应缴税费	137142.36
其他应收款	1983957.53	合同负债	
发放贷款和垫款	117196345.74	持有待售负债	
持有待售资产		应付股利	58624.60
金融投资		其他应付款	997419.02
交易性金融资产	1054474.89	预计负债	1511.52
债权投资	72804633.20	应付债券	94266.32
其他债权投资	5364119.77	递延所得税负债	6848.04
其他权益工具投资	59968.31	租赁负债	28585.19
长期股权投资	215260.44	其他负债	456870.25
投资性房地产		负债总计	225699200.39
固定资产	1248836.95	所有者权益	
在建工程	361260.77	实收资本（股本）	11780429.62
固定资产清理	3931.48	其他权益工具	
使用权资产	43483.85	资本公积	1209830.10
无形资产	1806536.53	减：库存股	
长期待摊费用	92507.17	其他综合收益	136100.01
抵债资产	5270840.97	盈余公积	1474759.28
递延所得税资产	200931.62	一般风险准备	2371886.36
待处理财产损溢	69705.96	未分配利润	1177289.64
其他资产	144368.20	所有者权益合计	18150295.00
资产总计	243849495.39	负债及所有者权益总计	243849495.39

中原银行股份有限公司资产负债表

2023 年

单位：万元

项目名称	期末数	项目名称	期末数
资产		负债	
现金及存放中央银行款项	6703308	向中央银行借款	6805591
存放同业及其他金融机构款项	1671251	同业及其他金融机构存放款项	3870396
拆出资金	3559183	拆入资金	6448279
衍生金融资产	3345	衍生金融负债	33559
交易性金融资产		交易性金融负债	
买入返售金融资产	5630267	卖出回购金融资产款	7312129
应收利息		吸收存款	85978378
发放贷款和垫款	68986937	应付职工薪酬	301945
应收融资租赁款	6532751	应缴税费	83351
投资性金融资产	38684083	应付利息	
以公允价值计量且其变动计入当期损益的金融资产	6114813	预计负债	51566
债权投资（AC）	24839647	应付债券	13199058
其他债权投资（OCI）	7714117	其他负债	871581
其他权益工具投资	15505	负债合计	124955833
长期股权投资	154255	股本	3654982
固定资产	775018	其他权益工具	1399894
无形资产	208868	资本公积	1855364
递延所得税资产	1079708	其他综合收益	84669
商誉	151365	盈余公积	310781
其他资产	457471	一般准备	1654764
		未分配利润	243164
		归属于本行股东权益合计	9203618
		少数股东权益	438359
		股东权益合计	9641977
资产总计	134597810	负债及股东权益总计	134597810

郑州银行股份有限公司资产负债表

2023 年

单位：万元

项目名称	期末数	项目名称	期末数
资产		负债	
现金及存放中央银行款项	2593002.36	向中央银行借款	3041265.34
存放同业款项	172181.97	同业及其他金融机构存放款项	1617065.10
贵金属		拆入资金	441909.70
拆出资金	799625.72	交易性金融负债	
衍生金融资产		衍生金融负债	
买入返售金融资产	1068573.95	卖出回购金融资产款	2512259.08
应收利息	519963.50	吸收存款	35538585.26
发放贷款和垫款	34522309.10	应付职工薪酬	104954.45
金融投资		应缴税费	-11098.78
交易性金融资产	3989708.35	应付利息	605696.86
债权投资	12097765.05	预计负债	8890.61
其他债权投资	2253077.52	已发行债券证券	10185352.90
其他权益工具投资	6631.29	递延所得税负债	
长期股权投资	183719.63	其他负债	152583.44
投资性房地产		负债合计	54197463.95
固定资产	318587.42	股东权益	
无形资产	105273.53	股本	909209.14
递延所得税资产	459122.46	资本公积	623290.95
其他资产	353361.86	减：库存股	
		盈余公积	374405.59
		一般风险准备	795075.27
		未分配利润	1543573.30
		其他权益工具	999885.51
		股东权益合计	5245439.75
资产总计	59442903.71	负债及股东权益总计	59442903.71

中原证券股份有限公司资产负债表

2023 年　　　　单位：万元

项目名称	期末数	项目名称	期末数
资产		负债	
货币资金	997718.96	短期借款	
其中：客户资金存款	815810.36	应付短期融资款	407572.34
结算备付金	344997.84	拆入资金	329790.70
其中：客户备付金	332638.58	交易性金融负债	138961.12
融出资金	760485.38	衍生金融负债	1803.38
衍生金融资产	2791.01	卖出回购金融资产款	1060238.75
存出保证金	108679.22	代理买卖证券款	1153805.06
应收款项	42111.56	应付职工薪酬	51550.38
买入返售金融资产	101020.13	应缴税费	2643.69
持有待售资产		应付款项	87301.33
金融投资		合同负债	788.18
交易性金融资产	2427120.77	预计负债	
债权投资	12037.05	应付债券	472120.12
其他债权投资	41092.15	租赁负债	15967.49
其他权益工具投资	140.00	递延所得税负债	2075.99
长期股权投资	144305.82	其他负债	30499.88
投资性房地产	2448.10	负债合计	3755118.41
固定资产	18446.39	所有者权益（或股东权益）	
在建工程	18935.24	实收资本（或股本）	464288.47
使用权资产	16237.08	资本公积	626999.38
无形资产	28263.04	其他综合收益	6369.51
递延所得税资产	726.88	盈余公积	100254.99
商誉	59307.53	一般风险准备	168117.17
其他资产	43304.22	未分配利润	24246.74
		归属于母公司所有者权益（或股东权益）合计	1390276.26
		少数股东权益	24773.71
		所有者权益（或股东权益）合计	1415049.97
资产总计	5170168.38	负债及所有者权益（或股东权益）总计	5170168.38

中国出口信用保险公司河南分公司资产负债表

2023 年　　单位：万元

项目名称	期末数	项目名称	期末数
资产		负债	
货币资金	197.18	存入保证金	
现金		拆入资金	
银行存款	197.18	衍生金融负债	
其他货币资金		卖出回购金融资产款	
拆出资金		预收保费	492.4
存出保证金		应付手续费及佣金	
交易性金融资产		应付分保账款	
衍生金融资产		应付职工薪酬	324.87
买入返售金融资产		应缴税费	52.07
应收票据		应付赔付款	
应收利息		应付利息	
应收保费	1147.34	其他应付款	63.89
减：坏账准备	194.49	未到期责任准备金	92864.87
应收保费净值	952.84	未决赔款准备金	19823.14
应收代位追偿款	85.45	应付债券	
应收分保账款		预计负债	
应收分保未到期责任准备金	5599.09	递延所得税负债	
应收分保未决赔款准备金	7485.72	货币兑换	
预付赔付款		系统往来	–90247.56
其他应收款	115.98	委托资产往来	
定期存款		其他负债	453.04
可供出售金融资产		负债合计	61707.71
固定资产	301.66	其中：公允价值变动	
减：累计折旧	217.2	盈余公积	
固定资产减值准备		一般风险准备	
固定资产净值	84.46	未分配利润	–8709.42
使用权资产	688.27	其中：本年利润	–8709.42
减：使用权资产累计折旧	128.37	所有者权益合计	–8709.42
使用权资产净值	559.9		
商誉			
长期待摊费用	18.69		
其他资产	17.94		
资产总计	15117.32	负债及所有者权益总计	15117.32

中国人民财产保险股份有限公司河南省分公司资产负债表

2023 年　　单位：万元

项目名称	期末数	项目名称	期末数
资产		负债	
货币资金	10433.06	拆入资金	
拆出资金		衍生金融负债	
交易性金融资产		卖出回购金融资产款	
衍生金融资产		预收保费	86952.70
买入返售金融资产		应付手续费	28362.38
应收利息	9.20	应付分保账款	-3.10
应收保费	171836.65	应付职工薪酬	44043.97
应收代位追偿款	2159.97	应缴税费	14312.56
应收分保账款	56.09	应付赔付款	4662.75
预付手续费	2326.13	应付保单红利	929.03
应收分保未到期责任准备金	26202.15	保户储金及投资款	5046.61
应收分保未决赔款准备金	32336.54	未到期责任准备金	647946.29
定期存款		未决赔款准备金	623836.61
可供出售金融资产		租赁负债	2614.35
持有至到期投资		其他负债	-1163392.29
长期股权投资		负债合计	295311.87
存出资本保证金		所有者权益	
投资性房地产		股本	
固定资产	16699.48	资本公积	
无形资产	10977.90	其他综合收益	
独立账户资产		盈余公积	
递延所得税资产		一般风险准备	
套期工具	1590.32	农险大灾利润准备金	
被套期项目	-2022.89	专项准备金	
使用权资产	2633.26	未分配利润	
其他资产	20074.01	所有者权益合计	
资产总计	295311.87	负债及所有者权益总计	295311.87

中国平安财产保险股份有限公司河南分公司资产负债表

2023 年

单位：万元

项目名称	期末数	项目名称	期末数
流动资产		流动负债	
现金		拆入资金	
银行存款	2670.70	应付手续费	14703.80
其中：清算备付金		应付保费	
证券清算款		应付保户红利	
短期投资		应付利息	
减：短期投资跌价准备		应付分保账款	8414.40
应收利息		预收保费	65689.90
应收保费	158100.20	分保内部往来	
应收分保账款	–804.30	系统往来	
分保未决赔款准备金	46723.00	应付工资	6428.60
分保未到期责任准备金	18739.30	应付福利费	
买入返售证券		应交税金	9598.90
存出保证金		卖出回购证券款	
代付赔款		递延收益	426.90
预付赔款		预提费用	26382.90
其他应收款	37698.60	预计负债	
减：坏账准备	40755.50	其他应付款	11284.50
低值易耗品	23.10	未决赔款准备金	418532.80
固定资产	6168.30	未到期责任准备金	570217.70
固定资产原值		保户投资金	
减：累计折旧	5284.00	其他流动负债	4350.50
固定资产净值		流动负债合计	
在建工程	60.40	保险保障基金	2101.30
固定资产合计		负债合计	1138132.40
长期待摊费用	1128.00	营运资本	
抵债物资		资本公积	
其他长期资产		总准备金	
减：其他资产减值准备		未分配利润	–126786.70
无形资产及其他资产合计	786877.90	所有者权益合计	–126786.70
资产总计	1011345.70	负债及所有者权益总计	1011345.70

永安财产保险股份有限公司河南分公司资产负债表

2023 年

单位：万元

项目名称	期末数	项目名称	期末数
资产		负债	
货币资金	1518.18	短期借款	
结算备付金		拆入资金	
拆出资金		交易性金融负债	
交易性金融资产		衍生金融负债	
衍生金融资产		卖出回购金融资产款	
买入返售金融资产		预收保费	866.66
应收利息		应付手续费及佣金	498.6
应收保费	8391.44	应付分保账款	
应收代位追偿款		应付职工薪酬	859.53
应收分保账款		应缴税费	767.87
应收分保未到期责任准备金	453.83	应付利息	
应收分保未决赔款准备金	2029.13	应付赔付款	580.6
保户质押贷款		应付保单红利	
存出保证金	138.8	保户储金及投资款	
定期存款		未到期责任准备金	19873.96
可供出售金融资产		未决赔款准备金	21789.59
持有至到期投资		保费准备金	845.11
长期股权投资		其他负债	-34124.17
存出资本保证金		租赁负债	131.44
投资性房地产		负债合计	12089.17
固定资产	261.64	股本	
无形资产		资本公积	
独立账户资产		盈余公积	
递延所得税资产		大灾风险利润准备	1629.85
其他资产	415.63	未分配利润	-152.19
使用权资产	358.17	股东权益合计	1477.66
资产总计	13566.83	负债及股东权益总计	13566.83

中华联合财产保险股份有限公司河南分公司资产负债表

2023 年　　单位：万元

项目名称	期末数	项目名称	期末数
流动资产		流动负债	
现金		短期借款	
银行存款	2510.69	拆入资金	
短期投资		应付手续费	2531.54
保户质押贷款		应付佣金	514.24
应收保费	70307.13	应付分保账款	15616.70
应收分保账款		预收保费	14820.93
应收款项小计	70307.13	预收分保赔款	
减：坏账准备	30100.23	存入分保准备金	
应收款项净额	40206.90	存入保证金	60.50
预付赔款	13347.09	应付工资	1809.46
存出分保准备金		应付福利费	3.58
存出保证金	486.61	应付保户利差	
买入返售证券		应付利润	
其他应收款	2149.61	应交税金	1626.20
材料物品		卖出回购证券款	
低值易耗品		其他应付款	5403.95
待摊费用		预提费用	176.17
待处理流动资产净损失		未决赔款准备金	116237.56
一年内到期的长期债券投资		未到期责任准备金	93852.80
其他流动资产	89631.26	保户储金	
流动资产合计	148332.17	一年内到期的长期负债	
固定资产原值	14223.27	其他流动负债	3680.03
减：累计折旧	7674.12	流动负债合计	256333.66
固定资产净值	6549.15	其他长期负债	1998.20
固定资产清理		长期负债合计	1998.20
待处理固定资产净损失		独立账户负债	
固定资产合计	6549.15	负债合计	258331.86
长期待摊费用	284.43	所有者权益	
其他长期资产	2629.82	总准备金	
无形资产及其他资产合计		未分配利润	−100536.29
独立账户资产		所有者权益合计	−100536.29
资产总计	157795.57	负债及所有者权益总计	157795.57

中国大地财产保险股份有限公司河南分公司资产负债表

2023 年　　单位：万元

项目名称	期末数	项目名称	期末数
流动资产		流动负债	
货币资金	0.77	短期借款	
拆出资金		拆入资金	
交易性金融资产		交易性金融负债	
衍生金融资产		衍生金融负债	
买入返售金融资产		卖出回购金融资产款	
应收利息		预收保费	4662.07
应收保费	67115.60	应付手续费及佣金	2105.28
应收代位追偿款		应付分保账款	
应收分保账款		应付职工薪酬	956.92
应收分保未到期责任准备金	4455.14	应缴税费	531.42
应收分保未决赔款准备金	12666.20	应付赔付款	2510.55
应收分保寿险责任准备金		应付保单红利	
应收分保长期健康险责任准备金		保户储金及投资款	
贷款		未到期责任准备金	94772.74
其中：保户质押贷款		未决赔款准备金	93603.54
持有至到期投资		保费准备金	1.30
投资性房地产		租赁负债	1051.38
固定资产	547.02	独立账户负债	
使用权资产	1945.54	递延所得税负债	
无形资产		其他负债	–104949.51
独立账户资产		负债合计	95245.70
递延所得税资产		所有者权益（或股东权益）	
其他资产	8018.62	实收资本（或股本）	
		未分配利润	–496.81
		所有者权益（或股东权益）合计	–496.81
资产总计	94748.89	负债及所有者权益总计	94748.89

华安财产保险股份有限公司河南分公司资产负债表

2023 年

单位：万元

项目名称	期末数	项目名称	期末数
资产		负债	
货币资金	188.99	短期借款	
买入返售金融资产		预收保费	1328.68
应收利息		应付手续费及佣金	1097.09
应收保费	693.42	应付分保账款	
应收代位追偿款		应付职工薪酬	243.29
应收分保账款		应缴税费	1189.14
应收分保未到期责任准备金	291.76	应付赔付款	2324.41
应收分保未决赔款准备金	26.68	应付保单红利	
应收分保寿险责任准备金		保户储金及投资款	
应收分保长期健康险责任准备金		未到期责任准备金	50041.60
保户质押贷款		未决赔款准备金	50662.74
存出资本保证金		租赁负债	1462.38
投资性房地产	8443.66	独立账户负债	
固定资产	1531.07	递延所得税负债	1412.61
其中：固定资产原价	2773.01	其他负债	796.22
累计折旧	1241.94	其中：其他应付款	743.72
使用权资产	1459.96	预提费用	
递延所得税资产	394.11	应付利息	
其他资产	98487.81	负债合计	110558.16
其中：其他应收款	214.56	所有者权益	
预付赔款	283.65	营运资金	
待摊费用	4.33	资本公积	959.30
在建工程		盈余公积	
长期待摊费用	136.27	一般风险准备	
存出分保准备金		未分配利润	
其他长期资产		所有者权益合计	959.30
资产总计	111517.46	负债及所有者权益总计	111517.46

都邦财产保险股份有限公司河南分公司资产负债表

2023 年　　单位：万元

项目名称	期末数	项目名称	期末数
流动资产		流动负债	
现金		短期借款	
应收利息		拆入资金	
应收保费	15.09	应付手续费	202.50
应收分保账款	141.37	预收保费	562.72
应收款项小计	156.46	预收分保赔款	
减：坏账准备	–19.24	存入分保准备金	
应收款项净额	137.22	存入保证金	
预付赔款	659.76	应付工资	97.15
存出分保准备金		应交税金	581.26
买入返售证券		其他应付款	134.50
其他应收款	470.83	预提费用	
材料物品		未决赔款准备金	8660.78
低值易耗品		未到期责任准备金	7959.03
待摊费用		保户储金	
待处理流动资产净损失		一年内到期的长期负债	
其他流动资产		其他流动负债	–18247.15
流动资产合计	1267.81	流动负债合计	–49.21
长期投资		长期负债	
固定资产原值	543.49	长期责任准备金	
减：累计折旧	–503.13	其他长期负债	26.30
固定资产净值	40.36	长期负债合计	26.30
固定资产合计	40.36	独立账户负债	
无形资产及其他资产		负债合计	–22.91
无形资产		所有者权益	
长期待摊费用	2.89	资本公积	
其他长期资产	51.50	总准备金	
无形资产及其他资产合计	54.40	未分配利润	1385.48
独立账户资产		所有者权益合计	1385.48
资产总计	1362.57	负债及所有者权益总计	1362.57

渤海财产保险股份有限公司河南分公司资产负债表

2023 年

单位：万元

项目名称	期末数	项目名称	期末数
流动资产	43547.96	流动负债	39925.61
现金		拆入资金	
银行存款	97.27	应付手续费	356.93
应收利息		应付赔款	226.75
应收红利		预收保费	677.26
应收保费	64.6	预收分保赔款	
分保未决赔款准备金	5067.27	存入保证金	
分保未到期责任准备金	3362.47	应付工资	380.82
存出保证金	15	应交税金	977.81
预付赔款	11694.15	预提费用	22.42
其他应收款	–48.08	预计负债	3.54
减：坏账准备	95.45	其他应付款	243.03
低值易耗品		未决赔款准备金	21417.78
待摊费用	34.78	保费不足准备金	
年内到期长期债券投资		未到期责任准备金	15574.81
其他流动资产	23355.95	保户投资金	
流动资产合计	43547.96	保户储金	
长期投资		一年内到期的长期负债	
长期股权投资		其他流动负债	44.46
长期债权投资		流动负债合计	39925.61
长期基金投资		长期负债	590.25
固定资产	41.38	其他长期负债	
固定资产原值	646.48	长期负债合计	590.25
减：累计折旧	605.1	递延税款贷项	
固定资产净值	41.38	负债合计	40515.86
固定资产合计	41.38	所有者权益	3781.12
无形资产及其他资产	707.63	资本公积	
其他长期资产	640.43	盈余公积	
长期待摊费用	67.2	未分配利润	3781.12
无形资产及其他资产合计	707.63	所有者权益合计	3781.12
资产总计	44296.98	负债及所有者权益总计	44296.98

中国人寿财产保险股份有限公司河南省分公司资产负债表

2023 年

单位：万元

项目名称	期末数	项目名称	期末数
资产		负债	
货币资金	4841.60	短期借款	
拆出资金		存入保证金	
交易性金融资产	204.92	拆入资金	
衍生金融资产		以公允价值计量且其变动计入当期损益的金融负债	
买入返售金融资产		衍生金融负债	
应收股利		卖出回购金融资产款	
应收利息		预收保费	23480.15
应收保费	58753.87	应付手续费及佣金	8107.45
应收代位追偿款	189.45	应付分保账款	
应收分保账款		应付职工薪酬	6374.04
应收分保未到期责任准备金	15463.67	应缴税费	5144.45
应收分保未决赔款准备金	20778.15	应付股利	
应收分保寿险责任准备金		其他应付款	10235.98
应收分保长期健康险责任准备金		应付赔付款	3343.79
预付赔付款		应付保单红利	
待摊费用		保户储金及投资款	
其他应收款		未到期责任准备金	266553.75
应收款项类金融资产		未决赔款准备金	278080.44
保户质押贷款		其中：已发生未报告未决赔款准备金	64944.57
系统往来	210732.05	长期健康险责任准备金	
投资性房地产	19364.12	货币兑换	
固定资产	70599.04	递延所得税负债	
在建工程		持有待售负债	
无形资产	0.12	租赁负债	
商誉		合同负债	
长期待摊费用		其他负债	4324.84
抵债资产		负债合计	605644.89
独立账户资产		所有者权益（或股东权益）	
递延所得税资产		实收资本（或股本）	
持有待售资产		未分配利润	-142986.30
使用权资产		归属于母公司所有者权益合计	
合同资产		少数股东权益	
其他资产	61731.59	所有者权益（或股东权益）合计	-142986.30
资产总计	462658.59	负债及所有者权益（或股东权益）总计	462658.59

永诚财产保险股份有限公司河南分公司资产负债表

2023 年　　　　单位：万元

项目名称	期末数	项目名称	期末数
资产		负债	
货币资金		短期借款	
拆出资金		拆入资金	
以公允价值计量且其变动计入当期损益的金融资产		以公允价值计量且其变动计入当期损益的金融负债	
衍生金融资产		衍生金融负债	
买入返售金融资产		卖出回购金融资产款	
应收利息		预收保费	183.62
应收保费	1710.74	应付手续费及佣金	1113.23
应收代位追偿款	0.20	应付分保账款	1875.06
应收分保账款	1455.80	应付职工薪酬	257.25
其他应收款	667.13	应缴税费	338.47
应收分保未到期责任准备金	892.55	应付赔付款	189.07
应收分保未决赔款准备金	3764.77	应付保单红利	
应收分保寿险责任准备金		保户储金及投资款	
应收分保长期健康险责任准备金		未到期责任准备金	5947.40
保户质押贷款		未决赔款准备金	7990.97
固定资产原值	459.88	租赁负债	172.03
固定资产累计折旧	397.04	其他负债	-9803.28
固定资产净值	62.85	负债合计	8263.83
使用权资产	220.43	股东权益	
无形资产原值	3.60	股本	
无形资产累计摊销	3.60	资本公积	
在建工程	9.04	一般风险准备	
递延所得税资产		未分配利润	594.60
其他资产	74.93	股东权益合计	594.60
资产总计	8858.43	负债及股东权益总计	8858.43

中银保险有限公司河南分公司资产负债表

2023 年

单位：万元

项目名称	期末数	项目名称	期末数
流动资产		流动负债	
现金		短期借款	
银行存款	2.99	拆入资金	
短期投资		应付手续费	495.08
减：短期投资跌价准备		应付佣金	
拆出资金		应付分保账款	1206.42
保户质押贷款		预收保费	1449.93
应收保费	1172.00	存入分保准备金	
应收分保账款	117.15	存入保证金	1.00
应收款项小计	6179.37	应付工资	1002.66
减：坏账准备	453.58	应付福利费	23.99
应收款项净额	5725.79	应付保户利差	
预付赔款	95.37	应付利润	
存出分保准备金		应交税金	–211.87
存出保证金	501.34	卖出回购证券款	
买入返售证券		其他应付款	319.30
其他应收款	525.28	预提费用	61.27
材料物品		未决赔款准备金	7146.23
低值易耗品		未到期责任准备金	11553.23
待摊费用	6.77	保户储金	
一年内到期的长期债券投资		其他流动负债	–15060.18
其他流动资产	581.46	流动负债合计	7987.07
流动资产合计	7438.99	长期负债	
长期投资		长期责任准备金	
减：投资风险准备		保险保障基金	162.87
固定资产	82.53	长期应付款	256.10
固定资产原值	595.74	其中：住房周转金	
减：累计折旧	513.22	其他长期负债	
固定资产净值	82.53	长期负债合计	418.98
固定资产清理		负债合计	8406.04
待处理固定资产净损失		所有者权益	
固定资产合计	82.53	实收资本	
无形资产	0.05	外汇营运资金	
长期待摊费用	7.08	资本公积	
其他长期资产	270.97	总准备金	
无形资产及其他资产合计	278.10	未分配利润	–606.43
独立账户资产		所有者权益合计	–606.43
资产总计	7799.62	负债及所有者权益总计	7799.62

安诚财产保险股份有限公司河南分公司资产负债表

2023 年

单位：万元

项目名称	期末数	项目名称	期末数
流动资产		流动负债	
现金		拆入资金	
银行存款	1.50	应付手续费	172.40
应收利息		应付保费	
应收红利		应付保户红利	
应收保费	267.00	应付利息	
应收分保账款		应付分保账款	
应收及托收票据		应付赔款	1.10
存出分保保证金		预收保费	393.30
分保未决赔款准备金	308.20	系统往来	-11602.70
分保未到期责任准备金	360.20	应付工资	102.20
代付赔款	1.60	应交税金	124.90
预付赔款	703.10	预计负债	
其他应收款	209.90	其他应付款	123.80
减：坏账准备	62.00	未决赔款准备金	6262.00
待摊费用	2.50	保费不足准备金	
其他流动资产	91.00	未到期责任准备金	4824.80
流动资产合计	1883.00	其他流动负债	36.40
长期投资		流动负债合计	438.20
固定资产		长期负债	
固定资产原值	315.30	其他长期负债	
减：累计折旧	251.40	长期负债合计	
固定资产净值	63.90	递延税款贷项	
减：固定资产减值准备		负债合计	438.20
固定资产合计		所有者权益	
无形资产及其他资产		股本	
无形资产		盈余公积	
长期待摊费用	115.80	未分配利润	1624.40
抵债物资		其中：本年利润	1624.40
其他长期资产		资本汇差调整	
无形资产及其他资产合计		所有者权益合计	2062.70
资产总计	2062.70	负债及所有者权益总计	2062.70

亚太财产保险有限公司河南分公司资产负债表

2023 年

单位：万元

项目名称	期末数	项目名称	期末数
流动资产		流动负债	
现金		拆入资金	
银行存款	57.83	应付手续费	1330.87
应收利息		应付赔付款	1124.95
应收红利		预收保费	924.99
应收保费	1228.99	预收分保赔款	
应收分保账款		分保内部往来	
应收及托收票据		系统往来	−35911.98
分保未决赔款准备金	523.27	存入保证金	
分保未到期责任准备金	1100.45	应付工资	485.30
存出保证金	73.92	应交税金	816.02
预付赔款		预提费用	
其他应收款	2170.04	预计负债	
减：坏账准备		其他应付款	1427.71
低值易耗品		未决赔款准备金	10277.20
待摊费用		保费不足准备金	
其他流动资产	3216.90	未到期责任准备金	17036.35
流动资产合计	6747.68	保户储金	
固定资产		一年内到期的长期负债	
固定资产原值	63.63	其他流动负债	0.04
减：累计折旧		流动负债合计	−1937.84
固定资产净值		长期负债	
减：固定资产减值准备		长期负债合计	
在建工程		负债合计	−1937.84
减：在建工程减值准备		所有者权益	
固定资产合计	63.63	盈余公积	
无形资产		其中：法定公益金	
长期待摊费用	1.42	未分配利润	8739.42
其他长期资产	149.38	其中：本年利润	4595.63
无形资产及其他资产合计	3216.90	所有者权益合计	8739.42
资产总计	6801.58	负债及所有者权益总计	6801.58

中国人寿保险股份有限公司河南省分公司资产负债表

2023 年

单位：万元

项目名称	期末数	项目名称	期末数
资产		负债	
货币资金	42554.15	短期借款	
拆出资金		存入保证金	6618.33
交易性金融资产		拆入资金	
衍生金融资产		交易性金融负债	
买入返售金融资产		衍生金融负债	
应收股利		卖出回购金融资产款	
应收利息	15873.74	预收保费	220150.27
应收保费	171068.20	应付手续费及佣金	21168.38
应收代位追偿款		应付分保账款	
应收分保账款		应付职工薪酬	27055.43
应收分保未到期责任准备金	2973.03	应缴税费	1595.17
应收分保未决赔款准备金	1954.81	应付股利	
应收分保寿险责任准备金	4516.05	其他应付款	44126.36
应收分保长期健康险责任准备金	34057.60	应付赔付款	416681.75
预付赔付款		应付保单红利	452163.24
待摊费用	1849.64	保户储金及投资款	2100729.05
其他应收款	36576.79	未到期责任准备金	54116.93
贷款	1491741.31	未决赔款准备金	175669.38
其中：保户质押贷款	1491741.31	寿险责任准备金	21024496.72
系统往来	17655628.28	长期健康险责任准备金	1547432.62
定期存款		代理业务负债	20899.12
代理业务资产		长期借款	
可供出售金融资产		应付债券	
持有至到期投资		内部往来	
长期股权投资		独立账户负债	
存出资本保证金		租赁负债	2373.17
投资性房地产	225.56	递延所得税负债	
固定资产	83207.68	持有待售负债	
在建工程	133675.83	其他负债	134485.08
无形资产	13149.90	负债合计	26249761.01
长期待摊费用	853.12	所有者权益（或股东权益）	
独立账户资产		实收资本（或股本）	
递延所得税资产		其他权益工具	
持有待售资产		资本公积	
其他资产	36867.68	其他综合收益	
使用权资产	3236.48	减：库存股	
		盈余公积	
		一般风险准备	
		大灾风险利润准备	
		未分配利润	-6519751.17
		归属于母公司所有者权益合计	-6519751.17
		少数股东权益	
		所有者权益（或股东权益）合计	-6519751.17
资产总计	19730009.84	负债及所有者权益（或股东权益）总计	19730009.84

中国平安人寿保险股份有限公司河南分公司资产负债表

2023 年

单位：万元

项目名称	期末数	项目名称	期末数
资产		负债	
货币资金	10.46	短期借款	
其中：银行存放央行款项		向央行借款	
银行存放同业款项		同业及其他金融机构存放款项	
结算备付金		存入保证金	
买入返售金融资产		代理买卖证券款	
应收利息	16594.30	代理承销证券款	
应收股利		预收保费	35364.03
应收账款		预收赔付款	
应收保费	62567.36	应付手续费及佣金	14739.52
应收管理费		应付分保账款	
应收代位追偿款		应付职工薪酬	13401.31
应收分保账款		应缴税费	1292.89
应收分保未到期责任准备金	2611.50	应付利息	
应收分保未决赔款准备金	2237.06	应付赔付款	277189.99
应收分保寿险责任准备金	1586.69	应付保单红利	154476.35
应收分保长期健康险责任准备金	7586.51	保户储金及投资款	4041108.78
其他应收款	24900.65	未到期责任准备金	5262.99
保户质押贷款	725573.02	未决赔款准备金	5215.86
发放贷款及垫款		寿险责任准备金	7026913.38
系统内非寿险往来	12916811.70	长期健康险责任准备金	1347486.22
内部往来		独立账户负债	2651.48
系统内寿险往来		递延所得税负债	
存出保证金	1.00	租赁负债	9601.73
定期存款		其他负债	9210.60
可供出售金融资产		负债合计	12943915.13
持有至到期投资		所有者权益（或股东权益）	
套期工具		实收资本（或股本）	
投资性房地产		上级拨入资金	5000.00
固定资产	1553.66	一般风险准备	
无形资产		本年利润	−85850.20
独立账户资产		未分配利润	911703.29
递延所得税资产		归属于母公司所有者权益合计	
租赁资产	9351.19	少数股东权益	
其他资产	3383.14	所有者权益合计	830853.09
资产总计	13774768.22	负债及所有者权益总计	13774768.22

泰康人寿保险有限责任公司河南分公司资产负债表

2023 年

单位：万元

项目名称	期末数	项目名称	期末数
资产		负债	
货币资金	16	短期借款	
拆出资金		拆入资金	
交易性金融资产		交易性金融负债	
衍生金融资产		衍生金融负债	
买入返售金融资产		卖出回购金融资产款	
应收利息	3156	预收保费	7481
应收保费	33218	应付手续费及佣金	11573
应收代位追偿款		应付分保账款	25108
应收分保账款	36650	应付职工薪酬	4280
应收分保未到期责任准备金	143	应缴税费	283
应收分保未决赔款准备金	108	应付赔付款	79123
应收分保寿险责任准备金	36363	应付保单红利	234698
应收分保长期健康险责任准备金	9073	保户储金及投资款	1570951
保户质押贷款	175303	未到期责任准备金	8257
定期存款		未决赔款准备金	45416
可供出售金融资产		寿险责任准备金	4227887
持有至到期投资		长期健康险责任准备金	671892
长期股权投资		长期借款	
存出资本保证金		应付债款	
投资性房地产		租赁负债	6904
固定资产	1828	独立账户负债	521387
使用权资产	8389	系统往来	–6255534
无形资产		其他负债	25022
独立账户资产	349555	负债合计	1184728
递延所得税资产	9911	所有者权益（或股东权益）	
其他资产	8053	实收资本（或股本）	
		资本公积	
		减：库存股	
		盈余公积	
		一般风险准备	
		未分配利润	–512963
		所有者权益（或股东权益）合计	–512963
资产总计	671765	负债及所有者权益（或股东权益）总计	671765

太平人寿保险有限公司河南分公司资产负债表

2023 年

单位：万元

项目名称	期末数	项目名称	期末数
资产		负债	
货币资金	5.88	短期借款	
拆出资金		存入保证金	
交易性金融资产		拆入资金	
衍生金融资产		交易性金融负债	
买入返售金融资产		衍生金融负债	
应收利息	3091.26	卖出回购金融资产款	
应收保费	13403.60	预收保费	7933.79
应收代位追偿款		应付手续费及佣金	13899.72
应收分保账款		应付分保账款	
应收分保未到期责任准备金	2029.94	应付职工薪酬	12362.49
应收分保未决赔款准备金	927.88	应缴税费	206.77
应收分保寿险责任准备金	719.50	应付利息	
应收分保长期健康险责任准备金	2262.41	保险保障基金	
保户质押贷款	290297.12	应付赔付款	45048.35
固定资产	5180.69	其他应付款	4158.45
固定资产原值	10582.99	应付保单红利	31545.88
房屋及建筑物原值	5253.46	代理业务负债	79.54
电子计算机原值	2049.46	保户储金及投资款	177106.67
办公及电器设备原值	1202.26	未到期责任准备金	17584.08
通信设备原值	39.44	未决赔款准备金	6069.01
交通运输设备原值	550.02	其中：已发生未报告准备金	5560.18
安全保卫设备原值	106.71	寿险责任准备金	3060036.11
自有物业装修费原值	1381.63	长期健康险责任准备金	661485.29
累计折旧	5402.29	长期借款	
房屋及建筑物折旧	1482.10	应付债券	
电子计算机折旧	1583.48	递延所得税负债	
办公及电器设备折旧	756.47	独立账户负债	1502.06
通信设备折旧	32.03	内部往来（总公司）	
交通运输设备折旧	416.55	内部往来	–3099829.04
安全保卫设备折旧	66.86	递延收益	
自有物业装修费折旧	1064.80	租赁负债	5798.59
无形资产		其他负债	
租赁使用权资产	6810.31	负债合计	944987.76
独立账户资产		所有者权益	
递延所得税资产		实收资本	
其他资产	3457.78	资本公积	528.00
其中：其他应收款	762.95	一般风险准备	
其中：物料用品	0.02	未分配利润	–617329.40
其中：固定资产清理		本年利润	–127682.69
其中：待摊费用	278.91	年初未分配利润	–489646.72
其中：长期待摊费用	2415.91	所有者权益合计	–616801.40
资产总计	328186.36	负债及所有者权益总计	328186.36

合众人寿保险股份有限公司河南分公司资产负债表

2023 年

单位：万元

项目名称	期末数	项目名称	期末数
流动资产		流动负债	
现金		短期借款	
银行存款	0.36	拆入资金	
短期投资		应付手续费	1286.59
减：短期投资跌价准备		应付佣金	
拆出资金		应付分保账款	
保户质押贷款	39916.23	预收保费	3561.88
应收利息	2904.36	预收分保赔款	
应收保费	2197.44	存入分保准备金	
应收分保账款		存入保证金	
应收款项小计		应付工资	919.14
存出分保准备金		应交税金	38.28
存出保证金		卖出回购证券款	
买入返售证券		其他应付款	19357.45
其他应收款		预提费用	
材料物品		未决赔款准备金	399.33
低值易耗品		未到期责任准备金	659.88
待摊费用		保户储金	188119.25
待处理流动资产净损失		一年内到期的长期负债	
一年内到期的长期债券投资		其他流动负债	18677.20
其他流动资产	849487.40	流动负债合计	233019.00
流动资产合计	894505.79	长期负债	
长期投资		长期责任准备金	
长期股权投资		寿险责任准备金	808199.46
贷款		长期健康险责任准备金	61701.01
固定资产	100.83	保险保障基金	
固定资产净值		长期负债合计	
在建工程		独立账户负债	0.5
固定资产清理		负债合计	1102919.97
待处理固定资产净损失		所有者权益	
固定资产合计	100.83	实收资本	
无形资产及其他资产		营运资金	
无形资产		外汇营运资金	
无形资产及其他资产合计		未分配利润	-208312.85
独立账户资产	0.50	所有者权益合计	-208312.85
资产总计	894607.12	负债及所有者权益总计	894607.12

富德生命人寿保险股份有限公司河南分公司资产负债表

2023 年

单位：万元

项目名称	期末数	项目名称	期末数
资产		负债	
货币资金	7.85	短期借款	
拆出资金		拆入资金	
以公允价值计量且其变动计入当期损益的投资		以公允价值计量且其变动计入当期损益的金融负债	
衍生金融资产		衍生金融负债	
买入返售金融资产		卖出回购金融资产款	
应收利息	1821.15	预收保费	4795.99
应收保费	14345.08	应付利息	
应收代位追偿款		应付手续费及佣金	19527.51
应收分保账款		应付分保账款	
应收分保未到期责任准备金	2.07	应付职工薪酬	1323.16
应收分保未决赔款准备金		应缴税费	56.22
应收分保寿险责任准备金	55330.37	应付赔付款	17599.81
应收分保长期健康险责任准备金	1555.71	应付保单红利	20863.65
保户质押贷款	37624.30	保户储金及投资	803428.08
定期存款		未到期责任准备金	443.29
可供出售金融资产		未决赔款准备金	1414.98
贷款		寿险责任准备金	1766320.98
持有至到期投资		长期健康险责任准备金	551745.68
长期股权投资		预计负债	
存出资本保证金		租赁负债	2427.73
固定资产	1175.53	应付债券	
在建工程	13.37	独立账户负债	−3277.32
使用权资产	2818.10	递延所得税负债	
无形资产		其他负债	3808.89
独立账户资产		负债合计	3190478.67
递延所得税资产		所有者权益	
其他资产	1800761.04	实收资本	
		未分配利润	−1275024.10
		所有者权益合计	−1275024.10
资产总计	1915454.57	负债及所有者权益总计	1915454.57

中荷人寿保险有限公司河南省分公司资产负债表

2023 年　　单位：万元

项目名称	期末数	项目名称	期末数
流动资产		流动负债	
现金		短期借款	
银行存款	99.69	拆入资金	
其他货币资金		应付手续费	196.55
短期投资		应付佣金	952.85
短期投资跌价准备		应付赔款	5713.88
拆出资金		预收保费	115.12
保户质押贷款	23714.89	预收分保赔款	
应收利息	1423.17	存入分保准备金	
应收保费	3737.99	长期借款	
应收分保账款	3294.86	存入保证金	
其他应收款	119.57	应付工资	46.86
应收款项小计	32290.48	应付福利费	
减：坏账准备		应付保户红利	15271.84
应收款项净额		应付利润	
预付赔款		应交税金	17.5
存出分保准备金	3444.19	卖出回购证券款	
存出保证金		其他应付款	178.54
买入返售证券		预提费用	133.73
物料用品		未决赔款准备金	511.84
低值易耗品		未到期责任准备金	-359.34
待摊费用	59.99	保户储金	24056.78
系统内部往来	607741.02	其他流动负债	4133.97
其他流动资产		长期负债	
长期投资		长期责任准备金	
长期股权投资		寿险责任准备金	527886.77
长期债券投资		长期健康险责任准备金	154499.01
减：长期投资减值准备		保险保障基金	
固定资产		长期应付款	
固定资产原值	1046.98	应付债券	
减：累计折旧	797.32	其他长期负债	714.59
固定资产净值	249.67	独立账户负债	
无形资产	5.37	独立账户未实现利得	
长期待摊费用	180.71	负债合计	734070.49
待处理固定资产净损失		所有者权益	
其他长期资产	911.34	未分配利润	-89088.03
独立账户资产		本年利润	
资产总计	644982.46	负债及所有者权益总计	644982.46

平安养老保险股份有限公司河南分公司资产负债表

2023 年

单位：万元

项目名称	期末数	项目名称	期末数
资产		负债	
货币资金	156.43	短期借款	
其中：银行存放央行款项		向央行借款	
应收股利		预收保费	13763.04
应收账款		预收赔付款	
应收保费	4125.53	应付手续费及佣金	1008.12
应收管理费	2842.86	应付分保账款	
应收代位追偿款		应付职工薪酬	836.38
应收分保账款		应缴税费	67.66
应收分保未到期责任准备金	1.37	应付利息	
应收分保未决赔款准备金	0.01	应付赔付款	6681.72
应收分保寿险责任准备金		应付保单红利	284.07
应收分保长期健康险责任准备金	12.39	保户储金及投资款	100125.91
其他应收款	1606.19	未到期责任准备金	13167.64
保户质押贷款		未决赔款准备金	20529.72
发放贷款及垫款		寿险责任准备金	201.66
系统内非寿险往来		长期健康险责任准备金	3026.18
内部往来	79.59	长期借款	
系统内寿险往来	159154.09	独立账户负债	–176.72
存出保证金（证券公司）	30.04	递延所得税负债	
套期工具		租赁负债	17.86
被套期项目		其他负债	2632.63
长期股权投资		负债合计	162165.85
存出资本保证金		所有者权益（或股东权益）	
投资性房地产		资本公积	–0.03
固定资产	26.19	本年利润	–8243.32
独立账户资产		未分配利润	14328.06
递延所得税资产		归属于母公司所有者权益合计	
租赁资产	47.55	少数股东权益	
其他资产	166.33	所有者权益合计	6084.72
资产总计	168250.57	负债及所有者权益总计	168250.57

中国人民人寿保险股份有限公司河南省分公司资产负债表

2023年

单位：万元

项目名称	期末数	项目名称	期末数
资产		负债	
货币资金	1023.89	短期借款	
以公允价值计量且其变动计入当期损益的金融资产		衍生金融负债	
衍生金融资产		卖出回购金融资产款	
买入返售金融资产		预收保费	19276.31
应收利息	1366.87	应付手续费及佣金	2079.75
应收保费	2705.74	应付分保账款	
应收分保账款		应付职工薪酬	18600.74
应收分保未到期责任准备金	0.06	应缴税费	168.82
应收分保未决赔款准备金	0.01	应付赔付款	17840.84
应收分保寿险责任准备金	6.21	应付保单红利	29224.21
应收分保长期健康险责任准备金	542.29	保户储金及投资款	227832.07
保户质押贷款	33681.50	未到期责任准备金	2754.09
定期存款		未决赔款准备金	2696.27
可供出售金融资产		寿险责任准备金	1492474.76
持有至到期投资		长期健康险责任准备金	207884.29
贷款和应收款项		长期借款	
长期股权投资		应付债券	
存出资本保证金		应付利息	
投资性房地产	20206.36	租赁负债	2793.90
固定资产	12662.96	独立账户负债	
无形资产	3.90	递延所得税负债	
研发支出		其他负债	5690.02
租赁使用权资产	3027.14	负债合计	2029316.09
独立账户资产		所有者权益	
递延所得税资产		股本	
其他资产	802936.57	资本公积	
		其他综合收益	3058.20
		盈余公积	
		一般风险准备	
		未分配利润	-1154210.79
		以前年度损益科目	
		所有者权益合计	-1151152.59
资产总计	878163.50	负债及所有者权益总计	878163.50

国华人寿保险股份有限公司河南分公司资产负债表

2023 年

单位：万元

项目名称	期末数	项目名称	期末数
资产		负债	
货币资金	5.88	短期借款	
拆出资金		存入保证金	
交易性金融资产		卖出回购金融资产款	
衍生金融资产		应付手续费及佣金	2733.15
买入返售金融资产		应付营销费用（养老）	
应收利息	86.51	预收保费	11.53
应收保费	4151.84	应付职工薪酬	151.72
应收管理费（养老）		应缴税费	6.00
应收代位追偿款		应付赔付款	22932.31
应收分保账款	393.39	其他应付款	10.48
应收分保未到期责任准备金		应付保单红利	5801.99
应收分保未决赔款准备金	105.66	应付分保账款	500.03
应收分保寿险责任准备金	114.69	未到期责任准备金	3.78
应收分保长期健康险责任准备金	168.05	未决赔款准备金	804.85
保户质押贷款	7198.92	其中：已发生未报告未决赔款准备金	599.52
贷款		寿险责任准备金	1303047.62
存出保证金		长期健康险责任准备金	22518.90
长期股权投资		保户储金及投资款	363265.76
存出资本保证金		长期借款	
投资性房地产		应付债券	
固定资产	53.05	租赁负债	229.24
使用权资产	251.63	其他负债	136.20
无形资产		负债合计	1722153.55
独立账户资产		所有者权益（或股东权益）	
递延所得税资产		实收资本（或股本）	
系统内往来（借项）	1178703.05	未分配利润	-529092.27
内部往来（借项）		少数股东权益	
其他资产	1828.60	所有者权益合计	-529092.27
资产总计	1193061.28	负债及所有者权益总计	1193061.28

华泰人寿保险股份有限公司河南分公司资产负债表

2023 年

单位：万元

项目名称	期末数	项目名称	期末数
资产		负债	
货币资金	1.42	短期借款	
拆出资金		存入保证金	
交易性金融资产		拆入资金	
衍生金融资产		交易性金融负债	
买入返售金融资产		衍生金融负债	
应收保费	1501.46	卖出回购金融资产款	
应收管理费（养老）		应付手续费及佣金	359.63
应收分保账款		预收保费	32.47
应收分保未到期责任准备金	227.55	应付职工薪酬	309.39
应收分保未决赔款准备金	189.75	应缴税费	18.38
应收分保寿险责任准备金	140.67	保险保障基金	
应收分保长期健康险责任准备金	675.39	应付赔付款	6194.59
保户质押贷款	17447.20	其他应付款	735.84
贷款		应付保单红利	10338.19
定期存款		未到期责任准备金	703.98
可供出售金融资产		未决赔款准备金	458.26
持有至到期投资		其中：已发生未报告未决赔款准备金	436.44
长期股权投资		寿险责任准备金	315619.98
存出资本保证金		长期健康险责任准备金	22317.70
投资性房地产		保户储金及投资款	50150.25
固定资产	114.57	长期借款	
使用权资产	895.78	应付债券	
无形资产		租赁负债	625.19
独立账户资产		系统往来（贷项）	−448684.95
递延所得税资产		其他负债	92.15
其他资产	1851.86	负债合计	−40728.94
		所有者权益（或股东权益）	
		未分配利润	63774.60
		外币报表折算差额	
		少数股东权益	
		所有者权益合计	63774.60
资产总计	23045.67	负债及所有者权益总计	23045.67

太平养老保险股份有限公司河南分公司资产负债表

2023 年

单位：万元

项目名称	期末数	项目名称	期末数
流动资产		流动负债	
现金		短期借款	
银行存款	1.72	拆入资金	
短期投资		应付手续费	319.95
拆出资金		应付分保账款	
保户质押贷款		预收保费	746.56
应收利息		预收分保赔款	
应收保费	358.19	存入分保准备金	
应收分保账款		存入保证金	
应收款项小计	358.19	应付工资	361.99
应收款项净额	358.19	应交税金	17.45
存出保证金		卖出回购证券款	
买入返售证券		其他应付款	3.43
其他应收款	773	预提费用	43.68
材料物品		未决赔款准备金	3399.77
低值易耗品		未到期责任准备金	4988.40
待摊费用	18.04	保户储金	3968.29
待处理流动资产净损失		一年内到期的长期负债	
一年内到期的长期债券投资		其他流动负债	-29691.72
其他流动资产		流动负债合计	-15842.20
流动资产合计	791.04	长期负债	
长期投资		长期责任准备金	
固定资产		寿险责任准备金	1631.40
固定资产原值	141.92	长期健康险责任准备金	20081.00
减：累计折旧	122.02	其他长期负债	
固定资产净值	19.90	长期负债合计	21712.40
在建工程		独立账户负债	
固定资产清理		负债合计	5870.20
待处理固定资产净损失		所有者权益	
固定资产合计		实收资本	
无形资产及其他资产		营运资金	
无形资产		外汇营运资金	
长期待摊费用	30.44	资本公积	
其他长期资产		总准备金	
无形资产及其他资产合计		未分配利润	-4668.91
独立账户资产		所有者权益合计	-4668.91
资产总计	1201.29	负债及所有者权益总计	1201.29

中国中信金融资产管理股份有限公司河南省分公司资产负债表

2023 年　　单位：万元

项目名称	期末数	项目名称	期末数
资产		负债	
货币资金	6945.30	短期借款	
存放中央银行款项		其中：质押借款	
金融投资	1428907.70	向中央银行借款	
以公允价值计量且其变动计入损益的金融资产	608857.70	△联行存放款项	
以摊余成本计量的金融资产	788425.40	同业及其他金融机构存放款项	
以公允价值计量且其变动计入其他综合收益的金融资产	31624.60	拆入资金	
以公允价值计量且其变动计入其他综合收益的权益类投资		应付职工薪酬	3462.60
预付账款	264.30	应缴税费	9.40
其他应收款	7861.30	应付利息	
投资性房地产	4914.80	责任准备金	
固定资产账面价值	306.40	存入保证金	9922.00
其中：固定资产原值	1187.30	预收账款	14449.50
其中：累计折旧	880.90	其他应付款	4567.30
无形资产净值		系统内往来	574944.00
其中：无形资产原值	706.10	其他负债	1489.70
其中：累计摊销	706.10	负债合计	608844.40
其中：交易席位费		所有者权益（或股东权益）	
商誉		实收资本（或股本）	
长期待摊费用	3.60	资本公积	-4546.50
抵债资产	14609.60	减：库存股	
其他资产	1800.00	其他综合收益	5085.90
其中：使用权资产账面价值	1801.50	一般风险准备	
其中：使用权资产原值	1896.30	未分配利润	856229.00
使用权资产累计折旧	94.80	归属于母公司所有者权益合计	856768.40
使用权资产减值准备		所有者权益（或股东权益）合计	856768.40
资产总计	1465612.90	负债及所有者权益（或股东权益）总计	1465612.90

注：“△”表示银行类专用，“○”表示证券类专用。

中国长城资产管理股份有限公司河南省分公司资产负债表

2023 年

单位：万元

项目名称	期末数	项目名称	期末数
资产		负债	
货币资金	60.20	短期借款	
存放中央银行款项		向中央银行借款	
拆出资金	9465.72	拆入资金	1166674.90
其中：存放系统内款项	9465.72	其中：系统内存放款项	1166674.90
以公允价值计量且其变动计入当期损益的金融资产	552683.93	以公允价值计量且其变动计入当期损益的金融负债	
其中：以公允价值计量且其变动计入当期损益的金融资产金融不良资产	519488.66	衍生金融负债	
衍生金融资产		应付款项	27297.38
买入返售金融资产		其中：应付账款	27297.38
以摊余成本计量的金融资产	363418.48	预收账款	
应收利息		继续涉入负债	
应收款项	1993.66	应付职工薪酬	1369.29
其中：应收账款	1993.66	应缴税费	270.70
预付账款		应付利息	
应收票据		预计负债	
以公允价值计量且其变动计入其他综合收益的金融资产	137291.12	递延所得税负债	
其中：指定以公允价值计量且其变动计入其他综合收益的金融资产	21060.63	其他负债	326.90
抵债资产	50624.77	其中：应付股利	
长期股权投资		递延收益	
投资性房地产		其他应付款	326.90
固定资产	155.33	长期应付款	
固定资产清理		其他	
其他资产	1442.97	租赁负债	
其中：存出保证金		负债总计	1195939.18
应收股利		所有者权益	
其他应收款	1429.23	股本	
长期应收款		拨入营运资金	16339.16
长期待摊费用	13.74	减：拨付营运资金	
待处理财产损益		其他综合收益	-3457.42
代理业务净资产		盈余公积	
未担保余值		一般风险准备	
继续涉入资产		未分配利润	-91684.73
持有待售非流动资产		归属于母公司所有者权益合计	-78802.99
其他		少数股东权益	
使用权资产		所有者权益（或股东权益）合计	-78802.99
资产总计	1117136.20	负债及所有者权益总计	1117136.20

中国东方资产管理股份有限公司河南省分公司资产负债表

2023 年

单位：万元

项目名称	期末数	项目名称	期末数
资产		负债	
货币资金	174.27	短期借款	
结算备付金		向中央银行借款	
存放中央银行款项		拆入资金	
拆出资金		系统内借入资金	720121.21
以公允价值计量且其变动计入损益的金融资产	810408.03	交易性金融负债	
不良资产	810408.03	衍生金融负债	
衍生金融资产		应付款项	24124.39
买入返售金融资产		卖出回购金融资产款	
发放贷款和垫款		代理买卖证券款	
以摊余成本计量的金融资产	5610.78	吸收存款	
不良资产	5610.78	应付职工薪酬	1469.36
以公允价值计量且其变动计入其他综合收益的金融资产		应缴税费	487.12
不良资产		应付利息	
长期股权投资		责任准备金	
投资性房地产		预计负债	
固定资产	1001.74	应付债券	
在建工程		长期借款	
固定资产清理		递延所得税负债	
无形资产		其他负债	145769.14
商誉		负债合计	891971.22
长期待摊费用		所有者权益	
抵债资产	92840.02	实收资本	
递延所得税资产		其他权益工具	
其他资产	14212.69	未分配利润	32276.31
		外币报表折算差额	
		所有者权益（或股东权益）合计	32276.31
资产总计	924247.53	负债及所有者权益（或股东权益）总计	924247.53

中国信达资产管理股份有限公司河南省分公司资产负债表

2023 年　　　　单位：万元

项目名称	期末数	项目名称	期末数
资产		负债	
货币资金	156.19	短期借款	
存放中央银行款项		向中央银行借款	
拆出资金		拆入资金	
衍生金融资产		交易性金融负债	
买入返售金融资产		衍生金融负债	
应收款项	37781.23	卖出回购金融资产款	
持有待售资产		应付款项	3275.67
贷款		应付职工薪酬	4669.15
金融投资	1501593.19	其中：工资、奖金、津贴和补贴	4159.48
交易性金融资产	691901.83	应缴税费	71.83
债权投资	809691.37	持有待售负债	
其他债权投资		租赁负债	150.60
其他权益工具投资		预计负债	
抵债资产		长期借款	
长期股权投资	75076.55	应付债券	
投资性房地产		递延所得税负债	
固定资产	185.93	其他负债	559455.65
在建工程		其中：应付股利	
使用权资产	148.29	负债合计	567622.90
无形资产		所有者权益（或股东权益）	
商誉		实收资本（或股本）	
递延所得税资产		国家资本	
其他资产	21.33	集体资本	
		法人资本	
		其中：国有法人资本	
		个人资本	
		外商资本	
		其他权益工具	
		优先股	
		永续债	
		未分配利润	1047339.82
		所有者权益（或股东权益）合计	1047339.82
资产总计	1614962.72	负债及所有者权益（或股东权益）总计	1614962.72

中原资产管理有限公司资产负债表

2023 年

单位：万元

项目名称	期末数	项目名称	期末数
流动资产		流动负债	
货币资金	284790.67	短期借款	1053242.96
交易性金融资产	2256682.25	交易性金融负债	
应收账款	179523.22	应付账款	38368.69
应收款项融资		预收款项	3246.94
预付款项	3358.70	合同负债	67396.74
其他应收款	423167.18	应付职工薪酬	10809.47
存货	1050767.17	应缴税费	17250.77
合同资产		其他应付款	450900.92
一年内到期的非流动资产	645231.29	一年内到期的非流动负债	1049601.77
其他流动资产	90530.74	其他流动负债	25475.19
流动资产合计	4934051.23	流动负债合计	2716293.46
债权投资	208401.52	长期借款	2517138.89
长期应收款	230385.97	应付债券	199408.25
长期股权投资	403351.77	长期应付款	86735.08
其他权益工具投资	27828.38	递延收益	546.12
其他非流动金融资产	577580.31	递延所得税负债	103568.95
投资性房地产	88412.50	其他非流动负债	23533.08
固定资产	219505.20	非流动负债合计	2930930.38
在建工程	52118.08	负债合计	5647223.84
无形资产	2587.37	股东权益	
开发支出	606.99	实收资本	1000000.00
商誉		资本公积	2994.99
长期待摊费用	191.51	减：库存股	
递延所得税资产	254539.39	其他综合收益	751.71
其他非流动资产	254847.51	专项储备	
非流动资产合计	2320356.50	盈余公积	57437.47
		一般风险准备	
		未分配利润	-286278.98
		归属于母公司股东权益合计	774905.18
		少数股东权益	832278.71
		股东权益合计	1607183.89
资产总计	7254407.73	负债及所有者权益总计	7254407.73

中原信托有限公司资产负债表

2023 年 单位：万元

项目名称	期末数	项目名称	期末数
流动资产		流动负债	
货币资金	18094.78	短期借款	
应收款项	3707.80	拆入资金	
合同资产		交易性金融负债	
买入返售金融资产		应付职工薪酬	10561.35
持有待售资产		应缴税费	3232.86
发放贷款和垫款	53749.32	应付款项	
金融投资		合同负债	3526.26
交易性金融资产	376993.42	持有待售负债	
债权投资	117646.44	预计负债	2211.23
其他债权投资		长期借款	
其他权益工具投资	130756.06	应付债券	
长期股权投资	283741.13	递延所得税负债	16553.24
投资性房地产	1238.44	其他负债	26670.60
固定资产	30741.95	负债合计	62755.54
在建工程		所有者权益	
无形资产	5173.07	实收资本	468089.68
递延所得税资产	18161.81	资本公积	252356.54
其他资产	43555.05	减：库存股	
		其他综合收益	-1648.36
		盈余公积	59813.70
		一般风险准备	30130.04
		未分配利润	212062.13
		所有者权益合计	1020803.73
资产总计	1083559.27	负债及所有者权益总计	1083559.27

百瑞信托有限责任公司资产负债表

2023 年

单位：万元

项目名称	期末数	项目名称	期末数
资产		负债	
库存现金		短期借款	
银行存款	12907.90	拆入资金	
其他货币资金	525.20	交易性金融负债	
拆出资金		衍生金融负债	
交易性金融资产	926210.10	应付款项	
衍生金融资产		预收账款	
买入返售金融资产		合同负债	47.50
应收款项	6135.80	租赁负债	1245.60
预付账款	763.70	应付职工薪酬	2447.20
合同资产		应缴税费	4813.70
发放贷款及垫款	30487.70	长期借款	
抵债资产		应付债券	
债权投资	83639.60	预计负债	9104.50
其他债权投资		递延所得税负债	
其他权益工具投资	81429.50	其他负债	1062.90
长期股权投资	7040.30	负债合计	18721.30
固定资产	9217.80	所有者权益（或股东权益）	
减：累计折旧	6602.90	实收资本（股本）	400000.00
减：固定资产减值准备	8.70	资本公积	7983.90
使用权资产	1189.00	减：库存股	
在建工程		其他综合收益	-28745.50
工程物资		盈余公积	105310.60
固定资产清理		信托赔偿准备金	62957.80
无形资产	2176.30	一般风险准备	17418.60
商誉		未分配利润	607239.30
长期待摊费用	229.50	其中：本年利润	
递延所得税资产	29605.70	外币报表折算差额	
其他资产	5939.60	所有者权益（或股东权益）合计	1172164.80
资产总计	1190886.10	负债及所有者权益（或股东权益）总计	1190886.10

（二）损益表

国家开发银行河南省分行损益表

2023 年　　单位：万元

项目名称	本年累计数
1. 利息净收入	527984.02
1.1 利息收入	2420447.83
1.1.1 存放中央银行利息收入	10.62
1.1.2 同业往来利息收入	23214.09
1.1.3 贷款利息收入	2397223.12
1.1.4 投资利息收入	
1.1.5 系统内往来利息收入	
1.1.6 其他利息收入	
1.2 利息支出	1892463.81
1.2.1 中央银行借款利息收出	
1.2.2 同业往来利息支出	59.00
1.2.3 存款利息支出	13342.83
1.2.4 债券发行利息支出	
1.2.5 系统内往来利息支出	1879061.98
1.2.6 其他利息支出	
2. 手续费及佣金净收入	-4866.68
2.1 手续费及佣金收入	4541.22
2.2 手续费及佣金支出	9407.90
3. 投资收益（损失以“-”号填列）	-501.69
4. 公允价值变动收益	896.44
5. 汇兑收益	-1754.69
6. 资产处置收益（损失以“-”号填列）	79.57
7. 其他业务收入	37371.09
8. 营业支出	36919.37
8.1 业务及管理费	18899.12
其中：工资薪金支出	13028.79
8.2 营业税金及附加	18020.25
8.3 其他营业支出	
9. 营业外净收入	-261.77
9.1 营业外收入	8.98
9.2 营业外支出	270.75
10. 计提资产减值损失前的利润总额	522026.92
减：资产减值损失（转回的金额以“-”号填列）	111492.10
11. 计提资产减值损失后的利润总额	410534.82
12. 少数股东损益	
13. 净利润（净亏损以“-”号填列）	**410534.82**

中国农业发展银行河南省分行损益表

2023 年　　单位：万元

项目名称	本年累计数
一、营业收入	250723.86
（一）利息净收入	241906.25
利息收入	1304259.42
利息支出	1062353.17
（二）手续费及佣金净收入	-1313.84
手续费及佣金收入	19.78
手续费及佣金支出	1333.62
（三）投资收益（损失以“-”号填列）	
（四）净敞口套期收益（损失以“-”号填列）	
（五）公允价值变动收益（损失以“-”号填列）	
（六）汇兑收益（损失以“-”号填列）	50.10
（七）其他业务收入	3321.99
（八）资产处置收益（损失以“-”号填列）	6737.09
（九）其他收益	22.27
二、营业支出	231326.47
（一）营业税金及附加	5982.06
（二）业务及管理费	144069.32
（三）信用减值损失（转回金额以“-”号填列）	80844.42
（四）其他资产减值损失（转回金额以“-”号填列）	
（五）资产减值损失（转回金额以“-”号填列）	
（六）其他业务成本	430.67
三、营业利润（亏损以“-”号填列）	19397.39
加：营业外收入	1459.62
减：营业外支出	244.79
四、利润总额（亏损以“-”号填列）	20612.22
五、净利润（亏损以“-”号填列）	**20612.22**
归属于母公司所有者的净利润	20612.22
少数股东损益	
六、其他综合收益的税后净额	
七、综合收益总额	20612.22

中国进出口银行河南省分行损益表

2023年　　单位：万元

项目名称	本年累计数
一、营业收入	59635.69
（一）利息净收入	55730.91
利息收入	262807.22
利息支出	207076.31
（二）手续费及佣金净收入	1998.14
手续费及佣金收入	2364.53
手续费及佣金支出	366.40
（三）投资收益（损失以“–”号填列）	265.35
其中：对联营企业和合营企业的投资收益	
其中：以摊余成本计量的金融资产终止确认产生的收益（损失以“–”号填列）	–89.37
（四）净敞口套期收益（损失以“–”号填列）	
（五）其他收益	87.87
（六）公允价值变动收益（损失以“–”号填列）	938.42
（七）汇兑收益（损失以“–”号填列）	615.00
（八）其他业务收入	
（九）资产处置收益（损失以“–”号填列）	
二、营业支出	46754.94
（一）营业税金及附加	2095.34
（二）业务及管理费	5264.54
（三）信用减值损失	39395.07
（四）其他资产减值损失	
（五）其他业务成本	
三、营业利润（亏损以“–”号填列）	12880.75
加：营业外收入	
减：营业外支出	17.20
四、利润总额（亏损以“–”号填列）	12863.55
五、净利润（亏损以“–”号填列）	**12863.55**
归属于母公司所有者的净利润	12863.55

中国工商银行股份有限公司河南省分行损益表

2023年　　单位：万元（本外币）

项目名称	本年累计数
1. 利息净收入	2155346
1.1 利息收入	3661178
1.1.1 存放中央银行利息收入	11
1.1.2 同业往来利息收入	
1.1.3 贷款利息收入	2958138
1.1.4 投资利息收入	67921
1.1.4.1 其中：债券投资利息收入	67921
1.1.5 系统内往来利息收入	635108
1.2 利息支出	1505832
1.2.1 中央银行借款利息收出	260
1.2.2 同业往来利息支出	51901
1.2.3 存款利息支出	1453671
2. 手续费及佣金净收入	190946
2.1 手续费及佣金收入	269820
2.2 手续费及佣金支出	78874
3. 投资收益（损失以“–”号填列）	2
其他投资收益	2
4. 公允价值变动收益	305
5. 汇兑收益	–909
6. 资产处置收益（损失以“–”号填列）	1891
7. 其他业务收入	1271
8. 营业支出	691486
8.1 业务及管理费	613889
其中：工资薪金支出	236504
8.2 营业税金及附加	26436
8.3 其他营业支出	51160
9. 营业外净收入	911
9.1 营业外收入	3579
其中：处置抵债资产收入	
9.2 营业外支出	2668
10. 计提资产减值损失前的利润总额	1658278
减：资产减值损失（转回的金额以“–”号填列）	606318
11. 计提资产减值损失后的利润总额	1051960
减：所得税	325611
12. 少数股东损益	
13. 净利润（净亏损以“–”号填列）	**726349**

中国农业银行股份有限公司河南省分行损益表

2023 年　　单位：万元

项目名称	本年累计数
一、营业收入	2508016.35
（一）利息净收入	772329.90
（二）系统内往来净收入	1606960.76
（三）手续费及佣金净收入	122358.03
（四）投资收益	-298.40
（五）公允价值变动损益	3465.04
（六）汇兑损益	2007.99
（七）其他业务收入	450.45
（八）资产处置收益	187.63
（九）其他收益	554.95
二、营业支出	1101573.19
（一）税金及附加	18775.74
（二）业务及管理费	788854.55
（三）信用减值损失	276567.93
（四）其他业务成本	17374.97
（五）非信用其他资产减值损失	
三、营业利润	1406443.16
四、营业外净收入	3024.70
五、利润总额	1409467.86
所得税费用	256350.81

中国银行股份有限公司河南省分行损益表

2023 年　　单位：万元（本外币）

项目名称	本年累计数
一、营业收入	1873778.47
（一）利息净收入	1584840.90
利息收入	4391168.83
利息支出	-2806327.93
（二）手续费及佣金净收入	213006.39
手续费及佣金收入	223579.27
手续费及佣金支出	-10572.88
（三）投资收益	6082.86
其中：对联营企业和合营企业的投资收益	
（四）公允价值变动损益	
（五）汇兑损益	
（六）其他业务收入	69040.32
二、营业支出	-1056299.63
（一）营业税金及附加	-19412.06
（二）业务及管理费	-499556.41
（三）资产减值损失	-460718.23
（四）其他业务成本	-76612.93
三、营业利润	817478.84
加：营业外收入	2808.03
减：营业外支出	-1340.63
四、利润总额	818946.24
减：所得税费用	-298320.52
五、税后利润	520625.72
归属于本行股东的净利润	520625.72

中国建设银行股份有限公司河南省分行损益表

2023 年　　单位：万元（本外币）

项目名称	本年累计数
一、营业收入	2566001.65
（一）利息净收入	2313558.23
利息收入	3931052.62
利息支出	1617494.39
（二）手续费及佣金净收入	255752.17
手续费及佣金收入	320913.67
手续费及佣金支出	65161.51
（三）投资收益（损失以"–"号填列）	–4860.43
其中：对联营企业和合营企业的投资收益	
其中：以摊余成本计量的金融资产终止确认产生的收益	
（四）公允价值变动收益（损失以"–"号填列）	283.22
（五）汇兑收益（损失以"–"号填列）	1360.21
（六）其他业务收入	897.56
（七）资产处置收益（损失以"–"号填列）	–989.30
二、营业支出	1196792.93
（一）营业税金及附加	24421.34
（二）业务及管理费	655660.75
（三）信用减值损失	373764.35
（四）其他资产减值损失	356.15
（五）其他业务成本	142590.33
三、营业利润（亏损以"–"号填列）	1369208.73
加：营业外收入	3692.38
减：营业外支出	15229.55
四、利润总额（亏损总额以"–"号填列）	1357671.55
减：所得税费用	
五、净利润（净亏损以"–"号填列）	1357671.55

交通银行股份有限公司河南省分行损益表

2023 年　　单位：万元

项目名称	本年累计数
一、营业收入	943576.31
（一）利息净收入	752978.57
利息收入	2025735.42
利息支出	1272756.85
（二）手续费及佣金净收入	127412.62
手续费及佣金收入	130459.84
手续费及佣金支出	3047.21
（三）租赁收益	
（四）投资收益	–60.20
（五）公允价值变动收益	2.47
（六）汇兑净收益	4099.90
（七）资产处置收益	398.30
（八）其他业务收入	58744.64
二、营业支出	163014.54
（一）业务及管理费	185195.29
（二）营业税金及附加	9808.19
（三）资产减值损失	–36049.46
（四）其他业务支出	4060.53
三、营业利润	780561.76
加：营业外收入	1943.82
减：营业外支出	160.93
四、利润总额	782344.65
减：所得税	
五、净利润	782344.65
加：年度损益调整	
加：留存利润	
六、利润总额	782344.65

中国邮政储蓄银行股份有限公司河南省分行损益表

2023 年 单位：万元

项目名称	本年累计数
1. 利息净收入	2486451.08
1.1 利息收入	5281760.35
1.1.1 存放中央银行利息收入	51.37
1.1.2 同业往来利息收入	8267.29
1.1.3 贷款利息收入	2063428.20
1.1.4 投资利息收入	
1.1.4.1 其中：债券投资利息收入	
1.1.4.2 其中：特定目的载体投资利息收入	
1.1.5 系统内往来利息收入	3210013.48
1.1.6 其他利息收入	
1.2 利息支出	2795309.27
1.2.1 中央银行借款利息收出	
1.2.2 同业往来利息支出	3922.47
1.2.3 存款利息支出	1599188.67
1.2.4 债券发行利息支出	
1.2.5 系统内往来利息支出	1192198.12
1.2.6 其他利息支出	
2. 手续费及佣金净收入	114204.54
2.1 手续费及佣金收入	290397.23
2.2 手续费及佣金支出	176192.69
3. 投资收益（损失以“–”号填列）	14867.50
3.1 债券投资收益（不含已计入利息收入部分）	
3.2 特定目的载体投资收益（不含已计入利息收入部分）	
3.3 股权投资收益	
3.4 贵金属投资收益	
3.5 其他投资收益	14867.50
4. 公允价值变动收益	
5. 汇兑收益	184.71
6. 资产处置收益（损失以“–”号填列）	
7. 其他业务收入	1906.02
8. 营业支出	1570720.78
8.1 业务及管理费	1556949.11
8.1.1 其中：工资薪金支出	398044.81
8.2 营业税金及附加	13081.88
8.3 其他营业支出	689.79
9. 营业外净收入	–6349.91
9.1 营业外收入	1173.35
9.1.1 其中：处置抵债资产收入	
9.2 营业外支出	7523.26
10. 计提资产减值损失前的利润总额	1040543.16
10.1 减：资产减值损失（转回的金额以“–”号填列）	–88573.70
11. 计提资产减值损失后的利润总额	1129116.86
11.1 减：所得税	–60988.91
12. 少数股东损益	
13. 净利润（净亏损以“–”号填列）	**1190105.77**

中信银行股份有限公司郑州分行损益表

2023 年 单位：万元

项目名称	本年累计数
一、营业收入	539563.41
（一）利息净收入	518770.57
利息收入	922096.19
利息支出	–403325.62
（二）手续费及佣金净收入	54576.50
手续费及佣金收入	57455.68
手续费及佣金支出	–2879.18
（三）投资收益 /（损失）	10938.48
（四）公允价值变动收益 /（损失）	
（五）汇兑收益 /（损失）	2128.27
（六）系统内往来收支	–47186.16
（七）资产处置收益	–88.33
（八）其他业务损益	424.06
二、营业支出	–400001.18
（一）营业税金及附加	–7354.79
（二）业务及管理费	–216369.89
（三）资产减值损失	–176276.50
（四）其他业务成本	
三、营业利润	139562.22
加：营业外收入	1929.45
减：营业外支出	–655.55
四、利润总额	140836.12
减：所得税费用	–31560.64
五、净利润	**109275.48**

广发银行股份有限公司郑州分行损益表

2023 年　　单位：万元

项目名称	本年累计数
一、营业收入	160490.90
利息净收入	145111.91
利息收入	511311.72
利息支出	366199.81
手续费及佣金净收入	12562.98
手续费及佣金收入	15459.93
手续费及佣金支出	2896.95
投资收益（损失以“–”号填列）	1665.56
其中：对联营企业和合营企业的投资收益	
以摊余成本计量的金融资产终止确认产生的收益（损失以“–”号填列）	
公允价值变动收益（损失以“–”号填列）	–107.51
汇兑收益（损失以“–”号填列）	925.64
净敞口套期收益（损失以“–”号填列）	
其他业务收入	278.97
资产处置收益	15.30
其他收益	38.05
二、营业支出	11773.22
税金及附加	2489.15
业务及管理费	69194.88
信用减值损失	–59910.84
其他资产减值损失	
其他业务成本	0.03
三、营业利润（损失以“–”号填列）	148717.68
加：营业外收入	240.98
减：营业外支出	672.10
加：以前年度损益调整	
加：外币损益折算差	
四、利润总额（亏损总额以“–”号填列）	148286.56
减：所得税费用	
五、净利润（净亏损以“-”号填列）	**148286.56**
六、每股收益	
七、其他综合收益	2082.82
（一）不能重分类进损益的其他综合收益	1306.76
1. 重新计量设定受益计划的其他综合收益	
2. 权益法下不能转损益的其他综合收益	
3. 其他权益工具投资公允价值变动	1306.76
4. 企业自身信用风险公允价值变动	
（二）将重分类进损益的其他综合收益	776.06
1. 权益法下可转损益的其他综合收益	
2. 其他债权投资公允价值变动	206.22
3. 金融资产重分类计入其他综合收益的金额	
4. 其他债权投资信用减值准备	569.84
八、综合收益总额	150369.38

中国光大银行股份有限公司郑州分行损益表

2023 年　　单位：万元

项目名称	本年累计数
一、营业收入	306181.01
（一）利息净收入	280259.46
利息收入	486227.58
利息支出	224022.87
金融企业往来收入	129745.47
金融企业往来支出	111690.72
手续费及佣金净收入	23213.48
（二）手续费及佣金收入	24324.52
手续费及佣金支出	1111.04
（三）投资收益	590.91
（四）公允价值变动收益	1321.98
（五）汇兑收益	419.45
（六）其他收益	349.94
二、营业支出	425635.84
（一）营业税金及附加	4919.20
（二）业务管理费用	70968.98
（三）资产减值损失	348079.40
（四）其他业务成本	1668.27
三、营业利润	–119454.83
加：营业外收入	69.59
减：营业外支出	442.79
四、利润总额	–119828.04
减：所得税	6659.17
五、净利润	–126487.21

上海浦东发展银行股份有限公司郑州分行损益表

2023 年　单位：万元（本外币）

项目名称	本年累计数
一、营业收入	499596.34
加：利息收入	942719.98
减：利息支出	483737.44
利息净收入	458982.54
加：手续费及佣金收入	50789.69
减：手续费及佣金支出	21242.08
手续费及佣金净收入	29547.61
投资损益	7985.70
公允价值变动损益	1677.82
汇兑损益	1574.13
其他业务收入	29.31
资产处置损益	-328.14
其他收益	127.36
二、营业支出	757495.59
营业税金及附加	7175.66
业务及管理费	117371.87
信用减值损失	632517.26
其他资产减值损失	327.63
其他业务成本	103.17
三、营业利润	-257899.25
加：营业外收入	232.80
减：营业外支出	954.25
四、利润总额	-258620.70
五、净利润	**-258620.70**

招商银行股份有限公司郑州分行损益表

2023 年　单位：万元

项目名称	本年累计数
一、营业收入	234898.50
利息收入	356141.93
利息支出	-163707.00
利息净收入	192434.93
手续费及佣金收入	28668.05
手续费及佣金支出	-1295.01
手续费及佣金净收入	27373.04
公允价值变动净收益	619.11
投资净收益	11818.70
其中：对合营公司投资收益	
其中：对联营公司投资收益	
汇兑净收益	1229.03
其他业务收入	1423.69
其他净收入	15090.53
二、营业支出	-116046.55
营业税金及附加	-3650.31
业务及管理费	-111535.28
其他业务成本	-860.97
三、营业利润	118851.95
加：营业外收入	163.82
减：营业外支出	-112.80
扣除信用减值损失前利润	118902.96
减：信用减值损失	-38253.31
四、利润总额	80649.65
减：所得税费用	-20706.42
五、净利润	**59943.23**
本期其他综合收益	1094.11
外币报表折算差额	
投资重估储备	1094.11
套期储备	
本期综合收益总额	61037.34

兴业银行股份有限公司郑州分行损益表

2023 年　　单位：万元

项目名称	本年累计数
一、利息收入	473064.29
金融往来收入	114853.77
中间业务收入	21977.45
其他营业收入	
汇兑损益	326.14
投资收益	9353.29
价值变动损益	-3516.61
营业外收入	180.32
资产处置收益	117.24
其他收益	67.17
收入合计	616423.07
二、利息支出	204219.61
金融企业往来支出	131519.94
手续费支出	10034.36
业务及管理费	88850.56
税金及附加	3441.14
其他营业支出	556.13
资产损失	145669.02
营业外支出	214.04
支出合计	584504.8
三、以前年度损益调整	
四、利润总额	31918.27
减：所得税	
五、净利润	**31918.27**

中国民生银行股份有限公司郑州分行损益表

2023 年　　单位：万元

项目名称	本年累计数
一、营业收入	267152.88
（一）利息净收入	146760.81
利息收入	451647.78
利息支出	304886.97
（二）手续费及佣金净收入	8380.80
手续费及佣金收入	12011.52
手续费及佣金支出	3630.73
（三）投资收益（损失以“-”号填列）	7984.88
其中：以摊余成本计量的金融资产终止确认产生的收益（损失以“-”号填列）	
（四）其他收益	166.28
（五）公允价值变动收益（损失以“-”号填列）	176.32
（六）汇兑收益（损失以“-”号填列）	108.66
（七）其他业务收入	103575.14
（八）资产处置收益（损失以“-”号填列）	
二、营业支出	86185.00
（一）营业税金及附加	3045.92
（二）业务及管理费	96206.88
（三）信用减值损失	-13067.81
（四）其他资产减值损失	
（五）其他业务成本	0.01
三、营业利润（亏损以“-”号填列）	180967.88
加：营业外收入	546.03
减：营业外支出	396.48
四、利润总额（亏损总额以“-”号填列）	181117.44
减：所得税费用	
五、净利润（净亏损以“-”号填列）	**181117.44**

华夏银行股份有限公司郑州分行损益表

2023年　　单位：万元（本外币）

项目名称	本年累计数
一、营业收入	204702.55
（一）利息净收入	189066.11
利息收入	260921.77
利息支出	71855.66
（二）手续费及佣金净收入	11786.03
手续费及佣金收入	22548.28
手续费及佣金支出	10762.25
（三）投资收益	1913.97
（四）汇兑收益	1901.32
（五）资产处置损益	35.11
二、营业支出	173331.45
（一）营业税金及附加	2130.62
（二）业务及管理费	70330.04
（三）资产减值损失	
（四）信用减值损失	100841.86
（五）其他业务成本	28.93
三、营业利润	31371.10
加：营业外收入	285.33
减：营业外支出	143.68
四、利润总额	31512.75
减：所得税费用	10138.03
五、净利润	21374.72

平安银行股份有限公司郑州分行损益表

2023年　　单位：万元（本外币）

项目名称	本年累计数
一、营业收入	211902.30
利息净收入	170243.74
利息收入	480263.88
信贷业务利息收入	286423.74
金融企业往来利息收入	193840.14
金融投资利息收入	
其他利息收入	
利息支出	310020.14
存款业务利息支出	108261.24
金融企业往来利息支出	201758.89
发行债券利息支出	
其他	
手续费及佣金净收入	23686.25
手续费及佣金收入	24035.90
手续费及佣金支出	349.65
其他营业收入	17972.31
投资收益	17233.34
公允价值变动损益	
汇兑损益	681.39
其他业务收入	-50.82
资产处置收益	-20.65
其他收益	129.05
二、营业支出	58319.89
营业税金及附加	2209.38
业务及管理费	56110.51
三、准备前营业利润	153582.41
资产减值损失	128446.24
四、营业利润	25136.17
加：营业外收入	50.29
减：营业外支出	135.66
五、利润总额	25050.80
减：营业外支出	
六、净利润	25050.80
归属于母公司所有者的净利润	25050.80

恒丰银行股份有限公司郑州分行损益表

2023 年　　单位：万元

项目名称	本年累计数
一、营业收入	78561.95
（一）利息净收入	69143.28
利息收入	132302.90
利息支出	63159.61
（二）手续费及佣金净收入	7779.79
手续费及佣金收入	8210.12
手续费及佣金支出	430.33
（三）投资收益	1136.17
（四）公允价值变动收益	95.62
（五）汇兑收益	6.91
（六）其他业务收入	
（七）其他收益	400.18
（八）资产处置损益	
二、营业支出	37949.62
（一）营业税金及附加	1359.41
（二）业务及管理费	19229.86
（三）信用减值损失	17068.76
（四）其他资产减值损失	291.59
（五）其他业务成本	
三、营业利润	40612.33
加：营业外收入	1.34
减：营业外支出	113.63
四、利润总额	40500.04
减：所得税费用	
五、净利润	40500.04

渤海银行股份有限公司郑州分行损益表

2023 年　　单位：万元

项目名称	本年累计数
一、营业收入	43352.21
利息净收入	38837.85
存贷款利息净收入	90818.11
其中：贷款利息收入	123963.65
存款利息支出	33145.54
金融机构往来利息净收入	–51980.26
其中：金融机构往来利息收入	59127.39
金融机构往来利息支出	111107.65
债券投资利息收入	
其他投资利息收入	
发行债券利息支出	
其他利息支出	
手续费及佣金净收入	3570.45
手续费及佣金收入	3884.84
手续费及佣金支出	314.39
投资损益	969.85
其他收益	
公允价值变动损益	
汇兑损益	–25.94
其他业务收入	
资产处置损益	
二、营业支出	13285.42
营业税金及附加	538.09
业务及管理费	12663.50
其中：人工费用	7488.70
业务费用	2825.29
折旧费用	2349.51
其他业务成本	83.83
三、扣除资产减值损失前营业利润	30066.79
减：信用减值损失	67.59
其他资产减值损失	
四、扣除资产减值损失后营业利润	29999.21
加：营业外净收入	–6.82
其中：营业外收入	10.35
营业外支出	17.17
五、利润总额	29992.39
减：所得税费用	3.74
六、净利润	29988.65

浙商银行股份有限公司郑州分行损益表

2023 年　　单位：万元（本外币）

项目名称	本年累计数
一、营业收入	101579.20
（一）利息净收入	84813.50
利息收入	145129.30
利息支出	60315.80
（二）手续费及佣金净收入	7486.50
手续费及佣金收入	9552.80
手续费及佣金支出	2066.30
（三）投资收益（损失以“–”号填列）	7326.70
（四）公允价值变动收益（损失以“–”号填列）	
（五）汇兑收益（损失以“–”号填列）	1517.80
（六）其他业务收入	434.60
（七）资产处置收益	
（八）其他收益	
二、营业支出	29986.40
（一）业务及管理费	19367.50
（二）资产减值损失	2.00
（三）信用减值损失	8976.00
（四）营业税金及附加	1640.90
（五）其他业务成本	
三、营业利润	71592.80
加：营业外收入	160.60
减：营业外支出	112.50
加：以前年度损益调整	
四、利润总额	71640.90
减：所得税费用	906.90
五、净利润	70734.00

汇丰银行（中国）有限公司郑州分行损益表

2023 年　　单位：万元

项目名称	本年累计数
一、营业收入	11576.06
利息收入	10622.74
金融机构往来利息收入	3269.73
系统内往来利息收入	3264.97
联行往来利息收入	
手续费收入	838.92
租赁收入	
汇兑收益	110.61
其他营业收入	3.79
二、营业支出	6602.26
利息支出	5747.13
金融机构往来利息支出	4697.17
系统内往来利息支出	4697.01
联行往来利息支出	
手续费支出	1.11
营业费用	1224.46
汇兑损失	
其他营业支出	–370.44
三、营业税金及附加	72.12
四、营业利润	4901.68
加：投资收益	
加：营业外收入	0.32
减：营业外支出	
加或减：以前年度损益调整	
五、利润总额	4902.00

东亚银行（中国）有限公司郑州分行损益表

2023 年　　单位：万元

项目名称	本年累计数
1. 利息净收入	1094.49
1.1 利息收入	4066.85
1.1.1 存放中央银行利息收入	52.45
1.1.2 同业往来利息收入	2094.69
1.1.3 贷款利息收入	1919.71
1.1.4 投资利息收入	
1.1.4.1 其中：债券投资利息收入	
1.1.4.2 其中：特定目的载体投资利息收入	
1.1.5 其他利息收入	
1.2 利息支出	2972.36
1.2.1 中央银行借款利息支出	
1.2.2 同业往来利息支出	1657.54
1.2.3 存款利息支出	1314.82
1.2.4 债券发行利息支出	
1.2.5 其他利息支出	
2. 手续费及佣金净收入	425.03
2.1 手续费及佣金收入	427.17
2.2 手续费及佣金支出	2.14
3. 投资收益（损失以“–”号填列）	21.10
3.1 债券投资收益（不含已计入利息收入部分）	
3.2 特定目的载体投资收益（不含已计入利息收入部分）	
3.3 股权投资收益	
3.4 贵金属投资收益	
3.5 其他投资收益	21.10
4. 公允价值变动收益	98.50
5. 汇兑收益	11.40
6. 资产处置收益（损失以“–”号填列）	–2.15
7. 其他业务收入	
8. 营业支出	993.88
8.1 业务及管理费	977.16
其中：工资薪金支出	486.17
8.2 营业税金及附加	16.72
8.3 其他营业支出	
9. 营业外净收入	0.69
9.1 营业外收入	0.69
其中：处置抵债资产收入	
9.2 营业外支出	
10. 计提资产减值损失前的利润总额	655.18
减：资产减值损失（转回的金额以“–”号填列）	–772.40
11. 计提资产减值损失后的利润总额	1427.58
减：所得税	163.16
12. 少数股东损益	
13. 净利润（净亏损以“–”号填列）	**1264.42**

渣打银行（中国）有限公司郑州分行损益表

2023 年　　单位：万元

项目名称	本年累计数
一、营业收入	2398.67
利息收入	2283.70
金融机构往来利息收入	1.91
系统内往来利息收入	569.35
联行往来利息收入	
手续费收入	91.06
租赁收入	
汇兑收益	13.02
其他营业收入	10.90
二、营业支出	1048.70
利息支出	453.31
金融机构往来利息支出	
系统内往来利息支出	225.64
联行往来利息支出	
手续费支出	1.61
营业费用	593.78
汇兑损失	
其他营业支出	
三、营业税金及附加	13.74
四、营业利润	1336.23
加：投资收益	
加：营业外收入	
减：营业外支出	
加或减：以前年度损益调整	
五、利润总额	1336.23

河南农商联合银行损益表

2023 年　　单位：万元

项目名称	本年累计数
一、营业收入	8839604.77
利息收入	7432703.44
金融机构往来收入	1050716.88
手续费及佣金收入	63114.50
其他业务收入	56120.49
汇兑损益	436.91
公允价值变动损益	–5855.07
投资收益	242182.65
资产处置损益	–15171.21
其他收益	15356.18
二、营业支出	8589059.28
利息支出	4841566.82
金融机构往来支出	551358.32
手续费及佣金支出	87148.76
业务及管理费	1826771.54
其他业务支出	914.07
营业税金及附加	58833.58
其他资产减值损失	20154.97
信用减值损失	1202311.23
三、营业利润（净亏损以“–”号填列）	250545.49
加：营业外收入	12222.98
减：营业外支出	25687.94
四、利润总额（净亏损以“–”号填列）	237080.53
减：所得税费用	218950.12
1. 当期所得税费用	219858.75
2. 递延所得税费用	–908.63
五、净利润（净亏损以“–”号填列）	**18130.41**
盈余社数（个）	121
盈余金额	311896.64
亏损社数（个）	16
亏损金额	293766.23
六、其他综合收益	14165.12
七、综合收益总额	32295.53

中原银行股份有限公司损益表

2023 年　　单位：万元

项目名称	本年累计数
一、营业收入	
利息收入	5070505.90
利息支出	–2844205.20
利息净收入	2226300.70
手续费及佣金收入	268063.00
手续费及佣金支出	–136211.00
手续费及佣金净收入	131852.00
投资收益	120416.70
其中，对合营企业投资收益	19524.10
以摊余成本计量的金融资产终止确认收益	28436.90
公允价值变动净损失	110953.50
汇兑净收益	8589.80
其他业务收入	3325.80
其他收益	25198.00
二、资产处置收益	3604.10
营业收入合计	2630240.60
税金及附加	–37025.70
业务及管理费	–1017717.80
资产减值损失	–1255978.10
其他业务成本	352.80
营业支出合计	–2311074.40
三、营业利润	319166.20
加：营业外收入	7654.30
减：营业外支出	–31111.60
四、利润总额（净亏损以“–”号填列）	295708.90
减：所得税费用	24923.80
五、净利润（净亏损以“–”号填列）	**320632.70**
少数股东损益	–1463.90
归属于本行股东的净利润	322096.60
其他综合收益 – 税后净额	82746.60
– 以后可以重分类入损益的 OCI	
以公允价值计量且变动计入其他综合收益的资产公允价值变动净额	53353.70
以公允价值计量且变动计入其他综合收益的资产减值准备	31335.00
– 以后不得重分类入损益的 OCI	–1942.10
少数股东 OCI	969.30
六、综合收益总额	404348.60
归属于本行股东的综合收益总额	404843.20
归属于少数股东的综合收益总额	–494.60

郑州银行股份有限公司损益表

2023 年　　单位：万元

项目名称	本年累计数
一、营业收入	2455296.97
利息收入	2252015.03
手续费及佣金收入	73427.42
其他营业收入	385.28
其他收益	3913.91
汇兑损益	-710.26
投资收益	105612.72
公允价值变动损益	19627.23
资产处置收益（损失以"-"号填列）	1025.64
二、营业支出	2206742.06
利息支出	1200925.95
手续费支出	28412.41
业务及管理费	340250.92
资产减值损失	622876.94
营业税金及附加	14275.84
其他业务成本	
三、营业利润	248554.91
加：营业外收入	336.84
减：营业外支出	319.94
四、利润总额	248571.80
减：所得税费用	10078.26
五、净利润	**238493.54**

中原证券股份有限公司损益表

2023 年　　单位：万元

项目名称	本年累计数
一、营业总收入	196801.66
利息净收入	12606.85
其中：利息收入	81345.69
利息支出	68738.84
手续费及佣金净收入	74598.83
其中：经纪业务手续费净收入	53186.21
投资银行业务手续费净收入	9194.40
资产管理业务手续费净收入	4870.15
投资收益（损失以"-"号填列）	87317.75
其中：对联营企业和合营企业的投资收益	-2317.39
其他收益	1819.52
公允价值变动收益（损失以"-"号填列）	-9665.65
汇兑收益（损失以"-"号填列）	38.78
其他业务收入	30081.58
资产处置收益（损失以"-"号填列）	4.01
二、营业总支出	175874.41
税金及附加	1115.44
业务及管理费	138159.74
信用减值损失	5503.66
其他资产减值损失	1304.42
其他业务成本	29791.15
三、营业利润（亏损以"-"号填列）	20927.24
加：营业外收入	626.92
减：营业外支出	329.30

续表

四、利润总额（亏损总额以“–”号填列）	21224.86
减：所得税费用	1002.48
五、净利润（净亏损以“–”号填列）	20222.38
1. 持续经营净利润（净亏损以“–”号填列）	20222.38
2. 终止经营净利润（净亏损以“–”号填列）	
1. 归属于母公司股东的净利润（净亏损以“–”号填列）	21160.16
2. 少数股东损益（净亏损以“–”号填列）	–937.77
六、其他综合收益的税后净额	77.18
归属母公司所有者的其他综合收益的税后净额	77.18
（一）不能重分类进损益的其他综合收益	
（二）将重分类进损益的其他综合收益	77.18
1. 权益法下可转损益的其他综合收益	–395.26
2. 其他债权投资公允价值变动	4230.78
3. 金融资产重分类计入其他综合收益的金额	
4. 其他债权投资信用损失准备	–4495.02
5. 现金流量套期储备	
6. 外币财务报表折算差额	736.68
七、综合收益总额	20299.56
归属于母公司所有者的综合收益总额	21237.34
归属于少数股东的综合收益总额	–937.77
八、每股收益	
（一）基本每股收益（元/股）	0.05
（二）稀释每股收益（元/股）	0.05

中国出口信用保险公司河南分公司损益表

2023 年　　　　单位：万元

项目名称	本年累计数
一、营业收入	–22357.68
已赚保费	–17149.85
保险业务收入	16056.21
其中：分保费收入	
减：分出保费	4586.42
提取未到期责任准备金	28619.64
投资收益	
公允价值变动收益	
汇兑收益	–5542.85
其他业务收入	326.29
其中：利息收入	0.42
信息咨询收入	130.71
其他收益	8.73
二、营业支出	–13719.66
赔付支出	42155.1
减：追偿收入	2608.33
摊回赔付支出	2624.37
提取未决赔款准备金	–54646.25
减：摊回未决赔款准备金	–4442.53
分保费用	
营业税金及附加	19.24
手续费及佣金支出	
业务及管理费	1729.39
减：摊回分保费用	1897.08
其他业务支出	56.46
其中：利息支出	10.11
信息咨询支出	46.35
资产减值损失	–346.34
三、营业利润	–8638.02
加：营业外收入	2.8
减：营业外支出	0.21
四、利润总额	–8635.43
减：所得税费用	73.98
五、净利润	–8709.42

中国人民财产保险股份有限公司河南省分公司损益表

2023 年　　单位：万元

项目名称	本年累计数
一、营业收入	1489680.94
已赚保费	1497641.95
保险业务收入	1649950.11
其中：分保费收入	
减：分出保费	98246.14
提取未到期责任准备金	54062.01
投资收益（损失以“–”号填列）	–54.08
其中：对联营企业和合营企业的投资收益	
公允价值变动收益（损失以“–”号填列）	–7543.69
汇兑收益（损失以“–”号填列）	–61.14
其他业务收入	–631.00
资产处置收益	–32.99
其他收益	361.88
二、营业支出	1410161.41
赔付总支出	1136250.91
减：摊回赔付支出	89204.23
提取未决赔款准备金	–40631.56
减：摊回分保未决赔款准备金	–18237.29
保单红利支出	
分保费用	
营业税金及附加	7527.71
手续费支出	163522.00
业务及管理费	253917.54
减：摊回分保费用	27118.00
其他业务成本	1917.96
资产减值损失	–14258.20
三、营业利润（亏损以“–”号填列）	79519.53
加：营业外收入	2373.28
减：营业外支出	1253.98
四、利润总额（亏损以“–”号填列）	80638.83
五、净利润（净亏损以“–”号填列）	**80638.83**

中国平安财产保险股份有限公司河南分公司损益表

2023 年　　单位：万元

项目名称	本年累计数
一、营业收入	1129405.40
已赚保费	1127610.50
保险业务收入	1090895.40
其中：分保费收入	
减：分出保费	47587.50
提取未到期责任准备金	–84302.60
利息收入	6.10
手续费及佣金净收入	
手续费及佣金收入	
手续费及佣金支出	
投资收益 /（损失）	
其中：对联营企业和合营企业的投资收益	118.70
公允价值变动收益 /（损失）	
汇兑收益 /（损失）	
其他业务收入	–53.80
二、营业支出	1724.00
退保金	1217486.70
赔付支出	
减：摊回赔付支出	952428.40
提取保费准备金	37301.90
提取保险责任准备金	1213.60
减：摊回保险责任准备金	–26121.00
保单红利支出	–5927.60
分保费用	
营业税金及附加	
保险业务手续费及佣金支出	4117.90
业务及管理费	138314.20
减：摊回分保费用	172957.20
其他业务成本	10932.00
利息支出	1207.00
资产减值损失	15675.80
三、营业利润	–88081.30
加：营业外收入	377.00
减：营业外支出	2743.00
四、利润总额	–90447.30
减：所得税费用	
五、净利润	**–90447.30**

永安财产保险股份有限公司河南分公司损益表

2023 年　　单位：万元

项目名称	本年累计数
一、营业收入	56710.19
1. 已赚保费	56689.6
保险业务收入	58667.12
保费收入	58667.12
分保费收入	
分出保费	2494.35
提取未到期责任准备金	–516.83
2. 投资净收益	8.22
3. 公允价值变动净收益	
4. 汇兑净收益	–0.01
5. 其他业务收入	13.4
其中：利息收入	–1.02
二、营业支出	
1. 赔付总支出	56619.32
其中：赔款支出	41256.81
分保赔款支出	41256.81
减：摊回赔付支出	
2. 提取保险责任准备金	2273.77
减：摊回保险责任准备金	–1960.33
3. 提取保费准备金	–821.22
4. 手续费及佣金支出	–375.9
5. 分保费用	7223.17
6. 退保金	
7. 保单红利支出	
8. 营业税金及附加	
9. 业务及管理费	302.74
减：摊回分保费用	12282.01
10. 其他业务支出	680.9
其中：利息支出	24.27
11. 资产减值损失	
三、营业利润	90.86
其中：承保利润	95.26
加：营业外收入	4.12
减：营业外支出	247.17
四、利润总额	–152.19
减：所得税费用	
五、净利润	–152.19

中国大地财产保险股份有限公司河南分公司损益表

2023 年　　单位：万元

项目名称	本年累计数
一、营业收入	164167.02
已赚保费	164022.00
保险业务收入	178067.33
分保费收入	
减：分出保费	13416.39
提取未到期责任准备金	628.94
投资收益（损失以“–”号填列）	–7.76
其中：对联营企业和合营企业的投资收益	
公允价值变动收益（损失以“–”号填列）	
汇兑收益（损失以“–”号填列）	10.68
其他业务收入	73.68
资产处置收益（损失以“–”号填列）	–6.51
其他收益	74.93
二、营业支出	164618.02
退保金	
赔付支出	125486.57
减：摊回赔付支出	7641.09
提取保险责任准备金	2376.30
减：摊回保险责任准备金	2275.75
提取保费准备金	0.21
保单红利支出	
分保费用	
税金及附加	924.50
手续费及佣金支出	18145.02
业务及管理费	31530.73
减：摊回分保费用	4917.83
其他业务成本	42.16
资产减值损失	947.20
三、营业利润（亏损以“–”号填列）	–451.00
加：营业外收入	1.92
减：营业外支出	47.73
四、利润总额（亏损总额以“–”号填列）	–496.81
减：所得税费用	
五、净利润（净亏损以“–”号填列）	–496.81
六、其他综合收益（损失以“–”号填列）	
七、综合收益总额（损失以“–”号填列）	–496.81

华安财产保险股份有限公司河南分公司损益表

2023 年　　单位：万元

项目名称	本年累计数
一、营业收入	122732.71
已赚保费	122219.89
保险业务收入	122953.65
其中：分保费收入	
减：分出保费	570.75
提取未到期责任准备金	163.01
投资收益（损失以“–”号填列）	
其中：对联营企业和合营企业的投资收益	
公允价值变动收益（损失以“–”号填列）	–43.33
汇兑收益（净损失以“–”号填列）	2.51
其他业务收入	503.36
其他收益	50.28
二、营业支出	133538.10
退保金	
赔付支出	101950.71
减：摊回赔付支出	38.40
提取保险责任准备金	–6327.44
减：摊回保险责任准备金	–2929.35
保单红利支出	
分保费用	
营业税金及附加	889.89
手续费及佣金支出	16514.14
业务及管理费	17560.31
其中：营业费用	17560.31
减：摊回分保费用	148.30
其他业务成本	195.09
资产减值损失	12.75
三、营业利润（亏损以“–”号填列）	–10805.39
加：营业外收入	47.94
减：营业外支出	880.32
四、利润总额（亏损总额以“–”号填列）	–11637.77
减：所得税费用	–20.43
五、净利润（净亏损以“–”号填列）	–11617.34

都邦财产保险股份有限公司河南分公司损益表

2023 年　　单位：万元

项目名称	本年累计数
一、保险业务收入	22234.75
1. 保费收入	22218.50
2. 分保费收入	
3. 追偿款收入	
4. 其他业务收入	16.25
二、保险业务支出	19206.86
1. 死伤医疗给付	
2. 满期给付	
3. 年金给付	
4. 退保金	
5. 赔款支出	10156.30
减：摊回分保赔款	66.75
6. 分出保费	147.86
7. 分保赔款支出	
8. 分保费用支出	
9. 手续费及佣金支出	2232.80
10. 佣金支出	
11. 营业税金及附加	183.15
12. 营业费用	6582.98
减：摊回分保费用	30.34
13. 其他业务成本	0.85
三、准备金提转差	1639.95
1. 提存未决赔款准备金	832.83
减：转回未决赔款准备金	14.55
2. 提存未到期责任准备金	821.67
3. 提存寿险责任准备金	
4. 提存长期健康险责任准备金	
四、营业利润	1387.94
加：营业外收入	0.54
减：营业外支出	3.00
五、利润总额	1385.48
六、净利润	1385.48

渤海财产保险股份有限公司河南分公司损益表

2023 年　　单位：万元

项目名称	本年累计数
一、保险业务收入	35771.23
1. 保费收入	35549.36
2. 分保费收入	
3. 追偿款收入	221.87
二、保险业务支出	36087.02
1. 赔款支出	24864.72
减：摊回分保赔款	5668.55
2. 分出保费	7585.18
3. 分保赔款支出	
4. 分保费用支出	
5. 手续费及佣金支出	3620.78
6. 营业税金及附加	189.75
减：摊回分保税金	
7. 营业费用	8396.93
减：摊回分保费用	3181.32
8. 提取保险保障基金	279.53
三、准备金提转差	–1348.12
1. 提存未决赔款准备金	–1443.54
其中：提存已发生未报案	
减：转回未决赔款准备金	–498.35
其中：转回已发生未报案	
2. 提存未到期责任准备金	–402.93
减：转回未到期责任准备金	
3. 提存长期责任准备金	
减：转回长期责任准备金	
4. 提存保费不足准备金	
减：转回保费不足准备金	
四、承保利润	1032.33
加：投资收益	0.68
利息收入	
买入返售证券收入	
其他收入	111.29
汇兑收益	
减：利息支出	
其中：保户红利支出	
风险保费支出	
卖出回购证券利息支出	
其他支出	69.04
五、营业利润	1075.27
加：营业外收入	13.77
减：营业外支出	20.92
六、利润总额	1068.13
七、净利润	1068.13

中国人寿财产保险股份有限公司河南省分公司损益表

2023 年　　单位：万元

项目名称	本年累计数
一、营业收入	623866.69
已赚保费	617167.74
保险业务收入	694993.71
其中：分保费收入	
减：分出保费	57948.66
提取未到期责任准备金	19877.32
管理费收入（养老）	
投资收益（损失以“–”号填列）	–364.07
其中：对联营企业和合营企业的投资收益	
公允价值变动收益（损失以“–”号填列）	–6.00
汇兑收益（损失以“–”号填列）	–4.66
其他业务收入	7073.69
二、营业支出	617155.42
退保金	
赔付支出	520868.03
减：摊回赔付支出	63725.71
提取未决赔款准备金	–60751.97
减. 摊回未决赔款准备金	–38484.40
提取寿险责任准备金	
减：摊回寿险责任准备金	
提取长期健康险责任准备金	
减：摊回长期健康险责任准备金	
保单红利支出	
分保费用	
营业税金及附加	3633.63
手续费及佣金支出	75829.43
营销费用（养老）	
业务及管理费	117412.79
减：摊回分保费用	14465.54
其他业务成本	1695.10
资产减值损失	–1824.72
三、营业利润（亏损以“–”号填列）	6711.27
加：营业外收入	843.76
减：营业外支出	261.81
四、利润总额（亏损总额以“–”号填列）	7293.22
减：所得税费用	644.84
五、净利润（净亏损以“–”号填列）	6648.38

永诚财产保险股份有限公司河南分公司损益表

2023 年　　单位：万元

项目名称	本年累计数
一、营业收入	15891.29
已赚保费	15727.91
保险业务收入	17871.16
其中：分保费收入	
减：分出保费	4300.81
提取未到期责任准备金	-2157.56
投资收益（损失以“-”号填列）	
其中：对联营企业和合营企业的投资收益	
公允价值变动收益（损失以“-”号填列）	
汇兑收益（损失以“-”号填列）	-0.74
其他业务收入	163.92
资产处置收益（损失以“-”号填列）	0.20
二、营业支出	15619.57
退保金	
赔付支出	11834.37
减：摊回赔付支出	1395.12
提取保险责任准备金	2250.33
减：摊回保险责任准备金	1645.91
提取保费准备金	
保单红利支出	
分保费用	
营业税金及附加	83.44
手续费及佣金支出	2243.84
业务及管理费	3869.56
减：摊回分保费用	1582.22
财务费用	8.87
其他业务成本	44.72
资产减值损失	-92.30
三、营业利润（亏损以“-”号填列）	271.73
加：其他收益	4.22
加：营业外收入	3.26
减：营业外支出	
四、利润总额（亏损总额以“-”号填列）	279.20
减：所得税费用	
五、净利润（净亏损以“-”号填列）	279.20

中银保险有限公司河南分公司损益表

2023 年　　单位：万元

项目名称	本年累计数
一、保险业务收入	20404.78
1. 保费收入	20358.94
2. 分保费收入	
3. 追偿款收入	
4. 其他业务收入	45.84
二、保险业务支出	19724.04
1. 死伤医疗给付	
2. 满期给付	
3. 年金给付	
4. 退保金	
5. 赔款支出	15527.66
减：摊回分保赔款	2335.43
6. 分出保费	1387.50
7. 分保赔款支出	
8. 分保费用支出	
9. 手续费及佣金支出	2427.37
10. 佣金支出	
11. 营业税金及附加	57.42
12. 营业费用	3040.97
减：摊回分保费用	389.61
13. 其他业务成本	8.14
三、准备金提转差	-983.36
1. 提存未决赔款准备金	-5230.05
减：转回未决赔款准备金	-2835.08
2. 提存未到期责任准备金	1411.61
3. 提存寿险责任准备金	
4. 提存长期健康险责任准备金	
四、营业利润	1664.10
加：营业外收入	7.09
减：营业外支出	0.74
五、利润总额	1670.45
六、净利润	1242.24

安诚财产保险股份有限公司河南分公司损益表

2023 年　　单位：万元

项目名称	本年累计数
一、保险业务收入	12967.10
1. 保费收入	12967.10
2. 分保费收入	
3. 追偿款收入	
二、保险业务支出	13667.50
1. 赔款支出	8503.60
减：摊回分保赔款	120.30
2. 分出保费	579.60
3. 分保赔款支出	
4. 分保费用支出	
5. 手续费及佣金支出	1443.20
6. 营业税金及附加	87.70
7. 营业费用	3256.70
分保费用	186.70
8. 提取保险保障基金	103.70
三、准备金提转差	−1476.40
1. 提存未决赔款准备金	333.80
其中：提存已发生未报案	219.50
减：转回未决赔款准备金	337.00
其中：转回已发生未报案	217.70
2. 提存未到期责任准备金	−1473.30
减：转回未到期责任准备金	
3. 提存长期责任准备金	
4. 提存保费不足准备金	
四、承保利润	776.10
加：投资收益	
利息收入	0.10
买入返售证券收入	
其他收入	−37.10
汇兑收益	
减：利息支出	
其中：保户红利支出	
风险保费支出	
卖出回购证券利息支出	
其他支出	31.40
五、营业利润	707.60
加：营业外收入	0.80
减：营业外支出	
六、利润总额	708.40
七、净利润	708.40

亚太财产保险有限公司河南分公司损益表

2023 年　　单位：万元

项目名称	本年累计数
一、保险业务收入	44005.36
1. 保费收入	44005.36
2. 分保费收入	
3. 追偿款收入	
二、保险业务支出	36868.28
1. 赔款支出	22859.40
减：摊回分保赔款	644.51
2. 分出保费	1528.20
3. 分保赔款支出	
4. 分保费用支出	
5. 手续费及佣金支出	6933.14
6. 营业税金及附加	302.80
减：摊回分保税金	
7. 营业费用	6278.73
减：摊回分保费用	498.78
8. 提取保险保障基金	
三、准备金提转差	2628.97
1. 提存未决赔款准备金	
其中：提存已发生未报案	
减：转回未决赔款准备金	
其中：转回已发生未报案	
2. 提存未到期责任准备金	991.34
减：转回未到期责任准备金	
3. 提存长期责任准备金	1865.12
减：转回长期责任准备金	227.49
4. 提存保费不足准备金	
减：转回保费不足准备金	
四、承保利润	4618.82
加：投资收益	
利息收入	
买入返售证券收入	
其他收入	8.20
汇兑收益	35.33
减：利息支出	
其中：保户红利支出	
风险保费支出	
卖出回购证券利息支出	
其他支出	2.84
五、营业利润	4691.33
加：营业外收入	3.30
减：营业外支出	99.00
六、利润总额	4595.63
减：所得税	
七、净利润	4595.63

中国人寿保险股份有限公司河南省分公司损益表

2023年　　单位：万元

项目名称	本年累计数
一、营业收入	3094868.53
已赚保费	3006688.78
保险业务收入	3047662.19
其中：分保费收入	
减：分出保费	40247.35
提取未到期责任准备金	726.07
投资收益（损失以“–”号填列）	69508.00
其中：对联营企业和合营企业的投资收益	
公允价值变动收益（损失以“–”号填列）	
汇兑收益（损失以“–”号填列）	
资产处置收益	97.07
其他收益	264.70
其他业务收入	18309.99
二、营业支出	3631927.72
退保金	305642.25
赔付支出	1029233.43
其中：死亡给付	84999.56
伤残给付	879.13
医疗给付	103772.76
满期给付	250194.29
年金给付	188575.76
赔款支出	400811.92
部分领取	
分保赔款	
减：摊回赔付支出	37157.85
提取保险责任准备金	1718249.65
其中：提取未决赔款准备金	–81678.03
提取寿险责任准备金	1632195.89
提取长期健康险责任准备金	167731.79
减：摊回保险责任准备金	934.96
保单红利支出	94562.08
分保费用	
营业税金及附加	2661.77
手续费及佣金支出	273660.57
业务及管理费	152028.51
其中：保险保障基金	11145.52
减：摊回分保费用	4147.11
其他业务支出	98137.91
资产减值损失	–8.52
三、营业利润（亏损以“–”号填列）	–537059.19
加：营业外收入	170.20
减：营业外支出	4361.79
四、利润总额（亏损以“–”号填列）	–541250.78
减：所得税费用	
五、净利润（亏损以“–”号填列）	–541250.78

中国平安人寿保险股份有限公司河南分公司损益表

2023年　　单位：万元

项目名称	本年累计数
一、营业收入	2129553.40
已赚保费	2055171.20
保险业务收入	2078065.06
其中：分保费收入	
减：分出保费	27213.10
提取未到期责任准备金	–4319.25
银行业务利息净收入	33965.48
利息收入	33965.48
利息支出	
手续费及佣金净收入	
手续费及佣金收入	
手续费及佣金支出	
投资收益	
其中：对联营企业和合营企业的投资收益	
公允价值变动收益	
汇兑收益	
其他业务收入	39786.17
资产处置收益	527.46
其他收益	103.09
二、营业支出	2214874.67
退保金	310599.05
赔付支出	482847.49
减：摊回赔付支出	22230.66
提取保险责任准备金	973981.58
减：摊回保险责任准备金	–1765.16
保单红利支出	58237.96
分保费用	
营业税金及附加	974.76
保险业务手续费及佣金支出	128902.49
业务及管理费	91959.63
财务费用	572.94
减：摊回分保费用	8156.07
其他业务成本	195420.34
资产减值损失	
三、营业利润	–85321.28
加：营业外收入	202.95
减：营业外支出	731.89
四、利润总额	–85850.22
减：所得税费用	–0.02
五、净利润	–85850.20

泰康人寿保险有限责任公司河南分公司损益表

2023 年　　单位：万元

项目名称	本年累计数
一、营业收入	1040734
已赚保费	1030020
保险业务收入	1072823
其中：分保费收入	
减：分出保费	42281
提取未到期责任准备金	521
投资收益（损失以“–”号填列）	8048
其中：对联营企业和合营企业的投资	
其他收益	80
公允价值变动损益	
汇兑收益（损失以“–”号填列）	
其他业务收入	2597
资产处置收益	–12
二、营业支出	1170142
退保金	75435
赔付支出	304954
减：摊回赔付支出	18716
提取保险责任准备金	573634
减：摊回保险责任准备金	19836
保单红利支出	61953
分保费用	
营业税金及附加	70
手续费及佣金支出	76473
业务及管理费	57792
减：摊回分保费用	7589
其他业务成本	65971
资产减值损失	
三、营业利润（亏损以“–”号填列）	–129408
加：营业外收入	218
减：营业外支出	198
四、利润总额（亏损总额以“–”号填列）	–129389
减：所得税费用	12987
其中：当期所得税	
递延所得税	12987
五、净利润（净亏损以“–”号填列）	–142376

太平人寿保险有限公司河南分公司损益表

2023 年　　单位：万元

项目名称	本年累计数
一、营业收入	549179.64
已赚保费	530879.52
保险业务收入	538561.11
其中：分保费收入	
减：分出保费	8895.44
提取未到期责任准备金	–1213.84
管理费收入	
投资收益（损失以“–”号填列）	12538.98
其中：对联营企业和合营企业的投资	
公允价值变动收益（损失以“–”号填列）	
汇兑收益（损失以“–”号填列）	
其他业务收入	5723.93
资产处置收益	
其他收益	37.21
二、营业支出	676947.41
退保金	88952.37
赔付支出	197483.30
减：摊回赔付支出	8431.15
提取未决赔款准备金	2588.55
减：摊回未决赔款准备金	308.44
提取寿险责任准备金	124188.39
减：摊回寿险责任准备金	132.99
提取长期健康险责任准备金	124351.32
减：摊回长期健康险责任准备金	632.43
保单红利支出	45073.84
分保费用	
营业税金及附加	235.91
手续费及佣金支出	38744.49
企业年金营销费用	
业务及管理费	45408.01
减：摊回分保费用	1084.47
其他业务成本	20510.71
资产减值损失	
三、营业利润（亏损以“–”号填列）	–127767.77
加：营业外收入	390.47
减：营业外支出	305.39
四、利润总额（亏损总额以“–”号填列）	–127682.69
减：所得税	
五、净利润（净亏损以“–”号填列）	–127682.69

合众人寿保险股份有限公司河南分公司损益表

2023 年　　单位：万元

项目名称	本年累计数
一、保险业务收入	103907.83
1. 保费收入	101470.36
2. 分保费收入	
3. 追偿款收入	
4. 其他业务收入	2437.47
二、保险业务支出	68688.04
1. 死伤医疗给付	6934.54
2. 满期给付	2913.17
3. 年金给付	9017.95
4. 退保金	24980.69
5. 赔款支出	1506.50
减：摊回分保赔款	5151.49
6. 分出保费	6586.47
7. 分保赔款支出	
8. 分保费用支出	
9. 手续费及佣金支出	4741.40
10. 佣金支出	
11. 营业税金及附加	15.09
12. 营业费用	7333.87
减：摊回分保费用	94.46
13. 其他业务成本	9904.31
三、准备金提转差	72317.78
1. 提存未决赔款准备金	
减：转回未决赔款准备金	
2. 提存未到期责任准备金	-53.38
3. 提存寿险责任准备金	72371.16
4. 提存长期健康险责任准备金	
四、营业利润	-37097.99
加：营业外收入	17.81
减：营业外支出	11.54
五、利润总额	-37091.72
六、净利润	-37091.72

富德生命人寿保险股份有限公司河南分公司损益表

2023 年　　单位：万元

项目名称	本年累计数
一、营业收入	604184.98
已赚保费	601778.10
保险业务收入	601851.15
其中：分保费收入	
减：分出保费	
提取未到期责任准备金	73.05
投资收益	
公允价值变动收益	
汇兑收益	
资产处置收益	-19.29
其他收益	64.48
其他业务收入	2361.70
二、营业支出	728883.56
退保金	135767.10
赔付支出	83116.28
减：摊回赔付支出	
提取保险责任准备金	367688.48
减：摊回保险责任准备金	132.47
保单红利支出	12102.58
分保费用	
营业税金及附加	66.83
手续费及佣金支出	61958.41
业务及管理费	35781.07
减：摊回分保费用	
利息支出	
其他业务成本	32535.29
资产减值损失	
三、营业利润	-124698.58
加：营业外收入	96.58
减：营业外支出	63.07
减：以前年度损益调整	
四、利润总额	-124665.07
五、净利润	-124665.07

中荷人寿保险有限公司河南省分公司损益表

2023 年　　单位：万元

项目名称	本年累计数
一、保险业务收入	153906.89
1. 保费收入	153906.89
2. 分保费收入	
二、保险业务支出	65061.78
1. 死伤医疗给付	13115.4
2. 满期给付	5279.82
3. 年金给付	4036.56
4. 退保金	21731.37
5. 赔款支出	683.94
减：摊回分保赔款	4352.33
6. 分出保费	5380.11
7. 分保赔款支出	
8. 分保费用支出	
9. 手续费支出	3174.34
10. 佣金支出	8550.99
11. 营业税金及附加	11.3
12. 营业费用	6967.92
减：摊回分保费用	1.32
13. 提取保险保障基金	483.68
三、准备金提转差	101678.09
1. 提存未决赔款准备金	162.17
减：转回未决赔款准备金	51.92
2. 提存未到期责任准备金	–422.67
减：转回未到期责任准备金	
3. 提存寿险责任准备金	71909.04
减：转回寿险责任准备金	–10.96
4. 提存长期健康险责任准备金	30008.2
减：转回长期健康险责任准备金	–62.31
四、承保利润	–12832.98
加：投资收益	1231.24
利息收入	
其他收入	222.47
汇兑收益	
买入返售证券收入	
独立账户收益	
减：利息支出	3620.86
保户利差支出	
卖出回购证券支出	
其他支出	927.36
独立账户费用	
五、营业利润	–15927.49
加：营业外收入	45.81
减：营业外支出	35.28
六、利润总额	–15916.96
减：所得税	
七、净利润	–15916.96

平安养老保险股份有限公司河南分公司损益表

2023 年　　单位：万元

项目名称	本年累计数
一、营业收入	56754.95
已赚保费	51241.29
保险业务收入	52346.47
其中：分保费收入	
减：分出保费	38.95
提取未到期责任准备金	1066.22
年金业务收入	3936
账户管理费收入	4.41
投资管理费收入	3100.32
受托费收入	831.27
手续费及佣金净收入	
手续费及佣金收入	
手续费及佣金支出	
投资收益	0.91
其中：对联营企业和合营企业的投资收益	
公允价值变动收益	
汇兑收益	
其他业务收入	1488.44
其他收益	88.34
资产处置收益	–0.05
二、营业支出	64939.4
退保金	70.84
赔付支出	45526.19
减：摊回赔付支出	26.08
提取保险责任准备金	2911.24
减：摊回保险责任准备金	5.57
保单红利支出	0.03
分保费用	
营业税金及附加	58.86
保险业务手续费及佣金支出	6284.83
业务及管理费	6636.83
减：摊回分保费用	–3.45
财务费用	1.93
其他业务成本	2732.63
资产减值损失	744.22
三、营业利润	–8184.46
加：营业外收入	29.53
减：营业外支出	88.39
四、利润总额	–8243.32
减：所得税费用	
五、净利润	–8243.32
六、每股收益	
（一）基本每股收益	
（二）稀释每股收益	70358.70

中国人民人寿保险股份有限公司河南省分公司损益表

2023 年　　单位：万元

项目名称	本年累计数
一、营业收入	354107.60
已赚保费	350956.89
保险业务收入	360774.18
其中：分保费收入	
减：分出保费	9650.61
减：提取未到期责任准备金	166.68
投资收益	537.89
其中：对联营企业和合营企业的投资收益	
公允价值变动收益	−847.39
汇兑收益	
其他业务收入	3441.81
资产处置收益	0.46
其他收益	17.95
二、营业支出	424995.67
退保金	82797.98
赔付支出	123415.96
减：摊回赔付支出	11772.24
提取保险责任准备金	137799.42
减：摊回保险责任准备金	37.95
保单红利支出	16673.20
分保费用	
营业税金及附加	367.36
手续费及佣金支出	37392.26
业务及管理费	27198.49
减：摊回分保费用	−1610.44
其他业务成本	8579.70
资产减值损失	971.04
三、营业利润	−70888.07
加：营业外收入	7.03
减：营业外支出	23.00
四、利润总额	−70904.04
减：所得税费用	
五、净利润	−70904.04

国华人寿保险股份有限公司河南分公司损益表

2023 年　　单位：万元

项目名称	本年累计数
一、营业收入	245261.51
已赚保费	243622.66
保险业务收入	244209.11
其中：分保费收入	
减：分出保费	586.42
提取未到期责任准备金	0.03
管理费收入（养老）	
投资收益（损失以“−”号填列）	
其中：对联营企业和合营企业的投资收益	
公允价值变动收益（损失以“−”号填列）	
汇兑收益（损失以“−”号填列）	
其他业务收入	1621.76
其他收益	17.09
二、营业支出	292799.66
退保金	209589.15
减：摊回分保退保金	
赔付支出	10957.15
减：摊回赔付支出	510.55
提取未决赔款准备金	−126.75
减：摊回未决赔款准备金	−65.66
提取寿险责任准备金	24762.25
减：摊回寿险责任准备金	0.16
提取长期健康险责任准备金	1509.68
减：摊回长期健康险责任准备金	−8.38
保单红利支出	2470.78
分保费用	
营业税金及附加	6.10
手续费及佣金支出	18456.68
营销费用（养老）	
业务及管理费	6613.95
减：摊回分保费用	72.64
其他业务成本	19069.98
资产减值损失	
三、营业利润（亏损以“−”号填列）	−47538.15
加：营业外收入	46.72
减：营业外支出	381.95
四、利润总额（亏损总额以“−”号填列）	−47873.38
减：所得税费用	−6.15
五、净利润（净亏损以“−”号填列）	−47867.23

华泰人寿保险股份有限公司河南分公司损益表

2023 年　　单位：万元

项目名称	本年累计数
一、营业收入	72952.87
已赚保费	51958.80
保险业务收入	53961.39
其中：分保费收入	
减：分出保费	2091.37
提取未到期责任准备金	–88.79
管理费收入（养老）	
投资收益（损失以“–”号填列）	20707.54
其中：对联营企业和合营企业的投资收益	
公允价值变动收益（损失以“–”号填列）	
汇兑收益（损失以“–”号填列）	
其他业务收入	280.50
资产处置收益	–2.59
其他收益	8.62
二、营业支出	67624.72
退保金	9571.18
赔付支出	24540.38
减：摊回赔付支出	1848.97
提取未决赔款准备金	88.45
减：摊回未决赔款准备金	–16.56
提取寿险责任准备金	14595.96
减：摊回寿险责任准备金	–4.70
提取长期健康险责任准备金	6567.45
减：摊回长期健康险责任准备金	–18.78
保单红利支出	3670.77
分保费用	
营业税金及附加	8.11
手续费及佣金支出	3329.98
营销费用（养老）	
业务及管理费	5394.48
减：摊回分保费用	4.14
其他业务成本	1721.03
资产减值损失	
三、营业利润（亏损以“–”号填列）	5328.15
加：营业外收入	0.38
减：营业外支出	3.85
四、利润总额（亏损总额以“–”号填列）	5324.68
五、净利润（净亏损以“–”号填列）	5324.68
六、其他综合收益／（亏损）–YTD	
七、综合收益／（亏损）总额	5324.68

太平养老保险股份有限公司河南分公司损益表

2023 年　　单位：万元

项目名称	本年累计数
一、保险业务收入	16686.72
1. 保费收入	15647.39
2. 分保费收入	
3. 追偿款收入	
4. 其他业务收入	1039.33
二、保险业务支出	15598.77
1. 死伤医疗给付	1126.69
2. 满期给付	
3. 年金给付	7.15
4. 退保金	1038.12
5. 赔款支出	9444.8
减：摊回分保赔款	908.07
6. 分出保费	
7. 分保赔款支出	
8. 分保费用支出	
9. 手续费及佣金支出	1854.53
10. 佣金支出	
11. 营业税金及附加	20.36
12. 营业费用	3131.1
减：摊回分保费用	147.69
13. 其他业务成本	31.78
三、准备金提转差	3877.99
1. 提存未决赔款准备金	913.11
减：转回未决赔款准备金	121.87
2. 提存未到期责任准备金	318.17
3. 提存寿险责任准备金	958.79
4. 提存长期健康险责任准备金	1809.79
四、营业利润	–2790.05
加：营业外收入	5.93
减：营业外支出	36.96
五、利润总额	–2821.07
六、净利润	–2821.07

中国中信金融资产管理股份有限公司河南省分公司损益表

2023 年　　单位：万元

项目名称	本年累计数
一、营业收入	38929.00
利息收入	71167.00
以摊余成本计量的金融资产按照实际利率法计算的利息收入	69722.90
以公允价值计量且其变动计入其他综合收益的金融资产按照实际利率法计算的利息收入	1444.10
其他利息收入	30.90
手续费及佣金收入	
投资收益	-3499.60
以公允价值计量且其变动计入损益的金融资产的投资收益	-3499.60
以摊余成本计量的金融资产终止确认产生的收益	
以公允价值计量且其变动计入其他综合收益的金融资产终止确认产生的收益	
以公允价值计量且其变动计入其他综合收益的权益类投资的投资收益	
长期股权投资收益	
其他投资收益	
净敞口套期收益	
其他收益	
公允价值变动损益	-28965.60
实业类公司主营业务收入	
汇兑损益	
资产处置损益	
其他业务收入	196.20
二、营业支出	41570.60
营业税金及附加	459.30
利息支出	16.80
手续费及佣金支出	1016.60
其他	1016.60
业务及管理费	7746.40
折旧费	386.20
职工薪酬	4337.40
业务费用	2620.60
管理费用	402.20
资产减值损失	32331.50
信用减值损失	32331.50
以摊余成本计量的金融资产减值损失	35082.20
以公允价值计量且其变动计入其他综合收益的金融资产减值损失	-3099.50
其他信用减值损失	348.80
实业类公司主营业务成本	
其他业务成本	
三、营业利润	-2641.60
营业外收入	0.50
营业外支出	
四、利润总额	-2641.10
所得税费用	
五、净利润	-2641.10
归属于母公司所有者的净利润	-2641.10
少数股东损益	
永续债持有者损益	
六、其他综合收益的税后净额	1456.60
（一）以后不能重分类进损益的其他综合收益	
（二）以后将重分类进损益的其他综合收益	1456.60
1. 权益法下在被投资单位以后将重分类进损益的其他综合收益中享有的份额	
2. 以公允价值计量且其变动计入其他综合收益的金融资产的公允价值变动	605.10
3. 以公允价值计量且其变动计入其他综合收益的金融资产的减值损失	-3099.50
4. 现金流量套期损益的有效部分	
5. 外币财务报表折算差额	
6. 其他	3951.10
七、综合收益总额	-1184.40
归属于母公司所有者的综合收益总额	-1184.40

中国长城资产管理股份有限公司河南省分公司损益表

2023 年　　单位：万元

项目名称	本年累计数
一、营业收入	50194.04
（一）手续费及佣金净收入	3773.58
（二）投资收益（损失以"–"号填列）	43777.74
其中：对联营企业与合营企业的投资收益	
其中：不良资产处置净收益	36119.60
其中：改制银行不良资产处置净收益	
其他收购不良资产处置净收益	36119.60
（三）公允价值变动净损益（损失以"–"号填列）	2451.08
（四）汇兑收益（损失以"–"号填列）	
（五）其他业务收入	171.45
（六）资产处置损益	
（七）其他收益	20.19
二、营业支出	42862.00
（一）营业税金及附加	187.51
（二）业务及管理费	4240.31
折旧	43.56
人员费用	2738.81
管理费用	434.86
业务费用	1023.07
（三）利息净支出	54529.22
利息支出	54793.36
其中：人行再贷款利息支出	
系统内资金往来利息支出	54793.36
其他利息支出	
利息收入	264.14
其中：系统内资金往来利息收入	262.27
（四）资产减值损失（转回金额以"–"号填列）	–16104.29
（五）其他业务成本	9.25
三、营业利润（亏损以"–"号填列）	7332.04
加：营业外收入	
减：营业外支出	0.19
四、利润总额（亏损以"–"号填列）	7331.85
减：所得税费用	
五、净利润（亏损以"–"号填列）	**7331.85**
归属于母公司所有者的净利润	7331.85
少数股东权益	
六、其他综合收益的税后净额	6522.71
（一）以后不能重分类进损益的其他综合收益	2904.92
（二）以后将重分类进损益的其他综合收益	3617.79
1. 权益法下在被投资单位以后将重分类进损益的其他综合收益中享有的份额	
2. 以公允价值计量且其变动计入其他综合收益的金融资产的公允价值变动	3611.19
3. 以公允价值计量且其变动计入其他综合收益的金融资产减值准备	6.60
4. 外币财务报表折算差额	
5. 其他	
七、综合收益总额	13854.56
归属于母公司所有者的综合收益总额	13854.56
归属于少数股东的综合收益总额	

中国东方资产管理股份有限公司河南省分公司损益表

2023 年　　单位：万元

项目名称	本年累计数
一、营业收入	54744.56
（一）不良资产经营及处置净收入	35272.50
其中：金融机构不良资产经营及处置	32606.08
非金融机构不良资产经营及处置	2666.42
（二）手续费及佣金净收入	90.00
（三）投资收益（损失以"–"号填列）	
其中：对联营企业和合营企业的投资收益	
（四）公允价值变动收益（损失以"–"号填列）	17227.49
（五）其他收入	2154.57
汇兑收益（损失以"–"号填列）	
其他业务收入	2154.57
二、营业支出	22459.53
（一）营业税金及附加	119.06
（二）业务及管理费	3985.27
折旧	129.88
人员费用	1839.98
工资	1177.40
管理费用	226.57
业务费用	1788.84
（三）利息净支出	19026.50
利息收入	1263.28
利息支出	20289.78
（四）资产减值损失	–671.30
（五）其他业务成本	
三、营业利润（亏损以"–"号填列）	32285.04
加：营业外收入	0.16
减：营业外支出	8.88
四、利润总额（亏损以"–"号填列）	32276.31
减：所得税费用	
五、净利润（亏损以"–"号填列）	**32276.31**
归属于母公司所有者的净利润	32276.31
少数股东损益	
六、综合收益总额	32276.31

中国信达资产管理股份有限公司河南省分公司损益表

2023 年　　单位：万元

项目名称	本年累计数
一、营业收入	111747.39
（一）不良资产经营及处置净收入	113254.84
其中：金融机构不良资产经营及处置	57676.66
非金融机构不良资产经营及处置	55578.18
（二）手续费及佣金净收入	-86.79
（三）投资收益（损失以“-”号填列）	76310.04
其中：对联营企业和合营企业的投资收益	24.15
以摊余成本计量的金融资产终止确认产生的收益（损失以“-”号填列）	
（四）净敞口套期收益（损失以“-”号填列）	
（五）公允价值变动收益（损失以“-”号填列）	-77754.64
（六）汇兑收益（损失以“-”号填列）	
（七）其他业务收入	
（八）资产处置收益（损失以“-”号填列）	
（九）其他收益	23.94
二、营业支出	-3530.39
（一）营业税金及附加	244.54
（二）业务及管理费	5445.70
折旧	220.22
人员费用	4057.07
管理费用	173.12
业务费用	995.29
（三）利息净支出	-1647.40
利息支出	6.38
人行再贷款利息支出	
其他利息支出（剔除系统内往来支出）	6.38
利息收入	1653.78
（四）信用减值损失（转回金额以“-”号填列）	-7573.23
（五）资产减值损失（转回金额以“-”号填列）	
（六）其他业务成本	
三、营业利润（亏损以“-”号填列）	115277.78
加：营业外收入	0.72
减：营业外支出	12.16
四、利润总额（亏损以“-”号填列）	115266.34
减：所得税费用	
五、净利润（亏损以“-”号填列）	115266.34
六、其他综合收益的税后净额	
七、综合收益总额	115266.34

中原资产管理有限公司损益表

2023 年　　单位：万元

项目名称	本年累计数
一、营业总收入	400635.43
其中：营业收入	400635.43
二、营业总成本	493732.70
其中：营业成本	237185.10
税金及附加	4236.28
业务及管理费	21881.23
财务费用	230430.09
其中：利息费用	229135.59
利息收入	1065.40
加：其他收益	117.79
投资收益（损失以“-”号填列）	38115.32
其中：对联营企业和合营企业的投资收益	24483.01
公允价值变动收益（损失以“-”号填列）	141591.52
信用减值损失（损失以“-”号填列）	-4386.53
三、营业利润（亏损以“-”号填列）	82340.83
加：营业外收入	2937.64
减：营业外支出	232.09
四、利润总额（亏损总额以“-”号填列）	85046.39
减：所得税费用	59986.66
五、净利润（净亏损以“-”号填列）	25059.73
（一）按经营持续性分类	
1. 持续经营净利润（净亏损以“-”号填列）	25059.73
2. 终止经营净利润（净亏损以“-”号填列）	
（二）按所有权归属分类	
1. 归属于母公司股东的净利润（净亏损以“-”号填列）	5502.93
2. 少数股东损益（净亏损以“-”号填列）	19556.79
六、其他综合收益的税后净额	-8383.59
（一）归属母公司股东的其他综合收益的税后净额	-6482.16
1. 不能重分类进损益的其他综合收益	-8979.68
（1）重新计量设定受益计划变动额	
（2）权益法下不能转损益的其他综合收益	
（3）其他权益工具投资公允价值变动	-8979.68
（4）企业自身信用风险公允价值变动	
（5）其他	
2. 将重分类进损益的其他综合收益	2497.52
（1）权益法下可转损益的其他综合收益	
（2）可供出售金融资产公允价值变动损益	
（3）其他债权投资公允价值变动	
（4）金融资产重分类计入其他综合收益的金额	
（5）其他债权投资信用减值准备	
（6）现金流量套期储备（现金流量套期损益的有效部分）	
（7）外币财务报表折算差额	2497.52
（8）其他	
（二）归属于少数股东的其他综合收益的税后净额	-1901.43
七、综合收益总额	16676.13
（一）归属于母公司股东的综合收益总额	-979.23
（二）归属于少数股东的综合收益总额	17655.36

中原信托有限公司损益表

2023 年　　单位：万元

项目名称	本年累计数
一、营业收入	79067.81
利息净收入	–548.63
其中：利息收入	269.25
利息支出	817.88
手续费及佣金净收入	63333.84
其中：手续费及佣金收入	63333.84
手续费及佣金支出	
投资收益（损失以“–”号填列）	13101.59
其中：对联营企业和合营企业的投资收益	13184.97
以摊余成本计量的金融资产终止确认产生的收益（损失以“–”号填列）	
其他收益	
公允价值变动收益（损失以“–”号填列）	2515.32
汇兑收益（损失以“–”号填列）	
其他业务收入	574.15
资产处置收益（损失以“–”号填列）	91.54
二、营业总支出	56419.71
营业税金及附加	616.69
业务及管理费	22807.99
信用减值损失	32495.63
其他资产减值损失	
其他业务成本	499.40
三、营业利润（亏损以“–”号填列）	22648.10
加：营业外收入	160.35
减：营业外支出	58.40
四、利润总额（亏损总额以“–”号填列）	22750.05
减：所得税费用	8753.97
五、净利润（净亏损以“–”号填列）	13996.08
（一）持续经营净利润（净亏损以“–”号填列）	13996.08
（二）终止经营净利润（净亏损以“–”号填列）	
六、其他综合收益的税后净额	1110.64
七、综合收益总额	15106.72

百瑞信托有限责任公司损益表

2023 年　　单位：万元

项目名称	本年累计数
一、营业收入	82387.10
1. 利息收入净收入（净支出以“–”号填列）	2012.70
贷款利息收入	1728.30
金融企业往来收入	284.50
利息支出	
金融企业往来支出	
2. 手续费及佣金收入（净支出以“–”号填列）	84884.30
手续费及佣金收入	84884.30
手续费及佣金支出	
3. 其他收益	45.80
4. 其他业务收入	
5. 汇兑损益（损失以“–”号填列）	
6. 公允价值变动收益（损失以“–”号填列）	–16201.30
7. 投资收益（损失以“–”号填列）	11633.70
8. 资产处置收益	11.80
二、营业支出	39774.10
营业税金及附加	652.50
业务及管理费用	27666.20
资产减值损失	
信用减值损失	11455.40
其他业务支出	
三、营业利润（亏损以“–”号填列）	42613.00
加：营业外收入	119.40
减：营业外支出	129.50
四、利润总额（亏损总额以“–”号填列）	42602.90
减：所得税费用	10368.80
五、净利润（净亏损以“–”号填列）	32234.10

（三）保险业务统计表

中国人民财产保险股份有限公司河南省分公司保费收入情况表

2023 年

单位：万元

项目 地区	企业财产保险	机动车辆保险	货物运输保险	责任保险	信用保证保险	农业保险	短期健康保险	意外伤害保险	其他保险	合　计
河南省	22529.05	1101730.18	10639.57	59555.75	31032.75	183064.61	131253.21	27185.44	82959.55	1649950.11
郑　州	5533.34	324013.18	1790.35	9014.81	1171.72	3420.45	19513.69	6289.34	14523.38	**385270.25**
开　封	629.50	36976.36	123.37	1857.38	1371.78	20354.37	5529.67	1377.10	7469.03	**75688.56**
洛　阳	1712.09	84119.23	641.36	4757.49	1284.63	4671.85	8023.24	1902.38	2418.39	**109530.66**
平顶山	1791.48	42599.70	2234.18	3403.64	2111.62	7218.50	11847.70	1177.21	2619.41	**75003.45**
安　阳	1161.65	55980.16	239.93	8022.68	3254.60	5019.00	7329.95	830.28	3961.41	**85799.66**
鹤　壁	624.16	10271.65	273.51	1051.36	517.98	3348.81	1819.83	323.64	878.17	**19109.11**
新　乡	2071.85	63852.75	329.27	2891.08	2087.38	7016.54	4634.33	2452.08	5272.85	**90608.13**
焦　作	1674.72	23937.77	428.24	2007.68	985.98	4357.86	4386.59	1419.22	3483.31	**42681.35**
濮　阳	1172.19	35875.64	245.20	1659.82	2509.07	5898.74	3259.97	961.03	1060.71	**52642.37**
许　昌	954.09	54422.68	200.07	2105.66	1497.75	2578.84	3878.26	1229.66	3149.83	**70016.83**
漯　河	336.57	14242.02	16.50	1218.40	733.80	5208.97	2659.04	523.65	1534.54	**26473.51**
三门峡	647.82	19734.17	53.36	1909.00	566.82	2071.66	7369.83	983.73	963.85	**34300.27**
南　阳	1392.37	70432.13	245.66	5150.99	1636.73	23896.87	14401.31	1559.73	14999.94	**133715.73**
商　丘	887.83	79307.12	28.72	2958.67	5292.44	26797.63	6169.43	1331.33	8210.34	**130983.50**
信　阳	361.10	58847.08	143.40	2906.88	1400.13	12275.26	8618.56	1610.06	2884.07	**89046.54**
周　口	609.24	63867.55	129.06	2906.52	1971.82	21421.68	10672.58	1222.69	5733.94	**108535.09**
驻马店	670.88	58869.27	3469.07	5509.71	2293.37	25935.20	10910.71	1909.28	3658.26	**113225.76**
济　源	298.17	4381.70	48.32	223.97	345.14	1572.39	228.53	83.05	138.08	**7319.35**

中国人民财产保险股份有限公司河南省分公司理赔情况表

2023 年

单位：万元

项目 地区	企业财产保险	工程险	家财险	机动车辆保险	货物运输保险	责任保险	信用保证保险	农业保险	短期健康保险	意外伤害保险	其他保险	合　计
河南省	24419.91	10458.19	11215.85	709320.50	6451.92	45813.92	12848.46	184029.51	31178.10	10863.17	4321.63	1050921.17
郑　州	13126.17	6406.94	877.63	222865.99	2545.22	5924.96	1573.43	3644.81	8187.40	2323.41	1941.94	**269417.90**
开　封	3624.55	355.01	417.61	23830.12	13.11	684.94	336.49	21188.07	1600.16	294.61	275.59	**52620.27**
洛　阳	800.02	241.04	285.94	45429.84	559.38	3867.27	552.70	5180.74	3525.71	1003.27	687.46	**62133.35**
平顶山	425.89	89.25	1303.44	26282.63	264.64	1665.03	1402.59	8787.29	780.14	514.74	24.88	**41540.54**
安　阳	1172.39	124.24	1685.42	35279.56	189.74	12323.99	911.13	3835.62	1772.50	660.38	159.21	**58114.17**
鹤　壁	680.95	248.35	17.10	7195.82	277.82	368.54	370.36	3079.37	310.40	174.94	3.93	**12727.57**
新　乡	512.93	530.37	560.90	34535.90	138.02	1873.75	530.22	4864.98	936.57	229.03	143.14	**44855.80**
焦　作	410.75	387.27	55.28	14250.11	310.48	3077.12	822.05	4756.20	1697.86	198.85	267.43	**26233.41**
濮　阳	437.17	348.01	465.51	22551.16	225.51	563.11	1580.54	5168.74	1331.09	248.86	12.02	**32931.71**
许　昌	69.14	715.46	184.89	32654.22	169.61	1572.71	249.95	4156.80	664.00	289.25	192.42	**40918.46**
漯　河	333.43	106.17	989.18	8835.57	0.14	439.92	166.45	5434.50	285.75	24.88	96.72	**16712.71**
三门峡	504.59	274.41	119.44	11817.69	113.90	699.02	248.90	4150.66	1718.78	204.27	71.14	**19922.79**
南　阳	739.69	170.86	186.38	46545.50	399.06	4243.48	391.03	23343.16	2488.36	579.70	17.96	**79105.17**
商　丘	423.49	218.56	540.82	51929.88	200.49	1649.36	1494.31	25696.20	1188.55	593.38	88.70	**84023.73**
信　阳	195.83	91.00	93.80	38308.02	2.90	1703.86	280.23	9160.47	1666.04	741.95	32.16	**52276.24**
周　口	390.80	2.38	2207.11	46721.47	28.19	1179.70	404.86	23004.22	526.43	349.65	186.25	**75001.07**
驻马店	329.40	148.88	1212.33	38020.47	1013.73	3797.53	1374.96	25637.19	2450.10	2377.88	40.49	**76402.97**
济　源	242.71		13.08	2266.56		179.63	158.25	2940.49	48.27	54.14	80.18	**5983.30**

中国平安财产保险股份有限公司河南分公司保费收入情况表

2023 年

单位：万元

地区＼项目	企业财产保险	机动车辆保险	货物运输保险	责任保险	信用保证保险	短期健康保险	意外伤害保险	其他保险	合计
河南省	15988.52	841892.63	5971.91	62874.09	-19865.87	38473.03	29034.59	116526.49	1090895.40
郑　州	11067.45	306333.74	1945.33	27303.48	-20686.10	12588.01	11022.82	34244.38	383819.10
开　封	64.50	31779.31	54.70	1870.78	1.43	1002.57	927.00	5527.07	41227.36
洛　阳	254.75	41548.80	370.16	3377.57	24.29	2763.12	2910.85	6182.40	57431.94
平顶山	128.93	26494.21	394.71	2259.89	54.10	936.82	702.60	4367.31	35338.57
安　阳	579.21	33432.78	756.37	3174.05	3.85	1829.87	1189.14	4203.67	45168.94
鹤　壁	298.20	10167.74	51.04	676.30		443.04	422.18	1312.83	13371.33
新　乡	377.73	52139.16	381.57	3469.74	142.94	1800.54	1546.85	11319.45	71177.97
焦　作	782.18	25804.35	226.72	2110.64	102.30	1088.03	664.93	4115.17	34894.32
濮　阳	509.32	37092.78	273.61	1494.49	1.02	1838.05	1344.41	4163.46	46717.15
许　昌	177.61	26923.94	67.49	2136.77	12.93	1151.20	914.52	2220.05	33604.52
漯　河	143.94	16495.77	95.29	823.71	26.12	823.59	495.78	2019.81	20924.02
三门峡	51.91	12275.89	40.38	853.41	258.94	583.78	423.82	785.79	15273.91
南　阳	154.43	43992.51	448.82	3586.08	1.36	1759.78	1481.88	9595.00	61019.87
商　丘	318.78	57439.90	167.36	2741.30	25.16	2414.76	1731.86	8709.46	73548.58
信　阳	175.66	34638.00	19.77	1807.15		1426.93	923.90	4654.88	43646.27
周　口	223.73	45612.05	109.98	2114.66	100.36	3057.13	1178.22	7326.35	59722.48
驻马店	197.24	31580.16	112.71	1891.40	21.97	2682.83	892.53	5176.84	42555.68
济　源	482.95	8141.54	455.90	1182.67	43.46	282.99	261.30	602.58	11453.39

中国平安财产保险股份有限公司河南分公司理赔情况表

2023 年

单位：万元

地区＼项目	企业财产保险	机动车辆保险	货物运输保险	责任保险	短期健康保险	意外伤害保险	其他保险	合计
河南省	8467.55	518746.56	2017.28	25939.12	5831.95	12480.00	43606.86	617089.30
郑　州	7251.93	182113.39	1022.76	9304.45	1871.58	6878.59	8538.21	216980.91
开　封	1.31	22096.75	0.08	567.82	248.12	240.12	3386.89	26541.08
洛　阳	43.28	21753.66	124.75	1888.67	403.84	815.56	2476.26	27506.02
平顶山	27.07	16091.92	204.66	1006.89	271.99	120.08	1674.40	19397.01
安　阳	167.06	19173.86	4.93	1025.68	128.93	616.65	634.22	21751.32
鹤　壁	19.93	7116.30	0.44	518.11	189.53	145.92	448.17	8438.40
新　乡	116.84	28195.37	74.61	1856.11	351.39	640.06	5400.56	36634.94
焦　作	156.03	16426.24	14.54	1707.97	154.39	183.04	2148.90	20791.11
濮　阳	158.90	23287.88	94.75	557.67	238.24	353.30	1054.59	25745.34
许　昌	9.19	16679.44	17.56	736.36	202.38	88.69	965.88	18699.51
漯　河	15.14	10778.96	50.26	333.17	89.39	135.35	844.00	12246.28
三门峡	0.71	6320.34	0.29	558.43	55.99	331.27	27.04	7294.08
南　阳	19.79	29460.84	286.52	1455.63	272.22	438.76	3515.03	35448.80
商　丘	25.49	38677.26	50.95	1507.43	82.87	378.71	3932.58	44655.30
信　阳	186.89	22298.35		834.61	183.92	211.86	1778.21	25493.85
周　口	21.63	32962.54	23.58	791.01	514.44	307.84	3678.63	38299.67
驻马店	71.71	21619.36	11.48	642.00	550.24	563.64	2905.67	26364.10
济　源	174.65	3694.10	35.12	647.09	22.47	30.54	197.62	4801.58

永安财产保险股份有限公司河南分公司保费收入情况表

2023 年

单位：万元

项目 地区	企业财产保险	机动车辆保险	货物运输保险	责任保险	短期健康保险	意外伤害保险	其他保险	合 计
河南省	661.81	42454.95	199.65	3703.33	971.24	4148.03	6528.11	58667.12
郑 州	81.75	10138.11	49.12	741.93	89.17	311.06	720.91	12132.05
开 封	185.92	1435.73		37.16	6.07	86.94	422.10	2173.91
洛 阳	9.25	4515.92	32.20	404.97	2.61	444.36	282.46	5691.78
平顶山	22.22	697.48		195.63	2.58	92.69	1427.53	2438.12
安 阳	36.17	2503.62		106.87	2.56	112.04	321.86	3083.11
新 乡	144.20	4945.00	113.23	140.24	1.47	1031.75	29.05	6404.94
许 昌	15.24	1131.29		134.16	8.19	173.59	206.13	1668.61
漯 河		1185.34		93.34	2.86	86.05	1013.53	2381.12
三门峡	11.42	1384.47		50.94	2.64	145.61	153.29	1748.36
南 阳	68.81	1355.09	5.10	213.59	2.71	197.64	1582.44	3425.38
商 丘	4.72	3844.46		209.07	12.78	449.23	15.35	4535.62
信 阳	5.22	1557.45		209.17	5.42	355.65	353.41	2486.32
周 口	76.88	3453.82	0.01	660.06	14.85	302.28	0.03	4507.93
驻马店		2972.26		491.24	816.70	206.80		4487.00
鹤 壁		1334.92		14.96	0.64	152.35	0.03	1502.90

永安财产保险股份有限公司河南分公司理赔情况表

2023 年

单位：万元

项目 地区	企业财产保险	机动车辆保险	货物运输保险	责任保险	短期健康保险	意外伤害保险	其他保险	合 计
河南省	1237.83	28890.27	173.32	1345.29	279.21	1680.83	5141.16	38747.90
郑 州	410.00	7136.23		107.88	64.74	191.48	273.08	8183.40
开 封		1082.78		7.37		1.38	271.14	1362.67
洛 阳	36.00	2223.63	87.79	234.92	3.77	143.48	126.95	2856.52
平顶山		340.19		89.88	1.27	15.76	1032.51	1479.61
安 阳		1081.51		57.65	0.09	313.75	402.48	1855.48
鹤 壁		541.93				34.51		576.43
新 乡	5.50	2598.85	84.54	212.08	0.93	290.53	20.67	3213.10
许 昌	1.53	793.73		63.98	1.68	221.94	198.61	1281.47
漯 河		857.85	0.99	38.52	3.06	34.99	1334.27	2269.69
三门峡		1073.70		28.85	0.43	–8.15	230.28	1325.11
南 阳	40.17	1089.87		42.12	0.54	42.77	821.29	2036.75
商 丘	389.24	2792.38		128.38	3.60	150.68		3464.27
信 阳	352.16	1202.23		105.90	5.05	98.24	429.88	2193.47
周 口		3394.06		72.05	6.21	116.81		3589.13
驻马店	3.22	2681.35		155.73	187.83	32.66		3060.80

中华联合财产保险股份有限公司河南分公司保费收入情况表

2023 年

单位：万元

项目 地区	企业财产保险	机动车辆保险	货物运输保险	责任保险	信用保证保险	农业保险	短期健康保险	意外伤害保险	其他保险	合 计
河南省	5883	153621	499	18316		113734	57594	13557	9135	372339
郑 州	3757	31694	270	6421		3297	1733	1421	939	49533
开 封	72	3001	4	263		7307	166	510	1056	12379
洛 阳	369	9049	8	992		5711	656	1402	718	18903
平顶山	454	2919	2	533		5231	103	488	790	10519
安 阳	143	7173	6	752		6356	661	604	2	15696
鹤 壁	53	3462	2	274		574	360	232	670	5626
新 乡	178	7013	24	331			275	426	551	8797
焦 作	10	6763	1	736		219	177	253	144	8303
濮 阳	−26	3028	3	2298		3815	18225	359	321	28022
许 昌	40	5132	3	601		4958	132	368	685	11920
漯 河	36	4453	6	129		4851	10131	282	28	19915
三门峡	97	2935	16	507		3652	7869	351	83	15512
南 阳	39	14892	35	794		18182	3066	1431	196	38635
商 丘	67	10341	19	1043		5600	548	1137	696	19452
信 阳	146	12431	29	776		7660	2678	1420	147	25287
周 口	373	14017	21	674		19198	649	1453	1093	37480
驻马店	66	12609	48	652		15918	7010	1234	853	38391
济 源	9	2710	2	540		1204	3155	186	165	7969

中华联合财产保险股份有限公司河南分公司理赔情况表

2023 年

单位：万元

项目 地区	企业财产保险	机动车辆保险	货物运输保险	责任保险	信用保证保险	农业保险	短期健康保险	意外伤害保险	其他保险	合 计
河南省	2976.32	114250.98	273.71	14451.53	1385.08	95518.81	850.47	5966.40	60732.36	296405.66
郑 州	2087.04	26959.40	23.54	7598.11	9.33	2894.35	415.75	683.69	1722.45	42393.66
开 封	12.41	2464.58		103.62		5904.57	15.62	180.74	92.70	8774.24
洛 阳	157.99	5941.93	3.07	698.09		5515.74	9.58	819.76	419.03	13565.19
平顶山	253.51	2060.32		101.93	−29.19	4121.25	9.00	111.41	20.30	6648.53
安 阳	36.04	4772.86		206.88		4017.01	12.50	536.56	584.66	10166.51
鹤 壁	0.29	2139.09		414.62		2459.68	94.25	304.54	40.61	5453.08
新 乡		4945.87	80.30	253.38		62.94	9.16	220.04	90.86	5662.55
焦 作		5143.32	143.50	543.43		277.73	26.62	186.95	32.17	6353.72
濮 阳	23.17	2176.76		1872.62		2580.75	15.83	184.63	19705.99	26559.75
许 昌		3958.56		606.07		5907.39	1.66	242.59	20.89	10737.16
漯 河	4.20	2878.24		19.81		5065.85	6.25	153.93	12832.96	20961.24
三门峡	98.42	1348.55	1.80	359.67		3999.36	12.58	111.33	9051.42	14983.13
南 阳	2.80	9946.27	0.51	208.39	1408.90	13716.45	47.76	632.97	2876.31	28840.36
商 丘	117.16	8186.25	0.10	540.18		4051.77	46.11	630.42	64.00	13635.99
信 阳	1.90	10042.35		68.57		5119.92	79.19	208.43	1536.36	17056.72
周 口	162.04	10903.34	0.07	363.28	−3.96	15751.09	20.44	456.70	71.57	27724.57
驻马店	4.59	9098.05	18.42	308.17		12944.07	26.90	171.89	8302.27	30874.36
济 源	14.75	1285.25	2.41	184.72		1128.89	1.28	129.81	3267.81	6014.92

中国大地财产保险股份有限公司河南分公司保费收入情况表

2023 年

单位：万元

地区＼项目	企业财产保险	机动车辆保险	货物运输保险	责任保险	短期健康保险	意外伤害保险	其他保险	合 计
河南省	1385	88852	291	12600	31266	15629	28043	178067
郑 州	609	12164	18	3481	24282	3803	3190	**47547**
开 封	31	2202	22	285	180	636	61	**3415**
洛 阳	113	5488	33	1132	259	2178	2011	**11213**
平顶山	42	4945	41	509	2026	736	1896	**10195**
安 阳	35	3016	1	813	45	492	2766	**7168**
鹤 壁	9	1779	11	207	24	218	55	**2304**
新 乡	66	4741	2	422	33	770	3267	**9301**
焦 作	15	4540	54	1024	36	226	22	**5917**
濮 阳	56	4312	2	438	77	704	1938	**7527**
许 昌	9	2327	2	231	90	356	1	**3016**
漯 河	1	2493	3	454	102	366	1712	**5131**
三门峡	4	2914	9	460	26	654	9	**4077**
南 阳	330	6686	7	329	97	782	1782	**10013**
商 丘	19	8436	21	972	45	1131	4436	**15060**
信 阳	11	3459	4	355	1770	701	2266	**8566**
周 口	23	15513	23	1189	1972	1367	2494	**22583**
驻马店	12	3838	38	299	201	508	3	**4899**

中国大地财产保险股份有限公司河南分公司理赔情况表

2023 年

单位：万元

地区＼项目	企业财产保险	机动车辆保险	货物运输保险	责任保险	短期健康保险	意外伤害保险	其他保险	合 计
河南省	1581.69	57401.87	673.80	3686.28	31173.87	7451.93	3917.53	105886.98
郑 州	0.19	1547.03	144.44	172.35	14.76	801.91	29.23	**2709.91**
安 阳	2.53	1361.57		38.91	4.47	59.27	1.33	**1468.07**
鹤 壁	19.29	2295.90	165.47	161.01	58.74	24.42		**2724.84**
焦 作	43.14	1325.01	41.78	87.51	154.80	488.13	46.16	**2186.54**
开 封	3.67	3474.58	11.69	654.56	110.36	1387.42	202.10	**5844.36**
洛 阳		1803.57	5.34	125.99	56.68	21.53	0.31	**2013.42**
漯 河	2.24	4680.65	0.47	37.41	177.74	325.94	53.62	**5278.08**
南 阳	6.80	3413.68	105.54	128.65	1891.45	270.91	178.08	**5995.11**
平顶山	253.81	2415.03	56.04	322.29	44.86	174.97	110.94	**3377.93**
濮 阳		1416.93		4.27	1.45	377.98	8.30	**1808.92**
三门峡	0.50	4647.03	102.14	239.42	59.36	219.11	0.45	**5268.02**
商 丘	1.02	2274.71		113.50	4.91	357.92	9.21	**2761.27**
新 乡		2986.04		17.29	3918.58	99.89	465.95	**7487.74**
信 阳	0.15	1605.65		31.68	155.40	160.91		**1953.80**
许 昌	1245.03	8025.05	18.00	1272.26	22017.00	2435.28	2677.62	**37690.23**
周 口		11442.73	2.56	199.98	2350.21	89.19	12.41	**14097.08**
驻马店	3.33	2686.73	20.33	79.21	153.09	157.15		**3099.84**

华安财产保险股份有限公司河南分公司保费收入情况表

2023 年

单位：万元

地区＼项目	企业财产保险	机动车辆保险	货物运输保险	责任保险	农业保险	短期健康保险	意外伤害保险	其他保险	合 计
河南省	282.84	113374.03	2720.39	3468.20		349.37	2092.18	666.65	122953.65
郑 州	130.09	19985.18	2.29	1532.52		70.38	498.99	521.35	22740.80
开 封	1.51	4250.42		119.45		9.55	141.06	2.23	4524.22
洛 阳	31.64	4318.46	465.09	334.80		36.62	103.30	35.64	5325.56
平顶山	3.95	5054.11	247.26	232.75		12.18	17.68	0.11	5568.05
安 阳	5.74	9349.91	192.80	73.48		13.42	194.90	18.99	9849.25
鹤 壁		2508.49	421.14	18.93		13.46	63.42	0.36	3025.80
新 乡	5.89	6874.47	0.09	127.78		15.59	194.70	0.60	7219.12
焦 作		9427.73		175.76		40.40	57.65	0.07	9701.60
济 源		2062.70		76.43		9.28	37.38	0.05	2185.84
濮 阳		5317.04		93.02		12.43	55.74	18.60	5496.84
许 昌	72.15	4180.80	55.92	54.30		15.10	76.41	14.94	4469.61
漯 河	0.25	5171.16	38.06	52.07		8.43	81.33	51.65	5402.96
三门峡		2106.95	0.47	90.63		5.20	76.94	0.25	2280.45
南 阳	18.22	7376.08	688.00	105.70		29.94	253.45	0.39	8471.78
商 丘		8902.26	24.57	193.83		13.86	44.84	0.05	9179.41
信 阳		3222.45	192.45	42.32		8.24	14.68	1.13	3481.26
周 口		8307.50	388.16	81.77		25.14	155.15	0.23	8957.96
驻马店	13.38	4958.32	4.08	62.66		10.15	24.54	0.01	5073.14

华安财产保险股份有限公司河南分公司理赔情况表

2023 年

单位：万元

地区＼项目	企业财产保险	机动车辆保险	货物运输保险	责任保险	农业保险	短期健康保险	意外伤害保险	其他保险	合 计
河南省	16.41	97357.22	403.43	1796.26		99.61	2259.65	18.11	101950.71
郑 州	5.74	16964.79	0.45	610.94		65.84	421.66	11.34	18080.76
开 封		2886.70		30.13		4.75	140.56	1.90	3064.04
洛 阳	10.31	2384.17	79.06	330.09		14.58	42.61	4.08	2864.90
平顶山	0.36	5004.21		43.95		0.33	21.86		5070.71
安 阳		6967.58	323.92	20.10		0.23	229.73		7541.57
鹤 壁		2698.97		32.97		0.25	44.96		2777.15
新 乡		4295.72		53.25		0.93	151.76		4501.67
焦 作		6703.08		257.01		0.31	284.55		7244.95
济 源		1617.73		59.59		0.29	294.51		1972.12
濮 阳		3378.21		45.02		2.45	70.99		3496.68
许 昌		5101.16		61.12			76.16		5238.44
漯 河		4418.40		66.58		2.01	20.42	0.67	4508.09
三门峡		1450.89		54.84		0.21	7.93		1513.88
南 阳		7562.46		90.46		0.61	129.95	0.12	7783.61
商 丘		7723.59		2.35		1.24	11.13		7738.31
信 阳		3409.41		22.29		0.11	68.21		3500.02
周 口		9730.88		4.74		0.03	232.24		9967.89
驻马店		5059.26		10.83		5.43	10.43		5085.95

都邦财产保险股份有限公司河南分公司保费收入情况表

2023 年　　单位：万元

项目 地区	企业财产保险	机动车辆保险	货物运输保险	责任保险	信用保证保险	农业保险	短期健康保险	意外伤害保险	其他保险	合　计
河南省	18.14	16125.02		4280.45	1.00			1673.51	120.38	22218.50
郑　州	1.43	387.08		63.16				13.50	0.25	465.42
洛　阳		1130.23		102.15				55.17	0.03	1287.58
安　阳		4318.01		2024.34				47.43	0.06	6389.84
新　乡	1.00	2195.85		206.35				65.40	3.89	2472.49
焦　作	0.69	2609.44		54.47				25.48	0.01	2690.09
濮　阳		872.31		243.89				29.42	0.13	1145.75
许　昌		42.23		112.35	1.00			35.20	0.13	190.91
三门峡	8.16	466.88		81.84				24.08		580.96
南　阳		10.89		49.24				5.77	0.15	66.05
商　丘	3.61	957.78		865.56				12.41		1839.36
周　口	3.25	1087.48		284.47				1334.70	115.70	2825.60
驻马店		763.29		164.41				10.11	0.03	937.84
济　源		1283.55		28.22				14.84		1326.61

都邦财产保险股份有限公司河南分公司理赔情况表

2023 年　　单位：万元

项目 地区	企业财产保险	机动车辆保险	货物运输保险	责任保险	信用保证保险	农业保险	短期健康保险	意外伤害保险	其他保险	合　计
河南省	3.83	8781.79		420.81			7.51	731.48	21.10	9966.52
郑　州		44.31		12.89				10.25		67.45
洛　阳		380.02		36.83			0.27	12.57		429.69
安　阳		2837.85						23.08		2860.93
新　乡		1159.62		55.67				22.21		1237.50
焦　作		832.29		26.08				65.29		923.66
濮　阳		589.35		7.41				16.22		612.98
许　昌		76.79		13.35				6.69		96.83
三门峡	3.53	160.60		100.76				8.18		273.07
南　阳		42.13		9.10				1.31		52.54
商　丘		447.98		112.29				1.11		561.38
周　口	0.30	940.54		21.78				476.91	20.68	1460.21
驻马店		507.79		10.29				29.32		547.40
济　源		554.19		9.48				53.17		616.84
本　部		208.33		4.88			7.24	5.17	0.42	226.04

渤海财产保险股份有限公司河南分公司保费收入情况表

2023 年

单位：万元

项目 地区	企业财产保险	机动车辆保险	货物运输保险	责任保险	短期健康保险	意外伤害保险	其他保险	合 计
河南省	329.53	31349.48	95.32	2086.18	391.73	1167.78	129.33	35549.36
郑 州	38.06	9874.48		360.47	87.91	374.78	16.89	**10752.59**
开 封	7.03	2117.71		81.83	51.35	101.30	0.40	**2359.61**
洛 阳	3.93	484.55	10.38	253.89	13.57	24.44	35.30	**826.04**
平顶山	2.78	659.84	-0.19	47.45	13.02	26.89	0.04	**749.83**
安 阳	1.00	1780.00		96.18	23.80	54.02		**1955.00**
鹤 壁	100.67	1317.67		11.52	4.60	16.99		**1451.46**
新 乡	85.74	1754.72		78.45	61.91	83.35	13.00	**2077.17**
焦 作	14.16	1883.10		50.67	6.63	23.76	3.17	**1981.49**
濮 阳	15.82	1785.54	9.43	117.29	27.49	66.66	2.61	**2024.83**
许 昌	5.14	1929.45		43.59	30.16	46.22	22.59	**2077.15**
南 阳	35.81	1329.47		231.74	46.22	232.66	25.81	**1901.71**
商 丘	9.04	1034.33		78.52	2.13	18.68	0.02	**1142.72**
周 口	4.15	1041.61		174.73	3.55	12.49		**1236.52**
驻马店	6.14	1692.08		278.61	11.01	48.86		**2036.72**
济 源	0.07	2664.94	75.70	181.23	8.38	36.69	9.51	**2976.52**

渤海财产保险股份有限公司河南分公司理赔情况表

2023 年

单位：万元

项目 地区	企业财产保险	机动车辆保险	货物运输保险	责任保险	短期健康保险	意外伤害保险	其他保险	合 计
河南省	159.64	23090.14	80.23	633.10	343.32	311.93	24.48	24642.85
郑 州	0.40	7040.57	0.18	185.41	133.64	39.51	0.14	**7399.84**
开 封		1999.31		29.35	13.83	31.94	19.98	**2094.42**
洛 阳		351.15		50.88	1.75		2.36	**406.15**
安 阳		1335.16		96.42	30.03	84.37		**1545.98**
鹤 壁	2.41	971.16			3.55	1.61		**978.74**
新 乡	2.91	1054.42		49.55	22.16	8.14		**1137.17**
焦 作	2.98	1286.20		18.66	5.47	8.71		**1322.01**
濮 阳		1386.67		28.96	28.53	17.56	0.68	**1462.41**
许 昌	7.12	1673.76		32.42	21.74	46.79		**1781.83**
南 阳	2.96	1025.21		26.50	23.84	5.09		**1083.61**
商 丘		561.04		1.72	19.46	45.15		**627.37**
信 阳		346.66		0.07	1.71			**348.44**
周 口		878.58		5.49	4.16	5.11		**893.34**
驻马店		1221.48		7.15	19.43	15.66	0.13	**1263.84**
济 源		1453.02	8.55	99.58	5.98	2.29	1.18	**1570.60**
平顶山	140.88	505.75	71.51	0.94	8.05			**727.12**

中国人寿财产保险股份有限公司河南省分公司保费收入情况表

2023 年

单位：万元

地区 \ 项目	企业财产保险	机动车辆保险	货物运输保险	责任保险	短期健康保险	意外伤害保险	其他保险	合 计
河南省	8464.56	477928.46	9126.15	50983.25	23393.98	31821.29	93276.02	694993.71
郑 州	4388.31	155507.52	8264.36	16497.41	2995.17	9272.28	3966.50	**200891.55**
开 封	167.92	14372.28	17.37	2114.19	98.05	1549.02	4929.00	**23247.82**
洛 阳	418.88	27403.36	311.83	3318.59	122.74	2661.72	5617.86	**39854.98**
平顶山	260.24	16436.70	8.57	1618.60	3264.30	1378.09	6571.34	**29537.84**
安 阳	396.57	14684.79	46.55	2057.03	315.16	1146.41	3301.19	**21947.69**
鹤 壁	91.62	8793.11	3.95	1140.09	640.33	717.64	1928.52	**13315.28**
新 乡	620.27	17019.71	13.75	1422.89	86.57	815.15	4785.91	**24764.25**
焦 作	327.28	13029.92	178.81	2737.40	116.55	519.18	2446.48	**19355.63**
濮 阳	131.43	15169.13	13.65	2002.47	4381.07	1002.61	4815.55	**27515.90**
许 昌	529.50	14155.01	123.81	2133.45	206.85	945.79	2793.82	**20888.22**
漯 河	171.43	13017.28	23.45	1366.35	3028.30	764.52	7151.85	**25523.18**
三门峡	108.18	9294.73	21.57	3458.42	90.86	930.79	2576.26	**16480.82**
南 阳	148.17	42702.59	24.20	2511.41	3868.26	2791.47	12153.30	**64199.39**
商 丘	186.55	20173.97	16.60	2043.80	352.03	1545.98	6446.27	**30765.21**
信 阳	61.83	29886.15	6.65	2848.39	1687.32	1723.80	3887.45	**40101.60**
周 口	227.17	41408.90	16.40	1836.71	364.32	2268.17	12539.64	**58661.31**
驻马店	195.17	22534.54	17.90	1224.69	1744.27	1426.67	6965.37	**34108.60**
济 源	34.04	2338.77	16.74	651.37	31.82	361.99	399.71	**3834.43**

中国人寿财产保险股份有限公司河南省分公司理赔情况表

2023 年

单位：万元

地区 \ 项目	企业财产保险	机动车辆保险	货物运输保险	责任保险	短期健康保险	意外伤害保险	其他保险	合 计
河南省	350958.41	16615.28	24953.87	5431.37	14987.60	10515.27	4294.70	76798.10
郑 州	104108.78	13952.85	8571.79	4784.90	1493.79	2677.50	1834.05	**33314.87**
开 封	12921.59	50.09	980.52	59.93	11.80	516.89	1141.60	**2760.82**
洛 阳	18103.53	316.81	1554.30	255.32	15.32	641.80	169.52	**2953.08**
平顶山	12888.21	48.26	853.29		3496.31	451.12	59.65	**4908.64**
安 阳	12259.86	283.31	760.79	13.15	207.46	886.17	108.03	**2258.91**
鹤 壁	5773.83	120.20	674.47	5.23	232.00	486.23	2.74	**1520.87**
新 乡	11504.44	321.61	430.91		19.09	634.58	138.23	**1544.43**
焦 作	10251.23	136.82	1105.49	215.62	14.66	528.71	157.92	**2159.21**
濮 阳	10891.50	192.50	482.74		285.91	106.64	168.99	**1236.78**
许 昌	11631.61	10.12	1097.79		68.96	157.09	20.78	**1354.74**
漯 河	11337.45	856.12	946.23	61.07	3405.21	580.83	7.37	**5856.83**
三门峡	5908.55	40.12	1534.44	1.36	150.45	275.34	3.80	**2005.51**
南 阳	32892.11	16.61	1369.65		2974.80	440.27	185.45	**4986.78**
商 丘	14981.91	11.03	1276.32		227.36	471.80	22.04	**2008.55**
信 阳	21829.87	7.36	1387.94		881.53	249.28	157.13	**2683.24**
周 口	34575.59	11.71	968.61	27.26	98.34	412.62	9.61	**1528.15**
驻马店	17634.37	21.65	740.93	4.95	1397.76	543.50	26.04	**2734.82**
济 源	1463.97	218.11	217.66	2.59	6.87	454.89	81.75	**981.87**

永诚财产保险股份有限公司河南分公司保费收入情况表

2023 年

单位：万元

项目 地区	企业财产保险	家财	工程	责任险	信用险	商业车险	交强险	货运险	意外伤害保险	短期健康保险	合 计
全 省	5988		227	953	35	2352	6403		292	1620	17871
本 部	5401		221	236	19	121	55		57	1583	7692
郑 州	323		6	224		32	26		41		654
洛 阳	1			237		329	596		8	2	1174
平顶山				41	1	325	329		1		697
新 乡	158			12		415	820		3	1	1409
焦 作				12		156	1093		11	31	1303
濮 阳	52			53	12	249	452		22	2	842
三门峡				4		73	930				1007
商 丘	53			16	2	624	765		146		1608
驻马店				117	1	28	1337		1		1485

永诚财产保险股份有限公司河南分公司理赔情况表

2023 年

单位：万元

项目 地区	企业财产保险	家财	工程	责任险	信用险	商业车险	交强险	货运险	意外伤害保险	短期健康保险	合 计
全 省	1164		1069	539		871	2862	25	210	4421	11161
本 部	1132		508	438		54	63		44	4400	6640
郑 州	10			10		11	11				42
洛 阳				5		201	371	25	2		605
平顶山						373	215				588
新 乡				21		28	48		22		120
焦 作	3		554	56		51	174		11	20	870
濮 阳	19			9		64	175		6		273
三门峡						7	510				517
商 丘			7			43	50		123		223
驻马店						38	1244		2		1283

中银保险有限公司河南分公司保费收入情况表

2023 年

单位：万元

地区 \ 项目	企业财产保险	机动车辆保险	货物运输保险	责任保险	信用保证保险	农业保险	短期健康保险	意外伤害保险	其他保险	合　计
河南省	2553.21	7769.93	46.47	3553.91	560.43		5386.47	179.27	309.25	20358.94
郑　州	1693.48	5080.55	1.53	3003.30	386.53		3859.61	67.48	243.71	**14336.18**
洛　阳	161.67	235.47		23.30	88.39		304.70	10.27	21.01	**844.80**
安　阳	84.15	376.74		112.84	33.96		288.66	8.41	0.13	**904.88**
新　乡	196.50	781.47	0.07	101.42	17.92		284.76	24.61	−0.13	**1406.64**
焦　作	98.73	604.10	0.69	128.75			253.25	17.04	0.37	**1102.94**
许　昌	171.59	244.59	44.18	164.61	16.04		212.40	38.30	−0.21	**891.49**
南　阳	147.09	447.01		19.70	17.58		183.09	13.16	44.37	**872.00**

中银保险有限公司河南分公司理赔情况表

2023 年

单位：万元

地区 \ 项目	企业财产保险	机动车辆保险	货物运输保险	责任保险	信用保证保险	农业保险	短期健康保险	意外伤害保险	其他保险	合　计
河南省	415.52	6349.88	0.13	1845.28	−13.34		5433.59	156.91	1021.05	15209.02
郑　州	229.95	4038.33	0.13	1063.94	−140.52		3792.90	32.69	834.35	**9851.77**
洛　阳	63.26	142.91		1.54			282.67	2.58	6.99	**499.95**
安　阳	0.49	397.81		20.35			371.43	1.60	0.85	**792.53**
新　乡	102.49	517.88		39.35			344.60	64.23	178.86	**1247.41**
焦　作	3.24	786.96		286.53	127.18		237.61	2.68		**1444.20**
许　昌	2.96	119.58		375.13			260.45	52.11		**810.23**
南　阳	13.13	346.41		58.44			143.93	1.02		**562.93**

安诚财产保险股份有限公司河南分公司保费收入情况表

2023 年

单位：万元

地区＼项目	企业财产保险	机动车辆保险	货物运输保险	责任保险	短期健康保险	意外伤害保险	其他保险	合　计
河南省	52.41	11747.49	22.41	247.94	21.49	624.80	250.55	12967.10
郑　州	45.79	2297.32	22.41	148.48	21.39	245.41	242.30	**3023.11**
洛　阳	1.71	557.54		7.01		35.07	0.08	**601.42**
鹤　壁		2330.77		1.96		59.31	0.18	**2392.22**
许　昌	4.90	1230.60		14.94		63.03	0.68	**1314.15**
南　阳		1555.05		35.53		62.74	6.41	**1659.73**
商　丘		3776.21		40.02	0.10	159.24	0.90	**3976.46**

安诚财产保险股份有限公司河南分公司理赔情况表

2023 年

单位：万元

地区＼项目	企业财产保险	机动车辆保险	货物运输保险	责任保险	短期健康保险	意外伤害保险	其他保险	合　计
河南省	0.10	7911.14	2.60	104.79	6.50	176.07	52.24	8253.44
郑　州	0.10	954.96	2.60	25.71	6.50	76.22	51.71	**1117.79**
洛　阳		291.63		1.00		1.95		**294.58**
鹤　壁		1767.43				0.54	0.45	**1768.41**
许　昌		829.49		32.63		85.74		**947.86**
南　阳		586.54		18.96		0.92		**606.41**
商　丘		3481.10		26.49		10.71	0.08	**3518.39**

亚太财产保险有限公司河南分公司保费收入情况表

2023 年

单位：万元

地区 \ 项目	企业财产保险	机动车辆保险	货物运输保险	责任保险	短期健康保险	意外伤害保险	其他保险	合 计
河南省	449.35	32012.60	1141.18	4325.34	1053.56	3417.75	0.16	44005.36
郑 州	354.86	14471.30	532.35	2051.36	1046.90	1268.47	0.16	21280.30
洛 阳	74.03	4186.19	1.70	552.23	0.51	869.77		5694.09
安 阳	3.60	2288.96	30.96	373.01	4.36	201.90		2907.79
许 昌	0.11	2693.55	25.70	370.85	0.82	157.72		3255.05
焦 作		1964.29	186.73	304.18	0.46	114.11		2572.19
南 阳	3.60	3813.19	172.44	299.27	0.28	346.45		4647.77
新 乡	13.15	607.23		207.06	0.24	212.97		1050.02
漯 河		1987.89	191.30	167.38		246.35		2598.15

亚太财产保险有限公司河南分公司理赔情况表

2023 年

单位：万元

地区 \ 项目	企业财产保险	机动车辆保险	货物运输保险	责任保险	短期健康保险	意外伤害保险	其他保险	合 计
河南省	3.57	15375.28	842.77	640.78	1113.61	1254.88	653.59	19884.48
郑 州	3.27	8018.96	457.56	449.19	1030.83	924.89	653.59	11538.29
洛 阳		1640.18		24.76	20.70	32.20		1717.84
安 阳		919.42		7.36	1.48	55.98		984.24
许 昌		955.49	15.52	28.07		14.21		1013.29
焦 作		680.82	117.42	77.86		10.89		886.99
南 阳		1458.63	252.27	25.85	57.10	4.39		1798.24
商 丘		70.02		7.55		57.88		135.45
新 乡	0.30	589.81		11.86		81.11		683.08
沈 丘		96.48				0.10		96.58
鹤 壁		16.71			3.50			20.21
漯 河		877.26		8.28		57.73		943.27
三门峡		51.50				15.50		67.00

中国人寿保险股份有限公司河南省分公司保费收入情况表

2023 年

单位：万元

地区＼项目	个人业务			团体业务			合 计
	人寿保险	意外伤害险	健康险	人寿保险	意外伤害险	健康险	
河南省	2406458.55	41066.77	358284.39	1442.15	14372.03	226038.30	3047662.19
省本部	22.20					153746.96	153769.16
郑 州	450594.50	3200.79	56571.80	317.96	3044.37	36270.45	549999.87
开 封	56970.66	2513.13	10969.98	44.41	243.25	5845.42	76586.86
洛 阳	260385.90	3089.03	27272.88	149.92	1215.03	1646.01	293758.76
平顶山	126370.52	946.29	17588.64	34.18	800.83	1482.26	147222.72
安 阳	118540.55	999.25	18701.22	39.43	549.79	4468.80	143299.04
鹤 壁	54917.38	1408.66	9487.07	15.35	195.06	823.21	66846.73
新 乡	125602.15	3784.00	15540.58	58.29	1100.94	829.67	146915.62
焦 作	105222.22	776.11	18670.02	72.64	582.63	9550.03	134873.65
濮 阳	126315.20	3443.19	22769.22	35.19	346.87	923.74	153833.40
许 昌	96447.42	2652.57	12938.45	31.75	640.13	289.28	112999.60
漯 河	63528.25	1635.09	11475.48	14.67	280.46	2338.05	79271.99
三门峡	84561.01	543.56	9592.28	21.69	830.04	120.31	95668.89
南 阳	212774.12	3189.64	35879.78	328.61	1910.63	1621.52	255704.29
商 丘	127372.04	6442.98	21627.51	54.34	663.27	376.26	156536.40
信 阳	152834.37	3729.94	22730.85	75.36	814.94	2736.94	182922.42
周 口	72153.39	973.99	15012.68	67.61	595.97	667.16	89470.81
驻马店	145428.59	1533.38	27233.51	56.44	373.61	2189.77	176815.30
济源虚拟	26418.06	205.18	4222.45	24.31	184.22	112.46	31166.67

中国人寿保险股份有限公司河南省分公司赔款和给付情况表

2023 年

单位：万元

地区＼项目	个人业务			团体业务			合 计
	人寿保险	意外伤害险	健康险	人寿保险	意外伤害险	健康险	
河南省	563202.15	5264.71	127448.34	2151.73	6139.76	325026.73	1029233.43
省本部	41.13		0.10			282027.19	282068.42
郑 州	85649.16	443.08	19492.96	529.66	1328.90	11095.02	118538.78
开 封	16232.96	419.21	5517.18	7.40	50.01	8690.38	30917.14
洛 阳	55608.06	392.19	8300.09	161.17	517.88	892.98	65872.36
平顶山	33834.68	222.68	6419.81	6.50	242.86	1005.92	41732.45
安 阳	33317.50	287.57	5483.62	20.00	–32.25	4028.41	43104.85
鹤 壁	14634.43	175.74	3399.70	26.85	190.04	329.25	18756.02
新 乡	28222.15	248.92	6410.41	128.30	567.63	857.75	36435.17
焦 作	29958.44	178.26	6265.49	202.09	176.31	6317.71	43098.29
濮 阳	30510.44	152.81	7345.29	61.10	129.29	479.09	38678.01
许 昌	28999.49	329.44	5840.10	54.00	428.60	223.25	35874.88
漯 河	17784.34	117.58	4904.65	19.10	38.85	2366.49	25231.00
三门峡	21145.11	121.95	2953.65	5.00	512.19	145.61	24883.50
南 阳	47727.53	682.56	11811.12	554.71	693.79	2717.99	64187.70
商 丘	26630.57	803.31	9413.17	137.50	386.48	350.29	37721.32
信 阳	35156.10	231.90	8059.71	86.40	240.60	2861.56	46636.26
周 口	21001.85	133.11	6029.88	45.95	324.84	175.00	27710.64
驻马店	30712.57	266.13	9059.00	104.00	282.49	399.05	40823.24
济 源	6035.63	58.26	742.43	2.00	61.26	63.79	6963.38

中国平安人寿保险股份有限公司河南分公司保费收入情况表

2023 年

单位：万元

项目 地区	个人业务			团体业务			合 计
	人寿保险	意外伤害险	健康险	人寿保险	意外伤害险	健康险	
河南省	1348878.37	70867.42	658318.30	0.95			2078065.06
郑 州	700657.69	36754.30	354754.83	0.95			1092167.77
开 封	71908.31	2987.33	27017.30				101912.94
洛 阳	98291.45	4763.33	44855.89				147910.67
平顶山	26605.48	1400.87	11484.81				39491.17
安 阳	57558.23	2832.08	27780.90				88171.20
鹤 壁	68432.07	4124.03	39898.83				112454.93
新 乡	17307.02	890.43	7992.13				26189.58
焦 作	71469.43	4203.38	34297.24				109970.06
济 源	22707.68	1125.41	10149.26				33982.35
濮 阳	62813.25	3494.80	31407.98				97716.02
许 昌	40334.02	2015.31	19110.17				61459.50
漯 河	13378.58	657.99	6171.12				20207.69
三门峡	7792.87	356.99	3004.83				11154.69
南 阳	8362.39	385.00	2832.31				11579.70
商 丘	10557.21	664.74	4543.48				15765.43
信 阳	35146.41	2036.17	16614.92				53797.50
周 口	13934.46	951.11	6438.89				21324.47
驻马店	21621.80	1224.18	9963.42				32809.40

中国平安人寿保险股份有限公司河南分公司赔款和给付情况表

2023 年

单位：万元

项目 地区	个人业务				团体业务				合 计
	赔款	死伤医疗给付	满期给付	年金给付	赔款	死伤医疗给付	满期给付	年金给付	
河南省	14193.18	289545.98	71397.76	106335.35		14.93	0.06	1360.25	482847.49
郑 州	7420.33	168140.80	40129.72	61795.95		14.93	0.06	1360.25	278862.03
开 封	463.88	8747.75	2640.81	4819.55					16671.99
洛 阳	1277.86	19007.93	6649.80	5915.11					32850.71
平顶山	301.07	4193.03	1397.54	2126.31					8017.96
安 阳	510.88	10132.69	2933.07	3903.97					17480.61
鹤 壁	812.80	19115.64	3176.83	5292.60					28397.87
新 乡	167.84	2746.77	1199.29	1499.79					5613.69
焦 作	685.96	14922.37	3328.13	4321.70					23258.16
济 源	275.78	3848.77	1603.19	1723.62					7451.36
濮 阳	772.93	12697.47	3184.31	3825.72					20480.42
许 昌	423.27	7658.20	2486.40	3286.91					13854.78
漯 河	59.52	2398.30	673.79	761.42					3893.04
三门峡	58.82	928.20	170.77	657.81					1815.60
南 阳	70.75	890.79	219.75	400.13					1581.42
商 丘	136.90	1900.40	398.23	905.48					3341.02
信 阳	358.76	6586.92	604.59	2514.57					10064.83
周 口	198.17	2181.14	301.12	1048.97					3729.40
驻马店	197.66	3448.66	300.24	1535.76					5482.32

泰康人寿保险有限责任公司河南分公司保费收入情况表

2023 年

单位：万元

地区＼项目	个人业务			团体业务			合 计
	人寿保险	意外伤害险	健康险	人寿保险	意外伤害险	健康险	
河南省	789028.79	3251.85	261517.96	181.20		18842.77	1072822.57
濮 阳	42581.42	212.91	21535.73	8.45		65.00	64403.51
安 阳	36288.57	86.20	11180.33	5.30		32.95	47593.35
南 阳	90166.78	474.68	41861.57	15.87		179.78	132698.68
焦 作	55096.86	189.38	14819.97	7.43		53.95	70167.58
平顶山	19208.71	68.46	4986.76	3.44		17.20	24284.57
洛 阳	55119.72	265.69	17710.72	6.09		53.05	73155.26
许 昌	34841.15	156.37	14757.37	4.79		38.27	49797.94
开 封	21521.23	66.31	7457.37	4.16		17.95	29067.01
新 乡	49527.48	231.04	15177.80	11.94		64.34	65012.60
商 丘	34627.85	163.70	20432.11	7.46		50.41	55281.54
三门峡	27295.81	102.83	6900.46	5.27		24.29	34328.66
周 口	10583.65	94.56	6557.28	5.08		73.75	17314.32
鹤 壁	11720.01	33.76	6269.76	2.46		12.30	18038.30
信 阳	32140.32	139.12	14875.80	2.83		54.74	47212.81
驻马店	11086.80	24.48	4560.25	1.44		11.66	15684.64
漯 河	7971.61	37.11	2395.68	1.17		6.95	10412.53
济 源	7708.85	24.31	3147.77	2.78		7.31	10891.02
郑 州	241541.97	880.94	46891.22	85.25		18078.88	307478.25

泰康人寿保险有限责任公司河南分公司赔款和给付情况表

2023 年

单位：万元

地区＼项目	个人业务				团体业务				合 计
	赔款	死伤医疗给付	满期给付	年金给付	赔款	死伤医疗给付	满期给付	年金给付	
河南省	6149.14	74648.53	46189.03	114955.94	62990.33	17.00		4.11	304954.09
濮 阳	429.35	5616.30	3332.99	7541.30	61.04				16980.98
安 阳	181.34	3285.93	2871.00	6248.76	42.11				12629.13
南 阳	1108.89	13024.43	4571.20	16216.69	126.52				35047.73
焦 作	246.67	3803.07	6021.78	8720.48	27.16				18819.16
平顶山	49.79	1647.71	1693.00	3476.08	12.23				6878.81
洛 阳	389.81	4248.25	2558.80	7922.59	44.13				15163.58
许 昌	361.81	4778.01	2544.71	7096.73	24.09				14805.34
开 封	606.63	2712.91	1174.36	3530.52	27.94				8052.36
新 乡	577.56	4166.17	3456.24	7639.13	57.06			1.25	15897.41
商 丘	423.44	5940.68	3012.43	7701.58	39.57			2.86	17120.56
三门峡	175.70	1799.34	1349.08	3559.62	22.64				6906.39
周 口	105.90	1687.16	1436.03	2034.08	33.19				5296.35
鹤 壁	166.07	1727.95	349.93	1997.56	12.31				4253.82
信 阳	281.41	3550.64	1163.69	6551.14	33.07				11579.94
驻马店	26.49	1594.48	731.41	2150.85	6.88				4510.12
漯 河	30.16	789.75	1736.30	1055.80	3.82				3615.82
济 源	18.14	718.91	1881.85	1702.89	3.16				4324.94
郑 州	970.00	13556.84	6304.23	19810.14	62413.43	17.00			103071.64

太平人寿保险有限公司河南分公司保费收入情况表

2023 年

单位：万元

地区＼项目	电商业务			服拓业务			个险业务			银保业务			合 计
	健康保险	人寿保险	意外保险	健康保险	人寿保险	意外保险	健康保险	人寿保险	意外保险	健康保险	人寿保险	意外保险	
河南省	2013.96	12184.22	1171.81	12631.52	8641.14	875.20	165808.64	244873.53	7768.67	5531.08	77023.86	37.49	538561.11
郑 州	1348.42	7834.19	851.59	2924.93	2674.46	167.67	25942.88	41340.42	1086.07	3495.40	38982.20	26.65	126674.90
安 阳	42.63	270.78	23.37	561.90	233.55	19.90	7356.46	15204.26	263.53	179.57	2185.33	2.00	26343.27
洛 阳	144.57	899.89	48.02	307.65	170.13	27.64	9101.43	15821.39	425.42	628.69	7288.75	5.67	34869.23
南 阳	55.36	337.84	26.95	985.60	297.40	71.70	20931.70	30327.62	1068.82	116.40	4490.22	0.45	58710.06
平顶山	38.83	200.61	18.48	283.37	219.72	18.45	5794.08	7411.61	223.72	32.59	493.50		14734.97
驻马店	43.00	327.61	27.04	901.51	203.65	72.33	22032.26	28643.63	1186.18	45.14	1758.02	0.01	55240.39
新 乡	44.92	395.83	25.56	265.34	127.34	17.97	2509.97	4277.21	115.28	161.54	3468.26	0.44	11409.65
周 口	38.38	292.03	21.39	1160.34	393.98	105.38	20336.01	23862.51	1080.63	83.55	477.57	0.06	47851.84
信 阳	26.47	139.81	13.97	435.00	330.57	20.91	4232.88	7181.30	221.96	95.71	1057.15	0.14	13755.87
漯 河	16.35	120.76	8.66	674.77	1964.97	38.52	3195.53	6458.06	142.52	26.32	1534.77	0.07	14181.29
三门峡	24.25	186.17	11.72	663.62	273.88	35.40	6783.63	11890.29	333.96	72.37	1858.80		22134.08
开 封	37.38	270.97	15.16	618.46	121.10	54.66	5998.18	7634.81	224.93	254.90	3983.34	0.83	19214.72
焦 作	47.95	277.45	18.54	344.10	656.13	17.71	2509.99	4182.53	90.22	21.84	855.17		9021.63
商 丘	39.61	213.82	21.33	835.50	331.19	66.41	12287.92	17978.34	553.23	104.68	2214.34	0.25	34646.63
濮 阳	18.73	147.75	13.74	479.55	398.70	28.94	2906.81	5702.09	169.15	83.86	2425.60	0.14	12375.06
许 昌	33.82	186.07	18.53	1063.05	215.26	105.48	11684.20	13784.46	514.36	127.76	1849.45	0.76	29583.20
鹤 壁	9.08	54.82	4.90	126.82	29.12	6.14	1391.97	1404.33	31.72	0.30	259.75		3318.94
济 源	4.21	27.80	2.86				812.74	1768.68	36.97	0.45	1841.66		4495.37

统计口径：年度总保费（含续收保费）

太平人寿保险有限公司河南分公司赔款和给付情况表

2023 年

单位：万元

地区＼项目	电商业务			服拓业务			个险业务			银保业务			合 计
	健康保险	人寿保险	意外保险	健康保险	人寿保险	意外保险	健康保险	人寿保险	意外保险	健康保险	人寿保险	意外保险	
河南省	455.20	754.90	84.49	6867.14	628.02	323.74	48091.85	49494.85	2722.98	1146.81	86904.58	8.75	197483.30
郑 州	342.81	473.36	70.24	1475.79	164.50	62.02	7900.04	8023.28	391.22	833.03	23056.55	5.40	42798.24
安 阳		14.32	0.45	204.18	53.92	2.31	1845.55	3954.96	9.26	54.40	6651.67		12791.03
洛 阳	47.39	97.66	7.35	140.04	1.90	15.85	2232.45	3276.89	47.50	75.64	8348.63	0.21	14291.51
南 阳	3.69	20.56	0.71	537.58	57.53	26.18	6195.49	5823.18	793.92	96.77	6802.31	0.24	20358.16
平顶山	0.67	17.65	1.17	236.09	4.20	5.09	1897.48	1472.72	62.24	0.71	3720.94		7418.96
驻马店	10.00	30.04	0.46	514.93	16.77	22.70	6281.61	6831.45	415.01	0.55	1586.92		15710.43
新 乡	5.00	14.50	0.10	213.83	42.18	2.42	809.62	1036.52	14.48	19.13	7941.44	0.03	10099.26
周 口	10.00	20.19	0.07	662.33	25.28	29.04	5836.30	5219.51	220.04	1.39	1245.82	0.04	13270.02
信 阳	10.00	6.98	2.27	110.32	28.78	10.58	1291.62	1560.43	46.13	1.29	2869.57	0.32	5938.30
漯 河		3.57		321.15	34.00	15.74	993.23	1271.07	28.36	0.37	3711.92		6379.40
三门峡		6.19	0.09	234.69	53.72	4.88	1828.56	2638.59	43.13	0.17	6865.60		11675.61
开 封	0.66	10.18	0.66	531.55	4.26	33.48	1911.56	1366.59	137.03	22.02	4922.04	1.73	8941.77
焦 作		10.87		168.24	13.87	2.64	697.14	649.39	15.68		2205.30		3763.12
商 丘	6.54	8.90	0.44	566.76	55.64	31.14	3737.32	2207.89	238.08	11.17	3595.73	0.13	10459.73
濮 阳	2.09	7.13	0.16	135.65	63.46	21.34	996.79	895.38	40.87	13.73	2990.64		5167.25
许 昌	16.35	8.10	0.05	650.29	3.07	37.28	3245.02	2670.28	193.79	16.43	237.25	0.65	7078.56
鹤 壁		3.64	0.27	163.72	4.95	1.02	289.24	294.09	9.74		24.83		791.50
济 源		1.04					102.83	302.64	16.50		127.42		550.44

合众人寿保险股份有限公司河南分公司保费收入情况表

2023 年

单位：万元

地区＼项目	个人业务			团体业务			合 计
	人寿保险	意外伤害险	健康险	人寿保险	意外伤害险	健康险	
河南省	79657.70	58.21	19300.32	1736.04	37.36	679.37	101468.50
郑 州	9874.37	6.98	2477.88	652.18	28.17	219.78	13258.87
开 封	5565.80	6.04	1490.08	33.76	0.71	49.44	7145.83
洛 阳	4870.83	4.22	1206.09	101.06	0.22	13.93	6196.36
平顶山	6726.06	4.80	1879.57	76.23	0.39	12.83	8699.87
安 阳	6064.64	7.65	1703.91	22.49		9.60	7808.29
鹤 壁	1612.71	1.21	473.35	17.56	0.08	0.84	2105.75
新 乡	7508.08	1.89	1102.54	224.30	0.20	66.11	8903.11
焦 作	2177.65	0.41	382.49	44.53	0.39	5.19	2610.66
濮 阳	10076.11	0.37	924.77	27.19	0.06	55.17	11083.68
许 昌	7094.34	9.97	1639.87	316.08	5.36	87.24	9152.86
漯 河	2906.28	2.28	965.88	2.02	0.06	7.09	3883.60
南 阳	4216.79	4.17	1577.07	142.50	0.93	53.34	5994.81
商 丘	5004.14	2.17	1719.24	47.49	0.05	29.35	6802.44
信 阳	2009.14	0.87	435.02	24.65	0.76	47.92	2518.36
周 口	1099.60	2.35	464.33	1.00		16.75	1584.03
驻马店	1565.42	1.92	390.79	3.00		4.78	1965.92
济 源	1285.74	0.90	467.42				1754.06

合众人寿保险股份有限公司河南分公司赔款和给付情况表

2023 年

单位：万元

地区＼项目	个人业务				团体业务				合 计
	赔款	死伤医疗给付	满期给付	年金给付	赔款	死伤医疗给付	满期给付	年金给付	
河南省	1341.05	6925.25	2913.17	9017.95	166.53	8.21			20372.16
郑 州	170.94	698.58	386.16	1319.18	158.54	6.85			2740.25
开 封	148.00	577.18	61.13	648.31	2.36	0.04			1437.02
洛 阳	24.75	353.45	158.58	561.73	0.48				1098.99
平顶山	77.25	592.18	116.00	823.73					1609.16
安 阳	56.55	597.89	121.22	849.02	2.73	1.00			1628.41
鹤 壁	5.34	153.61	34.50	183.19	0.08				376.73
新 乡	78.67	340.76	111.10	669.54					1200.06
焦 作	48.89	242.21	107.08	197.05					595.23
濮 阳	57.81	385.58	511.63	323.66					1278.68
许 昌	120.33	671.02	742.60	848.48	1.33	0.32			2384.07
漯 河	55.19	316.65	75.10	486.14	0.04				933.13
南 阳	43.92	701.90	281.26	548.54	0.04				1575.66
商 丘	358.68	581.75	32.48	774.77	0.04				1747.71
信 阳	7.55	360.62	68.50	246.18					682.85
周 口	44.78	163.77	9.22	244.56					462.33
驻马店	34.51	96.58	77.02	136.83	0.90				345.85
济 源	7.89	91.51	19.60	157.03					276.04

富德生命人寿保险股份有限公司河南分公司保费收入情况表

2023 年　　　　单位：万元

项目 地区	个人业务			团体业务			银代业务			合 计
	人寿保险	意外伤害险	健康险	人寿保险	意外伤害险	健康险	人寿保险	意外伤害险	健康险	
河南省	31482.19	44.86	4184.59	30.49	484.83	306.59	110185.64			146719.17
郑　州	4345.54	10.15	505.55	13.84	104.43	221.89	5926.83			11128.23
开　封	1116.89	0.82	264.35	0.01	86.39	8.11	2104.94			3581.52
洛　阳	1812.47	3.16	140.17		7.55	10.70	11404.37			13378.43
平顶山	1016.06	1.83	127.68	0.01	9.48	0.78	9103.65			10259.47
安　阳	1235.61	0.99	93.76	15.89	40.05	1.22	3837.48			5225.01
鹤　壁	796.36	0.25	77.94	0.01	5.26	0.82	3508.69			4389.34
新　乡	1314.82	0.15	114.32	0.01	4.42	3.70	6637.13			8074.55
焦　作	2433.47	7.86	340.62	0.05	24.83	4.14	10831.09			13642.05
濮　阳	1159.24	0.10	106.91	0.01	9,04	3.45	4046.79			5325.53
许　昌	1220.27	0.08	223.68	0.02	17.84	2.00	1524.17			2988.06
漯　河	1009.79	0.51	91.58	0.01	4.41	5.61	4126.38			5238.30
三门峡	546.43		25.54		3.69	0.33	4575.73			5151.73
南　阳	5078.52	5.93	895.79	0.02	62.63	4.77	7662.60			13710.26
商　丘	1149.00	0.91	202.96	0.01	25.69	25.57	6054.03			7458.16
信　阳	1670.51	0.74	173.58		30.37	5.33	17196.83			19077.35
周　口	3923.81	10.58	599.33	0.59	35.28	5.74	7088.65			11663.98
驻马店	964.61	0.51	136.69	0.01	4.88	2.01	4556.28			5664.98
济　源	688.81	0.32	64.12		8.58	0.39				762.22

注：统计口径为新准则

富德生命人寿保险股份有限公司河南分公司赔款和给付情况表

2023 年　　　　单位：万元

项目 地区	个人业务				团体业务				银代业务				合 计
	人寿保险	死伤医疗给付	满期给付	年金给付	赔款	死伤医疗给付	满期给付	年金给付	赔款	死伤医疗给付	满期给付	年金给付	
河南省	71254.76	68489.17	2765.61		2118.95	2118.95			118011.43	3989.18	114022.25		191385.13
郑　州	10216.22	10027.06	189.16		475.12	475.12			6063.61	173.64	5889.97		16754.94
开　封	5063.95	5023.96	39.99		155.51	155.51			4007.10	90.09	3917.01		9226.57
洛　阳	2196.15	1905.25	290.90		49.68	49.68			8951.00	218.04	8732.96		11196.83
平顶山	2265.12	2044.87	220.25		25.72	25.72			4013.10	107.48	3905.62		6303.95
安　阳	1145.33	1142.53	2.80		14.56	14.56			5322.49	464.23	4858.26		6482.38
鹤　壁	1076.05	1073.72	2.33		50.67	50.67			1604.92	58.35	1546.57		2731.64
新　乡	2013.22	1863.28	149.94		135.87	135.87			7086.11	90.64	6995.47		9235.19
焦　作	5122.30	4875.22	247.08		138.27	138.27			5352.88	314.26	5038.62		10613.45
濮　阳	1753.25	1743.89	9.36		15.42	15.42			4842.45	304.99	4537.46		6611.12
许　昌	3800.74	3608.76	191.98		123.13	123.13			4555.48	185.45	4370.03		8479.35
漯　河	1664.56	1664.56			69.45	69.45			4200.31	166.59	4033.72		5934.32
三门峡	296.25	296.25			32.36	32.36			3746.68	116.50	3630.18		4075.29
南　阳	16548.39	15988.28	560.11		202.31	202.31			10113.71	686.65	9427.06		26864.41
商　丘	2726.15	2634.47	91.68		84.03	84.03			9772.01	152.98	9619.03		12582.20
信　阳	2414.72	2228.16	186.56		258.18	258.18			15141.01	219.22	14921.79		17813.91
周　口	9832.53	9443.43	389.10		180.50	180.50			13285.85	329.23	12956.62		23298.88
驻马店	2336.03	2253.24	82.79		53.01	53.01			9898.82	310.83	9587.99		12287.85
济　源	783.82	672.26	111.56		55.15	55.15			53.89		53.89		892.86

中荷人寿保险有限公司河南省分公司保费收入情况表

2023 年

单位：万元

地区＼项目	个人业务			团体业务			合 计
	人寿保险	意外伤害险	健康险	人寿保险	意外伤害险	健康险	
河南省	93863.06	1328.58	58213.77	17.19	410.74	73.55	153906.89
郑 州	48991.84	900.14	36797.54	16.31	197.42	73.43	86976.68
洛 阳	20367.35	229.40	12404.11		135.01	0.12	33135.99
安 阳	4363.79	14.01	1222.58		7.22		5607.60
焦 作	16428.72	184.99	7739.82	0.88	71.05		24425.46
南 阳	3711.36	0.04	49.72		0.04		3761.16

中荷人寿保险有限公司河南省分公司赔款和给付情况表

2023 年

单位：万元

地区＼项目	个人业务				团体业务				合 计
	赔款	死伤医疗给付	满期给付	年金给付	赔款	死伤医疗给付	满期给付	年金给付	
河南省	289.39	13115.40	5279.82	4036.56	394.55				23115.72
郑 州	213.35	8993.52	3473.02	3207.20	287.62				16174.71
洛 阳	49.95	2255.52	1521.55	535.35	61.86				4424.23
安 阳	1.64	288.54	68.28	115.05	13.19				486.70
焦 作	24.45	1577.03	216.97	178.96	31.88				2029.29
南 阳		0.79							0.79

平安养老保险股份有限公司河南分公司保费收入情况表

2023 年

单位：万元

地区＼项目	个人业务			团体业务			合计
	人寿保险	意外伤害险	健康险	人寿保险	意外伤害险	健康险	
河南省				949.47	13213.44	38183.55	52346.47
郑 州				700.44	10172.33	34070.49	44943.25
洛 阳				32.33	657.64	821.69	1511.65
新 乡				16.40	875.80	943.70	1835.91
焦 作				44.25	391.47	647.52	1083.24
濮 阳				16.91	529.02	561.55	1107.48
许 昌				61.50	337.40	583.33	982.23
驻马店				77.64	249.78	555.28	882.70

平安养老保险股份有限公司河南分公司赔款和给付情况表

2023 年

单位：万元

地区＼项目	个人业务				团体业务				合计
	赔款	死伤医疗给付	满期给付	年金给付	赔款	死伤医疗给付	满期给付	年金给付	
河南省	9516.10	9516.10			84791.32	36416.10			94307.42
郑 州	5188.04	5188.04			75991.80	30265.18			81179.84
开 封	980.25	980.25			246.02	241.57			1226.27
洛 阳	358.30	358.30			1577.14	1532.10			1935.44
平顶山	243.16	243.16			1188.18	461.33			1431.35
安 阳					0.24				0.24
新 乡	548.31	548.31			1553.03	493.14			2101.33
焦 作	206.85	206.85			811.66	512.31			1018.51
濮 阳	435.64	435.64			600.76	600.64			1036.40
许 昌	401.30	401.30			922.76	444.79			1324.06
漯 河	428.61	428.61			356.02	351.52			784.62
南 阳	432.95	432.95			762.32	736.71			1195.26
商 丘	43.61	43.61			92.68	90.40			136.29
驻马店	183.13	183.13			629.99	627.67			813.12
济 源	65.95	65.95			58.74	58.74			124.69

中国人民人寿保险股份有限公司河南省分公司保费收入情况表

2023 年

单位：万元

地区＼项目	个人业务			团体业务			合 计
	人寿保险	意外伤害险	健康险	人寿保险	意外伤害险	健康险	
河南省	286770.47	1496.11	63335.54	1544.35	3071.80	4555.91	360774.18
郑 州	58982.49	188.44	8893.04	219.19	432.94	349.10	69065.20
开 封	11759.97	87.59	4191.50	110.13	185.35	299.01	16633.55
洛 阳	29919.04	196.33	4220.95	209.22	212.27	133.14	34890.94
平顶山	12986.40	64.60	3016.87	45.03	125.92	143.11	16381.94
安 阳	23502.28	142.27	6503.07	137.43	90.01	137.13	30512.18
鹤 壁	8730.31	35.97	982.75	15.75	75.59	54.86	9895.23
新 乡	11626.78	88.78	3481.79	109.90	201.46	109.91	15618.61
焦 作	10046.58	38.30	2957.77	48.32	123.59	111.80	13326.37
濮 阳	12899.79	114.17	4628.49	31.80	106.13	91.85	17872.22
许 昌	8095.03	70.33	2244.09	62.58	160.17	54.71	10686.91
漯 河	4546.40	20.14	1887.58	23.56	62.38	85.63	6625.69
三门峡	16248.29	27.65	1420.75	202.65	114.05	128.90	18142.28
南 阳	16660.59	66.04	5211.78	96.12	188.65	79.32	22302.51
商 丘	13507.99	50.48	2314.33	49.85	421.39	84.73	16428.77
信 阳	10144.22	70.73	2128.26	37.53	262.92	37.91	12681.56
周 口	13869.90	106.40	5092.84	105.63	164.49	168.33	19507.59
驻马店	15536.83	89.70	2955.04	26.64	112.95	151.97	18873.13
济 源	7707.56	38.21	1204.65	13.02	31.55	2334.50	11329.50

中国人民人寿保险股份有限公司河南省分公司理赔情况表

2023 年

单位：万元

地区＼项目	个人业务	团体业务	合 计
河南省	15701.03	10158.24	25859.27
郑 州	1569.47	5212.07	6781.54
开 封	946.46	296.73	1243.18
洛 阳	1878.06	279.22	2157.28
平顶山	822.32	198.08	1020.41
安 阳	1412.69	94.66	1507.34
鹤 壁	251.01	107.82	358.83
新 乡	763.49	111.37	874.86
焦 作	605.13	151.24	756.37
濮 阳	1079.54	98.08	1177.62
许 昌	497.95	135.71	633.65
漯 河	437.49	104.51	542.01
三门峡	344.14	46.37	390.51
南 阳	1160.60	58.79	1219.39
商 丘	869.01	264.70	1133.71
信 阳	483.04	120.62	603.66
周 口	1519.80	387.54	1907.35
驻马店	876.15	206.08	1082.23
济 源	231.45	2284.66	2516.11

国华人寿保险股份有限公司河南分公司保费收入情况表

2023 年

单位：万元

地区＼项目	个人业务			团体业务			合 计
	人寿保险	意外伤害险	健康险	人寿保险	意外伤害险	健康险	
河南省	238784.06	-0.45	5417.98	0.62	1.95	4.95	244209.11
郑 州	55449.63	–0.57	972.09	0.62	1.78	4.29	56427.84
洛 阳	15256.83	0.04	191.93				15448.80
平顶山	16383.73		770.71				17154.44
新 乡	17544.73		1611.57		0.17	0.66	19157.13
焦 作	11840.05		280.42				12120.47
濮 阳	5904.01		184.64				6088.65
漯 河	10646.75	0.08	81.30				10728.13
南 阳	23310.97		444.51				23755.48
商 丘	21074.50		133.47				21207.97
信 阳	20256.58		117.63				20374.21
周 口	28940.11		466.96				29407.07
驻马店	12176.17		162.75				12338.92

国华人寿保险股份有限公司河南分公司赔款和给付情况表

2023 年

单位：万元

地区＼项目	个人业务				团体业务				合 计
	赔款	死伤医疗给付	满期给付	年金给付	赔款	死伤医疗给付	满期给付	年金给付	
河南省	4738.54	65.36				6.13			4803.90
郑 州	482.01	24.95				6.13			506.96
新 乡	623.86	10.12							633.98
濮 阳	287.75	3.38							291.13
南 阳	830.91	5.18							836.09
商 丘	332.21	10.34							342.55
周 口	339.90	7.86							347.76
驻马店	353.84	0.06							353.90
焦 作	179.43								179.43
平顶山	425.44	3.25							428.69
信 阳	381.97	0.23							382.20
洛 阳	322.50								322.50
漯 河	178.73								178.73

华泰人寿保险股份有限公司河南分公司保费收入情况表

2023 年

单位：万元

地区 \ 项目	个人业务			团体业务			合计
	人寿保险	意外伤害险	健康险	人寿保险	意外伤害险	健康险	
河南省	37943.54	251.13	15712.82	8.16	8.91	36.84	53961.39
郑州	12660.17	89.93	4328.27	8.16	8.91	36.84	17132.26
开封	1996.06	15.50	1350.31				3361.87
洛阳	6248.55	61.21	2660.65				8970.40
平顶山	894.82	4.32	327.11				1226.25
安阳	3423.38	15.28	1242.56				4681.21
新乡	315.38	0.56	101.35				417.29
焦作	933.15	3.68	459.72				1396.55
许昌	1503.15	7.80	592.76				2103.71
漯河	3452.30	18.33	1639.72				5110.36
南阳	3050.07	10.45	1244.55				4305.08
商丘	175.12	1.50	113.53				290.15
周口	2477.91	17.74	1186.41				3682.06
驻马店	813.46	4.82	465.91				1284.19

华泰人寿保险股份有限公司河南分公司赔款和给付情况表

2023 年

单位：万元

地区 \ 项目	个人业务				团体业务				合计
	赔款	死伤医疗给付	满期给付	年金给付	赔款	死伤医疗给付	满期给付	年金给付	
河南省	1321.41	2851.02	14868.17	5441.16	57.57				24540.38
郑州	549.63	768.74	3821.52	1824.55	53.37				7017.81
开封	217.52	211.18	427.11	269.13	4.00				1128.94
洛阳	99.79	417.08	3270.96	826.82					4614.65
平顶山	12.08	34.20		344.00					390.62
安阳	48.98	212.71	839.14	361.98					1462.81
新乡	17.17	9.93	247.92	57.41					332.43
焦作	15.81	85.95	228.36	157.15					487.28
许昌	34.61	206.62	1039.45	221.06					1501.73
漯河	100.64	336.85	1063.59	457.30					1959.07
南阳	114.97	148.89	1966.84	579.50					2810.20
商丘	4.53								4.53
周口	67.44	283.73	1833.16	302.77					2487.11
驻马店	38.22	135.14	130.12	39.50	0.20				343.18

太平养老保险股份有限公司河南分公司保费收入情况表

2023 年

单位：万元

项目 地区	个人业务			团体业务			合 计
	人寿保险	意外伤害险	健康险	人寿保险	意外伤害险	健康险	
河南省	569.30	825.54	2924.22	1529.80	1456.35	14838.44	22143.65
洛 阳	62.00	23.67	80.00	14.18	59.98	5122.49	5362.32

太平养老保险股份有限公司河南分公司赔款和给付情况表

2023 年

单位：万元

项目 地区	个人业务				团体业务				合 计
	赔款	死伤医疗给付	满期给付	年金给付	赔款	死伤医疗给付	满期给付	年金给付	
河南省	1926.04	271.17		4.88	10474.82	934.13		2.27	13613.31
郑 州	1863.46	271.17		4.88	7581.33	855.53		2.27	10578.64
洛 阳	62.58				2893.49	78.60			3034.68

三、金融机构人员统计表

国家开发银行河南省分行机构人员统计表

2023 年

单位：人

地区＼项目	机构数（个）	总人数	按性别分		按年龄分		按学历分		
			男	女	40 岁及以下	40 岁以上	大专及以下	本科	研究生及以上
全 省	1	247	162	85	149	98		44	203
机关本部	1	247	162	85	149	98		44	203

中国农业发展银行河南省分行机构人员统计表

2023 年

单位：人

地区＼项目	机构数（个）	总人数	按性别分		按年龄分		按学历分		
			男	女	40 岁及以下	40 岁以上	大专及以下	本科	研究生及以上
合 计	151	2925	1655	1270	1372	1553	717	1751	457
郑 州	10	363	197	166	170	193	60	223	80
开 封	7	148	83	65	58	90	41	79	28
洛 阳	11	181	100	81	84	97	46	116	19
平顶山	8	132	73	59	75	57	31	80	21
安 阳	7	122	78	44	62	60	21	76	25
鹤 壁	4	84	49	35	36	48	18	54	12
新 乡	10	169	87	82	89	80	24	111	34
焦 作	8	134	72	62	73	61	26	85	23
濮 阳	7	127	67	60	63	64	12	98	17
许 昌	7	127	77	50	55	72	19	89	19
漯 河	5	106	53	53	40	66	23	73	10
三门峡	7	115	65	50	69	46	13	82	20
南 阳	15	254	145	109	116	138	64	165	25
商 丘	10	199	121	78	80	119	74	99	26
信 阳	11	209	116	93	105	104	107	73	29
周 口	12	227	139	88	98	129	76	115	36
驻马店	11	212	123	89	94	118	59	122	31
济 源	1	16	10	6	5	11	3	11	2

中国进出口银行河南省分行机构人员统计表

2023 年

单位：人

项目 \ 地区	机构数（个）	总人数	按性别分		按年龄分		按学历分		
			男	女	40 岁及以下	40 岁以上	大专及以下	本科	研究生及以上
合 计	1	72	40	32	62	10		12	60
郑 州	1	72	40	32	62	10		12	60

中国工商银行股份有限公司河南省分行机构人员统计表

2023 年

单位：人

项目 \ 地区	机构数（个）	总人数	按性别分		按年龄分		按学历分		
			男	女	40 岁及以下	40 岁以上	大专及以下	本科	研究生及以上
合 计	691	16905	9790	7115	6983	9922	5501	10424	980
本 部		731	443	288	178	553	52	540	139
郑 州	149	3464	1589	1875	2008	1456	763	2366	335
开 封	31	687	448	239	279	408	255	398	34
洛 阳	71	1645	904	741	699	946	531	1022	92
平顶山	38	846	526	320	325	521	333	474	39
安 阳	39	889	544	345	326	563	255	596	38
鹤 壁	13	327	208	119	128	199	105	214	8
新 乡	37	947	560	387	346	601	377	533	37
焦 作	28	692	424	268	253	439	309	348	35
濮 阳	30	725	423	302	259	466	259	441	25
许 昌	30	672	411	261	264	408	249	394	29
漯 河	19	468	309	159	164	304	182	273	13
三门峡	19	547	301	246	189	358	225	305	17
南 阳	46	1026	603	423	357	669	403	581	42
商 丘	30	781	503	278	262	519	231	524	26
信 阳	36	853	546	307	288	565	385	445	23
周 口	36	744	505	239	295	449	270	459	15
驻马店	31	709	466	243	269	440	282	408	19
济 源	8	152	77	75	94	58	35	103	14

中国农业银行股份有限公司河南省分行机构人员统计表

2023 年

单位：人

项目 / 地区	机构数（个）	总人数	按性别分		按年龄分		按学历分		
			男	女	40 岁及以下	40 岁以上	大专及以下	本科	研究生及以上
合 计	1117	19539	12240	7299	7198	12341	8188	10240	1111
郑 州	144	3415	1747	1668	1711	1704	811	1996	608
开 封	46	856	521	335	309	547	368	449	39
洛 阳	86	1394	849	545	514	880	640	691	63
平顶山	59	1026	667	359	334	692	441	556	29
安 阳	66	1000	615	385	362	638	379	585	36
鹤 壁	13	259	180	79	100	159	94	155	10
新 乡	62	1099	714	385	390	709	444	615	40
焦 作	44	718	436	282	262	456	296	390	32
濮 阳	39	676	443	233	233	443	257	396	23
许 昌	62	977	590	387	366	611	430	515	32
漯 河	32	603	389	214	182	421	303	284	16
三门峡	32	613	376	237	208	405	260	338	15
南 阳	91	1347	943	404	481	866	595	709	43
商 丘	65	1203	807	396	341	862	691	487	25
信 阳	96	1528	1091	437	486	1042	796	695	37
周 口	89	1345	925	420	426	919	685	636	24
驻马店	82	1305	850	455	393	912	639	641	25
济 源	9	175	97	78	100	75	59	102	14

中国银行股份有限公司河南省分行机构人员统计表

2023 年

单位：人

项目 地区	机构数(个)	总人数	按性别分		按年龄分		按学历分		
			男	女	40 岁及以下	40 岁以上	大专及以下	本科	研究生及以上
合　计	500	12011	6259	5752	5951	6060	2955	8389	658
郑　州	93	3299	1686	1613	1906	1393	395	2475	429
开　封	23	493	265	228	220	273	121	359	13
洛　阳	46	1039	514	525	496	543	279	717	43
平顶山	24	485	249	236	239	246	155	320	10
安　阳	31	660	373	287	231	429	207	440	13
鹤　壁	14	281	158	123	145	136	65	208	8
新　乡	32	701	386	315	265	436	269	412	20
焦　作	27	613	306	307	217	396	232	370	11
濮　阳	22	469	248	221	219	250	165	294	10
许　昌	27	553	269	284	299	254	143	393	17
漯　河	17	364	186	178	144	220	122	233	9
三门峡	16	342	159	183	193	149	75	262	5
南　阳	33	705	343	362	318	387	249	445	11
商　丘	22	500	280	220	223	277	146	340	14
信　阳	22	418	227	191	241	177	110	296	12
周　口	22	487	277	210	225	262	122	352	13
驻马店	21	430	245	185	262	168	81	338	11
济　源	7	172	88	84	108	64	19	144	9

中国建设银行股份有限公司河南省分行机构人员统计表

2023 年

单位：人

项目 地区	机构数（个）	总人数	按性别分		按年龄分		按学历分		
			男	女	40 岁及以下	40 岁以上	大专及以下	本科	研究生及以上
合　计	688	16888	8904	7984	8481	8407	4774	10360	1754
省分行本部		1115	620	495	453	662	111	747	257
洛阳分行	63	1357	720	637	521	836	582	670	105
许昌分行	30	675	310	365	352	323	188	454	33
鹤壁分行	16	398	204	194	192	206	127	248	23
安阳分行	36	834	447	387	429	405	283	491	60
驻马店分行	29	648	378	270	360	288	173	443	32
新乡分行	43	850	430	420	447	403	186	591	73
濮阳分行	43	964	545	419	399	565	364	560	40
周口分行	30	672	422	250	362	310	177	462	33
开封分行	30	664	335	329	369	295	151	441	72
焦作分行	32	707	359	348	300	407	220	440	47
平顶山分行	35	755	419	336	324	431	279	441	35
南阳分行	43	947	565	382	416	531	340	558	49
商丘分行	33	764	479	285	339	425	293	440	31
三门峡分行	24	563	252	311	264	299	181	361	21
漯河分行	21	490	261	229	171	319	195	269	26
信阳分行	30	709	447	262	341	368	245	421	43
济源分行	7	157	86	71	113	44	37	103	17
郑州金水支行	33	1016	459	557	528	488	237	584	195
郑州铁路支行	25	539	235	304	340	199	123	309	107
郑州绿城支行	20	468	223	245	302	166	101	299	68
郑州期货城支行	8	218	86	132	150	68	17	145	56
郑州直属支行	13	363	146	217	234	129	55	229	79
郑州自贸区分行	24	514	237	277	413	101	43	336	135
郑州郑港支行	11	233	126	107	192	41	27	155	51
郑州经纬支行	9	268	113	155	170	98	39	163	66

交通银行股份有限公司河南省分行机构人员统计表

2023 年

单位：人

项目 / 地区	机构数（个）	总人数	按性别分		按年龄分		按学历分		
			男	女	40 岁及以下	40 岁以上	大专及以下	本科	研究生及以上
合 计	112	3008	1421	1587	1989	1019	212	2217	579
郑 州	60	1715	759	956	1008	707	145	1194	376
开 封	4	90	44	46	73	17	4	73	13
洛 阳	17	448	197	251	235	213	45	347	56
平顶山	4	94	52	42	92	2	2	72	20
安 阳	5	96	57	39	83	13	1	87	8
新 乡	4	92	45	47	79	13	1	66	25
焦 作	3	77	47	30	70	7	2	64	11
许 昌	4	94	55	39	81	13	3	81	10
南 阳	4	116	59	57	99	17	2	89	25
商 丘	2	60	39	21	55	5	2	48	10
信 阳	2	56	29	27	53	3	2	39	15
济 源	3	70	38	32	61	9	3	57	10

中国邮政储蓄银行股份有限公司河南省分行机构人员统计表

2023 年

单位：人

项目 / 地区	总人数	按性别分		按年龄分		按学历分		
		男	女	40 岁及以下	40 岁以上	大专及以下	本科	研究生及以上
合 计	11174	4840	6334	7595	3579	2388	7724	1062
郑 州	1672	610	1062	1253	419	198	981	493
开 封	492	206	286	340	152	118	345	29
洛 阳	740	323	417	502	238	207	484	49
平顶山	503	265	238	328	175	188	278	37
安 阳	558	242	316	394	164	52	465	41
鹤 壁	244	93	151	172	72	77	156	11
新 乡	747	298	449	476	271	153	546	48
焦 作	452	170	282	291	161	86	344	22
濮 阳	504	218	286	367	137	82	402	20
许 昌	486	195	291	340	146	87	343	56
漯 河	338	139	199	207	131	91	225	22
三门峡	404	158	246	282	122	70	306	28
南 阳	913	437	476	584	329	212	662	39
商 丘	779	398	381	505	274	189	533	57
信 阳	670	337	333	449	221	169	468	33
周 口	781	327	454	523	258	227	521	33
驻马店	769	372	397	501	268	140	596	33
济 源	122	52	70	81	41	42	69	11

中信银行股份有限公司郑州分行机构人员统计表

2023 年

单位：人

项目 地区	机构数（个）	总人数	按性别分		按年龄分		按学历分		
			男	女	40 岁及以下	40 岁以上	大专及以下	本科	研究生及以上
合 计	82	2425	1128	1297	2013	412	47	1662	716
郑 州	35	1345	622	723	1076	269	31	793	521
洛 阳	9	191	87	104	162	29	4	137	50
平顶山	6	132	68	64	115	17		106	26
安 阳	7	164	63	101	143	21	3	143	18
新 乡	5	116	56	60	102	14	1	89	26
焦 作	7	160	72	88	134	26	1	131	28
南 阳	7	159	69	90	132	27	5	129	25
商 丘	3	80	46	34	72	8	1	67	12
信 阳	3	78	45	33	77	1	1	67	10

广发银行股份有限公司郑州分行机构人员统计表

2023 年

单位：人

项目 地区	机构数（个）	总人数	按性别分		按年龄分		按学历分		
			男	女	40 岁及以下	40 岁以上	大专及以下	本科	研究生及以上
合 计	45	1385	649	736	976	409	43	1143	199
郑 州	27	935	432	503	637	298	34	730	171
洛 阳	3	59	25	34	53	6		49	10
平顶山	2	48	23	25	42	6	1	44	3
安 阳	3	76	36	40	40	36	2	70	4
新 乡	4	87	41	46	51	36	5	81	1
焦 作	2	48	22	26	40	8		44	4
三门峡	1	48	29	19	36	12	1	45	2
南 阳	2	46	20	26	42	4		43	3
商 丘	1	38	21	17	35	3		37	1

中国光大银行股份有限公司郑州分行机构人员统计表

2023年　　单位：人

地区＼项目	机构数(个)	总人数	按性别分		按年龄分		按学历分		
			男	女	40岁及以下	40岁以上	大专及以下	本科	研究生及以上
全　省	57	1393	619	774	983	410	89	972	332
郑　州	36	983	423	560	630	353	77	663	243
洛　阳	6	111	54	57	95	16	2	79	30
许　昌	4	86	45	41	75	11	4	62	20
焦　作	4	85	35	50	71	14	4	65	16
南　阳	5	97	51	46	84	13	1	78	18
驻马店	1	31	11	20	28	3	1	25	5

上海浦东发展银行股份有限公司郑州分行机构人员统计表

2023年　　单位：人

地区＼项目	机构数(个)	总人数	按性别分		按年龄分		按学历分		
			男	女	40岁及以下	40岁以上	大专及以下	本科	研究生及以上
合　计	98	1698	897	801	1255	443	81	1286	331
郑　州	50	1132	599	533	799	333	58	816	258
开　封	7	81	45	36	60	21	6	64	11
洛　阳	9	122	61	61	94	28	5	100	17
安　阳	5	58	31	27	43	15	2	53	3
新　乡	7	79	40	39	67	12	3	68	8
许　昌	7	88	56	32	75	13	5	67	16
南　阳	5	45	20	25	37	8		38	7
商　丘	5	55	24	31	48	7	1	49	5
信　阳	3	38	21	17	32	6	1	31	6

招商银行股份有限公司郑州分行机构人员统计表

2023 年

单位：人

地区 \ 项目	机构数（个）	总人数	按性别分		按年龄分		按学历分		
			男	女	40 岁及以下	40 岁以上	大专及以下	本科	研究生及以上
合　计	58	1378	633	745	1143	235	39	926	413
郑　州	39	1090	499	591	893	197	30	688	372
洛　阳	5	87	40	47	74	13	2	74	11
安　阳	5	76	32	44	62	14	6	62	8
许　昌	4	62	31	31	57	5		51	11
南　阳	5	63	31	32	57	6	1	51	11

注：郑州同城包含郑州分行本部、分行营业部及 37 家网点；洛阳分行包括洛阳分行本部、分行营业部及 3 家网点；安阳分行包括安阳分行本部、分行营业部及 3 家网点；许昌分行包括许昌分行本部、分行营业部及 2 家网点；南阳分行包括南阳分行本部、分行营业部及 3 家网点。

学历按最高学历口径来统计

兴业银行股份有限公司郑州分行机构人员统计表

2023 年

单位：人

地区 \ 项目	机构数（个）	总人数	按性别分		按年龄分		按学历分		
			男	女	40 岁及以下	40 岁以上	大专及以下	本科	研究生及以上
总　计	35	1241	576	665	973	268	235	967	39
分行本部	1	347	171	176	238	109	128	216	3
分行营业部	1	34	11	23	25	9	2	32	
东大街支行	1	16	5	11	13	3	4	12	
丰庆路支行	1	14	7	7	11	3	3	11	
东明路支行	1	21	10	11	17	4	3	18	
航海中路支行	1	18	7	11	16	2	2	15	1
合作大厦支行	1	14	5	9	11	3	3	11	
黄河南路支行	1	24	9	15	18	6	3	17	4
建设路支行	1	17	8	9	13	4	1	13	3
金水东路支行	1	22	10	12	17	5	1	19	2
经开区支行	1	15	6	9	12	3	3	11	1
科源路支行	1	19	7	12	15	4	3	16	
农业路兴业大厦支行	1	18	7	11	15	3	1	16	1
普罗旺世支行	1	17	6	11	14	3	3	12	2
商务外环路支行	1	20	9	11	16	4	4	14	2

续表

嵩山南路支行	1	19	7	12	13	6	3	15	1
天赋路支行	1	23	8	15	19	4	5	18	
新郑玉前路支行	1	12	8	4	12		4	8	
航空港区支行	1	15	6	9	12	3	1	14	
新郑支行	1	18	9	9	14	4	3	13	2
郑汴路支行	1	16	5	11	15	1	1	14	1
高新支行	1	19	9	10	15	4	5	14	
中原路支行	1	23	9	14	18	5	1	22	
大里支行	1	19	12	7	14	5	3	16	
洛阳分行	1	138	60	78	108	30	9	123	6
平顶山分行	1	81	41	40	68	13	10	67	4
新乡分行	1	81	41	40	70	11	8	71	2
驻马店分行	1	52	25	27	44	8	5	46	1
许昌分行	1	47	27	20	42	5	5	39	3
信阳分行	1	35	21	14	32	3	4	31	
通泰路社区支行	1	4	3	1	4			4	
纬一路社区支行	1	3	2	1	3			3	
鑫苑现代城社区支行	1	5		5	5			5	
众意路社区支行	1	7	3	4	6	1	1	6	
南浦金融中心社区支行	1	8	2	6	8		3	5	

中国民生银行股份有限公司郑州分行机构人员统计表

2023 年

单位：人

项目 地区	机构数（个）	总人数	按性别分		按年龄分		按学历分		
			男	女	40 岁及以下	40 岁以上	大专及以下	本科	研究生及以上
合 计	45	1592	707	885	1257	335	20	1253	319
郑 州	23	1035	466	569	827	208	10	766	259
洛 阳	7	135	55	80	100	35	1	116	18
新 乡	1	50	24	26	47	3	3	34	13
许 昌	5	116	61	55	75	41	1	107	8
漯 河	1	44	16	28	37	7	1	40	3
南 阳	5	114	44	70	91	23		100	14
信 阳	3	98	41	57	80	18	4	90	4

华夏银行股份有限公司郑州分行机构人员统计表

2023 年

单位：人

项目 地区	机构数（个）	总人数	按性别分		按年龄分		按学历分		
			男	女	40 岁及以下	40 岁以上	大专及以下	本科	研究生及以上
合　计	15	544	273	271	445	99	10	445	89
郑　州	14	502	247	255	410	92	10	412	80
洛　阳	1	42	26	16	35	7		33	9

平安银行股份有限公司郑州分行机构人员统计表

2023 年

单位：人

项目 地区	机构数（个）	总人数	按性别分		按年龄分		按学历分		
			男	女	40 岁及以下	40 岁以上	大专及以下	本科	研究生及以上
合　计	32	803	360	443	703	100	43	598	162
郑　州	23	637	277	360	549	88	38	452	147
开　封	2	33	15	18	33			32	1
洛　阳	4	70	33	37	61	9	5	58	7
新　乡	1	29	17	12	27	2		25	4
南　阳	2	34	18	16	33	1		31	3

恒丰银行股份有限公司郑州分行机构人员统计表

2023 年

单位：人

项目 地区	机构数（个）	总人数	按性别分		按年龄分		按学历分		
			男	女	40 岁及以下	40 岁以上	大专及以下	本科	研究生及以上
合　计	5	295	176	119	217	78	5	222	68
郑　州	4	255	155	100	187	68	5	184	66
洛　阳	1	40	21	19	30	10		38	2

渤海银行股份有限公司郑州分行机构人员统计表

2023 年

单位：人

项目 地区	机构数（个）	总人数	按性别分		按年龄分		按学历分		
			男	女	40 岁及以下	40 岁以上	大专及以下	本科	研究生及以上
全 省	8	263	144	119	194（含）	69		212	51
分行本部	1	160	94	66	103（含）	57		124	36
纬五路支行	1	22	12	10	19（含）	3		21	1
未来路支行	1	16	7	9	15（含）	1		13	3
商都路支行	1	14	7	7	13（含）	1		11	3
建设西路支行	1	14	7	7	11（含）	3		11	3
九如路支行	1	13	7	6	12（含）	1		11	2
高新区支行	1	12	3	9	11（含）	1		11	1
农科路支行	1	12	7	5	10（含）	2		10	2

浙商银行股份有限公司郑州分行机构人员统计表

2023 年

单位：人

项目 地区	机构数（个）	总人数	按性别分		按年龄分		按学历分		
			男	女	40 岁及以下	40 岁以上	大专及以下	本科	研究生及以上
合 计	8	375	234	141	315	60	2	239	8
郑 州	7	326	206	120	274	52	2	205	7
洛 阳	1	49	28	21	41	8		34	1

汇丰银行（中国）有限公司郑州分行机构人员统计表

2023 年

单位：人

项目 地区	机构数（个）	总人数	按性别分		按年龄分		按学历分		
			男	女	40 岁及以下	40 岁以上	大专及以下	本科	研究生及以上
合 计	1	18	5	13	12	6	1	13	4
郑 州	1	18	5	13	12	6	1	13	4

东亚银行（中国）有限公司郑州分行机构人员统计表

2023 年

单位：人

项目 地区	机构数（个）	总人数	按性别分		按年龄分		按学历分		
			男	女	40 岁及以下	40 岁以上	大专及以下	本科	研究生及以上
合 计	1	15	5	10	6	9	1	11	3
郑 州	1	15	5	10	6	9	1	11	3

渣打银行（中国）有限公司郑州分行机构人员统计表

2023 年

单位：人

项目 地区	机构数（个）	总人数	按性别分		按年龄分		按学历分		
			男	女	40 岁及以下	40 岁以上	大专及以下	本科	研究生及以上
合 计	1	8	3	5	5	3		3	5
郑 州	1	8	3	5	5	3		3	5

河南农商联合银行机构人员统计表

2023 年

单位：人

项目 地区	机构数（个）	总人数	按性别分		按年龄分		按学历分		
			男	女	40 岁及以下	40 岁以上	大专及以下	本科	研究生及以上
合 计	4534	46051	26751	19300	29849	16202	16815	27663	1573
机构本部	1	501	307	194	442	59	2	299	200
郑 州	441	3609	1884	1725	2430	1179	1032	2150	427
开 封	177	1593	886	707	1067	526	550	1003	40
洛 阳	341	3027	1629	1398	2125	902	916	1981	130
平顶山	262	3086	1757	1329	1844	1242	918	2065	103
安 阳	278	2797	1746	1051	1272	1525	1310	1449	38
鹤 壁	93	988	617	371	627	361	355	608	25
新 乡	298	2954	1437	1517	2239	715	964	1927	63
焦 作	217	2064	1104	960	1511	553	758	1263	43
濮 阳	160	1841	1087	754	1289	552	659	1150	32
许 昌	214	1989	1132	857	1291	698	617	1323	49
漯 河	117	1477	880	597	914	563	589	866	22
三门峡	127	1138	642	496	780	358	236	877	25
南 阳	454	4856	2952	1904	3063	1793	2087	2695	74
商 丘	294	3152	1949	1203	2301	851	1306	1788	58
信 阳	344	3434	2252	1182	2097	1337	1379	1975	80
周 口	350	3936	2428	1508	2053	1883	1899	1957	80
驻马店	317	3131	1828	1303	2092	1039	1169	1910	52
济 源	49	478	234	244	412	66	69	377	32

中原银行股份有限公司机构人员统计表

2023 年

单位：人

项目 地区	机构数（个）	总人数	按性别分		按年龄分		按学历分		
			男	女	40 岁及以下	40 岁以上	大专及以下	本科	研究生及以上
合 计	684	18482	9313	9169	13358	5124	2605	13055	2822
郑 州	65	3795	2075	1720	3341	454	61	2080	1654
开 封	30	786	422	364	406	380	220	511	55
洛 阳	77	2204	1015	1189	1705	499	218	1717	269
平顶山	67	1493	770	723	1119	374	238	1137	118
安 阳	28	648	318	330	395	253	112	468	68
鹤 壁	16	378	185	193	241	137	39	305	34
新 乡	35	842	423	419	545	297	203	575	64
焦 作	50	1244	624	620	853	391	153	951	140
濮 阳	24	582	298	284	332	250	168	384	30
许 昌	33	899	437	462	669	230	221	631	47
漯 河	18	499	256	243	302	197	116	354	29
三门峡	34	803	345	458	599	204	100	654	49
南 阳	51	1001	501	500	553	448	251	718	32
商 丘	48	1005	474	531	656	349	255	702	48
信 阳	34	732	387	345	508	224	70	592	70
周 口	30	692	356	336	442	250	102	551	39
驻马店	40	746	371	375	567	179	76	614	56
济 源	4	133	56	77	125	8	2	111	20

郑州银行股份有限公司机构人员统计表

2023 年

单位：人

项目 地区	机构数(个)	总人数	按性别分		按年龄分		按学历分		
			男	女	40 岁及以下	40 岁以上	大专及以下	本科	研究生及以上
合 计	182	5329	2477	2852	4372	957	278	3877	1174
郑 州	116	4054	1820	2234	3241	813	229	2771	1054
开 封	4	72	39	33	67	5	2	64	6
洛 阳	8	135	66	69	116	19	8	109	18
平顶山	3	62	30	32	53	9	1	54	7
安 阳	7	111	58	53	103	8	3	101	7
鹤 壁	1	42	18	24	37	5		34	8
新 乡	7	129	66	63	115	14	6	105	18
濮 阳	3	75	41	34	67	8	2	66	7
许 昌	4	87	45	42	81	6	4	70	13
漯 河	3	71	43	28	62	9	5	64	2
南 阳	10	165	75	90	141	24	10	141	14
商 丘	7	122	60	62	112	10	2	110	10
信 阳	5	98	61	37	89	9	3	92	3
周 口	2	53	30	23	45	8		51	2
驻马店	2	53	25	28	43	10	3	45	5

中原证券股份有限公司机构人员统计表

2023 年

单位：人

项目 地区	机构数(个)	总人数	按性别分		按年龄分		按学历分		
			男	女	40 岁及以下	40 岁以上	大专及以下	本科	研究生及以上
河南省	85	2122	1194	927	1415	707	112	1484	526
机构本部	1	884	497	386	603	281	15	407	462
郑 州	13	288	150	138	197	91	14	248	26
开 封	2	31	19	12	21	10	1	27	3
洛 阳	6	69	31	38	59	10	1	62	6
南 阳	5	54	31	23	35	19	9	42	3
平顶山	5	78	48	30	37	41	8	68	2
濮 阳	5	80	55	25	55	25	7	69	4
许 昌	6	78	44	34	51	27	7	68	3

续表

地区 \ 项目	机构数(个)	总人数	按性别分		按年龄分		按学历分		
			男	女	40岁及以下	40岁以上	大专及以下	本科	研究生及以上
商　丘	5	73	42	31	49	24		72	1
漯　河	3	55	25	30	30	25	3	52	
安　阳	6	83	54	29	44	39	11	69	3
新　乡	6	79	43	36	59	20	8	68	3
鹤　壁	3	33	19	14	27	6	4	29	
信　阳	3	47	29	18	38	9	6	40	1
焦　作	4	48	33	15	30	18	1	45	2
三门峡	5	71	39	32	32	39	11	59	1
周　口	4	38	20	18	26	12	3	30	5
驻马店	3	33	15	18	22	11	3	29	1
省　外	22	269	134	135	185	84	17	214	38

中国出口信用保险公司河南分公司机构人员统计表

2023 年

单位：人

地区 \ 项目	机构数(个)	总人数	按性别分		按年龄分		按学历分		
			男	女	40岁及以下	40岁以上	大专及以下	本科	研究生及以上
合　计	2	45	28	17	29	16	2	21	22
郑　州	1	39	24	15	25	14	2	19	18
洛　阳	1	6	4	2	4	2		2	4

中国人民财产保险股份有限公司河南省分公司机构人员统计表

2023 年

单位：人

项目 地区	机构数（个）	总人数	按性别分		按年龄分		按学历分		
			男	女	40 岁及以下	40 岁以上	大专及以下	本科	研究生及以上
合　计	765	6405	3606	2799	3826	2579	2169	4046	190
省本部	1	287	140	147	208	79	17	178	92
郑　州	68	907	514	393	540	367	278	598	31
开　封	53	269	162	107	164	105	107	154	8
洛　阳	69	460	260	200	265	195	142	311	7
平顶山	51	313	177	136	208	105	134	177	2
安　阳	45	397	210	187	236	161	116	275	6
鹤　壁	17	122	76	46	56	66	34	88	
新　乡	56	372	204	168	224	148	134	233	5
焦　作	28	302	149	153	156	146	101	196	5
濮　阳	23	247	142	105	121	126	95	149	3
许　昌	71	341	180	161	207	134	131	204	6
漯　河	16	150	77	72	69	80	76	74	
三门峡	27	203	110	93	112	91	73	129	1
南　阳	120	478	298	180	262	216	170	303	5
商　丘	35	397	233	164	272	125	164	226	7
信　阳	20	339	192	147	198	141	130	207	2
周　口	42	392	228	165	247	146	135	253	4
驻马店	16	381	226	155	248	133	119	256	6
济　源	7	48	28	20	33	15	13	35	

中国平安财产保险股份有限公司河南分公司机构人员统计表

2023 年

单位：人

项目 地区	机构数（个）	总人数	按性别分		按年龄分		按学历分		
			男	女	40 岁及以下	40 岁以上	大专及以下	本科	研究生及以上
河南省	142	2555	1526	1029	2247	308	716	1716	123
机构本部	1	387	249	138	345	42	14	301	72
郑　州	14	714	344	370	656	58	366	329	19
开　封	6	80	56	24	72	8	21	57	2
洛　阳	12	116	69	47	96	20	24	88	4
平顶山	7	74	42	32	64	10	16	57	1
安　阳	7	91	55	36	80	11	20	70	1
鹤　壁	4	47	31	16	41	6	9	37	1
新　乡	9	137	83	54	115	22	35	100	2
焦　作	7	83	48	35	66	17	20	61	2
濮　阳	7	81	53	28	59	22	11	68	2
许　昌	6	65	41	24	55	10	11	51	3
漯　河	3	49	29	20	39	10	17	32	
三门峡	6	53	33	20	47	6	9	44	
南　阳	12	128	86	42	109	19	32	96	
商　丘	9	123	87	36	111	12	39	79	5
信　阳	9	90	60	30	82	8	20	67	3
周　口	10	106	72	34	96	10	24	81	1
驻马店	11	95	71	24	87	8	19	74	2
济　源	2	36	17	19	27	9	9	24	3

永安财产保险股份有限公司河南分公司机构人员统计表

2023 年　　单位：人

地区 \ 项目	机构数（个）	总人数	按性别分		按年龄分		按学历分		
			男	女	40 岁及以下	40 岁以上	大专及以下	本科	研究生及以上
合 计	92	653	340	313	383	270	455	194	4
郑 州	11	98	45	53	69	29	64	34	
洛 阳	8	52	23	29	26	26	38	14	
平顶山	6	31	23	8	14	17	23	8	
安 阳	7	38	17	21	14	24	27	11	
新 乡	7	43	19	24	24	19	35	8	
许 昌	4	25	15	10	14	11	20	5	
漯 河	4	23	13	10	16	7	14	9	
三门峡	5	31	18	13	20	11	22	9	
南 阳	8	44	18	26	24	20	33	11	
商 丘	5	52	27	25	39	13	39	13	
信 阳	7	38	21	17	15	23	31	7	
周 口	9	48	26	22	30	18	38	10	
驻马店	6	48	23	25	23	25	38	10	
鹤 壁	2	13	10	3	11	2	6	7	
开 封	2	17	14	3	11	6	14	3	
分公司	1	52	28	24	33	19	13	35	4

中华联合财产保险股份有限公司河南分公司机构人员统计表

2023 年　　单位：人

地区 \ 项目	机构数（个）	总人数	按性别分		按年龄分		按学历分		
			男	女	40 岁及以下	40 岁以上	大专及以下	本科	研究生及以上
合 计	165	2259	1176	1083	1476	783	1084	1127	47
分公司	1	179	99	80	131	48	8	143	28
郑 州	19	296	157	139	207	89	123	167	6
开 封	6	72	37	35	49	23	36	34	2
洛 阳	12	160	74	86	109	51	78	80	2
平顶山	8	87	55	32	49	38	41	46	
安 阳	8	87	44	43	54	33	45	41	1
鹤 壁	4	102	37	65	64	38	68	34	
新 乡	10	71	36	35	43	28	42	29	
焦 作	7	103	55	48	47	56	63	40	
濮 阳	8	68	34	34	42	26	31	37	
许 昌	8	75	43	32	54	21	29	45	1
漯 河	4	39	23	16	23	16	19	19	1
三门峡	7	64	33	31	43	21	31	33	
南 阳	13	197	101	96	122	75	108	89	
商 丘	11	117	69	48	82	35	57	57	3
信 阳	12	148	77	71	70	78	95	52	1
周 口	13	185	93	92	136	49	101	82	2
驻马店	10	172	95	77	120	52	86	86	
济 源	4	37	14	23	31	6	23	14	

中国大地财产保险股份有限公司河南分公司机构人员统计表

2023 年

单位：人

项目 / 地区	机构数（个）	总人数	按性别分		按年龄分		按学历分		
			男	女	40 岁及以下	40 岁以上	大专及以下	本科	研究生及以上
合 计	106	1305	647	658	918	387	452	614	18
分公司	1	142	70	72	113	29	18	108	16
郑 州	11	164	79	85	116	48	65	82	
开 封	6	43	23	20	33	10	20	19	
洛 阳	9	99	46	53	67	32	45	31	
平顶山	7	72	36	36	49	23	26	34	
安 阳	5	61	28	33	38	23	19	30	
鹤 壁	1	27	14	13	20	7	7	15	
新 乡	6	56	30	26	45	11	17	23	2
焦 作	3	42	17	25	35	7	16	22	
濮 阳	7	73	29	44	46	27	16	39	
许 昌	6	41	20	21	28	13	17	17	
漯 河	3	36	21	15	23	13	8	18	
三门峡	3	31	19	12	20	11	14	13	
南 阳	10	88	39	49	59	29	30	39	
商 丘	7	80	48	32	57	23	42	31	
信 阳	6	60	39	21	39	21	23	26	
周 口	11	138	60	78	95	43	49	43	
驻马店	4	52	29	23	35	17	20	24	

华安财产保险股份有限公司河南分公司机构人员统计表

2023 年

单位：人

项目 / 地区	机构数（个）	总人数	按性别分		按年龄分		按学历分		
			男	女	40 岁及以下	40 岁以上	大专及以下	本科	研究生及以上
河南省	58	570	295	275	405	165	216	342	12
机构本部	1	113	61	52	92	21	9	94	10
郑 州	9	75	46	29	52	23	40	35	
开 封	4	21	5	16	12	9	11	10	
洛 阳	6	29	10	19	15	14	18	11	
平顶山	3	20	12	8	11	9	8	12	
安 阳	8	41	30	11	32	9	19	21	1
鹤 壁	1	16	11	5	10	6	3	13	
新 乡	1	20	7	13	13	7	4	16	
焦 作	3	30	14	16	17	13	10	20	
濮 阳	1	18	7	11	15	3	8	10	
许 昌	3	21	13	8	13	8	9	11	1
漯 河	1	16	8	8	14	2	3	13	
三门峡	1	13	6	7	9	4	6	7	
南 阳	4	44	18	26	33	11	29	15	
商 丘	4	25	13	12	19	6	12	13	
信 阳	1	15	11	4	11	4	6	9	
周 口	4	33	10	23	24	9	10	23	
驻马店	2	20	13	7	13	7	11	9	

都邦财产保险股份有限公司河南分公司机构人员统计表

2023 年

单位：人

项目 / 地区	机构数（个）	总人数	按性别分		按年龄分		按学历分		
			男	女	40 岁及以下	40 岁以上	大专及以下	本科	研究生及以上
合 计	17	102	46	56	73	29	52	48	2
分公司本部	1	35	12	23	27	8	10	23	2
郑 州	1	4	3	1	4		2	2	
洛 阳	1	5	3	2	2	3	4	1	
安 阳	2	6	3	3	5	1	3	3	
新 乡	2	7	3	4	7		5	2	
焦 作	1	5	3	2	3	2	4	1	
濮 阳	1	6	2	4	3	3	4	2	
许 昌	1	5	2	3	1	4	3	2	
三门峡	1	3	2	1	3		1	2	
南 阳	1	4	2	2	3	1	4		
商 丘	2	6	4	2	4	2	3	3	
周 口	1	5	2	3	5		1	4	
驻马店	1	6	4	2	2	4	6		
济 源	1	5	1	4	4	1	2	3	

渤海财产保险股份有限公司河南分公司机构人员统计表

2023 年

单位：人

项目 / 地区	机构数（个）	总人数	按性别分		按年龄分		按学历分		
			男	女	40 岁及以下	40 岁以上	大专及以下	本科	研究生及以上
合 计	29	260	143	117	169	91	172	84	4
郑 州	6	51	30	21	40	11	38	13	
开 封	2	17	10	7	9	8	11	5	1
洛 阳	1	9	6	3	4	5	7	2	
平顶山	1	9	5	4	5	4	7	2	
安 阳	1	13	9	4	6	7	10	3	
鹤 壁	1	9	3	6	8	1	5	4	
新 乡	1	13	10	3	9	4	7	6	
焦 作	3	13	6	7	10	3	7	6	
濮 阳	2	16	8	8	8	8	10	6	
许 昌	2	11	6	5	7	4	8	3	
南 阳	2	14	9	5	8	6	10	4	
商 丘	1	7	4	3	5	2	4	3	
周 口	1	7	5	2	5	2	5	2	
驻马店	3	16	8	8	11	5	11	5	
济 源	1	18	9	9	11	7	14	4	
机构本部	1	37	15	22	23	14	18	16	3

中国人寿财产保险股份有限公司河南省分公司机构人员统计表

2023 年　　单位：人

地区＼项目	机构数(个)	总人数	按性别分		按年龄分		按学历分		
			男	女	40 岁及以下	40 岁以上	大专及以下	本科	研究生及以上
合　计	168	2802	1456	1346	1843	959	595	2122	85
省本级	1	234	111	123	161	73	2	182	50
郑　州	16	527	256	271	382	145	63	447	17
开　封	9	92	45	47	44	48	21	67	4
洛　阳	14	183	83	100	116	67	41	139	3
平顶山	9	162	90	72	106	56	53	108	1
安　阳	8	127	78	49	82	45	24	103	
鹤　壁	4	48	20	28	33	15	8	38	2
新　乡	10	107	55	52	51	56	36	70	1
焦　作	9	97	46	51	60	37	23	72	2
濮　阳	9	107	45	62	81	26	25	81	1
许　昌	8	125	64	61	75	50	35	90	
漯　河	5	96	53	43	57	39	24	71	1
三门峡	5	98	50	48	62	36	20	78	
南　阳	15	174	112	62	128	46	42	132	
商　丘	11	117	59	58	76	41	27	88	2
信　阳	12	156	91	65	107	49	44	112	
周　口	12	181	103	78	126	55	68	113	
驻马店	10	145	83	62	80	65	37	107	1
济　源	1	26	12	14	16	10	2	24	

永诚财产保险股份有限公司河南分公司机构人员统计表

2023 年　　单位：人

地区＼项目	机构数(个)	总人数	按性别分		按年龄分		按学历分		
			男	女	40 岁及以下	40 岁以上	大专及以下	本科	研究生及以上
合　计	9	83	38	45	56	27	25	57	1
郑　州	1	46	24	22	35	11	11	35	
洛　阳	1	5	2	3	3	2	1	4	
平顶山	1	5	2	3	2	3	4	1	
新　乡	1	3	2	1	1	2	1	2	
焦　作	1	5	3	2	3	2		4	1
濮　阳	1	7	1	6	4	3	3	4	
三门峡	1	3	1	2	3		2	1	
商　丘	1	5	2	3	3	2	2	3	
驻马店	1	4	1	3	2	2	1	3	

中银保险有限公司河南分公司机构人员统计表

2023 年

单位：人

地区 \ 项目	机构数（个）	总人数	按性别分		按年龄分		按学历分		
			男	女	40 岁及以下	40 岁以上	大专及以下	本科	研究生及以上
河南省	7	113	57	56	75	38	7	94	12
机构本部	1	67	30	37	48	19	5	53	9
洛 阳	1	7	5	2	4	3	1	6	
安 阳	1	5	4	1	4	1		4	1
新 乡	1	5	2	3	2	3		4	1
焦 作	1	8	5	3	3	5		7	1
许 昌	1	10	6	4	6	4		10	
南 阳	1	11	5	6	8	3	1	10	

安诚财产保险股份有限公司河南分公司机构人员统计表

2023 年

单位：人

地区 \ 项目	机构数（个）	总人数	按性别分		按年龄分		按学历分		
			男	女	40 岁及以下	40 岁以上	大专及以下	本科	研究生及以上
合 计	8	120	67	53	82	38	66	52	2
郑 州	2	58	30	28	41	17	21	35	2
洛 阳	1	5	4	1	3	2	3	2	
鹤 壁	1	8	4	4	5	3	5	3	
许 昌	2	13	9	4	5	8	10	3	
南 阳	1	12	6	6	7	5	9	3	
商 丘	1	24	14	10	21	3	18	6	

亚太财产保险有限公司河南分公司机构人员统计表

2023 年

单位：人

地区＼项目	机构数（个）	总人数	按性别分		按年龄分		按学历分		
			男	女	40 岁及以下	40 岁以上	大专及以下	本科	研究生及以上
总　计	10	157	104	53	110	47	54	97	6
安阳中心支公司	1	8	6	2	2	6	5	3	
河南分公司	1	59	38	21	48	11	17	38	4
焦作中心支公司	1	7	6	1	2	5	3	4	
洛阳中心支公司	1	11	6	5	5	6	4	7	
漯河西城区支公司	1	5	2	3	4	1	2	3	
南阳中心支公司	1	9	4	5	4	5	3	5	1
新乡中心支公司	1	5	4	1	4	1	3	2	
许昌中心支公司	1	7	6	1	5	2	4	3	
新郑支公司	1	3	1	2	2	1	2	1	
郑州中心支公司	1	9	6	3	6	3	2	7	
华北区域客户服务中心		10	7	3	8	2	2	7	1
华北区域客户服务中心安阳站		2	2		2		1	1	
华北区域客户服务中心焦作站		3	2	1	3			3	
华北区域客户服务中心洛阳站		5	1	4	5		1	4	
华北区域客户服务中心南阳站		2	2		2			2	
华北区域客户服务中心许昌站		3	3		1	2	1	2	
华北区域客户服务中心郑州站		8	7	1	7	1	3	5	
华北区域客户服务中心周口站		1	1			1	1		

中国人寿保险股份有限公司河南省分公司机构人员统计表

2023 年

单位：人

地区＼项目	总人数	按性别分		按年龄分		按学历分		
		男	女	40 岁及以下	40 岁以上	大专及以下	本科	研究生及以上
合　计	5790	2754	3036	2832	2947	1009	4632	149
省本部	417	150	267	218	188	7	351	59
郑　州	539	245	294	319	220	40	476	23
开　封	222	110	112	103	119	50	164	8
洛　阳	468	171	297	271	197	73	389	6
平顶山	297	165	132	115	182	97	198	2
安　阳	312	147	165	144	168	57	244	11
鹤　壁	159	78	81	71	88	11	147	1
新　乡	313	153	160	138	175	60	249	4
焦　作	284	118	166	135	149	69	210	5
濮　阳	316	149	167	137	179	48	264	4
许　昌	266	125	141	145	121	42	220	4
漯　河	189	90	99	81	108	61	128	
三门峡	194	80	114	108	86	26	166	2
商　丘	315	169	146	151	164	49	262	4
周　口	313	165	148	148	165	60	253	
驻马店	353	213	140	173	180	70	281	2
南　阳	478	233	245	211	267	92	378	8
信　阳	310	174	136	139	171	93	212	5
济　源	45	19	26	25	20	4	40	1

中国平安人寿保险股份有限公司河南分公司机构人员统计表

2023 年

单位：人

项目 地区	机构数(个)	总人数	按性别分		按年龄分		按学历分		
			男	女	40 岁及以下	40 岁以上	大专及以下	本科	研究生及以上
合　计	144	2101	1031	1070	1809	292	343	1659	99
郑　州	27	1023	457	566	880	143	142	820	61
开　封	8	101	47	54	89	12	14	84	3
洛　阳	11	107	55	52	89	18	22	81	4
平顶山	9	48	29	19	42	6	9	38	1
安　阳	6	49	24	25	40	9	19	29	1
鹤　壁	3	15	9	6	13	2	2	13	
新　乡	9	144	76	68	118	26	33	109	2
焦　作	7	86	46	40	77	9	12	73	1
濮　阳	8	101	55	46	91	10	2	80	19
许　昌	7	73	41	32	60	13	9	62	2
漯　河	4	25	11	14	19	6	4	20	1
三门峡	3	15	8	7	13	2	1	14	
南　阳	12	114	66	48	98	16	32	80	2
商　丘	5	22	13	9	21	1	4	18	
信　阳	5	31	14	17	29	2	6	25	
周　口	10	72	34	38	66	6	13	58	1
驻马店	9	43	29	14	39	4	9	33	1
济　源	1	32	17	15	25	7	10	22	

泰康人寿保险有限责任公司河南分公司机构人员统计表

2023 年

单位：人

项目 地区	机构数(个)	总人数	按性别分		按年龄分		按学历分		
			男	女	40 岁及以下	40 岁以上	大专及以下	本科	研究生及以上
河南省	185	1330	588	742	896	434	80	1157	93
郑　州	15	112	44	68	88	24	6	100	6
开　封	6	51	23	28	29	22	3	48	
洛　阳	15	78	36	42	50	28	6	69	3
平顶山	7	40	14	26	23	17	7	33	
安　阳	7	53	21	32	39	14	2	51	
鹤　壁	5	32	16	16	22	10		30	2
新　乡	13	75	36	39	48	27	5	68	2
焦　作	13	74	25	49	51	23	4	69	1
濮　阳	14	79	33	46	62	17	1	78	
许　昌	11	57	23	34	41	16		54	3
漯　河	6	27	9	18	19	8	1	26	
三门峡	6	43	20	23	30	13	3	38	2
南　阳	24	112	56	56	78	34	4	104	4
商　丘	11	76	37	39	53	23	5	69	2
信　阳	11	68	30	38	40	28	11	57	
周　口	11	41	20	21	28	13	3	37	1
驻马店	9	42	18	24	28	14	3	38	1
分公司	1	270	127	143	167	103	16	188	66

太平人寿保险有限公司河南分公司机构人员统计表

2023 年

单位：人

项目 地区	机构数 (个)	总人数	按性别分		按年龄分		按学历分		
			男	女	40 岁及以下	40 岁以上	大专及以下	本科	研究生及以上
河南省	87	1001	494	507	731	270	44	908	49
郑　州	7	315	146	169	211	104	16	265	34
安　阳	11	60	34	26	39	21	5	55	
驻马店	9	70	33	37	47	23	2	65	3
周　口	7	60	31	29	46	14	2	58	
许　昌	3	43	22	21	35	8	1	41	1
信　阳	4	39	21	18	31	8	1	37	1
新　乡	4	40	19	21	31	9	3	36	1
商　丘	6	53	25	28	47	6	1	52	
三门峡	4	38	18	20	28	10	1	37	
濮　阳	4	34	15	19	29	5	1	33	
平顶山	3	34	18	16	24	10	2	31	1
南　阳	7	59	37	22	46	13	1	56	2
洛　阳	7	45	22	23	37	8	2	37	6
漯　河	2	29	12	17	25	4		29	
开　封	5	45	26	19	28	17	5	40	
焦　作	4	37	15	22	27	10	1	36	

合众人寿保险股份有限公司河南分公司机构人员统计表

2023 年

单位：人

项目 地区	机构数 (个)	总人数	按性别分		按年龄分		按学历分		
			男	女	40 岁及以下	40 岁以上	大专及以下	本科	研究生及以上
合　计	42	252	114	138	146	106	25	221	6
郑　州	7	99	43	56	56	43	6	87	6
开　封	2	10	3	7	7	3	1	9	
洛　阳	3	12	5	7	7	5	2	10	
平顶山	3	10	5	5	6	4	1	9	
安　阳	2	9	5	4	7	2	1	8	
鹤　壁	2	6	3	3	5	1		6	
新　乡	2	15	10	5	9	6	2	13	
焦　作	2	8	3	5	6	2		8	
濮　阳	2	11	8	3	5	6	1	10	
许　昌	4	18	6	12	7	11	5	13	
漯　河	1	8	4	4	5	3	1	7	
南　阳	3	10	5	5	5	5	2	8	
商　丘	5	17	8	9	12	5	3	14	
信　阳	1	6	3	3	3	3		6	
周　口	1	4	2	2	2	2		4	
驻马店	1	7	1	6	3	4		7	
济　源	1	2		2	1	1		2	

富德生命人寿保险股份有限公司河南分公司机构人员统计表

2023 年

单位：人

地区 \ 项目	机构数（个）	总人数	按性别分		按年龄分		按学历分		
			男	女	40 岁及以下	40 岁以上	大专及以下	本科	研究生及以上
河南省	85	843	345	498	658	185	89	738	8
郑 州	8	60	23	37	47	13	5	53	2
开 封	4	39	12	27	28	11	3	35	1
洛 阳	6	39	14	25	26	13	8	30	1
平顶山	6	36	14	22	31	5	6	30	
安 阳	4	28	13	15	20	8	3	25	
鹤 壁	2	25	12	13	21	4	3	22	
新 乡	6	31	13	18	23	8	8	23	
焦 作	6	52	21	31	40	12	3	48	1
濮 阳	3	31	14	17	24	7	4	26	1
许 昌	3	39	13	26	31	8	6	33	
漯 河	2	24	9	15	16	8	1	23	
三门峡	2	21	11	10	17	4	1	20	
南 阳	9	68	32	36	56	12	6	62	
商 丘	4	36	13	23	30	6	2	34	
信 阳	5	40	16	24	28	12	2	36	2
周 口	10	62	29	33	50	12	15	47	
驻马店	4	32	17	15	27	5	3	29	
济 源	1	20	8	12	14	6		20	

备注：业务数据按照新准则口径统计。

中荷人寿保险有限公司河南省分公司机构人员统计表

2023 年

单位：人

地区 \ 项目	机构数（个）	总人数	按性别分		按年龄分		按学历分		
			男	女	40 岁及以下	40 岁以上	大专及以下	本科	研究生及以上
河南省	10	175	105	70	120	55	8	158	9
机构本部		87	51	36	55	32	2	79	6
郑 州	6	39	25	14	32	7	2	36	1
洛 阳	1	15	11	4	10	5	1	13	1
安 阳	1	9	5	4	5	4		9	
焦 作	1	14	8	6	10	4	2	12	
南 阳	1	11	5	6	8	3	1	9	1

平安养老保险股份有限公司河南分公司机构人员统计表

2023 年

单位：人

项目 地区	机构数（个）	总人数	按性别分		按年龄分		按学历分		
			男	女	40 岁及以下	40 岁以上	大专及以下	本科	研究生及以上
合　计	9	228	118	110	180	48	59	158	11
省公司	1	167	81	86	134	33	43	114	10
洛　阳	1	12	6	6	9	3	3	9	
新　乡	1	13	8	5	8	5	4	9	
焦　作	1	8	4	4	6	2	4	4	
濮　阳	1	8	5	3	5	3	1	6	1
许　昌	1	7	6	1	7		1	6	
驻马店	1	10	6	4	8	2	3	7	
巩　义	1	1	1		1			1	
兰　考	1	2	1	1	2			2	

中国人民人寿保险股份有限公司河南省分公司机构人员统计表

2023 年

单位：人

项目 地区	机构数（个）	总人数	按性别分		按年龄分		按学历分		
			男	女	40 岁及以下	40 岁以上	大专及以下	本科	研究生及以上
合　计	125	886	418	468	569	317	246	625	15
郑　州	10	93	43	50	66	27	23	66	4
开　封	6	52	31	21	36	16	11	40	1
洛　阳	9	62	29	33	37	25	20	39	3
平顶山	8	48	24	24	33	15	14	34	
安　阳	7	53	22	31	31	22	12	41	
鹤　壁	4	28	12	16	18	10	3	25	
新　乡	8	47	15	32	29	18	14	32	1
焦　作	7	55	23	32	28	27	16	39	
濮　阳	6	54	21	33	34	20	16	37	1
许　昌	6	39	21	18	28	11	13	26	
漯　河	4	40	22	18	27	13	7	33	
三门峡	4	41	13	28	20	21	12	29	
南　阳	12	65	33	32	42	23	20	44	1
商　丘	7	48	20	28	29	19	21	26	1
信　阳	4	33	16	17	26	7	5	26	2
周　口	11	54	32	22	36	18	18	36	
驻马店	6	56	32	24	38	18	19	36	1
济　源	6	18	9	9	11	7	2	16	

国华人寿保险股份有限公司河南分公司机构人员统计表

2023 年

单位：人

项目 地区	机构数（个）	总人数	按性别分		按年龄分		按学历分		
			男	女	40 岁及以下	40 岁以上	大专及以下	本科	研究生及以上
合 计	12	122	58	64	74	48	20	98	4
郑 州	1	46	23	23	28	18	3	39	4
洛 阳	1	7	4	3	4	3	2	5	
平顶山	1	7	2	5	5	2	2	5	
新 乡	1	9	2	7	6	3	1	8	
焦 作	1	7	3	4	3	4	1	6	
濮 阳	1	4	2	2	2	2		4	
漯 河	1	8	5	3	7	1	1	7	
南 阳	1	8	3	5	3	5	3	5	
商 丘	1	7	4	3	5	2	2	5	
信 阳	1	5	3	2	5		1	4	
周 口	1	8	3	5	5	3	2	6	
驻马店	1	6	4	2	1	5	2	4	

华泰人寿保险股份有限公司河南分公司机构人员统计表

2023 年

单位：人

项目 地区	机构数（个）	总人数	按性别分		按年龄分		按学历分		
			男	女	40 岁及以下	40 岁以上	大专及以下	本科	研究生及以上
合 计	42	191	84	107	116	75	30	158	3
分公司	1	45	16	29	28	17	3	41	1
郑 州	7	31	15	16	22	9	3	28	
开 封	4	12	6	6	6	6	3	9	
洛 阳	4	16	5	11	11	5	4	11	1
平顶山	2	6	4	2	5	1		6	
安 阳	3	13	6	7	6	7		13	
新 乡	1	2	2		1	1		2	
焦 作	3	8	4	4	4	4	3	5	
许 昌	3	10	4	6	4	6	2	8	
漯 河	3	12	4	8	5	7	2	10	
南 阳	4	15	7	8	12	3	3	12	
商 丘	2	6	2	4	3	3	1	4	1
周 口	5	15	9	6	9	6	6	9	

太平养老保险股份有限公司河南分公司机构人员统计表

2023 年

单位：人

项目 地区	机构数(个)	总人数	按性别分		按年龄分		按学历分		
			男	女	40 岁及以下	40 岁以上	大专及以下	本科	研究生及以上
合 计	2	119	47	72	85	34	29	82	8
郑 州	1	96	37	59	66	30	24	65	7
洛 阳	1	23	10	13	19	4	5	17	1

中国中信金融资产管理股份有限公司河南省分公司机构人员统计表

2023 年

单位：人

项目 地区	机构数(个)	总人数	按性别分		按年龄分		按学历分		
			男	女	40 岁及以下	40 岁以上	大专及以下	本科	研究生及以上
河南省	1	50	29	21	38	12	1	17	32

中国长城资产管理股份有限公司河南省分公司机构人员统计表

2023 年

单位：人

项目 地区	机构数(个)	总人数	按性别分		按年龄分		按学历分		
			男	女	40 岁及以下	40 岁以上	大专及以下	本科	研究生及以上
合 计	1	64	45	19	25	39	3	43	18
郑 州	1	64	45	19	25	39	3	43	18

中国东方资产管理股份有限公司河南省分公司机构人员统计表

2023 年

单位：人

项目 地区	总人数	按性别分		按年龄分		按学历分		
		男	女	40 岁及以下	40 岁以上	大专及以下	本科	研究生及以上
合 计	41	28	13	27	14		17	24
分公司领导	4	3	1		4		4	
资金财会部	2	2		1	1		1	1
风险管理部	7	3	4	5	2		2	5
综合管理部	8	4	4	6	2		4	4
资产经营一部	11	9	2	8	3		2	9
资产经营二部	9	7	2	7	2		4	5

中国信达资产管理股份有限公司河南省分公司机构人员统计表

2023 年

单位：人

项目 地区	机构数(个)	总人数	按性别分		按年龄分		按学历分		
			男	女	40 岁及以下	40 岁以上	大专及以下	本科	研究生及以上
合 计	11	58	37	21	39	19		20	38

续表

项目 地区	机构数（个）	总人数	按性别分		按年龄分		按学历分		
			男	女	40岁及以下	40岁以上	大专及以下	本科	研究生及以上
综合管理处	1	15	9	6	2	13		11	4
计划财务处	1	4	2	2	3	1		2	2
业务审核处	1	4	3	1	2	2		4	
风险管理处	1	3	1	2	2	1		1	2
业务一处	1	4	2	2	4				4
业务二处	1	5	3	2	4	1		1	4
业务三处	1	4	3	1	4				4
业务四处	1	7	5	2	7				7
业务五处	1	5	4	1	5				5
业务六处	1	5	5		4	1		1	4
业务七处	1	2		2	2				2

中原资产管理有限公司机构人员统计表

2023 年

单位：人

项目 地区	总人数	按性别分		按年龄分		按学历分		
		男	女	40岁及以下	40岁以上	大专及以下	本科	研究生及以上
合　计	**252**	**136**	**116**	**178**	**70**	**4**	**178**	**74**
公司领导	6	4	2	5	1		2	4
综合管理部	6	2	4	6			5	1
战略发展部（董事会办公室）	3	1	2	3			3	
监事会办公室	1		1	1				1
计划财务部	9	3	6	6	3		6	3
风险合规部	6	2	4	5	1		4	2
特殊资产部	8	4	4	8			6	2
资产管理部	27	15	12	20	7		24	3
投资银行部	5	2	3	3	2		4	1
创新业务部	4	3	1	2	2		4	
资本运营部	5	2	3	4	1		4	1
人力资源部	5	2	3	5			3	2
党群工作办公室	4	2	2	2	2		4	
巡查办公室	1		1	1			1	
督察审计部	4	1	3	3	1		4	
驻公司纪检监察组	5	3	2	4	1		2	3
博士后科研工作站	5	4	1	5			5	
2023届校招生轮岗人员	7	3	4	7			7	
2024届校招生轮岗人员	3	2	1	3			3	
大禹资本	11	4	7	5	6		7	4
金资科技	27	15	12	18	9		21	6
中原航租	44	26	18	27	17		17	27
中原供应链（保理）公司	28	17	11	11	13	4	21	7
中原金象公司	18	12	6	16	2		13	5
中原股权公司	10	7	3	8	2		8	2

中原信托有限公司机构人员统计表

2023 年　　　　　　　　　　　　　　　　　　　　　　单位：人

项目 地区	机构数 (个)	总人数	按性别分		按年龄分		按学历分		
			男	女	40 岁及以下	40 岁以上	大专及以下	本科	研究生及以上
合　计	1	290	178	112	226	64	5	56	229
郑　州	1	290	178	112	226	64	5	56	229

百瑞信托有限责任公司机构人员统计表

2023 年　　　　　　　　　　　　　　　　　　　　　　单位：人

项目 地区	机构数 (个)	总人数	按性别分		按年龄分		按学历分		
			男	女	40 岁及以下	40 岁以上	大专及以下	本科	研究生及以上
合　计	1	272	147	125	221	51	3	29	240
郑　州	1	272	147	125	221	51	3	29	240

注：总人数含博士后科研工作站 4 人。

中国石化财务有限责任公司郑州分公司机构人员统计表

2023 年　　　　　　　　　　　　　　　　　　　　　　单位：人

项目 地区	机构数 (个)	总人数	按性别分		按年龄分		按学历分		
			男	女	40 岁及以下	40 岁以上	大专及以下	本科	研究生及以上
合　计	1	27	12	15	13	14		16	11
分公司领导		3	2	1		3		3	
综合部		4	2	2	1	3		2	2
信贷部		9	3	6	6	3		5	4
结算部		4	1	3	3	1		2	2
财会部		3	1	2	1	2		2	1
内控稽核部		4	3	1	2	2		2	2

郑州宇通集团财务有限公司机构人员统计表

2023 年

单位：人

项目 地区	机构数（个）	总人数	按性别分		按年龄分		按学历分		
			男	女	40 岁及以下	40 岁以上	大专及以下	本科	研究生及以上
合 计	1	16	8	8	13	3		14	2
郑 州	1	16	8	8	13	3		14	2

天瑞集团财务有限责任公司机构人员统计表

2023 年

单位：人

项目 地区	机构数（个）	总人数	按性别分		按年龄分		按学历分		
			男	女	40 岁及以下	40 岁以上	大专及以下	本科	研究生及以上
合 计	1	17	8	9	13	4	3	12	2
郑 州	1	17	8	9	13	4	3	12	2

中国平煤神马集团财务有限责任公司机构人员统计表

2023 年

单位：人

项目 地区	机构数（个）	总人数	按性别分		按年龄分		按职称分			按学历分		
			男	女	40 岁及以下	40 岁以上	中级以下	中级	高级	大专及以下	本科	研究生及以上
平顶山	1	30	17	13	17	13	11	11	8	2	27	1

河南九鼎金融租赁股份有限公司机构人员统计表

2023 年

单位：人

项目 地区	机构数（个）	总人数	按性别分		按年龄分		按学历分		
			男	女	40 岁及以下	40 岁以上	大专及以下	本科	研究生及以上
合 计	1	94	61	33	57	37	8	54	32
郑 州	1	94	61	33	57	37	8	54	32

洛银金融租赁股份有限公司机构人员统计表

2023 年

单位：人

项目 地区	机构数（个）	总人数	按性别分		按年龄分		按学历分		
			男	女	40 岁及以下	40 岁以上	大专及以下	本科	研究生及以上
合 计	1	80	63	17	57	23		43	37

河南中原消费金融股份有限公司机构人员统计表

2023 年

单位：人

项目 / 地区	机构数（个）	总人数	按性别分		按年龄分		按学历分		
			男	女	40 岁及以下	40 岁以上	大专及以下	本科	研究生及以上
合　计	1	509	271	238	485	24	5	340	164
郑　州	1	509	271	238	485	24	5	340	164

中国银联股份有限公司河南分公司机构人员统计表

2023 年

单位：人

项目 / 地区	机构数（个）	总人数	按性别分		按年龄分		按学历分		
			男	女	40 岁及以下	40 岁以上	大专及以下	本科	研究生及以上
合　计	1	49	41	8	25	24	1	31	17
总经理室		3	3			3		3	
办公室		6	4	2	3	3		3	3
业务技术部		7	5	2	4	3		6	1
机构合作部		8	7	1	5	3	1	3	4
受理市场部		16	15	1	9	7		9	7
创新推广部		9	7	2	7	2		4	5

银联商务股份有限公司河南分公司机构人员统计表

2023 年

单位：人

项目 地区	机构数（个）	总人数	按性别分		按年龄分		按学历分		
			男	女	40 岁及以下	40 岁以上	大专及以下	本科	研究生及以上
合　计	28	340	265	75	237	103	40	291	9
公司本部	10	114	77	37	71	43	10	96	8
郑　州	1	43	34	9	33	10	8	34	1
安　阳	1	11	10	1	9	2	2	9	
鹤　壁	1	5	4	1	4	1		5	
焦　作	1	10	10		5	5	2	8	
济　源	1	3	3		2	1		3	
开　封	1	12	9	3	8	4	2	10	
漯　河	1	7	5	2	6	1	2	5	
洛　阳	1	17	15	2	12	5	1	16	
南　阳	1	18	15	3	13	5	1	17	
平顶山	1	10	8	2	7	3	4	6	
濮　阳	1	12	11	1	7	5	1	11	
三门峡	1	6	4	2	5	1	1	5	
商　丘	1	11	8	3	8	3		11	
许　昌	1	11	10	1	9	2	3	8	
新　乡	1	14	13	1	8	6	2	12	
信　阳	1	14	12	2	10	4		14	
周　口	1	12	10	2	12		1	11	
驻马店	1	10	7	3	8	2		10	

第七部分

河南金融管理部门和金融机构名录

中共河南省委金融委员会办公室

地　址：郑州市金水东路 22 号
邮　编：450018

中国人民银行河南省分行

地　址：郑州市郑东新区商务外环路 21 号
邮　编：450018

国家金融监督管理总局河南监管局

地　址：郑州市晨旭路 16 号

中国证券监督管理委员会河南监管局

地　址：郑州市郑东新区商务外环路和商务西三街交叉口国龙大厦 22 层
邮　编：450008

国家开发银行河南省分行

地　址：郑州市金水区金水路 266 号
邮　编：450008

中国农业发展银行河南省分行

地　址：郑州市红旗路 81 号
邮　编：450008

中国农业发展银行河南省分行营业部

地　址：郑州市金水区中州大道与民航路交叉口宏光协和广场 B 座 1906
邮　编：450000

中国农业发展银行开封市分行

地　址：开封市大梁路中段 23 号
邮　编：475200

中国农业发展银行洛阳市分行

地　址：洛阳市西工区九都路 96 号
邮　编：471000

中国农业发展银行平顶山市分行

地　址：平顶山市新城区公正路与祥云路交叉口荣邦大厦
邮　编：467000

中国农业发展银行安阳市分行

地　址：安阳市文峰区中华路南段 52 号
邮　编：455000

中国农业发展银行鹤壁市分行

地　址：鹤壁市淇滨区黄河路 392 号
邮　编：458030

中国农业发展银行新乡市分行

地　址：新乡市红旗区华兰大道 443 号
邮　编：453003

中国农业发展银行焦作市分行

地　址：焦作市人民路 899 号
邮　编：454000

中国农业发展银行濮阳市分行

地　址：濮阳市黄河路 122 号
邮　编：457500

中国农业发展银行许昌市分行

地　址：许昌市魏都区魏文路中段 1250 号
邮　编：461000

中国农业发展银行漯河市分行

地　址：漯河市郾城区泰山路 19 号
邮　编：462000

中国农业发展银行三门峡市分行

地　址：三门峡市大岭路南段 100 号
邮　编：472000

中国农业发展银行南阳市分行

地　址：南阳市张衡路 699 号
邮　编：473000

中国农业发展银行商丘市分行

地　址：商丘市神火大道中段 158 号
邮　编：476000

中国农业发展银行信阳市分行

地　址：信阳市羊山新区新六街与新七大道交叉口博林国际广场
邮　编：464000

中国农业发展银行周口市分行

地　址：周口市川汇区黄河路西段
邮　编：466000

中国农业发展银行驻马店市分行

地　址：驻马店市团结路 79 号
邮　编：463000

中国农业发展银行济源市支行

地　址：济源市黄河路 68 号
邮　编：459000

中国进出口银行河南省分行

地　址：郑州市金水东路 51 号楷林商务中心北区一至四层
邮　编：450012

中国工商银行股份有限公司河南省分行

地　址：郑州市经三路 99 号
邮　编：450011

中国工商银行股份有限公司郑州分行

地　址：郑州市金水路 219 号（金水路与英协路交叉口东南角）
邮　编：450008

中国工商银行股份有限公司洛阳分行

地　址：洛阳市中州中路 230 号
邮　编：471000

中国工商银行股份有限公司开封分行

地　址：开封市丁角街 88 号
邮　编：475000

中国工商银行股份有限公司新乡分行

地　址：新乡市和平大道 88 号
邮　编：453003

中国工商银行股份有限公司焦作分行

地　址：焦作市焦东中路 23 号
邮　编：454002

中国工商银行股份有限公司平顶山分行

地　址：平顶山市矿工中路南 37 号
邮　编：467000

中国工商银行股份有限公司安阳分行

地　址：安阳市文峰大道西段 73 号
邮　编：455000

中国工商银行股份有限公司鹤壁分行

地　址：鹤壁市兴鹤大街 79 号
邮　编：458030

中国工商银行股份有限公司濮阳分行
地　址：濮阳市建设路 203 号
邮　编：457000

中国工商银行股份有限公司许昌分行
地　址：许昌市七一路 42 号
邮　编：461000

中国工商银行股份有限公司漯河分行
地　址：漯河市黄河路 692 号
邮　编：462000

中国工商银行股份有限公司三门峡分行
地　址：三门峡市崤山路中段 42 号
邮　编：472000

中国工商银行股份有限公司南阳分行
地　址：南阳市工业路 124 号
邮　编：473000

中国工商银行股份有限公司驻马店分行
地　址：驻马店市解放路东段
邮　编：463000

中国工商银行股份有限公司商丘分行
地　址：商丘市文化东路 569 号
邮　编：476000

中国工商银行股份有限公司周口分行
地　址：周口市工农路 20 号
邮　编：466000

中国工商银行股份有限公司信阳分行
地　址：信阳市四一路 41 号
邮　编：464000

中国工商银行股份有限公司济源分行
地　址：济源市宣化东街 131 号
邮　编：454650

中国农业银行股份有限公司河南省分行

地　址：郑州市郑东新区商务外环路 16 号
邮　编：450016

中国农业银行股份有限公司郑州分行
地　址：郑州市陇海西路 50 号
邮　编：450006

中国农业银行股份有限公司开封分行
地　址：开封市金明东街北段 1 号
邮　编：475004

中国农业银行股份有限公司洛阳分行
地　址：洛阳市凯旋东路 59 号
邮　编：471000

中国农业银行股份有限公司平顶山分行
地　址：平顶山市光明路中段 49 号
邮　编：467000

中国农业银行股份有限公司安阳分行
地　址：安阳市文峰大道中段 6 号
邮　编：455000

中国农业银行股份有限公司鹤壁分行
地　址：鹤壁市淇滨大道 181 号
邮　编：458030

中国农业银行股份有限公司新乡分行
地　址：新乡市华兰大道 418 号
邮　编：453003

中国农业银行股份有限公司焦作分行
地　址：焦作市民主南路 88 号
邮　编：454001

中国农业银行股份有限公司濮阳分行
地　址：濮阳市人民路 58 号
邮　编：457000

中国农业银行股份有限公司许昌分行
地　址：许昌市文峰路东巷 3 号
邮　编：461000

中国农业银行股份有限公司漯河分行
地　址：漯河市黄河路中段 606 号
邮　编：462000

中国农业银行股份有限公司三门峡分行
地　址：三门峡市崤山中路 51 号
邮　编：472000

中国农业银行股份有限公司南阳分行
地　址：南阳市伏牛路 18 号
邮　编：473004

中国农业银行股份有限公司商丘分行
地　址：商丘市神火大道 99 号
邮　编：476000

中国农业银行股份有限公司信阳分行
地　址：信阳市东方红大道 272 号
邮　编：464000

中国农业银行股份有限公司周口分行
地　址：周口市七一路西段 17 号
邮　编：466000

中国农业银行股份有限公司驻马店分行
地　址：驻马店市解放路西段 599 号
邮　编：463000

中国农业银行股份有限公司济源分行
地　址：济源市沁园中路 5 号
邮　编：459000

中国农业银行股份有限公司河南省分行直属支行
地　址：郑州市经三路 15 号
邮　编：450003

中国银行股份有限公司河南省分行

地　址：郑州市郑东新区商务外环路 3-1 号
邮　编：450018

中国银行股份有限公司开封分行
地　址：开封市禹王台区中山路南段 59 号
邮　编：475003

中国银行股份有限公司洛阳分行
地　址：洛阳市西工区中州中路 439 号
邮　编：471000

中国银行股份有限公司平顶山分行
地　址：平顶山市新城区长安大道与育英路交叉口东北角
邮　编：467000

中国银行股份有限公司安阳分行
地　址：安阳市文峰大道西段 77 号
邮　编：455000

中国银行股份有限公司鹤壁分行
地　址：鹤壁市淇滨区淇滨大道中段
邮　编：458030

中国银行股份有限公司新乡分行
地　址：新乡市牧野区和平大道中 1 号
邮　编：453000

中国银行股份有限公司焦作分行
地　址：焦作市解放区丰收路 159 号
邮　编：454002

中国银行股份有限公司濮阳分行
地　址：濮阳市华龙区京开路 291 号
邮　编：457000

中国银行股份有限公司许昌分行
地　址：许昌市魏都区建设路中段
邮　编：461000

中国银行股份有限公司漯河分行
地　址：漯河市郾城区黄河路西段 733 号
邮　编：462000

中国银行股份有限公司三门峡分行
地　址：三门峡市湖滨区崤山路中段 15 号
邮　编：472000

中国银行股份有限公司南阳分行
地　址：南阳市七一路 129 号
邮　编：473000

中国银行股份有限公司商丘分行
地　址：商丘市梁园区八一路 59 号
邮　编：476000

中国银行股份有限公司信阳分行
地　址：信阳市东方红大道 158 号
邮　编：464000

中国银行股份有限公司周口分行
地　址：周口市川汇区八一路中段 58 号
邮　编：466000

中国银行股份有限公司驻马店分行
地　址：驻马店市驿城区文明路 188 号
邮　编：463000

中国银行股份有限公司济源分行
地　址：济源市沁园中路 98 号
邮　编：459000

中国银行股份有限公司郑州花园支行
地　址：郑州市花园路 40 号
邮　编：450008

中国银行股份有限公司郑州文化支行
地　址：郑州市文化路 102 号
邮　编：450002

中国银行股份有限公司郑州中原支行
地　址：郑州市中原中路 123 号
邮　编：450007

中国银行股份有限公司郑州自贸区分行
地　址：郑州市金水东路 39 号
邮　编：450003

中国银行股份有限公司郑州金水支行
地　址：郑州市金水路 266 号
邮　编：450003

中国银行股份有限公司郑州高新技术开发区支行
地　址：郑州市瑞达路 87 号
邮　编：450001

中国银行股份有限公司郑州航空港分行
地　址：郑州市航空港区新港大道东侧、飞扬路南侧 G-C 楼 1-2 层
邮　编：450015

中国银行股份有限公司郑州经济技术开发区分行
地　址：郑州市经开区第十五大街与经南八路交汇处东南角创业大厦 A 栋一、二层商铺

邮　编：450016

中国建设银行股份有限公司河南省分行

地　址：郑州市花园路 80 号
邮　编：450003

中国建设银行股份有限公司洛阳分行

地　址：洛阳市中州中路 235 号
邮　编：471000

中国建设银行股份有限公司南阳分行

地　址：南阳市新华西路 53 号银星大厦
邮　编：473054

中国建设银行股份有限公司平顶山分行

地　址：平顶山市中兴路南段东 1 号院
邮　编：467000

中国建设银行股份有限公司三门峡分行

地　址：三门峡市崤山路中段 52 号
邮　编：472000

中国建设银行股份有限公司焦作分行

地　址：焦作市建设东路 152 号
邮　编：454002

中国建设银行股份有限公司濮阳分行

地　址：濮阳市人民路 237 号
邮　编：457000

中国建设银行股份有限公司新乡分行

地　址：新乡市平原路 443 号
邮　编：453003

中国建设银行股份有限公司安阳分行

地　址：安阳市文峰大道中段
邮　编：455000

中国建设银行股份有限公司鹤壁分行

地　址：鹤壁市漓江路和淇水大道交叉口淇水人家 1 号楼
邮　编：458030

中国建设银行股份有限公司商丘分行

地　址：商丘市文化路 148 号
邮　编：476000

中国建设银行股份有限公司周口分行

地　址：周口市七一路西段
邮　编：466000

中国建设银行股份有限公司开封分行

地　址：开封市中山路中段 33 号
邮　编：475000

中国建设银行股份有限公司许昌分行

地　址：许昌市前进路 21 号
邮　编：461000

中国建设银行股份有限公司信阳分行

地　址：信阳市长安路 70 号
邮　编：464000

中国建设银行股份有限公司驻马店分行

地　址：驻马店市交通路西段
邮　编：463000

中国建设银行股份有限公司漯河分行

地　址：漯河市黄河路中段 818 号
邮　编：462000

中国建设银行股份有限公司济源分行

地　址：济源市济水大道中段 2 号
邮　编：459000

中国建设银行股份有限公司郑州金水支行
地　址：郑州市金水路 29 号
邮　编：450053

中国建设银行股份有限公司郑州期货城支行
地　址：郑州市未来大道 71 号
邮　编：450003

中国建设银行股份有限公司郑州绿城支行
地　址：郑州市大学中路 6 号
邮　编：450015

中国建设银行股份有限公司郑州铁路支行
地　址：郑州市蜜蜂张 1 号
邮　编：450000

中国建设银行股份有限公司郑州直属支行
地　址：郑州市郑东新区正光路与众旺路交会处行署国际广场 5 号楼 1-2 层
邮　编：450016

中国建设银行股份有限公司郑州自贸区分行
地　址：郑州市金水东路 21 号
邮　编：450000

中国建设银行股份有限公司郑州郑港支行
地　址：郑州市航空港区四港联动大道与郑港六路交叉口向东 500 米路北
邮　编：450000

中国建设银行股份有限公司郑州经纬支行
地　址：郑州市金水路 229 号
邮　编：450000

交通银行股份有限公司河南省分行

地　址：郑州市金水区郑花路 129 号
邮　编：450000

交通银行股份有限公司河南省分行营业部（郑州管理部）
地　址：郑州市金水区郑花路 11 号
邮　编：450008

交通银行股份有限公司洛阳分行
地　址：洛阳市洛龙区开元大道 226 号
邮　编：471026

交通银行股份有限公司南阳分行
地　址：南阳市独山大道与张衡路交叉口东北角中泰国际大厦裙楼 1-2 层
邮　编：473000

交通银行股份有限公司安阳分行
地　址：安阳市高新区中华路与弦歌大道交叉口东南角
邮　编：455000

交通银行股份有限公司焦作分行
地　址：焦作市解放区人民路 1159 号
邮　编：454000

交通银行股份有限公司平顶山分行
地　址：平顶山市卫东区建设路 895 号（建设路和诚朴路交叉口）
邮　编：467000

交通银行股份有限公司新乡分行
地　址：新乡市红旗区金穗大道（东）688 号商会大厦一层
邮　编：453000

交通银行股份有限公司许昌分行
地　址：许昌市魏都区莲城大道 114 号
邮　编：461000

交通银行股份有限公司开封分行

地　址：开封市金明区大梁路西段东京艺术中心

邮　编：475000

交通银行股份有限公司济源分行

地　址：济源市沁园中路 435 号

邮　编：459000

交通银行股份有限公司信阳分行

地　址：信阳市浉河区申城大道北成功花园 31 号楼

邮　编：464000

交通银行股份有限公司商丘分行

地　址：商丘市睢阳区神火大道与香君路交叉口东南角汇城国际广场 1 号楼 105 铺（1–3 层）

邮　编：476000

交通银行股份有限公司郑州自贸区分行

地　址：河南自贸试验区郑州片区（郑东）万安街 6 号 9 号楼（黄河南路与祥盛街交叉口东南角）

邮　编：450018

交通银行股份有限公司郑州经三路支行

地　址：郑州市金水区经三路北 21 号

邮　编：450003

交通银行股份有限公司郑州富田大厦支行

地　址：郑州市金水区南阳路 226 号

邮　编：450053

交通银行股份有限公司郑州北环路支行

地　址：郑州市金水区北环路与信息学院路交叉口东北角

邮　编：450011

交通银行股份有限公司郑州紫荆山支行

地　址：郑州市管城区陇海路 66 号

邮　编：450004

交通银行股份有限公司郑州未来支行

地　址：郑州市金水区未来大道 69 号

邮　编：450003

交通银行股份有限公司郑州中原中路支行

地　址：郑州市中原区中原中路 82 号

邮　编：450007

交通银行股份有限公司郑州铁道支行

地　址：郑州市二七区陇海中路 28 号

邮　编：450052

交通银行股份有限公司郑州高新技术开发区支行

地　址：郑州市高新开发区瑞达路 82 号

邮　编：450001

交通银行股份有限公司郑州长江路支行

地　址：郑州市长江路 129 号

邮　编：450015

交通银行股份有限公司郑州九如路支行

地　址：河南自贸试验区郑州片区（郑东）商务内环路 21 号（商务内环路与九如路交叉口）

邮　编：450018

交通银行股份有限公司郑州百花路支行

地　址：郑州市中原区百花路 39 号

邮　编：450007

交通银行股份有限公司郑州期货大厦支行

地　址：河南自贸试验区郑州片区（郑东）商务外环路 30 号期货大厦一层

邮　编：450018

交通银行股份有限公司郑州航空港区支行

地　址：郑州市航空港实验区迎宾路与四港联动大道交叉口西北角

邮　编：451162

交通银行股份有限公司郑州经济技术开发区支行

地　址：河南自贸试验区郑州片区（经开）航海东路 1394 号

邮　编：450048

交通银行股份有限公司郑州荥阳支行

地　址：荥阳市索河路与万山路交叉口东北角

邮　编：450100

交通银行股份有限公司郑州新密支行

地　址：新密市西大街与长乐路交叉口西北角

邮　编：452370

交通银行股份有限公司郑州新郑支行

地　址：新郑市人民中路 15 号

邮　编：451100

交通银行股份有限公司郑州巩义支行

地　址：巩义市建设路 89 号

邮　编：452100

交通银行股份有限公司郑州上街支行

地　址：郑州市上街区济源路 88 号院付 1 幢 101 号

邮　编：450041

交通银行股份有限公司郑州登封支行

地　址：登封市中岳大街 91 号

邮　编：452470

中国邮政储蓄银行股份有限公司河南省分行

地　址：郑州市花园路 59 号

邮　编：450008

中国邮政储蓄银行股份有限公司河南省分行直属支行

地　址：郑州市花园路 59 号

邮　编：450008

中国邮政储蓄银行股份有限公司郑州市分行

地　址：郑州市紫荆山路 61 号

邮　编：450000

中国邮政储蓄银行股份有限公司开封市分行

地　址：开封市金明东街 33 号

邮　编：475000

中国邮政储蓄银行股份有限公司洛阳市分行

地　址：洛阳市中州中路 216 号

邮　编：471000

中国邮政储蓄银行股份有限公司平顶山市分行

地　址：平顶山市中兴路 99 号

邮　编：467000

中国邮政储蓄银行股份有限公司安阳市分行

地　址：安阳市文峰大道 569 号

邮　编：455000

中国邮政储蓄银行股份有限公司鹤壁市分行

地　址：鹤壁市淇滨区淇滨大道 191 号

邮　编：458030

中国邮政储蓄银行股份有限公司新乡市分行

地　址：新乡市和平大道 189 号

邮　编：453003

中国邮政储蓄银行股份有限公司焦作市分行
地　址：焦作市站前路768号火车站北广场西侧
邮　编：454000

中国邮政储蓄银行股份有限公司濮阳市分行
地　址：濮阳市濮上路199号
邮　编：457000

中国邮政储蓄银行股份有限公司许昌市分行
地　址：许昌市建安大道中段许都公园西邻
邮　编：461000

中国邮政储蓄银行股份有限公司漯河市分行
地　址：漯河市西城区汉江路北侧
邮　编：462000

中国邮政储蓄银行股份有限公司三门峡市分行
地　址：三门峡市崤山路西段5号
邮　编：472000

中国邮政储蓄银行股份有限公司南阳市分行
地　址：南阳市宛城区独山大道与两相路交叉口西南角
邮　编：473000

中国邮政储蓄银行股份有限公司商丘市分行
地　址：商丘市梁园区青云街74号
邮　编：476000

中国邮政储蓄银行股份有限公司信阳市分行
地　址：信阳市羊山新区新二十八大街以东、新七大道南侧前程大厦
邮　编：464000

中国邮政储蓄银行股份有限公司周口市分行
地　址：周口市七一路中段
邮　编：466000

中国邮政储蓄银行股份有限公司驻马店市分行
地　址：驻马店市解放路和文明路交叉口246号
邮　编：463000

中国邮政储蓄银行股份有限公司济源市直属支行
地　址：济源市宣化中街68号
邮　编：459000

中信银行股份有限公司郑州分行

地　址：郑州市商务内环1号中信银行大厦
邮　编：450018

中信银行股份有限公司洛阳分行
地　址：洛阳市中州路与解放路交叉口
邮　编：471000

中信银行股份有限公司焦作分行
地　址：焦作市人民路669号锦江现代城广场御景10号
邮　编：454000

中信银行股份有限公司南阳分行
地　址：南阳市梅溪路和中州路交叉口
邮　编：473000

中信银行股份有限公司安阳分行
地　址：安阳市文峰大道与兴泰路交叉口东南角昊澜迎宾馆9号楼
邮　编：455000

中信银行股份有限公司平顶山分行
地　址：平顶山市新城区祥云路与公正路交叉口东南角荣邦大厦
邮　编：467000

中信银行股份有限公司新乡分行
地　址：新乡市人民东路与新中大道交会处星海如意大厦
邮　编：467000

中信银行股份有限公司商丘分行
地　址：商丘市神火大道128号华池粤海酒店1层
邮　编：476005

中信银行股份有限公司信阳分行
地　址：信阳市新五大道与新六大街交叉口东南角
邮　编：464000

中信银行股份有限公司郑州分行营业部
地　址：郑州市郑东新区商务内环路1号
邮　编：450008

中信银行股份有限公司郑州红专路支行
地　址：郑州市经三路北26号
邮　编：450008

中信银行股份有限公司郑州北龙湖支行
地　址：郑州市郑东新区如意西路东、如意河西二街路南楷林大厦一层104、105号，二层206号
邮　编：450040

中信银行股份有限公司郑州东明路支行
地　址：郑州市东风路与东明路交叉口
邮　编：450008

中信银行股份有限公司郑州农业路支行
地　址：郑州市东明路北260号
邮　编：450003

中信银行股份有限公司郑州经三路支行
地　址：郑州市纬四路18号（与经三路交叉口）
邮　编：450003

中信银行股份有限公司郑州润华支行
地　址：郑州市金水路24号
邮　编：450012

中信银行股份有限公司郑州荣汇支行
地　址：郑州市紫荆山路101号荣汇国际大厦一层
邮　编：450003

中信银行股份有限公司郑州蓝堡湾支行
地　址：郑州市农科路北、科明路东6号楼
邮　编：450002

中信银行股份有限公司郑州花园路支行
地　址：郑州市纬五路14号院1号楼
邮　编：450008

中信银行股份有限公司郑州现代城支行
地　址：郑州市经三路与广电南路交叉口西南角
邮　编：450008

中信银行股份有限公司郑州中原路支行
地　址：郑州市中原区桐柏路206号1号楼
邮　编：450008

中信银行股份有限公司郑州航海路支行
地　址：郑州市航海路与未来路交叉口
邮　编：450008

中信银行股份有限公司郑州南阳路支行
地　址：郑州市南阳路63号（与农业路交叉口）
邮　编：450008

中信银行股份有限公司郑州黄河路支行
地　址：郑州市黄河路95号新田大厦
邮　编：450008

中信银行股份有限公司郑州九如路支行
地　址：郑州市郑东新区九如路东、龙湖外环南

路北
邮　编：450008

中信银行股份有限公司郑州金水路支行
地　址：郑州市金水路226号楷林国际大厦一层
邮　编：450008

中信银行股份有限公司郑州京广路支行
地　址：郑州市京广路与政通路交叉口
邮　编：450015

中信银行股份有限公司郑州福元路支行
地　址：郑州市金水区玉凤路362号11号楼一、二层部分
邮　编：450008

中信银行股份有限公司郑州总部港支行
地　址：郑州市东风东路与如意西路交叉口建业总部港A座一、二层
邮　编：450008

中信银行股份有限公司郑州祥盛街支行
地　址：郑州市郑东新区祥盛街59号院15号楼1层附37-1商铺
邮　编：450008

中信银行股份有限公司郑州郑东新区支行
地　址：郑州市郑东新区金水东路黄河南路交叉口东北角
邮　编：450008

中信银行股份有限公司郑州建设路支行
地　址：郑州市建设西路与秦岭路交叉口西元国际广场
邮　编：450008

中信银行股份有限公司郑州经开区支行
地　址：郑州市航海路与朝凤路交叉口
邮　编：450008

中信银行股份有限公司郑州康平路支行
地　址：郑州市康平路79号3号楼一层
邮　编：450008

中信银行股份有限公司郑州商鼎路支行
地　址：郑州市商鼎路与和光街交叉口
邮　编：450008

中信银行股份有限公司郑州航空港区支行
地　址：郑州市航空港区四港联动大道与云海路交叉口北100米路东
邮　编：450008

中信银行股份有限公司郑州高新区支行
地　址：郑州市金梭路与迎春街交叉口西南角
邮　编：450008

中信银行股份有限公司郑州普罗旺世支行
地　址：郑州市普庆路与宏达路交叉口
邮　编：450044

中信银行股份有限公司郑州龙子湖支行
地　址：郑州市郑东新区平安大道201号3号楼
邮　编：450040

中信银行股份有限公司郑州政通路支行
地　址：郑州市二七区政通路116号齐礼阁1号院3号楼一层
邮　编：450052

中信银行股份有限公司巩义支行
地　址：巩义市新兴路118号
邮　编：451200

中信银行股份有限公司中牟支行
地　址：郑州市中牟县商都大道与广惠街交叉口

邮　编：451450

中信银行股份有限公司新郑支行

地　址：郑州市新郑市中华北路 2 号
邮　编：451100

中信银行股份有限公司登封支行

地　址：登封市阳城路中段中凯龙城 1 号楼
邮　编：452470

广发银行股份有限公司郑州分行

地　址：郑州市郑东新区 CBD 商务外环路 10 号
邮　编：450046

广发银行股份有限公司郑州分行营业部

地　址：郑州市郑东新区 CBD 商务外环路 10 号
邮　编：450046

广发银行股份有限公司郑州郑东新区支行

地　址：郑州市郑东新区祥盛街 11 号
邮　编：450040

广发银行股份有限公司郑州自贸区支行

地　址：郑州市郑东新区金水东路 85 号雅宝东方国际广场 2 号楼
邮　编：450018

广发银行股份有限公司郑州商鼎支行

地　址：郑州市郑东新区东风南路与商鼎路交叉口西北角郑州龙宇国际
邮　编：450018

广发银行股份有限公司郑州龙子湖支行

地　址：郑州市郑东新区平安大道与明理路交会处正商博雅广场 102、202 室
邮　编：450046

广发银行股份有限公司郑州商都支行

地　址：郑州市郑东新区商都路 31 号 3 号楼 1–2 层
邮　编：450047

广发银行股份有限公司郑州航海东路支行

地　址：郑州经济技术开发区航海东路 1346 号国安经贸大厦 B 座东侧一层
邮　编：450016

广发银行股份有限公司郑州经济技术开发区支行

地　址：河南自贸试验区郑州片区（经开区）经开第十五大街与经南八路交会处东南角滨河国际中心 C 楼裙一楼 101 号、102 号及 103 号前半部分
邮　编：450016

广发银行股份有限公司郑州航空港支行

地　址：郑州市航空港区四港联动大道与云港路交叉口西北侧
邮　编：450019

广发银行股份有限公司郑州新郑支行

地　址：新郑市中华路与中兴路交叉口西南角华夏国际商务中心一层东北角
邮　编：451150

广发银行股份有限公司郑州金水花园支行

地　址：郑州市纬四路东段 19 号
邮　编：450008

广发银行股份有限公司郑州郑汴路支行

地　址：郑州市郑汴路 96 号
邮　编：450004

广发银行股份有限公司郑州金水路支行

地　址：郑州市金水路 8 号（原址装修，预计 2024 年 9 月恢复营业）

邮　编：450003

广发银行股份有限公司郑州商城支行
地　址：郑州市紫荆山路 9 号
邮　编：450003

广发银行股份有限公司郑州行政区支行
地　址：郑州市纬一路 1 号
邮　编：450003

广发银行股份有限公司郑州经三路支行
地　址：郑州市经三北路 32 号
邮　编：450008

广发银行股份有限公司郑州金成支行
地　址：郑州市经三路北段金印现代城 5 号楼 1-2 层
邮　编：450003

广发银行股份有限公司郑州郑花路支行
地　址：郑州市金水区郑花路 76 号（美景花郡）3 号楼 1-2 层
邮　编：450045

广发银行股份有限公司郑州农业路支行
地　址：郑州市农业路 71 号
邮　编：450002

广发银行股份有限公司郑州科技支行
地　址：郑州市文化路 85 号
邮　编：450002

广发银行股份有限公司郑州黄河路支行
地　址：郑州市黄河路 23 号
邮　编：450003

广发银行股份有限公司郑州南阳路支行
地　址：郑州市南阳路 37 号
邮　编：450053

广发银行股份有限公司郑州嵩山路支行
地　址：郑州市友爱路 1 号
邮　编：450007

广发银行股份有限公司郑州中原福塔支行
地　址：河南自贸试验区郑州片区（经开）航海东路 1210 号亚太时代广场公寓 102 号 1 层 B102
邮　编：450000

广发银行股份有限公司郑州淮河路支行
地　址：郑州市嵩山南路 1 号
邮　编：450052

广发银行股份有限公司郑州高新技术开发区支行
地　址：郑州市高新技术产业开发区科学大道与银屏路交叉处高新数码港（三期）－商 16- 附 16、17、34、35
邮　编：450001

广发银行股份有限公司郑州才高街支行
地　址：河南自贸试验区郑州片区（郑东）郑东新区才高街 16 号众茗大厦一层
邮　编：450003

广发银行股份有限公司洛阳分行
地　址：洛阳市洛龙区开元大道 261 号
邮　编：450045

广发银行股份有限公司洛阳自贸区支行
地　址：洛阳市涧西区丰华路与天元中部自贸港 11 号楼 1 层 102 号商铺
邮　编：450045

广发银行股份有限公司洛阳涧西支行
地　址：洛阳市涧西区丽新路世纪华阳花园 60 幢

181、182 商铺
邮　编：450045

广发银行股份有限公司南阳分行
地　址：南阳市独山大道北段玉龙苑小区商住楼1-2 层
邮　编：473000

广发银行股份有限公司南阳卧龙支行
地　址：南阳市卧龙区工业北路 666 号天工大厦一楼
邮　编：473000

广发银行股份有限公司新乡分行
地　址：新乡市牧野区平原路 958 号润华翡翠国际商业裙房
邮　编：453000

广发银行股份有限公司新乡宏力大道支行
地　址：新乡市宏力大道 378 号
邮　编：453000

广发银行股份有限公司新乡人民路支行
地　址：新乡市红旗区公园北街向东 50 米路南
邮　编：453000

广发银行股份有限公司新乡开发区支行
地　址：新乡市开发区 14 号新飞大道新检小区 1 号望江南酒店一楼
邮　编：453000

广发银行股份有限公司安阳分行
地　址：安阳市人民大道 37 号红旗渠广场向西 200 米路北
邮　编：455000

广发银行股份有限公司安阳铁西支行
地　址：安阳市殷都区文峰大道与中州路交叉口西南角
邮　编：455000

广发银行股份有限公司安阳紫薇大道支行
地　址：安阳市文峰区紫薇大道与朝阳路交叉口西北角大美城商业广场一楼
邮　编：455000

广发银行股份有限公司平顶山分行
地　址：平顶山市翠林蓝湾 D 区 9 号楼
邮　编：467000

广发银行股份有限公司平顶山中兴支行
地　址：平顶山市新华区中兴路东利民路南千田绿园公寓一层
邮　编：467000

广发银行股份有限公司焦作分行
地　址：焦作市塔南路 1736 号嘉隆金融中心南配楼 1-2 层
邮　编：454000

广发银行股份有限公司焦作沁阳支行
地　址：焦作市沁阳市太行大道与覃怀路交叉口普罗旺世小区 G3 幢 19 号楼
邮　编：454550

广发银行股份有限公司三门峡分行
地　址：三门峡市河堤北路与康园路西北角
邮　编：472000

广发银行股份有限公司商丘分行
地　址：商丘市归德南路侯恂路交叉口东北侧国安大厦 1-3 层
邮　编：476000

中国光大银行股份有限公司郑州分行

地　址：郑州市龙湖郑东新区金融岛中环路22号
邮　编：450008

中国光大银行股份有限公司洛阳分行

地　址：洛阳市洛龙区开元大道248号五洲大厦
邮　编：471000

中国光大银行股份有限公司许昌分行

地　址：许昌市魏都区八龙路与龙兴路交叉口许昌报业大厦配楼
邮　编：461000

中国光大银行股份有限公司焦作分行

地　址：焦作市塔南路1736号嘉隆国际一号楼
邮　编：454000

中国光大银行股份有限公司南阳分行

地　址：南阳市独山大道777号
邮　编：473000

中国光大银行股份有限公司驻马店分行

地　址：驻马店市驿城区天中山大道1369号
邮　编：470047

中国光大银行股份有限公司郑州分行营业部

地　址：郑州市龙湖郑东新区金融岛中环路22号
邮　编：450008

中国光大银行股份有限公司郑州未来路支行

地　址：郑州市金水路125-1号
邮　编：450003

中国光大银行股份有限公司郑州文化路支行

地　址：郑州市文化路113-10号
邮　编：450053

中国光大银行股份有限公司郑州纬五路支行

地　址：郑州市花园路66号
邮　编：450003

中国光大银行股份有限公司郑州高新区支行

地　址：郑州市科学大道与瑞达路交叉口正弘数码港Loft 1号楼
邮　编：450003

中国光大银行股份有限公司郑州祥盛街支行

地　址：郑州市祥盛街16-1号
邮　编：450008

中国光大银行股份有限公司郑州政七街支行

地　址：郑州市丰产路80号
邮　编：450008

中国光大银行股份有限公司郑州中原路支行

地　址：郑州市中原路210号
邮　编：450007

中国光大银行股份有限公司郑州如意西路支行

地　址：郑州市郑东新区龙湖中环南路40号
邮　编：450052

中国光大银行股份有限公司郑州龙子湖支行

地　址：郑州市郑东新区龙子湖创意岛孵化器大厦A区
邮　编：450000

中国光大银行股份有限公司郑州东风支行

地　址：郑州市金水区经三路北58号
邮　编：450008

中国光大银行股份有限公司郑州丰产路支行

地　址：郑州市丰产路21号
邮　编：450002

中国光大银行股份有限公司郑州园田路支行
地　址：郑州市东风路与园田路交叉口
邮　编：450000

中国光大银行股份有限公司郑州南阳路支行
地　址：郑州市南阳路168号昌建誉峰小区15栋
邮　编：450002

中国光大银行股份有限公司郑州天韵街支行
地　址：郑州市天韵街怡商花园1层
邮　编：450000

中国光大银行股份有限公司郑州郑汴路支行
地　址：郑州市郑汴路136号
邮　编：450000

中国光大银行股份有限公司郑州紫荆山路支行
地　址：郑州市紫荆山路东大街交叉口向北兴达国贸一层
邮　编：450000

中国光大银行股份有限公司郑州花园路支行
地　址：郑州市花园路144号信息大厦一层
邮　编：450000

中国光大银行股份有限公司郑州自贸区支行
地　址：郑州市郑东新区和顺街6号
邮　编：450000

中国光大银行股份有限公司郑州经开区支行
地　址：郑州市经开区第七大街99号
邮　编：450000

中国光大银行股份有限公司郑州大学路支行
地　址：郑州市中原路与大学路交叉口南200米中苑名都2号楼1层
邮　编：450000

中国光大银行股份有限公司郑州淮河路支行
地　址：郑州市淮河路东路62号
邮　编：450000

中国光大银行股份有限公司郑州航空港区支行
地　址：郑州市航空港区华夏大道与机场迎宾大道西北角金融广场
邮　编：450000

中国光大银行股份有限公司郑州三全路支行
地　址：郑州市金水区三全路90号院1号楼商业裙房部分
邮　编：450000

中国光大银行股份有限公司郑州宏达路支行
地　址：郑州市金水区宏达路金印阳光城北门临街商铺部分
邮　编：450000

中国光大银行股份有限公司郑州永平路支行
地　址：郑州市郑东新区康平路79号2号楼
邮　编：450000

中国光大银行股份有限公司洛阳珠江路支行
地　址：洛阳市涧西区珠江路与寨南路交叉口西南角美景家园底商1-2层
邮　编：471000

中国光大银行股份有限公司洛阳王城路支行
地　址：洛阳市王城大道221号
邮　编：471000

中国光大银行股份有限公司洛阳西苑路支行
地　址：洛阳市涧西区西苑路39号
邮　编：471000

中国光大银行股份有限公司洛阳英才路支行
地　址：洛阳市洛龙区美茵街16号

邮　编：471000

中国光大银行股份有限公司洛阳华阳支行

地　址：洛阳市涧西区世纪华阳 51 幢 115、116 号
邮　编：471000

中国光大银行股份有限公司许昌许继支行

地　址：许昌五一路与许继大道西北角
邮　编：461000

中国光大银行股份有限公司许昌智慧大道支行

地　址：许昌市智慧大道永丰新城国际 18 号楼
邮　编：461000

中国光大银行股份有限公司许昌长葛支行

地　址：许昌市长葛市泰山路与陈寔路交叉口西南 150 米
邮　编：461000

中国光大银行股份有限公司焦作解放路支行

地　址：焦作市解放区解放中路东方宾馆礼堂 1–3 层
邮　编：454100

中国光大银行股份有限公司焦作西城支行

地　址：焦作市解放中路 78 号西城美苑小区大门东侧
邮　编：454100

中国光大银行股份有限公司焦作人民路支行

地　址：焦作市解放区人民路中段锦江现代城
邮　编：454100

中国光大银行股份有限公司南阳中州路支行

地　址：南阳市中州路与文化路交叉口西北角
邮　编：473000

中国光大银行股份有限公司南阳七一路支行

地　址：南阳市人民路与七一路西北角
邮　编：473000

中国光大银行股份有限公司南阳人民路支行

地　址：南阳市人民路北路 268 号锦海之星酒店临街一二层商铺
邮　编：473000

中国光大银行股份有限公司南阳卧龙路支行

地　址：南阳市卧龙路与车站南路交叉口向东 100 米
邮　编：473000

上海浦东发展银行股份有限公司郑州分行

地　址：郑州市金水路 299 号
邮　编：450052

上海浦东发展银行股份有限公司郑州分行营业部

地　址：郑州市金水路 299 号
邮　编：450052

**上海浦东发展银行股份有限公司
郑州分行大学路支行**

地　址：郑州市大学路 54 号
邮　编：450052

**上海浦东发展银行股份有限公司
郑州分行健康路支行**

地　址：郑州市健康路 159 号
邮　编：450052

上海浦东发展银行股份有限公司郑州分行紫荆山路支行

地　址：郑州市紫荆山路 72 号
邮　编：450000

上海浦东发展银行股份有限公司郑州东明支行

地　址：郑州市黄河路 126 号
邮　编：450008

上海浦东发展银行股份有限公司郑州金水支行
地　址：郑州市郑东新区商务内环路 27 号
邮　编：450000

上海浦东发展银行股份有限公司郑州文化路支行
地　址：郑州市文化路 91 号
邮　编：450002

上海浦东发展银行股份有限公司郑州建西支行
地　址：郑州市建设路 129 号
邮　编：450007

上海浦东发展银行股份有限公司郑州花园路支行
地　址：郑州市花园路 21 号
邮　编：450008

上海浦东发展银行股份有限公司郑州明理路支行
地　址：郑州市郑东新区明理路西修业街南河南企业联合大厦一楼
邮　编：450008

上海浦东发展银行股份有限公司郑州经三路支行
地　址：郑州市经三路 30 号
邮　编：450008

上海浦东发展银行股份有限公司郑州百花路支行
地　址：郑州市百花路 46 号
邮　编：450002

上海浦东发展银行股份有限公司郑州二十一世纪支行
地　址：郑州市花园路 68 号
邮　编：450008

上海浦东发展银行股份有限公司郑州高新开发区支行
地　址：郑州市瑞达路 32 号
邮　编：450001

上海浦东发展银行股份有限公司郑州航海路支行
地　址：郑州市航海路 135 号
邮　编：450005

上海浦东发展银行股份有限公司商鼎路支行
地　址：河南省自贸试验区郑州片区（郑东）商鼎路 77 号 2 号楼 1-2 层 101-102 号
邮　编：450005

上海浦东发展银行股份有限公司郑州郑东新区支行
地　址：郑州市祥盛街 10 号
邮　编：450005

上海浦东发展银行股份有限公司郑州国基路支行
地　址：郑州市国基路与索凌路交叉口西南角
邮　编：453008

上海浦东发展银行股份有限公司郑州东风支行
地　址：郑州市郑东新区金水东路南、东风东路东 1 幢 23 号商铺
邮　编：450008

上海浦东发展银行股份有限公司郑州长江路支行
地　址：郑州市二七区长江中路北嵩山南路东亚星盛世家园 55 号楼
邮　编：450000

上海浦东发展银行股份有限公司郑州未来路支行
地　址：郑州市航海东路与未来路交叉西南角金色港湾 49 号楼 1 层 1 号
邮　编：450000

上海浦东发展银行股份有限公司郑州郑港六路支行
地　址：郑州市航空港区郑港六路与郑港四街交叉口华鸿国际城市广场
邮　编：450000

上海浦东发展银行股份有限公司郑州经开第八大街支行

地　址：郑州市管城回族区经开第八大街 136 号
邮　编：450000

上海浦东发展银行股份有限公司郑州期货大厦支行

地　址：郑州市郑东新区 CBD 商务外环路 30 号期货大厦 103 房间
邮　编：450000

上海浦东发展银行股份有限公司郑州月湖南路支行

地　址：郑州市惠济区月湖南路北、假日西路碧源月湖望月楼一层
邮　编：450044

上海浦东发展银行股份有限公司郑州牡丹路支行

地　址：郑州市高新技术产业开发区牡丹路 38 号院 1 号楼 2 单元（A 座）1 层
邮　编：450001

上海浦东发展银行股份有限公司郑州农业东路支行

地　址：郑州市郑东新区农业东路南、如意西路西农业东路便民服务中心东塔 B1-01
邮　编：450000

上海浦东发展银行股份有限公司新乡支行

地　址：新乡市新飞大道 98 号
邮　编：453000

上海浦东发展银行股份有限公司洛阳分行

地　址：洛阳市洛龙区展览路 211 号
邮　编：471000

上海浦东发展银行股份有限公司许昌分行

地　址：许昌市许继大道 1163 号许继花园
邮　编：461000

上海浦东发展银行股份有限公司开封分行

地　址：开封市西门大街 388 号
邮　编：475000

上海浦东发展银行股份有限公司安阳分行

地　址：安阳市殷都区文明大道西段 92 号
邮　编：455000

上海浦东发展银行股份有限公司商丘分行

地　址：商丘市睢阳区神火大道南段 288 号
邮　编：476000

上海浦东发展银行股份有限公司南阳分行

地　址：南阳市张衡路与独山大道交叉口中景门国贸 1 号楼
邮　编：473000

上海浦东发展银行股份有限公司信阳分行

地　址：信阳市羊山新区新六街九阳大厦 1 号楼
邮　编：464000

招商银行股份有限公司郑州分行

地　址：郑州市郑东新区农业东路 96 号
邮　编：450018

招商银行股份有限公司郑州分行营业部

地　址：郑州市郑东新区农业东路 96 号
邮　编：450018

招商银行股份有限公司郑州内环路支行

地　址：郑州市郑东新区商务内环路 A46 号
邮　编：450003

招商银行股份有限公司郑州九如路支行

地　址：郑州市天赋路 26 号
邮　编：450003

招商银行股份有限公司郑州北龙湖支行

地　址：河南自贸试验区郑州片区（郑东）如意西路63号龙湖国际中心北楼一楼局部及六层局部

邮　编：450000

招商银行股份有限公司郑州农业路支行

地　址：郑州市花园路39号

邮　编：450002

招商银行股份有限公司郑州正弘城支行

地　址：郑州市金水区花园路127号

邮　编：450007

招商银行股份有限公司郑州天明路支行

地　址：郑州市天明路与宋砦南街交叉口南100米

邮　编：450000

招商银行股份有限公司郑州群英路支行

地　址：郑州市天明路与群英路交叉口

邮　编：450000

招商银行股份有限公司郑州紫荆山路支行

地　址：郑州市紫荆山路5号

邮　编：450008

招商银行股份有限公司郑州黄河路支行

地　址：郑州市黄河路26号

邮　编：450002

招商银行股份有限公司郑州经三路支行

地　址：郑州市纬二路30号

邮　编：450003

招商银行股份有限公司郑州二里岗支行

地　址：郑州市紫荆山路182号正商蓝海广场

邮　编：450000

招商银行股份有限公司郑州管城支行

地　址：郑州市管城回族区西大街198号1号楼

邮　编：450000

招商银行股份有限公司郑州桐柏路支行

地　址：郑州市桐柏路43号

邮　编：450007

招商银行股份有限公司郑州建设路支行

地　址：郑州市桐柏路与建设路交叉口

邮　编：450003

招商银行股份有限公司郑州嵩山路支行

地　址：郑州市嵩山路与航海路交叉口西北角

邮　编：450000

招商银行股份有限公司郑州长江中路支行

地　址：郑州市长江中路与淮南街交叉口西100米

邮　编：450000

招商银行股份有限公司郑州航海中路支行

地　址：郑州市航海路与京广路交叉口西400米

邮　编：450000

招商银行股份有限公司郑州汝河路支行

地　址：郑州市二七区汝河路28号1号楼1层附3

邮　编：450000

招商银行股份有限公司郑州未来支行

地　址：郑州市黄河路125号

邮　编：450008

招商银行股份有限公司郑州花园路支行

地　址：郑州市黄河路115-6号

邮　编：450003

招商银行股份有限公司郑州凤凰台支行

地　址：郑州市未来路与陇海路交会处东北升龙

凤凰城C区2号楼
邮　编：450004

招商银行股份有限公司郑州航空港区支行
地　址：郑州航空港经济综合实验区雍州路以西、巡航路以北豫康新城·华安小区7号楼1层
邮　编：450000

招商银行股份有限公司郑州东风路支行
地　址：郑州市经三路68号
邮　编：450008

招商银行股份有限公司郑州郑东新区支行
地　址：郑州市金水东路11号
邮　编：450018

招商银行股份有限公司郑州龙子湖支行
地　址：郑州市金水区中道西路与修业街交叉口河南水投大厦一楼
邮　编：450000

招商银行股份有限公司郑州金水东路支行
地　址：郑州市金水东路49号
邮　编：450018

招商银行股份有限公司郑州绿地中心支行
地　址：郑州市创业路与运动场东路交会处
邮　编：450000

招商银行股份有限公司郑州高新区支行
地　址：郑州市高新区银屏路与银杏路交叉口向北50米路东
邮　编：450000

招商银行股份有限公司郑州文化路支行
地　址：郑州市文化路84号
邮　编：450003

招商银行股份有限公司郑州丰庆路支行
地　址：郑州市三全路99号
邮　编：450003

招商银行股份有限公司郑州农业西路支行
地　址：郑州市中原区冉屯路与太白路交叉口东50米
邮　编：450000

招商银行股份有限公司郑州科学大道支行
地　址：郑州市高新技术产业开发区银屏路15号
邮　编：450000

招商银行股份有限公司郑州经开区支行
地　址：郑州市经开区航海东路与第六大街交叉口东南角
邮　编：450000

招商银行股份有限公司郑州奥兰花园支行
地　址：郑州市东风南路与康宁街交叉口南100米
邮　编：450016

招商银行股份有限公司郑州航海路支行
地　址：郑州市未来路西航海路北正商蓝钻二期14幢102号
邮　编：450000

招商银行股份有限公司郑州玉凤路支行
地　址：郑州市金水区玉凤路362号11号楼1层105、106（局部）
邮　编：450000

招商银行股份有限公司郑州经南三路支行
地　址：河南自贸试验区郑州片区（经开）经南五路16号院9号楼1层103-2、104号
邮　编：450000

招商银行股份有限公司洛阳分行

地　址：洛阳市涧西区南昌路 7 号
邮　编：471003

招商银行股份有限公司安阳分行

地　址：安阳市文峰区富泉街 15 号
邮　编：455004

招商银行股份有限公司许昌分行

地　址：许昌市建安大道与魏文路交叉口新天下 A 座
邮　编：461000

招商银行股份有限公司南阳分行

地　址：南阳市独山大道 1099 号
邮　编：473000

兴业银行股份有限公司郑州分行

地　址：郑州市金水路 288 号
邮　编：450008

兴业银行股份有限公司郑州分行营业部

地　址：郑州市金水路 288 号
邮　编：450008

兴业银行股份有限公司郑州中原路支行

地　址：郑州市中原路 108 号
邮　编：450005

兴业银行股份有限公司郑州天赋路支行

地　址：郑州市天赋路 18 号附 25 号
邮　编：450000

兴业银行股份有限公司郑州合作大厦支行

地　址：郑州市纬五路 12 号河南省丰合集团农副产品交易中心 A 座
邮　编：450003

兴业银行股份有限公司郑州高新支行

地　址：郑州市高新区科学大道与金梭路交叉口西南角
邮　编：450008

兴业银行股份有限公司郑州东大街支行

地　址：郑州市东大街 59 号（东大街与紫荆山交叉口中原珠宝城东侧一楼）
邮　编：450000

兴业银行股份有限公司郑州金水东路支行

地　址：郑州市郑东新区金水东路 39 号
邮　编：450000

兴业银行股份有限公司郑州商务外环路支行

地　址：郑州市郑东新区商务外环路 6 号（国龙大厦）
邮　编：450046

兴业银行股份有限公司郑州郑汴路支行

地　址：郑州市金水区郑汴路 118 号建业置地广场
邮　编：450000

兴业银行股份有限公司郑州大里支行

地　址：郑州市高新区石楠路与国槐街交叉口西北角
邮　编：450000

兴业银行股份有限公司郑州丰庆路支行

地　址：郑州市金水区丰庆路与魏河北路交叉口西北角瀚宇天悦二期
邮　编：450002

兴业银行股份有限公司郑州经开区支行

地　址：郑州市经开区航海东路与第七大街交会处
邮　编：450052

兴业银行股份有限公司郑州嵩山南路支行

地　址：郑州市二七区嵩山路与汉江路交叉口向南

200 米路西
邮　编：450052

兴业银行股份有限公司郑州普罗旺世支行
地　址：郑州市宏达街 88 号 1 号楼 1-2 层 101 号
邮　编：450003

兴业银行股份有限公司郑州东明路支行
地　址：郑州市金水区纬五路 3 号
邮　编：450000

兴业银行股份有限公司郑州航海中路支行
地　址：郑州市航海中路 46 号
邮　编：450000

兴业银行股份有限公司郑州建设路支行
地　址：郑州市建设路 188 号房地产大厦
邮　编：450000

兴业银行股份有限公司郑州新郑支行
地　址：郑州市新郑市龙湖镇双湖大道路南、求实路西中央公园 2 号楼 1-2 层 102、103、104
邮　编：451191

兴业银行股份有限公司郑州航空港区支行
地　址：郑州市航空港区护航路 16 号兴港大厦
邮　编：451191

兴业银行股份有限公司新郑玉前路支行
地　址：新郑市玉前路 31 号
邮　编：451191

兴业银行股份有限公司郑州黄河南路支行
地　址：郑州市郑东新区黄河南路与宏图街交叉口西南角郑州市房地产郑东新区交易中心
邮　编：450000

兴业银行股份有限公司郑州科源路支行
地　址：郑州市科源路与文博东路向东 50 米路北
邮　编：450000

兴业银行股份有限公司郑州农业路兴业大厦支行
地　址：郑州市农业路 22 号兴业大厦
邮　编：450008

兴业银行股份有限公司洛阳分行
地　址：洛阳市洛南新区开元大道西段宜川电力龙泉大厦
邮　编：471023

兴业银行股份有限公司洛阳凯旋西路支行
地　址：洛阳市凯旋西路与纱厂南路交叉口凯瑞君临大厦
邮　编：471023

兴业银行股份有限公司洛阳牡丹广场支行
地　址：洛阳市涧西区牡丹广场南侧天津路与江津路交叉口澜京公馆一层商铺 108 号
邮　编：471000

兴业银行股份有限公司洛阳凯旋东路支行
地　址：洛阳市凯旋东路 78 号
邮　编：471000

兴业银行股份有限公司洛阳自贸区支行
地　址：洛阳市高新技术开发区南苑路 96 号 1 栋
邮　编：471023

兴业银行股份有限公司平顶山分行
地　址：平顶山市建设路中段 29 号
邮　编：467099

兴业银行股份有限公司平顶山光明路支行
地　址：平顶山市湛河区光明路与湛南路交叉口南 50 米路西

邮　编：467000

兴业银行股份有限公司平顶山新华支行

地　址：平顶山市新华区凌云路与园林路交叉口

邮　编：467000

兴业银行股份有限公司新乡分行

地　址：新乡市金穗大道与新中大道交叉口西北角新闻大厦

邮　编：453000

兴业银行股份有限公司新乡金穗大道支行

地　址：新乡市金穗大道与胜利路交叉口西北角

邮　编：453000

兴业银行股份有限公司新乡胜利路支行

地　址：新乡市星海湾畔 7 号楼 103 室

邮　编：453000

兴业银行股份有限公司驻马店分行

地　址：驻马店市骏马路与开源大道交叉口北 100 米路西工商局院内

邮　编：463000

兴业银行股份有限公司驻马店解放路支行

地　址：驻马店市解放大道与骏马路交叉口置地新天地 19-20 号

邮　编：463000

兴业银行股份有限公司许昌分行

地　址：许昌市天宝路魏文路许昌创业服务中心 A 座

邮　编：461000

兴业银行股份有限公司信阳分行

地　址：信阳市羊山新区新七大道与新六大街交叉口东南角博林国际广场

邮　编：464000

兴业银行股份有限公司郑州鑫苑中央花园社区支行

地　址：郑州市郑东新区金水路与通泰路交叉口

邮　编：450000

兴业银行股份有限公司郑州纬一路社区支行

地　址：郑州市金水区纬一路与经五路交叉口向东 500 米路北

邮　编：450008

兴业银行股份有限公司郑州鑫苑现代城社区支行

地　址：郑州市二七区庆丰街与永安街交叉口西 50 米路北

邮　编：450052

兴业银行股份有限公司郑州众意路社区支行

地　址：郑州市郑东新区东风东路与众意路交叉口向南 100 米路东

邮　编：450005

兴业银行股份有限公司郑州通泰路社区支行

地　址：郑州市郑东新区通泰路与商鼎路交叉口北 160 米

邮　编：450000

兴业银行股份有限公司郑州南浦金融中心社区支行

地　址：郑州市金水区玉凤路 361 号南浦国际金融中心

邮　编：450008

中国民生银行股份有限公司郑州分行

地　址：郑州市郑东新区商务外环路 1 号

邮　编：450046

中国民生银行股份有限公司郑州花园路支行

地　址：郑州市金水区黄河路 109 号院临街 108 号、109 号

邮　编：450031

中国民生银行股份有限公司郑州郑汴路支行

地　址：郑州市郑汴路 138 号英协广场 B 座
邮　编：450003

中国民生银行股份有限公司郑州农科路支行

地　址：郑州市金水区文博东路 29 号 5 号楼 1-2 层 105、106、107、108
邮　编：450003

中国民生银行股份有限公司郑州商都路支行

地　址：郑州市商都路 31 号
邮　编：450003

中国民生银行股份有限公司郑州航海路支行

地　址：郑州市管城区港湾路 1 号金色港湾 49 号楼一、二层
邮　编：450000

中国民生银行股份有限公司郑州北龙湖支行

地　址：郑州市金水区如意东路 36 号
邮　编：450003

中国民生银行股份有限公司郑州建设路支行

地　址：郑州市中原区建设西路 11 号鑫苑国际广场
邮　编：450007

中国民生银行股份有限公司郑州紫荆支行

地　址：郑州市管城区紫荆山路 56 号华林新时代广场南部
邮　编：450000

中国民生银行股份有限公司郑州经济技术开发区支行

地　址：郑州市经开区航海东路 1346 号国安经贸大厦 B 座 1 层
邮　编：450016

中国民生银行股份有限公司郑州陇海路支行

地　址：郑州市陇海路与庆丰街交叉口东南角陇海铁道家园 2 号楼
邮　编：450015

中国民生银行股份有限公司郑州嵩山路支行

地　址：郑州市嵩山路亚星城市山水 4-5 号楼 1 层
邮　编：450007

中国民生银行股份有限公司郑州未来路支行

地　址：郑州市金水区未来路与顺河路口吉祥花园七号楼 1、2 层
邮　编：450004

中国民生银行股份有限公司郑州心怡路支行

地　址：郑州市郑东新区心怡路 278 号 1 层 101
邮　编：450046

中国民生银行股份有限公司郑州国基路支行

地　址：郑州市金水区国基路与金杯路交叉口东南角 22 号楼 1、2 层
邮　编：450000

中国民生银行股份有限公司郑州九如路支行

地　址：郑州市农业东路与九如路交叉口东北角
邮　编：450000

中国民生银行股份有限公司郑州经三路支行

地　址：郑州市金水区经三北路 32 号财富广场 5、6、7 号楼 1 层 102 号和 3 层
邮　编：450000

中国民生银行股份有限公司郑州龙子湖支行

地　址：郑州市郑东新区龙子湖尚贤街 6 号利丰国际大厦一楼
邮　编：450000

中国民生银行股份有限公司郑州南阳路支行
地　址：郑州市南阳路东、丰乐路西建业壹号城邦1栋1单元1-2层
邮　编：450000

中国民生银行股份有限公司郑州商鼎路支行
地　址：郑州市农业南路与商鼎路交叉口东南角
邮　编：450000

中国民生银行股份有限公司郑州秦岭路支行
地　址：郑州市中原区秦岭路与中原路交叉口南50米路西
邮　编：450002

中国民生银行股份有限公司郑州纬三路支行
地　址：郑州市金水区文化路与纬三路交叉口东南角黄金大厦北楼
邮　编：450002

中国民生银行股份有限公司郑州大学路支行
地　址：郑州市二七区淮河东路30号万山商务楼1层附1号
邮　编：450052

中国民生银行股份有限公司洛阳分行
地　址：洛阳市西工区中州中路497号中州国际大厦东附楼
邮　编：471000

中国民生银行股份有限公司洛阳南昌路支行
地　址：洛阳市涧西区南昌路东侧翠堤湾1幢1-101、1-201号
邮　编：471003

中国民生银行股份有限公司洛阳联盟路支行
地　址：洛阳市联盟路和青岛路交叉口天鹅堡大厦2幢一层7号
邮　编：471003

中国民生银行股份有限公司洛阳新区支行
地　址：洛阳市洛龙区望春门街15号在水一方永丰园7幢101号
邮　编：471023

中国民生银行股份有限公司洛阳永泰街支行
地　址：洛阳市洛龙区永泰街38号1幢101号、102号
邮　编：471023

中国民生银行股份有限公司洛阳西工支行
地　址：洛阳市西工区唐宫中路16号天元写字广场西楼一、二层
邮　编：471000

中国民生银行股份有限公司洛阳偃师支行
地　址：洛阳市偃师区华夏路36号壹品臻境1幢110号一、二层商铺
邮　编：471900

中国民生银行股份有限公司南阳分行
地　址：南阳市宛城区独山大道玉龙苑小区5号楼
邮　编：473009

中国民生银行股份有限公司南阳中州路支行
地　址：南阳市中州路94号曙光大厦
邮　编：473000

中国民生银行股份有限公司南阳人民路支行
地　址：南阳市人民路怡博花园3号楼
邮　编：473000

中国民生银行股份有限公司南阳光武路支行
地　址：南阳市光武路新都会大厦1-2层
邮　编：473000

中国民生银行股份有限公司南阳长江路支行
地　址：南阳市长江路与独山大道交会处天润城市

广场大厦一楼
邮 编：473000

中国民生银行股份有限公司许昌分行
地 址：许昌市文峰路中段三鼎大厦一、二层
邮 编：461000

中国民生银行股份有限公司许昌建安大道支行
地 址：许昌市东城区建安大道与兴业路交会处建业帕拉帝奥小区东南角
邮 编：461000

中国民生银行股份有限公司许昌相府支行
地 址：许昌市府前街路南四通丞相府苑门面房第49号商铺一、二层
邮 编：461000

中国民生银行股份有限公司许昌禹州支行
地 址：禹州市府东路与禹王大道交叉口北300米，府东路西侧人民防空大楼一、三层
邮 编：461670

中国民生银行股份有限公司许昌长葛支行
地 址：许昌市长葛市老城镇李庄村委会长葛市城乡一体化推进区商务区建设项目8号楼
邮 编：461500

中国民生银行股份有限公司信阳分行
地 址：信阳市羊山新区新五大道太古广场1号楼1层107、2层201、3层301号
邮 编：464000

中国民生银行股份有限公司信阳固始支行
地 址：信阳市固始县中原路与陈元光大道交叉口西北角1-3层商铺
邮 编：465200

中国民生银行股份有限公司信阳潢川支行
地 址：信阳市潢川县城关镇小东关街跃进东路南侧县政府对面
邮 编：465150

中国民生银行股份有限公司新乡分行
地 址：新乡市金穗大道与新中大道交叉口西北角新闻大厦1-4层
邮 编：453000

中国民生银行股份有限公司漯河分行
地 址：漯河市郾城区嵩山西支路与会展路交叉口昌建金融大厦1-4层
邮 编：462000

华夏银行股份有限公司郑州分行

地 址：郑州市郑东新区商务外环路29号
邮 编：450013

华夏银行股份有限公司郑州分行营业部
地 址：郑州市郑东新区商务外环路29号

华夏银行股份有限公司郑州航海路支行
地 址：郑州市管城回族区航海路101号正商国际广场C座1楼

华夏银行股份有限公司郑州建设路支行
地 址：郑州市中原区建设路与嵩山路交叉口西200米路北

华夏银行股份有限公司郑州文化路支行
地 址：郑州市金水区文化路与红旗路交叉口西北角

华夏银行股份有限公司郑州农业路支行
地 址：郑州市金水区农业路与东明路交叉口西南角

华夏银行股份有限公司郑州纬五路支行

地　址：郑州市金水区纬五路与政七街交叉口西南角

华夏银行股份有限公司郑州北环路支行

地　址：郑州市金水区北环路与中方园路交叉口东北角

华夏银行股份有限公司郑州九如路支行

地　址：郑州市郑东新区九如路东、龙湖外环南路北 14 号楼

华夏银行股份有限公司郑州国基路支行

地　址：郑州市金水区花园路东、国基路南花园 SOHO 1 号楼

华夏银行股份有限公司郑州经开区支行

地　址：郑州市经开区航海东路与第七大街交叉口向东 100 米路南

华夏银行股份有限公司郑州高新区支行

地　址：郑州市高新区科学大道与金梭路交叉口向南 100 米路西

华夏银行股份有限公司郑州纬三路支行

地　址：郑州市金水区纬三路与经六路交叉口向北 100 米路东

华夏银行股份有限公司郑州大学路支行

地　址：郑州市二七区大学路与淮河路交叉口东南角

华夏银行股份有限公司郑州中原路支行

地　址：郑州市中原区中原路与华山路交叉口西侧

华夏银行股份有限公司洛阳分行

地　址：洛阳市洛龙区开元大道与定鼎门街交叉口西北角（开元大道 210 号）

平安银行股份有限公司郑州分行

地　址：郑州市金水区商务外环路 25 号王鼎国际大厦
邮　编：450046

平安银行股份有限公司开封分行

地　址：开封市龙亭区金明大道路 169 号文兴商务大厦
邮　编：475000

平安银行股份有限公司洛阳分行

地　址：洛阳市洛龙区滨河南路 55 号
邮　编：471000

平安银行股份有限公司南阳分行

地　址：南阳市卧龙区中州路与永安路交叉口万达国际
邮　编：473000

平安银行股份有限公司新乡分行

地　址：新乡市红旗区金穗大道（东）680 号迎宾大厦
邮　编：453000

恒丰银行股份有限公司郑州分行

地　址：郑州市郑东新区才高街 6 号东方鼎盛中心 B 座
邮　编：450000

渤海银行股份有限公司郑州分行

地　址：郑州市郑东新区金水东路 88 号

渤海银行股份有限公司郑州营业部

地　址：郑州市郑东新区金水东路 88 号

渤海银行股份有限公司郑州纬五路支行

地　址：郑州市金水区纬五路 39 号

渤海银行股份有限公司郑州农科路支行

地　址：郑州市金水区文博东路 28 号 1 号楼 1-2 层 13、14、16 及 1 层 15 号

渤海银行股份有限公司郑州未来路支行

地　址：郑州市管城回族区商城东路与未来路交叉口威望未来城 10-14 号底商

渤海银行股份有限公司郑州商都路支行

地　址：郑州市郑东新区商都路 27 号底商

渤海银行股份有限公司郑州建设西路支行

地　址：郑州市中原区郑上路 11 号院 1 号楼 1 层 0101 号

渤海银行股份有限公司郑州九如路支行

地　址：郑州市郑东新区九如路怡商玉园 14 号楼 1-2 层 112 号、113 号

渤海银行股份有限公司郑州高新区支行

地　址：郑州市高新技术产业开发区国槐街 69 号郎悦西都会大厦 3 号楼附 18、附 19、附 20 号

浙商银行股份有限公司郑州分行

地　址：郑州市郑东新区龙湖金融岛龙湖中环路 8 号
邮　编：450018

浙商银行股份有限公司洛阳分行

地　址：洛阳市洛龙区开元大道 237 号 9 幢
邮　编：471000

浙商银行股份有限公司洛阳分行营业部

地　址：洛阳市洛龙区开元大道市民之家西楼 1 楼
邮　编：471000

浙商银行股份有限公司郑州纬二路支行

地　址：郑州市金水区经四路与纬二路交叉口东北角
邮　编：450000

浙商银行股份有限公司郑州中原路支行

地　址：郑州市金水区中原区中原中路 92 号保利心语晴苑向西 100 米路北
邮　编：450000

浙商银行股份有限公司郑州自贸区支行

地　址：郑州市郑东新区商务外环路 2 号
邮　编：450000

浙商银行股份有限公司郑州经开区支行

地　址：郑州市经开区第十五大街 267 号
邮　编：450000

浙商银行股份有限公司郑州高新区支行

地　址：郑州市高新区石楠路 56 号金兰西景苑
邮　编：450000

浙商银行股份有限公司郑州福元路支行

地　址：郑州市金水区玉凤路 362 号
邮　编：450000

汇丰银行（中国）有限公司郑州分行

地　址：郑州市郑东新区金融岛中环路 5 号东龙创鑫大厦 1 层 102B 号房间和 12 层 1209、1210 号房间
邮　编：450046

东亚银行（中国）有限公司郑州分行

地　址：郑州市金水路 226 号楷林国际大厦 1 层、2 层

邮　编：450008

渣打银行（中国）有限公司郑州分行

地　址：郑州市郑东新区商务外环路 8 号世博大厦 2403 单元
邮　编：450046

河南农商联合银行

地　址：河南自贸试验区郑州片区（郑东）农业东路 99 号
邮　编：450016

郑州农村商业银行股份有限公司

地　址：河南自贸试验区郑州片区（郑东）商务外环路 19 号
邮　编：450040

河南省农村信用社联合社开封市办公室

地　址：开封市大梁路西段 3 号
邮　编：475000

洛阳农村商业银行股份有限公司

地　址：洛阳市洛龙区开元大道 52 号
邮　编：471000

平顶山鹰城农村商业银行股份有限公司

地　址：平顶山市新城区长安大道与 G 支路交叉口农信大厦
邮　编：467000

河南省农村信用社联合社安阳市办公室

地　址：安阳市东风路南段 358 号
邮　编：455000

鹤壁农村商业银行股份有限公司

地　址：鹤壁市淇滨区兴鹤大街 259 号
邮　编：458030

新乡农村商业银行股份有限公司

地　址：新乡市金穗大道 688 号
邮　编：453000

河南省农村信用社联合社焦作市办公室

地　址：焦作市山阳区工业东路恩华小区 2 号
邮　编：454150

濮阳农村商业银行股份有限公司

地　址：濮阳市中原东路 88 号
邮　编：457000

许昌农村商业银行股份有限公司

地　址：许昌市城乡一体化示范区芙蓉大道 6 号金融大厦
邮　编：461000

河南省农村信用社联合社漯河市办公室

地　址：漯河市黄河路 423 号
邮　编：462300

三门峡农村商业银行股份有限公司

地　址：三门峡市湖滨区崤山路西段 2 号
邮　编：472000

河南省农村信用社联合社南阳市办公室

地　址：南阳市人民北路有线电视台对面
邮　编：473000

商丘农村商业银行股份有限公司

地　址：商丘市凯旋中路 145 号
邮　编：476100

河南省农村信用社联合社信阳市办公室

地　址：信阳市羊山新区新七大道 60 号
邮　编：464100

周口农村商业银行股份有限公司

地　址：周口市文昌大道与人和路交叉口东北角

邮　编：466000

驻马店农村商业银行股份有限公司

地　址：驻马店市驿城区文化路 360 号

邮　编：463000

河南济源农村商业银行股份有限公司

地　址：济源市沁园中路 86 号

邮　编：459000

中原银行股份有限公司

地　址：郑州市郑东新区 CBD 商务外环路 23 号

邮　编：450003

郑州银行股份有限公司

地　址：郑州市郑东新区商务外环 22 号

邮　编：450046

中原证券股份有限公司

地　址：郑州市郑东新区商务外环路 10 号

邮　编：450018

中原证券股份有限公司郑州分公司

地　址：郑州市金水区纬二路 30 号经纬公寓商用楼三楼

中原证券股份有限公司南阳分公司

地　址：南阳市独山大道北段 366 号玉龙苑 15 幢 15 号楼 1 单元 1 层 101、3 层 301

中原证券股份有限公司平顶山分公司

地　址：平顶山市新华区建设路中段 26 号佳田新天地 1 号楼 28 层、2 号楼 101 铺

中原证券股份有限公司漯河分公司

地　址：漯河市郾城区黄河路金色华府君苑 7# 楼 101 号

中原证券股份有限公司濮阳分公司

地　址：濮阳市建设路中段 203 号

中原证券股份有限公司安阳分公司

地　址：安阳市北关区红旗路北段财政证券大楼

中原证券股份有限公司新乡分公司

地　址：新乡市人民路 250 号

中原证券股份有限公司鹤壁分公司

地　址：鹤壁市淇滨区淇滨大道与兴鹤大街交叉口东南角

中原证券股份有限公司许昌分公司

地　址：许昌市魏都区颍昌大道 669 号

中原证券股份有限公司信阳分公司

地　址：信阳市羊山新区新六大街辰宇国际港湾 3 号楼附楼 1 层 101 号房、2 层 201 至 204 号房

中原证券股份有限公司焦作分公司

地　址：焦作市解放中路 1838 号

中原证券股份有限公司开封分公司

地　址：开封市集英街龙成锦绣花园 C 区 1 号楼 1 层

中原证券股份有限公司黄河金三角示范区分公司

地　址：三门峡市大岭路锦绣华庭 4 号 -6 号楼二楼

中原证券股份有限公司商丘分公司
地　址：商丘市睢阳区南京路商字东北角金穗国贸大厦

中原证券股份有限公司周口分公司
地　址：周口市七一路中段 81 号河南网通公司周口分公司办公楼临街三楼

中原证券股份有限公司洛阳分公司
地　址：洛阳市西工区凯旋西路 30 号

中原证券股份有限公司驻马店分公司
地　址：驻马店市解放路 196 号

中原证券股份有限公司上海第一分公司
地　址：上海市虹口区大连西路 261 号 301-318 室

中原证券股份有限公司广州分公司
地　址：广东省广州市天河区临江大道 395 号 2401 室（部位：自编 02）（仅限办公）

中原证券股份有限公司深圳分公司
地　址：广东省深圳市福田区福田街道福安社区福华一路 123 号中国人寿大厦 31 楼 04、05 单元

中原证券股份有限公司北京分公司
地　址：北京市朝阳区酒仙桥路 14 号 53 幢九层

中原证券股份有限公司四川分公司
地　址：四川省成都高新区锦城大道 1000 号 13 幢 2 层 4 号

中原证券股份有限公司江苏分公司
地　址：江苏省南京市建邺区庐山路 168 号 1 室新地中心二期 5 层 A 区 08 单元

中原证券股份有限公司海南分公司
地　址：海南省海口市美兰区国兴大道 5 号海南大厦 20 层 2007 号房

中原证券股份有限公司山东分公司
地　址：山东省济南市历下区经十路 15982 号第一大道 10 楼 1001 号

中原证券股份有限公司山东第一分公司
地　址：山东省青岛市崂山区仙霞岭路 16 号金领尚街 B 区

中原证券股份有限公司湖南分公司
地　址：湖南省长沙市芙蓉区远大一路 730 号东盈商业广场 2 栋 2554、2555、2556、2557 房

中原证券股份有限公司陕西分公司
地　址：陕西省西安市碑林区南关正街 1 号泛渼大厦 A 座 3 楼

中原证券股份有限公司浙江分公司
地　址：浙江省杭州市上城区四季青街道三新路 37 号 17 楼 1702 室

中原证券股份有限公司湖北分公司
地　址：湖北省武汉市洪山区珞狮南路和文荟路交叉口南湖星光时代 7 层 12、13、14 号房

中原证券股份有限公司上海分公司
地　址：中国（上海）自由贸易试验区世纪大道 1788 号、1800 号 T1 栋 22-23

郑州商品交易所

地　址：郑州市郑东新区商务外环路 30 号期货大厦
邮　编：450018

中国出口信用保险公司河南分公司

地　址：郑州市郑东新区商务外环路 8 号
邮　编：450008

中国出口信用保险公司河南分公司洛阳营业部

地　址：洛阳市洛龙区开元大道王城大道交叉口国宝大厦 1410 室
邮　编：471000

中国人民财产保险股份有限公司河南省分公司

地　址：郑州市黄河路 116 号附 26 号
邮　编：450000

中国人民财产保险股份有限公司郑州市分公司

地　址：郑州市二七区西太康路 121 号
邮　编：450000

中国人民财产保险股份有限公司开封市分公司

地　址：开封市金明区大梁路西段 6 号
邮　编：475002

中国人民财产保险股份有限公司洛阳市分公司

地　址：洛阳市西工区九都路附 88 号
邮　编：471000

中国人民财产保险股份有限公司平顶山市分公司

地　址：平顶山市湛河区湛河南路北 101 号保险大厦
邮　编：467000

中国人民财产保险股份有限公司安阳市分公司

地　址：安阳市铁西区文峰大道中段
邮　编：455000

中国人民财产保险股份有限公司鹤壁市分公司

地　址：鹤壁市兴鹤大街北段
邮　编：458030

中国人民财产保险股份有限公司新乡市分公司

地　址：新乡市红旗区和平大道（南）22 号
邮　编：453003

中国人民财产保险股份有限公司焦作市分公司

地　址：焦作市山阳区解放东路 5 号
邮　编：454002

中国人民财产保险股份有限公司濮阳市分公司

地　址：濮阳市华龙区黄河路西段
邮　编：457000

中国人民财产保险股份有限公司许昌市分公司

地　址：许昌市魏都区议台路 19 号
邮　编：461000

中国人民财产保险股份有限公司漯河市分公司

地　址：漯河市源汇区大学路东段
邮　编：462000

中国人民财产保险股份有限公司三门峡市分公司

地　址：三门峡市湖滨区崤山路 58 号
邮　编：472000

中国人民财产保险股份有限公司南阳市分公司

地　址：南阳市卧龙区工业路 57 号
邮　编：473063

中国人民财产保险股份有限公司商丘市分公司

地　址：商丘市睢阳区南京路 182 号
邮　编：476100

中国人民财产保险股份有限公司信阳市分公司

地　址：信阳市平桥区京深大道北段

邮　编：464000

中国人民财产保险股份有限公司周口市分公司

地　址：周口市川汇区中州路南段 69 号

邮　编：466000

中国人民财产保险股份有限公司驻马店市分公司

地　址：驻马店市驿城区春晓街 145 号

邮　编：463000

中国人民财产保险股份有限公司济源市分公司

地　址：济源市宣化东街 69 号

邮　编：454650

中国平安财产保险股份有限公司河南分公司

地　址：郑州市自贸试验区郑东片区祥盛街 25 号第 4 层

邮　编：450000

中国平安财产保险股份有限公司郑州中心支公司

地　址：郑州市郑东新区祥盛街 25 号第 4 层 419-420 室

邮　编：450000

中国平安财产保险股份有限公司开封中心支公司

地　址：河南自贸试验区开封片区枫华大厦商务办公楼 4 层 01-04 号

邮　编：475000

中国平安财产保险股份有限公司洛阳中心支公司

地　址：洛阳市洛龙区开元大道 210 号 1 幢 2001-2003、2005、2008、2009 室

邮　编：471000

中国平安财产保险股份有限公司平顶山中心支公司

地　址：平顶山市湛河区亚兴路与姚电大道交叉口西北角亚兴科技办公楼二楼整层、三楼西侧一间

邮　编：467000

中国平安财产保险股份有限公司安阳中心支公司

地　址：安阳市文峰区永明路与富泉街交叉口东北角中国联合网络通信有限公司安阳市分公司第 16 层和第 17 层 1701-1704

邮　编：455000

中国平安财产保险股份有限公司鹤壁中心支公司

地　址：鹤壁市淇滨区淇水大道与紫槐巷交叉口世纪嘉联大厦 01 号商务楼 18 层 1801 号至 1808 号

邮　编：458000

中国平安财产保险股份有限公司新乡中心支公司

地　址：新乡市红旗区新飞大道 18 号临街 1-4 层

邮　编：453000

中国平安财产保险股份有限公司焦作中心支公司

地　址：焦作市山阳区焦东南路 3368 号一楼二楼西侧

邮　编：454000

中国平安财产保险股份有限公司濮阳中心支公司

地　址：濮阳市中原路与濮上路交叉口北 100 米路东荣域城市广场 0003 幢 2 楼 209

邮　编：457000

中国平安财产保险股份有限公司许昌中心支公司

地　址：许昌市天宝路中奥鑫天 1、4 楼

邮　编：471000

中国平安财产保险股份有限公司漯河中心支公司

地　址：漯河市郾城区嵩山东支路摩尔时代 1#1 单

元 801 室至 810 室
邮　编：462000

中国平安财产保险股份有限公司三门峡中心支公司
地　址：三门峡市湖滨区召公路东、中心大道北湖滨大厦 9 层 01-08、19-24 号
邮　编：472000

中国平安财产保险股份有限公司南阳中心支公司
地　址：南阳市宛城区张衡东路 739 号 2 号楼门面房
邮　编：473000

中国平安财产保险股份有限公司商丘中心支公司
地　址：商丘市睢阳区宋城路与文庙路南 100 米路西
邮　编：476000

中国平安财产保险股份有限公司信阳中心支公司
地　址：信阳市羊山新区新七大道与新八街交叉口信合金融大厦 8 层
邮　编：464000

中国平安财产保险股份有限公司周口中心支公司
地　址：周口市周口大道东侧、松花江路南侧交叉口周口天明商务金融中心 17 号楼 9 层 904、905、906 房间，10 层整层
邮　编：466000

中国平安财产保险股份有限公司驻马店中心支公司
地　址：驻马店市金雀路与盘古山路交叉口建业总部港 14 楼
邮　编：463000

中国平安财产保险股份有限公司济源中心支公司
地　址：济源市黄河大道与东环路交叉口泰宏天安广场西写字楼 9 楼
邮　编：459000

永安财产保险股份有限公司河南分公司

地　址：郑州市郑东新区东风南路与创业路交叉口绿地之窗云峰座 B 座 410 号
邮　编：450000

永安财产保险股份有限公司郑州中心支公司
地　址：郑州市中原中路 92 号保利晴苑小区罗庄村商业 5 号楼 4 楼
邮　编：450003

永安财产保险股份有限公司洛阳中心支公司
地　址：洛阳市洛龙区开元大道 260 号综合办公大楼 15 层
邮　编：471000

永安财产保险股份有限公司平顶山中心支公司
地　址：平顶山市湛河区湛南路与诚朴路交叉口向东 500 米
邮　编：467000

永安财产保险股份有限公司安阳中心支公司
地　址：安阳市文峰区东工路 27 号院临街北楼 1-3 层
邮　编：455000

永安财产保险股份有限公司新乡中心支公司
地　址：新乡市胜利路与南环路交叉口新盾嘉苑 2 栋 1 单元 108 号
邮　编：453000

永安财产保险股份有限公司许昌中心支公司
地　址：许昌市天宝路与学院路恒大绿洲紫薇公寓 C 幢 308
邮　编：461000

永安财产保险股份有限公司漯河中心支公司
地　址：漯河市源汇区长江路 39 幢 103 号 1 层、2 层 201 至 203 室

邮　编：466000

永安财产保险股份有限公司三门峡中心支公司

地　址：三门峡市经济开发区五原路西天鹅堡小区
邮　编：472000

永安财产保险股份有限公司南阳中心支公司

地　址：南阳市高新区张衡路新华书店四楼
邮　编：473000

永安财产保险股份有限公司商丘中心支公司

地　址：商丘市梁园区民主路南长征路东综合楼6楼602至608室
邮　编：476000

永安财产保险股份有限公司信阳中心支公司

地　址：信阳市浉河区工区路68号
邮　编：464000

永安财产保险股份有限公司周口中心支公司

地　址：周口市川汇区工农路与黄河路交叉口
邮　编：466000

永安财产保险股份有限公司驻马店中心支公司

地　址：驻马店市雪松路与盘龙山路交叉口帝秀酒店西
邮　编：463000

永安财产保险股份有限公司鹤壁中心支公司

地　址：鹤壁市鹤山区长风北路与中山北路交叉口鹤北检测站办公楼二楼
邮　编：458000

永安财产保险股份有限公司开封中心支公司

地　址：开封市禹王台区魏都路越官京园15号楼12号和13号1-2层
邮　编：475000

中华联合财产保险股份有限公司河南分公司

地　址：郑州市郑东新区商务外环路3号中华大厦
邮　编：450018

中华联合财产保险股份有限公司郑州中心支公司

地　址：郑州市郑东新区商务外环路3号中华大厦一楼101-106、201-209、29楼
邮　编：450018

中华联合财产保险股份有限公司开封中心支公司

地　址：河南自贸试验区开封片区郑开大道296号自贸大厦A座三层301室至303室、311室至314室
邮　编：475000

中华联合财产保险股份有限公司洛阳中心支公司

地　址：洛阳市洛龙区开元大道与望春门街交叉口龙泉大厦一层北侧、五层东侧
邮　编：471000

中华联合财产保险股份有限公司平顶山中心支公司

地　址：平顶山市湛河区中兴路站河桥南段湛南1号长安宾馆5楼
邮　编：467000

中华联合财产保险股份有限公司安阳中心支公司

地　址：安阳市北关区中华路与漳河大道西北角中德之星大厦中华保险
邮　编：455000

中华联合财产保险股份有限公司鹤壁中心支公司

地　址：鹤壁市淇滨区鹏森大厦4楼418室
邮　编：458030

中华联合财产保险股份有限公司新乡中心支公司

地　址：新乡市红旗区牧野路与向阳路交叉口向南100米路东

邮　编：453000

中华联合财产保险股份有限公司焦作中心支公司

地　址：焦作市人民路1159号商务大厦11层

邮　编：454000

中华联合财产保险股份有限公司濮阳中心支公司

地　址：濮阳市卫都大街与昆吾路口西南岸水榭2号楼

邮　编：457000

中华联合财产保险股份有限公司许昌中心支公司

地　址：许昌市魏都区文峰路与长青街交叉口三鼎大厦15楼

邮　编：461000

中华联合财产保险股份有限公司漯河中心支公司

地　址：漯河市郾城区海河路72号电业局北门西侧

邮　编：462000

中华联合财产保险股份有限公司三门峡中心支公司

地　址：三门峡市经济开发区向川路后川村综合楼五楼

邮　编：472000

中华联合财产保险股份有限公司南阳中心支公司

地　址：南阳市宛城区新华东路1426号

邮　编：473000

中华联合财产保险股份有限公司商丘中心支公司

地　址：商丘市睢阳区香君路汇城国际广场B座10楼

邮　编：476100

中华联合财产保险股份有限公司信阳中心支公司

地　址：信阳市浉河区五星路与行政路交叉口

邮　编：464000

中华联合财产保险股份有限公司周口中心支公司

地　址：周口市川汇区黄河路西段海燕职专办公楼

邮　编：466000

中华联合财产保险股份有限公司驻马店中心支公司

地　址：驻马店市驿城区平安街215号（计生服务培训中心）

邮　编：463000

中华联合财产保险股份有限公司济源支公司

地　址：济源市北海大道东段666号柿槟新村东侧门面房

邮　编：459000

中国大地财产保险股份有限公司河南分公司

地　址：郑州市商都路与康平路交叉口南50米路东佳田商墅C栋大地保险公司

邮　编：450000

中国大地财产保险股份有限公司郑州中心支公司

地　址：郑州市金水路299号

邮　编：450000

中国大地财产保险股份有限公司开封中心支公司

地　址：开封市龙亭区郑开大道南侧、八大街以西（三合国际八层西）

邮　编：475000

中国大地财产保险股份有限公司洛阳中心支公司

地　址：洛阳市西工区九都西路与七一路交叉口东南角香榭里舍1-3层部分商业用房

邮 编：471000

中国大地财产保险股份有限公司平顶山中心支公司

地 址：平顶山市建设路与凌云路东 300 米路北平西建材大世界综合楼一层、二层

邮 编：467002

中国大地财产保险股份有限公司安阳中心支公司

地 址：安阳市殷都区铁西路与新安街交叉口东南角三层 301-306 房间

邮 编：455000

中国大地财产保险股份有限公司新乡中心支公司

地 址：新乡市向阳路 69 号 1 号楼东 3 单元东西户（一层和二层）和东 2 单元西户（一层和二层）

邮 编：453000

中国大地财产保险股份有限公司焦作中心支公司

地 址：焦作市山阳区山阳路 56 号

邮 编：454150

中国大地财产保险股份有限公司濮阳中心支公司

地 址：濮阳市华龙区胜利路与长庆路交叉口南 200 米路东

邮 编：457000

中国大地财产保险股份有限公司许昌中心支公司

地 址：许昌市城乡一体化示范区芙蓉大道与永兴东路交叉口东北芙蓉商务中心 2 幢 16 层 13-18 号

邮 编：461000

中国大地财产保险股份有限公司漯河中心支公司

地 址：漯河市召陵区湘江路幸福美家 1# 楼 1 幢 103 号、104 号

邮 编：462300

中国大地财产保险股份有限公司三门峡中心支公司

地 址：三门峡市向川路后川村综合楼 7 楼

邮 编：472000

中国大地财产保险股份有限公司南阳中心支公司

地 址：南阳市独山大道与光武路交叉口向南 300 米

邮 编：473000

中国大地财产保险股份有限公司商丘中心支公司

地 址：商丘市睢阳区华夏路帝和海德公馆 7# 楼 3 楼

邮 编：476000

中国大地财产保险股份有限公司信阳中心支公司

地 址：信阳市浉河区北京路圣达广场一号路 20 层

邮 编：464000

中国大地财产保险股份有限公司周口中心支公司

地 址：周口市邦杰大道南段

邮 编：466000

中国大地财产保险股份有限公司驻马店中心支公司

地 址：驻马店市大中山大道北段西侧银成公馆

邮 编：463000

中国大地财产保险股份有限公司鹤壁中心支公司

地 址：鹤壁市兴鹤大街与海棠巷交叉口西 50 米路北 36 号

邮 编：458030

华安财产保险股份有限公司河南分公司

地 址：河南省自贸试验区郑州片区（郑东）商务外环路 26 号 22 层整层

邮 编：450000

华安财产保险股份有限公司郑州中心支公司

地 址：郑州市金水区鑫苑路 16 号鸿禧大厦 16 层 1601 室 -1609 室

邮　编：450000

华安财产保险股份有限公司开封中心支公司

地　址：开封市西环路南段西城明都 8B 号楼 1/22 层 26、27 号房

邮　编：475000

华安财产保险股份有限公司洛阳中心支公司

地　址：洛阳市西工区王城路 24 号 6 幢第 10 层 1001-1010 室

邮　编：471000

华安财产保险股份有限公司平顶山中心支公司

地　址：平顶山市卫东区建设路中段平棉大厦 23 楼

邮　编：467000

华安财产保险股份有限公司安阳中心支公司

地　址：安阳市北关区解放大道 180 号（原安阳县政府）院内 3 号楼

邮　编：455000

华安财产保险股份有限公司新乡中心支公司

地　址：新乡市卫滨区平原路 72 号国宇大厦四楼 401-408 号

邮　编：453000

华安财产保险股份有限公司焦作中心支公司

地　址：焦作市山阳区塔南路 399 号太极景润花园景润苑 18 号

邮　编：454150

华安财产保险股份有限公司濮阳中心支公司

地　址：濮阳市中原路中段第 26 幢 10 号

邮　编：457000

华安财产保险股份有限公司许昌中心支公司

地　址：许昌市建安区城乡一体化示范区芙蓉大道元鼎国际 A 座 6 楼

邮　编：461000

华安财产保险股份有限公司河南分公司三门峡中心支公司

地　址：三门峡市虢国路北魏野花园 2 号楼门面房

邮　编：472000

华安财产保险股份有限公司南阳中心支公司

地　址：南阳市卧龙区工业北路 666 号天工大厦 7 层 5 号、11 号

邮　编：473000

华安财产保险股份有限公司商丘中心支公司

地　址：商丘市睢阳区南京路金世纪广场西侧第 A 幢 A 单元二层 A1-2 号房

邮　编：476000

华安财产保险股份有限公司信阳中心支公司

地　址：信阳市平桥区平西路东侧锦绣名城 4 号楼一层 101 号、二层 201 号、205 号

邮　编：464000

华安财产保险股份有限公司周口中心支公司

地　址：周口市大闸路南段门面房 121-224 号

邮　编：466000

华安财产保险股份有限公司驻马店中心支公司

地　址：驻马店市乐山路北段东顺景国际广场 3 号楼第 1 层（108）室、2 层（206、207）室

邮　编：463000

华安财产保险股份有限公司河南分公司漯河支公司

地　址：漯河市源汇区湘江路西段 A23-25 号

邮　编：462000

华安财产保险股份有限公司河南分公司济源中心支公司

地　址：济源市愚公路中段喜洋洋小区门面房第

一、二层
邮　编：454650

华安财产保险股份有限公司
河南分公司鹤壁中心支公司
地　址：鹤壁市淇滨区广场南路与站场西路交叉口西南角牛庄社区东门北侧第一室
邮　编：458000

都邦财产保险股份有限公司河南分公司

地　址：河南省郑州市郑东新区 CBD 商务外环 1 号 19 层
邮　编：450000

都邦财产保险股份有限公司郑州中心支公司
地　址：郑州市郑东新区 CBD 商务外环 1 号 19 层
邮　编：450000

都邦财产保险股份有限公司洛阳中心支公司
地　址：洛阳市西工区中州中路 429 号君临广场华府 5 幢 1-701、702
邮　编：471000

都邦财产保险股份有限公司新乡中心支公司
地　址：新乡市开发区（高新区）22 号街坊新飞花园 G3 号楼 1-2 层 108 号商铺
邮　编：453000

都邦财产保险股份有限公司许昌中心支公司
地　址：许昌市城乡一体化示范区宏腾路以北、竹林路以东深商大厦 1 幢 7 层 715、716
邮　编：461000

都邦财产保险股份有限公司驻马店中心支公司
地　址：驻马店市银丰广场 5 号楼 10 层 1005、1006 房
邮　编：463000

都邦财产保险股份有限公司商丘中心支公司
地　址：商丘市睢阳区中州路与万象路交叉口东北角润泓中堂 20 号楼 109 铺
邮　编：476100

都邦财产保险股份有限公司济源中心支公司
地　址：济源市亚桥农贸市场东 20 米（泉水湾对面）
邮　编：459000

都邦财产保险股份有限公司安阳中心支公司
地　址：安阳市新都城（东风路）25 号、26 号、27 号门面房
邮　编：455000

都邦财产保险股份有限公司焦作中心支公司
地　址：焦作市示范区神州路 1698 号焦作高新技术创业服务中心研发楼 B 区 508 室
邮　编：454000

都邦财产保险股份有限公司周口中心支公司
地　址：周口市商水县周商路中段西侧融辉城二期 C32 号楼 106
邮　编：466000

都邦财产保险股份有限公司河南分公司濮阳支公司
地　址：濮阳市华龙区胜利路与长庆路交叉口南 200 米路东金龙湾 5 号楼 08 号商铺
邮　编：457001

都邦财产保险股份有限公司新乡高新区支公司
地　址：新乡市开发区南环路 872 号桂竹园 1 号楼 101 号营业房
邮　编：453000

都邦财产保险股份有限公司
河南分公司三门峡营销服务部
地　址：三门峡市崤山路西段 27 号一楼门面

邮　编：472000

都邦财产保险股份有限公司河南分公司南阳营销服务部

地　址：南阳市人民路 268 号锦海之星办公楼三楼
邮　编：473000

都邦财产保险股份有限公司安阳中心支公司林州营销服务部

地　址：安阳市林州市龙山街道林州大道 12 号
邮　编：456500

都邦财产保险股份有限公司河南分公司永城营销服务部

地　址：永城市演集镇雪枫路西欧亚路北（金博大广场）1 幢二单元 13-B 座 09
邮　编：476600

渤海财产保险股份有限公司河南分公司

地　址：河南自贸试验区郑州片区（郑东）正光路 22 号行署国际广场 1 号楼 8 层 807-816 房间
邮　编：450000

渤海财产保险股份有限公司开封中心支公司

地　址：开封市魏都路 66 号办公楼东头房间、二楼 201-207 房间
邮　编：475000

渤海财产保险股份有限公司焦作中心支公司

地　址：焦作市中站区解放西路中云电商小镇 A 区 38 号
邮　编：454191

渤海财产保险股份有限公司濮阳中心支公司

地　址：濮阳市建设路与京开道西南角训达粮油 2 楼
邮　编：457000

渤海财产保险股份有限公司许昌中心支公司

地　址：许昌市芙蓉大道以东芙蓉商务中心 1 号楼 19 层
邮　编：461000

渤海财产保险股份有限公司南阳中心支公司

地　址：南阳市高新区高新路与明山路交叉口
邮　编：473000

渤海财产保险股份有限公司驻马店中心支公司

地　址：驻马店市古吕路银丰集团 1 号楼 5 楼渤海保险
邮　编：463000

渤海财产保险股份有限公司商丘中心支公司

地　址：商丘市梁园区民主路北君台路西鑫苑名家 1 号楼 111 铺
邮　编：476000

渤海财产保险股份有限公司新乡中心支公司

地　址：新乡市凤泉区团结大道 9 号大桥世纪公馆 2 号楼 1 单元 1101 室
邮　编：453003

渤海财产保险股份有限公司周口中心支公司

地　址：周口市淮阳区羲皇大道与朝祖大道交叉口立方世界 A 幢 501 房
邮　编：466733

渤海财产保险股份有限公司郑州中心支公司

地　址：河南自贸试验区郑州片区（郑东）正光路 22 号行署国际广场 1 号楼 8 层 801-806 房间
邮　编：450000

渤海财产保险股份有限公司洛阳中心支公司

地　址：洛阳市洛龙区太康路 369 号 B-31 幢 1-101 一层

邮　编：471000

渤海财产保险股份有限公司鹤壁中心支公司

地　址：鹤壁市淇滨区淇水大道和珠江路交叉口龙门大厦 A 座 12 楼

邮　编：458030

渤海财产保险股份有限公司济源中心支公司

地　址：济源市玉泉办事处济水大街东段 501 号一层、二层

邮　编：459000

渤海财产保险股份有限公司平顶山中心支公司

地　址：平顶山市卫东区新华路帝景花园 12 号楼 4 楼 6 间房屋

邮　编：467000

渤海财产保险股份有限公司安阳中心支公司

地　址：安阳市铁西路与新安街交叉口东南角四层 401-408 室

邮　编：455000

中国人寿财产保险股份有限公司河南省分公司

地　址：郑州市金水区黑朱庄路 107 号 6 号楼 17-18 层、22 层、24-25 层

邮　编：450000

中国人寿财产保险股份有限公司郑州市中心支公司

地　址：郑州市金水区黑朱庄路 107 号 6 号楼 9、10、11、12 层

邮　编：450003

中国人寿财产保险股份有限公司开封市中心支公司

地　址：开封市郑开大道 28 号迪臣世博广场综合商业 A 楼 1-6 层 01 号

邮　编：475000

中国人寿财产保险股份有限公司洛阳市中心支公司

地　址：洛阳市高新技术开发区九都路与孙辛路交叉口北航科技园 16 号楼

邮　编：471003

中国人寿财产保险股份有限公司平顶山市中心支公司

地　址：平顶山市诚朴路南段

邮　编：467000

中国人寿财产保险股份有限公司安阳市中心支公司

地　址：安阳市文峰区文昌大道与中华路交叉口西南角安阳世贸中心 A 座 1 单元 5 层及 B 座 20 层 2001-2013 号房间

邮　编：455000

中国人寿财产保险股份有限公司鹤壁市中心支公司

地　址：鹤壁市淇滨区南海路北侧、淇水大道东侧帆旗大厦 B 座 20 层、21 层

邮　编：458030

中国人寿财产保险股份有限公司新乡市中心支公司

地　址：新乡市牧野区平原路与福彩街交叉口东北角牧野大厦二至四层

邮　编：453000

中国人寿财产保险股份有限公司焦作市中心支公司

地　址：焦作市城乡一体化示范区世纪西路 1626 号

邮　编：454003

中国人寿财产保险股份有限公司濮阳市中心支公司

地　址：濮阳市卫河路与卫都路交叉口南 200 米路西 1-3 层

邮　编：457000

中国人寿财产保险股份有限公司许昌市中心支公司

地　址：许昌市魏都区毓秀路与望田路交叉口

邮　编：461000

中国人寿财产保险股份有限公司漯河市中心支公司

地　址：漯河市源汇区太行山路与滨河路交叉口西南角永信伯爵山 18 号楼第三层

邮　编：462000

中国人寿财产保险股份有限公司三门峡市中心支公司

地　址：三门峡市商务中心区山水天玑小区 1 号楼

邮　编：472000

中国人寿财产保险股份有限公司南阳市中心支公司

地　址：南阳市卧龙区张衡街道办事处茹楼社区张衡东路 70 号商务楼 2-6 层

邮　编：473000

中国人寿财产保险股份有限公司商丘市中心支公司

地　址：商丘市睢阳区南京路与归德路交叉口西南角应天国际广场一楼营业大厅和三至五楼

邮　编：476000

中国人寿财产保险股份有限公司信阳市中心支公司

地　址：信阳市浉河区鸡公山大街西侧（原市中级人民法院审判大楼主楼 1-4 层）

邮　编：464000

中国人寿财产保险股份有限公司周口市中心支公司

地　址：周口市经济开发区开元路与朝阳路交叉口向南 150 米路西

邮　编：466000

中国人寿财产保险股份有限公司驻马店市中心支公司

地　址：驻马店市淮河大道与铜山大道交叉口北侧置地国际广场 1 号楼 15 层东面、南面至 17 层及 1 层 101

邮　编：463000

中国人寿财产保险股份有限公司济源市中心支公司

地　址：济源市玉泉区济水大街东段 556 号第二层全部及第一层四间

邮　编：454650

永诚财产保险股份有限公司河南分公司

地　址：郑州市金水东路 49 号 1 号楼 15 层 255 号 1506-1509 房间

邮　编：450000

中银保险有限公司河南分公司

地　址：郑州市金水区花园路 40 号中国银行办公主楼 6 层、705 室、8 层

邮　编：450000

中银保险有限公司洛阳中心支公司

地　址：洛阳市西工区中州中路 439 号中国银行洛阳分行大楼 19 楼

邮　编：471000

中银保险有限公司安阳中心支公司

地　址：安阳市文峰区富源街与永明路交叉路鹏睿国际大厦 17 层

邮　编：455000

中银保险有限公司新乡中心支公司

地　址：新乡市和平大道中段 1 号中国银行 9 楼

邮　编：453000

中银保险有限公司焦作中心支公司

地　址：焦作市解放东路 61 号中国银行山阳支行办公楼 4 楼

邮　编：454000

中银保险有限公司许昌中心支公司

地　址：许昌市建设路 1488 号中国银行 3 楼
邮　编：461000

中银保险有限公司南阳中心支公司

地　址：南阳市卧龙区中州路 122 号万达国际商业 4 楼西北角
邮　编：473000

安诚财产保险股份有限公司河南分公司

地　址：郑州市黄河路与东三街交叉口绿城黄河锦园 1 栋 7 层、8 层
邮　编：450000

安诚财产保险股份有限公司郑州中心支公司

地　址：郑州市高新区冬青街 26 号河南省电子商务产业园 5 号楼科技金融广场 11 层 1105 号
邮　编：450000

安诚财产保险股份有限公司洛阳中心支公司

地　址：洛阳市西工区中州路芳林路交叉口数码大厦 1 幢 510、511
邮　编：471000

安诚财产保险股份有限公司南阳中心支公司

地　址：南阳市卧龙区七一路 123 号四楼（车站路与七一路交叉口向东 200 米）
邮　编：473000

安诚财产保险股份有限公司许昌中心支公司

地　址：许昌市示范区芙蓉大道东侧芙蓉商务中心 2 幢 13 层
邮　编：461000

安诚财产保险股份有限公司鹤壁中心支公司

地　址：鹤壁市淇滨区淇水大道东侧、珠江路两侧龙门大厦 A 座 12 层
邮　编：458030

安诚财产保险股份有限公司永城支公司

地　址：永城市建设路北、中原路西亿丰广场 5 号楼 17 楼 1703-1710 号
邮　编：476600

安诚财产保险股份有限公司长葛营销服务部

地　址：长葛市老城镇计划生育服务中心三楼
邮　编：461500

亚太财产保险有限公司河南分公司

地　址：郑州市郑东新区榆林北路 19 号恒天国际大厦 8 楼
邮　编：450000

中国人寿保险股份有限公司河南省分公司

地　址：郑州市花园路 52 号
邮　编：450008

中国平安人寿保险股份有限公司河南分公司

地　址：郑州市郑东新区创业路 9 号绿地中心北塔 56 层
邮　编：450000

中国平安人寿保险股份有限公司开封中心支公司

地　址：开封市龙亭区金明大道 132 号金明财富中心商服综合楼第 5、6 层
邮　编：475000

中国平安人寿保险股份有限公司洛阳中心支公司

地　址：洛阳市珠江路与九都路交叉口东南角中成

九都城 9-10 幢底商第一、三层部分，9 幢第六层整层

邮　编：471000

中国平安人寿保险股份有限公司平顶山中心支公司

地　址：平顶山市湛河区神马大道与开源路交叉口东 300 米路北湛河区民政局东侧一座六层临街楼二、三层 303-305 号

邮　编：467000

中国平安人寿保险股份有限公司安阳中心支公司

地　址：安阳市文峰区中华路与德隆街交叉口义乌国际商贸城办公楼第 6 层

邮　编：455000

中国平安人寿保险股份有限公司鹤壁中心支公司

地　址：鹤壁市淇滨区天山路街道漓江路以南、淇水大道东侧世纪嘉联 01 号商务楼 2 层 201-208 房间

邮　编：458030

中国平安人寿保险股份有限公司新乡中心支公司

地　址：新乡市红旗区人民东路 705 号星海中心大厦 12 楼整层，11 层部分为 1109、1114-1118 号

邮　编：453000

中国平安人寿保险股份有限公司焦作中心支公司

地　址：焦作市解放区新安路 2265 号常新银河商务中心 A 座 4-5 层

邮　编：454000

中国平安人寿保险股份有限公司濮阳中心支公司

地　址：濮阳市中原路北、濮上路东宝瑞通（荣域城市广场）3# 商业写字楼裙楼第三层

邮　编：457000

中国平安人寿保险股份有限公司许昌中心支公司

地　址：许昌市魏都区建安大道东段许昌中原国际饭店六楼

邮　编：461000

中国平安人寿保险股份有限公司漯河中心支公司

地　址：漯河市郾城区交通北路东侧广天颐城小区 3 号楼 201 号 2 层 201-203 室

邮　编：462000

中国平安人寿保险股份有限公司三门峡中心支公司

地　址：三门峡市五原路西段北侧、魏野路东侧商会大厦

邮　编：472000

中国平安人寿保险股份有限公司南阳中心支公司

地　址：南阳市宛城区张衡路与明山路交叉口中璟濠庭 1、3 层

邮　编：473000

中国平安人寿保险股份有限公司商丘中心支公司

地　址：商丘市城乡一体化示范区中州路西学院路东建业总部港 6 号楼 10 楼

邮　编：476000

中国平安人寿保险股份有限公司信阳中心支公司

地　址：信阳市羊山新区新七大道博林国际广场 15 号楼 5 层

邮　编：464000

中国平安人寿保险股份有限公司周口中心支公司

地　址：周口市周口大道与庆丰街交叉口昌建 MOCO 新世界 3#501-507

邮　编：466000

中国平安人寿保险股份有限公司驻马店中心支公司

地　址：驻马店市金雀路盘古山路交会处建业总部港 9 楼 910-920

邮　编：463000

中国平安人寿保险股份有限公司济源中心支公司

地　址：济源市市区济水大道南、蓝钻帝景小区东侧国际时代花园（吉融国际）B 座商业用房第 3 层部分

邮　编：454671

泰康人寿保险有限责任公司河南分公司

地　址：郑州市未来大道 69 号未来大厦

邮　编：450003

泰康人寿保险有限责任公司河南开封中心支公司

地　址：开封市龙亭区迪臣世博广场综合商业楼 A 座

邮　编：475000

泰康人寿保险有限责任公司河南洛阳中心支公司

地　址：洛阳市西工区纱厂路唐宫路口京都大厦

邮　编：471000

泰康人寿保险有限责任公司河南平顶山中心支公司

地　址：平顶山市卫东区建设路东段 17 号院平棉大厦

邮　编：467000

泰康人寿保险有限责任公司河南安阳中心支公司

地　址：安阳市文峰区文昌大道与中华路交叉口世贸中心 B 座

邮　编：455000

泰康人寿保险有限责任公司河南鹤壁中心支公司

地　址：鹤壁市淇滨区淇水大道与女贞巷交叉口玉大厦

邮　编：458000

泰康人寿保险有限责任公司河南新乡中心支公司

地　址：新乡市新中大道 681 号星海如意楼

邮　编：453000

泰康人寿保险有限责任公司河南焦作中心支公司

地　址：焦作市山阳区山阳路 3292 号豫龙商贸城

邮　编：454002

泰康人寿保险有限责任公司河南濮阳中心支公司

地　址：濮阳市濮上北路荣域城市广场

邮　编：457000

泰康人寿保险有限责任公司河南许昌中心支公司

地　址：许昌市魏都区金石假日广场 7 幢 7 层

邮　编：461000

泰康人寿保险有限责任公司河南漯河中心支公司

地　址：漯河市源汇区五一路与金江路交叉口东北角泰康人寿

邮　编：462000

泰康人寿保险有限责任公司河南三门峡中心支公司

地　址：三门峡市开发区崤山西路水利水电大楼

邮　编：472000

泰康人寿保险有限责任公司河南南阳中心支公司

地　址：南阳市工业北路 666 号天工大厦

邮　编：473000

泰康人寿保险有限责任公司河南商丘中心支公司

地　址：商丘市睢阳区神火大道与香君路交叉口汇城国际 A 座

邮　编：476000

泰康人寿保险有限责任公司河南信阳中心支公司

地　址：信阳市羊山新区新五大道太古广场 1 号楼 A 座

邮　编：464000

泰康人寿保险有限责任公司河南周口中心支公司

地　址：周口市川汇区昌建 MOCO 新世界 B 栋 6 楼泰康人寿

邮　编：466000

泰康人寿保险有限责任公司河南驻马店中心支公司

地　址：驻马店市天中山大道与雪松大道交叉口东南角新世界大厦

邮　编：463000

太平人寿保险有限公司河南分公司

地　址：郑州市郑东新区龙湖金融岛中环路 5 号东龙创鑫大厦 10 层、11 层

邮　编：450000

太平人寿保险有限公司郑州中心支公司

地　址：郑州市郑东新区商务外环路 1 号

邮　编：450000

太平人寿保险有限公司开封中心支公司

地　址：开封市城乡一体化示范区宋城路北侧翔龙世纪城 1 号楼三层西侧

邮　编：475000

太平人寿保险有限公司洛阳中心支公司

地　址：洛阳市洛龙区厚载门街 88 号 7 幢 14 层 1401-1412 号房间

邮　编：471000

太平人寿保险有限公司平顶山中心支公司

地　址：平顶山市新华区建设路与光明路交叉口东南角蓝鲸国际 B 座 7A 楼

邮　编：467000

太平人寿保险有限公司安阳中心支公司

地　址：安阳市高新区中华路与文昌大道交叉口安阳世贸中心 A 座六层

邮　编：455000

太平人寿保险有限公司新乡中心支公司

地　址：新乡市高新区振中街 307 号综合楼办公用房 201 室、301 室

邮　编：453000

太平人寿保险有限公司焦作中心支公司

地　址：焦作市山阳区山阳路 3292 号豫龙商贸城 7 号楼

邮　编：454100

太平人寿保险有限公司濮阳中心支公司

地　址：濮阳市濮阳国际杂技文化产业园 4 号楼西部 3 楼

邮　编：457000

太平人寿保险有限公司许昌中心支公司

地　址：许昌市东城区智慧大道西侧许都路南侧中央金座 C 座 3 层、4 层、8 层

邮　编：461000

太平人寿保险有限公司漯河中心支公司

地　址：漯河市郾城区嵩山东支路东侧，岷江路北侧建业智慧港（摩尔时代）A 座第 9 层、13 层

邮　编：462000

太平人寿保险有限公司三门峡中心支公司

地　址：三门峡市湖滨区大岭路东南环路南吉祥驾校综合楼一层中间和三层西南侧

邮　编：472000

太平人寿保险有限公司南阳中心支公司

地　址：南阳市宛城区汉冶街道办事处光武社区光武路与 A8 路交叉口西南角光武帝城 A2# 商住楼 1#8、1#9、2#2

邮　编：473000

太平人寿保险有限公司商丘中心支公司

地　址：商丘市睢阳区长江路北侧神火大道西侧帝和·逸品 4 号楼第三层、四层

邮　编：476000

太平人寿保险有限公司信阳中心支公司

地　址：信阳市羊山新区新七大道北百花之窗信访接待及金融大厦 4 楼 403 号

邮　编：464000

太平人寿保险有限公司周口中心支公司

地　址：周口市川汇区七一路金泰王朝小区 8 号楼三楼

邮　编：466000

太平人寿保险有限公司驻马店中心支公司

地　址：驻马店市驿城大道与淮河大道交叉口西侧蓝天世贸中心 B 座 10 楼

邮　编：463000

合众人寿保险股份有限公司河南分公司

地　址：郑州市农业路 72 号国际企业中心 A 座 21 楼

邮　编：450000

合众人寿保险股份有限公司开封中心支公司

地　址：开封市龙亭区大梁路合旺园综合楼三、四楼

邮　编：475000

合众人寿保险股份有限公司洛阳中心支公司

地　址：洛阳市西工区中州中路 429 号君临广场华府 5 号楼 3 层

邮　编：471000

合众人寿保险股份有限公司平顶山中心支公司

地　址：平顶山市开源路北段西 55 号开源商贸广场 6 号楼 6 楼

邮　编：467000

合众人寿保险股份有限公司安阳中心支公司

地　址：安阳市文峰区文峰大道东段兴社办公楼

邮　编：455000

合众人寿保险股份有限公司鹤壁中心支公司

地　址：鹤壁市淇滨区华夏南路正阳商业广场 2 号楼四楼

邮　编：458030

合众人寿保险股份有限公司新乡中心支公司

地　址：新乡市人民路与劳动路交汇口金桂大厦 7 层 705 室 -708 室

邮　编：453000

合众人寿保险股份有限公司焦作中心支公司

地　址：焦作市建设西路 39 号幢 1

邮　编：454000

合众人寿保险股份有限公司濮阳中心支公司

地　址：濮阳市市辖区人民路铜锣湾 005 号楼 1502、1503、1505、1506

邮　编：457000

合众人寿保险股份有限公司许昌中心支公司

地　址：许昌市文峰路与建安大道交叉口西南角银都国际商务公寓 19A 层

邮　编：461000

合众人寿保险股份有限公司漯河中心支公司

地　址：漯河市郾城区嫩江路锦绣淞江 28 号楼 101 号西、201 号西

邮　编：462000

合众人寿保险股份有限公司南阳中心支公司

地　址：南阳市仲景路与范蠡路口恒方写字楼第二幢 14 楼 1402-1407 室

邮　编：473003

合众人寿保险股份有限公司商丘中心支公司

地　址：商丘市睢阳区神火大道东香君路南汇城国际广场 1 号楼 27 层

邮　编：476000

合众人寿保险股份有限公司信阳中心支公司

地　址：信阳市羊山新区新七大道北侧、新八街东侧电子商务产业园大厦二层 203、206、209

邮　编：464000

合众人寿保险股份有限公司周口中心支公司

地　址：周口市川汇区莲花路南侧、大闸路东侧汇林凤凰公寓商业公寓楼 7 层 714 室至 717 室

邮　编：466000

合众人寿保险股份有限公司驻马店中心支公司

地　址：驻马店市驿城区金雀路西段南侧谷邢庄小区驿通商务楼

邮　编：463000

富德生命人寿保险股份有限公司河南分公司

地　址：河南自贸试验区郑州片区（郑东）商务外环路 24 号中国人保大厦 10、11 楼

邮　编：450000

富德生命人寿保险股份有限公司郑州中心支公司

地　址：河南自贸试验区郑州片区（郑东）CBD 商务外环 9 号 24 层

邮　编：450000

富德生命人寿保险股份有限公司开封中心支公司

地　址：开封市龙亭区新都汇购物广场

邮　编：475000

富德生命人寿保险股份有限公司洛阳中心支公司

地　址：洛阳市唐宫西路 44 号 9 幢 201、202

邮　编：471000

富德生命人寿保险股份有限公司平顶山中心支公司

地　址：平顶山市新华区中兴路西和平路北基泰大厦十四层

邮　编：467000

富德生命人寿保险股份有限公司安阳中心支公司

地　址：安阳市文峰区富泉街 6 号安阳市信息金融商务中心 2 号办公楼 13A 层

邮　编：455000

富德生命人寿保险股份有限公司鹤壁中心支公司

地　址：鹤壁市淇滨区兴鹤大街南段西侧 257 号河南省鹤壁市新华书店有限公司 1-3 层

邮　编：458030

富德生命人寿保险股份有限公司新乡中心支公司

地　址：新乡市平原路 88 号开源国际商务广场

邮　编：453000

富德生命人寿保险股份有限公司焦作中心支公司

地　址：焦作市山阳区新丰一街 609 号 2 层

邮　编：454000

富德生命人寿保险股份有限公司濮阳中心支公司

地　址：濮阳市五一路昆吾路交叉口东北角二楼

邮　编：457000

富德生命人寿保险股份有限公司许昌中心支公司

地　址：许昌市魏都区天宝路中奥鑫天办公楼 A 座 8 层整层

邮　编：461000

富德生命人寿保险股份有限公司漯河中心支公司

地　址：漯河市源汇区人民西路 150 号华大商厦

邮　编：462000

富德生命人寿保险股份有限公司三门峡中心支公司

地　址：三门峡市湖滨区河堤北路四街坊 1# 院峰桥国际商业部分号楼

邮　编：472000

富德生命人寿保险股份有限公司南阳中心支公司

地　址：南阳市宛城区独山大道东侧 8 号楼 3 层 301 室

邮　编：473000

富德生命人寿保险股份有限公司商丘中心支公司

地　址：商丘市市辖区南京东路海亚香樟园一号楼东侧门面房

邮　编：476000

富德生命人寿保险股份有限公司信阳中心支公司

地　址：信阳市浉河区申城大道北成功花园 31 号楼 8-11 楼

邮　编：464000

富德生命人寿保险股份有限公司周口中心支公司

地　址：周口市川汇区太昊路南侧四方药业厂区东侧周口华鼎仓储物流园 1# 仓库 1-2 层

邮　编：466000

富德生命人寿保险股份有限公司驻马店中心支公司

地　址：驻马店市团结路 218 号

邮　编：463000

富德生命人寿保险股份有限公司济源支公司

地　址：济源市济渎路与文昌路交叉口西北角建业联盟新城 1 号商业楼 2 层

邮　编：459000

中荷人寿保险有限公司河南省分公司

地　址：郑州市郑东新区九如路 51 号 1 号楼 3 楼整层

邮　编：450000

平安养老保险股份有限公司河南分公司

地　址：河南自贸试验区郑州片区（郑东）金水东路 49 号 1 号楼

邮　编：450003

平安养老保险股份有限公司许昌中心支公司

地　址：许昌市魏都区天宝路南侧、景福路东侧空港新城第一国际 A 座 1808/1809 室

邮　编：461000

平安养老保险股份有限公司洛阳中心支公司

地　址：洛阳市涧西区九都路与珠江路交叉口中成·九都城 9 号楼 806 号房间

邮　编：471000

平安养老保险股份有限公司新乡中心支公司

地　址：新乡市金穗大道（东）688 号商会大厦 A 单元 A2001 室

邮　编：453000

平安养老保险股份有限公司焦作中心支公司

地　址：焦作市山阳区新丰一街金融港 3 楼

邮　编：454002

平安养老保险股份有限公司驻马店中心支公司

地　址：驻马店市驿城区乐山大道与淮河大道交叉口爱克大厦 F 座 19 楼

邮　编：463000

平安养老保险股份有限公司濮阳中心支公司

地　址：濮阳市华龙区开州北路 5 号

邮　编：457001

平安养老保险股份有限公司兰考支公司

地　址：开封市兰考县兴兰大道北侧

邮　编：475300

平安养老保险股份有限公司巩义支公司

地　址：郑州市巩义市巩义东区明泰科技大厦 4 层 405 房间

邮　编：451200

中国人民人寿保险股份有限公司河南省分公司

地　址：郑州市郑东新区商务外环 24 号中国人保大厦 21 层

邮　编：450046

中国人民人寿保险股份有限公司郑州中心支公司

地　址：郑州市郑东新区商务外环九如东路交叉口人保大厦 5 楼

邮　编：450046

中国人民人寿保险股份有限公司开封中心支公司

地　址：开封市金明区晋安路与金明大道交叉口联通大厦第 11、12 层

邮　编：475000

中国人民人寿保险股份有限公司洛阳中心支公司

地　址：洛阳市西工区中州中路 216 号邮政大厦 2-3 层

邮　编：471000

中国人民人寿保险股份有限公司平顶山中心支公司

地　址：平顶山市卫东区诚朴路与建设路交叉口交通银行 9 楼

邮　编：467000

中国人民人寿保险股份有限公司安阳中心支公司

地　址：安阳市高新区文昌大道与中华路交叉口西南角安阳世贸中心 A 座 1 单元 10 层

邮　编：455000

中国人民人寿保险股份有限公司鹤壁中心支公司

地　址：鹤壁市淇滨区淇水大道与女贞巷交叉口玉大厦 17 层

邮　编：456600

中国人民人寿保险股份有限公司新乡中心支公司

地　址：新乡市红旗区劳动路 158 号富达大厦 01 层 02 号和 02 层 02 号

邮　编：453000

中国人民人寿保险股份有限公司焦作中心支公司

地　址：焦作市解放区丰收路 1566 号房地产交易市场第二层

邮　编：454100

中国人民人寿保险股份有限公司濮阳中心支公司

地　址：濮阳市华龙区中原东路 185 号

邮　编：457000

中国人民人寿保险股份有限公司许昌中心支公司

地　址：许昌市东城区天宝路与景福路交叉口空港新城第一国际 A 座 22 层

邮　编：461000

中国人民人寿保险股份有限公司漯河中心支公司

地　址：漯河市郾城区黄河西路北侧 19 幢 1、2、3、4 号（1-4 层）

邮　编：462000

中国人民人寿保险股份有限公司三门峡中心支公司

地　址：三门峡市商务中心区大岭南路东商务一

街南福地大厦十五层及十六层部分
邮 编：472000

中国人民人寿保险股份有限公司南阳中心支公司
地 址：南阳市宛城区仲景路与范蠡路交叉口恒方广场写字楼 16 楼
邮 编：473000

中国人民人寿保险股份有限公司商丘中心支公司
地 址：商丘市梁园区八一路东段南侧
邮 编：476000

中国人民人寿保险股份有限公司信阳中心支公司
地 址：信阳市浉河区湖东大道南侧祥云综合楼
邮 编：464000

中国人民人寿保险股份有限公司周口中心支公司
地 址：周口市川汇区工农路南段东侧锦绣春天综合楼
邮 编：466000

中国人民人寿保险股份有限公司驻马店中心支公司
地 址：驻马店市通达路爱家会展国际 5 号楼 B 栋第 16、17 层
邮 编：463000

中国人民人寿保险股份有限公司济源支公司
地 址：济源市高新区沁园路与开南路交叉口东南角锦江商务公馆 19 楼南、23 层
邮 编：454650

国华人寿保险股份有限公司河南分公司

地 址：郑州市郑东新区商务外环路 19 号金融大厦第十二层
邮 编：450040

国华人寿保险股份有限公司平顶山中心支公司
地 址：平顶山市湛河区湛南路东段东方星河湾小区 4 号楼底商东及二楼
邮 编：467000

国华人寿保险股份有限公司新乡中心支公司
地 址：新乡市牧野大道 787 号清韵花园南区 2 号楼 301-302 室
邮 编：453000

国华人寿保险股份有限公司南阳中心支公司
地 址：南阳市宛城区建设中路 276 号南阳市鸭河口灌区服务中心 5 楼西半层
邮 编：473000

国华人寿保险股份有限公司周口中心支公司
地 址：周口市川汇区黄河路中段联通公司综合办公楼 6 楼
邮 编：466000

国华人寿保险股份有限公司焦作中心支公司
地 址：焦作市山阳区塔南路 1736 号嘉隆国际商务中心 2 号楼 11 楼
邮 编：454150

国华人寿保险股份有限公司商丘中心支公司
地 址：商丘市睢阳区神火大道东香君路南汇城国际广场 1 号楼 2 层
邮 编：476000

国华人寿保险股份有限公司信阳中心支公司
地 址：信阳市浉河区北京路 128 号中隆置业有限公司商住楼 1 至 2 层
邮 编：464000

国华人寿保险股份有限公司驻马店中心支公司
地 址：驻马店市驿城区交通路 999 号民生证券大楼三层

邮　编：463000

国华人寿保险股份有限公司洛阳中心支公司

地　址：洛阳市西工区唐宫西路 44 号院置隆花园 9 号楼 1 门栋 705、709 室

邮　编：471000

国华人寿保险股份有限公司漯河中心支公司

地　址：漯河市郾城区嵩山东支路与嫩江路交叉口 MOCO 新世界 1 号楼 7 层

邮　编：462000

国华人寿保险股份有限公司濮阳中心支公司

地　址：濮阳市振兴中路路东颐和明珠 6 层 609 号

邮　编：457000

华泰人寿保险股份有限公司河南分公司

地　址：郑州市河南自由贸易试验区郑州片区（郑东）金水东路 21 号 11 层 1102 号

邮　编：450000

华泰人寿保险股份有限公司洛阳中心支公司

地　址：洛阳市西工区王城大道 24 号

邮　编：471000

华泰人寿保险股份有限公司焦作中心支公司

地　址：焦作市解放区人民路 1159 号太极·中央翰邸商务大厦 21 楼 158-162 室

邮　编：454000

华泰人寿保险股份有限公司漯河中心支公司

地　址：漯河市郾城区会展中心建业智慧港 A 座 1503、1505、1506、1507 号

邮　编：462000

华泰人寿保险股份有限公司许昌中心支公司

地　址：许昌市魏都区南关办事处颍昌大道鸿宝大酒店营业楼 13 层（鸿宝大酒店内部楼层序号 15 层）

邮　编：461000

华泰人寿保险股份有限公司安阳中心支公司

地　址：安阳市北关区彰德路与健康路交叉口东南角 ULO 生活广场 1 号楼 1 单元 25 层 2501 号 -2505 号、2513 号

邮　编：455000

华泰人寿保险股份有限公司南阳中心支公司

地　址：南阳市卧龙区工业北路 666 号天工大厦 12 层 03、04、05、06、07 号

邮　编：473000

华泰人寿保险股份有限公司周口中心支公司

地　址：周口市川汇区八一路西侧汇林绿洲 B-7 号楼 7 层

邮　编：466000

华泰人寿保险股份有限公司开封中心支公司

地　址：开封市龙亭区西门大街西苑小区 6 号楼 2 层

邮　编：475000

华泰人寿保险股份有限公司驻马店中心支公司

地　址：驻马店市驿城区天中山大道与淮河大道交叉口白金名邸

邮　编：463000

华泰人寿保险股份有限公司平顶山中心支公司

地　址：平顶山市湛河区湛南路 281 号河南集美服饰有限公司东侧临街 1 层

邮　编：467000

华泰人寿保险股份有限公司商丘中心支公司

地　址：商丘市睢阳区长江路北侧神火大道西侧

帝和逸品 4 号楼 5 层
邮　编：476000

太平养老保险股份有限公司河南分公司

地　址：河南自贸试验区郑州片区（郑东）金水东路 39 号出版传媒北楼 B 座 14 层
邮　编：450016

中国中信金融资产管理股份有限公司河南省分公司

地　址：郑州市龙子湖尚贤街 32 号
邮　编：450000

中国长城资产管理股份有限公司河南省分公司

地　址：郑州市红专路 82 号
邮　编：450008

中国东方资产管理股份有限公司河南省分公司

地　址：郑州市农业路东 26 号
邮　编：450008

中国信达资产管理股份有限公司河南省分公司

地　址：郑州市丰产路 28 号信达大厦
邮　编：450014

中原资产管理有限公司

地　址：郑州市郑东新区龙湖金融岛中环路 4 号 19 号楼中原资产大厦
邮　编：450018

河南资产管理有限公司

地　址：郑州市郑东新区商务外环路 2 号河南传媒大厦 26 层
邮　编：450008

中原信托有限公司

地　址：郑州市郑东新区商务外环 24 号人保大厦 25-28 层
邮　编：450016

百瑞信托有限责任公司

地　址：郑州市郑东新区商务外环路 10 号中原广发金融大厦 22、26-29 层
邮　编：450018

中原再担保集团股份有限公司

地　址：郑州市郑东新区商都路 67 号 G 栋
邮　编：450008

河南省农业信贷担保有限责任公司

地　址：郑州市农业南路与祥盛街交叉口楷林中心 9 座 16 层
邮　编：450018

河南能源集团财务有限公司

地　址：郑州市郑东新区商务外环路 6 号国龙大厦 17 层
邮　编：450046

中国石化财务有限责任公司郑州分公司

地　址：郑州市郑东新区商务内环路 2 号新澳大厦 16 层
邮　编：450046

郑州宇通集团财务有限公司

地　址：郑州市管城回族区宇通路宇通大厦 21 层
邮　编：450047

天瑞集团财务有限责任公司

地　址：郑州市郑东新区商务外环路 20 号海联大厦
邮　编：450018

中国平煤神马集团财务有限责任公司

地　址：平顶山市新华区矿工路中段 21 号院
邮　编：467000

河南双汇集团财务有限公司

地　址：漯河市城乡一体化示范区牡丹江路 288 号 26 层
邮　编：462000

河南九鼎金融租赁股份有限公司

地　址：郑州市郑东新区熊儿河路 133 号 5 号楼
邮　编：450000

洛银金融租赁股份有限公司

地　址：洛阳市洛龙区五环街 1 号中弘卓越中心 A 座 9-10 层
邮　编：471000

河南中原消费金融股份有限公司

地　址：郑州市郑东新区康宁街 99 号万众大厦 20F-22F
邮　编：450000

中国银联股份有限公司河南分公司

地　址：郑州市金水路 266 号国家开发银行大厦裙楼 3 楼
邮　编：450003

银联商务股份有限公司河南分公司

地　址：河南自贸试验区（郑州片区）东风南路与创业路交叉口绿地中心南塔 54 层
邮　编：450046

银联商务股份有限公司郑州业务部

地　址：河南自贸试验区（郑州片区）东风南路与创业路交叉口绿地中心南塔 54 层

银联商务股份有限公司开封业务部

地　址：开封市金明区大梁路中段 201 号东京国贸大厦 603 号

银联商务股份有限公司洛阳业务部

地　址：洛阳市西工区凯旋路 19 号博大城 1508

银联商务股份有限公司平顶山业务部

地　址：平顶山市卫东区平棉路与建设路交叉口平棉大厦 11 楼

银联商务股份有限公司安阳业务部

地　址：安阳市文峰区中华路与德隆街交叉口银联商务三楼

银联商务股份有限公司鹤壁业务部

地　址：鹤壁市淇滨区兴鹤大街二支渠中段正阳 A 座 5 层

银联商务股份有限公司新乡业务部

地　址：新乡市金穗大道与新中大道交会处西北角嘉亿新闻大厦 20 层 2008 号

银联商务股份有限公司焦作业务部

地　址：焦作市人民路中段农林科学研究院九楼

银联商务股份有限公司濮阳分公司

地　址：濮阳市华龙区长庆路与黄河路交叉口万里财富广场 1710 室

银联商务股份有限公司许昌业务部

地　址：许昌市文峰中路三鼎大厦 2311 房间

银联商务股份有限公司漯河业务部

地　址：漯河市郾城区国际会展中心建业智慧港 A 座 1001 室

银联商务股份有限公司三门峡业务部

地　址：三门峡市陕州区迎宾大道中段明珠大厦 2205 室

银联商务股份有限公司南阳业务部

地　址：南阳市宛城区孔明南路建业凯旋广场 17 号楼 414 室

银联商务股份有限公司商丘业务部

地　址：商丘市睢阳区神火大道与香君路交叉口汇城国际广场 A 座 18 层

银联商务股份有限公司信阳业务部

地　址：信阳市浉河区申城大道成功花园交通银行 12 层

银联商务股份有限公司周口业务部

地　址：周口市川汇区八一路与交通路交叉口东南角百盛国际 11 层

银联商务股份有限公司驻马店业务部

地　址：驻马店市淮河大道与薄山路交叉口西南侧东方今典 18 号楼（华尔大厦 B 座）16 层 1601 号

银联商务股份有限公司济源业务部

地　址：济源市文昌中路 85 号有线电视办公大楼 5 楼